식민지 조선학계와 조선연구 1
1930년대 민간 한글신문의
문화 · 학술 진흥론과 조선연구 방법론
기사 자료집

엮은이

조형열 趙亨烈, Cho Hyoung-yerl

동아대학교 역사문화학부 사학전공 조교수. 고려대학교 역사교육과를 졸업하고 같은 학교 일반대학원 한국사학과에서 박사학위를 취득했다. 백남운·김태준·이청원 등 1930년대 마르크스주의 지식인의 학문론과 역사서술을 주제로 박사논문을 썼다. 고려대학교 BK21+한국사사업단과 연세대학교 근대한국학연구소 HK+사업단에서 연구교수로 일했다. 한국근현대 지식인의 생각을 다루는 사상사·학문사에 관심을 갖고 연구하고 있다. 「1930년대 마르크스주의 지식인의 학술문화기관 구상과 과학적 조선학 수립론」, 「1930년대 마르크스주의 지식인의 프롤레타리아문화운동과 '실천적 조선연구'론」, 「1930년대 조선 역사과학의 연구방법론」 등 다수 논문을 발표했고, 『20세기 전환기 동아시아 지식장과 근대한국학 탄생의 계보』, 『동아시아 혁명의 밤에 한국학의 현재를 묻다』 등 공저서 작업에 참가했다.

식민지 조선학계와 조선연구 1
1930년대 민간 한글신문의 문화·학술 진흥론과 조선연구 방법론 기사 자료집

초판인쇄 2022년 4월 15일 **초판발행** 2022년 4월 30일
엮은이 조형열 **펴낸이** 박성모 **펴낸곳** 소명출판 **출판등록** 제13-522호
주소 서울시 서초구 서초중앙로6길 15, 2층
전화 02-585-7840 **팩스** 02-585-7848 **전자우편** somyungbooks@daum.net **홈페이지** www.somyong.co.kr

값 51,000원 ⓒ조형열, 2022
ISBN 979-11-5905-550-8 93910

이 책은 2017년 정부(교육부)의 재원으로 한국연구재단의 지원을 받아 수행된 연구임(NRF-2017S1A6A3A01079581)

연세
근대한국학 HK+
자료총서

007

CHOSON ACADEMIA AND RESEARCH
DURING THE COLONIAL YEARS 1 :
ART & SCIENCE ARTICLE COLLECTIONS
FROM THE HANGEUL NEWSPAPERS
IN THE 1930S

식민지 조선학계와 조선연구 1

1930년대 민간 한글신문의
문화 · 학술 진흥론과 조선연구 방법론
기사 자료집

조형열 엮음

일러두기

1. 이 자료집은 일제하 『동아일보』, 『조선일보』, 『조선중앙일보』 등 3개 신문 학예면의 문화·학술 진흥과 조선연구의 방법에 대한 논설들을 선별하여 묶은 것이다. 주목할 만한 학예 관련 주장과 기획이 사설이나 신년호 특집 등에 실린 경우에는 함께 수록했다.

2. 대상 문헌은 '네이버 뉴스 라이브러리', '조선 뉴스 라이브러리 100', '대한민국신문아카이브', '국사편찬위원회 한국사데이터베이스' 등의 아카이브와 『동아일보: 학예면 초(抄) 영인본』, 『조선일보: 학예면 초 영인본』, 『조선중앙일보: 학예면 초 영인본』 자료집을 이용하여 선별하고 비교하며 입력·검토했다.

3. 자료집에 수록된 93종의 관련 논설들은 본 기획의 취지에 따라 신문 지면에서 학예 관련 기사의 비율이 늘어나는 1930년대에 집중되었으며, 시기순으로 배열하여 시대적 흐름을 파악하는 데 도움이 되도록 하였다.

4. 한 종류의 논설이지만 여러 회 연재로 신문에 게재되었던 경우, 회차를 구분할 수 있도록 연재 번호를 명시했다.

5. 관련 연구자들의 연구상 편의와 가독성을 높이기 위해, 인터넷 아카이브에 잘못 제공된 글자들을 바로잡고자 노력했으며, 가급적 현대어 표기에 맞춰 수정했다.

6. 원자료에서 한자가 모두 노출되어 있던 것을 한글 한자 병기로 바꿨으며, 음이 같을 경우 그대로 붙여서, 다를 경우에는 [ ] 괄호를 이용했다.

7. 특별히 시대성이 담기지 않은 지명, 원자료에서 한자로 표기된 동아시아 지역 근현대 외국인 인명과 연호 등은 현대어로 변경했다. 예를 들어 불란서(佛蘭西)는 프랑스로 바꿨으나, 지나(支那)는 바꾸지 않았다.

8. ×는 원자료에서 삭제되어 복자 처리된 부분이며, □는 몇 개 글자가 안 보이거나 읽지 못한 경우이고, 한 줄 정도 이상이 안 보일 때는 엮은이 주(註)로 '판독불능'이라 표시했다.

9. 본문의 괄호와 기호 등은 별도의 표시가 없는 한 원자료를 그대로 따른 것이다.

차례

기사 본문

문화·학술 진흥론과 조선연구의 방법

조형열

1.

근대 이후 등장한 조선연구가 무엇이고, 그것은 어떠한 계기로 형성되고 전개되는가? 조선연구는 근대의 신문과 잡지에서 심심찮게 등장하는 말이니까 이 시기를 공부하는 사람들에게 생소한 단어는 아니지만 그것을 무엇이라고 또 어떤 범주로 정의해야 할지, 나아가 조선연구의 흐름을 어떻게 정리해야 할지 쉽지 않다. 겉보기에 그리 복잡해보이지 않는 이 질문이 어려운 이유는 단순한 자기인식으로부터 한 발 더 나아가 자기에 대해서 연구하는 '자국학'이 어떠한 경로를 통해서 수립되었는지 역사적 정체성에 대한 탐색 필요성을 질문 가운데 내포하고 있기 때문이다.

일단 어의語義 차원에서만 해석하면 조선연구는 연구 능력을 갖춘 주체의 조선에 대한 지적 활동이다. 그렇지만 이를 근대라는 시간적 맥락과 접목시키면 근대적 학문 방법론을 접한 지식인이 조선을 역사적·현재적 분석의 대상으로 삼으면서 대중적으로 읽히고자 하는 의도 아래 수행된 활동이라고 일컬을 수 있을 것이다. 즉 서구 근대의 방법에 영향을 받으면서 스스로의 힘으로 조선을 분석하고 그것을 대중과 공유하면서 일정한 공감대를 일으키고자 하는 목표가 뚜렷해졌을 때, 조선연구가 궤도에 올랐다고 보면 되지 않을까 생각한다.

그런데 이러한 점들을 모두 고려하자면, 우리가 조선연구 성과라고 지칭해 왔던 개별 연구자의 특정 논저만으로 조선연구의 궤적을 살펴보는 것이 상당히 한계가 있다는 점을 깨닫게 된다. 개인의 이력과 그의 산출물을 통해 당사자의 연구 의도를 추적하는 것보다 넓은 범위에서 시대적·역사적 맥락을 조선연구의 흐름과 연동시켜야 실체에 접근할 수 있는 것이다. 개인적으로는 박사학위논문을 쓰면서 이와 같은 경험을 했다. 마르크스주의 지식인들의 역사 연구 성과를 분석하기 위해서는 그들이 어떠한 목적에서 학문의 길을 선택하게 되는지, 학문을 어떠한 행위로 정의하고 있는지, 그것은 세계정세 및 국내 사회운동 상황과 어떠한 상관성을 갖고 있는지, 나아가 소련-중국-일본으로 연결되는 마르크스주의 해석을 어떻게 받아들이고 있는지, 이런 점들이 함께 해명되어야 한다는 것을 더 깊이 생각하게 되었다.

그러므로 조선연구의 담론과 실제, 조선연구 방법을 둘러싼 논쟁 등 조선연구의 성장과정을 조망함으로써 조선연구의 전체상을 잡아낼 수 있을 것이다. 나아가 일본제국주의의 통치 담론, 국제정세의 변동과 지식인의 현실 참여 문제, 식민지 조선의 학문적 역량의 변화과정 등까지 아울러 분석할 때, 개인의 역량에 그가 속한 집단의 활동 방향 및 학술장의 지형과 정치정세 등이 중층적으로 영향을 미친다는 점을 포착하게 되고 이를 통해 근대 조선연구의 충실한 재현이 가능할 것이라 생각한다.

그렇다면 조선연구의 지형을 이와 같은 관점에서 살펴보기 위해서, 어떤 시기와 어떤 자료에 주목해야 할까? 무엇보다 1930년대 한글신문의 학예면 안팎을 자세히 들여다볼 필요가 있다는 게 이 자료집을 묶어내는 이유이다.

선학들이 지적한 바에 따르면, 조선연구는 1900년대 국어학·국사학 등을 중심으로 발흥하여 1930년대에 조선학의 정착 시도와 함께 분화 국면으로 접어들었다. 이 시기가 조선연구의 중요한 갈림길이 된다는 것은 이론의 여지가 거의 없는 공통된 견해라고 하겠다. 1900년대 전후의 근대전환기부터 시간 순서대로 조선연구의 흐름을 포착하는 것도 중요하겠지만, 가장 논의가 활발했던 1930년대를 꼼꼼히 짚어보면서 앞뒤의 시대상을 유추해보는 것도 충분히 시도해볼 만한 선택이리라.

또한 이와 같은 조선연구 논의를 담아내고 대중적으로 유포시킨 매체가 『동아일보』, 『조선일보』, 『조선중앙일보』 등의 한글신문이었다는 점은, 학술 기획이 민간의 신문지면을 통해 이루어지는 식민지 학술장의 특징을 보여준다. 1930년대 한글신문의 학예면과 조선연구의 상관성은 특별히 주의 깊게 탐구되어야 할 중요 연구과제이며, 신문사와 편집진의 조선연구 기획, 그에 참여한 지식인들의 의도 및 주장 등을 종합적으로 탐구해야 한다. 그리고 이를 본격적으로 대면하기 위해서는 학술문화를 표면에 내세우는 신문사 운영의 매커니즘에 대한 분석도 필요하고, 각 신문사마다 어떤 인물들이 조선연구 기획에 관여하게 되는지 개별적 분석도 요청된다. 게다가 외부 필자들이 조선연구라는 차원에서 신문지면을 어떠한 목적으로 활용했는지 쌍방향적 접근도 필수적이다. 한마디로 1930년대 한글신문의 학예면이 조선연구의 성장과정에서 중요한 역할을 하고 있는 것은 분명하지만, 아직까지 체계적 연구가 부족하다.

이 자료집은 완성된 연구의 산물이라기보다는 근대 조선연구의 궤적을 탐구하고자 하는 목표 아래, 1930년대 신문지상의 조선연구 기사에 대한 나름대로의 독법讀法을 모색하고 이를 관련 연구자들과 소통해보고자 하는 의도에서 기획되었다. 따라서 이 자료집은 연구의 중간단계에 있으며, 조선연구에 대한 신문기사들을 한 권의 책으로 묶으며 서로 떨어진 것처럼 보이는 기사들 사이의 관계를 만들어내는 방법으로 고안되었다. 신자료 발굴의 성과를 집약하는 통상적 의미의 자료집 발간과는 의미가 조금 다르다고 할 것이다.

2.

1930년대 한글신문 학예면 안팎의 조선연구 관련 기사를 범박하게 구분해보자면 세 가지 형태가 있다. 첫째, 조선연구를 제창하고 조선연구의 방법을 제시하는 것이다. 왜 조선연구가 필요하고 어떠한 학문적 방법론으로 연구를 할 것인지 다투는 일종의 조선연구 담론에 해당한다. 둘째, 자신의 학문 분야에 따른 조선연구의 성과를 선보이는 것이다. 어학, 문학, 역사학, 민속학 또는 사회과학·자연과학 방면의 논문 등을 포함하는 것으로 굉장히 많은 분량에 해당한다. 셋째, 조선연구의 주체 및 결과물에 대한 관심을 정리한 것이다. 조선연구를 이끈 인물이나 단체 또는 자료 및 저작 등에 대해서 소개·비평하는 등 일종의 실제적 논쟁 단계를 다루는 기사들이다. 이를 위해 신문사가 특정 주제를 걸고 여러 필자의 글을 모으는 경우도 있고, 주요 필자의 장편을 수회에 걸쳐 연재하는 방식도 많았다. 한글신문 학예 담당 편집진의 기획과 민간 아카데미즘 학술장에 발을 들여놓으려는 자발적 투고 등이 어우러진 결과일 것이다.

두 권으로 선보일 이 자료집에서 관심을 기울이고 있는 부분은 첫째와 셋째에 해당한다. 둘째는 기사 종류도 워낙 많을뿐더러 분야도 세분화되어 글을 모으는 것이 생산적인 작업이 되기 힘들다고 판단했다. 이 영역에 대해서는 『일제하 '조선 역사·문화' 관련 기사 목록 Ⅰ-동아일보·조선일보(1930~1940)』이태훈·정용서·채관식 편, 선인, 2015에 담겨있는 기사 제목을 살펴보면 많은 도움을 받을 수 있다. 첫째는 조선연구를 다루는 주체의 의도와 시간이 지남에 따라 나타나는 관점의 변화 등을 살펴볼 수 있다는 점에서, 셋째는 조선연구를 둘러싼 논쟁을 포함해 실제 지형을 보는 중요한 기초자료가 될 수 있다는 점에서 기사 모으기를 시도했다. 그리하여 첫째가 1권이 되었고, 셋째를 2권으로 발간할 계획이다.

조선연구 담론을 수집한 1권에는 '문화·학술진흥론과 조선연구의 방법'이라는 제목을 붙였다. 조선연구의 진흥 계획이 조선문화의 구축 또는 조선학술의 뼈대 세우기와 긴밀하게 연관되어 있다는 점과 조선연구에 대한 방법론적 논의가 함께 쏟아져 나온 상황을 제목에 담아내고자 했다. 그러므로 1권 안에도 두 개의 주제가 있는 셈이다.

문화·학술진흥론은 문화운동 또는 학술 자체 육성 목적으로 조선연구가 강조된 측면을 담고 있는데, 그 가운데에는 조선민족의 학술, 조선인을 위한 학술이 되어야 한다는 민족문화 건설론이 주류를 이루고 있으며, 조선혁명을 목표로 노농계급의 주체화를 위한 조선연구를 강조하는 프롤레타리아문화(또는 사회주의 민족문화) 건설론도 함께 나타난다. 이러한 논의들의 쟁점은 민족문화의 성립 가능성과 민족문화의 현재적 의미 같은 것들이라고 하겠다.

한편 이러한 주장이 개진되면서 신문지면에 가장 많이 등장하는 것은 학술진흥을 위한 시설 구축 및 학술단체 설립 계획 등이다. 예를 들어 식민지 민간 아카데미즘을 형성하기 위해서 신문사나 사립전문학교 등의 역할을 촉구한다든지, 재력가·장서가의 헌신을 요구하거나, 장래에 만들 각급 연구소 구성안 등이 소개되었다. 이는 민족문화 건설론과 결합되는 경우가 대부분인

데, 해방 이후 학술단체의 조직 등과 관련해서도 주의 깊게 살펴볼 점이다.

다음으로 조선연구 방법은 1933년 무렵 조선학 수립론이 대두되기 시작하면서 본격적으로 탐색되었다. 방법론은 아무래도 출발 단계에서는 마르크스주의 지식인들의 영역이었다. 민족주의자들이 민족이라는 가치를 추구하는 경향이 강했던 반면, 마르크스주의자들은 조선연구에 역사유물론의 법칙성을 방법으로 부여하고자 했다. 김태준과 신남철이 국학적 연구의 극복을 제안한 이래로 민족과 세계, 보편과 특수 등 조선을 연구하는 범주에 대한 논의가 거듭되었지만, 마르크스주의자의 과학적 연구에 대한 확신은 변함이 없었다.

그런데 1930년대 후반으로 넘어가면서 일련의 변화도 감지된다. 고전과 전통을 재발견해야 하다는 주장과 인간의 창조력을 중요하게 보는 관점도 성장하면서 점차 조선연구 방법론에서도 양대 진영이 뚜렷이 자리 잡아가는 모습을 목격할 수 있다. 한편 이 자료집은 1930년대 후반 문화옹호, 고전부흥, 전통론 등이 조선연구의 연장선상에서 함께 검토될 필요가 있다는 문제의식을 담았다. 주제와 소재의 일정한 차이가 있다손 치더라도 자기를 연구하는 방법의 개진이라는 점에서, 시계열적 조망을 통해 얻을 수 있는 장점이 많다고 생각한다.

이처럼 조선연구 담론에 대한 두 개의 주제를 포괄했지만 자료집을 구성할 때 이를 서로 다른 파트로 구분하지 않았다는 점을 밝힌다. 하나의 기사에 양쪽의 내용이 모두 거론된 경우도 있고, 신문지면의 조선연구 담론을 발표 순서대로 보는 것도 오히려 변화상을 추적하는 데 도움이 된다고 판단했다. 아래에서는 이 자료집에 수록된 93개 기사의 내용을 점검해볼 것이다. 차례를 통해 기사 번호와 제목을 함께 표기했기 때문에 글 제목을 일일이 다시 옮기지 않았다.

3.

1번과 2번은 1927년 1주일 간격으로 『동아일보』에 실린 두 편의 사설이다. '학술적 자주'라는 강렬한 제목에서 알 수 있듯이 일본인의 연구로부터 독립하여 조선의 학문을 조선인이 직접 연구해야 할 것과, 『삼국유사』 발간에 즈음해 민족주체적 조선연구를 역설했다. 이는 『동아일보』가 최남선의 조선학 성과를 발판 삼아 학술을 민족의 것으로 포섭하는 논리 전개였다. 『조선일보』에 실린 3번에는 조선어사전편찬회까지 설립된 마당에 조선인이 몸소 조선사를 연구하는 학술적 특권을 방기해서는 안 된다는 주장이 담겼다. 일단 1930년을 전후한 시기에 두 신문사의 사설은 학문을 세우고 학계를 구축해야 하며, 그것이 우리 민족의 힘이 된다는 점을 분명히 했다. 그리고 이러한 논리 전개는 1930년대 후반기까지 강도의 차이는 있을지언정 대체로 비슷했다.

4번 신일성(신태악)의 기고는 마르크스주의 조선연구 담론으로서 주목할 만하다. 이 시기까지 마르크스주의 자장 안에 있던 것으로 보이는 신태악은 현실 조선문제를 이해하기 위해서 조선에 대한 과학적 · 역사적 연구가 필요하다고 했다. 앞에서 살펴본 민족문화 건설론과는 달리 현실에의 기여가 중요하게 고려되고 있다. 이 글의 끝 부분에 『중앙공론』에 실렸다고 언급한 글은 「朝鮮問題の眞體－朝鮮人としての考察」『中央公論』 44-6, 통권 497호, 1929.6이다.

5번은 김태준이 조선학을 최초 제창하며 사회학적 연구가 되어야 한다는 점을, 6번은 문일평이 조선학을 세움으로써 세계문화에 기여하는 것이 문화민족인 조선인의 일대 과제라는 점을 주장한 글이다. 거의 같은 시기에 발표된 두 글은 조선학 수립론이라는 점에서는 동일하지만 전자가 사회학적이라는 방법을 통해 조선사회의 보편사적 변화상을 포착하는 연구를 지향했다면, 후자는 조선연구의 위상을 높여 세계와 견줄 수 있도록 하자는 점을 강조했다. 즉 후자는 일차적으로 민족의 학술이 되어야 하고 이를 바탕으로 세계로 뻗어나갈 수 있다는 전망을 제시했다. 한편 신남철이 쓴 9번은 조선학이 학적 연구이되 하나의 조망을 제출해야 한다면서 문제사적 연구를 주문했다. 문헌적·훈화적·고증적·교감학적 연구가 극복해야 할 조선연구 방법으로 지목되었다. 김태준의 글과 내용상 유사하면서도 방법론적 성찰이 더 뚜렷하다.

1933년 말부터 1935년까지가 조선연구 담론이 가장 활발했던 시기가 아닐까 싶다. 특히 한글신문은 1934년에 문화·학술진흥 관련 사설을 집중적으로 선보였다. 1933년 12월의 두 사설이 사립전문학교 도서관이 조선의 학문 발전에 더 기여해야 한다는 점(7번)과, 민족적 위인에 대한 기념을 목표로 조선연구가 진행되어야 한다는 점(8번)을 각각 주장했다. 그리고 10번은 과학데이를 맞아 조선의 과학을 진흥할 수 있는 장학기관 건설, 11번은 『보전학회논집』 발간을 맞아 조선학계 토대 마련을 위한 노력 등을 촉구했다. 12번은 조선어문운동에 대한 후원을, 13번은 조선연구 기관의 건설을, 14번은 신화 전설과 신앙 민속 등을 통해 문화적 정체성을 지키기 위한 정신을 강조했다. 15번과 16번은 진단학회 창립을 보면서 조선이 학자를 사랑할 줄 알고 학계를 도울 줄 아는 사회가 되길 희망했다. 17번은 외적 조건으로 어려움이 있다 하더라도 조선의 학문을 세우기 위해 학자 스스로 노력해줄 것을 당부했다. 18번은 정약용의 99주기에 그의 학문적 위업에 주목했으며, 23번은 고서 간행과 수집 등에 사립전문학교가 힘써줄 것을 요청하며 민간 장서가의 노력도 주문했다. 그리고 24번은 근대전환기 대상의 조선연구를 진행할 때 구술 수집의 필요성을 거론하며 사료특별도서관 설치를 제기했다.

이처럼 1934년에는 상당히 많은 사설이 조선연구를 민족주체적 학문과 연결시키며 그의 진흥을 위한 방안을 제시했다. 그런데 이상의 글들 가운데 7편(10·13·14·16·18·23·24번)은 『조선일보』 논설반 소속 문일평이 직접 썼다문일평, 이한수 역, 『문일평 1934년−식민지시대 한 지식인의 일기』, 살림, 2008. 사립전문학교의 역할을 거론한 것으로 보건대 7번의 필자도 문일평이라고 판단된다. 1934년에 학회 창립과 학술지 출간 등 기사화 할 수 있는 사안이 많았기 때문에 관련 사설이 집중되었다고 볼 수도 있지만, 문일평처럼 조선연구 담론 생산에 적극 나선 주체에 대한 분석도 더 필요하다.

다음으로 19번부터 21번은 T기자 신남철이 백남운·안재홍·현상윤 세 사람에게 조선연구의 목적과 방법을 묻는 연속 대담이다. 백남운은 조선심·조선의식을 과거에서 발견하는 방식이 아닌 역사과학적 방법으로 조선연구가 나아가야 한다고 말했다. 안재홍은 조선문화의 특징을 연구하는 것이 조선학이라면서 조선이 조선만의 고유성이 있으므로 이를 연구하고 세계문화에 조선색을 짜 넣는 것이 조선학의 과제라고 했다. 이는 6번 문일평의 주장과도 연결되며, 안재홍이 말하는 고유성의 발견 논리는 신칸트학파의 입장과도 일맥상통하는 부분이 있다. 현상윤은 제국적 지역학을 연상시키는 조선학 명칭에 반대하면서 조선정신·조선혼의 학문적 규명을 주장했다. 안재홍과 현상윤의 철학적 기초가 과연 어떻게 달랐는지에 대한 질문도 필요하다.

22번과 25번은 마르크스주의 조선연구의 진작을 밝힌 것으로, 송강은 프롤레타리아문화의 관점이 조선연구의 주류가 되어야 한다는 점을, 정노풍은 그동안의 조선연구가 빈델반트·리케르트 등의 형이상학적 가치 관념에 기초해서 진행되었다며 체계적·과학적으로 재출발할 것을 촉구했다. 즉 한글 신문 1면이 주로 민족의 힘이 되기 위한 학문과 조선연구를 제기했다면, 학예면의 기고 가운데 그와 경쟁하는 논의들이 수록되었던 것이다.

1935년 신년 벽두 『동아일보』는 학술 진흥 및 조선연구 관련 굵직한 기획을 선보였다. 26번에서 조선경제학회와 조선어학회 등을 소개하며 조선 학술계 건설을 주장했다. 그런데 여기서 이들 단체를 조선의 학술부대라고 호명하고 있는 것은 흥미롭다. 학술이 전투의 기초 조직으로 배치되고 있으며, 이는 1936년 신년 특집(47번) 백남운의 글에 학술기간부대라는 명명이 들어간 것과도 연결된다. 학술에 대한 문화운동적 사고, 즉 특정 지향을 위해 학문이 존재한다는 사고가 학문의 자율성 인식과 어떠한 긴장을 형성하는지 살펴봐야 할 과제이다.

27·30번은 '조선 문화유산 전승 방법'에 관한 내용으로 『동아일보』의 신춘문예 현상모집, 특별논문 기고 요청에 의해 투고된 것이다. 27번은 박사점(박종홍)의 장편으로 조선문화의 특수성을 인식할 것, 그리고 근로적인 사회적 그룹이라고 표현한 비권력적 입장에서 역사적·발전적으로 조선 문화유산 문제를 검토할 것을 주문했다. 30번은 우우자(설태희)의 글로 이 자료집에 실린 글 중 가장 길다. 유교지식인으로서 물질문명이 아닌 윤리도덕과 같은 정신적 유산의 중요성을 무엇보다 앞세우는데, 조선이 반드시 살려야 할 가치로 자성子姓 윤리를 들었다. 그밖에 문화유산을 보존할 수 있는 재단법인 및 지역 보존관의 설립 주장이 포함되었다. 29번은 신년기획 특별논문에 대한 감상평을 바탕으로 신남철이 조선연구 방향을 제기한 것으로, 「춘향전의 현대적 해석」(김태준)의 역사과학적 의의를 부각시켰다.

28번에서 정래동은 조선연구 방법을 두 가지로 구분한다. 민족주의적 입장에서 감정적 작용에 토대를 두고 외국과 다름을 강조하는 입장, 마르크스주의 쪽에서 학술 정리의 방법과 순서를 학득하여 연구하는 입장 등이다. 그러면서 그는 장단을 절충하는 태도를 취해야 한다고 말했다. 한편 31번은 『조선일보』 사설로 이극로 등이 조선기념도서출판관을 통해 조선연구 진흥을 한다고 하는데 그것이 조선연구 진흥이 될 수도 없고 학령아동에 대한 교육 지원이 더 절실하다는 주장을 담고 있다.

안재홍은 1935년부터 문화건설론을 쓰기 시작했다. 그는 문화운동을 제창하면서 학문이 그에 기여해야 한다는 논리를 제시했다. 본문에는 전체 13회 가운데 9회를 수록했는데 마지막에 조선문화건설협회를 세워 "사업적 기업적 형태로서 조선문화의 연구 음미 및 그 부식 천양을 임무로 한다고 하고 그 과목은 그 문화의 비판 및 저작 출판과 조선사의 연구 비판 및 그 저작 출판과 선민 저술의 연구 천명 및 그 간행 반포와 현하 조선의 사회와 문화상의 제종의 통계 즉 그 통계와 인적 제 경향의 검색 비판 등등"이라고 했다. 취지와 성격은 다르지만 오하라大原연구소 같은 것을 만들자고 하면서 무엇보다 문화적 공작이 당면의 과제라고 설파했다. 즉 학술의 기능이 문화공작의 영역 안으로 포섭된다는 것을 확인할 수 있다.

33번과 38번은 『동아일보』 학예면에 작은 박스 기사로 실린 필명 오메가의 글로 학문적 논전을 촉구하고, 고전에 대한 역사과학적 방법의 연구를 요청했다. 각 신문 학예면의 단평들에 대한 분석은 학예 관련 이슈에 대한 검토와 학예면의 신문사별 성격 등을 살펴보는 데 반드시 필요할 것이다. 오메가는 논지로 보아 이 시기 학예부 기자를 역임한 신남철로 추정된다.

34번 전원배의 글은 조선 사상계의 동향을 조감했다. 조선학의 발흥 가운데 조선적인 사상을 찾고자 하는 움직임이 있는데 점차 무산계급 중심의 사상이 표면화되면서 흐름이 변화할 것이라고 전망했다. 35번에서 안재홍은 문화 앙진 공작이 조선인의 정체성을 깨닫는 과정이 될 것이라면서 세계문화의 흡수와 조선인 향토색의 조화를 중요하게 제기했다. 조선연구의 핵심 주창자 가운데 한 명으로서 그의 문화운동론을 살펴볼 수 있다. 36번은 조선사연구 방법이라는 제목이 붙었지만 조선연구 방법이라고 봐도 무방하다. 필자 김강수는 과학적 방법을 써야 한다면서 전형적인 마르크스주의 논리를 펴는 것처럼 보인다. 그런데 글의 말미에 오트마르 슈판을 인용하며 전체성의 논리를 요약 제시하였다. 충분히 소화되지 않은 상태에서 다양한 출전들이 활용되고 있는 양상을 드러낸다. 37번은 『조선일보』에 실린 정다산 서세 100년제 기념 사설로 이 시기 정다산 재조명 사업의 의의를 설명했다.

1935년 9월 『조선중앙일보』에 실린 39번 사설은 조선연구 측면에서 『동아일보』·『조선일보』의 1면과 명백히 다른 목소리를 내는 1면의 등장이라는 점에서 의미가 있다. 이 사설은 모든 정세가 조선 자신을 세계사적 입장에서 해부 검토할 것을 요청한다며 조선연구기관의 설립을 주장했다. 1936년 2월의 사설(51번)도 주목된다. 국제적 동향에만 의존해왔던 데 대해 반성하며 조선연구를 문화적 운동으로 확장할 뜻을 밝혔다. 1933년 무렵부터 등장했던 마르크스주의 조선연구와 유사한 주장이라고 할 수 있다. 이와 같은 입장 확립에는 인민전선전술을 채택한 코민테른 7차대회의 결정도 영향을 미쳤을 것이라고 판단된다. 그러나 이 시기 조선연구가 연합전선의 형태를 띠기보다 오히려 더 격렬 대립으로 이어졌다는 점도 유념해야 한다.

「천대되는 조선」 논쟁(40·43번)이 이를 잘 보여준다. 안재홍의 논설과 그에 대한 김남천의 비판을 여기서 상세히 정리할 필요는 없겠다. 관전평도 여러 차례 나왔다. 44번 김석종은 안재홍 지지, 45번 전원배는 김남천 지지 쪽에 가까웠다. 안재홍이 선배로서 자신의 의견을 피력한 것은 좋았으나 역사적 유산의 현대적 계승 방법에 대한 생각을 더 익힐 필요가 있다. 조선은 소비에트러시아의 상황과 다른데 그러한 예를 끌어오는 것도 부적당했다 등등이 전원배의 근거였다.

41번과 42번도 작은 논쟁으로서 관심을 둘 만하다. 김남천은 신남철이 신경향파에 대해 평론한 것을 보고 변증법의 초보 공식도 모르는 형이상학이라고 비판했다. 이에 대해 신남철은 졸렬한 욕설일 뿐이라고 반박했다. 이 가운데 김남천이 신남철의 조선학 주장을 "괴상한 '신'학"이라고 부른 것에서도 알 수 있듯이 둘 사이 불편한 감정이 있었다. 『조선중앙일보』의 학예면 연구가 심화된다면 조선연구를 둘러싼 이러한 심리에 대한 조금 더 구체적인 분석이 가능할 것이라 생각한다.

이와 같은 충돌 이후로도 『조선중앙일보』에는 46번처럼 조선학 연구의 시각 및 경향을 분석하고 과학화를 위한 문화운동의 일환으로서 학문이 서야 한다는 입장이 개진되었다. 또한 48번에서 김태준은 신년 맞이 연재로 조선연구의 마르크스주의적 방법론을 상세히 해설했는데, 이는 「천대되는 조선」논쟁의 연장선이기도 했다. 그러나 이와 같은 개성적 주장을 담은 지면은 결국 1936년 하반기 정간을 맞게 되어 더 이상 지속되지 못했다.

한편 1936년부터 신문지면에 문화·학술진흥과 관련된 기사 및 사설이 또다시 늘어났다. 『동아일보』 신년 기획으로 문화조선을 구축하기 위한 각 분야 연구기관 건설을 주장한 47번이 대표적이고, 50번은 재단법인 형태의 과학박물관 설립의 상세한 로드맵을 적었다. 또한 『동아일보』는 연구기관 창설, 조선인의 학예 조장에 유력자가 힘써야 한다는 사설을 1936년 중반에 연속 수록했다. 53번은 문화운동을 통한 조선문화 건설과 기부 독려 및 조선문화상금 등을 그 방법으로 내걸고 있는 안재홍의 글이다. 54번은 문화연구기관 창설 방법을 다룬 김한용의 글로 무엇보다 학문을 정책적으로 육성해야 할 필요성을 제기했다. 57번의 『조선일보』 사설은 경제계는 문화운동을 적극적으로 후원해줄 것을, 문화운동자는 문화운동을 자기의 천직으로 알고 굳건히 고수할 것을 주문했다.

이와 같은 분위기 가운데 마르크스주의자의 조선연구 제안도 끊이지 않았다. 이청원은 49번에서 당파적 연구를 제창하고, 52번에서 일종의 문화운동론적 과제로 마르크스주의의 자유주의와의 투쟁과 대중화의 성공을 제시했다. 마르크스주의 조선연구의 속내를 짐작할 수 있는 내용이며, 1936년 1월의 이 글과 간격이 제법 벌어지는 1937년 8월의 62번에서도 조선문화의 특수성을 과학적 관점으로 접근해야 한다고 주장했다.

한편 1937년 1월과 5월에 실린 한식의 두 글(58·59번)은 사회주의적 문화운동과 연구 방법을 설명했다. 전자는 문화옹호가 부각된 이후 지성의 방위에 힘써야 하며, 표현기관을 지키기 위해 기존 저널리즘을 활용해야 하고, 계몽의 과제를 이행해야 한다는 점을 강조했다. 그리하여 향토문화의 발굴과 문화단체와의 연대 등을 과제로 설정했다. 후자는 소련의 민족문화 정책을 최상의 것으로 간주하며 '형식으로서의 민족성과 내용으로서의 세계성'이라는 사회주의 민족문화론을 도입하고 있다. 한편 60번에서 신남철은 고전정신의 획득이 희망을 품는 연구, 가능성을 추구하는 연구로 나아갈 수 있다며 과학적 비평의 필요성을 제시했다.

61번은 홍명희와 유진오의 좌담이다. 이 좌담에서는 홍명희가 과거로부터 전승이 약하다는 것은 제약도 적다는 의미이니 문화건설로 매진해야 한다고 설명하는 부분이 눈에 띈다. 63번은 김태준이 자연과학계에 주는 글인데 과학적 사고를 진작시키는 것이 무엇보다 중요하다면서 학문연구기관 설립의 필요성을 언급했다.

64 · 65 · 66번은 1937년 말부터 이듬해 상반기에 걸친 『조선일보』 사설이다. 특히 64번은 1930년대 전반기에 비해 상당히 맥 빠진 1면의 모습을 보여준다. 조선어를 수의隨意과목으로 제정하려는 시도에 대해서 후진지대 문화 향상을 위해 선진지대가 어문운동도 바로잡아줘야 한다는 취지이다. 65번은 창간 18주년, 혁신 5개년 기념 조선향토문화조사사업을 개시한다는 것이고, 66번은 향토연예대회를 개최하며 민속문화 보존을 주장했다. 향토로서 조선을 기록하겠다는 사측의 의지는 1939년 80번 문화자료관 설립, 81번 조선 전통문화에 대한 의식 개혁 등의 촉구로 이어졌고, 82번과 같이 조선문화상 제정과 운영 계획으로까지 나아갔다. 실상 이러한 논의와 활동은 1940년 『조선일보』 폐간 이후에도 잡지 『조광』의 지면으로 승계되었다.

67번부터 74번은 1938년 6월 '고전부흥의 이론과 실제'라는 기획 연재이다. 박영희는 신시대를 열기 위한 준비과정으로, 이희승은 신문학 수립을 위해, 박종홍은 인습적 전통을 청산하기 위해서 고전부흥이 필요하다고 주장했다. 이여성은 고전부흥을 위한 제도적 뒷받침으로서 도서관 이용의 자율성과 편리 제고를, 유자후는 고전연구의 정신 부흥을 위한 적극적 캠페인과 독지기관 수립을 강조했다. 최재서는 고전 역시 구성된다는 점을, 박치우는 고전 연구가 고전의 성격인 역사성과 규범성을 충분히 의식하는 가운데 진행되어야 하며 새로운 고전을 낳기 위한 과정이라고 보았다. 마지막으로 송석하는 고전부흥을 위한 토대 구축이 무엇보다 중요하며 유교 때문에 과거 문화가 인멸되었던 사실에 주목해야 한다고 말했다. 고전부흥과 관련해서도 연구 관점이 분화하고 문화 · 학술진흥이 함께 거론되는 것을 확인할 수 있다.

75번의 김기석은 문화연구의 방법론으로서 민족과 세계, 전통과 창조의 문제를 거론하며 문화의 보편성과 특수성 문제를 파고드는데, 문화를 자각한

다는 것이 주체로서 인간에 대한 반성과 성찰을 전제로 한다고 주장했다. 76
번은 고전연구 방법론에 대한 김남천의 세평으로, 그는 고전 자체가 빈약하
기 때문에 고전을 통해 얻을 수 있는 게 거의 없다고 하면서 그나마 과학적
연구를 하면 괜찮은데 해석학을 가져오는 상황에 강한 불만을 드러냈다. 77
번에서 최재서는 서구 고전연구 경향을 설명하며 근대 이전의 두 가지 사상
전통인 헬레니즘(고전주의)과 헤브라이즘이 모두 전통의 부활이고, 서구에서
는 고전주의(전통주의)가 유행하고 있는데 점차 우경화되는 특징을 보여주고
있다고 지적했다.

78번의 필자 서인식은 문화의 전통 문제가 지식계급에게 관심의 대상이
되고 있다면서 이를 새문화가 형성되는 시기에 언제든지 나오는 것으로 "전
통은 문화 행위의 출발점인 만큼 목표점이 긍정되기 위하여서는 그는 늘 부
정되지 않으면 안 된다"고 역설했다. 서인식은 84번에서도 문화를 단계적으
로 이해하는 것은 계층성의 반영으로 헤겔의 방법이고, 유형적으로 이해하는
것은 민족성의 반영으로 딜타이의 방법이라고 하면서, 계층성과 민족성을 떠
날 수 없는 현실의 문화연구 방법을 모색했다.

이원조는 85번의 글을 통해 고전을 연구하고자 할 때 과거에 사로잡히지
않고 현대를 살리고자 하는 마음을 가져야 하며 문화공작에서도 마찬가지로
현대에 대한 시사성을 가져야 한다고 역설했다. 86번에서 김명식은 고전문
명에의 몰두는 과학문명을 붕괴시키기 위한 고전이용주의일 뿐이며 서양문
명의 동점東漸에 순응해야 한다고 말했다. 그리하여 조선과 동양을 아는 것은
세계문화에 공헌할 게 별로 없다는 판정을 내렸다. 이처럼 문화와 고전, 전통
등으로 주제와 소재가 전이되는 가운데에도 민족과 계급, 과학기술과 정신,
민족과 세계, 보편과 특수의 범주를 둘러싼 제반 방법적 모색이 지속적으로

시도되고 있다.

한편 79번은 신남철이 1939년 신년 기념으로『동아일보』의 의뢰를 받아 쓴 글이다. 신남철은 문화역사연구소나 도서관 박물관 등은 현재로서는 설립이 불가능하며 특히 박물관은 이미 국민교육의 장이 된 만큼 연구적 공간이 아니고, 최소한도로 가능한 것이 자료관 정도라면서 조선문화 진흥을 위한 기구 설립을 주장했다. 83번은『동아일보』에 실린 사설로 일본 궁내성 도서료 소장『의방유취』를 예로 들어 고전문화 연구와 보전에 힘써야 한다는 주장이 담겼다.

87번의 좌담회는 문예 비평과 고전연구의 상황, 학계 조선연구에 대한 문화예술인들의 방담을 살펴보기 위해 수록했다. 88·89·90번은 1940년『조선일보』신년 지식인 설문 '학술조선에 전진령! 학계진흥책을 듣는다'의 전체 7개 문항 가운데 세 가지를 뽑은 것이다. 전체 7개 문항은 ① 경성제대에 대한 희망 ② 민립대학은 어떻게 해야 세울 수 있을까? ③ 각 방면의 전문적 연구기관으로서 연구소 설치운동의 기운은 움직이지 않는가? ④ 후진학도의 지도기관과 그 방법 ⑤ 학구생활의 곤란과 학자의 각오 ⑥ 현재의 사립전문학교들은 어떻게 보나? ⑦ 학계진흥의 비책 등이다. 이 가운데 ①, ④, ⑥에 대한 설문 결과를 실었다.

91번에서는 서인식·박치우·김오성 등 3인이 조선문화 연구의 현상에 대해서 좌담을 나눴는데 조선적 특수성에 대해서 앞으로 더 연구가 진척되어야 한다는 점과 문화의 세계성과 민족성, 이성과 정서의 문제, 동양과 서양의 문제 등이 논의의 주제가 되었다. 92번은 '나의 졸업논문 주제'라는 연속 기획 중 하나로 신구현이 자신의 연구주제인 이야기책을 대상으로 고전연구의 방법론을 설명한 것이다. 그는 조선의 특수성을 규명하는 연구의 필요성을 봉건성과 봉건성 비판이 담긴 이야기책을 통해 제기하며, 이러한 연구가 조선의 유산을 비판하고 소화하는 토대가 될 것이라고 주장했다. 마지막으로 93번의 필자 홍기문은 진정한 세계사가 완성되지 못함에 따라서 조선학이 존재의 의미를 가지는 동시에 진정한 세계사의 완성을 통해 조선학은 당연히 해소될 것이라고 전제하고, 조선학의 방법에는 두 가지 점이 있다고 설명했다. 하나는 조선 자체에 머물러서 세계사를 들여다보는 것이고, 다른 하나는 세계사에 서서 조선을 내다보는 것이다. 홍기문은 양자의 편견을 극복하여 세계사로의 해소를 촉진하되 이를 위해 학문으로서의 일반성과 독자성을 해결하는 데 더욱 노력해야 한다는 점을 주장했다.

4.

이번 자료집을 기획할 때 제일 많이 고민한 것은 연구자라면 누구나 인터넷으로 볼 수 있는 신문자료를 묶어내면서, 과연 무엇을 어필할 수 있을까 하는 점이었다. 일단 국문학·국어학·국사학과 같은 조선연구의 직접적 성과보다는 주변의 것들을 두텁게 모아 손쉽게 읽을 수 있도록 하면, 그나마 조선연구의 중층적 환경을 보다 심층적으로 이해할 수 있는 실용적인 읽을거리가 될 수 있겠다 싶었다. 그리고 두 번째로 유관분야 전공자가 쉽게 읽을 수 있도록 하기 위해 가급적 원문의 의미를 해치지 않는 선에서 현대어 표기를 따랐다. 자료 선정 및 수록 방침과 관련해서는 '일러두기'를 통해 상세히 정리해두었다.

2019년에 처음 작업을 시작할 때는 『조선일보』 기사 입력에 연세대학교 근대한국학연구소 연구보조원으로 참여하고 있던 동료들의 도움을 받았다. 『조선중앙일보』 기사도 전문 입력자의 지원을 받았다. 디지털아카이브 작업의 성과를 직접 이용할 수 있게 된 이후부터는 대부분 혼자 작업을 진행했다. 디지털화된 자료의 정확도 수준이 워낙 천차만별이라 기사를 읽어 내려가면서 원문 대조를 반드시 해야만 했다. 많은 우여곡절이 있었지만, 지금도 오류가 있다면 무조건 작업을 담당한 엮은이의 잘못이다.

원주에서 시작하고 부산에서 1권 작업을 마무리하게 되었다. 2020년 3월에 학교를 옮기면서 작업 시간이 지체되었고, 근대한국학연구소 HK+사업단 구성원들과 소명출판 편집 담당자를 노심초사하게 만들었다. 사과와 감사의 인사를 동시에 드린다. 식민지 조선학계의 주체인 연구자, 자료 및 논저의 서평을 다루는 2권도 가독성 있는 자료집이 되도록 힘쓰겠다. 이 자료집이 1930년대 조선연구와 한글신문 학예면의 관계를 연구하는 데 조금이라도 보탬이 되었으면 하는 바람이다.

기사 본문

「(사설) 학술적 자주」(상)(하)

『동아일보』, 1927.3.17~18

　1. 도쿄[東京]에서는 학사원[學士院] 기타의 금년도 학술 공로자에 대한 장상[獎賞] 수여가 발표되었는데 그중에 조선 식물에 대한 연구로 나카이[中井] 씨 이름이 나옴은 우리의 흥미를 끌고 아울러 감개를 자아낸다. 나카이 씨는 누구나 아는 바와 같이 1913년 이래로 관서[官署]의 비호 하에 조선에 있는 각종 식물의 근본적 조사에 종사하여 그 학술적 위적은 질로 양으로 자못 성대함이 있고, 더욱 기다[幾多]의 신발견으로써 인류의 지식에 새 지면[地面]을 제공하여 조선 식물학의 권위로써 이미 세계에 추중[推重]됨은 위선 작년 도쿄에 있던 태평양학술회의에서 큰 경탄을 샀음에서도 짐작할 것이다. 그와 및 그 보조자의 노력으로써 시방까지 발견된 신속[新屬]이 이미 7~8을 산[算]하고 신종[新種]으로 말하면 200을 넘은 지가 벌써 오래여서 연년으로 더욱 증가하는 상태에 있으며 그중에서도 학계의 주목을 끄는 것은 양류과[楊柳科]에 조선이[朝鮮也]((h)senia) 속이 신설한 것이니 이는 실로 1737년 린네 씨에게서 양류과에 백양[白楊]과 류[柳]의 양[兩] 속과 설정된 지 근 200년 만에 1920년에 나카이 씨의 조사로써 학계에 발표된 것이었다.

　2. 5년 전의 조선 식물 명휘[名彙]에 기재된 것만 해도 조선의 식물 수는 888

속, 2천 904종, 506변종이오 그중에 수입종이 120속, 161종, 5변종이며 신종의 발견이 해로써 늘어서 작년의 백두산 답사 중에도 약간의 신수확이 있었음은 다 아는 바와 같다. 면적의 분수로는 지형이 길고 또 해륙을 겸대兼帶하고 또 도처에 고산高山을 가졌음은 조선의 식물계로 하여금 이렇듯 권속眷屬의 부富와 경관景觀의 다수를 자랑하게 하는 것이니 혹은 재용材用 혹은 약용藥用혹 공업용 혹 관상용으로 식물적 천혜도 조선에 두텁지 아니하달 수 없다. 그러나 이 많은 식물이 그 임자인 조선인에게 얼마나 한 지식 급 향용상享用上의 재산이 되며 얼마나 많이 독천獨擅할 광휘를 현양하며 특수한 공효功效를 공헌하며 본구本具한 가치를 발휘하고 있는가, 대동 산하 천만년에 저 운운芸芸한 자와 저 총총總總한 자가 어느 것 하나 미美의 천사가 아니며 부의 지령地靈이 아니리오마는, 조선 식물의 이러한 내재성을 학적學的 우又 업적業的으로 천발闡發한 자가 그래 누구더란 말인가.

3. 조선은 삼림국이었다. 그리고 농업국이었다. 그런데 이는 물론 식물 이용의 국토임을 의미하는 것이다. 조선 경제의 기초가 언제든지 농림으로부터 떠날 수 없다 하면 식물학은 조선인에게 있어서 실로 생명적 과학의 일 요부要部라고도 할 것이다. 그 신비를 들추고 그 위대를 뽑아서 우리의 마른 구복口腹과 한 가지 마른 혼백을 축이는 원천이 퍽이나 많이 식물학의 순리純理 급 응용을 연速하여 흘러감을 보나니 우리에게 있는 식물학 연구는 이러한 의미에서 홀으로 지식욕이나 학구벽의 대상일 것 아니라 실로 어떻게 살까 어떻게 즐길까의 큰 관건을 맡은 것이라 할 것이다. 큰일과 깊은 속은 그만 둘지라도 첫째 우리 국토 총면적의 7할여를 차지한 것이 산악이거늘 산악은 곧 식물의 무대일 것이오 곧 재산의 고장庫藏일 것이오 곧 생활의 큰 감시자일 것으로 그를 선대善待코 그를 악우惡遇함과 활용코 사기死棄함이 어떻게 우리 생명의 고윤

枯潤에 대하여 결정적 위력을 가졌음을 생각하여 보자. 또 그중에서 황락荒落한 임상林相 아니 그 적독赤禿한 산용山容이 다만 보기에만 끔찍스러울 뿐 아니라 그것이 홍수의 원인이 되고 한발의 도선導線이 되어서 연복년年復年 얼마나 우리의 전토와 화곡禾穀과 생명을 망실케 하는가 만을 생각해보자. 그런데 임정林政과 식물학이 부부夫婦와 같아서 국토적 평안과 생활상 보장이 오직 그의 아들로 그의 아들로나 나아짐을 생각하자. 이만으론들 식물학을 범연히 생각할 것이랴.(상편)

1. 조선에 있는 식물학의 역사도 결코 남부끄러울 것이 없었다. 근세의 일로만 하여도 본초학本草學의 권여權輿인 『향약집성鄕藥集成』과 농림학의 남상濫觴인 『농상편집農桑編輯』의 찬술撰述이 잔뜩 5세기의 전인 여말 국초에 있고 그 후로 수윤증광修潤增廣이 끊이지 아니하여서 린네의 손에 식물강목이 고정考定될 때에는 『신증향약집성방新增鄕藥集成方』이 이미 1만 706종의 약방藥方을 괄리括羅한 85권의 대책자를 이루었고 후자도 『농사직설農事直說』로 『산림경제山林經濟』로 『임원십육지林園十六志』로 꽤 조리 있는 발달을 이루었으니 이것이 비록 응용에 치우치고 순리를 건드린 것은 아닐지라도 그중에 기다 귀중한 발견이 포함되어 길이 학계의 경이를 지을 것은 사실이다. 그러나 학적 식물에 대하여 시방 우리의 가지는 지위와 드러낸 업적은 그래 얼마나 되는가 무슨 종속種屬으로써 인류의 식물적 지식을 증광하였으며 무슨 발명으로써 세계의 식물적 문화에 기여하였는가.

2. 코마로프가 북조선의 식물을 조사하고 팔라빤이 전 조선의 식물을 고찰하고 폽쓰 헴슬레 막스모위츠 큐켄탈 타퀘 이하 극북極北과 원서遠西의 허다한 사람이 간관만리間關萬里에 채집과 관찰과 감정鑑定과 기재記載에 다리를 떨어뜨리고 애를 태울 때에 조선인 부자는 무엇을 하였는가. 또 이런 일이 장죽 물

고 목침 신세지는 자기네의 신변에서 행하는 줄이나 알았는가. 어허, 식물을 통해서 주시는 조물造物의 후혜厚惠도 다른 모든 것에서와 한 가지로 근대의 조선인에게는 다만 황태荒怠에 인하는 치욕의 일 낙인에 치值하는 것일 뿐이었다. 무지와 무심과 무성의의 있는대로를 이에 향해서도 어려워 않고 발로하였으며 주옥珠玉도 분토糞土 같이 보는 무서운 담박淡泊을 식물학상으로 나타내었다. 그리하여 안에 있어서는 적탁赤濯한 나신裸身이 잔칼질한 듯한 구기龜圻로서, 밖에 있어서는 세계 유수한 식물국 역사적 문화국으로서 조선인의 명의名義와 노력을 나타내는 일 기재를 그 많은 식물지植物誌에서 얻어 보지 못하게 됨으로써 우리의 심적 빈약을 대성大聲 광고하게 되었다. 어허, 조선의 이 많은 식물이 언제까지나 조선인에게 도야지의 받은 진주 노릇을 할 것인가. 아직도 많이 남은 미지의 영역과 미발未發의 성능性能이 언제까지 남의 심수心手 영광을 더해주는 거리를 짓기만 할까.

3. 일 사회 일 민족이 자주권은 다만 어느 한 제도에만 있는 것 아니다. 참 자주는 정신으로부터 씨를 안고 사상으로 움이 돋고 학술로 북을 돋우어서 생장하고 성숙하고 또 발휘하고 증광되는 것이며 또 이러한 자주적 능력들의 총화가 곧 사회적 민족적의 자주를 지을 따름이다. 정신의 원두源頭에 있어서와 능력의 기반에 있어서 튼튼한 자주가 없이는 다른 아무 자주가 있을 리 없고 또 자주 비슷한 것이 있다 하더라도 그는 허수아비의 그것과 거품의 그것일 따름일 것이다. 그런데 자주적 권리의 원천일 심적 급 학적 자주력에 있어서 요새 조선인의 성적과 소유가 그래 얼마나 되는가. 설사 상응한 그것과 내지 위대한 그것을 가질 수 없는 것은 어쩔 수 없는 사세事勢라 할지로 그런대로 발분하고 진작하여 그리 해보리라 하는 노력은 그래 얼마나 되는가. 뷘소리의 자주로부터 붙잡힘 있는 자주로의 실제적 용심用心과 노력은 언제부터나

눈에 띌 것이 있을는지 생각하면 허망하지 아니한다. 풀 한 포기와 나무 한 밑동의 탐사상 업적과 기재적 능력조차 가지지 못하여 도무지를 나는 모릅네 당신들 알아합시사 하는 부끄러움을 이제 또 한 번 나카이 씨의 포상 앞에서 입술 깨물지 못하는 자인들 그래 얼마나 될까. 자주다 자주다 다만 소리와 그림자의 그것이 아니라야 할 것을 알자. 꿈의 그것으로서 학술과 모든 기본적 조건에서 진정한 자주를 한 가지 한 가지 조금조금씩 만들어가자. (하편)

「(사설) 조선의 원시상」-교간 『삼국유사』의 감」(상)(하)

『동아일보』, 1927.3.24~25

1. 조선으로 돌아가자 함은 사상 급 문예를 통하여 현저히 강대하여진 색조요, 이것이 다시 일보를 내켜서 조선의 본래상과 근본의식에 대하여 진정 투철한 지식을 요구하게 되어서 조선 자신의 학술적 고구考究가 새로운 주의注意로서 일반에게 맞이하게 되었다. 이는 진실로 발을 땅에 붙이고 걸음을 내키려 하는 정지견正知見의 발로로 신조선의 착실한 전도에 대하여 크게 경하해야 할 일이다. 그러나 조선을 정해하려 할 필요가 금일 조선인의 공통 욕구인 만큼 또 특히 신뢰할 만한 전문가가 많지 아니한 만큼 어느 정도 만치의 원原조선 연구는 진실로 문자 보는 이의 절실한 당면사라고 할 것이다.

2. 조선문화의 근본적 토구는 그 방법과 부면이 진실로 1~2에 그칠 것이 아니니 전자에는 실물을 주로 하는 것, 유풍遺風을 주로 하는 것 등이 있을 것이오, 후자에는 인류학적 고고학적 사회학적 민속학적 종교학적 언어학적 사학적 심리학적의 종종 혜경蹊逕이 있을 것이다. 그러나 어떠한 방법과 부면으로써 하든지 그것을 고대에까지 소급해야 하고, 고대의 사事일수록 기록에 징徵해야 할 것이 많은 바에 저절로 어느 것에든지 문헌적 방법 곧 유문고기遺文古記를 의빙依憑하여 고사古事를 모색하며 고찰하는 방도를 궐여闕如하지 못할 것

은 다언多言을 불수不須할 바이다. 아무 문헌의 말미암을 것이 없으면 모르되 진실로 있을진대 단간영묵斷簡零墨도 편편금옥일 것이다.

3. 조선은 오랜 문학국文學國이지마는 종종의 사정을 인하여 그 고대에 관한 문헌은 자못 영성零星한 느낌이 있다. 국내에 전하는 바로는 삼국시대 이전의 사실을 계고稽考할 재료가 약간의 금석문을 제하고는 서적으로 김부식金富軾의 『삼국사기三國史記』 50권과 승僧 일연一然의 『삼국유사三國遺事』 5권이 있을 뿐이다. 이것이 1천년의 복잡한 정치적 소장消長과 융성한 문화적 생활을 일러주는 것으론 물론 너무 초솔草率하고 소략한 것이다. 고구려에는 100권의 『유기留記』가 있고 백제와 신라에 다 일찍부터 국사의 찬술이 있었고 신라의 말조末造로만 말하여도 최치원崔致遠 김대문金大問 같은 문성文星이 있어 그 저술이 자못 풍부하였었는데 시방 도무지 유존遺存한 것이 없고 이제 와서는 태반이 한토漢土의 문적文籍을 승습承襲한 차此 양서兩書밖에 없다 함은 진실로 천고千古의 한사恨事라 할 것이다. 그러나 돌이켜서 이것이라도 없었던들 하는 생각을 하면 이것밖에 없기 때문에 그를 중시 진시珍視할 이유가 더욱 크지 아니치 못할 것이니 우리 선민先民이 장원長遠한 역사적 노력과 문화상 건수建樹를 영사映寫한 이 양종兩種의 필름은 아무리 했거나 우리의 반만년 동안 피와 땀과 그 냄새와 맛을 묻혀놓은 유일한 생명약동의 낭적浪跡임이다. 어느 의미로 말하면 역사의 일편一編으로만 볼 것 아니라 조선의 국민적 경전으로 가잠입송家箴入誦이라도 할 것이 아닐까 하는 생각이 나는 것이다.

4. 그러나 『삼국사기』나 『삼국유사』를 집안에 둔 이도 몇이나 될지 모르는 터이니까 이를 상시 피독披讀한다든지 또 그 속에 있는 조선 생명의 흐름을 흡취해 본다든지 함은 거의 문제도 아닐는지 모를 형편이다. 그것이 삐뚤어졌으면 바로 잡고 그것이 가려졌으면 헤쳐 내려고 할 생각을 가지는 이가 거의

없음은 한탄함이 도리어 힘겨울는지도 모른다. 그중에도 『삼국유사』는 『삼국사기』와 같지 아니하고 전자는 한토의 재료를 주로 하여 한문적 유학적의 변통을 더한 것임에 반하여 후자는 어디까지고 조선 고전 그대로에 충실하기를 힘써서 할 수 있는 대로 조선 자래의 귀중한 재료를 후대에 가혜嘉惠하려 한 것이로대 이것이 문화적 자손自遜이 심하던 전일에 있어서는 도리어 유포와 신용에 큰 방해를 지어서 일반으로는 『삼국유사』라는 이름을 아는 이조차 드물고 따라서 그 전본傳本이 끊이기에 이르렀음은 애석하고 남음이 있는 일이다. 그러나 민족적 보옥의 유일한 함장자含藏者인 『삼국유사』의 광휘가 조선인의 민족 급 문화적 자각과 한 가지 오래 유폐幽閉하였던 만큼 와짝 발양될 것은 자연한 일이었다. (상편)

1. 『삼국유사』는 조선 본심과 조선 본색과 조선의 고전古傳 급 고의古意를 우리에게 가르쳐주는 현재 유일의 귀중한 문헌이다. 조선 본연의 민족적 신앙과 문화상 경로를 지시하는 자는 이제 『삼국유사』가 있을 뿐이니 조선의 신화, 전설, 고요古謠, 구속舊俗을 시始로 하여 아무 데도 전하지 아니하고 아무것에서도 얻어보지 못할 기다의 조선 생명 급 조선 정조는 진실로 『삼국유사』의 하상河床에서만 흘러있음을 본다. 고조선에 관하여 최고最古 유일의 신통기神統記 교리서 신화전설집 민요토속지民謠土俗志, 사회지社會誌 고어휘일 것이 시방에는 이 『삼국유사』 일편의 전담全擔이니 얼른 말하면 『삼국유사』는 고조선 연구의 일 백과전림百科典林이라고 할 것이다. 누가 『삼국유사』의 밖에서 조선신화학을 만져보며 조선종교사를 더듬으며 조선문학의 요람을 구경하며 조선속상朝鮮俗尙의 남상을 가까이 할까. 『삼국유사』는 진실로 고조선 고구考究의 절대한 기반인 것이다. 또 그것이 승려의 찬술인 만큼 서書의 태반을 불교 홍통弘通의 서술에 공供하여 조선문화의 하반下半으로 더불어 심밀한 교

섭을 가지는 불교사를 연구하는 상의 최고 전거가 됨은 새삼스레 말할 것까지도 없는 일이다.

2. 이러므로 조선아我의 자각과 아울러 조선문화의 자주적 연구를 생각하지 아니하면 이러어니와 한 번 조선의 본래상相을 알려하는 풍風이 생길진대 맨 먼저 고념顧念되고 봉출捧出될 것은 그 유일한 문헌인『삼국유사』일지니 유사가 또한 소략도 한 것이고 잡박도 한 것이지마는 이것이 현재 유일의 유주침벽遺珠沈璧일진대 그런대로 조선의 유광잠채幽光潛彩를 이에서 헤치고 들춰냄이 진실로 당연할 것이다. 그러나 아무리 보중寶重한 문헌이오 긴절한 재료라도 얻어보는 수가 없으면 어찌하지 못할 것이니 일반으로 조선 고문화에 대한 흥미가 실답지 못하고 또 이른바 사도斯道에 정진하는 이라도 그 소설所說의 각근脚跟이 튼튼치 못함은 위선『삼국유사』에 대한 심구정해深究正解가 부족함에 말미암고 이것은 오로지『삼국유사』의 전본이 너무도 희소한 고故에 돌릴밖에 없는 일이다.『삼국유사』의 보급 여하가 조선학 촉진에 대하여 중대한 계기가 됨은 이만으로도 크게 짐작됨이 있을 것이다.

3.『삼국유사』의 보급은 금일 조선에 있어서 홀으로 문헌 보존의 일 사실일 것 아니라 실상 본 조선 구명상의 중요한 일 과정일 것이다. 잃어버린 조선의 구슬을『삼국유사』의 지팡이로써 찾아내야 할 것이다. 그런데 이것은 전문학도의 손에도 맡기려니와 한옆으로 여러 사람이 한 가지 흥미와 열심으로써 보안普眼의 주찰周察과 다면의 분탐分探을 담임할 일이다. 왜 그러냐 하면 모든 것을 다 잘하는 학자도 없으려니와 각 부면의 전문가라도 자기의 영역은 반드시 잘 하기만 하라는 법도 없겠기 때문이다. 고조선 본래 조선의 진상 발로에서도 전민적 협력이 요구되지 아니할 수 없나니 이렇기 때문에『삼국유사』의 보급도 일반적 필요로 하는 것이다. 반드시 사학가에 한할 것 아니

오 반드시 민속학자에 그칠 것 아니라 무슨 학예로든지 진실로 조선적 배경을 필요로 하는 것이며 무엇이든지 『삼국유사』의 신세를 지지 아니할 것은 물론이거니와 또 나아가서는 자기를 알고 자기 표현의 근거를 들려함이 인성 필연의 충동인만큼 조선의식의 유일한 고전인 『삼국유사』는 그 유포와 그 심토尋討에 다 일반적 의의를 가졌음이 분명하다. 더욱 오늘과 같이 조선의식의 발흥이 현저한 때에는 『삼국유사』는 당연히 누구의 손에든지 얼른 들어갈 수 있도록 되지 아니하면 아니 될 것이다.

4. 또 한 가지 『삼국유사』에 한할 것은 아니지마는 일반적으로 고문헌 고핵考覈 급 고사古史 연구상에 주의하고 싶은 일은 조선역사의 자주적 고찰에 대하여서이다. 조선인의 입장에서 조선을 위해서의 조선학의 연구 급 건설을 주의하라 함이다. 요새 와서 조선인의 연구열이 발흥함을 따라서 일종 병폐의 풍이 보이기 비롯하는 것은 보기 싫은 사대적 정신이 그 부면에도 나타나는 것이다. 내 정신과 내 전통을 떼어놓고 외국인의 천부淺膚하고 편루偏陋한 억설을 추수 승습하여 그러함이 학적 충실인 듯하게 생각하는 폐가 있음은 딱한 일이다. 학술에 진실로 국경이 없다. 그러나 국경이 없기 때문에 남의 진역적畛域的 태도에 속지 아니할 필요가 더 있는 것이오, 내 진여眞如를 발양하기 위하여 남의 치운癡雲을 발피撥披할 필요가 도리어 큰 것이거늘 일부의 학자는 아무 자주의 기백과 자벽自闢의 경계가 없이 한갓 남의 조박糟粕을 핥음으로 능사를 삼는 꼴도 어떻게 넓고 궁토窮討의 오실奧室이 어떻게 깊을 것인데 이른바 외인의 고설考說이란 것이 아직까지 어떻게 우스꽝스러운가를 보라. 또 그 소설所說 조동모서朝東暮西에 어떻게 향방 없음을 보라. 본디부터 조선의 연구는 조선인이 주인일 것이거늘 조선의 학풍이 도리어 외객外客을 우러러보기에 얼을 빠뜨리니 이 무슨 기괴한 현상일까. 우리는 위선 『삼국유사』의 보급이 일

동기를 지어서 조선연구에 대한 자주적 풍조가 왕성하여지기를 못내못내 축

원한다.(하편)

「(사설) 학구적 노력의 부족」

『조선일보』, 1930.9.15

1. 조선인의 신생명을 개발開拔함이 반듯이 나아갈 전도의 개척만을 의미하는 것이 아니요 넓은 범위에 있어 묵은 과거의 개척까지도 포함되나니 이렇게 볼 때 조선역사의 개척은 일일이라도 한각閒卻하지 못할 바이다. 역사는 죽은 것이 아니요 현재의 모든 사물을 지배하고 있는 것이니 이것을 모르고 어떻게 이 사회를 잘 이해할 것인가. 그러나 금일 외지 시무에 뜻을 두는 이로되 사학斯學에 대하여 태만하게 굴었던 것이다. 그의 연구적 기관으로서 사학회史學會나 사학잡지 하나가 조선인의 손에 의하여 조직 및 출간되지 못한 것을 보아도 알 것이다. 우리네 학구적 노력이 일반으로 부족한 것도 사실이지마는 근래 조선어에 대하여서는 자못 연구열이 발흥한 바 있어 작년 한글 기념일을 기회로 조선어 학자 사이에 조선어사전편찬회의 성립까지 보게 된 오늘날에 홀로 조선사에 대하여서만 냉담한 태도를 가지는 것은 기이한 감이 있다.

2. 물질로나 정신으로나 공허를 느끼게 된 우리네로서는 한층 더 진지한 태도를 가지고 묵은 꺼풀에서 신생명 이류ᅟ를 발견하도록 노력을 게으르지 않아야 하겠다. 우리 선민의 한혈汗血로써 체조締造한 문화적 자취를 과학의 '메

스'로 해부하여 보면 오늘날에도 반드시 감응이 있을 것이다. 그의 모든 발명과 창작에 대하여 연구해서 그것을 비단批斷하는 것은 후인의 의무로만 해석할 것이 아니라 또한 이로써 우리네 전도를 비춰주는 광명의 일자一資로 삼을 수도 있다. 서양인으로서 조선사를 연구하는 이가 없는 것이 아니며 일본인 학자 사이에는 일찍부터 조선사에 대한 연구와 및 그 발표가 많았으나 그 내용에는 가의可議할 점이 얼마든지 있는 것으로서 우리네 연구를 기다리는 바크다.

3. 조선사에 유의하는 이도 그에 관한 연구적 기관이 없기 때문으로 이른바 그의 절규마탁切磋磨啄할 기회를 두처지 못하게 된 것이니 먼저 사학회나 사학잡지 같은 것을 동호자 사이에 하나 만드는 것이 퍽 필요할 것이다. 사학의 연구는 편견이나 성견成見을 버리고 순객관적 입장에서 함을 요하거니와 오늘날 조선사는 고증보다도 자료수집이 더욱 급무임은 점점 산실 인멸되는 문헌을 보존하지 않아서는 아니 될 점으로 보아서 그럴 뿐만 아니라 워낙부터 잔결殘缺 영성零星한 사료임으로 아무리 고증을 하려고 하되 고증할 수가 없는 때문이다. 이렇게 사료를 수집함도 1~2 개인의 힘보다는 사학회 같은 것이 있으면 훨씬 나을 것이다. 만일 우리네 능력으로써 하기 곤란하다 하여 한갓 남에게만 맡긴다면 너무나 자기 의무를 포기하는 것이 아닌가. 모든 것에 있어 남의 노력에 의뢰하지마는 조선어와 아울러 조선사에 대하여서도 우리네 몸소 연구 비판하여 볼 필요가 있는 것이니 그는 조선인으로서 조선사를 연구하지 않아서 아니 될 의무 외에도 여러 가지 연구상 편의를 갖췄음이다. 어찌 이 학술상 특권을 자기自棄함이 가하랴.

「현실 조선의 재인식」(1)~(6)

신일성, 『조선일보』, 1930.10.1~9

1. 서언

"지피지기면 백전백승"이라 함은 병가兵家의 경구警句이다. 지피는 적의 실력을 탐지함이요, 지기는 자기 객관을 지칭함이다. 자기 객관은 반성이니 반성은 진취의 기초이다. 지피와 지기가 전법戰法에 경중이 있으랴마는 '지기'는 '지피'보다도 제일의적第一義的이다. 남을 알기 전에 나부터 알자! 아니, 남을 알려면 나부터 알아야 한다.

우리는 세계의 일을 알고 싶다. 영국 일, 독일 일, 미국 일도 그렇거니와 아일랜드[愛蘭] 일, 러시아[露國] 일, 인도 일, 중국 일 할 것 없이 모조리 알고 싶다. 그러나 그것보다도 더 알고 싶은 일은 우리 조선 일이다. 참 조선 일은 좀 착실히 좀 더 정확히 알고 싶다. 그런데 사람에게는 이상한 괴증怪症이 있다. 남의 일이면 전후 사실과 시비 판단을 분명히 갈라놓는 이라도 자기 일에 당하면 분명한 일에라도 미황迷惶하는 일이 있다.

방금 우리는 현상 조선의 적나라한 실체를 알아야 할 절대의 필요에 당면하였다. 이것이 장차 동動하려 하는 조선에 진로를 규정하는 기초적 준비인 까닭이다. 조선사람 치고 누가 조선 일을 모르리오마는 참말 계통 잡아 바로 현실 조선을 인식하기는 지난한 일이다.

"조선을 알자!" 이러한 운동이 전부터 있었던 것은 물론이지마는 최근에 이르러 더욱 적절하여진 것이 사실이다. 피상의 조선인식에서 내용의 조선인식으로, 관념의 조선인식에서 실질의 조선인식으로, 주관의 조선인식에서 객관의 조선인식으로, 이상의 조선인식에서 현실의 조선인식으로, 이렇게 변하여간다. 인식이 변이됨은 원칙심願心의 요구이며 행동규정의 전제이다. 세계가 동하거니 조선인들 동치 않으랴? 동하는 조선이거니 동하는 대로 그를 인식함이 정당한 관측자의 행동이다. 옛날 선배의 조선인식이 그때 관측으로는 구태여 틀렸다 하지 않는다 하더라도 현하의 정세에는 역시 현하에서 본 객관 조선의 재인식이 필요하다.

2. 조선인식의 변천과정

조선민족이 있던 곳에 조선인식이 없었으랴? 잘했으나 못했으나 어느 정도의 조선인식은 조선이 개벽한 때로부터 있었을 것이다. 그러나 필자는 원래 사가가 아니니 단군 이후의 시대시대를 분류하여 그 인식의 변천을 서술하기는 도저히 불가능한 일일 뿐 아니라 이 소론이 요구하는 바도 아니니 그러므로 이에는 다만 이조李朝 이후의 추상화한 조선인식의 대강을 약술하여 사적으로 현실조선의 재인식의 필연성을 보려 한다. 같은 사상事象에 대하여도 관측자에 따라 결론은 서로 다르다. 이에 조선인식의 변천과정을 논함에 제際하여 편의상 4기에 분分하려 하는데 이에도 필자의 독단이 있음은 가피可

避한 일이다.

1) 자굴自屈시대

지리는 인성을 결정하였다. 조선은 1면이 대륙에 접하고 3면이 대해大海에 임하여 때때 해적의 도난도 겪었거니와 강대한 대륙족의 침습을 받아 드디어 자위자축自萎自縮하여 버렸다. 그리하여 외국 숭배열이 생겼고 자비자굴의 품성이 양성되었다. 중국은 대국이요 조선은 소국으로 인식하게 되었다. 인물도 대국 인물이 제일이요, 물건도 대국 물건이 제일이었다. 산의 조종祖宗은 곤륜산崑崙山이요, 물의 조종은 황하수黃河水로밖에 알지 못하였다. 만고성인은 요순堯舜이나 공맹孔孟뿐이요, 천하재사는 장량張良이나 공명孔明뿐인 줄 알았다. 경향에 대성전大成殿 생기고 곳곳에 관왕묘關王廟가 일어난 것도 괴이하거니와 동명洞名을 지으면 화양동華陽洞이요, 집을 지으면 모화당慕華堂이라고까지 한 일도 있으니 그때 일반의 조선인식은 이를 미루어 가히 양도量度할 수 있다.

이 시대의 조선인식은 자기부인이었다. 그때의 지배계급은 자기부인으로써 능히 자계급의 이익을 옹호하였고 또한 그를 확보하기에 편의便宜하였다. 그리하여 대외적으로는 유순柔順을 가작假作하고 대내적으로는 경강硬剛을 강작强作하여 적을 국내에서 구하여 그에 대항하기 위하여는 외력에 의뢰하기를 괴이히 알지 않았다. 묘당에는 4색色이 적대하고 민간에는 반상班常이 엄연하여 서로 다퉈 모화를 일삼으니 그때 만약 누구나 조선을 생각하고 조선을 조선대로 인식하자는 자가 있다 하면 그는 곧 반역의 도徒요 이단의 류類로 몰리었다. 그리하여 오랫동안 외국에 끌려다니는 광영을 입어 자기의 일을 하재도 남의 눈치코치를 살피는 판이었다. 이리하여 조선민족은 드디어 의뢰성과 사대적 품성이 양성되고 말았다.

세 살 때 버릇이 80까지 간다고 한 번 박힌 습성은 얼른 변치 않는 것이다. 조선민족에게 깊이 박힌 외국 의뢰성은 일종의 고질이 되어 저 갑신정변을 전후하여 일어난 소위 개화당들에게도 이 습성의 혈맥은 여하하게 통하였다. 조선의 혁신을 도모함에 혹은 러시아에 의뢰하고 혹은 청국, 혹은 일본 이렇게 제각기 외국의 힘을 빌려 자파의 승리를 기도企圖하려 하였다. 청병淸兵이 물러나면 러시아병[露兵]이 들어차고 러시아병이 물러나면 일병日兵이 싸고도는 판이었다. 이러한 외국 의뢰의 습성은 단지 자기부인의 시대만 아니라 자기과장誇張 시대에까지 급及하여 아직도 이 습성이 아주 청산되었다고 단언하기는 조계早計인 듯싶다.(1회)

2) 자존自尊시대

고래의 봉건적 세력은 조선을 지배함에 자기부인으로써 자계급의 이익을 보전하는 무기를 삼았다 함은 기술旣述한 바와 같다. 그러나 항상 유동하는 사회는 한때라도 정체치 못하나니 이때까지 내려오던 자기부인의 태도는 드디어 근대국가화 한 외국의 정세를 인식하게 되자 그 인식은 점점 나아가 필경은 외국이 경과한 과정을 답습할 필요를 느끼게 되어 국내에는 근대적 자유주의의 발흥을 보게 되었고 따라서 근대적 산업조직에 한 사회형태를 요구하게 되었다. 이 근대적 사회형태는 스스로 국가형태의 변화를 요구하고 또한 근대 산업조직의 정치형태인 '데모크라시'의 정치를 요구하게 되나니 이 요구를 대표하는 사회층의 일군은 필연적으로 전술前述한 구세력과 대립하여 일전을 시試하게 되자 그들이 민중에 대한 선전에는 첫째 구세력 군群이 사용하던 무기를 버릴 필요를 느끼었다. 그리하여 그 근본에 있어서 외국 의뢰성은 버리지 못하면서도 그 표현에 있어서 자기부인의 태도를 일변一變하여 자기과장의 태도로 대代하였다. 그리하여 그때의 지도자들은 될 수 있는 대로 역사상의 굴욕적 사실은 국민에게 알리기를 피하였고 학문으로 남을 가르치던 일, 무단으로 남을 정벌하던 일만 골라서 국민교양의 재료로 삼았다. 그 결과는 4위圍가 모두 만적蠻狄같이 보였고 심지어 이때까지 숭배하던 청까지 '되놈'이라고 언칭하여 스스로 높여 남을 천시하였다. 이러한 천외賤外사상은 어느 나라에든지 있던 일이지마는 특히 조선에 있어서는 확호確乎한 민족심을 형성치 못하고 드디어 안가安價의 자부심 자존심이 되고 말았다. 바른 의미의 민족적 자부심, 민족적 자존심은 민족 진취의 원동이니 오인은 이를 경하할지언정 배척할 필요는 없을 것이다. 그러나 다시 생각하면 강도에게 목을 졸린 자가 속으로 큰소리 한들 별 수가 있으며 양반이 상한常漢의 집에 행랑살이 하면서 제 혼자 지체를 가진들 무슨 소용이 있으랴? 자굴이 자기를 망각한 데서 생긴 것과 같이 자존도 또한 자기를 모르는 데서 생기는 병적 현상이다.

3) 자성自省시대

조선은 수구당의 구세력을 몰아내고 개화당의 신세력이 아직 움[芽]도 트자마자 그만 서리[霜]를 맞아버렸다. 그리하여 민중은 구세력에 의한 봉건적 지배를 벗어났고 신세력에 의한 근대국가적 지도를 잃었[失]다. 통일된 조선인식의 강제적 우忢는 반강제적 주입에서 벗어난 일반민중은 각기 자기 멋대로 조선을 인식하게 되었으니 부정적 인식, 긍정적 인식 기타 형형색색의 조선인식이 곳곳에 나타났다. 더구나 한편에 이민족에 의한 정치적 지배는 이 정세를 도와주었고 금융자본에 의한 급격한 계급 형성은 드디어 조선인식의 혼란을 초래하였다.

그러나 일시의 혼란은 분화 통일의 전제이니 조선은 점차 외국에 대한 바른 인식을 가지게 되는 동시에 조선이라는 자기인식을 비판하게 되어 이때까지 긍정하던 것을 부정하게도 되고 이때까지 부정하던 것을 긍정하게도 되었다. 그리하여 외국에 대한 인식이 발달하면 발달할 수록 자기에 대한 인식도 발달하여 그때부터는 외국을 비판적으로 보는 동시에 자기 자체도 또한 번 다시 뒤져보게 되었다. 즉 "나는 나지!" 하던 태도에서 남에게 목 쥐인 '나'임을 알게 되었다. "나는 양반이다" 하던 태도에서 행랑살이하는 '나'임을 인식하게 되었다. 즉 현실의 자기를 인식하게 되었고 객관 자기들을 알자 하였다.(2회)

4) 자각自覺시대

조선이 외국에 대할 때는 일체로의 조선으로만 인식된다. 그러나 돌이켜 대내적으로 생활상 이해관계로 이를 볼 때는 다수한 계급이 엄존한 것을 보게 된다. 즉 조선적 인식에서 계급적 인식으로 옮기게 되었다. 그리하여 최근 사회운동자의 일부에는 그만 조선적 특수조건은 잊어버리고 협의의 계급적 존재에만 착안하여 현단계의 조선의 실정에 대한 인식의 오류를 범한 일까지 있다. 그러나 조선을 세계적 존재에서 본 계급적 인식은 확실히 일대 진보인 동시에 조선인식의 자각시대를 표징함이다.(일반 사회운동 관계에 대한 상술詳述은 이하에 양讓함)

3. 사회 현상의 인식 유형

상술한 조선인식의 변천과정은 각 시대의 주요 현상의 대강을 서술함에 불과하다. 그것도 간단히 수어數語로써 다만 그 주조主潮만 표현시키기에 노력하였다. 원래 일정한 사회의 진전이 어느 일정한 정도에 달하면 그 진행이 조해阻害되어 사회 혼란의 사상事象이 발생하는 것이다. 이 사상에 직면하여 그 사회에는 항상 세 가지의 인식 유형과 그에 대응하는 세 가지의 행동 유형이 있는 것이다. 과거의 조선인식인들 어찌 전술한 바와 같이 통일 정연한 일양一樣의 인식 유형만이 있었으랴마는 이에는 다만 그 주조의 대강만 서술함에 그쳤다 함은 전언前言한 바와 같다. 그러면 그 세 가지의 인식 유형과 행동 유형이라 함은 무엇인가?

사회조직의 기구에 대한 하등의 이해도 없고 사회진화의 이론에 전연 무지하고 권력에 대하여는 맹목적으로 공포를 느끼며 '현존한 실재' 그 자체에 대하여는 무비판적으로 긍정하는 사람들이 가지는 바 사회관이 그 제1유형이다. 그들은 과거의 전통이 유일한 신조이며 그 전통에 반하는 온갖 사선事線 —전통을 부정 우는 비판하는 등 사事—에 대하여는 극도로 그를 혐오하고 배격한다. 그들은 발생된 사회혼란의 사상에 대하여 언필칭 '말세'니 '막된 세상'이니 하나니 이렇게 사사事事에 '큰일 났다'고 비관적 언사를 농弄하는 사람들은 이 제1유형에 속한다. 이 유형에 속하는 사람들은 대개 봉건적 기개氣慨와 중세적 용기勇氣를 가지는 일이 많으니 따라서 그들이 여사如斯한 사회 사상에 대하여 취하는 바 태도는 대략 두 가지로 나뉜다. 일은 비분강개하여 폭력 사용도 사辭치 않음에 반하여 일은 모든 것을 잊어버리고 사회에서 도피하고 만다.

대개 이 유형에 속하는 사람들은 무의식적이며 무사기無邪氣한 자가 많다. 두 뇌의 진화가 정체하여 고정된 명사와 그들의 일언일행을 맹목적으로 신봉하는 무의식 대중이 그 다수를 점한다. 그러나 그중에는 사회가 유위有爲의 사士로 인정하는 사람들이 적지 않음도 사실이다. 현실 조선에 봉건적 특권계급과 양반의 일부 고루한 한학자 도학자를 위시하여 소위 지사 중에도 고집불통하는 일파와 소위 신학문 배운 자 중에도 관념적 철학에 머리가 젖은 자들은 모두 이 유형에 속하는 인물들이다. 이러한 무의식 무사기한 무비판적 신봉자들은 때때로 자기도 모르게 '돈키호테'식의 진극珍劇을 연출하여 10년을 지나나 20년을 지나나 밤낮 '말세'만 찾고 앉아 혼자서 비탄하고 있다. 그러므로 그들은 다음에 서술하려 하는 제2유형의 인물들에게 흔히 이용된다.(3회)

일정한 사회에는 그 사회의 지배적 지위를 점한 사회층이 있다. 자주국에 있어서는 권력과 금력을 가진 사회층이 그것이며 조선과 같은 곳에 있어서는 사회 여론의 지도적 지위를 가진 층이 즉 그것이다. 그들은 사회의 기구, 사회진화의 이론에 관하여는, 일정한 이해를 가지고 있다. 그들은 일찍 전기前記한 완고파 류의 강경한 고집에 대하여 그 반대상相으로 이러하나 그를 극복하고 드디어 사회의 지배적 지위를 획득한 체험이 있는 까닭에 일정한 사회의 진화에는 반드시 일정한 반대상이 나타난다 함을 잘 알고 있다. 이것을 아는 점이 제1유형의 인물들과 틀리는 점이다.

그러나 그들은 그들이 지도적 지위에 있는 현실 사회의 내부에서 생기는 반대상이 점차 확대되어 시대 혼란의 조짐이 보일 때에는 그 태도를 일변하여 전통을 고창하고 현상유지를 역설하게 된다. 이 점이 기술한 제1유형의 인물들과 일치되는 점이다. 그럼으로 이 유형에 속하는 인물들은 항상 자기들의 반대상에 대하여는 자기가 가진 바 유리한 지위를 보전하기 위하여 무한의 증오를 느끼게 되며 어떤 때에는 제1유형의 인물들의 무사기성을 이용하고 사회 여론의 독점에 의하여 가능한 범위의 억압책을 시試한다.

이와 같이 사회의 일정한 발전단계에 있어서 그 지배적 세력에 대한 반대가 순醇되고 확대됨에 따라 시대 혼란의 사회상이 나타나게 되면 기중其中 일정한 사회층은 자기들의 입장에 대한 반대의 발전을 보게 되어 그 반대상의 확대를 가리켜 사회의 해독 우는 사회의 위기라고—기실은 자기 지위의 대항물이지마는—인정하여 드디어 그 사회상을 불온당 불건전한 것으로 간파하여 버린다. 이러한 인식이 제2인식이다. 여사한 인식은 단지 지배적 우는 지도적 지위에 있는 사회층만 아니라 그 생존상 관계(명예욕, 활동욕 등 관계도 포함)에 있어서 밀접 불리不離의 관계를 가진 사람들까지도 똑같이 가지게 된다. 좌左로 신흥 요소에 추파를 보내고 우右로 지배적 사회층과 협조하기를 등한히 하지 않는 자유사상가의 일군一群도 다 이 유형에 속한다. 고집불통파에서 제적된 지사군志士群의, 일부 엄정한 의미의 사회운동자의 일부(즉 전일前日의 용감한 투사로 사계斯界에 어느 정도의 명망을 가졌던 것이 신진 예시銳士에게 그 지위를 밀리게 된 일군), 지배군의 인허認許에 의한 사회기관의 중요한 지위에 있는 명사의 일군 등도 모두 이 유형에 속한다.

그들은 사회진화의 이법理法을 알고 어느 정도의 이해를 가지나 그 이해의 정도는 근본적 구명을 피하여 그 구명에 철저를 결한다. 그러므로 사회기구의 폭로, 사회진화 이론의 발표에 대하여는 극히 신경이 과민하다. 그리하여 그들은 한 번 사회혼란기를 당하면 당황 미결未決하게 된다. 그러나 그들의 생존상 이해는 필경 그들로 하여금 그 혼란기의 반대상의 억압에 직접 우는 간접으로 노력하게 한다. 간혹 기중에도 이 반대상의 억압에 차마 직접 노력하지는 못하겠다는 정도의 양심을 가진 자가 있으나 그들의 행동도 그 최상이 중립적 태도에 지止하고 만다.(4회)

사회적 혼란에 대한 제3인식 유형은 제1유형의 사람들과 같이 말세로 보는 것이 아니라 '여명의 기期'로 보며 제2유형의 사람들과 같이 사회의 위기로 보는 것이 아니라 사회의 전회기 우는 갱생기로 본다. 이 제3인식 유형 파지자把持者는 기존 사회의 지배적 지위에 있는 사회층에 대하여 직접 대항적 지위에 있는 사회층이다. 현실 조선에 있어서는 소농과 신흥 노동자층은 물론이거니와 그들과 생활상 관계를 동일히 하는 일반 사회층 그들과 운명을 함께할 주의자 일군은 모두 이 유형에 속한다. 이 부분 사회층은 1~2 대외적 관계나 대내적 관계임을 불구하고 항상 이 유형에 속하게 된다. 그러나 사회에는 적어도 대외적 관계만에 한하여서는 이 부분의 사회층과 동반자 노릇할 사회층이 있으니 시대적 정세 파악에 명민한 중간계급의 전투적 분자, 진보적인 민족주의자 급 지식계급, 활동적인 지사군의 일부가 이에 속한다. 기중에는 대내적 관계에 있어서도 최후까지 전자와 동반 노릇할 분자도 적지 않다. 그리하여 그들은 항상 반대상 확대에 노력하며 사회의 혼란과 두색杜塞된 치국治局의 타개를 위하여 정진한다.

사회혼란기에 제한 세 가지의 인식 체형과 그 파지자인 세 가지의 사회층에 대한 일반적 서술은 간단하나마 이상으로써 족한 줄 안다. 바라노니 독자 제현은 각각 자기 자신이 그 어느 유형에 속하는 인물일까 함을 생각하면서 이하에 논하려는 현실 조선의 특수상을 상고想考하여 주었으면 한다.

4. 조선 산업혁명과 변태적 현상

조선의 산업적 발전은 필경 근대적 산업조직의 국가형태를 요구하게 되어 그리하여 일어난 것이 저 갑신정변1884년이라 할 수 있다. 따라서 갑신정변은 근대 '부르주아'적 사회혁명의 일종으로 나타난 것이니 그러므로 설사 조선의 정치형태에 특별한 변동이 없이 그대로 진전되었다 할지라도 조선에는 반드시 근대 자본주의적 발전이 스스로 사회의 모순과 충돌은 초래하였을 것이다. 그러나 그런 때의 모순과 충돌은 자국 내에서 일정한 조건하에 동일한 정도로 대등하게 발달되는 계급적 대립에서 생기는 까닭에 사회면에 나타나는 양대 계급의 현격은 동일 사회의 진화상 전회기임을 의미하며 신사회 건설에 전기적前期的 조건을 주는 것이다.

그런데 조선의 산업혁명은 정치적 조건과 함께 급격한 외자의 무제한한 유입에서 성취되었다. 부락적 농촌경제가 일조一朝에 금융자본의 전횡을 만나 도시가 근대화하고 농촌이 또한 자본주의화 하니 인정 풍속도 변하여감은 필연의 세이다. 토지에 겸병이 성행되고 자본에 집중이 격성激成되니 우리의 중산계급 이하의 급격한 몰락은 하는 수 없이 해외 유리流離를 보게 하였다. 이와 같이 민족적 유리의 현상은 외력의 저압低壓에 저항할 수 없이 될 때에 생기는 것이니 우리의 민족적 실력이 얼마나 참담한 처지에 있는가 함을 가히 촌탁忖度할 수 있겠다.

자주국인 외지의 예를 보면 자본주의 사회에서 특별한 은택을 받는 계급이 그 사회의 유지 존속을 위한 노력이 강하여지면 그와 정비正比하여 그 독아毒牙에 걸리어 신음하는 계급도 또한 발달되어 그 반대의 세력이 균등하게 증장되는 것이다. 그러나 조선과 같이 외자(금융자본)에 의한 급격한 산업혁명은 다만 선각한 일 계급이 미개한 타 계급을 권력적으로 강×하는 데서 성취되는 까닭에 최고도로 발달된 지배군의 조직화한 ××정책에는 현대적 지식에 뒤떨어진 피지배군은 다만 스스로 몰락의 길을 밟아 이외에 타 도塗가 없는 운명에 빠지게 된다. 그리하여 만약 이 환경과 조건에 아무 변동이 없이 이대로 만나가게 된다면 현존한 계급적 현격은 더욱 더 격성되어 필경에는 1~2의 부호를 제외하고는 모두 다 무산화할 운명에 걸려있다. 이 점이 오인에게

동주인同舟人의 감感을 가지게 하는 특수한 일면상이다.

조선의 산업혁명이 이와 같이 정상적이 아닌 것만치 사회의 온갖 현상은 거의 다 변태적이다. 현하의 조선사회는 마치 '상투' 위에 모자를 쓴 격이며 방입笠 쓴 '상제'가 자전거를 탄 상像이다. 이러한 변태적 현상은 조선뿐만 아니라 우리와 같은 처지에 있는 곳에는 어디서나 보게 되나니 이러한 특수현상은 저 영 미 독 등 제국諸國과 같이 생산 제력이 진전하여 생산이 집중되고 이미 '부르주아' 민주주의적 ××에 성공하여 고도로 발전된 자본주의국에서 보는 사회의 제 현상과는 그 의의가 서로 다르다.

이에 그 특수성을 약기略記하면 첫째, 그 정치적 경제적 특징이다. …

둘째, 사회봉건적 제 관계이니 일반 민중의 뇌리에 아직 주종적 정신의 뿌리가 빠지지 못하였으며 현대 부르주아혁명의 원동인 자유 평등의 사상, 민주 자치의 정신이 아직 확립되지 못하였다. 사회의 제 관계는 자본가적 사회형社會型이 아니라 농민적 사회형이다. 근래에 조선에도 현대식 노동자군이 많이 생겼다. 그러나 그들의 대부분은 아직도 농민적 사상 전통에 얽매어있다. 농촌에서 일터를 잃어버리고 몰려 공장으로나 자유노동자군에 참입하였다 할지라도 세세전지世世傳之하던 농민적 두뇌는 일조一朝에 청산할 수 없게 된다. 이 점에 조선에 있어서 노동운동자가 가장 고심되는 점이며 그 지도가 가장 곤란한 점이다. 조선도 벌써 자본주의(더욱 제국주의)에 물든지 이미 오래였으니 이땅에 어찌 현대적 노동자군 발생이 아주 없다고야 하랴마는 외형은 노동자이나 두뇌는 아직 농민임을 어찌 하랴. 생각컨대 조선에 참말 노동자다운 노동자는 저 광산 노동자가 있을 뿐인가 한다. 그러나 급속도적인 조선의 경제적 발전은 장차將且 수로서 많은 노동자(벌써 많지마는)를 산출할 것이며 질質로서 유위역군有爲役軍을 배출할 것이다.(5회)

셋째, 경제적 실력이니 일시에 몰려온 제국주의적 지배에 그에 방비할 여유 없이 반만년이나 전하여 오던 경제적 토대가 일조에 붕괴되고 말았다. 정권과 금력을 가지고 이땅에 군림한 그들은 마치 '장님'하고 경쟁하는 격으로 무인지경 같이 농단하였다. 그에 낙오된 백의인들은 하는 수 없이 남자는 '요보상'으로 여자는 '오마니'로 화化하였다. 이렇게 무력하게도 자붕자괴하여 가는 경제적 약자에게는 드디어 진취적 기개와 분투적 용력까지 퇴패하게 되어 그 대부분은 노예적 복종에 의한 일시적 안보를 도圖하게 되며 '룸펜'적 구걸에 의한 잠시적 운명을 꾀하게 되었다. 약자의 이중인격은 불가피한 일이라 할지나 의식衣食이 전민족적 의식까지 변하게 함은 참 한심한 일이다.

넷째, 세력균형상 문제이니 이렇게 점차 무력화 하여가는 우리의 경제적 실력은 현상대로 나아가서는 도저히 조직화할 여망이 없다. 민중이 모두 조석의 호구가 곤란하거든 어느 겨를에 민족 우는 계급적 단결세력 집중 등의 고담高談을 농하게 되랴. 우리는 너무도 약하고 저들(계급적 의미로 보아)은 너무도 강하니 세력상 균형이 이와 같이 현격한 때의 대책은 스스로 달라야 한다.(조선 산업혁명의 경제적 우는 사회적 영향에 대한 숫자적 연구에 관하여는 일찍 『조선일보』에 발표한 졸고 '조선 인구문제 개론'과 『중앙공론中央公論』에 발표한 졸고 '조선문제의 진체眞體'를 참고하여 주기를 바라며 이하는 전부 약함)

근사謹謝. 원래 예정으로는 이에 다시 계속하여 '5. 객관 조선의 사회상'이라 제題하고 현실조선의 사회면에 나타난 파적派的 분립과 그 항쟁을 술하여 다시 그 귀추에 급하고 '6. 사회운동사 상으로 본 재방향전환의 필연성'이라 제하고 기미운동 이래의 우리 사회운동사상에 나타난 파란곡절을 기記하고 그 사회적 근거를 구명하여 현단계의 침체한 우리 운동의 소이연所以然을 검토하여서 과거의 원칙상 이론과 전술상 방략에 관한 규정에 다소나마 오류가 있으면 오류 그대로 지적하고 조금이라도 결함이 있으면 그 점을 보충하여 우리 운동의 진로를 말하려 하였다. 그러나 본고를 기필起筆하여 1로부터 3까지는 저간 승가사僧伽寺에서 초초草하였고 4는 서도西道 방면에 여행하는 가운데 틈을 타서 주섬주섬 썼기 때문에 참고의 자료를 결함이 많고 필치에 조리를 실함이 없지 않은 줄 안다. 5 이상의 속續을 써야 할 시일은 절박하였는데 공연히 함경도 방면에 여행하게 되어 부득이 이에 중지하지 않으면 안되게 되었으니 행여 독자 제현의 관서寬恕가 있으면 하고 바라 마지않는 바이다.(10월 3일 함경선 차 중에서)(6회)

「조선학의 국학적 연구와 사회학적 연구」(상)(하)

김태준, 『조선일보』, 1933.5.1~2

막연히 조선학이라고 한 것은 조선의 역사학, 민속학, 종교학, 미술학, 조선어학, 조선문학류 ……를 총괄한 것으로 편의상 이러한 제목을 가설假設한 것이다. 50년 전이나 30년 전 같으면 국학이라고 떠들었을 것을…… 조선어학에 있어서 주시경周時經 선생 같은 분이라든지 조선소설 연극운동에 있어서 이인직李仁稙 선생이라든지 특수한 어른도 없는 것은 아니었으나 봉건사회에서 자본사회에 들어가는 초기에 반드시 대두하는 국학운동이 조선에서는 발흥할 기운에 도달하기도 전에 정치적 압박을 당하였다. 고도의 자본주의 문명은 가속도적으로 수입되어 오고 찬란한 황금문명의 표면적 극락원에 도취한 지식청년들은 개성에 눈을 뜨기 시작하며 연애 도덕이니 사민평등이니 인도정의니 하면서 코 큰 양인의 것이면 효빈效顰하기를 인색치 아니하여 자아를 망각하게까지 되었다. 물론 정치적 압박도 있었겠지만 국학 국고國故를 찾으며 국혼國魂을 환기하려고도 아니하고 또 하려고 하여도 할 수가 없었다.

그러나 이러한 태평시대도 즉시 사라졌다. 그들은 결국 무슨 사업을 하였으며 장차 어떻게 제세안민할 수가 있으며 대중을 위하여 얼마나 복리를 줄 수가 있겠느냐? 나는 소위 그 명사의 대부분에 접할 적마다 느끼는 것이 그들은 의기도 있고 재혜財慧도 있고 열熱도 있으면서도 시세의 통찰력이 부족하지 아니한가를 의심한다. 말하자면 인식력이 좀 부족되지 아니한가 하는 것이다.

기미 이후의 사회적 정세는 얼마나 급격히 변화하였는가? 고도로 강화된 자본주의 경제조직의 압박으로부터 생기는 노동계급의 곤궁과 불안에 당면함으로써 세계적 연락을 받는 계급의식의 맹아에서 발전 농숙하여 나가는 동시에 세계적으로 ××과 ××을 하여 나가는 것이 아닌가? 날마다 2면 3면의 신문기사에 보도하여주는 계급적 압박과 그 ××을 무어라고 보는가? 알고도 묵살이냐? 독선적이냐? 나 배 부르니 천하 사람이야 아무렇게 되든지 나는 모른다는 주의냐. 그 주의로서야 구세적 지사는커녕 마각馬脚만 노출시킬 뿐이리라.

그럼에 불구하고 조선의 종교가들은 종교의 진리와 종교의 영원적 가치를 말하고 자기네의 경전은 회회도回回徒의 『코란』처럼 억천년 변치 않는 신성불가범할 것으로 믿는다. 그러나 보라. 삼국시대 사람들은 원시인의 믿는 원시종교 살만신교薩滿神敎를 믿지 아니하고 고려인은 삼국시대 사람의 광신하던 불교를 의혹하기 시작하며 이조 말엽에는 그 유교도 소멸되고 그 ××교도 압박적 비운에 빠지지 않았는가? 모든 것은 시대적 산물이다. 서양에 기독교가 근래에 현대인 기만에 부심하여 호도적 수정을 끊임없이 하여 오는 것과 같이 조선의 천도교 보천교 기타 무슨 교 …… 등 유령교들이 많이 있어서 빈민의 고혈을 착취하고 있지만 이러한 단체를 정복하려는 운동이 작금에 맹렬하여 오는 것도 수지취하水之就下와 마치 한 가지 자연의 추세라고 할 것이며, 이 추세를 인공적으로 역제逆制코자 하려거든 동해수東海水를 끌어올려다가 백두산 꼭대기에 부어라. (1회)

나의 이야기가 너무 관념적론적 변증에 빠졌다. 기계주의적 부연이지만 이러한 변증이 모든 조선학 부문을 연구하는 자에게 필요된다. 근래에 이르러 여하튼 조선학 연구열이 '인플레이션'한 셈이다. 잡지『조선민속』을 발행하는 손진태孫晋泰, 송석하宋錫夏 양씨를 비롯하여 조선사 연구의 열은 중추원을 능가하고 조선어학에 있어서도 수표정 조선어학회, 인사동 조선어학연구회, 숭사동 조선어문학회의 3단체가 있어서 각각『한글』,『계명』,『조선어문학회보』라는 기관잡지를 발행하여 재래의 태평통 어학회보다는 퍽 활발하게 연구하는 셈으로 더욱 조선어학회에서는 그 소위 '최후적 회의'를 개성에 열며 동아일보사 3층에서 조선어학연구회의 주요인물과 논전이 있은 후 즉시 그 안은『동아일보』의 활자에 채용되었으니 어쨌든 이 문화운동의 획시기적 공헌에 감사할 따름이지만 다만 이러한 학리와 실제를 합하여 한글운동의 사용 또는 본질에 좀 더 생각하였으면 …… 하는 느낌도 있다. 객관적 형편과 주체의 역량을 경솔히 생각하고 근본 문제는 '골발骨拔'로 하고 주력을 지엽문제에 집중시켜서 떠드는 것은 우리네의 조선학 연구 자체가 급박된 현실에 비춰 기회주의적 현실도피적이라고 할 터인데 그도 너무도 경거輕擧가 아닐까?

이것은 어학에서만 아니라 김추사金秋史의 필법을 보든지 낙랑시대의 유적을 보든지 삼국시대의 불상 조각을 보든지 똑같은 주의에서 비판된다. 문학에 있어서는 더욱 고조된다. 대다수의 인간이 스스로 짓고 한가지로 즐거워할 수 있는 문학 그리고 다른 계급을 극복할 때에 선전 폭로 압박의 공구가 되는 문학이 아니면 안 된다. 그럼에 불구하고 에로 그로 문학, 넌센스 문학……이 횡행한다. 아직도 10수년 전에 구세주로 자처하는 분들이 하등의 사상적 질적 비약이 없이 그대로 문단에 군림하려고 들지 않는가? 한 달 전에 동양에 왔다가 간 영국 문호 '쇼' 옹翁은 「엥겔스, 쇼, 레닌」이라는 일 단문

短文을 일본에 남기고 갔지만 옹의 장점은 촌철 같은 풍자 그리고 그 풍자가 꼭꼭 대중을 위하여 옹호하고 시비를 적발하는—다시 말하면 예민하게 시세를 통찰하는 데 있다. 천근淺近하게 말하면 먹고 사는 사람인지라 하선추충 夏蟬秋虫의 노래와 같은 포인냉회飽人冷話를 배제하고 좀 더 일반인의 생활에 즉하여 연구 또는 창작하지 아니하면 안 된다.

조선학 연구가 현실에 조선땅에 사는 일반인의 행복을 위해서 한다고 할진 대 우리는 그 일반인의 진두에서 실천적 지도를 아니하겠거든 일반인과 호흡을 함께 하여 차라리 종으로는 현단계에 이르기까지의 발전과정을 분명히 해석하여 미래의 예측에 제공할 만한 자조資助가 되어야 할 것이요, 횡으로는 세계적 학문으로서 연락이 있어야 하고 또 거기서만 학문의 생명도 있나니 나는 이 점에서 차라리 중국 궈모뤄郭沫若 씨의 『중국고대사회연구中國古代社會研究』와 같은 연구태도를 다소 씨의 격월激越된 혁명적 구조口調에 탈선이 있음을 적발하면서도 대단히 찬송하던 자이다. 동지여, 우리는 이제부터 다시 역전하여 메이지유신[明治維新]의 원동력이 되었다는 모토오리 노리나가本居宣長, 가모노 마부치賀茂眞淵 승僧 케이추契冲를 모방하여야 옳으냐?

자본주의가 제4기, 제5기로 연장되고 계룡산에 '히틀러' '무솔리니'가 날 줄 아느냐. 유물적 진화의 법칙이 정正 반反의 계열에서 나아가는 것이 다시 틀림없는 이상 구태여 어용적(국학적) 방법을 선택하여 일부러 일반과 간격間隔하려고 할 필요가 어디 있을까? 조선학 연구열이 높아져서 광문회 본, 고서간행회 본이 대중없이 비싸게 된 것은 도리어 경하할 일이면서도 우리네의 작금까지의 연구태도가 과도의 인식부족에 유래한 것을 회개하고 단연 ×××× ×××를 위한 과학적 연구가 아니면 안 되겠다는 수감隨感을 초草한다. (2회)

「사안으로 본 조선」(8)~(9)

문일평, 『조선일보』, 1933.5.13~16

1. 유불학과 조선학−사상과 문화의 관계

논자 혹은 말하되 원효元曉와 퇴계退溪를 사상계의 위인이라 함에 대하여는
이미 정평이 있는 바이나 세종世宗을 위인이라 함에 이르러는 적이 이의가 없
지 못하니 세종께서 비록 문화상 위대한 창작과 발명이 많았지만 사상상 독
특한 창견과 발명이 있음을 듣지 못하였는데 어찌하여 사상계의 위인이라 하
는가.

그러나 여기 사상이라 함은 그 어의가 오늘날 그것과 판이하니 학리상 창
견이나 정치상 공리주의나를 물을 것 없이 시대 인심에 영향을 미치기만 하
였으면 그것을 또한 사상으로 간주하여 막연하게 일컫던 것이다. 엄정하게
사상을 따진다면 세종께서도 역시 삼강오륜의 유교적 전통을 벗어나지 못하
였다. 그의 정치상 민족주의도 요컨대 유교류의 민본주의에서 탈화脫化한만치
오늘날 공화국의 민본주의가 아니오, 옛날 전제국의 민복주의이니 말하자면
유교의 이상인 '보민保民'의 민본주의이다. 그러므로 세종에서 사상계의 독특
한 위位를 차지하기는 어렵다.

그러나 문화와 사상이란 것이 절대로 다른 것은 아니다. 서로 영향을 미치며 서로 연락을 지어 문화가 사상을 배양하고 사상이 다시 문화를 탄육誕育하는 말하자면 인과적 관계가 있다. 세종께서 창조하신 문화는 조선我에 눈뜬 제일보이니만치 그것이 곧 조선사상의 연원을 지었다. 우리네 고유한 언어를 적기 위하여 독특한 문자를 창조함과 같음은 영원한 조선문화사에 있어서도 가장 추칭推稱할 만한 조선사상의 고귀한 발로이다.

다만 조선사상이 그때나 이때나 무슨 체계를 가진 독특한 사상은 아니다. 그러나 지나支那 사상 그것도 아니오, 인도 사상 그것도 아니오, 조선 사상은 어디까지 조선 사상이다. 비록 예로부터 조선이 지나 급 인도 사상의 감화를 많이 받았으니 특수한 현실에서 특수한 생활을 하게 된 조선인은 구원久遠한 역사를 통하여 일종 특수한 조선심을 형성함에 이른 것으로서 그것이 세종에게 의하여 가장 구체적으로 표현된 것이다. 이러한 의미에서 세종을 조선심의 대표자라 부르고 싶다.

원효를 불교사상계의 위인이라 하고 퇴계를 유교사상계의 위인이라 한다면 또한 세종을 조선사상계의 위인이라 못할 것이 없다. 그러나 불교철학을 떠나서 원효가 독립할 수 없고 유교철학을 떠나서 퇴계가 독립할 수 없는 것과 같이 조선학을 떠나서 세종이 독립할 수 없으므로 불유학佛儒學의 쇠쇠衰해지고 조선학이 자라남을 따라서 원효 퇴계의 존재는 차차 멀어가고 세종의 광채는 더욱 증장될 것도 거의 의심 없는 사실일 것이다. (8회)

2. 조선학의 의의—자아 재인식의 필요

근일에 사용하는 조선학은 흔히 애급학埃及學과 앗시리아학과 병칭하는 경향이 있다마는 여기는 다소 그 의의가 다르니 광의로는 종교 예술 민속 전설할 것 없이 조선연구의 학적 대상이 될 만한 것은 모두 포함한 것이나 협의로는 조선어 조선사를 비롯하여 순純조선문학 같은 것을 주로 지칭하여야 하겠다. 그러나 엄정한 입장에서 조선학이란 광의보담도 협의로 해석하는 것이 옳다고 하겠다. 특히 조선학이 유불학과 대립하는 경우에 이르러는 협의로 해석할 것은 물론이다.

다시 말하면 조선인의 특수성을 표시하는 그 언사를 비롯하여 조선인의 과거상相을 영사映寫하는 그 역사이며 또는 조선인의 실생활을 조선말로 써낸 조선문학 같은 것이 조선학을 구성한 중심골자가 되어야 하겠다. 조선말은 조선인과 함께 아득한 옛날에 발생하였겠으나 그 사용은 조선 글의 발명을 기다려 비로소 완성의 역堿에 이르렀으며 조선사는 조선인과 함께 수천년 동안 진보하여 온 것이나 문화적으로 가장 이채를 빛낸 것은 아무래도 조선 글을 창정하는 등 자아에 눈뜨던 그 시기가 될 것이며 조선문학은 우리 선민들이 이두로 가요를 적기 시작하던 까만 고대에 벌서 남상하였으나 그것이 형식으로 내용으로 진정한 조선문학이 됨에는 조선 말이 조선 글로 적히게 된 이후의 일이다.

이로 보면 조선학은 조선 글의 발명과 및 그 발달에 의하여 비로소 그 존재의 가치를 증대하게 될 것은 사실이 증명하는 바이다. 만일 조선사에서 조선문의 창정 그것을 뽑아버린다고 가상假想하자. 그럴 때는 조선말은 절름발이 말이 되고 조선역사는 눈먼 역사가 되고 조선문학은 얼빠진 문학이 되어 따라서 조선학의 자립을 보기가 자못 곤란하였을 것이다. 오직 이 조선말의 생명을 담은 조선 글의 발명으로 해서 진정한 조선문학의 수립을 가능케 한만치 조선 글은 조선학의 독특성을 고조한 것이라 하겠다.

그러므로 조선 글은 조선심에서 생겨난 결정인 동시에 조선학을 길러주는 비료라 하려니와 조선 글이 발명된 지 이래 5세기 동안에 조선의 사상계는 자는 듯 조는 듯 조선학의 수립에 대하여 격별格別한 진전을 보지 못하였다. 그러나 오늘날은 차차 구사상에서 벗어나 신사상의 자극을 받게 된 조선인은 조선을 재의식할 때가 왔다. 한편으로 신문화를 받아들임과 함께 한편으로 조선학을 잘 만들어 세계문화에 특수한 기여가 있어야만 할 것이니 이는 문화족으로서의 조선인에게 부과된 일대 사명인가 한다.(9회)

07

「(사설) 문헌이 결핍한 조선, 사학도서관에 요망」

『조선일보』, 1933.12.25

1. 조선에는 결핍한 것이 너무나 많아 어느 것이 더 결핍하다고 말하기 어려우나 전문적으로 조선을 공구攻究하는 학도에게 가장 불편을 느끼는 것은 문헌의 결핍이 그것이 될 것이다. 조선은 동방에 있는 민방民邦으로서는 문화가 오래지만 문화가 오랜 푼수로는 문헌이 결핍하다. 그 원인으로 말하면 역대 병화에 소멸되었을 뿐 아니라 보존 방법이 틀려서 또한 산망散亡한 것이 적지 아니하다. 그 원인은 어찌 되었든지 이로 해서 조선학도에게 많은 장래를 끼친 것은 유감된 일이라 안 할 수 없다.

2. 조선인의 손으로 된 조선사 참고서와 조선어사전 하나 똑똑한 것이 출래하지 못한 것을 우리는 매양 탄식하는 바나 그는 조선인의 노력의 부족에만 돌릴 수 없고 역시 참고문헌의 결핍함에도 크게 관계가 있는 줄을 알아야 하겠다. 이를테면 여기 조선학을 뜻을 두는 이가 있다고 하자. 그가 아무리 뜻이 돈독하고 간경懇傾하더라도 근본 자료 하나 얻어 볼 수 없는 데야 어찌하랴. 조선인이 조선학을 수립함에는 무엇보다도 먼저 조선에 관한 모든 유용의 서적을 수집하여야 할 것은 새삼스러이 설명을 기다려 알 바 아니거니와 워낙부터 결핍한 조선문헌이 더구나 유실 산망이 이른 극한 오늘날에 와서

수집하기 매우 곤란할 것이나 그렇다고 해서 의식적으로 그의 수집과 및 그 보존에 노력하지 않을 수 없다.

3. 개인으로도 장서가가 없는 것이 아니나 개인의 힘은 박약한 즉 문헌을 수집함에는 민립의 도서관의 필요가 있지마는 기왕에 있던 것도 지지하지 못한 우리로서 이제 다시 세울 수 없는 이상에 현존한 사학私學 부속의 도서관을 될 수 있는 대로 일층 더 충실히 하여 조선문헌의 수집에 일대 노력을 아끼지 않아야 하겠다. 그러나 오늘날까지 어느 사학에서든지 이러한 특수의 계획과 실행이 있음을 듣지 못하였나니 물론 그는 경비 관계도 있겠으나 그보다도 그에 대한 깊은 이해가 없는 때문으로 그리 되는 것 같다.

4. 그러나 사학의 특수한 사명이 더욱이 조선 같은 데 있어서는 귀중한 문헌을 수집 및 보존해서 조선학의 일대 연수淵數로 자기自期함에 있는 것을 깊이 깨달아야 하겠다. 조선인이 아니고는 도저히 할 수 없는 조선학의 특수한 부분을 공구 또는 천명하는 데 사학 존재의 의의와 가치가 있는 것이 아닌가. 방등 뒤가 어두운 셈으로 조선사정에 서투른 조선인 교육가들은 이것조차 잘 이해치 못하는 모양이다. 오늘날 조선학에 관한 문헌은 과학에 관한 다른 서적과는 그 성질을 달리하여 조금 지나면 다시 구득하지 못할 것이니 아주 급히 서둘지 않으면 아니 될 것이다. 사학을 경영하는 교육가는 이 점에 대하여 좀 더 주의와 및 노력을 아끼지 않음을 요망할 뿐이다.

08

「(사설) 위인의 기념」

『조선일보』, 1933.12.26

1. 위인은 나라의 복이오 인류의 복이다. 인류의 문화를 짓는 데 위인의 두뇌와 정신과 수완이 중요한 인囚이 되는 것은 물론이다. 민중은 위인의 지도를 기다려서야 힘을 내는 것이 사실이다. 이 까닭에 인류는 혹은 일가의, 혹은 일 부락의, 혹은 일 민족의, 혹은 일 종파의 위인을 존숭하고 기념하는 것이니, 혹은 사祠로, 혹은 비碑로, 혹은 상像으로, 혹은 전기傳記로 그의 이름과 정신과 사업을 만팔萬八에 만세萬世에 전하여 후인으로 하여금 그에게 감사의 성誠을 표하고 그의 자취를 따라 감분感奮하는 기연機緣을 짓기를 힘쓰나니 이것은 자연한 지정至情일뿐더러 또한 후손의 교육을 위하여 가장 효과적인 것이다.

2. 예수는 1천 900여 년 전에 유대의 한 미천한 목수의 집에서 나서 인류에게 사랑의 복음을 가르치신 대선생이시다. 신도로의 종교적 신앙의 대상으로 하는 것은 별문제로 하고라도 인류는 다 형제요 자매라는 것을 고창하여 원수까지도 사랑하여 제 이기욕을 죽이고 봉사하는 생활을 하여라 하는 숭고한 윤리적 원리를 인류에게 주고 또 몸소 실행하신 대선생으로만 보더라도 인류가 영원히 그를 존숭尊崇하고 찬제讚提하기에 합당하다고 아니할 수 없을 것이다. 하물며 그의 가르침이 수천년간 구미歐米와 서부 아시아[亞細亞]의 수억

조 인류에게 개인□ 마음의 향상과 위안과 사회도덕의 순화醇化를 준 공효를 생각할 때에, 또 조선에서도 근백년래 종교적으로 문화적으로 우리 민족의 정신적 품격을 높여준 덕을 생각할 때에 그 가르침의 주인이신 예수는 우리에게 감사와 찬양을 받으심이 마땅할 것이다.

3. 우리 조선인은 위인을 기념하는 정성에 부족함이 있는 것을 한恨한다. 우리 민족의 시조 되시는 단군에 대한 기념시설조차 전무하여 강동江東의 기념비 하나, 제각 하나가 없이 성역聖域을 계견鷄犬의 유린에 맡기는 것은 그중에 가장 심한 일이거니와 기타에도 조선민족의 문화의 각 방면에 큰 업적을 끼친 인사들에 대하여서도 추모의 처성處誠을 표하는 일이 무에 가깝도록 희박한 것은 우리 조선인의 큰 수치다.

선조의 창업의 간난을 생각하여 후손에게 보다 큰 행복을 끼치려는 노력은 인류에게 가장 고귀한 정신이 아닌가. 그런데 우리 조선인은 오직 일가의 조선祖先의 분묘를 꾸미려는 성誠이 있으되 민족적 위인의 업적을 수호하고 기념하려는 성이 부족하며 요순堯舜을 비롯하여 외국의 위인을 시배示拜하는 노예성은 있으되 자가의 공로자를 찬양하는 자립성이 부족함이 한이다. 크리스마스나 4월 8일을 기기記記함은 전인류의 대선생을 추모하는 것으로 좋은 일이지만은 기타에도 혹은 전인류의, 혹은 제 나라의 위인을 추모하고 기념하는 많은 날도 있고 시담施談도 있고 싶다.

「최근 조선연구의 업적과 그 재출발」(1)~(4)

신남철, 『동아일보』, 1934.1.1~7

1. 조선학 수립에의 서언

1) 극히 최근에 와서 '조선학'이란 문구를 듣게 되었다. 일부 '국학자'들 사이에서는 이 말이 유행된 지 벌써 오래이겠지만 그것이 공연히 인구ㅅ머에 회자되게 된 것은 극히 최근의 일에 속한다. 그러면 조선학이란 것은 어떠한 의미 내용을 가진 것이며 또 당연히 가져야 할 것인가. 오인의 문제는 그것을 해부하고 결출剕出하여 그 과학적 구조를 정제하는 데에 있을 것이다. 새로운 세대의 조선에 대한 과학적 지식을 획득하려는 노력은 당연히 종래 거의 고루하고 관념적인 방법에 의하여 연구되어온 조선의 역사적 문화에 대한 재음미를 요구하여 마지않는다.

조선학은 조선의 역사적 연구로부터 시작된다. 그런데 이 '역사적'이라는 말은 재래의 조선의 학자들 사이에는 파류頗類히 '비역사적인 잡박하고 표면적인 고증과 연대기'로써 이해되고 있었다. 그러나 역사적 연구의 진정한 의미는 그러한 것이 아니다. 그것은 과학적 필연성의 법칙을 객관적 발전의 속에 발견하여서 제 형태의 교호관계를 조직하고 이해하는 데 있는 것이다. 나는 위선 나의 당면한 문제에 들어가기 위하여 '역사'라는 것의 개념을 고찰하여 보려 한다.

2) 역사라는 것은 보통 이중의 의미에서 사용되고 있다. 이것은 수많은 철학자 역사 연구가 등에 의하여 지적되고 있는 사실이다. 그것은 일방으로 객관적인 '생기生起한 사실 그것'을 의미하는 동시에 타방으로는 '생기한 사실의 서술'을 의미하고 있다. 우리가 보통 '역사'라고 할 때는 이같은 이중의 의미에서 그 의미 내용을 이해한다. 그리하여 역사를 경험하는 동시에 역사를 쓰기도 하는 것이다. 그러나 이러한 역사의 의미의 이중성은 결코 각기 독립하여 고찰됨을 불허한다. 역사 연구에 있어서는 언제나 또 반드시 '생기한 사실 그것'으로서의 역사가 역사의 서술에 선행하는 것임은 물론이다. 역사 서술에 있어서 이 점은 출발점이고 귀착점이다.

그러나 종래의 조선연구가들에게는 이러한 방법론적 자각이 없었던 것은 물론 '생기한 사실 그것'으로서의 역사의 발전에 대한 과학적 인식도 부족하였었다. 따라서 그들은 조선의 역사 문화 전설 우又는 민족을 관념적으로 특수화시키고 말았다. 그러나 "조선의 민족은 특수한 전통의 아들도 아니고 생물학적으로 진화해온 일반적이고 정상적인 인간이다. 그리하여 그들이 동물로부터 구별되는 역사는 그 육체적 조직에 의하여 조건 지어진 생활자료의 생산에서부터 시작되었다. 그것이 역사적으로 형성. 발달, 전환하는 과정에 있어서 조선의 정치사, 문화사도 그것과 관계적으로 전개되는 것이다."(백남운白南雲 씨 저, 『조선사회경제사朝鮮社會經濟史』) 이 점은 온갖 역사적 사실을 연구함에 있어서의 근본적 명제이다. 이 명제에 의거한 역사과학적 연구도 물론 문헌적 연구를 등한시하지는 않는다. 역사 서술의 기초를 성成하는 사료의 허위 또는 불확실의 폭로, 새로운 사료의 발견 특히 지금까지 사용된 사료와 모순되고 차이 있는 사료의 발견 등등은 역사 서술에 있어서의 근본적 조건이다. 그러나 우리도 그 사료 문헌에 대한 비판적 선택도 없이 그냥 섭취할 수는 없을 것이다. 우리에게 주어진 사료 금석金石 및 문헌 등은 가끔 존재로서의 역사의 어떤 일면만을 추출하여 정책적으로 왜곡되어 있는 것도 있으리라. 그러므로 우리가 조선을 연구하여 그 편견 없는 사실로서의 역사를 문화사적으로 천명하게 하자면 (1) 역사의 내면적 원동력으로서의 사회적 생산관계를 과학법칙에 입각하여 파악할 것 (2) 역사 서술에 있어서의 기초적 조건이 사료 문헌의 선택이 필요한 것이다. 이 선택이라는 것은 언제든지 시대적 정황을 고려하여 시대가 어떤 영향 발전의 결과가 되게 된 역사적 관심을 기초로 하여 현대를 초치招致한 신新 기인機因을 탐색하는 요구를 가지지 않으면 아니 될 것이다. 경제사 정치사 민속사 미술사 문학사 등이 어떠하게 현대의 정황과 관계하고 있는가를 보지 않으면 아니 될 것이다. 이것은 필연적으로 (3) 역사적 문화적 연구가 성취되려면은 일정한 '전체'가 전경前景에 조망되지 않으면 아니 될 것이다. 만일 그렇지 않다고 할 것 같으면 진정한 역사적 연구와 서술은 불가능하리라. 하고何故냐 하면 개개의 생기된 사실과 그 여러 가지의 계단은 전체의 속에서 우는 전체와의 관계에 있어서 고찰될 때 비로소 그 독자성에 있어서도 그 필연성에 있어서도 인식될 것이므로 이다.

이상의 역사적 연구에 있어서의 3대 중요과제는 서로 연결하여 현재 우리에게 일대 임무를 과제하고 있다. 즉 지금까지의 조선의 온갖 부문의 역사는 새로운 현재의 의식을 통하여 다시 쓰이지 않으면 아니 된다는 것이다. 즉 흔히 우리가 우리의 앞에 주어진 역사적 고전적 연구는 새로 일정한 전체적 관심 하에 다시 쓰이도록 연구하지 않으면 아니 될 것이다. 이것이 즉 역사과학적 임무이다.(1회)

3) 돌이키어 조선에 대한 역사적 연구를 볼진대 그 너무나 적막함을 느끼지 않을 수가 없다. 온갖 사회생활이 우리에게 불여의不如意한 바 많은 것에 비례하여 우리 조선의 학문적 연구의 업적도 양량호凉凉乎하여 특히 두드러진 저술을 보지 못하였다. 그러나 근년에 이르러 예민한 젊은 학도들의 각고한 연구 하에 차차로 전문적 연구가 차근차근 축적되어가는 것을 볼 때 기뻐하는 반면에 종래의 학자들의 산만하고 반反과학적인 물어연物語然한 '연구'든지 또는 고증 위주의 논단이든지 모두 현실생활을 신비화시킨 비과학적 태도로 일관한 것이 아니었던가. 그러나 이것이 사회 전체의 현대적 관심에 기여하는 바 적었기 때문에 새로운 과학적 방법 하에 조선을 재인식하려는 경향이 농후하게 양성釀成되며 있는 것을 볼 때 참으로 흠행欽幸한 생각을 금할 수가 없는 바이다.

이에 비로소 '조선학'의 수립—역사과학적 방법에 의한—이 바야흐로 부르짖어지게 된 것은 현세現勢의 필연한 바라고 하겠다.

그러나 '조선학'이라는 것은 결코 관념적으로 조선의 독자성을 신비화하는 국수주의적 견해와는 아무 인연도 가지지 않는 것이어야 한다는 것을 주의하지 않으면 아니 될 것이다. '조선학'은 결코 조선의 과거만을 연구대상으로 하는 것도 아니고 초월적 존재를 신앙대상으로 하는 종교도 아니다. 그렇다고 문학 내지 조선어학의 이론적 내지 역사적 파악을 목적으로 하는 것도 아니요 또는 민속학적 연구만도 아니다. 이것은 이것들을 한 개의 보조과학으로 하여 성립되는 것도 아니다. 그것은 이것들의 전문적 과학적 연구의 제 성과가 전체적 연관하에서 현대적 의식을 통하여 비판 조성된 때 비로소 나타나는 일개의 고차적 개념이다. 그것은 반드시 기초적 제 연구가 조선의 제 역사적 형태를 전문적으로 구명한 성과를 토대로 하여 있는 것이 아니면 아니 된다. 따라서 조선학은 각 부문적 연구 없이는 불가능한 것이다. 조선학은 조선에 대한 무지한 역사의 사회적 연구를 기다려 비로소 성립하리라.

아직 조선에 있어서 이 조선학에 대한 이론과 그 본질적 개념 규정은 아무도 하고 있지 않은 것 같다. 나의 이 제언이 타당할지 안 할지는 후일 대방大方의 비판에 의하여 결정될 것이나 위선 나는 이같이 논정論定하고 나의 문제로 다음에 들어가려 한다.(2회)

2. 조선학 수립의 의의

1) 전 절에서 나는 조선학이 가능하다고 하면 그 가능한 제 전제의 의거할 바 방법을 약술하였다. 조선학은 그것이 수립되자면 결코 독단적으로 또는 관념적으로 도식화되기에는 너무나 거대한 노력과 진지한 연구를 요하는 미답의 경지이다. 지금까지의 여러 가지의 주관적인 고증과 설화적인 사관으로서는 조금도 그 수립의 가능을 논증하기에는 너무나 무력하였다고 보아도 좋을 것이다. 조선학은 상고上古의 단군설화를 연구함으로써 민족적 유대를 공고하게 하는 연유를 발견하는 것만도 아니요, 고구려 백제 신라의 건국사화를 비교 논단함도 아니며 수隋 당唐의 입구入寇와 고구려의 대승을 지지적地誌的으로 논명論明하여 그 영토의 광대하였음을 영웅화시켜서 만족하는 것도 아니다.

또 고려의 불교, 이조의 유학을 정치적 관련에서 연구하여 그 민족적 특수성을 발견하려는 것도 아니오, 화랑도花郎道의 재인식, 향가 시조의 기원 발전 고考를 오인의 앞에 제시하는 것도 아니다. 가족사家族史의 계보적 연구로써 조선의 특수성을 확립하려 하며 사론士論의 파쟁적 기원을 해부하여 그 국가적 영향을 비탄하는 연구태도도 고차적 개념으로서의 조선학의 성립에는 그것만으로는 아직도 전도요원한 바 많다고 생각한다. 또 그밖에 조선어학의 역사적 연구, 금석지金石誌의 연구 등 여러 가지 사학적 요소가 있을 것이고 고증적 연구도 있을 것이다.

이러한 것들은 모두 그 분야에 있어서 오인의 연구대상이 될 수 있고 또 당연히 그리 되어야만 할 것이다. 이 점에 대하여는 아무도 이의를 삽입하지 않으리라.

그러나 이상의 것은 결코 조선학의 본질이 아니다. 그러면 조선학은 대체 어떠한 개념에 의하여 그 본질을 구명하여야 할 것인가.

2) 일본에서는 '국학'이라는 것에 대하여 논의된 지 벌써 이백수십 년이고 중국에서도 역시 '국학'에 대한 새로운 운동이 오래전부터 일어나서 중국 근대 정치사상에도 큰 한 페이지를 점하였고 또 그것이 활발하게 토론된 것은 주지의 사실이다.

새로운 개념 새로운 방법으로써 그들의 역사적 사회적 조건에 의거하여 역사적 문화의 유산을 비판 토론하여서 써 그것에 일정한 현대적 좌표를 정하려고 하였다. 그러나 일본과 중국의 그 운동에는 중대한 차이를 인정하지 않을 수가 없는 것이니 전자에 있어서는 '국수적'이라는 것, 후자에 있어서는 '진보적 개혁적'이었다는 것을 지적할 수가 있을 것이다. 나는 양자에 있어서의 그 차이를 비교하여 조선학 수립에 있어서의 약간의 참고를 제공하려 한다.

일본의 '국학'은 소위 '4대인大人'이라고 통칭되는 승 케이추契冲(1640년생), 이후 가다노 아즈마마로荷田春滿, 가모노 마부치賀茂眞淵, 모토오리 노리나가本居宣長 등이 국가의식을 기점으로 한 '황국지학皇國之學' 또는 '국학'이라는 개념을 설정하여 고도설古道說의 제창, 자연주의, 배유론排儒論 등으로써 일본 고유의 문화를 선양하려고 하였고 그것은 여러 가지 발전경로를 밟아서 메이지유신 [明治維新]에까지 이르렀었다. 그러나 '일본적 국학운동'은 도쿠가와시대[德川時代] 중기에 이르러서 '한漢 문명'과 인도印度 사상에 대하여 우는 구래의 번쇄煩瑣 저급低級의 학풍에 대하여 반항적 혁신적 복고적인 학풍이 창도되게 되었다. 이것이 즉 국학으로서 정치사상으로는 근왕론勤王論의 동기로서 또는 메이지유신의 가치 많은 일 요소로서 중대시되어 있는 것이다.(고노 세이조河野省三 저, 『국학의 연구』)라는 것이 일본의 국학의 본질이다. 소위 한학漢學에 대하여 국학이란 어語가 일본에 성립하고 상고적尙古的 국가적 정신으로써 전專혀 상대上代의 문헌을 연구하여 국수를 발휘하는 것이 그 목적이 되었다.

그러나 일본에 소위 양학洋學 ― 서양문화가 수입되고 메이지유신이 성립되자 "'국학'에 대하여 일찍이 이단자로서 박해를 받는 양학이 신일본의 건설자로서 등장하여 왔다."(이토 다사부로伊東多三郎 저, 『국학의 사적 고찰』) "전前 과학자인 국국國國은 이에 멀리 귀시歸史의 저쪽에 있는 존재가 되고 그 국수의 잔재는 급격한 사회의 진전에 대하여 바야흐로 낙오자의 비애를 느끼며 따라서 유교와 합류하여 왕왕히 국수적 반동적 역할을 연演하고 있는 것을 볼 때"(동상同上) 이에 우리로 일본의 소위 국학의 현대적 의의를 발견할 수가 있을 것이다. 유학 불교에 대립하여 신도神道와 고도古道의 선명을 위주하는 일본의 국학은 현재에 있어서는 완전히 그 존재의 의의를 상실하고 말았다. 쉬지 않고 매진하는 역사의 치차齒車는 그와 같이 일본이 국학운동으로 하여금 필연적으로 그 존재이유를 잃어버리게 하고 말았다.(3회)

3) 중국에 있어서 민국 8년 이래의 학생단 내지 민족운동을 지배한 사상의 역사를 살펴보면 실로 복잡다기하여 그 선각자의 1인으로 하여금 "주의를 잊고 오직 문제를 파착把捉하여라"고 부르짖게 하였다.

왈曰 민주주의, 왈 국가주의, 왈 인도주의, 왈 페비어니즘, 왈 맑스주의, 왈 문화주의, 그와 같이 혼란한 상태에서 그들의 사상을 잡아내는 것은 단지 곤란할 뿐 아니라 왕왕히 착오에 빠질 위험까지도 있는 것이다.

그러나 중국의 선각자들은 (예컨대 첸쉬안퉁錢玄同, 차이위안페이蔡元培, 후스胡適 등) 그러한 복잡다기한 사상 혼란에 있어서도 일정한 지침을 주는 것을 잊지 않고 있었다. 중국의 일체의 전통—유교도 전제정치도 영웅 숭배의 사상도—에 대한 유예 없는 비판으로부터 출발하여 보수적인 국수주의는 '국적國賊'이라고까지 하였으며 적극적으로 데모크라시와 과학과 모랄리티로써 새 중화민국을 건설하려고 하였다. 중국으로 하여금 양인洋人의 소매 밑에서 해방하여 신청년 중국을 건설하자면 중국 고래의 충효절의忠孝節義라든가 '강상명교綱常名敎'라든가 "민가사유지民可使由之 불가사지지不可使知之"라는 완고하고 비현대적 전통으로서는 반半식민지로서의 중국의 자주적 해방을 기하기 어려우니 무엇보다도 먼저 중국민족으로 하여금 노예적 생활을 감수하게 하는 소위 비복수지적婢僕須知的 사상을 타파하지 않으면 아니 된다고 하였다. 그리하여 서양적 내지 자본주의적 개인사상으로써 신중국의 지도원리를 삼지 않으면 아니 된다고 하였다. 그것이 즉 애국과 자아 각성의 궁극의 의의라고 하였다. 고래의 운명적인 '천명론天命論'이라든가 '안분수기安分守己'라든가 '원수서민元首庶民'이라든가의 전통적 사상을 그러한 입각지에서 새로 회고하며 음미하여 중국으로 하여금 완전한 근대국가적 위엄을 보유하기를 노력하였던 것이다. 후스, 차이위안페이, 천두슈陳獨秀 등의 선구자에게 영향받은 저 유명한 5·4운동의 사상적 배경을 우리는 잘 알고 있다. 그 민주주의적 민족운동의 내부를 흐르고 있던 사상적 배경도 실로 이들 중국 국학운동에 그 직접 간접의 영향을 받고 있는 것이었다.

민국 6년 11월 미국에서 기초된 후스의 『문학개량추의文學改良芻議』라든지(중국의 '문학혁명'은 이것을 중심으로 하여 논의되었다)『중국철학사대강中國哲學史大綱』과 차이위안페이의 『중국윤리사中國倫理史』 같은 저술은 모두 이 중국의 민주주의적 국학운동에 큰 기여를 한 것이었다. 뿐만 아니라 천두슈의 유교 비판에 관한 제 논문 가운데에서 후씨의 문학혁명에 있어서의 『문학개량추의』에 필적할 만한 민국 5년 12월 『신청년新靑年』에 발표한 『공구孔丘의 도道와 현대생활』은 현대 중국의 신진학도들에게 다대한 감격을 일으켰다고 한다.

이와 같이 중국에 있어서의 신인新人들의 신중국 건설을 목표로 한 여명운동은 형식적으로 또는 관념적으로 유령과 같이 중국 4억만 민중의 두뇌 속에 깊이 뿌리박은 전통적인 정신생활을 속속들이 파헤집어내고 다듬어내서 봉건정치로부터 민주정치에 반半식민지적 예속으로부터 완전한 해방에, 격식적格式的 윤리로부터 민주주의적 윤리의 확립에 등등으로 노도와 같이 휩쓸려 내려갔다. 이것은 두말 할 것 없이 중국의 역사적 사회적 과정의 필연적 일익으로서 중국에 있어서의 자본주의의 급격한 발전과 같이 그 운동도 치열하게 토론되었었다. 중국의 '국학운동'은 대체에 있어서 이와 같은 내용을 내포하고 있는 것이었다. 물론 지금에 있어서는 그 운동은 질적으로 변환하여 더 새로운 견지에서 중국의 사회적 역사적 연구가 성행되고 있다. '중국사회사논쟁' 같은 것은 너무나 유명한 사실이다. 중국의 소위 국학운동은 처음부터 그들의 반식민지적 사회환경 때문에 진보적이었다. 그러나 그것은 반드시 오고야 말 다음의 계단으로 변환하고 말았다. 지금에 와서 새삼스럽게 중국의 국학운동을 재흥 운운함은 쑥스러운 일이리라.

4) 이상에서 일본과 중국에 있어서의 국학운동에 대하여 약간의 고찰을 비費하였다. 일본에 있어서는 복고적 국수주의적 색채가 거의 그것의 전부

이었으나 중국에 있어서는 진보적 개혁적인 것이 그 성격이었다. 그러나 일본에 있어서는 그것은 완전히 서양학문에 있어서의 연구방법에 해소되고 말았고 그 잔재가 반동적 사상과 결합하여 있을 뿐이라는 것은 이토 다사부로 씨의 『국학의 사적 고찰』이 지적하고 있는 바이며 중국의 그것은 질적 변환을 완성하며 있다는 것, 다시 말하면 당초에 있어서는 국학운동으로서 광휘있는 개혁적 진보적 영향을 중국 최근사最近史 상에 많이 끼치고 있는 것이나 지금에 와서는 보편적 과학방법론으로서의 사회과학적 방법에 의한 연구가 진행되고 있다는 것을 지적하면 족할까 한다.

5) 그러면 '조선학'을 지금에 와서 문제 삼으며 그 수립이 가능하다고 하면 그 가능하다는 것의 의의는 무엇인가. 이것이 오인의 가장 관심할 바 문제의 핵심이다.

나는 이 '조선학 수립'의 문제를 오직 (1) 일개의 문제로써 제출하는 것이 아니다. 문제는 문제 그 자신으로서는 존립할 수가 없다. 문제도 사회적 연관에서만 그 문제의 가능성이 발견된다. (2) 조선학은 또한 오직 학적 연구 그것에만 국한되어서는 아니 된다. 그것은 무엇이든지 한 개의 '프로스펙트(조망[眺望])'를 제공하는 것이 되어야 할 것이다. 그리하여 한 개의 조망을 제출하는 것이라면 그것은 반드시 사회적 제 운행과 밀접하게 관계하지 않으면 아니 된다. 따라서 오직 연구 그것에만 그쳐서는 아니 된다. 그것은 실천적 방면을 자기의 타자로서 내포하지 않으면 아니 된다. (3) 조선학의 수립에 있어서는 종래의 설화적 사관으로부터 탈각하지 않으면 아니 된다. 문헌적 훈화적 연구도 고증적 교감학적校勘學的(후스) 연구도 필요하다. 그러나 무엇보다도 필요한 것은 조선의 '문제사적 연구'이다.

이 3자가 일정한 목표 아래 통일된다면 조선학은 빛나는 새 출발을 할 것이다. 그때에 비로소 가능하리라. 그리하여 조선의 사회적 역사적 진행과 부합되는 끝에서만 그 의의를 발견할 것이다. 나는 조선학은 여사如斯히 하여 수립되어서만 그 의의를 발견할 수 있다고 생각한다. 조선학의 수립과 그 과정은 일본의 그것과 같은 것이 아니라 중국의 그것과 같은 것이어야만 비로소 그 수립의 의의가 있다고 생각한다.

　나는 다음에 최근 조선연구의 제 업적에 대하여 불충분하나마 소개하여서써 조선학 수립에 관한 약간의 고찰을 하려고 한다.(4회)

10

「(사설) 과학과 조선」

『조선일보』, 1934.3.5

1. 조선의 신문화는 진정한 의미에서 조선인이 과학을 배움으로부터 시작되었다. 천주교의 동래東來를 따라 과학의 유입이 퍽 일렀으련만 간접으로 청국을 통해서 시헌력時憲曆의 채용이 있었을 뿐이오 정조正祖년간에 이르러 학자 사이에 과학설을 채용한 이가 드물게 있었으나 이것은 그 시대의 첨단을 걷는 천재의 호기심에서 생겨난 일종 유희에 지나지 못하였다. 조선인이 과학의 필요를 느껴 그것을 배우게 된 것은 아주 최근의 일이며 작금昨今에 와서는 학교교육의 발달에 의하여 과학지식이 점점 보급 및 진보를 보게 된 것은 사실이다.

2. 그러나 오늘날 조선의 과학이 옛날 그것에 비하여 적이 진보되었다 함이오 다른 선진국에 비하면 유치하기 짝이 없다는 것보다도 애초 문제가 되지 않는다. 일반인의 과학애科學愛가 아직도 미온적이니만치 학교의 설비와 사회의 권장이 시대요구에 응함에는 너무나 부족하다. 과학의 발달은 언제든지 학교의 교육과 아울러 사회적 시설이 필수조건을 짓는 것으로 오늘날 조선에 있어 과학에 대한 장려기관이 이른바 학교 외에 과연 사회적으로 몇 개나 있는가 오인의 아는 범위에서는 지적할 수 없는 것이 일대 유감이거니와 과학

의 장려를 꾀함에 있어서 먼저 그 분위기를 사회적으로 만드는 것이 역시 일 방편됨을 잃지 않을 것이다.

3. 수일 전 경성에서 성립된 과학데이의 실행회 같은 것은 오늘날 시의에 적절한 문화운동의 일 표현으로 볼 수 있거니와 현하 각계의 유력한 인사를 망라하니만치 과학장려에 대하여 상당한 효과가 있을 줄로 믿는 바이나 오인의 희구하는 것은 동同 회가 다만 종래 여러 가지 기념일과 같이 과학데이를 기념 또는 선전함으로써 자족하지 말고 될 수 있으면 이것을 기초 삼아 일보를 내켜서 천재를 배양하는 장학기관을 하나 만들어 자연과학의 연구와 및 기타 유용한 발명에 대해서 마땅히 물자로서 응원과 보조를 아끼지 아니함을 요한다.

4. 과학을 대중적으로 보급시키는 것이 아주 필요하지마는 그와 동시에 천재의 배양을 잊어서는 아니 되겠으며 천재의 산출은 반드시 학교에 한한 것이 아니므로 학교에만 맡길 수 없고 사회적으로 그것을 배양 및 응원이 있어야 할 것이니 저 에디슨의 모든 대발명이 독지가와 정부 외 응원과 보조가 없이는 될 것이 아니며 코흐 박사의 세균 발명을 대성大成한 것도 카네기의 물자 보조가 아니면 되기 어려웠을 것이다. 현재 조선인 중에 아무리 과학적 천재가 있더라도 이렇게 이해가 없이는 도저히 그 기족驥足을 펼 수가 없다. 천재의 산출이 없이 어찌 과학의 대진보를 바랄 수 있으랴. 이것이 독지가의 크게 유의할 점인가 한다.

11

「(사설) 보전학보의 문화적 의의」

『동아일보』, 1934.3.22

1. 후진사회에 있어서 그 문화를 계발 촉진함에는 먼저 그 보편화를 위한 노력이 있어야 할 것이다. 그러나 문화의 양적 확대만으로는 질적 향상을 기원키 곤란한 까닭에 어느 정도까지 문화가 보급된 단계에 이르러서는 추수주의적 직역문화에서 창조주의적 특수문화로 그 내용에 비약적 변화가 일어나게 되나니 우리는 이 단계를 가리켜 청년문화기라고 부르고 싶다. 어떤 사회의 문화이든지 그것이 이 청년문화기에 달치 못하여 자립독왕自立獨往의 역량이 결핍하고 항상 추수모방에만 국척踢躇하게 된다면 그 사회의 문화적 수준이야 다시 더 물어볼 필요가 없을 것이다. 만약 엄숙한 의미에 있어서 민족의 사회적 가치성을 따진다면 민족은 실로 문화의 단위로서만 그 의의가 심절한 자이니 스스로 문화적 독자성을 가지지 못하여 문화적 단위가 형성되지 못한 존재의 가치야 말로 얼마나 저어齟齬타 할 것이냐.

2. 조선의 문화적 단계는 과연 청년문화기에 도달되었을까. 회고하면 조선에는 아직도 인구의 약 7할이 문맹상태에 있는 터인 즉 조선의 문화가 스스로 청년문화기로 진출코자 함에는 자못 묘망渺茫한 감도 없지 못하다. 그러나 연일년年一年 그 문화권은 성장 발달되어 가는 것이 사실이므로 이미 문화의

질적 연구에 대한 충동을 가지게 되어 지금까지 볼 수 없는 열심한 노력과 진지한 태도로 학문적 연구를 개시하게 된 것은 이것이 조선문화를 청년문화기로 이끄는 전주곡인 것을 믿고 문화조선의 앞날을 위하여 마음 강하여지는 것을 스스로 느끼지 않을 수 없다.

3. 낭지曩者 출판된 『보전학회논집普專學會論集』은 정正히 그 대표될 만한 구상적具象的 표현으로서 이것이 반도학계에 던지는 영향은 반드시 호대浩大할 것이며 그것이 역사를 쌓아나갈수록 더욱더욱 큰 효과를 끼칠 수 있을 것이다. 이는 물론 학자의 전문적 연구논집이어서 당해 전문 이외의 학도는 별 흥미를 가지지 않을 것도 사실이겠으나 그 논집의 문화적 사명은 일 집輯의 서書로서 지적 감화를 목적한다는 것보다 차라리 학적 분위기를 형성하여 조선의 학도들로 하여금 학문적 연찬에 거대한 충동을 느끼게 하고 결여한 학도적 태도를 고조하여 진지한 학구적 노력을 권장하는 호개好個 잠서箴書가 되는 데 있다할 것이다. 금일의 조선학도는 너무나 추수적이었으므로 문화적 소화불량증은 조선학계의 통폐通弊가 되어 있는 것이 사실이니 이러고서야 무엇으로 문화적 독자성을 파지할 수 있을 것이며 또 무엇으로 후진교도의 지표를 세울수 있을 것인가. 학자는 연구가 없었으며 학원에는 논집이 없었나니 이 얼마나 부끄러운 일이었더냐.

4. 조선의 학계는 너무나 빈약하여 누가 우리의 학계에서 이룬 문헌을 찾는다면 우리는 적면赧面치 않을 수 없었다. 남보기까지 부끄러운 우리 학계이었으며 그 자체에 무슨 광명이 있었을 것이냐.

대학, 전문에서 학문의 초보를 얻고 나온 자도 학문의 선배 없는 조선에서는 곧 학문의 최고수준에 도달된 학자인 양 하여 학문적 조숙증에 걸려 향상의 길을 찾지 않고 마는 것이 상폐常弊가 아니었던가. 이러고서 학문적 수준이 높아질 까닭이 없었을 것을 췌언贅言을 불요不要할 바이다. 전술한 보전학회의 논집은 그 내용 가치 여하를 막론하고라도 조선학자의 연구의 첫 결정인 만큼 그로 말미암아 조선학도의 조숙적 기분을 청산하는 데는 반드시 효과 있으리라 믿는 바이요. 뒤미처 나오게 될 연전학보延專學報도 이와 동양同樣의 호개 영향을 우리의 학계에 던져줄 것을 믿고 많은 실망으로서만 대하던 조선학계에 우리는 번연飜然 기대 부칠 만한 일도一道의 광명을 느끼는 동시에 금후로 더욱 꾸준하고 진지한 노력이 있기를 바라서 마지않는 바이다.

「(사설) 조선어의 지위와 생명」

『조선일보』, 1934.3.27

1. 어떤 종교적 회합에서 어떤 외국 선교사가 "조선어는 이대로 가면 얼마 아니하여 '키친 랭귀지(주방어화) 하고 말리라" 하는 말을 하였다는 것이 문제가 되어 회중의 격분을 샀다고 한다. 제가 사랑하는 어머니 말이 아녀자용으로만 화化하고 만다는 말을 들을 때에 격분하는 것은 당연한 일이지마는, 냉정한 제3자인 외국인으로서 조선어문의 장래에 대하여 이런 비관하는 비평을 하기에 자료를 제공한 것이 우리 조선인 자신인 것을 반성하는 것이 도리어 더욱 당연하지 아니할까 한다.

2. 조선어문은 이미 관용官用의 지위를 잃었다. 옛날에는 어리석은 선인先人들이 제 문文을 두고도 한문漢文을 관용문으로 채용하였기 때문에 말에는 조선어를 썼으나 합병 이후로는 말할 것도 없이 순수한 조선문은 일찍 관용문이 되어보지 못하고 말았다. '국한문'이라는 형식으로 한말韓末에 한 20년간 관용이 된 일이 있었을 뿐이다. 또 보통학교 이상의 각 교육기관에서도 오직 글뿐 아니라 말까지도 일개 어학과가 되어서 제도상으로 보면 조선어는 일개 비공식적 방언의 지위에 있다. 우리는 보통학교의 교수용어만이라도 조선어의 사용을 인정할 것을 두고두고 힘써 생장生張하였으나 아직도 우리의 생장

은 실현되지 아니하고 있다. 그러므로 현재의 조선어의 지위를 제도상으로 말하자면 조선인 간에 사용되는 비공식 방언이다.

3. 조선어가 이러한 지위에 있을 때에 조선인의 조선어에 대한 태도는 어떠한가. 한 번 반성할 일이다. 글이라면 한문을 생각하는 가명인假明人 계급은 이미 지나가는 유물遺物에 불과하겠지마는 아직도 순조선문으로 쓴 글을 혹은 볼 것 없다 하고, 혹은 보기 어렵다 하여 예수교의 서적들도 차차 순한글에서 한문 석배기로 역전하는 중이오 소위 지식계급과 학생층의 일부에서는 일용회화, 서간문까지도 조선어문을 아니 쓰는 자가 없지 아니하고 심한 자는 신문 잡지 도서에서도 조선문으로 된 것을 아니 보는 것을 자랑으로 아는 자가 없지 아니한 모양이다. 이러한 점에서 조선인은 장차 조선어문을 버리려 함이 아닌가 하는 관측을 외국인에게 주는 모양이다. 그렇다 하면 이 외국인에게 이러한 인상을 준 책임은 우리 조선인 자신에게 있다고 할 수 밖에 없지 아니한가. 우리는 그 외국인에 책망을 우리 자신에게 돌리고 그 외국인에게 얹으려던 격분의 통편痛鞭으로 우리 자신을 맹타猛打할 것이 아닌가.

4. 그러나 조선어가 비록 제도상으로 관용어의 지위를 잃었다 하더라도 문화상으로 조선어는 세계의 각 민족의 말과 병립하여 영원한 생명과 존경을 누릴 수가 있는 것이다. 문화적으로 한 말의 생명과 존엄이 유지되려면 그를 위하여 가장 유력한 것은 문학과 종교서요, 둘째로 가는 것은 신문 잡지 등 대중적 간행물이오, 셋째로 유력한 것은 의식적인 조선어문운동이니 그것은 조선어문의 연구, 보급 조선어사전, 문전文典의 편찬, 순조선문 타자기와 간이한 인쇄술의 발명 개량 등이다. 문학에 있어서는 많은 독자와 오랜 생명을 가질 만한 시문을 지을 천재, 종교에 있어서는 그 지도자와 단체의 식견과 노력, 의식적 조선어문운동에 있어서는 헌신적인 독학자와 그들의 사업을 실현

시키는 재산가인 지사들이 필요하겠지마는 이 모든 방면을 통하여 조선어문의 지위를 높이고 생명을 영원케 하는 주력은 조선어문을 사랑하는 조선인 전체다. 조선인은 결코 조선어를 죽이지 아니할 것이다. 이렇게 조선어의 생명을 믿기 때문에 우리는 조선어가 '키친 랭귀지'화 하리라 한 그 외국인에게, 충고에 대하여서는 감사의 뜻을 표하고 기우에 대하여서는 안심하라는 말을 전하고 싶다.

「(사설) 조선문화의 연구」

『조선일보』, 1934.4.9

1. 일 화초나 일 곤충의 생활에 대해서도 오히려 연구를 불태不怠하는 충실한 학도가 있거늘 어찌 일 사회나 일 민족의 문화에 대해서 조금도 연구 또는 천명함이 없이 그대로 버려두는 것이 가可하랴. 좋든지 궂든지 영원한 유래가 있는 조선문화에 대하여 조선인으로 거기 관심을 가진 이 과연 몇이나 되는가. 만일 조선문화의 연구를 남에게 맡기고 아불관언我不關焉의 방관적 태도를 취할진대 이처럼 불충실하고 무책임한 일이 또 어디 있겠는가. 그러나 나는 조선문화의 연구는 반드시 조선인에게 국한함을 의미하는 것이 아니오 조선인도 조선문화의 연구에 좀 더 충실하여야 하겠다는 말이다.

2. 조선인이란 관념을 뚝 떼어놓고 다만 문화애文化愛에 타는 일 학도로 볼 때 황무한 가시덤불에 버린 아직도 개척의 괭이를 대지 아니한 조선문화에 대하여 연구하려는 욕망이 생기지 아니할 수 없으며 더구나 언어 풍속 습관으로 사상감정에 이르기까지 이미 이해함으로 이른바 사반공배事半功倍의 편의를 가졌음이랴. 그러므로 우리가 연구를 하지 않는다면 이어니와 연구를 할진대 조선문화를 버리고는 그보다 좋은 대상을 발견하지 못할 것이니 알기 쉽게 말하면 조선문화의 연구는 조선인이 그 특권을 가졌다고 할 수 있다. 지

금 이 특권을 버린다면 그야말로 그 우愚는 불가급不可及이다.

3. 혹은 말하되 과학의 수입이 아직 연천年淺하고 또는 연구의 자료를 수집하기 곤란함과 그리고 각자의 환경이 여유를 주지 아니함과 기타 여러 가지 이유와 사정에 의하여 도저히 조선문화의 연구에 헌신적 노력을 하기 불능하다고 탄식한다. 이것이 핑계가 아니오 확실히 일리가 있는 말이지마는 전부의 원인이라고 할 수는 없다. 아무리 역경에 처하여서도 분투노력의 여하에 의하여 자기 뜻하는 바의 학문을 반드시 개척하지 못할 것은 아니니 신과학을 배운지도 이미 반세기에 기다幾多의 수재가 있었음에 불구하고 오늘날까지 조선문화의 연구에 대하여 하등의 볼 만한 업적이 없는 것은 환경관계 이외에 우리네 자각력의 부족에 기인한 바 또한 크다 하겠다.

4. 오늘날 우리는 조선 그것을 한 번 되뜨지해서 볼 필요에 다닥쳤다. 조선문화란 어떤 것인가 함을 과학의 새눈으로써 재관찰하는 것이 우리 자체를 정해正解함에 있어서 불가결한 일 급무임을 알아야 하겠다. 이것을 함에는 개인개인의 독자적 연구도 좋지마는 될 수 있으면 유지가 모이어 일 기관을 만들어가지고 서로 마탁磨琢하며 서로 면려勉勵하여 혹은 학보를 발행하고 또 혹은 강연을 개최하여 먼저 조선문화의 연구에 대한 분위기부터 지어놓을 필요가 있는 줄로 믿는다. 사계斯界 유지 제씨여 자기 개인적 연구와 아울러 일반 동호자의 연구열이 생기도록 분위기를 짓는 그 점에 일층 더 유의하는 바 있기를 바란다.

14

「(사설) 고적보존의 요체」

『조선일보』, 1934.5.4

1. 보물과 고적은 그대로가 산 역사이다. 그의 보존을 꾀하는 것은 곧 역사를 존중하는 소이所以로서 문화적 일대 긍식矜式이 될 것이다. 조선에는 역사가 유구하니만치 보물과 고적이 풍부하건마는 혹은 병화兵火의 소실로 혹은 인위의 장적戕賊으로 해서 아주 없어진 것이 많고 오늘날 보존된 것이 얼마 아니 된다. 그러나 이 근존僅存한 보물 고적조차 무정한 풍우에 맡겨 스스로 마식磨蝕하지 않으면 보호의 방법이 완전치 못하여 훼손 산망散亡되는 예가 왕왕 있음은 세간 식자로 하여금 얼마나 통석케 하던 바인가.

2. 이번 조선보물고적보존회에서 보물 고적 등 250점을 영구히 보존하기로 결정이 되었다. 지금 그 보존의 범위에 속한 것을 보면 보물 200점, 고적 21점, 천연기념물 21점으로 각 방면에 궁亘하여 골고루 유루 없이 망라함을 기期하였다. 다만 고적을 보존함에 있어서 한각閑却하지 못할 것은 신화 전설에 관한 일 방면인가 하노니 오늘날 과학은 함부로 그 맹장盲杖을 더하여 신화 전설을 부인하나 그것이 진실로 일 민족이나 일 사회의 신앙 급 정신에 깊은 관계를 가졌을진대 결코 경시할 수 없는 것이다.

3. 이런 견지에서 조선인이 이 반도에서 오랜 역사적 생활을 하는 동안에

일반 민중이 신앙하는 신화의 영장靈場이라든지 또는 선철先哲의 성적聖蹟이라든지 기타 민속과 신앙에 교섭이 있는 고적에 대해서는 좀 더 보호를 가하는 것이 가하거늘 오늘날까지 이런 방면에 있어서는 다소 한각한 관觀이 없는 것이 아니니 금후 이 점에 특히 주의함이 있어야 하겠다. 기왕에도 누차 말한 바 어니와 이를테면 강동江東 대박산大朴山에 있는 단군릉과 구월산에 있는 삼성사三聖祠와 강서江西 동명왕東明王의 진주묘眞珠墓와 기타 경주 신라 시조의 탄생지로 전하는 나정蘿井 같은 데는 조선인의 신앙상 성지聖地로서 적어도 저 무이해한 일반 신인新人의 천답賤踏에서 어떤 형식으로든지 보호를 가하여야 할 것이다.

4. 고적 보존은 유형한 고물古物과 고적뿐이 아니라 무형한 민속과 신앙에 관한 정신 방면까지 포괄되어야 할 것인 바 당국의 발표에 의하면 평양의 기자정箕子井도 이미 그 보존의 범위 안에 편입하였은 즉 1보를 내켜 단군릉과 동명릉 같은 것도 보호를 꾀하는 것이 좋은 줄로 믿는다. 천박한 현대과학이 신화 전설을 우습게 여기지만 사회민중의 오랜 연원을 가지고 내려오는 신앙과 민속은 무시할 수 없는 바이니 아무쪼록 순수한 문화애를 미루어 자래自來 조선인의 전통적 신앙과 관계를 가진 고적에 대해서는 보호를 꾀하는 것이 고적 보존의 정신에도 부합될 것이며 역사적 문화를 존중하는 본의에도 적합될 것인가 한다.

15

「(사설) 진단학회의 창립, 유종의 미가 있으라」

『동아일보』, 1934.5.9

1. 조선과 및 인근 문화를 연구하는 학도들의 대동적 결성으로 진단학회가 창립되었다는 것은 작지昨紙에 보도한 바와 같다. 진단震檀 즉 조선의 문화는 반만재半萬載에 궁亘하여 그 찬연한 광화光華—4표表에 퍼지므로 동방 인문의 연원을 짓고 또 중추를 이루었던 것이다. 그러나 혹은 폐허의 초토草土 속에서 그 쇠잔한 명맥조차 끊이게 되고 혹은 사승史乘의 연묵煙墨 위에서 그 희미한 낭적을 겨우 보전한 금일에 있어서 입립粒粒히 수습하여 문화의 체계를 완성코자 하는 것은 실로 우리의 고대하던 일이오, 또한 그만큼 경하慶賀에 치値할 일이라 할 것이다. 무릇 일 민족의 사회학적 내지 인류학적 가치성은 오직 그 문화로써만 평정하게 되는 것이니 조선민족의 문화사적 연구는 과연 조선민족 자체의 발전생영發展生榮을 위하여서만도 중대한 의의를 가진 것이라 아니 할 수 없다.

2. 날이 거듭할수록 조선 내지 동방 제 민족의 문화적 특수성에 경이의 눈을 뜨는 외인의 연구열이 거의 극도에 달하려는 학계의 세계적 분위기를 돌아보면 우리 학계의 소조蕭條와 적막이 더욱 우리로 하여금 연민의 정을 참지 못하게 한다. 또한 그 위에 학문의 순수성을 잃어버려 그로 말미암아 된 조선

민족사의 오류된 논필은 그 얼마이며, 거기 추수 망종한 착각적 인식은 그 어느 정도이뇨. 그러므로 종래의 실망은 적은 것이 아니었고 또한 우려와 차탄嗟嘆이 깊었거니와 이제 우리 학도들의 학구적 분발과 협조적 노력을 보게 되매 이를 크게 말하면 역사적 획기적 현상이라 할 것이오, 적게 말한대도 조선 사회에 중대한 충동을 준다 하리니 어찌 상다반적常茶飯的 축언祝言으로만 족할 것이랴. 더욱이 동同 회에서는 연 4차 품위 있는 학보를 간반刊頒하며 기타 제 사업으로 조선학계에 권위를 세우고 문화연구 내지 향상에 공헌이 있을 줄 믿거니와 현대 과학적 방법에 의한 엄숙하고 진실한 연구를 시試하여 자별自別한 역사성을 정관正觀하고 무집蕪雜한 문화상相을 밀찰密察하는 때에 진단의 유구하고 현려絢麗한 문화는 비로소 약여躍如한 면목을 얻을 것이니 우리는 차제에 기기企冀하는 바 큰 것이다.

3. 대개 자부심의 강렬한 점이 학자의 보배로운 특성인지는 모르거니와 왕왕히 그것이 세소細少한 공명심과 짝하여 시의猜疑로 변할 때에 그것은 마침내 민족의 대생명을 장해戕害하고야 마는 것이니 이는 조선의 근세사가 명징하는 바요 또 목하의 현실이 웅변하고 있다. 그런데 이에 우리 학자들이 서로 그 비장秘藏을 공개하고 공동토의에 협력상조하여 오직 조선문화 그것의 토대를 천명함에만 정진하려는 것은 참으로 감하感賀할 일이라 할 수밖에 없다. 더구나 빈궁한 조선학자의 현실 생활은 외국의 그것과 판이한 바 있어, 이 협력 연구란 것이 막대한 의의와 필요가 있음을 절감케 한다. 그러므로 이 학회의 조직이 시의에 응하여 그 얼마만 한 가치를 자유自有하고 있음은 재언을 불요한다 하려니와, 우리는 이 학회에 유종의 미가 있기를 바라고 권함과 아울러 이 기회에 일반인사에게도 오래 가지고 오던 본회本懷의 일단을 피력하고자 한다.

4. 어떠한 민족이고 위대한 학자를 가진 민족은 우승한 민족이다. 한 학자로 말미암아 그 민족 전체가 자랑을 받는 것은 그 예를 얼마든지 고古에서 찾을 것이며, 금今에 또한 그 증繰을 얻을 것이다. 그러면 이 위대한 학자는 어찌하여 나는 것인가. 그것은 첫째 그 자신이 천여天與의 재분才分을 가지고 부단한 연구를 거듭하는 것과 둘째 금력金力 기타로 주위 사회의 열심한 성원이 있음으로써만 되는 것이다. 다른 민족은 그들 중에 있는 학자를 위하여 저렇게들 아끼고 존경하고 원조하는 오늘날, 조선사회는 그들에게 무엇을 주는가. 귀중한 문헌이 경외壞外를 벗어나고 고심한 학도가 니중泥中에 묻히도록 돌아볼 줄 모르는 조선사회는 이제 이런 학회의 창립과 함께 학자를 사랑할 줄 알아야겠고 학계를 도울 줄을 알아야 할 것이니 이는 불후의 성사盛事이기 때문이다.

16

「(사설) 조선문화의 과학적 연구」

『조선일보』, 1934.5.10

1. 과학의 보급을 위하여 과학데이 실행위원회가 성립하게 된 오늘날에 또 조선과 및 인근 문화를 연구하려는 기관으로 진단학회의 창립을 보게 되었다. 과학의 보급과 아울러 조선문화의 연구가 현하 오인의 일대 급무임은 설명을 기다릴 바 아니다. 이것이 다만 새 것을 학득學得하는 동시에 옛 것을 보존하는 의미에서 하는 말이 아니라 진실로 과학적의 조선연구는 자아自我 그 것을 정해正解함에 있어서 불가결의 요건이 됨으로써다. 1보를 내켜 말하면 조선은 고래古來 동방문화의 주요적樞要的 지위를 차지한 관계상 조선문화의 연구는 곧 동방문화를 천명하는 열쇠가 됨이니 그 연구를 어찌 1일이라도 홀제忽諸에 부치랴.

2. 시대의 조류는 자꾸 흐르고 흘러 장차 세계사의 급회전을 보려고 하는 이때에 있어 갈수록 조선과 및 인근을 포괄한 동방 전폭이 세계 시선의 초점을 짓게 되니 만큼 조선의 위치는 문화상으로 더욱 중요성을 띠게 되었음은 또한 가릴 수 없는 사실로서 오늘날까지 세계인의 조선연구에 관심하는 그것에 비하면 조선인 사이의 조선연구가 너무나 없는 것을 자괴自愧하지 않을 수 없다. 우리가 매양 가식歌息하는 바어니와 조선인의 손으로 된 조선어대사전

하나가 생기지 못하고 조선사 참고서 하나가 생기지 못하였음은 확실히 일 민족의 수치로서 외국인을 만날 때 혹시 묻게 되면 대답할 바를 알지 못한다.

3. 조선에는 주위의 자극이 적고 사회의 요구가 적음으로 해서 학구의 태도도 진지하지 못하게 되는 터인 즉 이것이 조선 금일에 있어 학자가 나지 않는 유일한 원인은 아니나 적어도 주요한 원인의 하나가 되는 것만은 사실이니, 아무쪼록 먼저 동호자同好者끼리 모여 서로 토의하며 서로 마탁磨琢하여 학술 연구의 분위기부터 지어놓을 필요가 있는 줄로 믿는 바 이 점에서 이번 진단학회의 출생을 볼 때 그것이 다수의 전공학도에게 의하여 조성되니만치 금후 우리 학계의 조선문화 연구열을 환기 또는 촉진함에 있어서 두터운 기대를 두는 바다.

4. 그러나 영간단책零簡斷冊을 주워 모아 폐허의 사회死灰에서 생활의 법칙과 진리를 발견하는 고문화의 연구가 결코 용이한 일이 아니며 선배와 도사導師가 적은 우리 학계에 있어, 응원과 보조가 없는 우리 사회에 있어 유종의 미를 거두려면 온갖 곤란과 싸울 각오를 가져야 하겠다. 예로부터 진리의 발견과 학문의 성취가 반드시 순경順境에서만 된 것이 아니라 역경에서도 그 분투 노력의 여하에 의하여는 목적을 달하는 수도 있으니 제씨는 일층 더 정진함이 있기를 바랄 뿐이다.

17

「(사설) 학문과 노력」

『조선일보』, 1934.7.9

1. 학문은 노력의 결정이다. 세간에 노력 없이 되는 일이 하나도 없지마는 학문에 있어서는 일층 더 노력이 필요하다. 학자의 학문이 부자의 부와는 그 성질을 달리하여 아무리 총명한 소질이 있더라도 일거에 획득하지 못하고 반드시 장기간에 누적 촌진寸進하여 성취하는 바니 위학爲學의 곤란성도 여기 있고 위학의 편리성도 여기 있다. 천재도 학문에 종사하고 범재도 학문에 종사하나 노력은 천재에게나 범재에게나 마찬가지로 필요하다. 천재 반드시 자시自恃할 바 아니며 범재 반드시 자폄自貶할 바 아니오 그 성공은 노력의 여하에 있을 뿐이니 이같이 아주 간단한 원기原期야 누가 모르랴.

2. 우리가 신학문을 해외에 구한 지 이미 반세기가 넘었고 신교육이 국내에 퍼진 지 장차 30년이 되려는 이때에 있어서 일부 도규계刀圭界를 제한 외에는 각 방면에 학위를 가진 이조차 볼 수 없으니 학위는 반드시 학문의 목표가 아니나 미상불 그것이 일 개인의 학력을 표징하며 일 민족의 학술을 경중輕重하는 권형權衡의 차 나게 되는 바인 즉 학위의 유무 다과가 어찌 무관심할 적은 일이랴. 그야 물론 지도자도 없고 주위의 자극도 적고 또는 시대의 요구도 절실하지 아니한 관계가 있겠으나 가장 큰 원인으로 말하면 역시 그 당자의

노력 부족에 돌리지 아니할 수 없다.

3. 학문의 연구의 자유와 사회의 우대를 필수의 요건으로 삼는 바 예로부터 학문의 발달에는 이 두 요건이 붙는 것이 사실이지마는 그러나 이들은 외부적 조건이오 내부적 조건이 아니다. 내부적 조건의 가장 중요한 것은 진리를 박구迫求하여 마지 않는 열렬한 동경심이 그것이다. 이 마음의 원천이 흘러 나오는 곳에 비로소 부단의 노력이 되어 학문에 충실하는 바 있게 한다. 학문을 필요하게 여겨 종사하는 동안에는 아직 그 신수神髓에 미도味到하지 못할 것이오. 그것을 애호하여 몰두하는 사람으로서 비로소 가히 더불어 학문의 묘미를 말할 것이다. 근대 조선학자 중에서 석천石泉 신작申綽 같은 이는 일찍『시경詩經』고증에 전후 37년이라. 거의 그 일평생을 소비한 것을 보면 그가 남모르게 깊이 느낀 흥미가 없고서는 도저히 그 부단의 노력이 이에 이르지 못하였을 것이니 그는 애호에 끌려 스스로 말려고 하되 말 수 없었던 때문이었다.

4. 금일 학계에 과연 일신의 이해관계를 초월해서 석천처럼 학문에 충실한 학자가 기인幾人이나 있는가? 학문에 뜻을 둔 이가 반드시 모두 석천의 뜻으로 뜻을 삼는 것이 가하다는 말이 아니나 그와 같은 충실한 학구적 태도는 학문의 발달에 대하여 아주 필요하다. 오늘날 학자가 옛날 학자에 비하면 나은 점도 있을는지 모르나 일반으로 꾸준한 노력이 미치지 못하는 것 같다. 이것이 오늘날 조선에서 진정한 대학자를 하나도 낳지 못하는 유일의 원인은 아니나 최대한 원인의 하나인 것만은 앙탈할 수 없는 사실이다. 금후로 우리는 마땅히 일층 더 꾸준한 노력이 있어야만 되겠다.

18

「(사설) 정다산의 위적, 99년기에 제하여」

『조선일보』, 1934.9.10

1. 정다산丁茶山 선생의 이름은 약용若鏞이요 다산은 그 별호라. 지금으로부터 172년 전인 영조英祖 임오壬午에 광주廣州 두척리斗尺里에서 출생하여 헌종憲宗 병신丙申 2월 22일에 75세로서 장서長逝하니 금년이 99기요 명년이 곧 그 100년제이다. 다산은 말할 것도 없이 조선의 거유巨儒로 500년간 조선학계의 자랑이오 빛이다. 반계磻溪 유형원柳馨遠과 성호星湖 이익李瀷에게서 발원된 이용후생의 실학풍이 영조 정조正祖년간에 이르러 일반학계에 널리 퍼져 학자나 문사나 모두 이 학풍에 감화를 받지 않은 이가 없어 거의 일세一世를 들어 실사구시하게 되었다. 이때에 있어 실학의 집대성자요 또 최고 권위자는 다산 선생이다.

2. 선생에게 대하여는 이미 세간에 정평이 있으나 새삼스러이 오인의 췌설贅說을 요하지 않는 바나 다만 선생의 광휘光輝 있는 그 인격과 아울러 실지實地를 힘쓰는 그 학문은 조선이 가진 일대 고귀한 역사상 보물일 뿐이 아니라 100세世에 궁亘하여 영구히 꺼지지 않는 거화炬火가 될 것이다. 선생의 학문은 해박하고도 정심精深하며 저술은 풍부하고도 거창하여 그 자체가 일대 백과사서인 관觀이 있거니와 이 모든 저술을 일관해서 흐르는 특징은 위에 말한 실

사실익實事實益이란 것이니 선생은 일찍 부화소실浮華少實한 종래 도학道學을 평하여 가로되 "호분루석毫分縷析하여 천인불발天人不發의 비秘를 궁구窮究한다 하나 일용상행日用常行의 칙則에는 보탬이 없다"고 통석痛斥하였다.

3. 그러나 선생의 학문과 저술은 한갓 무실務實이나 실사구시만으로서는 설명이 잘 되지 않는다. 오늘날 말로 하면 선생은 학계 혁명을 꾀한 것이니 그는 유명한 오학五學 폐지의 설을 주창하였으되 1은 성리학을 없애야 할 것과 2는 훈고학을 없애야 될 것과 3은 문장학을 없애야 될 것과 4도 과거를 없애야 될 것과 5는 술수術數를 없애야 될 것 등이다. 이들을 고요히 음미하여 보면 성리학은 곧 송학宋學이요 훈고학은 곧 한학漢學이니 선생은 송학만 부인한 것이 아니라 한학까지 아울러 부인하였은 즉 이는 송학을 한학에 복고시키려던 당시 고증학파와는 태도를 아주 달리한 바며 기타 부허浮虛한 문장과 폐해 많은 과거와 일체 미신의 소굴인 술수를 없애자고 주장하는 것은 이곳 일종 학계의 혁명이 아니고 무엇이냐.

4. 선생은 학계 혁명은 먼저 경술經術에서부터 착수하였으니 왜 그리 했느냐 하면 조선을 그르치게 한 것은 경술인 때문이다. 그러나 그는 조선을 건짐에는 반드시 이용후생의 경제로써 하려고 하였다. 그가 묘당廟堂에서 경륜經綸을 실시하지 못하고 19년간 유배생활의 고苦를 맛보면서 오히려 그 이상을 문자에 부쳐 연경재硏經齋 성해응成海應 이후에 제일 거창한 180여 권의 대저술을 하였다. 그 학문과 경륜의 대범위를 구체적으로 표시한 것은 『방례초본邦禮草本』이요 그것을 다시 부분적으로 표시한 것은 정치에 있어서는 『목민심서牧民心書』가 되고 경제에 있어서는 『전론田論』이 되고 법제에 있어는 『흠흠신서欽欽新書』가 되고 국방에 있어는 『비어고備禦考』가 되었거니와 선생의 위대한 점은 조선 종래의 학술을 혁명하는 동시에 태서泰西의 신학新學을 포괄하여가지고

조선의 부강을 꾀하려고 함에 있었으니 그때 벌써 광학 역학 천문학으로 종두술까지 연구한 것은 놀랄 만한 일이다.

19

「조선연구의 기운에 제하여 (1)

조선학은 어떻게 규정할까, 백남운 씨와의 일문일답」

T기자, 『동아일보』, 1934.9.11

네 자신을 알아라 하는 소크라테스의 잠언이 2,500년 전의 아테네의 거리에서 인구에 회자되었을 때 희랍의 역사에는 빛나는 장래가 약속되었었다. 그와 같이 현금 조선에는 자신의 걸어온 자취를 무사하게 하등의 주관적인 독단 없이 찾아보자 하는 기운이 움직이고 있음을 보겠다. 침체에서 소생에 —다시 일어나려는 우리의 이 나를 알자 하는 동향을 뉘라서 반가히 맞지 않을 것인가. 우리는 우리의 역사를 음미 반성 비판하여 장래에 대한 과학적인 전망을 얻지 않으면 아니 될 것이다. 우리는 이러한 기운에 제하여 여러 학구들의 조선연구에 대한 의견을 듣기로 하였다. 그리하여 조금이라도 이 반가운 기운에 기여함이 있고자 한다. 제씨의 귀중한 담론은 반드시 여러분의 기대에 어그러지지 않을 것이다.(T)

T 어제 저녁에 청년회관에서 정다산 기념강연회가 열리었는데 가보셨습니까?

백 못 가보았습니다. 일이 있어서 못 간 것이 퍽 유감입니다. 그러나 그 강연 내용이 곧 『신조선新朝鮮』이란 잡지에 실리지 않을까요. 활자화 되면 읽어보지요. 가서 들은 것보다 좀 더 내용적으로 비판도 할 수 있겠지요.

T　금년에 들어서면서부터 조선학이란 말이 이곳저곳에서 쓰이고 있는데 대체 어떠한 의미 내용을 가진 것이라고 규정하고들 있나요?

백　글쎄요….

T　종래 일본의 학자들이 국학이라고 하여 일본정신의 선양을 고조한 것과 거의 동일한 태도에 서 있는 게 아닐까요. 적어도 그 일반적인 의미에 있어서 말입니다.

백　아마 그런 것 같아요. 조선심 조선혼 조선민족의 본래성本來性 … 등을 찾아보자 하는 것이 어렴풋하나마 일부 학자들 사이에 일어나고 있는 것 같습니다.

T　그런데 일본의 국학의 최근의 발전상은 어떻다고 할까요? 고노 세이소우河野省三라는 이는 국학은 메이지유신[明治維新]의 가치 많은 일 요소로서 중대시되게 되었다고 하고 이토우 다사부로우伊東多三郎라는 이는 일찍이 국학에 대하여 이단자로서 박해 받던 양학洋學이 신일본의 건설자로서 등장하여왔다고 하는데 그렇게 말할 수가 있을까요? 좀 자세히 말씀하여주십시오.

백　일본에 있어서의 국학의 소위 4대인이라고 하는 이들의 업적이 메이지유신과 전연 관계가 없다고는 하지 못하겠지만 역시 그 국학이라고 하는 것도 일본하면 일본의 사회의 객관적인 발전의 선線에 연沿하여 고찰하는 것이 가장 타당하지 않을까요. 지금 말씀하신 바와 같이 양학 때문에 국학이 그렇게 박해를 받았다고 할는지요?

T　메이지유신 이후의 스펜서 류의 실제론적 공리주의에 내밀려서 얼마쯤 영향은 받았겠지요. 그렇지 않습니까?

백　영향이라면 영향도 받았겠지요. 그러나 요점은 객관적인 사회의 발전과 유리하여서는 고찰할 수 없겠지요.

T 그런데 조선에서 조선학이란 세 글자를 제일 먼저 쓴 사람은 누구입니까?

백 지금 똑똑히는 기억이 되지 않으나 최남선崔南善 씨가 그 무슨 글에서 처음 쓴 것을 본 듯합니다.

T 그러면 어떠한 의미에서 일까요?

백 최씨가 조선학이란 문자를 쓴 것도 아마 종래의 일본이나 서양의 지나학자支那學者들이 써온 지나학과 거의 동일한 의미에서 쓴 것이나 아니던가 생각합니다.

T 그러면 하등의 엄밀한 과학적인 방법에 의하여 정제된 것은 아니군요?

백 그렇다고 하겠지요. 조선심 조선의식을 과거 한 역사적 사실의 연구에서 끄집어낸다는 것이 조선학 수립의 구극究極의 목적이라고 하는 것은 한 개의 큰 의문이라고 생각합니다. 물론 과거 한 역사적 사실의 연구는 필요합니다. 연구된 제 사실史實을 통하여 우리의 과거를 비판하여 현재를 반성하는 것은 필요한 일이오. 그러나 현재 조선을 연구하자 하는 기운에 제회하여 운위되는 조선의식이니 조선혼이니 하는 데에는 많은 문제와 비판의 여지가 있다고 생각합니다.

T 참으로 민족하면 민족이 무엇이며 민족의식하면 민족의식이 어떻게 생성하였는지를 아는 사람은 적은 것 같아요.

백 그렇습니다. 조선민족하면 조선민족은 단군 때부터 있는 줄 알지요. 민족과 종족과를 구별하지 못해요.

T 그러면 조선학이란 세 글자의 사용은 어떻다고 생각하십니까?

백 물론 엄밀하게는 논의할 여지가 많은 줄 압니다. 종래의 지나학이란 의미에 번뜩 조선학과 우리가 과학적 방법을 통하여 보려는 연구대상으로서의 조선학과는 구별되어야 하겠지요. 따라서 까딱하면 조선학이 조선의 민족의식을 고조하는 학문이라고 이해될 가능성이 많이 있습니다.

T 그러나 지금 엄밀한 과학적 정제 하에 지나학이니 동양학이니 하는 말이 쓰이고 있지 않습니까?

백 그렇기는 해요.

T 그런데 조선에서 조선학의 기운이 싹트기 시작한 때는 어느 때부터라고 할까요?

백 내 생각 같아서는 숙종肅宗(이조 19대) 이후부터라고 하겠습니다. 지금부터 300여 년 전이지요. 그때에 유형원柳馨遠, 이성호李星湖, 정다산 등 석학이 나타나가지고 여러 가지로 우리를 알아보자고 하였지요.

T 그러면 그들로 하여금 우리를 알아야겠다고 충동한 그 배후에 있는 객관적인 것은 무엇입니까?

백 봉건국가의 붕락崩落 도정과 상업자본의 대두라고 하겠지요.

(이곳까지 문답이 진전되자 기자와 씨와의 사이에는 조선경제사에 관한 제 문제 — 아세아의 적용 여부, 노예제의 문제, 서양의 경제적 역사적 제 단계, 이조 500년을 여하히 규정할 것이냐 등등에 관한 문답이 한참 왕래하다가 씨는 이와 같이 계속하였다.)

백 조선에 있어서 민족심이라고 할 만한 것이 움직이게 된 것은 융희隆熙 전후라고 하겠지요. 그리하여 봉건적인 신분적 질서는 사실상 붕괴하고 말았습니다. 양반은 동학란東學亂의 총소리와 함께 소멸하여 버렸다고 보아도 좋겠지요. 돈이 제일이라는 생각이 나게 되었던 것이지요. (문책文責 재在 기자)

20

「조선연구의 기운에 제하여 (2)
세계문화에 조선색을 짜넣자, 안재홍 씨와의 일문일답」

T기자, 『동아일보』, 1934.9.12

T 조선학이라고 하면 무엇을 말하는 것이겠습니까?

안 늘 하는 말이지만 조선학이라고 할 것 같으면 두 가지가 있다고 생각합니다.
즉 하나는 광의의 조선학이니 온갖 방면으로 조선을 연구 탐색하는 것을 운
위謂하는 것이겠고 다른 하나는 조선의 고유한 것 조선문화의 특색, 조선
의 독자한 전통을 천명하여 학문적으로 체계화하여 보자는 말하자면 본래의
의미에 있어서의 조선학 ─ 협의의 그것이라고 할까 ─ 이 그것이겠지요.

T 그러면 어떠한 방식으로 연구를 해야 지금 말씀하신 바와 같은 조선의 독자
한 전통과 문화가 천명되겠습니까?

안 (한참 생각하다가) 조선역사를 기초로 하여 연구하여야겠지요. 말하자면 조
선인의 견지에 서서 해야겠지요. 조선 사람이 조선을 연구하는 데에 있어서
조선인 이외의 견지에 서서 연구를 진행할 수가 있겠습니까. 만일 그렇다면
그것은 본래의 의미에 있어서의 조선학이 아니겠지요. 정치, 경제, 법제, 사
상, 교육의 변동을 부문적으로 구명하여 조선의 역사 급 사조의 변화 발전의
자취를 더듬어보는 것이 말하자면 조선연구의 한 가지 아니 무엇보다도 필

요한 방법이라고 하겠습니다,

T 문헌은 무슨 문헌을 보아야 하며 어떻게 취급을 하여야겠습니까?

안 문헌이야 별 것 있습니까. 누구나 다 아는 바와 같이 조선역사의 기록을 중심으로 하여야겠지요. 그리고 문집도 상고詳考하여야 할 것입니다. 이 문집이야말로 조선에 있어서는 아주 중요한 문헌들이라 하겠습니다.

T 민속이니 토속이니 하는 것도 필요할까요?

안 물론 풍속기風俗記 같은 것도 참고하여야겠지요.

T 그런데 조선의 독자성이라든가 고유한 문화 같은 것이 뚜렷하게 유별類別이 되겠습니까?

안 물론 조선에는 조선의 특색이 있지요. 그러나 조선을 연구하는 데에 역사상으로 조선과 관계한 제국諸國을 고려함이 없이 연구할 수 없는 이만치 조선의 독자성을 구극적으로 지적하는 것은 좀 곤란하지만 역시 고유한 것을 가지고 있다고 봅니다. 조선은 오랫동안 지나支那 문화의 침식을 받아왔지요. 일본은 견당사遣唐使가 거절당한 후로 헤이안조[平安朝] 이후 누백 년 간 4위圍와 교섭이 없어 고유한 문화가 형성되었었다고 하나 조선은 그렇지 못하여 특색이 박약합니다. 가령 불교도 원효元曉 이후는 별로 이렇다 할 특색을 발휘하지 못하지 않았습니까. 또 풍류랑도風流郎道가 있으나 그것도 순수한 것이 되지 못하고 세월을 따라 토속과 혼합하여지고 말았습니다.

T 지금 흔히 화랑도花郎道를 말하고 있는데 그것은 무슨 동인動因에 의하여 출생한 것일까요?

안 우리는 화랑도에서 조선의 고유한 민족문화의 경향을 간취하는 것인데 화랑도야 말로 외국문화 침입 이전에 있어서의 조선의 고유한 문화 형태입니다. 화랑도는 물론 당시의 사회조직과 인연을 가지고 있다고도 하겠지요. 말하자면 당시의 승려, 귀족, 무사 등 지배계급의 문화 경향이지요. 그런데 지금 내가 승려라고 하였다고 그것은 결코 불교의 승려를 운위하는 것은 아닙니다. 신라에 있어서 차차웅次次雄이니 차웅次雄이니 하는 것은 모두 중을 말하는 것이었습니다.

어떻든 조선학이라고 하면 그것은 선인先人의 것을 조술祖述 확충擴充하여 조선의 문물의 연구에 있어서 독특한 요소를 삽입하도록 하는 것이라 하겠지요. 그리하여 세계문화에 조선색을 짜넣는 것이 우리에게 부여된 임무라고 하겠지요.

T   정다산 전집 간행에 많은 주력을 하시더군요.

안   요새는 그것 때문에 퍽 바쁩니다. 참으로 다산 선생은 위대한 학자입니다. 생시몽이나 푸리에 같은 공상적인 학자가 아니고 아주 실험적인 학자이었습니다. 사회 각 항에 궁흡한 심오한 통찰에는 오직 경탄할 뿐입니다. 『목민심서』, 『경세유표』, 『흠흠신서』 등 모두 귀중한 연구인 동시에 조선연구에 있어서의 호개好個의 문헌이지요.(문책 재 기자)

21

「조선연구의 기운에 제하여 (3)
조선학이란 명사에 반대, 현상윤 씨와의 일문일답」

T기자, 『동아일보』, 1934.9.13

T　조선을 연구해야겠다, 우리를 좀 더 깊게 알자 하는 기운이 최근에 농후하게
　　익어가고 있는데요….

현　나는 조선학이란 명사에 반대합니다. 왜 그러냐 하면 한 나라 이름 밑에다가
　　학學 자를 붙여가지고 부르는 것은 마치 영 프[佛] 등의 학자들이 애급埃及을
　　연구할 때에 에집톨로지라는 말을 쓰는 것과 같아서 퍽 불유쾌합니다. 말하
　　자면 남을 경멸히 여기는 데서 나온 말이지요.

T　그러면 에집톨로지라는 말은 무슨 내용을 가진 것일까요?

현　그것은 말하자면 영 프 등의 학자들이 애급하면 애급의 문물을 한 데 모아서
　　알아보자고 하는 것을 의미하는 것인데 어디 남의 나라의 문물을 그렇게 쉽
　　게 한 데 모아서 이것이오 하고 손쉽게 연구할 수가 있겠소. 만일 그렇다고
　　하면 그것은 그 나라의 문물을 업수이 여기고 하는 말이겠지요.
　　보지요. 영국 하면 브리테이놀로지라든가 프랑스 하면 프랑솔로지라는 말
　　(만일 그렇게 말할 수가 있다면)이 있소? 만일 그런 말을 한다고 할 것 같으면
　　영국인이나 프랑스인은 모욕을 느낄 것입니다. 그러니 조선학이란 말도 퍽

나에게는 불유쾌해요. 아마 재패놀로지라고 하면 역시 노怒할 것이라고 생각합니다. 어떻든 우리 조선문화를 한 데 모아서 연구한다고 하는 것은 남을 경멸히 여기고 하는 말이라고 밖에는 못 보겠습니다. 우리의 산 문화를 죽은 것으로 취급하려는 것은 좋지 못하다고 생각합니다. 에집톨로지와 동일히 취급되는 것은 동의할 수 없는 일입니다.

T   그런데 시놀로지(지나학)니 차이놀로지(동상同上)니 하는 말도 있지 않습니까?

현   있기는 하지만 그것도 위에서 말한 것과 같이 남의 나라의 문화를 한 데 모아서 연구하겠다는 말하자면 업수이 여기는 태도에서 하는 말이라고 생각합니다.

T   그러면 어떤 명사를 썼으면 좋겠습니까?

현   조선을 한 개의 연구 대상으로 하여 한 데 모아서 연구하는 것이 아니라 문화의 각 부문을 전문적으로 연구하는 것이 온당할 것이고 말하자면 국학이라고도 할 수 없으니 조선문화 연구라고 하는 것이 좋겠지요. 어떻든 조선학이란 명사는 반대입니다.

T   조선학과 조선문화 연구와는 좀 다르지 않습니까?

현   글쎄 좀 다를는지도 모르지만…. 그러면 조선정신의 학이라든가 조선혼의 학이라고 해도 무방하지 않을까. 좌우간 나는 이 문제에 대하여 써보려고도 합니다. 모두들 잘 알지도 못하고 이 명사를 쓰는 듯해요.(문책 재 기자)

22

「조선과 르네상스 필요한가? 또 가능한가?」(상)(하)

송강, 『동아일보』, 1934.9.15 · 17

조선에는 르네상스가 필요하냐 않으냐 그리고 그것은 가능하냐, 못 하냐. 우리는 이것을 한 번 생각해보자. 단번에 말한다면 조선에도—아니 조선에 야말로 르네상스가 다른 어느 나라보다도 더욱 필요한 것이다. 그러니만큼 또 조선의 르네상스에는 여러 가지의 다른 나라보다 더 많은 곤란이 가로놓여 있다.

> 가. 조선에는 전통적인 문화유산에 관한 뿌리 박힌 현대적 연구가 없다.
> 나. 따라서 조선의 신문화라는 것은 뿌리 없는 나무처럼 타의他依해 있다.
> 다. 조선은 아직도 일반으로 이조시대의 고맙지 않은 유산인 노예근성을
>   갖고 있다.
> 라. 이것은 가장 중요한 일인 바 조선의 모든 문물은 특수한 사정 하에 있다.

대총大總만 적어도 이렇다. 주관적 객관적으로 이렇케 중대한 흠결을 가진 조선에서 르네상스가 성취될까 안 될까는 일언으로 단정할 수 없는 일이다. 그러나 또 이러한 결점과 난관이 많기 때문에 그것은 더욱 필요한 것이다. 물

론 현실적으로 강력한 배경이 ─기반이 없이 문화예술 자체만의 완전한 르네상스를 기企하기는 어려운 노릇이다. 그렇지만 문화 자체의 힘만으로도 어느 정도까지의 성공은 할 수 있을 것이다. 뿐 아니라 문화적 운동이 그 실천적 기반을 자극함으로 인하여 실천행위에 혹종或種의 기운을 줄 수 있는 것이라는 것은 이미 제1차 르네상스가 증명하고 있는 일이다.

그러므로 이러한 필요로 보더라도 조선에서는 지금 문화 자체만의 힘으로나마 르네상스를 강행할 필요가 절대로 있다고 생각한다. 현실적 배경이 없다고 비관하거나 낙망할 것이 아니다. 르네상스를 요구하게까지 된 현실의 모든 조건은 아무리 불리, 곤란타 하더라도 새로운 문화의 부흥운동을 제 혼자 애쓰게 버려두지는 않을 것이다. 또 비록 현실이 르네상스를 요구는 하되 자신은 너무 무력한 것이라면 르네상스 그것이 이것에 활기를 줄 의무도 있는 것이다. 그러므로 조선의 문화운동자는 마땅히 새로운 준비와 용기를 가지고 출발하지 않으면 안 된다.

그러기 위하여는 먼저 조선을 알아야 한다. 과장이나 혹은 멸시 같은 사심邪心 없이 벌거숭이의 조선을 알아야 한다. 이조 이후 현금까지 (판독 불능─엮은이) 아무런 가치 없는 나라처럼 여겨져 왔지마는 조선에도 역사가 있고, 조선사람도 생활을 조직하고 살아온 이상 조선의 가치를 무시하는 것은 자기 부인밖에 못 되는 것이다. 조선을 알아야 한다는 말을 어떤 사람들은 조선을 사랑해야 한다는 말과 똑같은 의미로 해석하나 그것은 오류이다. 물론 우리는 조선을 지극히 사랑하는 자이며 조선사람은 누구나 다 그러할 것이다. 그렇지만 무조건하고 전부를 사랑만 하는 것은 좋지 못할 듯하다. 무사려無思慮한 맹목적 애국심은 도리어 그 나라에 대하여 위험한 점이 더 많은 것이다. 그러므로 무비판하고 조선을 애증하기 전에 먼저 그 내외모內外貌를 정직히 인식하지 않으면 안 된다. 그러한 연후에 조선의 르네상스의 구체적 방침을 결정하여야 한다. 조선의 현실적 구체성을 떠나서 수입적輸入的 공식만 가지고 방침을 수립하려다가는 열이면 열이 다 실패만 맛보고 말 것이다.(상편)

하니 금일의 르네상스에 있어서의 근본적 원리 원칙은 세계를 통하여 한 가지가 있을 뿐이니 그것은 즉 프롤레타리아 르네상스이다. 외국에 있어서도 진정한 르네상스는 이것뿐일 것이나 조선에 있어서는 반듯이 이 원리 원칙에 의한 것이어야 할 것이다.

자주국에는 타락한 패배적 르네상스와 팟쇼적 르네상스가 제창될 현실적 근거가 충분히 있지마는 조선은 그렇지 못하다. 극소수의 무력한 부분을 빼고는 조선의 현실에서 활동하며 문화를 운전하는 중심 세력은 전체적으로 보아 민족의 신생을 기망企望하는 적어도 현재의 순간에 있어서는 진보적인 부분이다. 이 부분은 장래 팟쇼화될 위험이 없지도 않을 뿐더러 또 타락적 패배를 할 염려도 없지는 않으나 형식적으로나마 주권을 갖지 못한 피등彼等을 위험시할 것만은 아니다. 그렇다고 방관하여서는 더 안 되나니 프롤레타리아문화는 이 민족적 르네상스를 잘 지도하고 스스로 그 가장 진보적이며 발전적인 면의 대표가 됨으로써 자기의 르네상스를 완성하도록 노력하여야 할 것이다. 민족적 르네상스가 발전되지 않는다면 프롤레타리아 르네상스도 완성키 어려울 것이다. 그러므로 조선 프롤레타리아 르네상스는 전민족적 르네상스에서 독립적으로 고립하여서는 안 된다. 뿐 아니라 그것의 직접적인 목적은 결국 조선의 문화를 위한다는 것에 중점이 있는 것인 만큼 우선 조선의 민족적 르네상스를 진보적인 것이 되도록 인도하여야 한다.

만일 과장적 독선주의나 신기적新奇的 신예술지상주의나 조선의 르네상스를 성취하려 한다면 그것은 어림없는 망상일 뿐 아니라 근본적 파멸을 재래齎來

할 위험이 많은 것이므로 철저히 배격 박멸시켜야 한다. 조선의 진정한 르네상스는 진보적이며 비판적인 과학적 태도를 가져서만 성취할 수 있지 그 외의 관념적 유희로는 단정코 귀허歸虛하고 말 것을 재삼 강조한다. 그리하여 종국에 있어서는 민족적 르네상스가 프롤레타리아 르네상스에까지 앙양되어야 할 것이다. 그리 되어야만 신생을 의미하는 진정한 르네상스로서의 결과를 맺을 것이니까 말이다.

조선의 르네상스! ─조선의 진보적 문화운동자는 새로운 용의用意와 각오로써 힘을 모아 나아가지 않으면 안 된다.

조선의 르네상스! ─그것은 조선인의 500여 년간의 고질을 근본으로부터 제거하고 조선의 역사에 새로운 기원紀元을 지을 그러한 것이 아니면 안 된다.

조선의 르네상스! ─이것은 결코 공상적 부르짖음은 아닌 것이다. 따라서 불가능한 일이 결코 아니다.(하편)

「(사설) 문화애와 공덕」

『조선일보』, 1934.10.15

1. 최근 학계에 있어서 고서 출판이 차차 유행하려는 조짐이 보인다. 기왕 된 것도 수 종種에 달하거니와 방금 기궐剞劂에 부친 것과 또는 장차 인쇄하려는 것도 적지 아니하다. 이것이 대개는 사회적 봉사보다도 영리적 목적 하에서 간행한다 하더라도 그 동기는 어떻든지 이런 유용한 고서를 간행하여 광포廣布하는 것은 독서계를 위하여 찬성할 일이다. 다만 금일 우리 독서계가 이 정도의 생산이나마 온통 다 소비할 능력이 있는가 함이 자못 의문이지만 백금百金을 주고도 구득치 못할 진서珍書를 용이히 입수할 수 있게 되니 이것은 확실히 고서 출판이 주는 혜택이 아닌 것이 아니다.

2. 지금 그 간행의 고서 내용으로 말할진대 거의 조선에 관한 종류뿐이니 이것을 보면 시대 요구의 추향이 어디 있는 것을 짐작할 것이다. 더욱 작금에 와서 민간학자들 사이에 조선사의 잡지가 생기게 되었고 또다시 조선사의 강좌까지 꾀하는 중이라 하니 참말 현하 우리 학계에 있어서 문화적으로 가장 의의 깊은 일이라 하겠다. 측문側聞한 바에 의하면 이번 조선사의 강좌는 사계斯界의 학자들을 온통 망라하여 문화사의 일대 완벽을 기성하려 한 것인데 물론 거기 요하는 경비는 거대할 것이며 이를 담당한 숨은 독지가에는 김윤국金

允局 씨가 있다 하거니와 우리는 이러한 문화적 사업이 앞으로 잘 진행됨을 심축心祝하는 동시에 김 씨와 같은 문화적 사도가 1인이라도 생겨나기를 희망하여 마지않는 바다.

3. 조선사에 있어서 뿐이 아니라 일반으로 조선의 고문화는 아직도 과학의 부斧를 대지 않은 원시림 그대로 있는 데가 많다. 우리 조선인은 배우는 과학의 그 예리한 '메스'를 가지고 먼저 조선의 고문화 위에 시험하여 볼 것이다. 이렇게 할 때는 무엇을 얻게 될 터이며 또 이것이 어느 의미로는 신생활을 창조함에 있어서도 일대 첩경이 되는 줄을 알아야 하겠다. 견지見地를 따라 다르겠지마는 오늘날까지 밟아나온 역사 그것을 전연히 떠나서 신생활이란 것을 상상하기는 거의 불가능한 일인 즉 이런 점에서도 고문화의 연구를 결코 홀제忽諸에 부치지 못할 것이다.

4. 그러나 고문화 연구에 불가결한 것은 고서의 간행과 아울러 그것을 수집하고 보존하는 방법이다. 아무리 하여도 개인이나 사가私家보다는 학교나 도서관에 보관하는 것이 안전한 것은 설명을 불요하는 바 금후 연전延專, 보전普專 같은 사학私學에서는 일층 더 고서 수집에 노력을 아끼지 않음을 바라는 동시에 민간 장서가도 도적圖籍을 독점에서부터 공중公衆에게 개방할 만한 덕의심德義心이 있어야 할 것이다. 이런 아량이 있은 연후에 비로소 문화애를 말할 수 있을 것이며 물자를 제공하는 독지가와 함께 서적을 기부하는 학계 봉사적 인물이 속출하여 우리네 빈약한 학도로 하여금 일반 활기를 더 하게 할수 없을까. 단간잔편斷簡殘編에는 오늘날 오히려 선민先民의 호흡이 통하고 수택手澤이 남아나니 이것을 개방하라 이 기회에 새삼스럽게 또 한 번 말하여둔다.

24

「(사설) 사료 수집의 필요」

『조선일보』, 1934.10.29

1. 사史는 사회의 거울이라. 사를 모르고 어찌 치난성쇠治亂盛衰를 말할 수 있으랴. 그러나 사학이 아직까지 일개 과학으로 완성을 보지 못한 것은 거기는 기다幾多의 이유가 있지마는 그중 큰 이유의 하나는 사료를 수집하기 곤란한 데 있다. 그는 말할 것도 없이 사료가 구존具存하지 못하거나 확실하지 못하면 역사라는 것이 따라서 성립되지 못하는 때문이다. 우리 선민先民의 활동한 자취가 후세에 남아있는 자 얼마나 되며 증거가 있고 가치가 있어 사료가 될 만한 자 또 얼마나 되는가. 아무리 훌륭한 선언왕행先言往行이라도 그것이 모두 사료가 되는 것은 아니요 반드시 구안자具眼者의 심사와 감정을 요하나니 그럼으로 사료 선택도 난사難事이거니와 사료 수집은 더욱 난사이다.

2. 조선처럼 사료 수집의 곤란한 데는 없을 것이다. 과거에 있어서 기다의 상란喪亂이 사료의 무참한 파괴자이였었고 현재에 와서는 누대累代 명가의 몰락으로 해서 귀중한 사료가 알지 못하는 중에 온통 소실되고 마는 것은 실로 개탄에 불감不堪할 바다. 연대가 오랠수록 사료의 결핍을 느끼게 됨이 원칙이나 오늘날 조선으로 말하면 고대는 물론이요 근대에 일어난 사변에 관해서도 정확한 기록 하나를 변변히 찾아볼 수 없는 형편쯤 되었다. 오인이 툭하면 고

사古史의 산망散亡을 운위하지마는 이대로 방임한다면 후일에 가서 현대사의 잔결殘缺을 탄식하게 될는지 모른다.

3. 사료로서 문자의 기록에 유의하여 공사의 문헌을 수집하는 것은 가장 필요한 일이다. 그러나 현대사 같은 것은 그 사변에 직접 관계했던 이나 혹은 그것을 목도한 이 아직까지 생존하여 있은 즉 그네에게 나가 물을진대 기록에 나타나지 않은 숨은 사실을 얻어들을 수도 있나니 이것은 문자의 부족한 점을 구비口碑로써 보충하는 역사 연구의 일 방편이다. 현대 사료는 될 수 있는 대로 문헌과 아울러 이 유로遺老의 구비에 기대하는 바 적지 아니하다. 그야 현대이니만치 얼만큼 발표하기 기탄忌憚하는 바도 있겠으나 오늘날까지 역사 연구를 보면 흔히 이 구비에는 관심하지 아니한 것 같다.

4. 사료로서의 근본문제는 먼저 산망하는 문헌을 널리 수집함에 있으니 이는 도저히 우리 개인의 능력을 기급企及하지 못할 바요 단체의 힘을 빌리지 않을 수 없다. 조선 내에 있는 사학私學의 최고학부인 보전普專이나 연전延專 같은 데서 될 수 있으면 이 사료 수집에 대하여 좀 더 물자와 노력을 아끼지 말고 널리 수득搜得하여 사료특별도서관을 설립하여 사학의 일대 특색을 발휘하는 것이 어떠할까. 이것이 금후 사학의 마땅히 하여야 할 문화적 천직의 하나인가 한다. 우리가 다른 모든 과학의 자료는 수집할 기회가 언제든지 없는 것이 아니나 오직 이 사학에 있어서는 산망하는 자료를 오늘날 수집하지 못하면 이후에는 다시 수집하기 더욱 곤란할 터이니 이것이 결코 학계의 사소한 문제가 아니다. 사학을 지도하는 이 일층 더 주의함이 있기를 바라 마지않는 바다.

25

「수년 내 전개된 조선의 점점상 - 논단 · 평단에 보내는 감상 이삼」(상)(하)

정노풍, 『동아일보』, 1934.12.27~28

1. 금년도 거의 저물어 간다. 흐리터분한 담공曇空 밑에 모든 사물과 현상이 급박하고 난잡한 해조偕調로서 혼돈한 가운데서 광무狂舞한다. 온갖 추한 그리고 또 혹한 자태의 가지가지가 더 없는 긴장미를 띠이고 1년의 공과를 청산하는 데 분주하다. 그리하여 모든 부문에 있어 정正히 비상시의 준령峻嶺의 하나를 넘어가는 시절임직하다. 우리는 이러한 때에 있어 필자가 평단을 떠나 온전히 침묵을 지키던 약 4개년 간의 변화무상 하였음직한 '기후其後의 조선 평단'에 대해서 감상 되는 몇 가지 경향을 간단히 개관하여 써 새로운 출발을 기도한다. 그리하여 독자와 한 가지로 소위 비상시의 준령을 무난히 극복하므로 말미암아 여기에서 제출해놓은 모든 숙제를 신춘新春의 제작制作에서 해결하고자 노력할 것이다.

2. 약 4개년간의 조선의 논단을 회고하매 스스로 감개무량한 것이 있다. 문예 방면에 있어 약간의 이론의 전개가 없는 것이 아니요, 또 조선문으로서의 표현에 관한 즉 '한글운동'에 관한 논의와 대중에의 침윤에 대한 연구, 또는 조선 문화유산의 재인식과 아울러 그의 승계에 관한 논의가 다 중요한 과제라 아니 할 수 없는 것이지만 격세의 감을 주는 주요 조류로서는 '조선의

과학적 인식'과 소위 '조선학의 발흥'을 들 수가 있다. 그리하여 4년 전에 있어 우리가 맹렬히 주장하던 '직역주의直譯主義의 관념론적 태도'의 배격, '조선 특수상相의 과학적 인식'의 주장은 이제 조선 사상계의 주류를 형성하고 모든 방면에 새로운 성찰을 요구하는 소리가 높아온 것은 극히 순조로운 발전이라 아니 할 수 없다. '조선민족'이니 '조선문화'니 또는 '조선적'이니 하는 말을 쓰면 즉시 시대에 뒤떨어진 반동분자요, 따라서 부르주아를 지지하는 관념형태에 불과한 것이라 하고 월슨의 민족주의 같은 것에 귀속시키거나 또는 그의 연장으로 간주되어 맹렬한 욕설을 받을 수밖에 없던 반면에는 좌익적 술어를 만재滿載한 논문 1편만 들고나오면 일개의 백면서생이 일조一朝 열렬한 시대의 기수로서 '동지' '동무'의 호위 아래서 직역적 윤리의 'ㅎけㅎり'(우케우리. 남의 말을 받아 옮김－엮은이)에 분주하였다. 그러나 비현실적이요 비이성적인 오직 모사模寫 또는 감염된 형태 그 레토릭 관념적 계급의식으로서 맹목적 열정의 경홀輕忽한 경주傾注에 지나지 못한 이러한 증세, 냉성冷性한 현실의 사상事象의 이해에 있어 위선 실패할 수 없이 되고 따라서 엄연한 구체적 현실의 분석에서 범하였던 속류적 견해의 청산─그리하여 불가피적인 자기비판에까지 돌아갈 수밖에 없이 하였다. 우리를 가리켜 반동 퇴영 보수 그리고 일종의 소극적 태도라고서 절규하는 일부 인텔리층은 그 소위 '방향소동'으로서 그리고 기타 군소 추종배는 혹은 자체의 사회적 활동의 이탈로서 과감한 '청산'을 단행한 것을 볼 수 있다.

현실의 조선의 자태를 구상적具象的 현실태의 분석에 있어 또는 '조선이란 공동생활체'의 집단적 진로에 있어 정확한 과학적 태도로서 성찰하자 하는 이러한 '자기비판'의 진행은 직역적 관념유희에 시종되던 일부의 사상군群에게 있어 정히 1보의 전진을 의미하는 것으로 우리는 피등의 새로운 출발을 경하할 것이다. 그러나 이러한 경향이 환경의 불리와 진보적 사상의 포기에서 촉래促來된 일종의 열비劣卑한 아유阿諛 영합 그리고 현실을 엄도掩塗하려 하는 변태적 전락轉落일진댄 우리는 관념적 계급주의자의 영리한 타락을 멸시할 것이다. 그러므로 우리는 그 소위 전향한 조선주의자朝鮮主義者 일군의 과학적 분석이라는 것을 신중한 태도로서 감시 아니할 수 없다.(상편)

우리는 간단한 일례로서 박영희朴英熙 씨의 최근의 논문 「조선문화의 재인식 ─기분적 방기放棄에서 실제적 탐색」이라는 표어로서 병제倂題된 일문一文을 살펴보자.(『개벽』지 쇼와 9년 12월호) 박영희 씨는 우右 논문의 (2) 중에서 다음과 같이 주장한다.

    "현대의 조선은 과거 조선의 정당한 인식 없이는 그 정당한 인식 없이는
    그 정당한 진로를 찾기 어렵다. 한 계열에서 상호관계의 전체적 인식 없이는
    또한 무의미하니 이는 철학적 방법론에 비춰서만 타당할 뿐 아니라 실로 민
    족적 문화의 유산을 소유하는 의미에서도 역시 타당하다."

과연 박씨의 이 주장과 같이 현대 조선의 정당한 진로는 과거 조선의 정당한 인식이 규정할 수가 있을까? 물론 과거 조선의 과학적 인식은 과거 조선의 정당한 이해를 가능케 할 것이다. 그러나 그렇다고 과거에다 현재를 귀속시킴으로 말미암아 조선이라는 한 세계의 조그마한 지역의 시간적 상호관계의 전체적 인식에서만이 우리의 정당한 진로를 찾을 수 있다 할까? 세계의 일환으로서의 공간적 상호관계 ─각각刻刻 변천하는 세계의 계급적 세력관계 따라서 세계역사의 현실적 동향을 전연 거부한 그리하여 한 구석의 시간적 계열만을 타고 고대 조선의 인식의 탑 속에 도피하는 데 불과한 이따위 철학

적 방법론에서만이 이제 새삼스러이 알 수 없던 조선의 진로가 명료해질 것이냐? 이러한 태도가 그 소위 기분적 방기에서 실제적 탐색으로에 전화라 할진대 이 논자는 타당치 않은 결론이라고 분개할망정 진취정신의 침체에서 생기는 영합적 퇴보 이외에 아무 것도 아닐 것이다. 우리는 여기서 역사성, 특수성, 전체성에 대한 명료한 해명의 필요를 느낀다. 그러나 그것은 우리에게 있어서는 이미 해결된 문제의 번복飜復에 불과하다. 오직 이 논자가 고조하는 그의 철학적 방법론의 제출을 기다려 필요한 범위 내에서 다시 논의할 기회를 가질 것이다.

3. 우금于今까지 조선 역사가의 태도는 흥망성쇠의 피상적 현상형태의 기술, 일정한 과학적 방법론 없이 하는 소주관小主觀의 만평적 관찰, 정치적 필요에서 하는 역사 사실의 왜곡적 기술 등의 태도를 벗어날 수가 없었다. 이러한 경향은 고담소설古談小說, 야담野談에 이르기까지 거의 일치된 태도이었다. 그러므로 그 소위 학구적 태도란 것이 궁극에는 문헌고증의 필요에서 오는 고적 조사와 유물 감정 등으로서 결국은 역사 사실의 피상적 정확성의 포착에 그치거나 또는 문화사적 태도를 집執한다는 것이 빈델반트 내지 리케르트 류의 독일 서남철학파西南哲學派의 영향 아래 하는 형이상적形而上的 가치 관념으로서의 특수사적 구성에 노력하는 데 불과하였고 역사과학자로서의 체계적 인식에까지 이르지 못하였다. 그러므로 우리는 세계역사의 발전과정에 대한 대체의 인식을 파악하고 세계사관에 대한 유물변증법적 방법론을 포착하고 있으면서도 세계사의 조그마한 분기分岐인 조선역사에 대한 과학적 인식을 가질 기회를 가질 수 없었다. 이러한 의미에서 우리는 근자에 발흥되는 조선역사의 연구열을 특히 주시하고 있다.

그러나 우금까지에 있어서 백남운 씨의 『조선사회경제사』(개조사改造社 판)

가 과학적 기도의 조그마한 성과를 보여주었을 뿐으로 이렇다한 술작述作을 발견할 수가 없다. 샤머니즘의 고루한 설화, 충신 열녀의 단편적 기술, 그리고 소위 무정견한 영웅호걸의 찬송, 이러한 저급한 저널리즘이 횡행하는 만큼 우리는 백남운 씨의 상기上記의 제작制作에 대해서 충분한 경의를 표하여야 할 것이다. 더욱 경제학자의 입장에 있어 정통파, 역사학파, 오스트리아학파 [墺地利學派], 기타 아담 스미스 이후 자본주의 경제학의 전개에 있어 그의 주조主潮를 이루어 있는 주관주의적 경향—거의가 한계효용학설로서의 연역적演繹的 설명에 그치거나 또는 배급이론 중심으로서의 가격론에 종시終始하는 경향을 지양하고서 엄연한 객관주의의 입장에서 이론경제학의 재건을 기도하고자 하는 태도를 지당하다 보는 동시에 그 성과의 여하에 대하여 큰 기대를 가지게 하는 것이다.

백남운 씨와는 그 태도에 있어 같지 아니하나 유물론철학의 입장에서 조선 인식의 방법론을 들고 조직적 체계 건립에 노력하는 분으로 신남철申南澈 씨를 들 수 있다. 이분의 태도에 대해서 위선 우리로 하여금 그 출발점에 있어 관념론적 철학자의 소위 분석된 관념형태의 궁극에서 발견한 아포리오리로서 소여所與된 사상事象의 연역적 요리에 노력하는 태도를 버리고 과학적 입장을 고지固持하는 점에 있어 찬의贊意를 표하게 한다. 그러나 동씨가 규정한 소위 3개의 근본 되는 전제적 요청, 그리고 이 요청이 요구하는 3개의 방법론적 태도가 일정한 목표 아래 통일된다면 조선학은 새 출발을 마련할 것이다 하는 신씨의 단정에 대해서 논의해야 할 필요를 느끼고 있다. 그러나 「조선연구의 방법론」(『청년조선』 창간호)에서 동씨가 기도하는 바 방법론과 기술론은 동씨의 상기한 바 전제와 방법론, 그리고 그 결론의 구체적 적용일 것이다. 그러므로 우리는 동씨의 상기한 제작의 완성을 기다려 별례別例로히 붓대를 들기로 하거니와 방법론의 항목 중에 보이는 조선사회의 특수성과 일반성의 문제는 직역적 이론에 대항하여 조선 특수성의 파악을 고조하던 4년 전의 필자의 태도를 회상케 하는 흥미 있는 문제였다는 것을 부탁해둔다.

4. 문예이론에 있어 김기진金基鎭 씨를 위시한 카프파 논객의 2~3과 박영희 씨 외 2~3의 논객 간에 있어 이론투쟁의 응수가 빈번하였다. 그러나 그 이론의 주제는 소위 창작방법을 두고 시종일관함직한 관이 있다. 결국 4년 전에 제출되어 상당한 논의를 보았던 문제가 점차 작품을 두고 구상화具象化하는 데 따라 일층 현실미味를 띠고 물의物議될 수밖에 없었던 것이다. 그리하여 결국은 푸스코 리얼리즘의 승리, 따라서 발자크 작품이 문예가의 서가에서 총애를 받는 데 거의 일치된 경향을 이루려 하고 있다. 그러나 이 문제는 그 성질이 직접 작품구성에 관한 것인만큼 현실적으로 생산되는 작품의 논평을 두고 금후 얼마든지 물의될 수밖에 없고 또 그러하므로 말미암아 더욱 전개되어 갈 수밖에 없다. 이외에 일본 내지의 문예이론의 경향을 받아 논의되는 문제가 2~3 있었으나 별로 치켜들 만한 수확을 얻지 못한 채 흐지부지하고 말았을 뿐이다.

어간於間에 있어 오히려 주목할 만한 경향의 하나는 주로 작가 측에서 평론단의 부진을 이유로 하여 평가評家의 무력을 논란하는 것이요, 또 다른 경향의 하나는 이러한 기회를 타고 출동한 신평객新評客의 불손한 태도이다. 작가 측의 태도에 대해서는 논의할 성질이 것이 되지 못하지마는 신출 평자의 태도에 대해서는 일언을 정呈해둘 필요를 느끼게 하는 것이 있다. 피등의 일치된 태도는 먼저 과거의 모든 평론을 부정해버린다. 그러면 부정할 만한 이유를 논의하느냐 하면 그렇지도 못하다. 그리고 또 어떠한 평론을 그 내용을 후비고서 검토하느냐 하면 그러하지도 못하다. 그야말로 공수타호격空手打虎格으로 과거의 평론은 무내용 무가치하다고서 일축하는 만용을 사용치 않는 것이다. 그러면 용감함직한 이러한 류의 평자에게 평의 기준이 있느냐 하면 그러하지도 못하고 전제에 있어 과거의 평객 일반을 무능하다고 매도하고는 천편일률식으로 왈가왈불가 왈호왈불호를 평의 본태本態로 한다. 이러한 치졸한 소주관의 감각적 유의에 타락된 사이비논평임에도 불구하고 거개擧皆가 과거의 평론은 질적으로 저열하였다고 단정하므로 말미암아 가장 탁월한 소질의 평임을 자임하는 것이다.

문장의 수련, 순문학의 승리 등등 이외에 더 무엇을 기대한다 하면 기대하는 편이 무리한 요구일지는 모르나 기성 평단의 전폭적 부정, 무논리적 거부를 꾀하는 이러한 무주견, 무지침한 관념 부스러기의 나열도 가장 탁월한 용평庸評 이상 치켜들 점이 없으니 한심한 일이다. 우리는 이러한 평자에서 굉언장담宏言壯談은 좀 삼가하고서 출발점에 돌아가서 위선 평의 과학적 기준의 파악에서 재출발을 힘쓰는 것이 현명할 것을 부언해둔다. 이 외에 한치진韓稚振 씨의 창조적 인생관에 대하여 논의할 필요를 느끼는 동시에 금춘今春이었던가 동아東亞 지상을 거쳐 이론 없는 망설을 제시한 양주동梁柱東 씨에게 응수할 준비를 가지고 있으나 뒷 기회를 타기로 한다. 경성여사京城旅舍에서.(하편)

26

「학술부대의 참모본영 각양각색의 진영과 기 업적」

『동아일보』, 1935.1.1

조선의 학술계는 전도양양하다. 바야흐로 찬란한 명일明日을 바라보며, 시련의 한 고비를 넘고 있는 우리의 학술계에는 각 부문에 궁亘하여 학구와 독지가들이 혼신의 역량을 다하여 애를 쓰고 있다. 각 학회와 연구회는 그들의 활동주체이니 그 단체들은 즉 우리 조선의 학술부대들이다. 희망과 정열과 비약을 품에 안고 꾸준히 전진 또 전진한다. 우리의 생활이 비록 곤란하다 하더라도 기어코 그들은 환희의 명일을 기약하리라. 조선을 알자, 조선의 과거 급 현재를 따져서 미래의 광명을 밝히자 하는 부르짖음이 울연蔚然히 일어났다. 이러한 외침에 발맞춰 지금 우리의 땅에는 수다數多의 학술단체가 창립 성장하고 있다. 이 어찌 기쁘고 반갑지 않으랴. 이에 각 학술부대의 진영과 그 업적을 소개하는 바이다.

1. 조선경제학회

우리의 경제학회는 조선학계에 있어서 그야말로 가장 학문적인 학술단체의 하나이다. 이 학회에 망라된 46인의 학도들은 모두 조선의 사회과학을 이

끌고 나아가는 정수분자精粹分子들이다. 해내海內 해외에 가서 전문대학을 졸업하고 현재 학교, 신문사, 연구실 등에서 일야연찬日夜研鑽을 게을리 하지 않고 있다. 아직 창립된 지가 오래지 못하고 또 그 직업상의 관계로 빈번한 회합을 가지고 연구발표와 저술의 발표에까지 이르지 못하였다 하더라도 우리가 앞으로 가장 많은 기대와 촉망을 가질 수 있는 기관이다. 이 학회의 구성원들의 학문적 역량이나 학문에 관한 경력이나 또 이론적 수준이나 어디로 보든지 어느 나라의 그것보다 못하지 않다. 우리가 이 학회에 기대하는 바가 어찌 우연이라 하랴.

1) 연혁과 조직

이 경제학회가 처음으로 우리들의 많은 촉망과 주목 아래에 빛나는 첫 발자국을 내딛은 것은 재작년 여름이었다. 이 창립총회를 열기까지에는 김우평金佑枰, 이여성李如星, 서춘徐椿, 백남운白南雲, 이긍종李肯鍾, 김광진金洸鎭 씨 등의 많은 산파적 활동이 있었다 한다. 수차의 예비회합과 이어 발기인총회를 지나 경성에서의 창립총회에 이르기까지에는 상기上記 제씨의 많은 고심이 있었다 한다. 이내 학회가 성립되자 조선경제학회 회칙이 결정되었으니 경제과학에 관한 제반 연구와 조사를 행함으로써 목적하고 (1) 자료조사 급 수집 (2) 토의 급 강연회 개최 (3) 기관지 발행 급 기타 출판 (4) 기타 본회의 목적에 상당한 사업을 수행하기를 결정하였다. 회원은 누구나 경제과학을 연구하는 자로서 간사회에서 추천한 자이면 될 수가 있고 회비로 연액 1원을 납입하면 된다. 학회의 집행기관으로는 간사가 간사회를 조직하는데 대표간사 1인 서무간사 1인 재무간사 2인이 있다. 대회는 매년 1회 10월 중에 개최되어 제문제의 토의와 연구사항을 결정한다고 한다.

2) 활동상황

아직 창립 이래 일천日淺하므로 외부에 나타난 사업과 연구의 성과는 이렇다 할 만한 것이 없지만 학회 내부의 사업계획은 면밀주도하다. 작년 10월 정기총회에서 결정한 사업계획안을 보건대 (1) 연 2차(6월, 12월)의 학보 발행 (2) 연 5차(2, 4, 6, 11월)의 통상보고회와 (3) 연 1차의 공개강연회를 개최할 것을 표시하고 있다. 또 그 외에 세 개의 위원회가 있으니 첫째는 재정위원회(상무 유억겸兪億兼) 둘째는 조사위원회(상무 이여성) 셋째는 사업위원회(임시상무 김도연金度演)이다. 그리고 현재의 임원으로는 대표간사에 백남운, 서무간사에 노동규盧東奎, 재무간사에 이긍종, 김광진 등 제씨이다. 이것으로 보아 그 조직이 얼마나 짜여있는가를 알 수가 있다.

무릇 무슨 활동을 함에 있어서든지 그 활동의 그래프는 그 조직 여하에 달려서 상승하는 것이라고도 할 수가 있으리라. 이 학회는 장차 이러한 조직 하에 반듯이 무슨 과학적 연구를 내놓아야만 할 것이다. 그것은 조선학계에 대한 그들의 의무이다. 아직 그들이 아무 연구의 성과를 학회의 이름 밑에 발표하지 못 하였다고 책責하지 말 것이다. 그들은 지금까지 여러 가지의 불여의不如意 —더욱 재정적 한가운데에서도 꾸준히 통상보고회를 열어왔으니 그것은 다음과 같다.

제1회 세계일주와 각국의 경제 상황 : 이순탁李順鐸
제2회 상업교육에 대하여 : 최순주崔淳周
제3회 조선인 공업의 제 문제 : 이여성
제4회 조선공업의 현단계에 대하여 : 노동규
제5회 조선사회경제사 방법론 : 백남운

이것이 이 학회의 대체의 진용 급 활동상황이다.

2. 조선어학회

현재 30여 명의 회원을 포용하고 조선어학 전반에 긍하여 그 연구 정리 급 보급에 관하여 많은 노력을 하고 있는 조선어학회의 역사 급 기其 업적 급 현재의 조직은 과연 어떠한가.

1) 연혁

이 학회의 역사를 따진다면 40년 전까지 소급할 수 있으리라 한다. 그러니 그것을 다 기록할 수는 없다. 그러므로 이제 그 역사의 개략과 최근 두드러진 업적의 요령만을 극히 간략하게 적어보려 한다. 조선어문의 과학적 연구와 통일과 및 그 보급의 운동은 고故 주시경周時經 선생으로부터 시작되었다. 광무 2년에 국문동식회國文同式會가 조직된 후로 연구회와 강습소와 강연회 등 여러 가지 조직으로 활동해왔었다 한다. 그때 몰려오는 조선 내부의 풍진風塵은 조선어문에 관한 연구회나마도 있을 수가 없게 되어 동同 회는 드디어 다이쇼 4년을 최후로 부득이 해산됨에 이르렀다 한다. 그러나 그 뒤 7년 동안은 아무 형식적 조직은 없었으나 이 운동의 목숨만은 끊임없이 이어왔던 것이다. 그러다가 다이쇼 12년 12월에야 다시 조선어연구회라는 이름으로 새 조직이 생기어 이 운동의 중추가 되었고 쇼와 6년 1월 총회에서 회명을 조선어학회라 고쳐 현재에 이른 것이다.

2) 현재의 조직과 활동

이와 같이 많은 파란을 겪고 온 이 학회는 그동안에 그 조직에 있어서도 여러 번의 변동이 있었다. 현재의 조직으로는 간사장에 이희승李熙昇, 간사에 이극로李克魯, 최현배崔鉉培 제씨라고 한다. 그리고 지금 조선의 민족문화의 계몽기에 있어서 이 회의 중대한 과제는 하고 많을 것이다. 기관지 『한글』을 발행하고 또는 시시때때로 토론회, 강습회 등을 열어 어문의 연구, 정리, 보급에 노력함은 세인世人 주지의 일이려니와 그중에 무엇보다도 조선어사전의 편찬이 가장 시급하고 중대한 일의 하나일 것이다.

이 회에서는 현재 사전 편찬의 상무위원이 일야日夜를 이어 노력한다고 한다. 그리고 전문 성질을 가진 어휘는 각 방면 전문가 30여 인에게 맡기어 그 주해註解에 몰두하는 일방一方 경향 각지의 다수한 교원과 중등 이상의 남녀학생을 실로 전민족적으로 총동원시켜 삼천리 방방곡곡에 흩어진 방언을 모아들이는 중이라는데 이 사업은 아직 명일의 약속이 있을 뿐이거니와 지금 완전히 결과를 지은 업적으로는 무엇보다도 기대하던 조선어철자법 통일안의 발표였다.

그것은 쇼와 5년 12월 13일에 어학회에서 선정된 철자법 제정 위원 12인이 2개년 동안 심의하여 쇼와 7년 12월에 그 초안을 작성하고 동년 12월 25일부터 익년 1월 4일까지 위원 18인(증선된 위원 6인과 합쳐서)이 개성 고려청년회관에서 그 초안을 축조逐條 토의하여 제1독회를 마치고 쇼와 8년 7월 25일부터 8월 3일까지 고양군 화계사華溪寺에서 제2독회를 마치고 동 8년 10월 19일에 학회 임시총회에서 채택의 가결을 보게 되었다. 그리하여 이 통일안은 전후 3개년을 걸쳐 433시간에 125회의 회의를 거쳐 쇼와 8년 12월 29일 즉 훈민정음 반포 제487회 기념일에 전 사회에 발표되게 된 것이다.

이것이 이 학회의 대략의 내력과 활동상황이다. 그런데 조선어문의 기사記寫 방법에 있어서 이 학회와 대립하고 있는 기관이 있으니 그것은 조선어학연구회朝鮮語學研究會이다. 후자에 대하여는 항項을 달리하여 소개하려 한다.

27

「조선의 문화유산과 그 전승의 방법」(1)~(8)

박사점, 『동아일보』, 1935.1.1~9

1. 문제의 해명

무릇 일정한 문제는 그 제출에 있어서 벌써 그 해답의 방향이 결정되어 있는 것이다. 나는 모름지기 나의 과제에 대한 성급한 해답을 꾀하기 전에 위선 우리의 문제를 해명하여 그것이 이미 그 제출에 있어서 장차 내가 제시하려는 해답의 방향을 어떻게 결정하고 있는가를 명백히 함으로써 나의 노작의 출발을 시작하여야 될 것이다.

우리의 문제를 그저 부과된 형태 그대로 아무런 반성도 없이 용납하여 더욱 그것을 될 수 있는 대로 로고스의 봉쇄권 내에 가두어 놓은 채로 형식적으로 취급함에 그친다면 우리의 생활과의 철저한 필연적 연락이 박약하여지지 않을 수가 없게 된다. 문제의 의미라든가 논리적 구조에 관하여서뿐 극도의 관심을 경주傾注할 것이 아니라 왜 물어야 되는가 하는 그 문제성의 원천을 추궁하여 로고스적 문제와 현실적 문제성과의 불가분리적인 연관을 통일적으로 고려함은 그 출발에 있어서 자못 중요한 일이라고 아니 할 수가 없는 것이다.

첫째로 우리의 문제는 무엇을 묻고 있는가. 주저할 것도 없이 조선의 문화유산에 관하여 묻고 있음은 물론이다. 그러나 조선이라고 하는 점에 있어서 벌써 일반적 문화유산에 대한 일정한 태도가 표현되어 있는 것이다. 왜 하필 조선의 그것이 문제가 되는가. 관점을 조선의 문화유산에 국한하는 이유가 어디 있는가. 한 시대의 문화운동이 바야흐로 급격히 진전되는 때에는 왕왕 그 급격한 진전을 마치 꺼리며 조해阻害하려는 운동이 생기는 일이 있다. 이러한 운동이 처처處處에 소위 전통문화의 소생이라는 미명美名을 써붙이고 나온다. 더욱 나치스의 편협된 민족주의는 현대의 위기 극복의 유일한 방도와도 같이 이러한 반동에 덧불을 켜고 있다. 우리도 과연 이러한 일시적 조류에 보조를 맞추기 위하여 단지 그걸 뜬 유행을 모방하려는 의도에서 우리는 우리대로 조선의 문화유산이 문제가 되는 것인가. 우리는 다시 한 번 로고스적 문제의 배후에 잠재潛在하며 그의 근저에 깃들이고 있는 현실적 문제성 그것을 정면으로 취급하지 않을 수 없음에 유의케 된다. 1보를 그릇하면 우리의 문제의 파악은 다시 소생할 수 없는 심연에 미끄러져 나의 해답조차 후생後生의 한낱 웃음거리가 되고 말 것이다. 나는 우리의 문제성을 응시하여 이것을 로고스의 평면에서 조명함과 동시에 또한 이 평면으로부터 해방하여 더 일층 깊고 넓은 지반 즉 현대의 우리들의 현실적 사회적 생활의 지반에 있어서 이것을 해명하여야 될 것이라고 생각한다. 조선의 문화유산이라고 하는 명제 자체가 이미 문화유산 상으로 본 조선의 특수성을 전제 시인하고 있음은 사실이다. 그러나 우리들의 현실적 사회적 생활이 전체적으로 일정한 사회적 그룹을 형성케 된 금일에 있어서는 그 의미하는 바 특수성을 단지 세상에서 고조하고 있는 편협된 소위 민족성과 동일시할 수가 없을 것이다. 아니 이 동일시할 수 없다는 점이 있기 때문에 우리의 과제의 문제성은 그 중요한 의의를 특히 현대의 우리들에게 대하여 가지고 있는 것이 아닌가. 나의 이 소론이

기도하는 바 첫째 목적은 조선이라고 하는 그 특수성을 나변奈邊에서 찾을 것인가 하는 것을 사정이 용허容許하는 정도 내에서 힘써 천명하여 보려는 데에 있다.(1회)

둘째로 우리의 문제는 어떻게 묻고 있는가. 우리의 문제는 오직 조선의 문화유산의 해석이 아니다. 어떻게 전승하여야 될 것인가를 묻고 있다. 즉 전승이라는 한 현실적 실천의 방법을 묻고 있는 것이다. 문제의 초점은 다시금 실천으로 집중된다. 아니 원래가 전승이라는 이 실천이 목적이어서 조선의 문화유산이 문제가 되는 것이다. 실천을 떠난다면 조선의 문화유산이 금일의 우리에게 대하여 하등의 소관所關이 있을 것이랴. 관념적 자기도취자 배輩가 아닌 다음에야 악착한 이 현실적 생활을 그나마 꾸준하게 살아나가려는 그 누구가 이 전全 문제의 초점을 제홀諸忽에 부칠 것이랴. 우리는 이 전승이라는 실천을 유일한 목표로 삼는가 혹은 이 실천으로부터 유리遊離하는가에 따라 우리의 문화유산에 대한 인식의 태도가 전연 방향을 달리 하며 따라 무엇이라는 해답에 소괴霄壤의 차이가 생길 것을 잊어서는 아니 된다. 여기에서 우리는 우리의 문제의 해답에 있어서 무엇과 어떻게의 두 계기가 서로 뗄 수 없는 관련에 얽혀있음을 짐작케 될 것이다. 즉 조선의 문화유산의 인식과 그 전승이라는 실천에 있어서도 인식과 실천의 변증법적 관련은 엄연히 존재하고 있는 것이다.

그러나 끝으로 문제 해명에 있어서 주의하여야 할 것은 대저 우리의 문화유산이 이미 우리에게 전승되어 있기 때문에 우리가 타방인他邦人과 다른 조선 사람으로서의 생활하고 있지 않은가 하는 의문이다. 이제 새삼스럽게 전승의 방법 운운이 왜 문제가 되는가. 여기에 우리는 어떠한 전환기에 처하여 있다는 것을 우리의 문제 자신이 암시하고 있다 할 수 있는 것이다. 의식적, 무의식적으로 이렇다 할 자각이 없이 일종의 타성을 가진 전통으로 전승하여오거나 혹은 외래문화의 맹목적 숭배로 말미암아 정당한 비판도 없이 폐기된 문화유산에 대한 새로운 인식을 촉진치 않을 수 없는 현실적 정황에 처하여 있다는 것이다. 그러면 우리들의 그 현실적 정황 좀 더 적절한 표현을 구한다면 즉 현단계적 입장으로서는 조선의 문화유산의 인식이 어떠한 방향을 취하게 될 것인가. 나는 이에 대한 고찰로부터 나의 해답의 첫걸음을 옮겨보고자 한다. 그리고 이상의 우리 문제의 간단한 해명이 나의 해답의 전 윤곽의 복선을 그려주는 것이다. 나는 이 복선을 점차로 명백히 떠오르게 현시顯示코자 노력함으로써 나의 해답의 임무를 다하고자 할 뿐이다.

2. 조선의 문화유산 인식의 방향을 규정하는 현단계적 입장

문화유산의 인식은 만인에게 공통된 소위 보통타당성을 가지고 있는 것인가. 우리는 여기에서도 과학의 당파성을 잊을 수가 없으며 현실의 구체적 생활로서의 실천이 인식의 전제조건임을 다시금 상기하는 것이다. 보통으로 진리의 기준이 실천이라고 할 때에는 실천이 인식의 결정조건임을 지칭함이거니와 또한 타면에 있어서 실천이 인식의 불가결할 전제조건이 되는 것이며 따라서 실천에 대한 태도가 상이한 사회적 그룹은 각기 문화유산의 인식방향을 달리 하게 되는 것이다. 금일의 역사적 현단계에 있어서는 민족적으로 거의 단일한 사회적 그룹에 속하여있다는 것을 가사假使 용허할 수 있다 할지라도 기왕 과거에 있어서까지도 우리의 사회가 같은 그룹 안에서 살고 있었던 것은 아니다. 우리는 조선문화의 유산을 선택 섭취함에 있어서 응당 그 유산이 어떠한 사회적 그룹의 그것이었던가를 먼저 명백히 하여 당시의 사회적 생활과의 내면적 관련□□ 가지고 있었던 그의 위치를 왜곡됨이 없게 파악하여야 될 것이다. 경주 석굴암石窟庵의 불상 조각이 삼국시대의 공경귀족公卿貴族이라는 사회적 그룹의 문화유산을 대표하는 것이며 이퇴계李退溪 사칠론四七論에 대한 경복서經復書가 또한 이조시대의 권력적인 사회적 그룹의 문화유산의 일단임을 잊어서는 아니 된다. 외국인이 칭탄稱嘆한다고 하여 아악雅樂이나 고려의 자기磁器가 곧 일정한 시대의 조선문화의 특수성을 전면적으로 표현하고 있다고 봄은 너무나 솔직한 속단일 것이다. 그와 동시에 그 반면에는 어떤 사회적 정세하에서 부득이 아직도 미발전의 상태에 있기는 하였지마는 피땀에 젖은 근로대중이라는 사회적 그룹의 문화가 밑으로 속깊이 싹트며 전자의 문화와 항상 대□적 위位에 잠재하여 있었음을 또한 간과할 수가 없는 것이다. 과연 모든 문화는 필연적으로 어떠한 사회적 그룹의 문화인 것이며 그들 그룹적 생활의 소산으로서 사회적 그룹의 지반 속에서 문화의 산 현실의 뿌리를 박고 있는 것이다.

우리는 조선의 문화유산을 인식함에 있어서 특수한 사회적 그룹의 문화가 마치 전 조선문화의 대표자인 것 같이 간주하는 폐를 배제하여야 할 것이다. 왜 우리는 이러한 사회적 그룹의 입장에서 문화유산을 인식하여야 하리라는 가장 중요한 태도를 망각하려고 하는 것일까.(2회)

대저 동양에 있어서는 최근에 이르기까지도 권력적인 사회적 그룹과 근로적勤勞的 사회적 그룹과의 거리의 현격이 우심尤甚하였었다. 그리하여 후자는 전자의 억센 지배 밑에 은폐되어 자기가 속하는 바 그룹의 문화를 그 표면에 현시顯示치 못할 바 아니라 자기 스스로에까지도 아무런 자각도 없이 전자의 문화를 마치 자기네의 문화 그것과도 같이 알아온 예도 왕왕 없지 아니한 것이다. 총체적으로 권력적인 사회적 그룹은 그 사회적 그룹의 의식을 초월하는 것이 원래의 특색이다. 자기네의 그룹의 문화를 사회적 그룹으로부터 초월한 문화인 것 같이 자신한다.

유교는 인仁을 궁행躬行함에 그의 목적이 있는 것이오 결코 근로적인 사회적 그룹에게 대한 사리私利를 도모함에 있지 않다고 할 것이다. 그러나 유교가 권력적인 사회적 그룹의 관념형태임을 면할 수 없음은 틀림없는 사실이 아닌가. 물론 권력적인 사회적 그룹의 문화라고 할지라도 당해當該 그룹의 문화인 한限에 있어서 그의 타당할 영역이 마땅히 그들의 그룹 권내圈內에 머물러 있어야 할 것이었지마는 그 권력의 지배는 그의 본래의 타당 영역을 넘어 자기네와 다른 그룹의 영역에까지 침범하여 그 타당력을 주장한다. 즉 근로적인 사회적 그룹의 문화특수성을 거부해버리고 자기네의 문화의 색료色料를 억제抑制로 그 위에 도말塗抹하여 같은 빛깔로 화化하여 버린다. 이에 근로적인 사회적 그룹의 문화는 수평선하에 매몰하여 자기의 것이 아닌 문화를 비非 본의적本意的이나마 마치 자기네의 문화와도 같이 대하게 되는 것이다. 이와 같이 근로적인 사회적 그룹의 문화가 일반적으로 그와 대□적 위치에 서있는 그룹의 문화 때문에 자기부정을 당하는 곳에 자기의 본래의 입장까지도 망각케 되는 근본 이유가 있는 것이다.

다음으로 나는 이상에서 본 우리의 입장을 방해하는 일견 정당한 듯한 외양을 꾸미고 있는 두어 가지 견지에 대한 별견적瞥見的 음미로써 그들이 역시 전자의 권력적인 사회적 그룹의 관념형태임을 지적하여 보고자 한다. 제1로 소위 고유의 문화라는 명제가 왕왕 우리의 문화의 특수성을 표현하고 있는 것처럼 생각하는 일이 있다. 그러나 이것은 문화의 고정성을 의미하기 쉬운 만큼 오해될 염려가 없지 않다. 고유의 문화라면 왕왕 최초의 것 즉 민족의 원시적 문화를 지칭한다.

그러나 우리의 원시문화의 특색이 결코 우리의 문화의 특색의 전부가 아닌 것이다. 원시문화는 그 후 사회적 생활 자체의 내면적 변천에 응하여 최초의 그것과는 판이하게 변화되고 만다. 따라서 최초의 가졌던 성격이 문화의 특수성의 전부인 것 같이 생각함은 근거 없는 독단이다. 원시적 문화는 고정되어 있는 것이 아니오 변화하는 것이다. 새로운 사실의 선택에 추진하여 땀 흘리며 신영역의 개척을 기도하지 못하고 오로지 선인의 축적을 그대로 묵수하는 완고배頑固輩 류가 꿈꾸고 있는 고정적 신비적인 조선의 문화유산의 인식은 마치 몰락되어가는 어떤 사회적 그룹의 구태여 취하는 바 회고적인 현실 도피의 궁여지책에 불과한 것이다. 여기에는 공허한 자기 과장은 있을 수 있으나 진정한 의미의 생산은 있을 수 없다. 제2로 소위 몰가치, 몰목적적인 태도로 문화유산을 인식하여야 된다고 할는지 모른다. 과거를 과거 그대로서의 내존적內存的 의미에 있어서 여실히 파악함에는 과거의 자태를 현대중심적인 실천으로써 제약함에 있어서는 아니 된다고 할는지 모른다. 즉 예술가적 관조로서만 정당한 과거의 인식이 가능하다고 할는지 모른다. 그러나 현실적 실천을 자각적으로 유리한 그러한 학문을 위한 학문, 이론을 위한 이론이 구경究竟에 있어서 또한 권력적인 사회적 그룹의 관념형태에 속하는 것이오 실천 자체가 곧 그들의 생활의 전체인 근로적인 사회적 그룹으로서는 용허치 못할 태도인 것이다.(3회)

아니 우리가 조선의 문화유산을 현단계적 지위에서 인식한다 함은 객관적 사실을 실천을 위하여 억제로 왜곡하려는 것이 아니라 도리어 각 시대의 모든 권력적인 사회적 그룹의 관념형태가 그의 정당한 영역을 넘어 다른 사회적 그룹의 문화를 실로 은폐 매몰케 한다는 사실을 현시하여 도리어 가장 객관적인 인식을 얻고자 함에 있는 것이다. 즉 현단계적 입장으로서의 인식이 비로소 조선의 문화유산을 가장 객관적으로 파악할 수 있게 한다는 것이다. 저 권력적인 사회적 그룹이 우리의 문화유산을 사회적 그룹을 초월하여 인식하여야 된다고 주창하며 따라 문화가 사회적 그룹에 따라 다르다는 엄연한 사실을 부인하려는 관상적觀想的 태도를 우리는 조선의 문화유산을 객관적으로 인식하려는 우리의 욕구가 강하면 강할수록 도리어 부인하며 배격치 않을 수 없게 되는 것이다. 그러나 또 한 번 돌이켜 생각할 때에 우리의 현단계적 입장이라는것은 단지 사회적 그룹의 견지만을 의미함으로써 완전하다 할 수 있는가. 사회적 그룹의 대립은 어느 시대 어느 민족에 있어서도 볼 수 있었다. 그러면 이러한 사회적 그룹의 견지로서 인식되는 바 문화유산의 특수성은 각개의 민족에게 공통적으로 타당한 것인가. 나는 다음으로 조선의 문화유산의 인식에 있어서 우리가 의미하는 바 민족의 견지를 또한 무시할 수 없다는 것을 생각하여 보고자 한다.

3. 조선의 문화유산의 특수성을 시인하며 천명하는 근거

일반적으로 일정한 민족에 있어서 권력적인 사회적 그룹은 자기의 관념형태를 소위 민족문화라는 기만적 미명 밑에 자기네와 다른 사회적 그룹에게까지 강력적으로 적용하려는 것을 볼 수가 있다. 민족적이라는 명목을 빌려 권력적인 사회적 그룹의 특수성을 신비화하여 일체의 그룹적 대립을 말살하고 오직 배외심만을 도발하여 근로적인 사회적 그룹으로 하여금 타민족과의 분별없는 긴장만을 더 일층 북돋우어준다. 그러나 우리는 이러한 권력적인 사회적 그룹이 가지는 바 소위 민족적 의식이 우리가 의미코자 하는 민족적 특수성의 인식이 아님을 주의하여야 할 것이다. 아니 우리는 오히려 이러한 종류의 소위 민족적 의식을 철저하게 배제하여야 할 것이다. 실로 민족은 나치스의 주장과 같이 최고 만능의 배타력을 가진 사회적 결합체는 아닌 것이다. 그렇다면 우리가 민족의 특수성을 따라서 조선의 문화유산의 특수성을 시인하며 천명하는 근거가 나변에 있는가.

사회적 그룹의 대립이 국제성을 가지고 있음은 사실이다. 그렇다고 하여서 각개의 민족의 특수성을 경시하여야 가ㄲ할 것인가. 거의 동궤적인 발전과정을 경과하여왔다는 의미에서 세계사적, 일원론적 역사법칙만을 기계적으로 준용하여 특수성을 외면적인 중요치 못한 사소한 차이로 간과할 것인가. 특수성을 운운함이 마치 역사법칙에 대한 반동과도 같이 생각되어야 할 이유가 어디 있는가. 우리는 물론 문화의 시대적 발전에 있어서 일정한 공통적 법칙을 발견할 수 있으나 문화의 구체적 관찰은 그로서 불충분한 것이다.(4회)

거기에는 다시 공통적인 시대성이 반영되는 것이며 더욱 민족적 특수성이 속 깊이 지배하고 있는 것이다. 동일한 문예부흥에 예를 든다 할지라도 이탈리아[伊太利]의 그것과 영국의 그것과 내지 프랑스[佛蘭西]의 그것과는 부정할 수 없는 특색을 서로 가지고 있다. 근세의 데모크라시—는 프 영 독 간에 현저한 차이를 볼 수 있으며 더욱 동양에 수입됨에 미쳐서는 또한 특이한 데모크라시의 형태를 주출하고 있는 것이 아닌가. 전 세계사에 있어서의 발전의 보편적 법칙성은 결코 개별적인 발전상을 제외하는 것이 아니오, 오히려 그와 반대로 특수성을 전제하는 것이다. 보편적인 법칙성 그것은 구체적인 사태 밑에서는 어떤 변화를 받는 것이오 구체적인 제 관련을 고려함이 없이 보편적 법칙성만을 인용코자 서두르는 것은 불가피적으로 우리들을 형이상학적인 추상적 결론으로 이끄는 것이다. 필요한 정도에 있어서 현실적 생활을 반영치 아니하는 추상抽象을 위한 추상은 폐로적肺癆的인 죽은 무내용한 추상이오, 도리어 왕왕 현실의 합법칙성에 대한 별견을 우리에게서 빼앗을 뿐만 아니라 더욱 이론을 실천으로부터 분리하여 이론으로 하여금 무익無益케 하고 마는 것이다. 우리는 형식개념인 공식을 현실적 사회적 사상事象과 동일시하여 전자를 후자의 위에 강압적으로 적용코자 하는 오류를 경계하여야 할 것이다.

민족에 대한 정당한 인식을 얻으려고 힘쓰기도 전에 위선 권력적인 사회적 그룹의 관념형태라 하여 부정하기만 급급하고 다시 근로적인 사회적 그룹의 견지에서 이것을 새로 정당하게 파악할 줄을 모른다면 그는 사회적 그룹의 의식을 심화하는 소이所以도 아니려니와 또한 공허한 공식주의를 극복하는 소이도 아닐 것이다. 더욱 근로적인 사회적 그룹이 민족의 핵심을 형성케 한 금일의 조선 정세는 양자의 소장消長이 일층 긴밀한 관계를 가지고 거의 일치하게까지에 이르러 있음에랴. 그리고 이러한 특수성의 인식은 결코 무조건적으로 타민족의 같은 근로적인 사회적 그룹의 이익과 대립되는 것이 아니니 여기에서 우리의 인식이 편협된 배외적 태도의 그것과 다름을 짐작할 수 있을 것이다. 물론 권력적인 사회적 그룹의 관념형태로서의 민족주의의 악선동이 도리어 근로적인 사회적 그룹으로 하여금 민족적 특수성에 대한 혐오까지 환기하여 그 관심을 박약케 한 이유도 없지는 아니하지마는 그렇다고 하여서 민족문화의 특수성을 다른 입장에서까지 파악할 수가 없는 것 같이 철두철미 사갈시蛇蝎視할 필요는 없을 것이다. 조선의 문화유산의 특수성은 일개의 산 통일체統一體로서 사실상 존재하고 있다. 우리들은 민족적 특수성을 지상至上의 것으로 준수遵守하려는 것이 아니라 권력적인 사회적 그룹의 관념형태에서 구출하는 동시에 또한 공식론자의 비현실적인 추상적 이론을 배제코자 하는 것이다.

　현실적 생활의 모든 실천은 그것이 각기 민족의 특수한 문화유산을 전승함으로써뿐 그의 질적 내용을 획득할 수가 있는 것이다. 각기 민족의 특수성이 인류의 노동방법 생산력 내지 생산적 제관계에 의하여 제약됨은 사실이나 그렇다고 하여서 전 세계의 모든 문화가 장차 단일화하리라는 관찰은 너무나 요원한 비현실적인 몽환夢幻에 불과한 것이다. 자기의 특수성을 고조함은 결코 일반적 역사법칙의 필연적 발전성을 거부하는 거조擧措가 아니라 도리어 그 법칙을 현실적인 구체성에 있어서 적용하게 되는 것이다. "조선의 현단계에 있어서는 문화유산의 특수성을 시인하며 천명하는 것이 노예화로 빠지는 사도邪道이긴 커녕 유일한 소생甦生의 활로인 것이다. 우리는 자기의 특수문화를 고조한다면 그는 감상적感傷的인 전통 자만에 미칠 뿐"(백남운 저, 『조선사회경제사』 445엽頁 필자 역譯)이라는 명제가 편협된 공식주의적 속단이 아니면 다행이라고 할 것이다. 자기네의 특수한 문화적 유산의 전승이 없는 근로적인 사회적 그룹의 문화가 성립할 수 있다면 그야말로 허황하고 사이비한 일개 외국문화의 모방이거나 혹은 안전眼前에 닥쳐있는 권력적인 사회적 그룹 문화에의 예속밖에 아무 것도 아닐 것이다. 아지 못게라 이것이 도리어 일반적 역사법칙의 필연적 발전성을 거부하는 소이가 되지 않는다고 어찌 단언할 수 있을 것이랴.

　이것을 가론 역사법칙에의 반동화라 할 수 있을 것이다. 조선문화 대신으로 순수문화를 세계적으로 건설함에 성공한 이상향의 꿈세계가 실현된다면 모르거니와 현실적 발전의 과정에 있어서는 문화의 민족적 특수성을 부인할 수가 없는 것이다. 우리에게 있어서는 사회적 그룹의 대립적 긴장이 도리어 민족문화의 특수성을 더 일층 현저하게 하여줄 뿐이다.

끝으로 문화의 민족적 특수성을 부인하려는 예는 오직 이상과 같은 경우에 그치는 것이 아니오, 그와는 성질을 달리하는 예가 없지 아니하다는 것을 주의하련다. 대개 외래의 우월한 문화를 동경하며 수용하는 때에는 간혹 민족성이라는 특수성을 몰각하고 그 범위를 초월하려는 정열에 사로잡히는 일이 없지 않다.(5회)

그러나 기독基督이나 석가釋迦의 교훈이 비록 전 인류를 향하여 설파된 것이라고 할지라도 각기 민족에 있어서의 수용 동화의 형식이 각이各異하며 따라서 그로써 주성做成된 각 민족의 문화유산 상에 있어서도 그 특수성을 인식케 되는 것이다. 조선의 불교문화의 유산이 인도나 중국 그 외의 다른 민족의 불교문화의 유산과 그의 특성을 달리함은 동양미술사에 있어서도 역력히 증명되어 있는 사실이 아닌가. 이와 같이 하여 모든 천재의 사상도 창작도 또는 동경에 찬 수용 문화라 할지라도 의연히 민족문화라는 제한을 일탈할 수는 없는 것이다. 그와 동시에 우리가 의미하는 바 조선의 문화유산의 특수성은 결코 편협된 민족주의자 류의 비역사적 상고적尙高的이며 봉쇄적 배타적인 권력적인 사회적 그룹의 견지로서 본 그것이 아니오 어디까지라도 역사적 발전적이며 민족적이면서도 세계적인 비권력적인 사회적 그룹의 입장으로서 인식한 특수성인 것이다. 이것은 민족과 사회적 그룹의 무력한 절충을 의미함이 아니오 양자의 긴밀한 현실적 통일에서 실천적으로 이해함으로부터 조선의 문화유산의 특수성을 가장 객관적으로 인식하려는 것이다.

4. 전승의 방법

인류가 처처處處로 유전流轉하며 그들의 생활자료를 탐구할 뿐이오 아직 하등의 가공법을 알지 못하여 단지 발견된 무주無主의 재산을 파지把持 선점함으로서 획득하는 상태에 있어서는 아직도 문화가 성립되지 못하였었다. 문화Kultur라는 술어가 원래 토지의 경작Agriculture을 의미하는 것이었다는 것과 같이 그것은 이미 자연이 아니다. 자연이 제아무리 풍려豐麗한 생장을 하였다 할지라도 하등 인공의 가입이 없는 한에 있어서는 그것은 문화가 되지 못하는 것이다. 문화는 인류가 그에게 필요한 재화를 자연으로부터 노동이라는 실천을 통하여 획득하는 단계에 이르러 비로소 성립된 것이다. 문화의 성립은 과연 인류와 자연과의 투쟁의 소산이라고 할 수 있다. 뿐만 아니라 일단 성립한 그 문화의 유산도 이러한 실천으로서만 전승된다. 조선의 문화유산의 전승에 있어서도 실천 외에 전승의 다른 방도가 만무할 것이다. 그리고 나는 실천이 보통으로 로고스의 측면과 파토스의 측면을 가지고 있다고 볼 수 있는 것과 같이 조선의 문화유산을 전승하는 방법에 있어서도 그 객관적 측면과 주관적 측면을 구별하여 논함으로써 가장 구체적인 그의 실천 방법이 파악될 것이라고 생각한다.

1) 전승 방법의 객관적 측면

나는 먼저 조선의 문화유산의 전승 방법을 객관적 측면에서 파악할 필요를 느낀다. 실로 문화유산 자체가 그의 전승에 있어서 어떠한 법칙을 가지고 있는가를 이론적으로 파악치 못하고 공연히 주관적 정열에만 도취한다면 거기에는 결코 진정한 의미의 전승이 있을 수 없으리라고 생각되기 때문이다. 대저 문화의 유산이란 무엇인가. 일반적으로 과거의 문화적 활동 즉 근로로서 산출된 문화재의 현존한 자者를 지칭함이라고 할 수 있을 것이다. 즉 어떠한 과거의 문화적 상태는 인위적인 근로를 통하여 문화의 유산을 산출하는 것이다. 그러나 이러한 소산으로서의 문화유산은 일차 산출되면 산출된 그대로 아무런 작용의 힘도 가지지 못하였는가 하면 그렇지 않은 것이다. 반대로 다시 그의 능산자能産者로서의 문화적 상태에 영향을 주어 새로운 독력獨力을 가진 문화적 상태를 주성做成하여 다시금 새로운 문화의 유산을 후일의 세대에 남기게 하는 것이다. 문화 전체의 변천, 발전, 창조는 이와 같이 하여 문화의 유산과 문화적 상태와의 상호간 관계에서 성립되는 것이오, 그렇기 때문에 전승도 또한 우리의 문제가 될 수 있는 것이다.

그러면 문화는 단지 문화적 유산을 직선적으로 마치 그 전통을 불가침할 그 무엇과도 같이 존숭하며 그의 양적 심화를 증가함에서 그의 전승이 가능한 것인가. 문화의 발전을 단지 유기적인 양적 진전에서만 관찰함으로써 만족할 수 있다면 우리도 응당 직선적 전승으로서 만족할 수 있을 것이다. 그러나 원래 문화의 유산은 한 번 그에게 현실적 존재성이 부여되면 그와 동시에 현실의 사회 내에 있어서 그 문화의 유산은 처음의 능산자의 의도와는 무관계하게 그 자신 독립한 발전을 하며 독립한 작용을 하게 되는 것이다. 그 결과 그 문화의 유산은 일반문화에 대하여 일종의 불가피할 규정력으로 화化하여 왕왕 다른 문화 능성能成에 대한 장애가 되며 결국은 기존의 문화 전체를 파괴하는 경우에까지 이르는 것이다. 이러한 때의 문화의 발전은 문화유산의 직선적 전승으로는 불가능한 것이니 필연적으로 새로운 세대문화의 창조를 위하여서는 실로 그 문화의 유산을 변증법적 지양의 방법으로써 전승하는 외에 방도가 없게 되는 것이다.(6회)

과연 전 역사를 통하여 문화의 발전이 결코 동질적, 연속적인 것이 아니오 우여곡절 가운데에 형성되는 것이며 각 세대의 질적 특성을 갖추어 각기 일시기를 획성劃成하고 있다는 사실은 이러한 변증법적 지양의 사정에 의하는 것이다. 전환기에 처한 모든 세대의 위대한 발전은 실로 이러한 변증법적 지양이라는 방식으로 전대前代의 문화유산이 전승되는 때이며 거기에 비로소 새로운 세대의 탄생을 보게 되는 것이다. 우리는 이제 이 전승에 있어서의 변증법적 지양의 내면적 구조를 고구考究하여야 될 경우에 당착하였다. 이제 항을 나눠 간단한 서술을 하기로 하자.

(A) 모순의 양 계기가 철저하게 현시되어야 할 것

과거의 문화유산과 현재의 현실적 생활이 그 모순상相에 있어서 철저하게 인식되어야 할 것이다. 이 모순이 그 극도에 달達치 않는 이상 그의 변증법적 지양은 불가능함으로써이다. 첫째의 계기를 현시키 위하여서는 위선 모든 문화유산이 그 존재에 있어서 명백히 되어야 할 것이다. 발굴, 수집 등 제반의 수단으로써 조선의 과거의 문화유산을 들추어내는 데 힘써야 할 것이다. 특히 무도한 침공××××으로 말미암아 그의 문화유산의 분실, 퇴폐, 분산이 심한 우리 조선에 있어서는 이러한 수집, 발굴 등의 사업도 그 전승의 예비적 단계로서 불가결할 노작이라 할 것이다. 그러나 그와 반면에 우리는 우리의 현실적 생활을 몸소 도피함이 없이 용감하게 실천으로써 체험하여 모순의 둘째 계기의 현시를 또한 게을리 하여서는 아니 될 것이다.

(B) 모순을 주출做出케 된 원인이 탐구되어야 할 것

이는 곧 문화의 발전을 움직이고 있는 바 현실적 생활의 기구와 문화유산과의 내면적 관계를 통찰하여야 된다는 것이다. 우리는 우리의 목적을 위하여 현시된 일정한 문화의 유산이 각각 그 세대에 있어서 어떠한 생활적 지반으로부터 필연적으로 산출되었는가를 고찰하는 동시에 그 문화의 유산이 후세대의 생활에 어떠한 영향을 주었는가를 객관적으로 파악하여야 할 것이다.

이 모순의 원인을 생활적 지반에서 찾아내는 것이 변증법적 지양의 방법에 있어서 가장 긴중緊重한 요점인 것이다. 종래의 소위 학구자의 대부분이 오직 고문서 유품의 수집, 진위 감정 또는 문헌적 고증으로서 마치 문화의 유산을 전승이라도 하고 있는 것 같이 자처하여 왔었다. 겨우 1보를 나간대야 간행이나 조술祖述 등이 있었을 뿐이오, 이러한 생활적 지반의 고찰은 꿈도 못 꾸었던 것이다.

고분을 발굴하여 얻은 바 금관을 박물관 유리함 속에 원형의 방불하도록 꿰어 나열함에 일종의 골동적 취미는 감상하였을는지도 모르나 거기에는 그 유산의 제작 또는 사용과 연결된 바 사회적 생활과의 구체적 관련의 통찰은 태무殆無하였었다고 하여도 과언이 아닐 것이다. 끝없는 취집聚集 또는 분포와 양식의 결정을 위한 연구, 마치 그 범위 내에 칩복蟄伏하고 있음을 당연한 태도인 것 같이 생각하였던 것이다. 그러나 이 생활적 지반의 통찰이 우리로 하여금 일정한 문화의 유산이 어떠한 사회적 그룹의 그것인가를 명백히 하여 주는 것이며 따라서 여기에 이르러 모순의 양 계기는 일층 철저하게 현시되며 모순의 인식은 더욱 정확하여지는 것이다.

(C) 현단계적 입장으로서 다시 섭취할 것

이상과 같이 하여 양 계기의 모순이 철저하게 되고 더욱 그의 원인이 되는 생활적 지반이 현시된다면 우리가 현단계적 입장을 취하는 이상 조선의 문화유산이 가장 객관적으로 왜곡됨이 없이 인식될 것이오 따라서 그 어느 것을 선택하며 어떠한 점을 어떻게 섭취하여야 될 것인가 함이 명백하여질 것이다. 이와 같이 하여 조선의 문화유산의 변증법적 지양으로서 되는 전승이 실현될 것이다.

끝으로 조선의 현실적 특수성 때문에 문화유산의 전승에 있어서 잠깐 주의하고 싶은 일이 있다. 그것은 조선의 문화유산이 어떠한 의미에 있어서 벌써 지양되어 새로운 문화가 날로 이 반도에 빛나고 있지 않은가 하는 의문이다. 그러나 그것이 과연 우리가 위에서 본 바와 같은 본래의 의미에 있어서의 변증법적 지양으로서 건설되어 있는 그것인가. 우리의 문화유산을 지양 전승한 것이 아니라 유기遺棄 망각하였던 것이 아닌가. 물론 금일의 소위 반도문화라는 것을 정당한 지양으로서 전승된 우리의 문화라고 생각할 척동尺童조차 없을 것이다. 우리는 여기에서도 현단계적 입장으로서 우리의 현실적 생활을 명확하게 파악할 필요를 또 한 번 느끼지 않을 수 없다.(7회)

2) 전승 방법의 주관적 측면

문화유산의 전승이 한 실천인 이상 단지 전승 방법의 객관적 파악뿐으로서는 도저히 만족할 수가 없다. 우리는 마치 전승의 객관적 파악만 있으면 무조건하고 실천이 실현되는 것으로 생각하여서는 아니 된다. 해석이나 전망 자체는 아직 실천이 아니다. 방법의 로고스적 인식과 동시에 주관적 측면의 파토스적 긴장이 필요한 것이다. 나는 여기에서 문화유산의 전승 방법을 그 전승하는 주체 즉 전승하는 사람이 누구인가를 고찰함으로써 시작하여 다시 그 주관적 내부의 긴장이 어떠하여야 될 것인가를 생각하여보려고 한다.

전승의 주체는 물론 근로적인 사회적 그룹이다. 조선 사람이 역사적 현단계에 있어서 동일한 근로적인 사회적 그룹에 속한다면 전승의 주체는 곧 현대의 조선민족 자신이라고 할 수 있을 것이다. 그리고 사회적 그룹이나 전 민족의 의식은 필경 그 그룹의 성원인 각 개인의 주관에 반영될 것이다. 그러나 우리는 여기에서 간과할 수 없는 난관에 부닥치는 것이니 그것은 곧 그 각 개인의 주관적 파토스의 긴장이 한결같지 않다는 점이다. 아무리 사회의 현실적 객관적 제 조건이 전승의 객관적 가능성에 있어서 충분히 준비되어 있으며 방법의 이론적 인식조차 완성되어 있다 할지라도 각 개인의 주관적 파토스의 긴장이 없이는 그 전승의 가능성을 실현할 수가 없는 것이다. 그러면 파토스의 긴장이 어찌 하여 이완되는 것인가.

대개 사회적 그룹의 대립은 인간의 자기소외라는 현상을 현시케 되는 것이니 권력적인 그룹은 그 자기소외에서 행복과 확실성을 감득感得하고 이 소외를 마치 자기 자신의 힘인 줄 알며 이리하여 인간적 존재의 한 가상假象을 소유한다. 그러나 근로적인 사회적 그룹은 자기소외에서 자기 자신이 부정되어 있음을 감득하며 이리하여 자기의 무력無力과 비인간적 존재의 현실성과를 불가피적으로 인정케 되는 것이다. 절박한 위험에 각각刻刻으로 당면하고 있음을 자각케 된다. 인간으로서의 극도에 도달한 유한성과 공허를 절실히 느끼게 된다. 이에 이르러 우리는 그 고민으로부터 일시적이나마 해방되기 위하여 타협의 길을 택하게 되어 자포자기의 함정으로 전락케 되는 것이다. 이때다. 우리의 파토스적 긴장이 이완되는 것은 실로 이 순간인 것이다. 원래 근로적인 사회적 그룹은 생산적 노작勞作으로서 살고 있는 이만큼 타성적 혹은 퇴폐적인 존재와는 가장 거리가 있는 건실한 존재이었건마는 감당키 거북한 그 처지는 드디어 본래적인 자기의 본질을 망각케 하고 마는 것이다. 여기에서 자기가 정표히 극복 지양하려던 대□적 위치에 있는 사회 그룹의 문화에 예속하는 현상이 나타나게 된다. 자기 스스로 노동을 비열한 노예적 봉사와 도 같이 생각하며 치부와 향락의 수단으로 관념한다면 그 얼마나 착오된 인 식일 것이랴.

노동이 권력이나 화폐와는 별개의 생활원리인 것을 잊어버림은 자기네의 사회적 그룹의 본성에 어그러지는 것이니 권력적인 사회그룹의 관념형태를 모방하는 것이 아니고 무엇이랴. 근로로부터 유리된 특수한 사회적 그룹의 생활목적인 바 향락은 고귀한 창조적 근로와 바꾸려는 곳에 나의 이르는 바 파토스의 긴장이 이완되는 것이다.

과거의 문화는 이미 파괴되었고 아직도 진정한 우리의 문화는 건설이 요원 하다. 주위에서 강력적으로 우리를 지배함은 나의 것 아닌 문화다. 우리가 자 기의 무력함을 목도할수록 불안과 초조는 우심尤甚하여진다. 그러나 우리가 조선의 문화유산을 전승하려면 퇴폐적 자포자기로서 얻을 수 있는 고식적姑息 的 안전책을 힘있게 배격하고 때로는 괴로운 허무 속에 헤매여야 할 것이다. 일시적 위안을 얻기 위하여 우리의 긴장된 파토스를 이완시켜서는 아니 된 다. 허무와 불안을 기피하는 나머지 자기의 것 아닌 퇴폐적 향락을 꿈꿀 수 없다.

우리는 고민과 불안으로 둘러쌓인 허무의 심연 앞에서도 우리의 현단계적 입장을 꿋꿋이 인내 사수하여 나아가는 때에 비로소 주관적인 파토스의 긴장 은 지속되어 조선의 문화유산을 전승하는 바 변증법적 지양의 중대한 순간을 실현할 수가 있는 것이다. 아니 이러한 파토스의 긴장으로서 된 고민과 불안 의 사선死線 상에서 오히려 꾸준한 노력을 게을리 아니하여 자기의 최선을 다 하는 사람으로서야 비로소 변증법적 지양의 방법을 몸소 체험하여 그의 절실 한 객관적 인식도 또한 가능할 것이다. 우리의 목적하는 바 문화유산의 전승이 한 위대한 창조적 전승이어야 하는 이만치 우리의 노력은 침통한 색조를 띠지 않을 수 없는 것이며 여기에 비로소 우리는 자아에 각성되어 자기를 인식하는 새로운 심안心眼이 열리는 것이라고 생각한다. 그리고 우리의 중대한 과제인 문화유산 전승의 역할을 다 할 수 있는 사람은 오직 이 무서운 시련을 용감하게 견디어 나아가는 사람일 것이다.

끝으로 다시 한번 주의하여야 할 것은 조선 문화유산의 전승이 또한 오직 주관적인 파토스의 긴장뿐으로서 되지 아니한다는 것, 거기에는 전승 방법의 객관적 인식이 역시 필요하다는 것이다. 주관적 측면에만 경도할 때에 우리는 공허한 정열에 사로잡히게 되고 객관적 측면만을 존중할 때에는 기운 빠진 이론의 형해形骸만을 바라보게 되는 것이다. 과연 그 긴장된 파토스가 객관적 전승 방법의 이론과 일체가 되어 씩씩한 우리의 실천이 실현되는 곳에 조선의 문화유산은 비로소 그 본래적인 의미에 있어서 전승되며 따라서 우리 문화에 새로운 전개를 보게 될 것이다. (8회)

28

「고전연구의 제문제」(1)~(3)

정래동, 『조선중앙일보』, 1935.1.18~20

현재 조선에서 고전연구의 경향은 참으로 일시의 성盛을 이루고 있다. 그 연구의 범위는 바야흐로 학술 각 방면에 확장되어 2~3년 전만 하더라도 일고의 가치가 없이 여기던 고전적古典籍이 갑자기 연구의 중요한 대상이 되어 있는 것이 적지 않다. 특히 문학 방면의 고전이 더 많이 연구되는 것 같은 경향이 보인다. 이런 경향은 금년 신년의 신문을 주의하여 보면 그 성盛함을 엿볼 수가 있으며 또한 의식적으로 이러한 운동을 일으키려는 경향까지 보인다. 여기서 고전연구의 성한 원인을 탐구하여 보면 이하 3점에서 벗어나지 않을 것이다.

1) 세계 각국에서 문학상 고전연구의 경향이 농후하여 최근까지 등한시하던 고전이 성가聲價를 점점 올려 가는 것도 있다. 조선에도 다소히 영향이 적지 않으며 또 일시의 유행사조를 이루던 맑스주의의 이론상 제 방면이 그 환경의 불리와 자체 모순으로 인하여 작금 급속도로 좌절된 현상에 있다. 이로 인하여 일반 지지분자는 현 사회상의 진전을 재인식할 것을 각성하였으며 역사상의 제 사실에서 새로운 진로를 추출하려 하므로 자연 고전적을 다시 연구하게까지 되어 있는 원인도 있다.

2) 조선 현문화의 정도는 벌써 조선의 학자 문인 자신이 넉넉히 구미 선진국의 학술상 제 주의의 관점으로, 혹은 그 제 방법을 이용하여서 조선의 역사상 사실을 연구하고 정리할 수 있는 첫 단계에 이르렀다고 볼 수 있다. 이것이 조선 고전연구의 제2 원인이 될 것이다.

3) 구미의 신문화에 접촉하던 조선의 과거 신인新人들은 근대 물질문명의 신형태에 도취하여 봉건사회의 엄업국嚴業(원시)國인 조선의 제반 문화를 멸시 배격하였던 것이다. 그러나 학술 각 방면의 역사적 연구는 조선 과거의 제반 학술문물을 천시할 아무 이유도 없으며 오히려 전인前人이 개척하지 못한 처녀지임을 알 때 더 한층 귀중함을 느끼게 된다. 이것이 고전적 연구의 제3 원인이 될 것이다.

이 외에도 다른 원인이 없다고 단언할 수는 없다. 그러나 그 원인을 탐구하는 것은 대개 이만한 정도에서 그치고 다음에는 지금까지 고전을 연구한 결과를 관찰하여 그 결함을 지적하고 또 응당 더 문제되어야 할 것과 더 토론되어야 할 몇 가지 문제를 제출하여 볼까 한다.

학술의 연구에는 여러 가지 목적이 있을 것이다. 혹 어떤 사람은 다른 목적을 완성하기 위하여 학술을 한 수단과 방법으로 삼을 것이요, 어떤 사람은 그저 학술을 연구하는 것이 유일한 목적이며 그 외에 목적을 염급念及할 여유와 여가가 없는 경우도 있을 것이다.

이제 조선에서 고전을 연구하는 경향의 잠재의식을 보면 두 가지 종류로 나눠볼 수가 있으니 1)은 의식적으로 조선의 특수성을 고취하기 위하여 모든 연구의 재료를 외국 것과 '다르다'는 입장에서 구하는 분들이 □□□□□□□을 구하며 그 연구하는 방법을 불택不擇하고 감정적 작용이 선행하는 경향이 있다. 2)는 학술 정리整理의 방법과 순서를 학득하여 조선의 사실을 그 목차와 순서에 나누어 정리하는 경향이다. 그러므로 이분들의 문자 서적에는 많은 사실을 나열하고 비교적 감정적 작용이 적다고 볼 수 있다.

다시 개괄적으로 말한다면 1)항에 속한 분들은 대부분이 민족주의 사상에 속한 이들이요 2)항에 속한 분들은 대부분이 맑스주의적 경향이 있는 분들이라고 볼 수 있을 것이다. 그러므로 이상 2종류의 연구 태도와 연구의 방향은 퍽이나 다르며 또 학술 진전의 입장으로 본다면 일장일단의 흠이 없지 않다.

조선의 특수 학술을 발견하는 데는 조선의 자료 사실만을 연구할 것으로는 퍽이나 부족함을 느낄 것이요 또 너무나 공식적 연구에 기울어지게 되는 때에는 한 지방 한 사회의 특수성을 민멸泯滅하는 수가 많을 것이다. 이에 우리는 조선 고전연구의 신중성을 깨달아야 하며 될 수 있는 한에서 그 장단을 절충하는 태도를 취하여야 할 것이다.(1회)

조선 고전을 연구한 서적 논문을 통하여 보면 그 연구하는 방향을 세 가지로 나누어 볼 수가 있다.

1) 사회학적 연구

한 사상 한 작품이 개인의 노력인 동시에 그 저자의 사회적 환경의 산물인 것은 더 말할 것도 없다. 이러한 의미에서 고전을 연구할 때 그 고전이 산출된 사회적 배경을 연구하며 그 경제조직 정치상태 내지 일반문화의 계단을 주의하게 되는 것은 물론이다.

조선의 최근에 출판된 서적을 보면 이 방면에 특히 주의하는 경향이 보인다. 이 방면은 과거 학술계에서 등한시하였던 만큼 참고의 전적典籍이 결핍되며 그 사회의 발달 계단을 논저하는 각자가 각각 다르게 구분하게 된다. 따라서 이 방면은 아직 토론 연구할 여지가 많으며 금후에 많은 노력이 이 방면에 쏠리기를 바라는 바이다.

이것을 구체적으로 말하자면 조선역사에 있어 '봉건시대' '유목시대' '원시××시대' 등 연대에 대한 계선界線이 대단 모호하며 이에 대하여는 연구의 방면에 따라 많은 차이와 이설異說이 있을 것이다. 그러나 조선학술계에서는 아직 이러한 문제가 토론되지 못 하였으며 아직 문제 삼는 자가 없었다. 만약 우리가 한 작품을 관찰할 때 그 작품이 산출된 사회의 문화적 계단을 달리하는 때에는 그 작품을 인식하는 내용에 큰 차이가 있을 것이 사실임으로 이 방면의 연구는 목하의 시급한 문제이다.

중국에서는 수년래 이 방면에 관한 토론이 성행하였었다. 물론 사회과학의 학파에 따라 각각 다르며 역사가의 관점에 따라서 각각 다르기는 하였으나 그 토론의 소득은 적다고 말할 수 없다. 필자는 불행히 이 방면에 많은 흥미를 느끼지 않고 또한 이 방면에는 문외한임으로 그 소개나 주장을 입론할 수는 없지마는 중국에서 사회과학을 연구한 제씨는 이 방면에 관한 것을 많이 소개하여 우리의 참고가 되게 하기를 바란다.

이상에서 말한 것은 역사의 종적 구획이거니와, 우리는 다시 한 시기의 사회를 횡적으로 관찰할 때 역시 각각 다른 의견을 가지게 된다. 가령 예를 들면 갑신甲申 전후의 조선사회는 귀천의 계급이 어떻게 나누어 있었으며 약 100년 전의 사회는 계급이 몇 종류나 되었으며 그중에 어떠한 사회층이 통치의 실력을 가지고 있었으며 그때의 신흥층은 어떠한 종류의 계급층이었던가? 이러한 것은 사회발달의 과정을 예증하여 사회과학의 이론의 근거를 삼음으로 역시 중요한 문제가 되는 것이다. 이 역시 고전연구에 특히 주의되어야 할 점이다.

2) 감상적鑑賞的 연구

고전의 '사회학적 연구'는 일반 학술계에 다 적용할 수 있는 것이다. 이하에서 서술할 '감상적 연구'와 '언어상 연구'는 특히 문학의 고전에 극한極限하여 말하려 하는 것이다.

창작가들이 고전을 연구한다든지 혹은 고전의 연구가 창작 상에 실익이 있게 하는 연구법은 곧 고전의 '감상적 연구'와 '언어상 연구'일까 한다. 서술의 편의상 위선爲先 '감상적 연구'에 대하여 말을 하기로 하자. 어떠한 환경에서 그런 작품이 산출되었는가를 연구하는 것이 '사회학적 연구'라면 '그 작품은 어떠한 의도에서 창작되었는가?' 또는 '그 사상은 어떠한 곳에서 출발하였으며 현대사조와는 어떠한 곳이 공통되며 어떠한 곳에 차이가 있고 그 작품의 표현은 어떠한가?' 등등을 연구하는 것이 필자의 말하는 '감상적 연구'이다. 이 종류의 연구는 조선에서 퍽이나 드물다고 볼 수 있다.(2회)

시대의 변천에 따라 매몰되었던 고전이 재발견되고 전前 세기까지 일시에 효동囂動하던 고전이 이 세기에 들어서자 매몰되는 것은 확실히 이 감상적 식별이 시대사조에 따라 달라진 까닭이다. 물론 한 고전이 어느 세기에나 항시 새로운 의의를 가질 수는 없는 것이오, 자못 현대의 사상과 얼마나 다른 작품보다 더 접근하였는가의 문제에 불과할 것이다. 여기서 예술의 항구성 등이 문제되는 것이나 차此 문文에서는 병론竝論할 수 없음으로 략略한다.

우리는 조선 고대古代 문학을 논평할 때 흔히 '음풍영월吟風詠月식'이라고 말하여왔지마는 악류惡流의 시문을 제하고는 대부분의 작품이 거개 당시 사조의 목적의식적이었던 것이다. 일부의 소설을 보더라도 그곳에는 일정코 '권선계악勸善戒惡'의 목적이 포함되어 있다. 혹은 '충군애국'을 가르치고 혹은 '정열효행貞烈孝行'을 설교하고 혹은 '근로복종'을 암시하는 등 어느 곳에나 작자의 목적의식은 나타나 있다.

여기서 우리는 한 작품을 접할 때 이러한 작품 중의 사상적 방면을 관찰하는 동시에 혹 유교의 전통에서 추출된 것인가? 혹은 불교의 계전戒典에서 나온 것인가? 등을 연구하여 보면 그 시대적 사조 환경 등을 타진하는 데도 편의가 많음은 물론이다.

한 작품에서 해결하려던 문제가 현금現今까지 원만한 해결을 보지 못한 것도 많을 것이며 그 작품 당시의 사상적 해결책이 그 사회의 어떠한 원인으로 인하여 그와 같이 실현되지 못하고 현금까지 밀려나려온 것 등을 구명하여보면 사회 진전에 미묘하게 방해한 인소因素도 발견할 수 있을 것이다. 그러므로 한 작품이 기幾 백년을 경과하여 그 언어나 그 표현 형식이 현대의 작품과 조금도 접근성이 없으면서도 역시 오인의 연구거리가 되는 것은 자못 그 작품을 산출한 사회적 배경을 관찰하는 데만 그칠 뿐 아니라 현대 미해결 문제의 해결에 대한 큰 귀감이 되는 까닭도 있다.

작품의 형식 표현도 시대에 따라 변한다. 그러나 한 작품과 다른 작품과의 형식 표현은 서로 연대적 관계가 있음으로 과거의 형식 표현이라고 하여 결코 진부한 무용지물이 아니요, 역시 사적史的으로나(형식, 표현)의 그 부분적으로 직접 현대의 창작에 참고될 점이 적지 않을 것이다. 우리의 창작은 물론 고전의 직접 모방이어서는 아니 된다. 그러나 고전문학을 원遠거리에 서서 감상 연구함에 따라 창작상 보조되는 점은 적지 않을 것이 사실이다.

3) 언어상 연구

조선의 고전은 대부분이 한문으로 쓰여 있으며 또 민중의 예술까지도 한문의 탈을 벗어난 것이 퍽이나 적다. 민간 전래의 시가詩歌까지도 대개 한문이

반분半分 이상이 섞여 있으며 소설 역시 그렇다. 그러므로 고시가나 소설 등에서 순전한 조선말로 된 구절은 퍽이나 적다. 그 반면에 조선말로 된 부분은 지금의 안광眼光으로 보더라도 그 묘사가 생생하고 감정의 표현이 여실하게 되어 있는 점이 많다.

시가에 있어서도 중국 사실의 예거例擧를 떠나고 한문의 구속을 벗어난 자는 그 사상상 현대와 차이는 있으나 그 언어 구사 어감語感 등 □□□□□□□□□□을 보더라도 비록 '언문'으로는 되어 있으나 한문의 암기에 불과하고 순전한 조선말로 된 부분은 적다. 그러나 그 적은 부분에서 많은 실감 언어의 미점美點을 발견할 수 있다. 그러므로 조선의 고전을 연구할 때에는 그 용어의 '한문' '언문'을 구별하여 음미하는 데서 조선말의 어휘도 많이 발견될 것이며 일반 민중의 어감에 대한 천심淺深도 추측할 수 있을 것이며 조선말의 특징도 학득學得할 수 있을 것이다.

또 일반으로 다르더라고 말할 수는 없으나 대개로 본다면 '한문'으로 된 작품은 그것이 '언문'으로 쓰였더라도 거개가 지식분자의 작품이요 순'언문'으로 된 작품은 일반 민중의 작품인 것이 많다. 따라서 역대의 '민중문학'을 식별하는 데도 '한문' 등 언어상으로 연구하는 것이 유익할 것이다.(3회)

29

「특별논문을 읽고」(3)~(5)

신남철, 『동아일보』, 1935.1.29~2.1

1. 문화의 논리학에 대한 일 기여—박씨의 「문화유산과 전승방법」론

문화라는 개념의 해석은 사람에 따라서 다를는지 모른다. 벌써 그것을 종
래의 학자들에게서 보아온 바다. 그들은 문화를 일정한 절대자의 소산이라고
보기도 하였고 또 진선미 나아가서는 성(聖)까지도 합하여 이른바 '가치체계'로
서 보기도 하였다. 그러나 그 이른바 문화재 혹은 문화가치라고 하는 것은 게
오르그 짐멜과 같이 생의 창조적 운동이 어떠한 산물을 만들어내고 그 가운
데서 이 운동이 자기의 표현, 자기의 실현의 제 형식을 발견하여 그것에 활동
범위와 질서를 줄 때 우리는 문화에 대하여 말할 수가 있다고 한 그러한 것이
거나 또는 하인리히 리케르트와 같이 보편타당성을 가진 규범적 이상으로서
문화재의 순수한 가치라고 본 그러한 것이거나 하였다.

그러나 이와 같은 생의 철학적 혹은 형식사회학적인 문화 이해나 또는 신
칸트파적 형식주의를 지금에 와서 그냥 신봉하는 사람은 없을 것이다. 나는
이곳에서 문화의 이론에 대하여 논급하는 여가를 가지지 못하였으나 문화를
사회생활의 온갖 형식의 총체, 물질적 생활수단의 온갖 조직의 양식 및 그 상

호 침투의 현실 형태와 그 사적 발전의 단면에서 문화의 제 상을 본다는 것은 현금에 와서는 일반적으로 인지되어 있는 학문상의 공유재산인 듯싶다. 환언하면 문화라는 것은 사물지식, 습관, 방법 등의 역사적 체계라는 것이다. 그러나 이 체계라는 것이 영원, 불변으로 제 사회적 그룹에게 통용되는 것이 아니라 일정한 사회적 성격을 대辯하고 있는 것이다. 그리고 그 사회적 성격에 있어서는 양적 방면과 질적 방면이 있음을 간취하리라. 그리하여 이 양자 사이에 상호작용의 이행의 사실이 있음도 다 아는 바일 것이다. 바로 이 점에 문화의 논리학(나는 이렇게 말하고 싶다)의 문제가 생한다. 이 문화의 논리학은 문화의 변증법이라고 하여도 좋다. 이 문화의 논리학에는 따라서 과학적으로 구명되어야 할 제다한 문제가 우리의 앞에 닥쳐온다. 이 문제를 수미일관하게 해명한다는 것은 참으로 거대한 노력을 요하는 일이다.

그러나 그 거대한 노력을 요하는 이 문화의 논리학을 그냥 그 거대한 노력을 요한다는 것 때문에 그것들로부터 손을 뗄 수가 없다. 어렵고 큰 문제이니만치 할 만한 일이다. 더욱 그것이 우리 조선인의 입각지로부터 볼 때 정히 토구되어야 할 당면의 과제라고 생각하는 것이다.

이 점에 있어서 박사점朴士漸 씨의 「조선인의 문화유산과 그 전승의 방법」에 대한 논고는 실로 주목할 만한 것이었다. 씨의 논論은 문화유산과 그 전승의 방법에 대하여 한 개의 중요한 전초전을 떠맡은 논구되는 기다幾多의 문제를 내포하고 있는 것이었다. 씨는 문제의 제출 방식에 있어서 실로 진지한 태도를 가지고 나섰다.

그는 이 문제의 해명에 당하여 첫째로 우리가 묻고 있는 것은 '무엇'인가로부터 출발하였다. 즉 '조선의' 문화유산이라는 것을 소위 '로고스적 평면으로부터 해방하여' 일층 깊고 넓은 지반 즉 현대의 우리들의 현실적 사회적 생활의 지반에 있어서 이것을 선명鮮明하여야 된다고 하여 구체적 현실 생활의 지반을 물었고 둘째로 이 문제를 어떻게 묻고 있는가 하는 문화유산 전승의 방법에 관하여 문제의 초점을 실천에 두어가지고 관념적인 해석적 태도를 배격하였다. 그가 제출한 문화유산의 인식과 실천에 있어서의 무엇과 어떻게의 두 계기는 변증법적 통일을 성成하여 있어야 한다는 것이다. 그리고 이 무엇과 어떻게의 두 계기는 조선의 문화유산의 인식 및 그 전승에 있어서 현실적 정황 즉 현단계적 입장의 고려를 망각하고서는 명백하게 현시될 수가 없는 것이니 씨의 입론하는 태도가 그 시초에 있어서 뿐만 아니라 해론該論의 전체를 통하여 어떠한 것이겠다는 것을 아주 명백하게 표명하는 것이었다.

그러면 씨는 '조선의 문화유산의 방향을 규정하는 현단계적 입장'을 여하히 보았던가? 씨는 실천의 태도가 상이한 두 개의 사회적 그룹의 존재를 선명히 하여 '과학의 당파성'을 지적하였다. 그리하여 조선의 문화유산을 인식함에 있어서 특수한 사회적 그룹의 문화가 마치 전 조선문화의 대표자인 것 같이 간주하는 폐弊를 배격하였다. 왜 그러냐 하면 사회적 그룹의 입장에서 문화유산을 인식하여야 한다는 가장 중요한 태도를 망각한 때문이다. 그가 사회과학적 안광眼光을 통하여 문화의 문제를 고찰하는 사회 사상事象의 문제성을 엄밀하게 규정하려는 태도는 실로 시사하는 바 많다. 즉 고유문화의 문제와 몰가치적, 몰목적적 태도에 대한 견해가 그것이다. 그러나 씨가 후자에 대하여 실천을 자각적으로 유리한 관조적 태도라고 하여 배제한 바는 좋다고 하더라도 전자에 이른바 고유문화의 문제와 조선의 문화유산의 특수성의 문제에 대한 논술에 대하여서는 사람에 따라서는 좀 다른 견해를 가질 수도 있지 않은가 한다. 그는 고유문화와 민족적 특수성의 문제와를 구별하고 있는 듯하다. 고유문화를 어떤 몰락하여 가며 있는 사회적 그룹의 구태여 취하는 바 회고적 현실도피의 궁여지책에 불과하다고 하면서 이 민족적 특수성의 문제와 여하히 관련하여 있는가에 대하여서는 조금도 논급하는 바가 없지 않은가 한다.(3회)

우선 고유문화를 민족의 '원시적 문화'라고 하는 씨의 가설(?)에 대하여 의문이 생긴다. 물론 씨와 같이 고유문화를 원시적인 문화라고 한다면 씨의 논술도 정당하겠지만 고유문화가 과연 민족적 특수성(씨의 말하는 바)과 일반성의 문제에 대한 논리적인 논술에 대하여는 실로 경청할 바 많다고 하겠으나 그 구체적인 적용에 있어서는 내 생각 같아서는 좀 알기 어려운 점이 있다고 생각한다. 씨는 공허한 공식주의적 추상론의 배경에 급한 나머지 그 민족적 특수성의 인식의 과정에 있어서는 논급하는 바가 보다 적다고 생각한다. 물론 씨의 말과 같이 "현실적 생활의 모든 실천은 그것이 각기 민족의 특수한 문화유산을 전승함으로써뿐 그의 질적 내용을 획득할 수가 있다." 그리고 또 "문화유산의 특수성은 일개의 통일체로써 사실상 존재하고 있다." 그러면 이 경우에 있어서 그 소위 고유문화는 여하히 대우를 받게 되는가? 또 그 특수성의 인식의 과정은 여하한가? '근로적인 사회적 그룹'의 견지에서 권력적인 사회적 그룹이 떠받드는 민족적 특수성의 강조를 배격한다 하더라도 '현실적인 발전의 과정'에서 본 문화의 민족적 특수성의 특수성 되는 연유는 해명되지 않는 것이 아닌가 생각한다. 씨는 처음에 문화유산에 대한 '무엇 계기'를 물어야만 한다고 하였다. 그 '무엇 계기'를 인식하는 과정이 '어떻게 계기'로서의 전승의 방법에서 해명된다고 하면 나의 이 의문은 의문될 수가 없겠지만 그래도 그 인식의 과정과 전승의 방법과는 스스로 특자의 영역을 가진 것이 아닌가 생각한다. 물론 내가 이렇게 말한다고 씨가 경계하는 바와 같이 산 통일체를 성成하여야 할 양 계기를 기계적으로 분리시켜서 논하는 것은 아니라고 생각한다.

그러나 씨는 나의 이러한 의문에 대하여 답하리라. 사회적 그룹의 대립적 긴장이 도리어 민족문화의 특수성을 그 일층 현저하게 해주는 것이요 또 어디까지든지 역사적 발전적이며 민족적이면서도 세계적인 비권력적인 사회적 그룹의 입장에서 인식한 특수성이 조선의 문화의 특수성이며 민족과 사회적 그룹의 긴밀한 현실적 통일에서 실천적으로 이해함으로부터 조선의 문화유산의 특수성은 객관적으로 인식된다고 할 것이다. 그러면 첫째로 사회적 그룹의 대립적 긴장과 둘째로 민족과 사회적 그룹의 현실적 통일의 양자가 민족적 특수성을 시인하며 천명하는 근거의 구체적인 토대는 어디 있나? 씨는 문예부흥, 데모크라시, 기독과 석가, 조선의 불교문화의 유산 등의 예를 들어서 지시한 바 있었으나 이 양자(사회적 그룹의 대립적 긴장과 민족과 사회적 그룹의 현실적 통일)의 이른바 '인식근거'는 여하히 설명할 수가 있을 것인가?

그러나 이러한 제 점에 대한 의문(?)을 씨의 해론에 대하여 제출한다는 것은 해론의 성질상 무리한 짓이라고 생각한다. 물론 씨가 그 제한된 지면 관계로 소회를 충분히 서술하지 못하였음은 잘 아는 바이나 나는 씨의 논을 3~4차 통독하고 느껴지는 바를 말하였음에 불과하다는 것을 또한 말하여 둔다. 어떻든 씨의 해론에 있어서는 이 특수성과 일반성의 문제가 중심이 되어 있는 것이라고 생각한다. 또 나는 그 '무엇 계기'와 '어떻게 계기'의 양자가 여하히 현실적으로 적용되며 논술되겠는가를 중요시 하는 것이다. 이 현실적 적용의 문제에 의하여 실천과 이론의 변증법적 통일이 구체적으로 설명되리라고 생각한다.

끝으로 씨의 '전승의 방법'에 대한 논술은 실로 함축 있고 암시 많은 논술이었다. 깊은 논리적 시련과 사색 없이는 될 수 없는 것이었다. 전승방법에 있어서의 객관적 측면과 주관적 측면과의 논리적 구별과 전자에 있어서의 모순의 계기와 그 탐구, 현단계적 입장에서 반성하여 본다는 3개의 방법론적 태도라든지 후자에 있어서의 '파토스의 긴장'과 그 긴장의 주체로서의 근로적인 사회적 그룹의 지적은 출현된 문제의 해명을 위한 '어떻게 계기'이다.

이상에서 나는 씨의 논술에 대한 대의大意와 그 독후감에서 얻은 약간의 질문을 말하였다. 이 의문이 과연 씨의 논에 대하여 가능한 것인가 아닌가는 후일의 논제를 삼으려니와 전체적으로 씨의 이 논문은 실로 생각게 하는 여러 가지의 문제를 가지고 있다. 우리는 씨의 논을 얻은 것을 기뻐하여마지 않는다. 내가 '문화 논리학에 대한 일 기여'라고 한 것이 지나친 말은 아니라고 생각한다. 현대의 문화의 문제에 있어서 명멸하는 온갖 사상事象을 이해하며 그 실천적인 전망을 가지자면 이와 같은 문화의 논리학이라고도 할 수 있는 방법론적 연구를 필요로 할 것이다.

다음으로 이 「조선의 문화유산과 그 전승의 방법」에 대한 우우지愚憂子 씨의 논은 실로 귀중한 사료를 우리에게 제시하여 주었다. 흔히 "감성 없는 개념은 공허하고 개념 없는 감성은 맹목이라"고 한다. 우리가 아무리 문화의 문제에 대한 논리적 구명을 애써한다 하더라도 그 실제적인 사실史實을 무시할 수는 도저히 없다. 씨의 논에서는 논리를 구할 것이 아니라 구체적인 사료를 배울 수 있다는 점에서 또한 귀중한 문헌이 될 수 있을 것이다.(4회)

2. 새로운 조명을 받은 문학고전─천태산인天台山人, 「춘향전의 현대적 해석」

문예사가文藝史家가 문예사를 연구함에 당하여 그 대상이 되는 문예상의 제 현상을 사회적 기초에까지 파내려가서 연구하는 것은 퍽 필요할 것이다. 어떤 한 작품을 통하여 보여진 일정 사회의 습속, 윤리 등의 제 관념 형태를 그 생기生起와 발전의 필연적 근거에 소급하여 해명하는 것은 적어도 그 문예사가가 '과학적'이라고 할 때에는 필수의 요건일 것이다. 그러나 이 필수 요건이 현재의 조선 일반사가一般史家 내지 문예사가에 있어서는 의식적으로 또는 무의식적으로 등한等閑에 부쳐지고 있다. 그러는 한 우리의 문예사적 연구의 대상으로써 집어올릴 때는 거의 저도低度한 상식의 견지를 벗어나지 못하고 있었다. 그들은 역사 연구라는 기초적인 방법적 이해를 가지지 못하였음은 물론 고전을—문학 고전을 연구한다는 대상으로써의 제 현상도 해명도 하지 못하였다. 그러니 '경험비판론'의 저자가 톨스토이에 대한 비평 같은 그러한 엄밀한 비판적 정신을 그들에게서 요구한다는 것은 연목구어도 분수가 없는 일이었다. 그들은 저도한 상식 위에서 사물을 내다볼 줄 밖에는 몰랐기 때문에 자기의 평범한 독단의 동혈洞穴을 파는 데에는 능하였지만 일단 광대하고 엄숙한 탐구의 세계에 발을 들여놓으려 할 때에는 그만 어이없는 모험을 감행하는 것이었다. 이와 같은 말은 '공상에서 과학으로'의 저자도 말한 바 있었다. 상식이라는 것은 대중을 할 수가 없는 것이다. 그것이야말로 과학에 의하여 비판되지 않으면 아니 된다.

천태산인의 「춘향전의 현대적 해석」은 실로 상술한 과학의 입장에서 일 문학 고전을 오인에게 해명하여 준 것이다. 우리는 춘향전이 문학 고전으로서 우리에게 특별한 관심을 가지게 하는 것이 비단 그 예술적 문화적 가치에 있어서 뿐만 아니라 그 작품이 성립된 시대의 사회적 분위기를 안전眼前에 현시顯示하여 주는 호개好個의 사회기록이라는 점에서 또한 우리들의 당면의 문제인 현단계적 입장으로부터 해석되고 비판되기를 요구하였던 것이다. 그런데 그 요구된 '현대적 해석'은 바야흐로 씨의 박학강기博學强記 더욱 과학적 조명하에 우리에게 주어지게 되었다. 씨의 이 논은 실로 우리의 신춘논단에 있어서 한 개의 반가운 선물이다. 씨는 역사 연구에 있어서 필요한 사료의 수집과 그 정리에 대한 정당한 방법적 이해를 가지고 있다. 이 사료에 대한 방법적 이해는 일조一朝에 득달得達할 수 있는 것은 아니다. 그것은 반드시 의지적인 이론적 훈련을 경經하여서만 얻을 수가 있는 것이다. 그때에야 비로소 아무리 많은 사료라도 충분히 구사할 수가 있다. 씨는 그 풍부한 사료를 충분히 정리하여 구사하였다. 씨는 연구대상인 춘향전의 문헌을 가능하고 필요한 한 가지고 있는 듯하다.

우리의 역사에 대한 태도는 연구대상과 밀접한 관계를 가진 문헌만을 연구하면 좋은 것이 아니다. 위에서도 말한 바와 같이 문헌비판의 안식眼識, 역사의 방법론을 이해하고 있지 않으면 아니 된다. 그때에는 역사가—씨의 경우에는 문예사가로 하여금 제 현상을 그 역사적 발전에 있어서 연구하기를 의무적으로 요구하는 것이다. 이 점에 의하여서만 당해 작품을 생산한 전체에 있어서의 역사적 과정의 구체적 제 현상을 정세精細하게 알 수가 있는 것이다. 이 점에 있어서 씨는 조금도 유루遺漏됨이 없이 춘향전의 역사적 의의를 밝히었다. 춘향전 저작 시대의 사회계급에 대한 씨의 상세 친절한 해명에서 도출되는 일 문학적 고전으로서의 '춘향전의 시대성'이 마치 파노라마와 같이 안전에 방불함을 느끼게 되었다. 이리하여 씨는 순차로 춘향전이 보여주는 사상과 그 문학사적 의의와 가치를 천명하였다. 지금까지 춘향전이라고 하면 마치 유한자의 완롱물로 여겨지거나 그렇지 않으면 겨우 그 가요적인 측면에서 우수한 점을 말하거나 또는 로맨티시즘에 의한 왜곡된 해석, 작자 고증을 위한 공연한 노력의 대상으로만 여겨오던 것이었으나 이제는 넓은 비판적 안광을 통하여 우리의 앞에 조명되었다. 이것은 결코 나의 과찬도 아무 것도 아니다. 씨의 이 논편을 읽은 사람이면 다 같이 느낄 일이라고 생각한다.

우리의 문학 고전은 인제 역사과학적 조명에 의하여 그것이 가지고 있는 역사적, 사회적, 문학적 가치가 비판되기 시작하였다. 우리는 이것을 기뻐하지 않을 수가 없다.(5회)

30

「조선의 문화유산 특수성과 아울러 그 전승방법」(1)~(13)

우우자, 『동아일보』, 1935.2.1~16

서언

1. 세인世人들은 가로되 인간의 외부 생활의 발달 즉 식산 공업 등 소위 물질 번영을 문명이라 하고 학술 종교 등 소위 정신문명을 문화라고 하는 모양이다. 그러나 식산 공업에 있어서 근대적 기계생산만이 문명의 자료가 된다면 이것은 허무한 유견謬見이다. 그것은 시대적 조만早晩일 뿐으로서 수공생산인들 문명의 자료가 안 될 바가 아니오 더욱이 윤리도덕과 같은 데에 있어서는 초超물질적이오 전연 인격적으로만 가장 고상한 문명을 형성하는 것이다. 문화로 말하더라도 윤리도덕 생활에서 우러나온 문화라야만 가장 고급문화일 것이다. 이러한 견지로 말하는 의미에서 문화의 가치 평론은 물질문명에만 전수全輸할 바 아님은 물론이오, 오히려 고결하고 숭엄한 문화는 근대 물질문명 이전에 더 많이 보이는 일이 있다.

2. 조선은 반만년역사를 가졌으니 그 연장은 곧 끊임없는 문화 과정인 것이다. 북부여北扶餘를 구기舊基로 하고 남하한 반도는 우리 기원의 43세기인 시간과 종縱 3천년의 공간을 아울러서 조선이란 문화 영역이 형성된 것이다. 이 영

역이야 말로 우리의 기초적 문화재 즉 문화유산의 첫 손가락을 꼽는 물건이다. 이것을 으뜸 삼아 즉 이것으로 밑천 삼아 먹고 입고 쓰고 보고 듣고 전하는 어느 끝 어느 구석이 모조리 우리 조선祖先의 피[血]와 땀의 얽힌 것이 아님이 없다. 그밖에 또 모든 방면으로 우리의 문화적 유산이 있다면 그것이 적고, 크고, 엷[薄]고 두텁[厚]고 옅[淺]으나 깊[深]으나 높으나 낮으나 기[長]나 짧[短]나를 불구하고 모두 우리 선민先民들의 피땀의 유적이다. 우리가 흔히 고구려의 벽화를 자랑하며 백제의 건축을 자랑하며 신라의 조각을 자랑하며 고려의 대장경판을 자랑하며 이조의 훈민정음을 자랑하는 것은 각 시대를 대표하는 지수指數에 불과하다. 이것의 전승 방법은 하장下章에 미루거니와 그 유산이란 의미는 선래先來의 유업이라든지 또 선래의 유물들을 평가하는 말일 것이니 유산의 보존과 전승은 자손 된 자의 절대 책임이 있는 것이다. 그러므로 국가 사기私家를 물론하고 그 유산이 증부增富해지는 나라나 집은 그 국민이나 그 자손이 능히 그 책임을 잘 이행한 자요 그와 반反하여 그 유산이 낙패落敗해진 나라나 집은 그 국민 그 자손이 능히 그 책임을 이행치 못한 자일 것이니 이에 양자의 품위를 말하려면 전자는 인격자요 후자는 무인격자다. 무인격이면 즉 노예다. 여기서 나는 우리 조선인의 조선 문화유산 전승의 독부篤否를 살피고자 한다.

제1장 조선의 상고上古 문화유산

제1절 토지

동양 민족이 모두 몽고족蒙古族임은 사승史乘에 소연昭然한 바라 다시 변론할 바 아니거니와 우리 조선민족은 몽고족의 정통파로서 그 거주 지역이 만몽滿

蒙 중심으로 다천년多千年을 경과하는 동안에 수없는 문화를 발전시켜온 것이다. 그러나 지금까지 전승치 못한 것은 사이死兒의 연령에는 우계愚計라 그만두고 영역으로는 북부여 이전은 물문勿問하고 발해 고구려 시대의 영역을 말하면 북은 흑룡강 동은 연해주 서는 요하 현재의 만몽 전역을 포함한 극히 광대한 영역이더니 반도 남하 이래로 그 광대한 토지는 스스로 포기해 버린 것이다.(파생한 방계 제족諸族의 분거分據 급 인족隣族의 침략도 그 포기케 된 원原이 됨)

현재까지 유전되어 온 영성領城 즉 반도 판도版圖도 백두산이 주봉主峯으로 도문圖們 압록鴨綠 양대兩大 강이 북계北界를 살피하고 서의 황해와 동의 일본해를 끼고 제주의 한라산으로 남쪽 살피를 한 것이다. 누구의 손에 더 많이 들어가는 여하는 별론別論으로 하고 이 반도 총 면적 114만 방方 조선 리里에서 생산되는 물산은 그 가액價額이 연 12억을 가산可算한다. 그러나 이 산액產額이란 것이 아직 원시생산에서 미처 멀리 오지 못 한 극소액의 생산이다. 공업기술이 발달된 날은 이보다는 몇십 배 이상의 산액을 볼 것이다.

우리 민족 총 수효를 지금 2천300만이라 치고 역외域外에 분포되어 이역異域 생활하는 이를 300만이라 하면 이 안에 착토着土 거주하는 이가 2천만이라 하나니 재외동포는 재외 그대로 발전되기를 빌고 이 안에 있는 2천만의 인구 증식도 연 60만 이상을 가산하니 이 상태로 나간다면 불출不出 50년에 거주 면적보다가 인구과잉으로 거주난 시대를 볼 것도 면부득免不得의 사事가 아닐까 한다. 4천년 역사를 등에 진 문화가 세상없어도 끊어질 이세理勢는 없을 것이다. 한라산이 대해화大海化하고 백두산이 평지화 하는 대변천이 있다 할지라도 우리의 반만년 문화는 끊어질 리가 만무하다.

우리는 우선 현존한 우리 유산의 총체인 반도와 및 그로써 표시돼오던 문화를 고수하고 그리고 합리적 방도로써 대대로 전승해야 할 것이다.

제2절 근화槿花(무궁화)

근화는 조선의 꽃이다. 근화는 우리가 근대식으로 말하는 조선의 화花가 아니라 멀리 까만 옛날부터 남들이 일컬어오는 조선의 화다.

『해동역사海東繹史』동이총기東夷總記에 왈曰 "군자국재기북君子國在其北 의관대검衣冠帶劍, 식수食獸. 사이문호재방使二文虎在傍, 기인호양불쟁其人好讓不爭. 유훈화초有薰華草 조생석시朝生夕死(『산해경山海經』)" 우又 왈 "군자국지방천리君子國地方千里 다목근화多木槿花(『고금주古今註』)" 라 하였다.

이와 같이 반도는 근화 역역임이 틀림없다. 근화는 우리의 먼 옛날부터 우리 꽃이다. 우리 꽃이므로 우리 땅이 의토宜土인 것이다. 동시에 우리의 전傳자손 영원 무한년의 불참不簪의 낙지樂地도 이 근역인 것이다. 근역은 조선 사람의 백대 천대 만대 억대로 무궁무한대의 영주지永住地다. 그러한 의미로 이름지어진 것이 근화의 일명 즉 무궁화인 것이다. 우리는 이 무궁화와 함께 조선 반도에서 무궁한 세대를 누리게 된 것이었다. 무궁화는 가장 깨끗하고 가장 어여쁘고 가장 오래 피는 꽃이다.

꽃으로서는 무궁화처럼 오래 피는 꽃이 세계에 그 유례가 없다. 그러므로 천홍만자千紅萬紫 중에 수화壽花로의 독특한 천품을 가진 것만으로도 배달민족의 오랜 역사를 상징하기에 족한 꽃이다. 조생모시朝生暮死라는 것이 틀림없는 평론이다. 그러나 그것은 전주全株의 지초枝梢적 세포작용, 초일악아初一蕚亞가 그리할 뿐으로서 근槿 1주의 발화 기간을 말하면 넉넉히 100일 이상을 피는 것이다. 하夏의 초복初伏 경頃으로 발화기를 시작하여 추秋의 상강霜降까지 발화하는 것이다. 피는 법도 이상스러운 규모가 있다. 일시에 중쟁발衆爭發을 하는 것이 아니라 꼭 약속적이며 순서적으로 피는 것이다. 이것이 즉 오래 피려는 경륜인 것이다.(1회)

제3절 궁시弓矢

우리 조선족의 선석기시대의 유품으로 금일까지 전한 것이 한두 가지가 아 님은 박물관을 시찰하는 사람으로 하여금 일목요연케 하거니와 궁시로 말하 면 이夷는 궁인弓人이란 자양字樣으로서 조선인을 동이東夷라고 저들이 한 것은 조선인이 궁을 선용善用한다는 의미인 듯하다. 그러므로 궁에 관한 역사는 즉 조선인을 연상케 되는 것이다. 인국隣國 고서류에 나타나고 또 보장寶藏된 소위 숙신씨肅慎氏의 횡시석노橫矢石磐에 관한 중국 전적典籍을 이에 소개하여 우리 겨 레로 하여금 우리 조상의 위대한 문화가 벌써부터 남보다 먼저 진보했던 자 국을 알게 하고 싶다. 『공자가어孔子家語』 '변물辯物' 제16에 이런 글이 있다.

"(상략) 공자 재진在陳에 진혜공陳惠公이 빈지어상관賓之於上館이거니 시時에 유 준有準(준은 조鳥다)하여 집어진후지정이시集於陳侯之庭而死라 실관지석노矢貫之石磐하 니(楛는 목명木名이오 砮는 전족箭鏃) 기其 장長이 척유지尺有咫(咫는 8촌寸)러라. 혜공 이 사인지준使人持準하여 여공자관이문언如孔子館而問焉한대 공자 왈 준지래원의準 之來遠矣로다. 차此는 숙신씨지시肅慎氏之矢니라. 석昔에 무왕武王이 극상克商하고 통 도어구이백민通道於九夷百蠻하여(九夷는 동방구지東方九知이요 百蠻은 만적蠻狄 100종임) 사각이기방회래공이무망직업使各以其方賄來貢而無忘職業이러니 어시於是에 숙신씨공 고시석노肅慎氏貢楛矢石磐하니 기 장이 척유지라. 선왕先王이 욕소기령덕지치원물 야欲昭其令德之致遠物也하여 이시후인以示後人으로 사영감언使永鑒焉이라. 고로 명기괄 목銘其括曰 숙신씨 공고시貢楛矢라 하고 이분대희以分大姬하여 배호공면봉제진配胡公 面封諸陳이니라(大姬는 무왕 녀女요 胡公은 순지후舜之後). 고자古者에 분동성이진옥分同 姓以珍玉은 소이전친지야所以展親之也오 분이성이원방지직공分異姓以遠方之職貢은 소이 무망복야所以無忘服也라. 고로 분진이숙신씨공언分陳以肅慎氏貢焉이니라. 군君이 약사 유사若使有司로 구제고부求諸古府인대 기가득야其可得也리라. 공公이 사인구득지금

독使人求得之金櫝하니 여지如之라(櫝은 궤櫃다).＂(필자 주. 준지래원의는 시지래원의矢之來遠矣의 오자인 듯하다. 집集이 대족帶簇이고 수천 리의 원방에 달할 수 없는 것이다. 요컨대 진인陳人이 숙신씨의 고시枯矢를 모제模製 사용했는데 공자 그 고시의 원소原所 출처를 알려준 것인 듯하다.)

이 문헌이 그 연대는 다른 민족들의 소위 전설이니 신화니 하는 시대 즉 홍몽미벽鴻蒙未闢한 연대이었지마는 한족漢族과 조선족은 그때에 벌써 저렇듯한 가경可驚할 문화의 상통相通이 있었던 것이다.

제2장 조선의 중고 문화유산

제1절 낙랑시 문화유산

소위 4군시대는 인국의 침략을 받은 역사이어서 치욕스런 이야기지마는 그들이 그 시에 우리의 문화에 많은 조력을 준 것만은 사실이다. 낙랑은 사라졌다. 문화만은 우리의 유물인 것이다.(이에 관한 문헌으로는 동경제대 교수 세키노關野 박사가 술述한『조선미술사』와 중추원 속屬 카츠라기葛城 씨 소술所述『조선금석문』과 문학사 후지타 료사쿠藤田亮作 씨 소술『조선고적 급 유물』과 총독부 촉탁 가토 간카쿠加藤灌覺 씨의 소술『조선도자기개요』라는 등 편찬이 있어 매우 정상精詳하고 또 편마다 본물本物의 사진이 인쇄되어 있다.)

낙랑시대 공예 유물은 흔히 고분 발굴에서 발견되었는데 그 발굴된 묘는 대개 대동강 부근을 중심으로 하고 겨우 10수 총塚을 발굴했다 하며 곽槨의 종류는 목곽 2종이었는데 목곽은 곽 주위에 반드시 6~7촌각의 율목栗木으로 벽을 구조하고 벽 주위에는 목탄을 적매積埋하여 부패를 방지하는 등 치밀한 영

造營造를 하였으며 전곽塼槨의 현실玄室에는 전실前室, 측실側室을 구조하고 망인 소용亡人所用하던 물종物種 가구 등을 부장한 것이 곧 근래 발굴된 제제종諸諸種 물이었다.

(1) 동기銅器 : 박산로博山爐 · 복鍑 · 렴奩 · 휴렴携奩 · 정鼎 · 호壺 · 세洗 · 거축두車軸頭 · 호진경虎鎭鏡, 동인銅印 등

(2) 도기陶器 : 옹甕, 호壺, 안案, 구龜, 금額 등

(3) 첨기添器 : 안案, 반盤, 배杯, 함函 등

(4) 무기武器 : 도刀 · 검劍 · 과戈 · 창槍 · 부斧 · 노弩 · 기機 · □ · 도자刀子 등

(5) 마구馬具 : 비轡 · 동면銅面 · 혁대革帶, 금구金具

(6) 포백布帛 : 마포麻布 · 견류絹類

(7) 금속복식품金屬服飾品 : 지륜指輪 · 천釧 · 대구제帶鈎梯 기타 절금節金 등

(8) 옥석기玉石器 : 벽璧 · 영진玲瑱 · 비색鼻塞 · 옥시玉豕 · 옥인玉印 · 마반磨盤 급 종종 패식佩飾 주옥珠玉 등

(9) 전錢 : 반냥半兩 · 오수五銖 · 화천貨泉 등

전곽용의 전에는 양각陽刻의 문양이 있는데 그 종류는 좌와 여함.

전 문양 ① 직선문 : 능문菱文, 파문波文, 타선문打線文, 사락문斜洛文, 방격문方格文, 구갑문龜甲文 ② 곡선문 : 사목문蛇目文, S상문狀文, 반원문半圓文, 사반원문四半圓文, 궐수문蕨手文 ③ 주문珠文 ④ 어문魚文 ⑤ 전문錢文(2회)

제2절 고구려의 문화유산

고구려의 영역은 발해 구역舊域인 남북만주가 모두 그 영역일 것이지마는 누차 인국의 침해로 분열이 생기고 또 신계新界의 통일도 겨우 압록강 이남을

거두었기 때문에 자래自來 역사가들이 압록강 이북에는 손도 대어보지 못하고 근대 고고학자들도 황해 함경남북 평안남북 5도를 중심으로 하고 유시有時로 고총古塚 발굴에서 얻은 회화 고기물古器物 등을 거據하여 조선 고중古中 양기兩期의 문화유적을 세상에 발포한 일이 많았거니와 고구려라면 자타 함께 문득 무용武勇적 문화를 먼저 기억하게 되지마는 그 실은 그 문화가 무용에만 나타났을 뿐이 아니라 문치 방면에도 엄청나게 진보된 문화를 우리에게 보여준 것이 적지 않다.

그 석철와石鐵瓦 자기磁器 등 공예품의 유전遺傳된 것의 기종幾種은 현재 박물관에 진열되고 전 동양적으로 유명한 회화에 있어서도 박물관에 진열된 것도 있지마는 이것은 모두 전표全豹의 일문一文에 불과한 것이다.

제1관 총분塚墳 급 회화

세키노 박사의 채집한 기록 중에서 간략하게 기종 물상物狀과 및 그 공예의 일단을 소개코자 한다. 그 설에 이르되 고구려 시대의 유물은 주로 도성都城 유지遺址와 능묘 등인데 그 도성 유지에서는 고와古瓦 등을 발견하고 능묘의 내부 현실의 구조 장식에서는 건축술의 일단을 봄직하고 또 그 벽면에 그린 회화는 당시 회화의 성질을 알 수가 있다.

다만 가석한 일은 고구려가 멸망될 때에 당병唐兵들이 그 능묘를 파굴破堀하고 부장품을 도거盜去했기 때문에 그 갸륵한 공예품의 발견이 불능하다. 차등 고분은 석총과 토총의 2종이 있어 석총은 대체로 산복山腹에 올라가있고 토총은 평지에 있는 것을 보아서 그 연대가 오랜 묘일수록 석총이오 오래지 않은 묘는 토총인가 싶다.

누누 총 중에 대총은 대개 장군묘將軍墓라고 칭한다. 장군묘 중에서 그 대표적으로 광개토왕廣開土王의 묘를 말하련다. 통구通溝의 동북 약 50정町 허許 길자 신菁子山 산복에 축조되었는데 산하에 광개토왕의 비碑가 섰다. 이 묘는 화강석으로서 7층의 방분方墳을 축축築하고 정부頂部에는 콘크리트로 만두형饅頭形을 작作하였는데 초층初層 기변基邊의 방은 방方 100척 전고全高 금今 약 40척 각 층 차제로 그 대大와 고高를 감감減하여 가장 안정뇌고安定牢固한 외관을 보였다. 초층 4면에는 각 3개의 거석을 지의支倚하여 매우 견고케 하고 각 층을 축조한 석재는 모두 서로 이[齒]를 물려 드티지 못하도록 만든 것이었다 하므로 1천500여 년을 지난 지금에도 조금도 드티지 않았다. 선도羨道의 입구는 후세에 파괴되고 지금은 제5층에 개구開口하였다. 현실은 광廣 방 약 3간間, 고도 약 3간, 4벽은 다 거석으로서 축성했다. 상부에 각각 지송석持送石을 치置하고 그 위에 1매枚 6석을 올려놓아 천정을 만들었다. 당초에는 4벽 급 천정에 칠을 했던 것이 지금은 박락剝落되었다. 현실에는 목관木棺에 좌석 같은 것이 나란히 놓였고 부장물은 별別로히 발견치 못했다. 여등余等이 조사하는 제際에 외부 각층 단에서 파와叵瓦 평외平瓦의 파편을 발견했다. 생각컨대 당초에는 각층 단상을 모두 와로써 잇[葺]던 것인가 싶다 라고 했다.(3회)

기타 발굴된 토총 중에 가수可數할 자는 집안현輯安縣 통구 소재 삼보총三寶塚, 동同 산재총散在塚 구갑총龜甲塚 미인총美人塚, 대동군 시족면柴足面 소재 노산리魯山里 개마총鎧馬塚, 동 호남리湖南里 사신총四神塚, 순천군 북창면北倉面 소재 천왕지신총天王地神塚, 용강군龍崗郡 대벌면大伐面 소재 매산리梅山里 사신총, 동군 신령면神靈面 소재 화산리花山里 합룡신총合龍神塚, 동 화산리 성총星塚, 동군 지운면池雲面 소재 안성동安城洞 대총大塚, 동 안성동 백쌍영총白雙楹塚, 강서군 보불면普弗面 소재 간성리肝城里 연화총蓮花塚, 동군 강서면 소재 삼묘리三墓里 대총, 동 삼묘리 중총中塚.

우 토총들은 모두 그 축조한 규모가 유사하여 총마다 반듯이 훌륭한 벽화가 있고 또 부장품에는 교지巧智를 극極한 공예품이 많았다 한다. 기중其中 삼묘리 대총 중총의 조사 보고는 좌에 그 원문대로 번역하자.

"대총은 경徑 약 170척 고 약 29척의 일 대분大墳이 남면南面했는데 내內에는 방형의 현실이 있다. 기 벽은 백색 양질의 화강석으로서 축築하고 그 상부에 2중의 지송석을 놓고 갱更히 우반평隅反平의 삼각 지송석 급 정석頂石을 덧놓은 것은 다른 고분과 동양同樣이오 초층의 지송의 우隅를 끊고 기 하下에 현수식懸垂飾을 설設한 것은 다른 묘에는 없던 것임으로 천정의 구성에 변화를 생生하여 일층 장려한 관觀을 도왔다. (중략) 현실의 남면 입구 좌우벽에는 주작朱雀 즉 쌍봉雙鳳을 그리고 동벽에는 창룡蒼龍, 서벽에는 백호白虎, 북벽에는 현무도玄武圖를 그렸다. 주경遒勁한 화의華意, 웅혼雄渾한 기상이 사람으로 하여금 당시 회화 발달의 이상함을 놀라게 했다. 또 입구의 주위에는 북위北魏식 인동당학忍冬唐學의 문양을 그렸고 천정을 구성한 제1의 지송에는 인동문을 둘렀으며 제2 지송에는 천인天人, 신선, 산악山岳, 비운飛雲 등을 그리고 다시 우평隅平의 삼각석에는 혹은 인봉麟鳳 혹은 연화蓮花, 혹은 괴이한 동물이 보이고 정상 중심석에는 환룡丸龍을 만들어 있다. 차등의 벽화 장식이 입구로부터의 약한 광선에 의하여 흘러 떠오르는 유완풍미幽婉豊美한 광경은 무어라고 형용할 수 없었던 것이다. (하략) 중총은 경 약 150척 고 약 29척의 원분圓墳으로 방형의 평면을 유有한 현실의 4면벽은 각 1매의 화강석의 대재大材로써 축하고 기 상上에 2층의 지송석재材를 작作하여 중앙 방형으로 잔재殘在한 부분을 일 대광석大廣石을 복재覆載하여 천정을 구성하였다. 그리고 또 화강석에 회화 장식을 시施하고 그 4벽에 사신도四神圖를 그린 것은 대총과 다름이 없다. 제1 제2의 지송에는 인동문양을 돋치고 천정의 중심석에는 중앙에 미화美花, 동서에 월상月像, 남북에 각 쌍봉, 4우에 연화, 인동문을 그렸다. 고구려의 회화는 약 1,500~1,600

년 전으로부터 1,350년 전 경에 궁흑窮黑하여 고졸간박古拙簡樸으로 차차 진보하여 북위의 영향을 수受함에 미쳐 급속 발전을 시恃한 것이다. 그리하여 차등 회화는 현금 동양에 알려진 최고의 실례로서 일본이나 지나支那에는 그 유례가 없는 귀중한 표본이다"라 했으니 조선인으로서 이런 문자를 접독接讀할 때에 그 수욕감羞辱感과 분통심이 얼마나 극발劇發할 것이냐. 나는 이런 일을 기회 삼아 우리 조선 민족에게 □□□ 자부심을 품기를 권하여마지 않는 바다.

제2관 오언시

아동我東 오언시는 을지문덕乙支文德 공의 창시로 알았었는데 융희隆熙 초대에 중국 서적에 나타난 오언시 2제題가 있다 하고 당시 『황성신문』이 사설로써 차此를 발포하여 일반 독자에 알려준 일이 있었다. 그것을 전문대로 이에 번재飜載하려 한다.

고구려 시사詩史

대저 오인이 수천 재載 이하而下에 생하여 수천 재 이상而上의 사史를 추보追補코자 할진대 금석金石의 고물古物과 천하의 서적을 광수박고廣搜博考함이 아니면 불능할지라. 아한我韓은 4천 년 문명 구국舊國이라 삼국시대에 재하여는 고구려가 패권을 독점한 일 강국이오 차且 기 양지壤地가 최最히 지나와 접근한 즉 문화의 발달이 최조最早하였을지나 급 기 방운邦運이 불천不天하는 일日에 이세적李世勣이 사고史庫를 분훼焚燬하고 나인羅人이 영기숙감逞其宿憾하여 일체 말살함으로부터 유문고사遺文古事가 산일태진散佚殆盡하매 700년 혁혁 패업覇業이 개皆 냉회황초冷灰荒草로 화化하여 천백千百의 1~2를 족징足徵할 바 무無하며 어찌 천고사가千古史家의 통한할 자가 아니리오. 하행何幸 천여 년을 지나 압록강 좌안左岸

岸에서 고구려 광개토왕의 묘비가 발견되어 방고학자放古學者의 최유력한 사료를 작作할뿐더러 실상 아조선我祖先 시대의 웅강雄强 무적한 가치를 발표함이 유하니 차 어찌 천하의 지보至寶가 아니리오. 연然이나 차 기 무열武烈의 혁혁한 유적이오 기 문장의 유전流傳하는 자는 근僅히 유리왕琉璃王의 사언시와 을지문덕의 오언시뿐이라. 시이是以로 역사가는 일우방日友方의 오언시가 자自 을공乙公 시始라 하고 유혜풍柳惠風 회고 시에 역亦 왈 '을지문덕진재사乙支文德眞才士, 창오언시관대동倡五言詩冠大東'이라 하였으니 연즉 천여 년래에 일반 학사가 개皆 이以 을지공 위爲 시조詩祖하고 을지공 이전에 대시가大詩家의 작자가 이已 유有한 것은 전연 미지未知하였도다.

일일一日에 위암韋庵 장군張君이 지나 서적 중에서 고구려 시대의 대시가를 발견함이 여좌하니

고석시孤石詩, 고구려 정법사定法師

회석직생공廻石直生空, 평호사망통平湖四望通

암외항쇄랑岩隈恒洒浪, 수초진요풍樹杪搖風

언류환청영偃流還淸影, 침하갱상홍侵霞更上紅

독발옥봉외獨拔屋峯外, 고수일운중孤秀日雲中

우又

진표법사시陳標法師詩

중원일고석中原一孤石, 지리부지년地理不知年

근함팽택영根含彭澤影, 정입향로연頂入香爐煙

신성이조익臣成二鳥翼, 봉작일부연峯作一芙蓮

하시발동무何時發東武, 금래진려천今來鎭蠡川

안按 차此 1편이 지나 남북조 시대의 양인梁人 소편所編이라 고구려로 대증對證

하면 양원陽原 평원왕平原王 시時에 재한 자니 이차관지以此觀之면 아동방의 오언시가 어찌 을지문덕에 시始하였다 위謂하리오. 단 후세 사가가 방거미박放據未博의 실失이로다. 금어今於 수천 재 하에 지나 서적을 인하여 양개 시가詩家가 발견함에 족히 사가의 소류疎謬를 개정하고 고구려 시대의 문화 발달한 좌증을 발표할지니 개불기재豈不奇哉며 개불행재豈不幸哉이 오제득차吾儕得此에 일쌍공벽一雙珙璧을 사력沙礫 중에서 수득搜得함과 여如한지라. 어시호 특필 게재하여 사가의 방거를 공供하노라.(4회)

제3절 백제의 문화유산

백제의 문화를 말하는 데는 먼저 일본 문화가 숙夙히 백제의 전환傳換을 받았다는 것을 말하지 아니 할 수 없고 내로는 고구려 신라와 함께 삼국 문화의 찬란한 역사를 끼친 것은 이에 췌언할 필요가 없다. 공예의 대표적 특점을 든다면 고구려의 벽화와 신라의 조각을 말함에 대하여 백제는 건축을 말하는 것이다. 고물 수집의 방면을 말하면 역시 고분총古墳塚의 부장물과 그 분총 축성의 장식에 있어서는 고구려와 유사하고 그 양식은 낙랑이나 고구려의 그것과 부동不同하고 광실廣室의 장방형으로 된 것은 신라 주라住羅의 석분石墳과 상사相似하다 한다. 유물, 불상, 석탑, 석비, 토기 등은 제 박물관과 부여고적보존회에 진열되어 있다.

제4절 신라 문화 유물

사회는 일도一都 천년을 누린 세계에 유례없는 가장 장원長遠한 국국國이오 또 반도 통일한 업적으로 보아서도 백제나 고구려에 비할 바 아님은 물론이오 단군조선으로부터 2천년 래 제일 최성기最盛期를 올린 국가이므로 그 정치, 교육, 종교, 문예 어느 방면으로든지 가장 진보된 전형이 있어 금일까지도 그 선업을 뒤져보는 학자들에게 부단히 철승보무澈承步武에 부끄럽지 않은 범주를 주고 있다.

그 정교를 극치하고 지혜를 진발盡發한 조각 제작들은 혹은 만겁을 지나 의구히 웅좌雄坐한 사원寺院 종탑鐘塔 등이 있어 우리 선민의 갸륵한 솜씨(수법)를 세계에 알려주고 혹은 총 중 부장품이 되어 나타나 현대 극치점에 진보된 공예 지식자로 하여금 일견 끽경喫驚, 이견二見 외복畏服, 삼견三見 탄상嘆賞하기를 마지않게 한다.

다음으로 씨족고氏族考로 말하자면 상고부터 벌써 씨족별이 없지 않지마는 완전히 자질子姪 체계를 이룬 시대는 신라 상부로부터 비롯한 것이라 하겠으므로 이것을 신라 편에 편입하는 것이다.

제1관 문화 유물의 명목과 소재지

신라통일 이전을 고신라 시대라 하고 그 유물은 역시 고분에서 많이 나왔다. 고분은 경주 부근에 있는 것이 무려 수만 총이오 대구, 양산, 선산군 등지에도 상당히 있고 가야 제국諸國의 분묘는 고령, 성주, 창녕, 함안 등지에 중요한 자 많고 김해, 영산, 함창, 진주 등지에도 다소 산재하여 있다.

고분에서 발굴된 유물

▲ 경주 남문 외 황남리皇南里 일 고분(혹 명 검총劍塚) 소출 철검鐵劍, 철창鐵槍 급 다소 도기陶器(『조선고적도보』 3)

▲ 경주읍 동방 약 10리 명활산록明活山麓(내동면內東面 선문리善門里)(필자 주

=설씨薛氏 본총지本塚地) 일 고총을 발굴한 소출품 이식耳飾, 금은제 천釧, 지륜指輪, 구옥勾玉, 관옥管玉, 소옥小玉, 대금구帶金具, 철창鐵槍, 동원마구銅鋺馬具 등

▲ 경주 남문 외 봉묘鳳墓 고 약 70척 묘랑墓量의 경 약 250척 되는 대분이 있고 자차自此 서방西方에 고 약 47척 경 약 149척 되는 고분의 부장품(지방민의 발견)의 중요한 것은 순금제 보관寶冠, 이식 급 대식帶飾, 완륜睕輪의 외검外劍, 창 등 무기, 안按, 등鐙, 행엽杏葉, 탁鐸 등의 마구, 은분銀盆, 금동분金銅盆, 철부鐵釜 각종의 도기, 패옥류, 포포布布 등이오. 특히 파리배玻璃盃 북위식 초두鐎斗 등 진품이 풍부하다. 연대는 약 1천400년 전으로 묘는 당시 모某 왕릉으로 추정되었다.

▲ 동군 보문리普門里 부부총夫婦塚으로 보이는 2묘의 소출 부장품은 순금제의 이식, 은쇠銀釗, 지륜, 흥옥勾玉, 절자옥切子玉 소옥검小玉劍, 부斧, 도자刀子, 영鈴, 행엽, 제종의 도기 등

▲ 경주에는 또 유곽有槨 무관총無棺塚이 있는데 그 부장품은

(1) 금속제 복식품 : 보관, 이식쇠, 지륜, 대식 금구, 패식佩飾 금구리金具履, 금동판봉형金銅板鳳形 등

(2) 주옥 파리류 : 작옥勺玉, 관옥管玉, 환옥丸玉, 소옥小玉, 절자옥, 파리제배 등.

(3) 무기류 : 도, 검, 부, 쟁, 도자 등

(4) 마구류 : 안鞍, 비轡, 등鐙, 행엽, 운주雲珠, 탁鐸, 영鈴 등

(5) 동철기銅鐵器 : 동원銅鋺, 초두, 경鏡, 철부鐵釜 등.

(6) 도기 : 배坏, 고배高坏, 감坩, 각부감완脚附坩埦, 부缶, 병瓶, □, 유釉, 훈塤 등

(7) 포백 : 포, 견, 능綾 등

▲ 월성月城 : 파사왕婆娑王의 소축所築으로 그 유지遺址는 지금 경주 동남 약 20정町 허에 유하다. 자연 구릉 위에 토성을 축했는데 2평면이 반월형처럼

되었으므로 월성이라 칭한 것

▲ 첨성대 : 월성 서북에 있는데 선덕왕善德王 시에 세웠다. 동양에서는 현존 최고最古의 천문대의 유적이 유함. 그 평면 원형으로 하경下徑이 17척 1촌, 고 29척 1촌 전부 석재로써 축조한 것이다. 석시昔時에는 그 대상臺上에 관측기를 설치했다고 한다.

▲ 금당탑金堂塔의 초석 : 월성 동북에 있던 황룡사皇龍寺의 금당탑은 철반鐵盤 이상 고 42척 이하 130척이라는 거체巨體는 지금 열멸涅滅해 없어지고 그 초석만 남았다.

▲ 분황사탑芬皇寺塔 : 경주읍 동東 약 5리에 있는데 선덕왕 3년에 건설한 것으로 첨성대와 함께 반도 최고最古의 유물이다. 전부 박양樸樣의 소안산小安山 암재岩材로써 축조한 것인데 본시 9층이라던 것이 운자云者 지금 3층이 남았다.(필자 주. 분황사는 화쟁국사和諍國師 원효의 유지遺址)

▲ 석상石像 : 경주 서방 송화산록에서 발견된 미륵보살상(경주고적보존회 소장) 동 인왕리仁旺里에서 발견된 석가여래좌상(경주고적보존회 소장)

▲ 동상銅像 : 미륵보살(총독부박물관 소장), 동(창덕궁박물관 소장). 기외 다수의 미륵, 석가여래, 관음, 탄생불, 금강역사 등 소小동상은 각 관에 진열되어 있다.

▲ 유지 : 왕궁, 안압지雁鴨池, 포석정鮑石亭 등 유지에는 지금도 초석이 남아있다.

▲ 불사佛寺 : 경주읍 내외에는 사천왕사四天王寺, 봉성사奉聖寺, 망덕사望德寺, 감사사感恩寺, 봉덕사奉德寺 등이 있고 기타 태백산 부석사浮石寺, 가야산 해인사海印寺, 지리산 단속사斷俗寺, 화엄사華嚴寺, 쌍계사雙溪寺, 속리산 법주사法住寺, 팔공사八公寺, 동화사桐華寺 등이 있다.

특히 불국사佛國寺는 최유명한 대찰大刹로 역사가 많고 유물이 많다. 사寺는 법흥왕法興王의 창시로 문무왕文武王 시에 수축修築하고 경덕景德 50년 국상國相 김대성金大城이 다시 대규모의 가람伽藍을 흥조興造했다고 전하는데 그 유명한 청운교靑雲橋, 백운교白雲橋, 칠보교七寶橋, 연화교蓮花橋, 기교를 극極한 문계門階 등은 지금 여신如新하고 있다. 대집전大集殿 후後에 거치되어 있는 석사리石舍利 는 4면에 각불刻佛하였는데 그 제작이 매우 정교하다. 또 석사자釋師子 4개가 있었는데 그중 2개는 일본서 가져가고 1근斤은 영경英京 런던박물관[倫敦博物館] 에 있다고 일본대사관 측에서 해관該館에 대하여 차此는 조선 국보니 기정既定 하라고 한즉 해관 소답所答이 본시 6만 원에 매래買來한 것이니 반금지거反金持 去하라 했다 한다. 우 평가를 준하여 현존 타 석물石物 중 중요한 자를 평가하 면 무열왕릉 전前에 있는 석구石龜는 60만에 가당可當하고 석굴암에 있는 4보 살은 120만 원에 가당하다는 언言을 어떤 서양인이 듣고 불가론不可論 기가價라 고 했다 한다.(이는 필자 고적순례 시 득문得聞)(5회)

▲ 석탑 : 익산 폐廢 미륵사탑彌勒寺塔(금존今存 6중重), 왕궁탑王宮塔(5중), 충주 탑정리塔亭里 칠중석탑, 경주 불국사 다보탑(경덕왕 10년), 동 석가탑(3중, 동 년), 구례 혁암사革嚴寺 금리탑金利塔(3중, 동 10년), 동 동탑東塔 급 서탑西塔(각 5 중), 김천 갈항사葛項寺 쌍탑雙塔(각 3중, 동 17년), 부여 무량사無量寺 오중석탑, 대구 동화사桐華寺 오중석탑(혜공왕惠恭王 7년), 동 금당암金堂庵 동탑 급 서탑(각 3중), 합천 해인사 삼중석탑(애장왕哀莊王 2년), 양산 통도사通度寺 삼중석탑, 동 래 범어사梵魚寺 삼중석탑(덕흥왕興德王 9년), 원주 폐 거돈사居頓寺 삼중석탑, 간 성 신계사神溪寺 삼중석탑, 영천 부석사 삼중석탑, 김제 금산사金山寺 오중석탑 (후백제 견훤甄萱), 경주 석굴암 삼중석탑(기단基壇 8각), 철원 도피안사到彼岸寺 삼중석탑(동, 경문왕景文王 4년), 의성 서원동書院洞 오중석탑(개단상蓋段狀), 동 탑리동塔里洞 오중석탑(동), 강릉 폐 신복사神福寺 삼중석탑, 경주 폐 정혜사淨惠

寺 십삼중석탑, 김제 금산사 육각다층석탑(후백제 견훤) 전축博築 급 전석혼축탑塼石混築塔, 여주 신륵사神勒寺 오중전탑, 안동읍 남南 오중전탑, 동읍 동 칠중전탑, 동 조탑동造塔洞 오중전탑(초층 석축헌石築軒 이상 전탑), 석심화피탑石心火皮塔, 상주 상병리上丙里 석심회피다층탑石心灰皮多層塔(금존 6중 부도), 원주 흥법사興法寺 염거화상부도廉巨和尙浮屠(문성왕文聖王 5년), 경주 불국사 부도, 창원 봉림사鳳林寺 진독대사보월릉공탑(眞讀大師寶月淩空塔)(경명왕景明王 7년), 김제 금리탑 급 기단(후백제 견훤)

▲ 석비 : 경주 태종무열왕비(문무왕 2년), 부여 당유인원비唐劉仁願碑(동 3년), 경주 전금양묘구질傳金陽墓龜跌, 동 사천왕사비四天王寺碑(문무왕 조), 하동 쌍계사 진감선사비眞鑒禪師碑(정강왕定康王 원년), 보령 폐 성주사聖住寺 다랑혜화상탑비大朗慧和尙塔碑(진성왕眞聖王 3년), 제천 폐 월광사月光寺 원랑선사대보선광영탑비圓朗禪師大寶禪光靈塔碑(동 3년), 창원 봉림사 진경대사보월릉공탑비眞鏡大師寶月淩空塔碑(경명왕 7년)

▲ 종 : 평창 상원사종上院寺鍾(성덕왕 24년), 경주 봉덕사종奉德寺鍾(혜공왕 6년), 일본 후쿠이[福井] 상궁신사종常宮神社鍾(흥덕왕 7년), 동 오이타[大分] 우좌팔번궁종宇佐八幡宮鍾(효공왕孝恭王 7년). 경주박물관에 거치된 대종大鍾은 혜공왕 6년(서력 771년)에 주조된 것인데 중량 12만 근, 구경 7척 5촌, 23척 4촌, 구후口厚 8촌으로 조선 제일의 거종巨鍾이다.

▲ 석등 : 보은 법주사法住寺 쌍사등雙獅燈, 동 동 사천왕석등, 영주 부석사석등, 경주 불국사석등, 동래 범어사석등, 합천 해인사석등, 구례 화엄사석등(각황전覺皇殿 전前), 담양 폐 개선사석등開仙寺石燈(경문왕 7년), 경주고물진열소 석등

▲ 조각 : 경주 석굴암불상(경덕왕 조), 대구 상화사 비로암毗盧菴 석조비로

사나불상石造毗盧舍那佛像, 경주 원元 감산사甘山寺 석조미륵보살(금 총독부박물관)(성덕왕 18년), 동 동 아미타여래상, 동 원 남산 서록西麓 석조석가여래상, 영주 비로사 적광전寂光殿 석조비로사나불상, 동 동 동 석조미타상, 경주 굴불사堀佛寺 사면석불四面佛石, 함안 방어산防禦山 제이봉第二峯 마애양각삼도불磨崖陽刻三導佛(애장왕 2년), 보은 법주사 마애양각미륵보살상, 경주 불국사 대웅전 동조비로사나불좌상, 동 극락전 동조아미타여래좌상, 동 송요사松要寺 동조약사여래입상, 고성 유점사楡岾寺 능인전能仁殿 동조오십삼불상, 철원 도피안사 철조비로사나불좌상(경문왕 4년), 충주 단호사丹湖寺 약사전藥師殿 철조석가좌상, 동읍 남 철조석가좌상, 광주廣州 철조석가좌상(창덕궁박물관 장藏), 경성총독부 장藏 좌동불坐銅佛, 동 창덕궁박물관 좌동불, 경주 사천왕사 출토 유전양각사천왕상釉塼陽刻四天王像(문무왕 19년)(6회)

제2관 자성子姓윤리

세계 인류의 문화 상태는 보편적 일률성으로 알려지는 일이 있고 특수적 이속성異俗性으로 알려지는 일도 있으니 전자는 기계 발달에 관한 문명인지라 선진국이라는 기술을 후진국도 능히 따라가는 것이므로 이 문명은 선후의 차는 있을망정 필경은 보편적 일률성으로 발달이 되기 쉬운 문명이다. 그러나 후자에 있어서는 유사 수천 재를 두고 고찰해 보아도 갑국이 하는 일을 을병정국은 하지 못하는 풍속이 있고 차변此邊에서는 치욕으로 아는 일을 피변에서는 범상하게 아는 일도 있다. 문예거나 학문이거나 종교 등 그 소위 정신문화가 어느 민족 어느 국가에 없으리오마는 조상의 가수家粹를 계승하는 것으로써 자손된 자의 직분을 삼고 또 인류의 큰 근본으로 아는 일과 동족 간에서는 100세世라도 혼인을 상피相避하는 것으로써 사회적 수조守操를 삼는 민족은 전 세계를 들어 한두 나라 밖에 없는 것은 이여爾余가 호인乢認하는 바이다.

그러면 문화의 질과 양에 있어서 보편성을 가진 물질적 문화는 타당성으로 인지케 되고 특수성을 가진 윤리적 도덕 문화는 비타당성이라는 회의할 여지가 있지 않은가 하는 기우도 없지 않을 듯하다. 그러나 인류계에 있어서 자고自古 현자賢者 지지知者는 극히 소수이고 우자愚者 불초자不肖者는 극히 다수인 것이 사실이니 이런 사실에 준하여 타당 비타당을 논평한다면 현자 지자는 비타당이라 하여 폄하할 수 있을 것인가, 그런 것이 아니다. 사事와 물物이 경우에 따라서는 타당성이 귀한 점도 있는 동시에 또 천한 점도 있다. 왜 그러냐 하면 타당성임으로 보편 되기가 쉬운 점에서는 이것이 그 공리적 가치로 귀해지지마는 그 보편이 지나쳐서 과잉적 형태로 진전될 때에는 도리어 불황적 경향으로 천해지는 것이다. 이것은 물질적 문화에 있어서 그렇거니와 소위 정신적 문화 영역에 있어서도 그런 것이 없지 않다.

모든 문화의 귀추가 발전 과정에 있어서 필경은 과잉 즉 다즉천多則賤의 결과를 나타내지 않는 사와 물이 없음을 누구든지 긍정 아니치 못하리라. 천하만사 만물이 다즉천인 통칙을 긍정하면서도 나는 이에 다익선多益善인 일사一事를 제창하여 전 인류에 그 긍종肯從을 권하는 것이니 다른 것이 아니라 인류 도덕 일사다. 이것은 보편될수록 귀하고 선하고 미한 일이다.

사람이 금수보다 나은 점은 어디 있느냐 하면 나는 다른 지식을 덮어두고 먼저 윤리를 능히 아는 데 있다고 하련다. 왜 그러냐 하면 금수는 아비를 모르고 형제를 모른다. 그러는 동시에 아비가 자녀를 모른다. 단지 유충기幼冲期에 먹고 안길[哺抱] 때문에 어미를 알 뿐이다. 그러나 음탁飮啄을 자유로 하게 되면 벌써 서로 친추혈연親雛血緣을 잊어버린다. 그러므로 계견鷄犬에 있어서는 숙질조손叔姪祖孫 같은 것은 상의尙矣라 물론하고 직계의 부모자녀도 모르고 분형연기分形連氣인 형제자매도 모르는 것이다. 자못 수컷과 암컷을 알 뿐이다.

공동무지侗侗無知 그 얼마나 민답悶畓한 짓이냐. 태초기에 있어서는 우리 역시 저들과 상거相距가 멀지 않았던 것이다. 근대에 있어서도 미개 종족은 물론하고 문명국으로 자처하는 국가 사회의 풍속 중에는 우리 자질子姪 체계의 소목昭穆을 캐는 민족으로 볼 때에는 퍽도 야도野鄙하고 수치스레 보이는 짓이 많건마는 물질문명의 세력에 휩쓸린 장판[市場]에서는 한갓 물력 재력이 최고 권위가 되고 예의염치에 관한 사정 등은 골동적 담화로 돌려부치는 경향이 있으니 이에 수련이 없는 사회는 용혹무괴容或無怪한 일이지마는 그 윤리 도덕의 화유化宥에서 생탄된 자로서 여기에 무비판적으로 부화뇌동하는 경향이 있음은 참으로 가통可痛한 일이 아닐 수 없는 것이다.

나는 이제 우리 겨레에서 이제까지 자랑하지 않은 일 한 가지를 이 기회에 한 번 크게 자랑해 보련다. 그 일이 다른 일이 아니라 우리의 자질 윤리 도덕이다. 우리가 오늘날 기계 문명에는 남에게 뒤졌다. 그것만도 치욕이 아님은 아니지마는 이것이 우리 민족적 소질이 남만 못해서 그런 것이 아니라 근고近古의 정치술이 졸렬했던 까닭이다. 그렇지만 정신문화 방면에 있어서 우리의 자질 윤리 도덕은 참으로 전 인류에 관절冠絶한 미덕이오 민족 발전상에도 아무 지장이 없는 것이다. 그리고 사람으로서의 남들이 미치지 못하는 독특성 고결성 신성성으로 가장 선미한 도덕이며 가장 진보한 윤리인 것이다.

저 물질문화는 보급이 될수록 천해지지마는 이 윤리 도덕의 문화는 보급될수록 더욱더욱 귀해지는 것이므로 나는 이른바 독특이라 하며 이른바 고결이라 하며 이른바 신성이라 한 것이다. 이 문화를 공고히 지키고 무한대의 전승으로 우리의 책임을 삼는 것은 부재다론不在多論이거니와 전 인류에 향하여 이 아름답고 깨끗한 윤리 도덕을 전도적으로 보급시켜야 될 것이다.(7회)

우리의 자성 소목의 윤리, 말하자면 치살펴서 4촌 형제가 부父 형제의 유혈遺血이오 6촌 형제가 조부 형제의 유혈이오 8촌 형제가 증조 형제의 유혈이오, 내리살펴서 또 그 비례로 고손까지 그러하니 이는 당당히 일 실내에 회합하여 서로 면모의 상사相似를 볼지며 음성의 소동所同을 느낄 것이다. 우리 예제禮制에 소위 본종本宗 오복지친五服之親이란 것이 곧 이것이니 기신己身 중심으로 위로 4대, 아래로 4대를 연連하여 위지구기謂之九旗이라고 하며 또 외가(모계) 처가는 조여손대祖與孫代로 표복제表服制의 정식定式이 있다. 그리고 혼인은 동성同姓(동관성同貫姓)에는 무한대의 불혼이 철칙이 되고 외당外黨 처당妻黨 이척姨戚 간에는 소위 번삼성飜三姓이라야만 혼인을 하는 것이 우리 조선의 가족 윤리의 상경常經인 것이니 그 진보가 자못 윤리가 아니라 할 수 없다.

부지중 과학적 견지로 나아간 황고荒古 인류의 내력이 어느 민족을 물론하고 다 같이 모계 중심에서(금수와 동同한 시대) 식부識父 시대에 이른 것은 확실히 진보한 것이 아닐 수 없고 이것을 진보로 배정揹定한다면 4촌을 세고 6촌을 세고 8촌을 세는 일이 가장 선하고 가장 미한 승사勝事가 아닐 수 없으니 우리는 이 가장 선하고 가장 미한 승사의 문화 유업을 영원 물참勿替으로 확수確守함은 물론이오 이것을 전 인류계에 보급되기까지 전도 사업의 책임을 지는 것이 옳다고 주장한다.

우리의 윤리 사상은 예와 의로 근거를 삼는데 저들의 박애는 권과 리의 여유에서 생기는 호화豪華사상이다 하므로 그 도덕 사상이 우리와는 경정經庭하게 다른 것이다. 말하자면 부자 부부 형제 간에도 권과 리를 교계較計하는 모양이다. 우리의 개성 존중은 부부父父 자자子子 부부夫夫 부부婦婦 군군君君(대통령도 좋고 위원장도 좋다) 신신臣臣 장장長長 유유幼幼 붕우붕우朋友朋友로서의 각수기신各修其身인 개성 존중이다. 말하자면 부父는 부의 직을 하고 자子는 자의 직을 하며 부夫는 부의 직을 하고 부婦는 부의 직을 하며 군은 군의 직을 하고 신은 신의 직을 하며 장은 장의 직에서 벗어나지 말고 유는 유의 직대로 하며 붕우는 서로 붕우다운 행위를 하면 별로히 개성 존중을 따로 주장할 곳이 없을 것이며 인류 평화나 사회 행복을 별로히 다른 곳에 가서 얻어올 것이 아니다. 정치 조직을 뜯어고치더라도 윤리 토대에서라야 되고 경제 조직을 뜯어고치더라도 윤리 토대 위에서라야 될 것이다. 권과 리의 사상은 투쟁을 생산할 뿐으로서 평화와는 빙탄불상립氷炭不相立이다. 우리는 그들의 투쟁 사상을 변화시키기 위하여 우리의 문화를 그들에게 권도勸道하려는 것이다. 소위 삼강三綱은 봉건 도덕이라고 할는지 몰라도 오륜五倫은 언제든지 마땅한 것이다. 가령 소비에트 나라에라도 오륜의 도덕이 맞지 아니할 수 없으리라고 생각한다.

다음에 성씨 유래를 일별하자. 조선 민족 성씨의 유래는 해씨解氏 대씨大氏 등 기록이 그 원유源由가 좀 모호하다. 이를테면 우리말로 주신을 중국 사람이 숙신肅愼이라고 번역하고 인해 숙신씨라 한 예를 생각해보면 아직도 기시其時에 자성 체계가 완립된 여부가 의심되고 역사에 나타난 대로는 기씨箕氏 기씨奇氏 한씨韓氏 선우씨鮮于氏 등이 계대繼代가 되어 있으나 이 성들이 기자箕子의 손孫이라면 그는 한족漢族이오 우리 부여족扶餘族은 아니다. 북부여족으로 남하한 후에 자성 체계가 완성된 시기를 말하려면 고구려의 성씨는 을지씨乙支氏 등 복성複姓 외에 우씨羽氏 고씨高氏 등이 있으나 후계가 모두 모호하고 백제의 성씨는 진씨眞氏, 사씨沙氏, 여씨呂氏(음려音黎), 해씨, 목씨木氏, 연씨燕氏, 국씨國氏, 백씨苩氏(음음 백白), 난씨難氏, 흑치黑齒 등이 있으나 역시 후계가 미상未詳하고 또 천씨千氏, 돈씨頓氏, 승씨承氏, 야씨夜氏, 편씨片氏, 골씨骨氏, 공씨公氏, 읍씨邑氏, 방씨邦氏, 일씨一氏, 모씨牟氏, 먀씨乜氏(먀) 등은 모두 그 소출을 알지 못한다 하고 동방의 벽성僻姓이라고만 했다.(『해동역사』 권31 씨족)

자성 체계가 완전히 되어온 시기는 부득불 신라의 6도都로써 비롯을 삼을 수밖에 없다. 신라 유리왕儒理王 9년 춘春에 6도의 명名을 고쳐 성을 사賜하니 즉 양산도楊山都는 급량도及梁都라 하여 성은 이씨李氏라 하고 고허도高墟都는 사량도沙梁都라 하여 성은 최씨崔氏라 하고 대수도大樹都는 점량도漸梁都(운云 모량도牟梁都)라 하여 성은 손씨孫氏라 하고 우진도于珍都는 본피도本彼都라 하여 성은 정씨鄭氏라 하고 가리도加利都는 한기도漢祇都라 하여 성은 배씨裴氏라 하고 명활도明活都는 습비도習比都라 하여 성은 설씨薛氏라 하였다. 차 외에 왕실의 성인 박석김 3성이 있어 신라에는 이 9성이 비로소 자성 체계의 완성이 되어 이래 2천여 년을 혈족 소목을 캐며 번성상혼飜姓相婚을 하여 반도 민족의 단결적 유대를 지은 것이다.(8회)

한적漢籍에 이에 관한 문전文典이 풍부하여 모두 그 인류 평화에 가능한 지도가 되므로 이에 그 문구를 소개한다.

『예삼본禮三本』에 이르되 조종자류지본야祖宗者類之本也라 하고 「교특성郊特性」 문에는 만물본호천인본조萬物本乎天人本祖라 하고 「대전大傳」 문에는 인도친친야人道親親也 친친고존조親親故尊祖 존조고경종尊祖故敬宗 경종고수족敬宗故收族이라 하였다. 이 어느 말이 옳지 않으냐. 또 『진어晉語』에는 이성즉이덕異性則異德 이덕즉라류異德則羅類 ⋯ 동성즉동덕同性則同德 동덕즉동심同德則同心, 『예기禮記』 「대전」에는 격지이성繫之以性 ⋯ 수백세이혼인부통자雖百世而婚姻不通者 주도연야周道然也라 하였다.

이 동족 불혼하는 것이 윤리에 조촐하고 인품에 됨잔은 일일 뿐이 아니라 백성 융결融結하는 정책상으로도 막대한 공효功效가 있음을 음미해볼 일이다.

족손族系 지식의 초입문은 본종本宗 오복도五服圖이다. 조손간 몽복蒙服을 10일 간으로 고질간姑姪間 몽복 20일간으로 단축하자는 명안名案이 기탄없이 세상에 발표되는 이 날에 나의 오복도가 너무 시대 위違가 아닌지 몰라도 나는 이렇게 생각한다. 이 탁란한 세상이 지속하는 동안은 이런 제도가 강석화僵石化가 될망정 나는 그 예의 정신만은 사랑한다. 그리고 제도의 개정은 시대의 소손익所損益이라 누가 그것을 비의非議하리오마는 특히 예의 제도와 같은 데는 인도의 정의에 거하는 것이오 결코 인욕人慾 방면의 이편利便을 고혜顧惠하는 것은 아니다. 지금 사람들이 걸핏하면 생활환경으로 후□을 삼고 그 예절을 이행할 겨를이 없다고 한다. 그러나 이것은 식비지언飾非之言이다. 석일昔日에도 환경대로 하던 것이다. 부모의 시체를 매장하기 전에 판부販夫면 판업販業, 농부면 농업의 일을 한 예가 수두룩해도 그것 때문에는 사회가 비의를 하지 않았다.

공자 안연顔淵의 후장厚葬을 불허했고 또 임방林放 문례소답問禮所答에 왈 예여 사야禮與奢也론 영검寧儉이오 상喪이 여기이야與其易(치야治也)也론 영척寧戚이라 했다. 현대 생활 정세로서 석일과 같은 예절을 차릴 수 없음은 사실이다. 그러므로 간소함은 문제될 것도 없지마는 그렇다고 아주 폐한다거나 무성의한 장난식으로 하는 것은 자천기신自賤其身이며 배욕기선賠辱其先인 것이다. 표기表期 단축 같은 것도 그 소위 3년은 만 2개년밖에 안 되는 것으로서 근래 1개년 반은 1개년이란 말 같은 것은 근리近理하되 100일이니 40일이니 하는 말은 장난에 지나지 못하는 말이다. 상장喪章 같은 것도 검은 동정도 좋고 양복 팔뚝에 흑포黑布도 좋다. 그것이라도 일반에게 상인喪人 표시가 족하고 그 사람 자신으로도 자신 피상중被喪中이라는 자경표自警標가 되는 것이 괜찮을 터인데 그것조차 오래 달기를 싫어하는 것은 양심 상실자의 일이 아닐 수 없다. 하여튼 진보된 일을 스스로 퇴보시키는 것은 인격상으로 대손실인 것을 나는 중언부언으로 대성질호大聲疾呼한다.(9회)

제5절 고려 문화유산

고려 문화는 대개 2기로 분간할 수 있어 초기는 태조太祖로부터 고종高宗까지의 간에 일면으로는 신라의 문화를 계승하고 타 일면으로는 송宋의 예술을 감수感受하여 혼화混化 발전을 했고 후기는 고종 이후 최종 공양왕王恭讓까지의 사이에는 원元의 문화를 받았었다. 유물로는 성곽 왕궁 유지遺址 등 풍부한 잔품殘品이 지금까지 오인으로 하여금 회고감을 일으키게 한다.

만월대滿月臺의 서쪽에 있는 첨성대는 그 평면 방 7척 허 4우에 방주方柱와 중심의 방주를 받치고 그 위 평면의 석상石床을 올려놓은 것인데 당초에는 그 위에 천상天象 관측하는 기계를 비치했다 한다. 불교는 고려에 와서 극성한 것이어서 도성 내에 법왕法王, 왕륜王輪, 흥국興國 등 16사寺를 세웠던 것이다. 제도諸道에 건립된 사찰들은 고려의 멸망과는 따로 갈라져서 지금까지 전한 것이다.

제1관 불사佛寺

영주 부석사 무량수전無量壽殿, 동 동 조사당祖師堂(신우辛禑 3년 건립), 안변 석왕사釋王寺 응진전應眞殿(동 12년)

제2관 석탑파石塔婆

예천 폐 개심사開心寺 오중석탑(목종穆宗 12년), 개성 폐 개국사開國寺 칠중석탑(현종顯宗 9년), 동 폐 현화사玄化寺 칠중석탑(동 11년), 동 폐 영통사靈通寺 오중 급 삼중석탑, 동 폐 흥국사興國寺 석탑(동 12년), 충주 폐 사자빈신사獅子頻迅寺 사자탑獅子塔(3중)(동 13년), 칠곡 폐 정도사淨兜寺 오중석탑(금 재 경성)(동 22년), 영변 보현사普賢寺 구중석탑(정종靖宗 10년), 고양 흥경사興慶寺 오중석탑, 평양 영명사永明寺 팔각오중석탑, 동 정거장 전前 육각칠중석탑, 평창 월계사月桂寺 팔각구중석탑, 영변 보현사 팔각십삼중석탑, 개성 폐 경천사敬天寺 대리석다층탑(충목왕忠穆王 4년), 화순 다탑봉多塔峯 석탑 14기基, 이중방탑 1기, 삼중방탑 2기, 오중방탑 2기, 육중방탑 1기, 칠중방탑 5기, 구중방탑 1기, 사중원탑 1기, 칠중원탑 1기, 원주 폐 흥법사 진공대사탑眞空大師塔(태조 23년), 여주 폐 고달원高達院 원종대사혜진탑元宗大師慧眞塔(광종光宗 26년), 동 동 일명탑逸名塔, 충주 폐 정토사淨土寺 홍법대사실상탑弘法大師實相塔(현종顯宗 8년), 원주 폐 거돈사 원공국사승묘탑圓空國師勝妙塔(금 재 경성)(동 16년), 동 폐 법천사法泉寺 지광국사현묘탑智光國師玄妙塔(총독부박물관)(선종宣宗 2년), 김제 금산사 진응탑眞應塔(예종睿宗 2년), 대구 상화사相華寺 홍진대사탑弘眞大師塔(충렬왕忠烈王 10년), 장단 화장사華藏寺 지공정혜영조탑指空定惠靈照塔(공민왕恭愍王 조), 여주 신륵사 보제사리석종普濟舍利石鍾(신우 5년), 영변 안심사安心寺 석종(동 10년)

제3관 비당碑幢

해주 폐 광조사廣照寺 진철대사보월승공탑비眞徹大師寶月乘空塔碑(태조 3년), 원주 폐 흥법사 진공대사비(태조 조), 강릉 선현사 낭원대사오진탑비朗圓大師悟眞塔碑(동 23년), 충주 폐 정토사 법경대사자등탑비法鏡大師慈燈塔碑(동 26년), 여주 폐 고달원 원종대사혜진탑비(광종 26년), 충주 폐 정토사 홍법대사실상탑비(현종 8년), 개성 현화사 비(동 12년), 원주 폐 거돈사 원곡국사승묘탑비(동 16년), 동 폐 법천사 지광국사현묘탑비(선종 2년), 김제 금산사 진응탑비(예종 6년), 개성 폐 영통사 대각국사비(인종 4년), 해주 신광사 무자비無字碑, 영변 묘고산妙高山 보현사 비(동 19년), 개성 광통보제사廣通普濟寺 선사지비禪寺之碑(신우 3년), 여주 신륵사 보제석종비普濟石鍾碑(동 5년), 해주 타라니석당陀羅尼石幢, 용천 타라니석당, 은진 관촉사灌燭寺 석등, 나주 나주서문 내 석등(광종 24년), 회양 정양사正陽寺 석등, 동 마가연摩訶衍 묘길상妙吉祥 석등, 여주 신륵사 보제석종 전前 석등(신우 2년), 개성 칠릉벽七陵辟 제삼석등第三石燈, 개성 공민왕 현륙玄陸 급 비妃 정륙正陵 석등

제4관 조각

논산 관촉사 미륵대석상(광종 19~목종 9), 부여 대조사大鳥寺 미륵석상, 회양 마가연 묘길상 석조대불상, 경성 승가사僧伽寺 마애석가상, 논산 폐 개태사開泰寺 삼존불석상, 남원 폐 만복사萬福寺 미륵석상, 개성 관음사 관세음보살석상, 원주 미륵미타사彌勒彌陀寺 석상, 화순 다탑봉 석불 20여 구軀, 평양 영명사永明寺 팔각석불상, 영주 부석사 무량수전 목조석가상, 개성 폐 적조사寂照寺 철조여래상, 고성 유점사 능인전 소동불 5구, 원주 철조미타상(저전면동楮田面洞), 동 철조약사상(본부면本部面)

제5관 회화

영주 부석사 조사당祖師堂 벽화(신우 3년), 개성 수락동고분水落洞古墳 현실 벽화, 경성 조선총독부박물관 장藏 공민필음산대렵도恭愍筆陰山大獵圖, 동 창덕궁박물관 장 공민필음산대렵도, 동 창덕궁박물관 장 원元 진감여필陳鑑如筆 이제현李齊賢 상像, 안동 소수紹修 안유安裕 상(충숙왕忠肅王 5년), 아이치[愛知] 대은사大恩寺 왕궁만타략도王宮曼陀略圖(충선왕忠宣王 4년), 사이타마[埼玉] 법은사法恩寺 석가삼존아난가엽화상釋迦三尊阿難迦葉畵像(충숙왕 17년), 와카야마[和歌山] 고야산高野山 친왕원親王院 석가설상도釋迦說相圖(충정왕忠定王 2년), 나가사키[長崎] 최교사最敎寺 열반도涅槃圖(10회)

제6관 종

천안 천흥사天興寺 종(금 재 창덕궁박물관)(현종 원년), 해남 성남문城南門 대흥사大興寺 종(충목왕忠穆王 2년), 개성 남대문 연복사演福寺 종(동 동), 교토[京都] 서본원사西本願寺 별원別院 종, 히로시마[廣島] 조운사照運寺 종(광종 14년), 오사카[大阪] 학만시鶴滿寺 종(현종 2년), 사가[滋賀] 원만원圓滿院 종(동 22년), 후쿠오카[福岡] 승천사承天寺 종(문종 9년), 오사카 정우사正佑寺 종, 시마네[島根] 천륜시天倫寺 종, 후쿠오카 성복사[聖福寺] 종, 동 지하신사志賀神社 종, 시마네 운루사雲樓寺 종, 야마구치[山口] 주길신사住吉神社 종, 히로시마 부동원不動院 종, 오카야마[岡山] 관음원觀音院 종, 효고[兵庫] 학림사鶴林寺 종, 니이가타[新潟] 좌도장안사佐渡長安寺 종, 류큐[琉球] 파상궁波上宮 종(광종 7년)

제7관 향로香爐

간성 건봉시乾鳳寺 은상감銀象嵌 향로(고종 원년), 양산 통도사 향로, 강화 전등시傳燈寺 향로(공민 5년), 순천 송광시松廣寺 향로, 공주 마곡시麻谷寺 향로, 예천 용문시龍門寺 향로(경복궁박물관 존), 나라[奈良] 법륭사法隆寺 헌납어물獻納御物 금산사 향로(명종 8년)

제8관 동경銅鏡

경鏡 종류는 기록에 많은 형과 색이 별양別樣 별상別狀이 있고 문양에는 식물, 동물, 인물, 기물器物 그 종류 100수도 지나 일일이 기재키도 어렵고 또 현존품이 없을 바에는 유산의 가치가 없고 기타 패식품 외珮 등이 역연亦然하다.

제9관 도기

도자기에 고려요高麗燒라면 지금도 세계적 성예聲譽가 높은 것임은 췌론할 바아니다. 그 종류를 들면 (1) 소소素燒 (2) 청자靑瓷 (3) 백자白瓷 (4) 상감象嵌 (5) 회繪고려 (6) 천목유天目釉 (7) 잡유雜釉 공용구工用具의 종류, 병甁, 호壺, 영주水注, 배杯, 반盤, 시匙, 탁잔명托盞皿, 향로, 세洗, 합자合子, 연적硏滴, 필가필통筆架筆筒,

서판書板, 도인陶印, 도침陶枕, 유병油瓶, 고동鼓胴, 타호唾壺, 호자虎子 등은 지금 고물 보존하는 제가諸家에 산재한 보물이 있을 것이다.

제10관 책판冊板
유명한 대장경판은 지금까지 합천 해인사에 보존되었다.

제3장 조선의 근고 문화유산

제1절 이조의 물질 문화유산
이조는 최초 창업 정책 무열인심務悅人心하는 수단이 지나쳐서 그 무열인심 책은 필경 벌열 장려로 흘러간 관이 없지 않았던 것이다. 그리하여 상공을 천대하여 기술 방면은 대퇴보를 하여 삼국시대의 기성문화가 이조 조선에 와서 차제 말살된 것이다. 그러므로 물질문화에는 건축 외에는 별로히 셀 것이 많지 못한 유감이다.

제1관 성곽
경성 남대문(세종 30년), 동 동대문(고종 6년), 개성 남대문(태조 3년), 평양 보통문(성종 4년), 동 대동문(선조 10년), 동 부벽루浮碧樓(광해 5년), 수원 장안문(정조 20년), 수원 팔달문(정조 20년), 동 화홍문華虹門 급 방화수류정訪花隨柳亭(동), 영변 남문(정조 13년), 여주 촉석루矗石樓(영조 28년), 안주 백상루百祥樓(동 30년), 동 청남루淸南樓(후기), 의주 남문(중종 15년)

제2관 궁궐

경성 경복궁 광화문, 근정전勤政殿, 권정문勸政門 급 무랑廡廊, 강녕전康寧殿, 경회루慶會樓(고종 7년), 동 창덕궁 돈화문敦化門(초기), 인정문仁政門(순조 4년), 인정전仁政殿 급 무랑(동), 낙선재樂善齋(헌종 13년), 동 창경궁 홍화문弘化門(성종 14년), 명정문明政門(동), 명정전 급 무랑(성종 14년), 경성 경희궁慶熙宮 숭정전崇政殿(후기), 함흥본궁咸興本宮(광해 2년), 영흥 선원전정전濬源殿正殿(태조 5년)

제3관 객사客舍

안변 객사 가학서루駕鶴棲樓(성종 17년), 고령 가야관伽倻舘(동 24년), 강릉 객사대문 급 중문(초기), 경주 동경관중당東京舘中堂(정조 14년), 동 동경관 좌우익(선조 조), 성천成川 동명관東明舘(후기)

제4관 사고史庫

강화 강화도사고, 춘양 태백산사고, 강릉 오대산사고(선조 29년), 무주 적상산赤裳山사고

제5관 문묘

경성 문묘대성전(선조 34년), 대구 문묘대성전(동 39년), 경주 문묘대성전(동 34년), 개성 문묘대성전(동 35년), 경주 향교명륜당(광해 7년)(11회)

제6관 서원

경주 서악서원西岳書院(홍유후弘儒侯 설총薛聰, 개국공開國公 김유신金庾信, 문창후文昌侯 최치원崔致遠 배향)(중종 조), 동 옥산서원玉山書院 독락당獨樂堂 양진암養眞菴(중종 27

년), 동 옥산서원(선조 5년), 영주 소수서원 강당(문성공文成公 묘)(중종 37년), 예안 도산서원陶山書院(이황李滉 서지지지捿遲之地)(선조 7년), 개성 송양서원松陽書院(정몽주鄭夢周 고택)(동 6년)

제7관 관왕묘關王廟

남원 관왕묘(명明 도독都督 유정劉綎 창건)(숙종 42년), 성주 관왕묘(명 장將 모국기茅國器 창건)(선조 31년), 안동 관왕묘(명 정정영도사貞定營都司 설승희薛承臣 창건)(동), 경성 동묘(명 만세덕봉칙萬世德奉勅 창건)(후기), 동 남묘(명 도독 진린陳璘 창건)(고종 5년), 동 북묘(고종 창건)(동 20년), 개성 관왕묘(청상淸商 등 창건)(동 31년)

제8관 불사

조선시대 초기 : 안변 석왕사釋王寺 호지문護持門(태조 원년), 여주 신륵사 조사당祖師堂(고려 예종 원년), 합천 해인사 장경판고藏經版庫(성종 19년), 황주 성불사成佛寺 극락전, 황주 성불사 응진전應眞殿, 춘천 청수사淸手寺 극락전, 영암 도갑사道岬寺 해설문解脫門

조선시대 후기 : 양산 통도사 대웅전 관음전 응진전(선조 조), 동래 범어사 대웅전(숙종 6년), 강화 전등사 대웅전 약사전(인조 3년), 하동 쌍계사 대웅전(동), 동 동 고승당古僧堂 팔상전八相殿(중기), 동 동 탑전금당塔殿金堂(중기), 구례 화엄사 각황전(인조 21년), 동 동 대웅전(동 24년), 김제 금산사 미륵전, 동 동 대적광전大寂光殿, 회양 장안사 대웅전, 동 동 사성전四聖殿, 예천 용문사龍門寺 대웅전(현종 11년), 대구 상화사 대웅전, 동 동 금당암金堂菴 극락원極樂院(선조 34년), 안변 석왕사 대웅전(영조 7년), 영변 보현사 대웅전(동 41년), 동 동 만세루萬歲樓, 경주 불국사 대웅전(동 41년), 동 동 위축전爲祝殿(동 27년), 합천 해인

사 대적광전(동 45년), 보은 법주사 팔상전捌相殿, 동 동 대웅전

제9관 석탑파

경성 폐 원元 각황사 대리석다층탑(세조 11년), 양양 낙산사洛山寺 칠중탑(동 13년), 여주 신륵사 칠중석탑(성종 3년)

제10관 부도

합천 해인사 홍제암弘濟菴 송운묘탑松雲墓塔(광해 4년), 구례 화엄사 벽암묘탑碧岩墓塔(현종 4년), 회양 장안사 무경당無竟堂 영운탑靈運塔(후기), 보은 법주사 세존사리장탑世尊舍利藏塔(후기), 회양 금강산 일화암日華菴 상담묘탑相潭墓塔(후기)

제11관 석비石碑

개성 연복사탑 중창비重刱碑(태조 원년), 양주 태조건원릉비太祖健元陵碑(태종 9년), 광주廣州 태종헌릉비太宗獻陵碑(세조 6년), 경성 대원각사비大圓覺寺碑(세조 12년), 경주 옥산서원玉山書院 이회재지도비李晦齋址道碑(선조 11년), 합천 해인사 홍제암弘濟菴 송운대사석장비松雲大師石藏碑(광해 4년), 경성 문묘비文廟碑(인조 4년), 회양 금강산 백화암白華菴 서산대사비西山大師碑(동 10년), 영암 도갑사비 도선국사비道詵國師碑(동 14년), 경주 대청황제공덕비大淸皇帝功德碑(동 17년), 구례 화엄사 벽암선사비碧岩禪師碑(현종 4년)

제12관 조각

용강 신덕사新德寺 극락전 동조관음좌상(세종 8년), 합천 해인사 법보전 목조비로사나불상(성종 19년), 동 동 대적광전 목조비로사나불상(동), 양양 낙산

사 동조착채관음좌상銅造着彩觀音座像(초기), 미에현 정명원淨明院 석조석가문수보현상石造釋迦文殊菩賢像(동), 영암 도갑사 대웅전 삼존불三尊佛 육광보살상六光菩薩像(후기), 김제 금산사 미륵전 미륵불상 급 양협시兩脇侍(동), 하동 쌍계사 대웅전 불상 3구(인조 조), 동 동 보살상 4구(동), 보은 법주사 대웅전 삼존불(후기), 영변 보현사 대웅전 목조보살상(후기)

제13관 회화 불화

부여 무량사 미당화상彌幢畵像 대폭(인조 5년), 진주 청곡사靑谷寺 석가화상 대폭(경종 2년), 영변 보현대웅전 불화(영조 4년), 미에 서래사西來寺 원각만다리圓覺曼茶羅(초기), 가가와[香川] 옥도사屋島寺 관음화상(동), 와카야마 고야산 원통사圓通寺 견본금니약사회絹本金泥藥師會(명종 16년), 에히메 석수사石手寺 마포석가십왕등도麻布釋迦十王等圖(동 19년), 와카야마 고야산 상희원常喜院 약사만다리藥師曼茶羅(선조 16년), 고베[神戶] 약선사藥仙寺 견본착색시아귀도絹本着色施餓鬼圖(동 22년)

제14관 금종

경성 홍천사 종(세조 7년), 경성 보신각 대종(동 13년), 양양 낙산종각 종(예종 원년), 합천 해인사 대적광전 종(성종 22년), 간성 건봉사종각 종(현종 14년), 양산 통도사 종(숙종 12년), 구례 화엄사 운홍사 대종(숙종 37년), 평양 종각 종(영조 2년), 고성 유점사 종(동 5년), 도치기[栃木] 일광동조궁日光東照宮 종(인조 20년)

이상에 기록된 각 대 유물은 실로 10에 2~3에 불과한 관이 없지 않다. 서북 5도에 있는 불사유물도 퍽 많은 것인데 안변 평양 황주에서 조사된 기幾건만 조사 기입하였다.(12회)

제4장 조선 금석문

제1절 삼국시대

(1) 점선현黏蟬縣 신사비神祠碑 (2) 위장관구검기공비魏將毋丘儉紀功碑 (3) 고구려 광개토왕릉비 (4) 신라 진흥왕척경비眞興王拓境碑 (5) 고구려 평양성벽비각平壤城壁碑刻 (6) 신라 진흥왕순수비眞興王巡狩碑(함흥 황초령) (7) 신라 진흥왕순수비(경성 북한산) (8) 평제탑平濟塔 (9) 유인원기공비劉仁願紀功碑 (10) 신라 무열왕릉비

제2절 신라통일시대

(11) 사천왕사비 (12) 화엄사 석각화엄경 (13) 백제 부여융묘지扶餘隆墓地 (14) 신라 성덕왕신종명聖德王神鐘銘 (15) 고선사 서당화상탑비誓幢和上塔碑 (16) 갈항사 석탑비 (17) 무장사鍪藏寺 아미타여래조상비阿彌陀如來造像碑 (18) 백률사栢栗寺 육면석종六面石幢 (19) 봉림사 정덕대사보월릉공탑비眞德大師寶月凌空塔碑

제3절 고려시대

(20) 광조사廣照寺 진철대사보월승공탑비眞徹大師寶月乘空塔碑 (21) 비로사毘盧寺 진공대사보법탑비眞空大師普法塔碑 (22) 태자사太子寺 낭공대사백월서운탑비朗空大師白月栖雲塔碑 (23) 용두사龍頭寺 당간기幢竿記 (24) 봉암사鳳巖寺 정진대사원오탑비靜眞大師圓悟塔碑 (25) 고달원 원종대사학혜진탑비元宗大師學慧眞塔碑 (26) 보원사普願寺 법인국사보승탑비法印國師寶乘塔碑 (27) 흥국사 석탑기 (28) 현화사 비 (29) 거돈사 원공국사승묘탑비圓空國師勝妙塔碑 (30) 유헌묘지柳憲墓誌 (31) 부석사 원융국사비圓融國師碑 (32) 법천사 지광국사현묘탑비智光國師玄妙塔碑 (33) 금산사 혜덕왕사진응탑비慧德王師眞應塔碑 (34) 영통사 대각국사비 (35) 반약사般若寺 원경왕

사비元景王師碑 (36) 흥왕사 원명국사묘지圓明國師墓誌 (37) 고려 인종시책仁宗諡冊
(38) 권적묘지權適墓誌 (39) 금함묘지今諴墓誌 (40) 이탄지묘지李坦之墓誌 (41) 윤
보지尹補誌 (42) 용문사 중수비 (43) 인각사 보각국존정조탑비普覺國尊靜照塔碑

제4절 조선시대

(44) 이태조건원릉신도비李太祖健元陵神道碑 (45) 원각사비圓覺寺碑

우 각 비문은 생략한다. 기타 쇄소瑣小한 유물은 아직 생략하고 이것만으로
료了함.

제5장 조선 문화유산의 전승 방법

제1절 문화유산의 실용으로 전승하는 방법

우리는 걸핏하면 옛날 자랑을 한다. 제 조상의 갸륵한 일을 자랑하는 것이
상정常情이지마는 기실其實 옛날 잘했다는 일 계승을 하지 못하면 아무 소용이
없는 것이다. 하므로 우리는 이제로부터 그것을 자랑만을 하지 말고 계승하
자. 말하자면 을지문덕, 이순신을 자랑만 하지 말고 우리가 을지문덕이 되고
이순신이 되는 것을 숭상하자. 삼국 공예를 그렇게 자랑하지마는 지금까지
바늘[針] 하나를 만들어 쓰지 못하는 현상이다.

그러므로 폐일언하고 우리가 이제부터는 우리의 문화유산을 으뜸삼아 실
질적 기술을 학습해서 전승하자. 그리고 자성 체계의 윤리법을 물체勿替 계승
하자.

(1) 공예 기술의 선업先業을 학습 실행으로 전승하는 방법을 삼을 것

(2) 학술의 선업을 학습 실용으로 전승하는 방법을 삼을 것

(3) 자성 소목의 윤리를 물체 엄수할 것

(4) 동성불취同姓不娶의 선규先規를 확수할 것

(5) 근화를 관상용으로 애식愛式할 것

제2절 문화유산의 보관으로 전승하는 방법

지금까지의 문화 유물이 경향의 각 고분보존회 급 박물관 등 보존되는 것도 적지 않지마는 그것으로만은 만족치 못하다. 이런 사업은 관청 당국에만 맡길 것이 아니라 민간측에서 육력戮力하여 더 완전한 보존기관을 만들 필요가 있다. 그리하여 더 상밀詳密한 조사를 하여 유물 수집을 영행勇行하여 민간 진열관을 세우는 것이 좋다. 그리고 부속으로 도서관을 병설하고 주로 우리 선민의 저술이 타역他域에 가 묻혀있는 것을 매수買收 보관하여 우리 학계에 큰 으뜸을 삼게 하는 것이 옳다.

(1) 경성에 유적보존관을 세우되 전 민족적 의연으로 재단법인으로 할 것
(2) 각 도 각 군별로 유적보존관을 세워 그 군의 고적 유산을 보존 진열케 할 것
(3) 우리 선민의 제작으로(공예, 저술 등) 역외에 가있는 것을 구입할 것

결언(13회)

31

「(사설) 기념도서출판관에 대하여」

『조선일보』, 1935.3.17

1. 없는 물건을 있다고 보는 것을 가리켜 환각이라고 한다. 없을 일을 있을 것으로 생각하는 것을 가리켜 공상이라고 한다. 경미한 일을 급무로 생각하는 것을 가리켜 본말전도라고 한다. 이런 거울에 비춰보면 전일前日 창립되었다는 그 소위 조선기념도서출판관朝鮮紀念圖書出版館은 환각이오, 공상이오, 본말전도의 일이다. 첫재, 동관同館의 사업 재원으로 하는 '번례폐지繁禮廢止'로부터 절약된 돈이 있을 것으로 보는 것은 말하면 공중에 대한 누각의 설계로서 이것은 환각이다. 둘째, 이러한 설계를 실현하여 사업의 결과를 보자는 것은 말하자면 공상이다. 셋째, 백보를 양讓하여 이것이 가능하다고 잡고라도 사종斯種의 사업은 사회 전체로 보면 그 가치가 태창제미太倉梯米에 비할 만한 경미한 일로서 이것의 존재는 도리어 보다 더 큰 초급의 사업에 대한 방해가 되는 것이다. 따라서 그것은 본말전도다.

2. 정리에 대한 역정리, 명제에 대한 역명제가 반드시 진리가 아니라는 것은 수학상, 논리학상으로도 보는 바거니와, 인정의 기미機微에 시선을 주注해 보면 거기는 더욱이 그런 일이 많다. 보라, '번문욕례繁文縟禮'에 반伴하여 용비남용冗費濫用이 생긴다는 것은 사실이나, 그렇다고 번례폐지에 의하여 절약된

돈이 있느냐 하면 이것은 오직 이론으로는 있을지 몰라, 사실로는 절대로 없는 것이다. 보라, 망건 값 모은 중[僧]이 어디 있느냐? 또 사[士] 있다고 잡고 1인에 대한 10배주를 3배로 줄이고 그 절약된 돈으로 기념출판물을 만들어 객客에게 주었다고 하자. 그러면 이것은 다만 7배주가 1권 서적으로 변형했을 따름이오, 그것이 번문욕례인 일점一點에 있어서는 하등의 변화가 없을 것이다. 다음 교제장交際場 리裏의 실정을 들여다본다면 7배주에 해당한 기념출판물을 받았다 하여 3배주로 주인의 의사를 양해할 사람은 대개 드물 것이다. 그렇다고 기념출판은 기념출판 대로 하고 손님 대접은 전대로 한다고 하면 이것은 번문욕례에 새로운 고가의 한 가지 '뿔'을 더 돋치는 것이니 번례폐지가 아니라 증장增長이오, 절약 장려가 아니라 도리어 남비濫費 장려가 되는 것이다.

3. 또한 관점을 달리하여 한 가지 더 생각할 일이 있다. 동관의 의사에 의하면 "조선에는 일편에는 낙양지가를 높일 만한 문인학자의 저술이 있으면서도 원수의 출판비가 없어서 상재가 못 되고 광저筐底에서 썩는 것이 있는 대신에, 다른 한편으로는 돈이 너무 많아서 쓸 데 없는 번문욕례에 용비 남용을 하는 이가 있다. 그러므로 이 돈과 이 저술을 마주 붙이면 훌륭한 출판물이 생기는 동시에 한편으로 문인학자의 구제가 되고, 다른 한편으로는 번례폐지가 된다"는 데 있다. 그러나 다시 생각해보라. 이 일에 돈을 내는 사람으로 보면, 자기의 문중에는 문인학자가 없다는 것을, 또는 저술을 내는 사람으로 보면 자기의 문중에는 그만한 출판비를 낼 만한 사람도 없었다는 것을, 그 출판물이 전하는 날까지 장구한 세월에 긍亘하여 인상 깊이 전해보자는 용기와 미덕을 가진 이가 세상에 기인幾人이나 있을 것이냐.

4. 이 모든 이유를 다 제해 놓고라도 지금은 이러한 사소한 일에 정신을 남비할 시대가 아니라는 것을 우리는 소리 높이 제창한다. 오늘날 조선에서

의 초미의 급무는 학문의 연구가 이미 레벨을 넘은 소수의 문인학자의 저술을 출판하는 문제에 있지 않고, 500만의 학령아동에게 배울 기관을 주자는 문제에 있다. 200명밖에 더 선발 않는 고등보통학교에 지원자가 1천 200명이나 된다는 사실, 300명밖에 안 뽑는 보통학교에 지원자가 700~800명이나 된다는 사실을 목전에 보면서 번례를 절약하여 기념출판물 운운은 실로 본말전도의 최심最甚한 것으로 볼 수밖에 다시 평할 말이 없다.

32

「문화건설 사의」(1)~(7), (12)~(13)

안재홍, 『조선일보』, 1935.6.6~13 · 19~20

1. 세계로부터 조선에!

무하無何 선생 족하足下

영국 현대의 문호인 웰스는 그의 지은 소설 「미래의 형상」에서 세계 일국의 이상을 그려낼 새 1940년경부터 유럽[歐洲]에서 발단되는 세계의 대전란이 10년간이나 계속할 것을 말하고 그 후 10년이면 1960년경부터는 세계 일가의 대통일국가가 나타나고 말 것을 보인 바 있습니다.

이렇게 연대까지 예언하는 것은 워낙 소설가의 할 일이지마는 세계 일가의 이상이 구상으로 이야기되던 일은 어제 오늘 일이 아닙니다. 20세기 초두 30년간의 인류 문명의 진보는 과거 2천년 동안의 그것만큼이나 많다고 하니 목하 비약하는 인류 문화는 싫거나 좋거나 세계일가의 시대를 향하여 다름질치는 것이라고 하여도 공상가의 헛소리가 결코 아닙니다. 뿐아니라 국민적으로 시수矢數가 나가지 못하는 역경에 빠진 민족으로는 하루바삐 세계일가의 시기가 닥쳐오기를 갈앙渴仰할 만도 할 일이겠지만 실은 여기에도 객관 주관의 두 가지 모순이 있는 것을 깨달아야 할 것입니다. 첫째, 객관적 정세에 있어 이상적인 세계일가의 시대가 그렇게 쉽게 입에 맞는 떡으로 뚝 떨어져 들어올는지가 미지의 일이오 둘째, 아무리 불리한 처지에서라도 자기들의 후진민족으로서의 의식적 노력에 누심각고鏤心刻苦함이 없이 그저 다만 세계일가의 시기만 갈앙하는 자 있다 하면 그는 일종의 거지 심리에서 아무 것도 그들의 전도에 광명을 볼 수 없는 일인 것입니다. 진필이후盡必而後에 지천명知天命이라고 맹자孟子는 말하였으니 전국戰國의 말년 천하상란天下喪亂한 때에 나서 공자孔子이래의 생민도탄生民塗炭의 근심을 품고 그 광구의 대업의 때문에 얼마나 고심노력한 대현大賢의 필사必事를 볼 것입니다. 일 개인이건 일 민족이건 이미 역경에 빠졌거니 어찌 고심참담의 도정이 없이 그렇게 손쉽게 행운의 날을 천강天降케 하오리까?

현하의 국제정세는 그의 세계적 연관성에 의하여 항상 상관적으로 진전되고 있는 것이니 이것은 이미 일 상식입니다. 그러나 또 각개의 나라에서 사정은 독창적으로 발전하고 있으니 이것은 또 현대인 이유에서 간과할 수 없는 엄숙한 과학적 사실입니다. 전자를 만일 각개 국가에서 쳐다보이는 국제적 전모라고 한다면 후자는 전全 국제에서 들여다보이는 조달적條達的 혹은 개별적의 국가민족관이라고 할 것입니다. 이론의 세계에서도 모순적인 양개兩個의 반면에서 통일된 일개의 전체를 찾아내려니와 실천의 세계에서는 더구나 몇개의 모순적인 다각한 이념과 사체事體조차도 그의 행위로써 통일 종합 및 회통會通할 수 있는 것입니다. 실은 일 개인으로서나 일 민족으로서 그 성패 영고榮枯를 결정짓는 일은 그 첩첩喋喋한 이구利口가 이론에서 단일한 것은 아니오 도리어 많은 모순을 그의 행위와 실천에서 종합 통일하여서 상주부단常住不斷의 신생활과 신문화를 창조하여가는 그것입니다. 똑똑한 좀보일수록 허리虛理(대체 추상적 개념)에 밝고 웅숭깊은 거인일수록 그 모순성의 방대한 병존을 보는 것입니다.

근세 300~400년 이래의 허리적인 소조선의 사람들이 얼마나 그 번쇄煩瑣한 단일이론벽單一理論癖으로 도리어 행위에서의 단일 및 통일을 장해戕害하였는가?는 생각만 하여도 반半에 넘는 것이니 친명親明 이론에 순殉하여 국가적 대계를 그르치던 병자丙子 만주滿洲의 역役이 가장 좋은 전례입니다. 그들은 친명이론에는 딴은 단일하였지만 정작 그 조국 민생을 수호생장케 하는 행위와 실천에는 비단일 비통일의 거대한 과오를 저질렀습니다. 현대의 조선인도 대중적 정치 동작에 과정이 그러한 관념적 폐습을 청산 양기揚棄할 시기를 가지지 못했던 까닭에 그러한 현실을 정관正觀치 못하는 관념적 경향을 다분으로가져 입으로는 관념론을 배격하는 자칭 과학적인 사람들 중에도 그 행위에서는 도리어 관념론적인 주아관主我觀에 쏠리는 자 퍽은 많으니 이를테면 저 혼자 급진혁명가로 자기를 추켜올려놓고 외타의 진지한 공작을 기도하는 자에게는 '그것은 개량주의적이다'고 경모輕侮해버리고 또 배격하는 일이 적지 않았습니다. 혁정과 개량이 병진하는 것이 역사 진행의 철칙이라고 하면 그것도 모순인 양개 사체事體의 행위에서의 통일이려니와 역사과정이 최악한 경우에는 다만 문화운동인 개량적 공작에도 스스로 도피하지 않는 것이 진지혈성인眞摯血性人의 책무인 것이오 이 모순에서 통일을 실천하는 웅숭깊은 현명을 요함이 큽니다. 그리고 모순에서 통일로의 중요한 1건은 즉 세계로부터 조선에 재귀再歸하는 문화적 작업입니다.(1회)

2. 미래를 지나 금일에!

무하 선생 족하

현대 조선의 급진적인 선구자로 자임하는 자 중에는 조선적 혹은 민족적인 것을 주장하는 자에 대할 때에 흔히는 문득 그것은 소부르적 배타주의니 반동적 보수주의이니 또는 감상적 복고주의이니 하고 덮어놓고 비난하려는 태도가 있습니다. 하기야 이처럼 급진 전진하기에 바람이 나는 것은 여간 반가운 일이 아니겠으나 그러나 엄정한 현실에 즉하여 보면 조선적이거나 혹은 민족적인 것을 관심 토구 및 공작하는 것이라고 모두 반듯이 반동 보수거나 감상적 복고주의거나가 아니오 따라서 소부르적 배타주의만이 아닙니다.

실제로서는 후진 낙오적인 어떠한 국민 혹은 민족에 있어서는 자국적 또는 민족적인 충동 각성 및 염원이 도리어 진보적 약진적 그리고 세계적으로 되는 것이니 이를테면 고종高宗 갑신甲申 개혁당改革黨의 사변 같은 것은 그 형태는 불순不純한 바 있었으나 청국의 봉건적 제국주의에 반항하여 조선적인 무엇을 의도하는 진보적인 것인 한편으로 세계적인 진취를 추구하려는 미약하나마의 충동이 있었던 것이오 이 충동의 표본으로 되었을 메이지[明治] 초년 일본 유신維新의 운동은 역시 그 국민적 자각에서 일본적인 충동이 치열하여진 채 그대로 개국 진취라는 세계에의 개방을 열요熱要하였던 것이니 이러한 예는 동방의 후진 제 국민의 사이에는 누구나 모두 동일한 코스를 지난 것입니다. 다만 그 국민적 지위와 역량이 독자적 국가주의 반동세력으로 국제 간에 그 엄연한 파동을 일으킬 자도 있고 혹은 특수한 처지에 있는 민족으로 그저 다만 진정한 재각성의 단계로만 되어 다음날의 세련된 생활집단으로서의 정정定定한 문화적 탄력을 함축하는 데에 그치는 자의 구별이 다를 뿐입니다. 이 점이 엄정한 인식을 요하는 바입니다.

그리고 20세기 현단계의 인류 문화의 특징은 각개 민족이 세계적 대동의 방향 즉 국제주의적 방향에 향하여 자동적 구심운동을 하고 있는 것이 하나이오 그 반면에 각개 민족이 이 세계적 즉 국제적 영향 하에 있으면서 오히려 각각 각자의 민족문화로서 순화純化 심화深化하려는 의욕 및 그 노력 중에 있는 것입니다. 즉 가장 온건 타당한 각 국민 각 민족의 태도는 민족으로 세계에, 세계로 민족에! 교호되고 조합되는 민족적 국제주의, 국제적 민족주의를 형성하는 상세狀勢이니 이를 세분하여 말한다면 가장 핍근하게 상대되는 일 국가 일 국민과의 관계에 그러하여, 주면서 받고 다투면서 배우는 연속하는 도정에서 자기의 향상과 발전이 있고 획득과 생장이 있는 것이오, 전 세계 전 국제에 처해서의 일 국민 일 민족으로서도 그러한 것입니다. 인류의 문화가 그 교통 통신의 급속한 발달에 따라 멀지 않은 미래에 국가와 민족의 계선을 철폐하는 시기가 있음이 '미래의 형상'이라고 치더라도 금일에 오인은 우선 세계의 일 민족으로서의 문화적 순화 향상의 길을 강맹强猛하게 걸어 나아가고 있어야 할 일입니다. 그런 고로 오인은 고루한 구조선에서 출발하여(좋거나 그르거나 출발한지는 벌써 오랜 셈이지만) 세계의 끝까지 돌아 '세계로부터 조선에!'로 재인식의 귀래를 하는 것이오 악착스러운 무위無爲 평범한 금일에서 미래의 신시대에까지 내달았다가 '미래를 지나 금일에!'로 재결심에 의한 재출발의 금일에 귀래하여야 하는 것입니다.

오인 인류는 늘 미래를 바라보면서 금일인 현실에 살아 나아가는 것이니 생성의 유래인 과거의 역사와 행진할 미래인 피안의 목표가 모두 '금일'인 현실에서 일정한 목적의식의 형태로서 일상생활로써 구체 실천되는 것입니다. 그리고 미래의 때문의 일정한 계획적 실천의 단계란 것은 혹 수십 년 혹

10년 5년으로 되는 것임으로 급진 선구로 자임하는 자 만일 목적의 미래에 몰두하여 이 실천의 금일을 경모하는 것은 심상치 아니한 과오인 것입니다. 향토인 자연과 민족 생성의 유래인 역사와는 금일의 실생활인 현실과 아울러 섭동攝動이 퍽은 많은 이 뒤의 시대에서도 상당 존중한 조건으로 남을 것이오 또는 보다 큰 문화집단—거대한 국가의 품속에 장악된 동안에도 당연히 존중되어야 할 문화적 약속이오 또 상호의 이익이오 안전인 것이며 오인으로서도 이것을 의식하고 공작할 것입니다.(2회)

3. 제3차 향학열 선구자들의 관심사

무하 선생 족하

작금 조선인 사회는 대체로 비관 재료가 많을 뿐인데 꼭 한 가지 식자의 착안할 점은 금춘 경향 각 학교 입학 시기에 있어 남녀 각급을 통하여 입학 지원자가 동뜨게 많았던 점입니다. 보통학교에는 지방 벽지 특별한 지역을 빼어놓고 해마다 학령아동이 머리 싸고 덤비는 이른바 수용난에 빠지던 터이지만 금년에는 중등 이상 각 학교에서도 남녀를 아울러 대체로 모집 수에 대한 3~4배 내지 6~7배의 지원자를 보게 된 형편이니 이는 기미己未 직후 팽창하였던 향학열에 견줄 만한 상황으로 주목되는 일입니다. 그 원인은 아마 수종數種 있겠어서 작금 수년 미곡가가 올라 농촌 중소지주 혹은 자칫 유족한 소작농 등의 수입이 일시에 분 관계도 있을 것이오 명년 이후까지 두고 보지 않으면 안 될 바이나 지방 인사와 기타 학부형 등의 의사를 실지로 종합하여보면 실로 유의할 이유가 있는 것이니 나는 그 발생 형태로 보아 제3차 향학열이라고 명제하고 사회 일반의 깊은 관심을 끌려 합니다.

조선에 있어 만근輓近 수 30년 동안 역사적으로 허다한 파란을 겪어온 것은 더 말 말고 구한국 광무 융희의 시대 경향 각지 사립학교의 족출과 아울러 향학열이 날을 따라 앙등하였으니 이것은 당시 오히려 대의명분을 쳐들면서 민중에게 자유로 진취사상을 고취하던 시대이라 민중의 향학열도 자못 와락와락 일어만 나던 형세이었으니 그 기세가 매우 컸습니다. 그러나 경술庚戌의 변국變局은 필연으로 불 꺼지는 듯이 그 절망적인 쇠퇴를 보았던 것이니 민중심리 추이의 과정으로 보아 면치 못할 일입니다.

기미운동이 있은 후 조선의 향학열은 새로이 미증유의 형세이었으니 비상하게 충동된 민중의 기백이 무엇이고 움켜쥐려 하는 생존 의욕의 엉성한 도정에서 자못 망막茫漠한 각성을 하였던 것이오 중도에 경제공황조차 차차 심각하게 되는데 수학修學한 결과 채산상의 소득으로는 오직 불생산적인 상태인 것을 벗을 수가 없었으니 향학열이 두 번째 식어질밖에 없었던 것입니다. 전문학교 입학생률은 간신히 1할 5분만 해서 2~3할을 바라보기 어렵고 전문 졸업의 청년으로도 취직 취업에 뒤채여 어려움이 그야말로 등용문하기보다 쉽지 아니하니 눈뜨고 뻔히 밀리고 천덕군이 되는 꼴을 보는 바인지라 '배우면 무얼 하나? 드린 학비도 찾아먹을 수 없다'는 일종의 생활 파손상으로밖에 아니 되던 것입니다. 이래서 제2차 기미년대의 향학열도 어느덧 스러져가는 혜성의 꼬리 본으로 희미하고 엷어졌던 것입니다. 그런 것이 작금 수년에 와서 향학열은 제3차적으로 되높아진 것입니다.

그 이유인 즉 매우 단순한 것이니 조선인도 살아야겠다는 것이오 배워야 살겠다는 것이오 배운 후에 나으리 영감이 되거나 회사원이나 중역이 되거나 풍성풍성한 월급장이 되겠다는 것은 우선 제2의로 돌려야 하겠다는 것입니다. 지금까지 조선의 문화 향상의 열熱이 여간 느리지 않은 것은 첫째 시국의 대불리가 아무 민중적 의기 및 흥미를 고무하지 않는 것이 하나다. 그러나 만근의 조선인은 시국이 여러 번 격변하고 내외의 견문이 실로 생존 및 생활의 문제를 재각성 또 재인식하게 되는 까닭에 비로소 배워야 살겠다는 진지한 각성을 하게 되는 것입니다. 천하만사는 생활화하는 데서 바야흐로 골수에서 심여나는 진정한 출발이 되는 것이니 이번의 제3차적인 신향학열은 잡이(취티吹打)를 빼고서의 알뜰한 연예와 같이 참으로 외곽적 흰소喧騷는 덜고서의 깐깐한 각성이라고 관조됩니다. 조선의 책임있는 선구자들은 깊이깊이 유의 관심할 바입니다.(3회)

4. 민중화와 생활화, 의무교육과 신학제

무하 선생 족하

'교육의 민중화!'는 우리의 표어이니 '아는 것이 힘! 배워야 산다!'는 조선의 민중문화 건설운동에 있어 한 좋은 구호가 되는 것입니다. 교육의 민중화는 다만 일부 지도층의 최고 전문적인 학사원學士院식의 교화에만 치우침이 아니어서 일반 시민대중인 전 남녀층에 확대 보급하여야 할 것을 말함이니 이는 현대의 상식이라 긴 말이 필요 없고 교육의 생활화는 현대 각 국민의 신교육방침의 추세로서 오인 연래로 주장한 바이오 현 위정 당국도 이 점에 상당 관심하는 양입니다.

일본 내지 작금의 교육은 청년학교 기타 정규의 교육 등을 아울러 공민적 생활화를 고조하는 방침인 것이 역연하고 영미의 교육은 워낙부터 획일화에 의한 주입주의의 교육을 가ㅋ타고 하지 않는 터로 실용적인 자학주의自學主義의 교육인 동시에 그 실과 교육에 주력하는 것은 식자의 아는 바이오 독일은 대중소 각급 교육자에 있어 가장 조직적인 우량한 교육시설로서 되어 그 초등교육은 벌써 1648년에서 학교령을 발표하였고 18세기 중엽과 더욱이 19세기 초두부터 그 국민적 교육에 재흥적 전 정신을 집중하였던 사정은 증曾 술述한 바 있었지만 그들의 공농상工農商 등 실업교육의 비상한 진보는 산업 진흥의 동력을 이루었고 공농상 교육의 효과적 성취는 그 중등교육제에서부터 실과 중학제의 교육을 별행하는 까닭이며 모든 중등교육이 원만하게 성취되는 것은 그 초등교육이 어느 나라보다도 충실하게 시행된 까닭이니 독일의 의무교육은 전기 1648년 이래 1763년을 거쳐 완전한 실시 및 여행勵行으로 세계 문명 각국에서도 그 유례를 못보는 사정입니다. 만일 그 그룬트비히 씨의 국민고등학교 제도가 농예입국農藝立國의 덴마크인[丁抹人]에게 그 신생의 원동력으로 된 것 같은 것은 근자 조선에서 가끔 그 선전을 보는 터이오 신성新成 러시아[露國]의 교육이 학교와 공장이 가장 잘 연락된다는 것도 매우 유의할 점입니다. 교육 본래의 목적인 즉 물론 사람으로 사람스러운 천분天分을 충분히 발휘하여 소속한 사회에서 우량한 공민 되는 데에 있거니와 한편으로는 당연 우수 유위한 생활군—즉 현대 소위 '과학과 기술과 관리의 간능幹能'에 들어맞는 쓸모 있는 인재가 되기에 합당하여야 할 것입니다.

현대의 식자들 중에는 왕왕 도덕적 훈련의 실제 효과를 너무 경시하는 편이 있으니 이것은 일종의 착오임이 틀림없습니다. 교육의 취의가 그 일반적 견지에서는 첫째, 호애적 협동정신의 고취이니 선진 제국諸國에서는 대체로 애국적 정신의 고취로 되는 자이오 둘째, 강고한 의지의 훈련이오 셋째. 정밀한 지려知慮의 도야이라. 이것이 만일 실업교육 또는 직업교육인 경우에는 일정한 부문적 기술의 열련熱練을 요하는 자로 특수한 지려의 도야로 될 바입니다. 어찌했든 이것은 민중 및 후생後生의 교육 훈련의 목표로 될 바이니 이제 잠간 지적해 둠에 그치려니와 현대의 교육은 다만 서적상의 학문이나 서재 속의 이론으로서가 아니오 인생 생활선에서의 실제 적용의 기량을 양성함이 중요한 일 반부半部(반부이다)가 되는 것입니다. 덴마크인의 국민고등학교 교육은 근로역작과 학교에서의 교육이 적당히 서로 연쇄되어 완전한 일상 실천의 유용한 교양으로 되는 터이지만 이것을 다른 방면부터 설명한다면 명국明國의 왕양명王陽明은 서실에 들어오면 붓을 잡아 인생 계도의 직절直截한 학리를 천명하고 붓을 던져 마상馬上에 오르면 장검을 들고 천하 민생의 때문에 병란兵亂을 감정戡定하여 몸소 그 '지행합일'을 실천하던 바이며 이충무공은 한편으로 전시戰事에 진췌盡瘁하면서 한편으로 경농어염耕農漁鹽과 제산무역製産貿易에 사호絲毫의 유루가 없던 터이니 이것은 어느 국민이나 가져 써 그 교육 훈련의 산 모범을 삼을 만한 점입니다. 교육은 민중화하여야 할 것이오 그리고 사회적 실용화하여야 할 것입니다.(4회)

5. 민중화와 생활화(2), 의무교육과 신학제

무릇 열렬한 의도를 품은 선구자라도 민중의 각성을 기다리지 않고서는 단독으로는 어찌 할 수 없는 것이니 작금 수년 조선인의 향학열이 제3차적으로 왕성하여진 것은 우리들의 문화 건설공작의 도정에 있어 매우 반가운 놓쳐서 아니 될 좋은 제회際會이다. 최근 예의 1면1교 계획이 차차로 진보되고 간이 초등학교의 건설로 자못 보통교육의 부족한 바를 비보裨補함이 있어 작년도는 전년도보다 일약 10만 인의 취학아동의 격증이오 금년도는 또 작년도에 비하여 13만여 인의 기록적 격증을 보이는 사정이니 이는 초등학교에만 나타난 현상이라. 향학열의 팽창의 외에 아동 수용력의 증진도 이야기하는 바이지만 전술前述 중등 남녀학교에서의 입학 지원자의 격증은 순전한 향학열의 항진亢進의 증좌로 볼 것이오 조선의 위정자가 이 민중 자동적인 동향에 심심한 주의를 가하여 각급 학교의 증설을 여행하고 드디어는 목하 조선인 여론의 하나인 의무교육 실현에 급속한 대책을 결행할 것이다. 본년 4월 말 조선 내의 공립보통학교 재학 아동은 68만 569인이오 간이초등학교의 수용 아동까지 합산하면 약 76만 인에 달하는 사정이며 이에 사립초등학교 재학자를 가산할 때에는 약 80만 인을 헤는 바이니 이를 학령아동 총수 260만 인대臺에 비하면 의연 약 3할의 수용률에 불과하고 그 외 6할여인 160여 만의 아동은 항상 문맹지옥 속에 떨어져 있는 것인지라. 작금 의무교육제 실시 요구의 소리가 높아지는 필연도 당연한 이유이다.

　의무교육 실시 문제는 이미 이를 비교적 상론한 분이 있었음으로 이에 전연 생략키로 하고 위정 당국은 현행 1면1교 계획 완성 후에 있어서의 초등교육기관 확장 방침을 전의詮議하되 보통학교의 증설과 기설 학교의 학급 증가와 간이학교의 증설 등을 목표로 국고보조비 지방비 등의 부담 및 그 재원을 토구하고 교원 양성계획을 입안하게 되는 터이니 그 내용 여하는 이제 전연 논외로 하거니와 어찌 하였든 거기에서 일보를 나아가 의무교육제 실시의 준비를 착수함이 매우 시의에 적합한 것이다. 그렇거늘 그들은 초등교육기관의 확충을 설說하되 의무교육제를 구두에 올리지 않고 전문학교의 설設이 있으되 조선인 입학생률은 1할 5분대를 표준으로 하는 양 싶으며 도쿄[東京] 오사카[大阪] 등 각종 전문 이상 학교에는 대체로 입학생에 대한 심심한 제한이 없는 터이거늘 조선에 있어서는 그 입학생 수 제한 문제에 관하여 근일 자못 번기^{煩苛}한 절제가 있는 터이니 오인의 혹^惑이 적지 않은 바이다. 그러나 고등(전문) 교육 문제는 이에서 잠깐 두고 초등교육의 확장과 중등교육의 보급이 우선 문제되는 문제이다.

오인은 연래로 조선교육제를 논한 바 있었거니와 목하 문명 각 국민의 의무 교육 연한은 대체 8개년을 기준으로 하는 터이나 조선의 사정은 그를 꼭 추수함을 이상으로 삼지 않는다. 그러나 6년제를 우선 잠정적인 표준으로 삼고 4년제의 특례를 그 보조 시설로 할 것만은 차라리 적당타고 하는 바이나 그로써 그칠 바는 못 된다. 왜? 보교^{普校} 확장 계획에 있어 6년제의 보교는 객관상으로 그 필요를 요하는 각개 면의 아동들이 큰 지장 없이 통학할 수 있는 한도의 지리적 분포를 요하나니 각 지방 남녀 아동으로 상급학교에 취학할 자와 또는 자력^{資力}이 그를 허하는 자는 모두 6년제 보교에 입학케 할 것이오 기타는 4년제 수업으로써 만족할밖에 없으되 반듯이 최저 2년 수업의 간이실업학교에 취학할 수 있는 시설 및 그 편의를 충분 고려하되 6년제 수업자도 그에 수의^{隨意} 입학함이 무애하여야 할 것이오 그 간이실업은 향토 사정을 표준으로 농예 상공 혹 수산 목축 등에까지 충분한 산업적 부문을 나눌 것이며 그 외에도 이를 보습 또는 보충할 적당한 직업학교를 만들 것이다. 왕년에 말하던 바 1군 1실업학교 방침을 조선의 식자들은 아직 잘 기억할 것이다.(5회)

6. 과학·기술·간능(1), 현대 조선의 일 목표

근세 제 국민의 역사는 비록 진보한 선진사회에 있어서도 비상한 시국에 제회한 민중이 혹은 정치 군사적 활동에서 일시 급속한 승리를 얻었으면서도 '과학과 기술과 관리의 간능'에서 유위한 인재들을 결여한 자는 대체로 시일 문제로써 실패하고 마는 운명인 것을 잘 가르쳐주고 있었다. 역사歷史 비상한 제회는 오히려 특별한 예이지만 인민 평일의 생활에 있어 실은 더욱 과학, 기술, 및 관리의 간능을 요하는 것이니 쉽게 말하자면 전문가 기사, 기수와 및 감능한 행정적 사무가 등을 퍽은 많이 요하는 것이다.

조선 근세 6~7세기에 대체는 도학道學 편중과 문장 중심적인 기형의 형태로 되어 인물 선발이 시문詩文 경술經術 등 과거科擧의 제제로써 하였고 그 사이에 비록 수심數三 과학적 기술을 수需한 자 있었으나 수에서 근소하였고 또 사회적으로 천시되는 지위에 있었으니 과학 기술의 쇠퇴는 더욱이 최근 3개 세기 이래의 특징이었고 한말韓末의 치治가 아직 그 혁신을 볼 겨를이 없었으며 경술 이후 조선의 청년은 이미 그에 정진할 객관의 기구가 희박한데 일시에 열중한 정치적 자극과 또는 그 예비지식의 조건에서 대부大部가 법률 정치 및 문학 경제학의 문도 되려는 상태를 순치馴致하였으니 이것은 한편으로 그 사상 계발의 주역을 맡으려는 듯 실은 공소空疎 무위에 그치고 마는 결과로 된 자이다. 근일에야 과학지식 보급의 선전이 일어나는 것은 늦었으나 반가운 일이오 과학 기술 및 관리의 간능은 현대 조선청년은 진행 목표의 일 주요부로 되어야 하겠다. 다만 모처럼의 과학 기술의 신학도로서도 그에 안처정진安處精進할 기회에 균등할 수조차 없으니 이는 조선 현실의 문제되는 문제이다.

조선의 거리를 지나는 자 수십 년의 전부터 수십 년의 후인 오늘까지 '중'을 잡고 치석治石하는 자는 변함이 없는 청의무염靑衣無髥의 중국인임을 볼 것이니 석공을 아니 배우는 우리 세민들은 무슨 홍리치부興利致富의 호好기량을 배웠는가? 신법의 소채蔬菜 재배와 건축 토목의 대공역에 그 숙련노동의 사람들은 청의무염의 서래인西來人이 아니면 '합비'에 '다바'를 실은 동래인東來人들이라. 조선인은 어찌 다만 지게꾼과 달구지꾼 등 인부로만 노역하게 되는가? 그들 인민도 워낙 '생활'을 잘하지 못하는 자들이거니와 현대 조선의 지도자들도 다만 고원거대高遠巨大한 관념적인 방면에 열중하여 그 실천 생활화의 공작에는 너무 등한하였던 까닭이다. 무릇 시국의 불리함이 조선인으로 향상 발전의 평화적 코스를 걸어 나아가기에 곤란한 허다한 사정은 내외의 식자가 한 가지 알 바이다. 그러나 그 곤란을 현실대로 알고 그리고 거기에서 적응과 정진의 신생면을 개척하려는 데에 조선인은 재각성과 진정 재흥의 신여명을 보는 바일 것이다. 천하의 이세는 그 일상 의식의 생활에서 그 평범 실천의 염원이, 앙등하여 정치의 시운과 교향하는 날에 비로소 대지에 뿌리박은 대중의 작업으로 될 것이다. 천하의 식자들은 아마 착급着急함을 요치 않겠지? 그러나 제3차적으로 각성하는 우리의 인민들에 향하여 무관심의 눈을 감아서는 그는 큰 죄과일 것이다.

조선의 초등교육은 그 의무교육의 실시 촉성과 한 가지 그 실과교육에로 주력 전향하여야 할 것은 조선의 식자들이 일치 인식하는 바려니와 그 중등교육에 있어서도 고보 교육기관의 증설 완성과 한 가지 그 농공상 등 실업교육은 또한 아직 확장 충실을 요하는 상태이니 그 지방 분포의 상황에서 보더라도 영동 제 읍 중 강릉군에 일 고보가 없고 강계 혜산 등 서북 변경에는 아직도 만족할 만한 교육기관이 없는 터이며 여자고보에 있어서는 더욱 그러한 자이라. 이러한 현상은 고보 교육기관 확충에도 그 진력의 여지가 있거니와 중견적인 농공상의 기술자의 양성은 현실 조선에서 합치되는 문교계의 사정이다.(6회)

7. 과학 · 기술 · 간능⑵, 공업화 도정과 조선인

조선은 농업국이라고 해서 농업 본위의, 그중에도 단일 농업인 도작稻作 본위의 산미증식 제일주의로 되던 것이 바로 왕년까지의 일이었었다. 현대에 있어 단일 농업의 산미제일주의가 워낙 조선 '도구시'의 비난을 면할 길 없던 바이니 그러한 원시적 경제조건 하에 조선만이 계집繫緝될 수 없을 것은 이세의 당연한 일이었었다. 그러나 최근 일본 내지에서의 약진하는 기술의 발달은 그 정제精製 공업 본위로 전화되어 남음이 있고 그 자본의 잉여는 만근 해외 방지放資를 대량으로 요하려는 형세이며 조선의 잉여노동력과 품삯의 저렴 등은 외타의 정치적 및 지리상의 이유까지 아울러 조제粗製 공업을 주로 삼아 바야흐로 조선에서의 현지 기업열의 팽창을 보게 되고 있다. 여기에 있어 조선인의 소규모의 공장 공업과 및 기다한 수공업은 장차 급'템포'의 그 쇠퇴 몰락을 당하려고 하면서 한편으로 이 조선공업화의 타동적 기세에 애오라지 그 응분의 등장을 하려는 것이 조선인의 당면한 경제적 처지의 일 면상이다.

뿐 아니라 만주국의 성국成國 이래 일만日滿블럭경제의 형성과 한 가지 조선의 농업상의 지위는 또 적지 않은 타동적 변동을 보게 되었으니 만주의 평천광야平川曠野 고옥膏沃한 양토壤土는 그 농업생산지로서의 가치가 조선보나 낮고 이러한 정세의 추이는 최근 수년 미곡 이입 관리 등 불리한 지위에 떨어지던 농업 조선으로서 장차 대량의 농업 이민을 만주에 보내게 되었다. 그는 농업민인 조선인으로 메마른 조선토土의 대신에 토층이 두둑한 만주벌에 가서 많은 농작물을 생산케 하자 하는 시사의 변동을 의미하는 것이오 이러한 사정은 당연 조선 내에서의 산미제일주의의 수정과 다각농법의 채용으로 되는 것이다. 산미제일주의는 원래 수해율受害率이 많고 다각농법은 도리어 합리한 방책인지라 어찌 하였든 오인은 다각농의 조장을 가끼타 하는 바이다. 하물며 백수십 년의 상대上代에 있어 우리의 선구자 중에는 다각농과 공업화의 때문에 이미 그 경세적 정견을 개진하였던 분이 있는 터이다. 농잠農蠶 목축 원예 등 다각농의 실행은 그 본질로서 이미 진보적인 기술을 요하는 사정인데 이외에도 농공 각종의 사정은 더욱더 과학과 기술을 요하게 된다.

조선은 농업국이면서 단일 농업에는 매우 부적한 터이니 산악지대는 거의 전 면적의 8할에 가깝고 사질砂質의 땅이 효척嘵瘠한 편이오 치산치수가 등한하였던 이유로 황폐함이 자못 심하였고 근년 수리는 차차 발달되는 편이나 배수 즉 치수의 미비는 수한재가 아울러 잦은 편이며 기후의 한랭함은 2모작이 어려워 전남 최온난한 지방에서도 연간의 장정 1인 몫의 농업노동 종사 일수는 152일(일본 내지는 298일)밖에 아니 되니 단일농법이 농업민의 빈곤의 인因이 될뿐 아니라 농한기의 장구함은 자연 소위 '나태' 문제의 일어나는 바이라. 이것은 조선이 방금 그 타동적으로 공업화의 도정에 있을 뿐 아니라 그 자주당위적인 견지에서도 공예적 작물 재배와 함께 임산林產 원예 목축 등을 합한 다각농법의 추장推奬과 및 일반적 공업화와 부업적 공업에 의한 농촌노력의 동원과 및 그 생활 탄력의 적축을 요하게 되는 것이니 이는 누구나 현실에 즉한 실생활로서 당연 착안될 점이다.

우右의 사정은 필연으로 각종 농목農牧의 과학 기술과 어로漁撈 수산水產의 학學과 각과 공업의 학과 기술을 요하는 것이오 금후에는 수요와 공급이 함께 그 필요를 느끼게 될 것이다. 그러나 오인은 다만 현실 추수의 타동 필연에서만 부유할 바 아니오 조선의 풍토 국정에 합치되는 각종 농목 어로의 학과 공과 또는 상의 학과 기技를 얻고 또 조선토 조선인으로 경농耕農 공작 취직 취업의 우선권의 때문에 '다투면서 배우는' 현하 과정을 지나야 할 것이다.(7회)

12. 문화협회 소의小義(1), 백만 재단이 있다면은?

조선인은 조선의 재음미로써 신각성과 재출발을 요하고 있다. 도도한 국제 세력의 노도 속에 조선의 향토적 특수사정과 전통적 문화정취와 경향은 혹은 거대치 아니한 존재이라고 할 것이다. 그러나 생활의 엄숙한 이법理法은 자기 자신을 세련된 협동적인 동일 문화집단으로서 전개되는 신시대의 도정에 책응적策應的인 등장자로 됨을 요하고 있다. 그는 교섭 깊은 특수한 일 국민과의 관계에도 그러하고 전 세계 중다衆多한 국민과의 관계도 그러한 것이다. 최근 수세기 이래 혹은 '어처구니' 같은 이양선異樣船이 서와 남의 해항에 드나들고 혹은 노랑 눈 수세부리인 '코자크'의 기병이 두만강을 건너 북새北塞의 변문邊門을 두드릴 때에도 우내宇內의 대세가 각일각刻一刻으로 변동되어 침략의 물너울이 이내는 한양의 궁정을 휩쓸 것도 통찰치 못하고 조선의 아들과 딸들이 잠든 듯 어렴풋 부모들의 품속에 안긴 채 그대로 역사적 대변환의 풍상 많은 벌판에 끌려나오던 것과 같은 침묵! 그러나 청원淸遠한 대비극은 생활군인 우리로서 또다시 되풀이하지 않아야 하겠다.

우리들은 지금까지를, 추급할 수 없는 저질러놓은 과거의 실책으로 회한하면서 현실에서 하고 많은 원치 않는 희생을 치르면서, 교류하는 신성 문화의 흡수의 도정에서 우리가 조선의 생활을 어떻게 건설하여 나아갈까를 사유 검색 및 실천 구현하는 계획적인 걸음을 걸어야 하겠다. 전연 무반성한 기계적 피동의 생애는 금고동서 제 민족의 생활사 상上에 아주 일찍 그 성취의 예를 보여준 바 없었다. 필리핀[比律賓] 7천82의 섬과 섬들의 각색의 사람들로 조합하여 된 인민들조차도 스페인인[西班牙]시의 천주교의 문화로 보육되고 미국의 자유주의적 영향 하에 그 독자적인 생활문화의 체계를 도도한 거랑巨浪의 속에 수립하게 되는 고로 오늘날의 세계는 그 존재를 재인식 및 재고려하게 되는 것이다.

왕년에 브루노 박사가 컬럼비아대학으로부터 파견되어 조선 농촌을 시찰할 새 남선南鮮 순회를 마치고 경성에 돌아와 오인에게 수소愬訴 겸 술회함을 들었다. 남선의 모 도시에서 노농운동하는 모 청년을 만나 금후 30년 간의 조선 농민의 나아갈 방법을 말하였더니 그 청년은 '하! 우리는 3년 동안에 결말을 낼 작정인데 30년이란 다 무엇이오?' 하고 일고할 필요를 여기지 않더라는 것이다. 브루노 박사의 안이 무엇이든지 오인도 채문探問치는 못하였던 바이나, 3년을 끊어서 30년책을 일소一笑하고 만 것은 확실한 조솔粗率이다. 하물며 정치적인 거탈의 훤소를 피하여서 향토를 자연인 근저로 삼은 민중문화 건설의 공작을 진행함 같은 것은 조선의 유심한 식자들이 반드시 관심 실천하여야 할 현하 과정의 시대적 과제의 중요한 하나이다.

이제 일개의 '조선문화건설협회'는 일정한 기금을 두어 사업적 및 기업적 형태로써 조선문화의 연구 음미 및 그 부식 천양闡揚을 임무로 한다고 하고 그 과목은 그 문화의 비판 및 저작 출판과 조선사의 연구 비판 및 그 저작 출판과, 선민 저술의 연구 천명 및 그 간행 반포와 현하 조선의 사회와 문화상의 제종의 동태 즉 그 통계와 인적 제 경향의 검색 비판 등등은 일정한 회관과 사무소와 회원과 간사자로서 앙장鞅掌되어 그 조리 맥락을 세우고 발표 선양을 정기로써 하되 견실한 식자와 청년들은 그 협동자가 되고 조선의 옛과 이제가 그 의거할 바 있게 하여야 할 것이니 이는 워낙 과장현요誇張衒耀를 요치 않고 또 과소 등한할 바 결코 아니다. 만일 백만의 자資 있으면 매우 족한 자이오 수십만의 자로써도 오히려 소시小試할 수 있을 것이다. 조선의 사회는 빈곤하고 조선인은 사업상의 흥미를 가지기 어려운 터이다. 그러나 동방 수천

년의 문화 생활의 과거를 자랑조차 하면서 이에 대한 각성과 열이 아주 없을까? 오인은 반드시 그 '힘'이 있고 또 그 각覺과 열이 있을 것을 믿는다.(12회)

13. 문화협회 소의(2), 조선 식자군에 기함

문화건설협회의 운용이 '사업'적일 것은 두말 없거니와 기업적企業的을 요하는 것도 필수사항이니 그 사무소의 확고한 근저는 아무려면 종사인의 생활 보장과 조사 연구의 사무비용과 혹은 일정한 학자 전문가 등에게 연구 조사의 촉탁비용과 조선사와 기타 특수부문의 연구 천명의 때문과 혹은 또 현상 장려 전람 품평 등 비용과 연구생의 파송 양성과 각종의 간행 출판 등 비용을 요하는 것이니 가두와 회석會席에서 즉감卽感하는 바로만 치더라도 잡박雜駁하여 비예卑穢하고 한취漢臭가 분분한 속요 잡가 따위 민중의 정조 함양상의 헌누더기적 잔재인 자까지도 신문화의 건설 도정에는 모두 그 청산을 요하는 바이다. 만근 십수 년만 말하더라도 많은 형성한 기관이 부지 중에 와해 소멸된 것은 정치적 조건이 큰 지장 된 자도 있고 기타는 자금의 토대가 상술 기업적 방식으로 되지 못하여 다만 미담적인 자진 봉사의 좋고도 싱거운 방법에 의뢰한 까닭에 그 폐원弊源이 박힌 것이다. 그러므로 백만의 재단이 이를 수지收支 영속永續의 계計를 차릴 수 있고 10만의 자貲라도 적이 해볼 수 있다는 것이다.

만근 4~5년 래로 유력한 사녀士女들의 사회사업을 위한 재산 희사는 차차 현저한 신기풍을 이루고 있으니 남북 각지 주로 교육사업 때문에 한손에 40~50만 원 적어도 수삼 만 원의 재산을 제공하여 전문학교로부터 실업학교 중등학교 및 기타 각종에 미치는 것은 세인이 함께 보는 터이다. 이것은 향학열의 앙등과 한 가지 신문화 건설에 대한 인식 및 그 염원이 장유長幼를 아울러 깊고 또 도타워짐을 알 것이오 매우 기뻐할 현상이다. 그리고 이를 추측하여본다면 교육기관에의 희사는 그 공효功效의 영구성과 사업의 안전성과 부담의 단일성에 착안한 바 있음에도 의함일 것이다. 이제 '문화건설협회'라고 명령할 자는 거탈의 정치적 훤소성을 벗은 자인만큼 또 그 집행 방법은 전연 현대 실업적인 규모에 의하여 현실에 즉해서의 안전한 사업기관이어야 할 것인 만큼, 민간 유지한 식자들의 자유로운 기관으로서 일종의 고등학부와 비등할 자이니 유력한 독지의 측에서 회사적 경영으로 흥미있는 바일 것이다. 가까운 예로서 대원연구소大原硏究所(일본)같은 기관은 그 취의의 이동異同은 어찌 되었든 문화상으로 매우 의의 있는 존재인 것이다. 이는 사회각계의 1건의 숙제이라 다시 한 번 제성提醒하여 두는 바이다.

　현대의 조선인은 대오大悟함을 요한다. 번설煩說이 쓸데없으니 지극 간명하다. 물질상으로 본 인생의 운명이란 결국은 북망산北邙山에 구르는 일개의 촉루髑髏 밖에 더 아닌 것이오 사회에의 봉사만이 자기의 영혼 속에 '불멸의 영화靈火'를 켜주는 것이다. 조선의 정치적 기구는 조선인으로 선진국가에서처럼 정치가적 장군적의 영예를 탐내는 것을 허치 않는 것이니 만일 백년의 뒤에 스스로 서서 오늘날의 무위한 현실 조선을 돌아본다면 득의와 실의의 크고 작은 인물이 모조리도 부생일몽浮生一夢이오 진애야마塵埃野馬인 것을 알 것이라. 현하 악착스러운 효효자류囂囂者流는 모름이 일부 선심禪心을 배울 것이다. 오늘날의 조선인은 그 영예와 공업功業이 민중의 성패만으로 합류 병행하는 것이니 이는 도학자적 개념의 말이 아니오 엄숙한 과학적 이법이다. 오늘날의 조선인은 중난重難한 시국에 빠져있으니 거담고식巨膽高識이 정치적으로 이를 회전 타개할 수 있는 확신을 가진 자이거든 마땅히 정신挺身하여 그 신념 실천의 길에 나설 것이다. 만일 그것이 성산成算이 없다 하면 오인은 차라리 그 차선을 가呵타고 하는 자이다. 그러나 현하 조선의 역사적 과정은 그 정치적 득실을 별론으로 하고서도 이 문화적 심화공작이 독자적 필요한 가치성을 가진 것이다. 이 논을 그침에 임하여 천하 유력한 식자들에게 특히 일필一筆을 보태어둔다.(13회)

33

「학계의 빈곤」

오메가, 『동아일보』, 1935.6.13

우리는 일부러 논전論戰을 구사하는 등류等類의 태도를 배격한다. 그러나 어떠한 저서나 논문이 발표되었을 때 그것을 자기가 가지고 있는 견해와 입장에 비춰보아 논명論明할 점이 있을 때에는 학문 연구에 관심하는 이, 모름지기 자기의 소견을 발표하여야 할 것이니 이는 학계의 비판적 전진을 위하여 불가불 있어야 할 일이라고 생각한다. 모든 불여의不如意한 조건에 자구藉口하여 현실적으로 우리의 앞에 산적해있는 학문상의 문제를 시이불견視而不見하는 것 같이 보이는 현금의 조선학계는 너무 무기력하다. 우리는 이것을 학계의 빈곤이라고 명명하려 한다.

우리는 가끔 본다, 스스로 자신을 높게 지持하여 군소 논저를 홀대한다든지 또는 절실히 해답을 요구하는 당면의 문제를 의식적으로 묵살하는 등의 태도를. 그 긍지와 그 초연함에 있어서 그는 고답적 우월을 느끼는지 모른다. 그러나 그것이 학계를 위하여 무슨 비익裨益이 되랴. 황況 계몽적 사명까지 겸유하고 있는 현금의 학문 관여자에 있어서이랴! 우리는 그들의 겸양의 미덕을 이해하지 못하는 바 아니다. 그러나 현재의 조선의 학문 관여자는 보다 더 자신의 역사적 사명에 대한 자각이 있어야 한다. 그들은 그 사명의 수행에 당하여 우선 '아는 동시에 알리자'라는 사회적 관계에 들어가지 않으면 아니 될 것이다.

그러면 그 방법은 무엇이냐? 그것은 변辯하라 그리고 쓰라고 하는 명제다. 물론 저주詛呪할 질곡이 넘실거리고 있기는 하다. 그러나 가능한 한 이용하여야 할 것이며 그리하여 이 학계의 빈곤을 구하지 않으면 아니 된다. 이 학계의 빈곤은 활발한 학문상의 논전에 의하여 배부르기 시작하리니 나오라 진지한 논전! 우리는 그것을 대망待望하여 마지않는다.

34

「신시대의 전망(기 6) 사상 조선사상계의 과제」(상)(중)(하)

전원배, 『동아일보』, 1935.6.15~18

일개一個의 사상事象의 미래를 관측하는 데 그 사상의 과거와 현재의 동향을 더듬어가지고 그 사상의 장래상相을 전망하는 것을 역사적 관측이라고 이르며 이것이야 말로 미래를 추측하는 데 가장 과학적인 방법이라고 사람들은 흔히 관념하고 있는 것 같다. 그러면 이와 같은 논법을 당면한 나의 과제에 적용하면 어떻게 되는가?

조선에 있어서의 사상 발전의 지나온 자취를 살펴가지고 그것이 과거와 현재에 이러이러한 계단을 밟고 있으니 그 미래도 반듯이 그에 따라 이러이러하게 귀착되리라고 단언할 수 있을까? 여기에 대하여 나는 의문을 갖지 않을 수 없다. 왜 그런고 하니 사상의 발전은 결코 자기 발전하는 것이 아니라, 사상은 반듯이 사상 아닌 타자를 매개함으로 의하여만 비로소 전환하고 발전하는 까닭이다. 사상 그 자체에 제대로 발전하는 힘이 있다고 보는 것은 결국에 있어서 진부한 헤겔적 관념변증법의 적용에 지나지 않는 것이다. 물론 과거로부터 현재에까지 이르는 인류 사상의 발전과정을 그것만 따로 떼어서 관찰한다면 과연 한 가지 사상이 몰락하자마자 바로 그 뒤를 이어 다른 한 가지 사상이 그에 교대하고 이와 같은 관계가 부단히 지속되어 온 것 같이 보이며 따라서 사상이란 자기 발전하는 것 같은 외관을 정물하고 있는 것을 볼 수 있을 것이다. 가장 전형적인 예를 들면 철학사哲學史는 철학이념의 자기 발전의 계보와 같은 감을 준다. 그러나 이러한 관찰이 실상은 피상적 관찰에 지나지 않는다는 것을 우리는 곧 알 수 있을 것이다.

널리 인류역사에 시선을 던질 때 우리는 사상계의 일대 변환에는 반듯이 현실적 생활의 전환이 그에 대응하고 있는 사실을 발견한다. 자연주의 사상은 인류의 현실 생활에 자연과학과 이 자연과학의 응용에 의한 기술의 도입이 없이 일어날 수가 없었고 자유주의 사상은 근대 신흥 부르주아지의 출현이 없이 생각할 수 없으며 사회주의 사상은 근대 자본주의 경제조직의 성립과 이 조직에서 필연적으로 분비分泌한 프롤레타리아 계급이 없이는 결코 생각할 수 없는 것이다. 이와 같이 사상은 언제든지 반듯이 현실 생활을 매개로 하여 출현하고 몰락하고 발전하는 것이며 따라서 사상이란 흔히 현실 생활에 뒤떨어지는 것이 원칙이다. 이런 의미에서 미네르바의 올빼미는 해 떨어진 뒤에 날기 시작한다는 헤겔의 비유명제가 진리성을 포함하고 있는 것을 알 수 있다.

그러므로 사상이란 일정한 현실 생활의 지반을 가져야 비로소 사상이란 형태를 가지는 것이요 만일 그렇지 않은 사상이 있다면 그것은 일개의 공상이나 이상에 지나지 않는 것이다. 공상이란 그에 대응할 만한 현실적 지반을 갖지 않은 사상을 이름이요, 이상이란 선진사회의 생활 지반 위에서 성립한 사상이 후진사회의 생활 지반 위에 옮겨질 때 가지는 사상형태다. 전자나 후자나 다 같이 그 사회에 현실적 지반을 갖지 못한 점에서 현실적인 사상으로서 성립할 수 없고 사상으로서도 자체를 실현시킬 수 없는 것이다. 외래사상이 흔히 그 사회에서 발전하지 못하고 마는 이유가 여기 있는 것이다. 국제사회주의 사상이 우리 조선에 수입된 지도 꽤 오래지만 그것이 지금 이 땅에서 아직까지 운명적인 존재가 되지 못하는 이유는 다른 여러 가지 조건에도 있겠지만 무엇보다도 그것이 본래 고도로 발달된 서구 선진사회에서 발생한 사상이오, 결코 조선의 국토에서 자연 발생한 사상형태가 아닌 점에 있는 것이다. 이 사상이 오늘의 조선에서 사상으로서 충실히 전개되려면 먼저 조선의 현분現分 생활이 이 사상에 대응할 만한 정도의 발전을 수행한 뒤에라야 될 것이다.

그만치 현대 조선의 현실과 세계적 사상과의 사이에는 상당한 거리가 놓여 있으며 따라서 조선이 현실로나 사상으로 보아서 세계적 체계 내에 독특한 특수성을 띠고 있는 것이 사실이다. 이와 같은 거리가 있기 때문에 민족주의 사상이 현재 조선에 있어서 가장 유력한 사상형태가 되는 것도 또한 필연한 이세理勢라고 아니 할 수 없다. 또 이런 추세 가운데에는 자고로 외래사상에 의하여 하등의 영향도 받지 아니한 순전한 조선 고유의 사상 또는 이 외래사상의 영향을 받았다 하더라도 그것에 극복되지 아니하고 도리어 그것은 자체 가운데에 섭취하여 가지고 자체를 더욱 풍부히 하고 발전시켜온 조선적인 사상을 역사적 유산 가운데에 더듬어가지고 그것을 계승하여 거기서 재출발하려는 경향도 없지 아니하다. 최근에 대두한 소위 조선학의 발흥 기운의 이면裏面에는 암암리에 이러한 경향이 잠재하고 있는 것을 부정할 수 없을 것이다.(상편)

그러나 이와 같이 오늘날의 조선이 현실적으로나 사상적으로 세계적 체계 내에 독특한 특수성을 가지고 있다 할지라도 그렇다고 조선적 현실에 있어서 세계적 사상의 현실적 지반의 존재를 전연 부정하고 특수사정주의에 입각해야 될 논리적 근거는 안 나오는 것이다. 물론 어느 편으로 보면 조선 민족의 절대 다수가 농업에 종사하며 또 조선농민의 생활이 아직까지 나쁘거나 좋거나 간에 수만년 간 묵어 내려온 조선적 전통에 파묻혀 있어서 외래문화와의 접촉이 극히 미약하고 따라서 오늘날 그들의 사상과 세계적 사상 수준과의 거리가 큰 것은 사실이다. 그러나 시각을 돌려서 다른 편으로 관찰하면 오늘날의 조선농민은 벌써 자작자급의 민족경제를 벗어나서 근대적 화학공업의 생산품인 암모니아가 없이는 농사를 못 짓고 자본주의적 기업에 속하는 고무신을 버릴 수 없으며 인도의 면작棉作 상황, 만주속滿洲粟의 가격 변동에 지대한 관계를 가졌으며 또 중간상인의 손을 거쳐 멀리 미국 석유회사와 거래를 하고 있을 뿐만 아니라 왕골슬리퍼로 구미 상류계급과 주객主客이 되고 최근에는 프랑스 부르주아 계급의 오락수단으로 목탁木鐸의 대량 주문을 받고 있다. 따라서 오사카[大阪] 기미시장期米市場, 런던[倫敦] 금융시장 등등 세계 시장의 일동일정一動一靜은 그들의 일상생활에 여러 가지 희비극을 일으키고 있다. 간단히 말하면 그들은 세계자본주의의 일환에서 생활하고 있다는 것이다. 이와 같이 조선의 현실은 경제생활의 기저로부터 변동을 따라 한편으로는 민족적 운명 공동사회가 해체작용을 일으키고 있으며 동시에 그 반면으로는 세계적 시민사회의 한 구성지肢로서의 기능을 획득하면서 있다.

다시 대내적 방면으로 본다면 일방으로는 외래세력에 대한 민족적 세력의 대립이 있고 타방으로는 외래자본과 민족부르주아지 내지 지주地主에 대한 프롤레타리아 내지 농민의 계급적 대립이 있다. 따라서 조선의 현실이 비록 지리적 역사적, 문화적, 제 조건에 의하여 독특한 특수성을 띠고 있다 할지라도 상술한 바와 같이 대외적 대내적으로 벌써 기본적 제 관계에 있어서 세계적 정세성을 가지고 있는 것이 움직일 수 없는 사실이 되어 있다. 그러함에도 불구하고 사상적 방면으로 볼 때에는 일부 소수의 진보적 노동자

농민 내지 인테리겐챠를 제외하면 대다수의 민중은 아직도 수천년 묵어 내려온 전통적 사상에 졸고 있는 것이 현상이다. 여기에 있어서 우리는 사상이 얼마나 현실에 뒤떨어지는 것인가의 좋은 예를 본다.

사상이란 원래 이와 같이 현실에 뒤떨어지는 것이지만 그러나 일개의 사상이 사상으로서 일정한 현실 사회의 전면에 출현할 때에는 반듯이 어떠한 형식으로든지 그 현실의 진전을 촉성 우또는 억류하는 유력한 요소가 되는 것이다.

그러므로 어떠한 현실 사회가 바야흐로 위대한 전환을 과정하려고 할 때에는 반듯이 그에 따라 일정한 사상적 자각이 촉성되고 이 사상적 자각이 없이 현실적 전환이 수행되지 못한 실례를 우리는 세계역사상에서 얼마든지 들 수 있다. 일본의 메이지유신[明治維新]이 프랑스 류의 정치적 혁신사상, 영국의 경제적 공리사상, 미국의 기독교적 사상의 수입이 없이 성공할 수 없었던 것은 세상이 주지하는 바요, 또 가까운 우리의 과거에 예를 들어보더라도 윌슨의 민족자결사상의 수입이 없이 삼일운동이 과연 그만한 규모로 출현할 수 있었던가 의문이다. 이러한 사상형태들이 저기나 여기에 들어온 이상 그것은 역시 한 개의 박래(舶來)사상에 틀림 없는 것이다. 그러나 아무리 박래사상이라 할지라도 그러한 사상을 수입할 만한 현실적 지반이 여기에 준비되어 있고 이곳의 일반 민중이 이 사상에 의하여 자기의 현실적 과제를 수행한 한(限)에 있어서는 현실적인 사상형태가 되었던 것이다. 이와 같이 사상은 그것이 일정한 현실 형성을 촉진시키는 한에 있어서 한 과제성을 갖는 것이다. 그러므로 어떠한 시대의 사상을 물론하고 언제든지 그 시대의 현실이 규정된 과제성을 갖지 않은 사상이란 없었다. 이 점에서 사상은 비단 현실에 뒤떨어질 뿐만 아니라 또 한 시대를 초월할 수 없는 것을 알 수 있다. 그리고 한 시대에 있어서 지배적인 계급의 사상이 되는 법이다. 다시 말하면 지배계급은 물질적 생활

에 있어서만 지배할 뿐 아니라 사상에 있어서도 지배한다는 것이다.(중편)

이와 같이 보아올 때 현대 조선에 있어서 지배적인 사상이 과연 어떠한 종류의 사상일 것인가는 말하지 아니하여도 짐작할 수 있으리라고 생각한다. 오늘날의 조선 사상계가 비록 표면으로 볼 때에는 무질서한 혼둔混鈍상태에 있는 것 같이 보이지만 우리는 거기서 아래와 같은 세 가지 사상형태를 짚어 내가지고 유형화 할 수 있다고 생각한다.

1) 외래세력 급 이 세력과 결탁한 일부 민족분자의 사상적 표현으로서의 제국주의사상 2) 민족부르주아지 내지 소시민의 이데올로기로서의 민족주의 우又는 민족적 사회주의 사상 3) 최하층의 피지배계급 사상으로서 아직은 객관적 정세의 곤란으로 인하여 미발전의 상태에 있는 사회주의 사상이 즉 이것이다. 그리고 이와 같이 이상 세 가지 사상 유형에는 각각 조선의 특수한 현실적 지반이 대응하고 있을 뿐만 아니라 또한 현대 조선 사상계가 이상 세 가지 현실적 지반의 변동을 따라 움직이고 있는 것을 우리는 본다. 따라서 명일의 조선 사상계의 소장消長도 또한 이곳에서 더듬을 수밖에 없는 것이다. 이와 같이 명일의 사상계의 동향이 금일의 현실계의 상세狀勢에 의하여 규정되는 것이 원칙이다.

그러나 아무리 사상이 현실에 뒤떨어지는 것이라고 하더라도 오늘의 조선 같이 사상이 현실에 심하게 뒤떨어진 사회는 없을 것 같다. 이렇게 말하면 어떤 논자는 말하기를 대다수의 조선인의 생활이 아직까지 원시상태를 벗어나지 못하였음에도 불구하고 사상적으로는 그와 반대로 벌써 세계 대세를 따라 혹은 데모크라시 사상, 혹은 사회주의 사상, 파시즘 등 영접하기에 틈 없으리만치 많은 사상을 수입하여 지금은 오히려 사상 초과상태가 아니냐고 반박할는지 모른다. 그러나 이와 같이 세계 사조의 일부분이 비록 그때그때를 따라 조선에까지 밀려왔었다는 것이 사실이라고 하더라도 그는 다만 일부 인텔리층의 첨예한 두뇌를 살짝 건드리고 지나갔을 뿐이지 일반 대중과는 아무런 접촉도 없었던 것이다.

그러므로 만일에 조선이 사상 초과상태에 있다고 한다면 그는 일부 소수의 인텔리뿐이오 일반 대중은 아직도 사상 결핍, 현실 초과의 상태에 있다. 그러나 현실계의 보다 더한 진전 첨예화를 따라 사상계에 있어서도 이르거나 늦거나 간에 대중적 자각이 필연적으로 양성되고야 말리라. 왜 그런고 하니 사상과 현실이 비록 선행 후행의 관계, 하층 상층의 관계를 갖는다 하더라도 결국은 일정한 밸런스 상태를 요구하게 된다. 다시 말하면 사상과 현실과는 서로 친화력을 갖는 것이니 현실은 사상을 요구하고 사상은 현실을 요구하는 법인 까닭이다. 내가 앞날에 있어서 사상적으로 대중적 일대 자각운동이 있으리라고 단언하는 소이所以도 오늘의 조선 민중의 현실 초과상태에 있는 것이다.

사상이란 다만 현실에 뒤떨어지는 것, 시대에 제약받는 것, 자기 발전력이 없는 것이라고 하더라도 사상이 오직 그러한 것이라면 사상이 사상으로서 출현하고 또 출현해야 될 하등의 이유도 없을 것이다. 비록 현실적 전환이 결국에 있어서 물질적인 힘과 힘과의 균형 관계의 파괴에 기인하는 것이라고 하더라도 사상도 그것이 참으로 대중을 파악할 시時에는 위대한 물질적 세력이 되고 따라서 현실 전환을 조성하고 유력한 요소가 되는 것이니 만일에 한 사상이 이와 같이 대중을 파악함으로 의하여 물질적 세력에 화化하지 않는다면 그 사상은 사상으로서의 자체를 지양할 수 없고 따라서 발전성을 가질 수 없는 것이다. 그러므로 사상투쟁이란 언제든지 현실투쟁의 연장에 지나지 않았던 것이다.

오늘날 외래세력의 사상적 지배에 대한 민족주의 내지 민족사회주의 사상과 사회주의 사상의 대립투쟁에 있어서 민족주의 사상이 은연隱然한 잠세력潛勢力을 가지고 있는 이유는 일반 무산대중의 계급적 사상적 자각의 결핍 속에 있지만 먼저도 말한 바와 같이 혈족적 결합 관계는 물질적 생활 관계의 모순으로 의하여 스스로 공허한 개념으로 화化하면서 있는 것이 사실이오 이 공허한 개념에 일시적 생기를 주는 무엇이 있다면 민족부르주아지 급 소부르주아지 이데올로기로서의 민족주의의 파쇼화에 불과한 것이다. 그러나 모순의 첨예화는 무산대중으로 하여금 드디어 (중략) 사상적 자각을 가지게 할 것이다.(하략) (끝) (하편)

35

「문화 앙진의 신공작, 문화공작의 신제창, 세계적 조합 문화의 섭취, 현하 과정과 당면 과제」

안재홍, 『조선일보』, 1935.7.6

일 민족의 생존 도정途程에서 정치적 약진과 군사적 전개가 넉넉히 획시기적 단계를 만듦이 있다고 하면 그는 전 역사에서 찬연히 광채나는 일부의 생활 호화판이라고 하겠다. 그러나 그들의 진지한 평화적인 문화 앙진의 공작이 그 일상 실천의 생활에서 점층적 진도進度를 가져오고 있다고 하면 그는 명윤明潤한 금주金珠의, 스스로 말이 없이 궤독櫃櫝의 가운데 있음과 같아서 정연靜然한 속에서도 오히려 민중의 생존상의 강인한 탄력을 나타내고 전 역사에서는 존귀한 전야적前夜的 주비과정으로 되는 것이다.

일찍이 19세기식의 인민운동의 지도자이던 마치니가 "약동과 교육은 동시에 행하여야 한다"고 외쳐서 다소의 선구자를 경탄케 한 바 있으나 그러나 각 민족의 각각 서로 다른 독자의 특수한 정체는 그 정책의 영향永恒한 일률적 적용을 기할 수 없다. 민건敏虔 진지한 민중의 생존 노력은 혹 제방을 박차버리고 광야로 몰려 닿는 홍도洪濤도 될 수 있지마는 때로는 둘러싸인 암석의 그늘에서 괴여서 출렁대는 호소湖沼로도 될 수 있는 것이다. 청신靑山 속의 흐르는 시내는 워낙이 무정無情한지라 그 도정을 오직 자연에 맡길 뿐이지만 의식의 동물인 인생인 민중은 그 자연생장의 도정에서 다시 목적의식적인 공작의 과정을 가져야 하는 것이다. 오늘날 우리들의 다닥쳐있는 역사적 도정은 바야흐로 약동과 분방奔放의 계기로는 아니오 차라리 그 함축 홍정泓淨하는 호소적湖沼的인 시기인 것이다. 문화의 앙진 공작은 이러한 객관적인 역사 도정에서 더욱 그 필연 및 당위의 적응성을 인식 및 파악하게 되는 것이다.

문화는 그의 일정한 독자의 민중에 있어 그 시대생활과 구체적으로 적응되는 형태에서 3종의 특수조건이 있으니 (1)은 그 시대에 적응하는 진보실용적인 자임이오, (2)는 그 수량에서 전 민중화를 요함이오, (3)은 일정한 시기까지에는 반드시 향토 특수한 역사적 생성으로서의 지방색을 요하는 자인 것이다. 이제 (1)은 용언冗言할 것 아니오, (2)는 실제에 있어 현실 조선의 각종 기관의 사람들이 저희들로서는 응분한 한도의 관심 및 노력을 하며 있는 자이오, (3)은 매우 등한시 되고 혹은 도리어 저해되는 처지에 있는 자이라. 오인이 세간 일반의 식자識者와 한 가지 재삼再三 이를 제창 및 주장하는 것은 이 3종 조건에 관하여 일층의 관심 및 공작을 하자 함이오, 인因하여는 그 관심 및 공작을 파악 또는 실천하는 사회적 주체로서의 일정한 유기적 조직을 요함인 것이다.

오늘날의 문화가 (1) 사상에서 가장 진보한 현대적임을 요함은 논의할 여지도 없으니 넓히 세계적인 시야에서 그 국제적 호조互助와 협진協進의 정신에서 우애와 인보隣保의 자유와 평등인 신념 및 인식에서 살아야 할 것은 이미 상사화常事化한 그러나 경전적인 대법大法인 자이다. 그리하여 각자의 사람들 모두 선미善美 또 쓸모 있는 인물로서 일정한 사회적 구실을 담당함을 요하나니 이것은 현대의 문화인은 일정한 전문적 지견智見 기술이거나 혹은 일정한 사회적 구실을 담당함을 요하나니 이것은 현대의 문화인은 일정한 전문적 기술이거나 혹은 일정한 직업적 숙련을 가짐을 요하는 이유이다. '과학과 기술과 관리의 간능幹能'은 그 품위 덕성의 함찬涵讚과 한 가지 현대 문화사회에서 필요하는 조건이다. 이것은 한편으로 각종 실업교육기관의 재충실을 요하게 된다. 그러나 (2) 최고한 이상의 정점을 향하여 열강의 돌진을 하는 것이 천재적 전위적인 긴급사라고 하면 상식에 입각한 평범한 일상생활의 제 부면에서 가장 문화적인 실천생활을 지속하는 것은 범부적凡夫的 혹은 중민적衆民的의 경상經常 보편적인 일이다.

천재적인 전위의 일이 사회 발전의 구원久遠한 미래에까지 그 생명을 승진 앙양케 하는 것이라고 하면 범부적 중민적의 상응한 문화수준에 준칙遵則하는 생활은 그 민중적 역량을 '오늘날'에 충실 및 강고케 하는 저력으로 되는 것이다. 천재적 전위부의 개척 창조를 가지지 않은 사회는 정돈停頓 타락으로 사멸로의 추진이 있을 뿐인 것이오. 범부적인 중민의 문화적인 각성의 생활이 그 배면에서 받쳐줌이 없는 사회에서는 오직 고분孤憤한 실패의 선구자가 왕왕 역사적 비극에 울고 읊조림이 있을 뿐인 것이다. 그러므로 문화의 평준화와 및 그 때문에 교육의 민중화가 요구되는 것이오. 이를 관철한 때문에 보통교육의 확대보화擴大普化와 의무교육 실시의 촉진과 여성교육의 신고조와 모성母性 문화 향상의 때문에 가정부인학교의 광설廣設 등등을 열요熱要하게 되는 것이다. 오인은 오늘날 그 문화적 시각에서 조그만 국경적國境的 거푸집을 벽파劈破하고 넓게 세계적 조합문화의 섭취 향유를 요하고 있다. 그러나 그것은 온갖의 자연인 향토와 구체적 생성의 역사 유래를 가진 속상俗尚 취미 등의 특수 경향을 무시하는 비자연적 무모함을 요함은 아니다.

그 객관자동적인 도정에서도 필연으로 조선의 조선인적인 산천의 훈향薰香에 젖은 향토색을 띠운 독자적 생활집단으로서의 일 단위를 구성 및 향유함을 요하는 것이니 이것은 그 정치적 조건에서 그렇고 문화적 인과에서 그러하여야 할 것이오. 오인의 연구조사와 천명과 공작이 이 목표로서 나아가 어떠한 시국에서나 그 최저 또 최후적인 주장의 한계로 될 것이오 목하 불리한 정세하에서의 최선한 생활 및 생존노력의 합리한 형태 및 그 방법으로 될 것이다. 오인은 이것의 파악 및 그 공작의 때문에 유기적有機的 법적法的의 기관을 가짐을 목하인 이 '모멘트'에 요하고 있는 것이다. 무릇 백년의 장책長策을 가짐을 요하되 반드시 백년의 순서는 있을 수 없다. 그러나 백년 장책의 중요한 토막은 오인에게 진지한 문화적 순화 및 심화공작을 요하고 있다. 여기에 일필一筆로써 다시 대방大方의 관심을 재촉한다.

36

「조선사 연구의 방법론적 관견」(상)(하)

김강수, 『조선일보』, 1935.7.10~11

조선사람도 세계 인류의 일원으로서의 사람이다. 따라서 그들의 역사도 세계 인류의 역사와 동일한 보조를 걷는다. 거기는 인류 일반성과 '조선적' 특수성의 두 가지를 발견한다. 그러나 그 어느 것을 특히 과장해서는 안 된다. 조선의 역사도 일면 조선의 자연적 조건과 그 타 환경이 주는 조건에 의하여 정당한 과학적 역사관을 거부하는 역사연구법은 종래 여러 가지의 조류가 있었다.

메이지유신[明治維新] 당시에 독일이 영국에 대한 국민운동으로서 과장되던 특수사관을 그대로 수입하여 성공하는 것을 본 조선 개화운동의 선구들은 그 급템포적 발전의 역사적 필연성을 그 사회경제적 기초에서 구하기를 망각하고 특수사관에 구하였다. 더구나 그 후 정치 관계에서 진전된 개개의 사실史實이 있으되 그 사회구성의 내면적 법칙은 세계사와 일치하는 것이니 세계사에 의한 것 아닌 '조선성朝鮮性'의 고조는 조선을 위하여 앙양된다는 것보다는 조선사 발전의 일원론적인 역사적 법칙에 의존한 것을 거부하는 자이다.

유리遊離되자 의식적 무의식적으로 개화운동의 핵심이 되는 사회경제적 방면의 노력을 포기하고 특수사관의 부식에 힘써왔었다. 이분들은 먼저 단군檀

君으로 민족의 공통된 시조를 삼고 무릇 이 자손의 집단으로 된 조선 민족은 희랍希臘의 '헬렌'과 같은 선민選民으로서 인종학적 우월을 주장하였다. 그들은 삼국시대의 용감한 화랑花郎의 전사戰死에서 조선혼魂을 찾아내려하고 을지문덕 광개토왕 천개소문泉蓋蘇文 이순신 등 역사상 위인의 사적事蹟을 좀 더 신비화시켜서 이로써 현대 조선인의 모범을 삼으라는 것이다. 이 학설의 근거는 환상적인 관념론이기 때문에 관념의 탑기塔基를 잃은 날은 얼마든지 이 학설을 번복할 수가 있다. 당당 수십만 언言의 단군론자도 객관적 정세가 불리하다고 본 때에는 얼마든지 이 설을 역용逆用할 수가 있었던 것이다.

만근輓近 무서운 현실 앞에 그 특수사관론자 또는 이 사관 위에 정치운동 하던 자의 굴복을 보게 되자 조선의 저널리즘이 갑자기 화랑 조의선인皂衣仙人에 관한 논문 또는 5천 년간 조선의 얼에 관한 논문을 게재하는 괴거怪擧를 보았다. 또 그 반면에는 역사적 법칙을 거부하면서 정치적 트릭과 선입견으로 사실史實을 곡해하는 이가 있다. 이는 대개 관료 학자들 사이에 있는 것이다. 단군은 일개의 산신山神이라는 둥 조선 민족은 옛날부터 피정복 호好당쟁 나태한 열등민이라는 둥 자하疵瑕의 발견에 수고스럽게 애를 쓴다. 그들은 인종은 선천적 존재가 아니고 환경에 의하여 변할 뿐 아니라 피정복 호당쟁의 역사도 환경의 산물이라는 것을 상고해 본 적이 없다.

우리는 역사 연구에 관하여 매양 여러 가지 주의를 기울이지 않고 있다.

1) 선사시대의 언어, 관습 종교 유물, 유적에 대한 부단의 주의
2) 유사有史 이후의 기록물의 수집과 비판
3) 조선을 위요圍繞한 내지 세계 각국 민족의 언어 관습 유물 종교 등에 대한 주의 및 그 연구서 류에 대한 주의

4) 방법론의 연마다, 그 방법은 유일한 과학적 방법이다.

그러나 무엇보다도 중대한 것은 방법론이다. 방법이 옳지 못하면 종횡무진하게 문헌을 나열하여도 그는 필의畢竟 아름다운 문자의 나열에 그친다. 사학史學의 유일한 연구법은 과학적인 것이니 그는 마치 조선사가 과학적인 조선사를 요구하는 것과 같다.(상편)

일체의 정당한 인식은 사회과학인 것이다. 그는 결코 인과이론적 개념 형성에 의하여 규정되는 것이 아니다. 아편전쟁이 청국 쇠망의 원인이라든가 오스트리아[墺地利國] 황태자의 암살이 유럽[歐羅巴] 대전大戰의 원인이라는 간단한 논법이 왜 불가하다는 것을 알아야 한다. 아편전쟁과 오墺 태자의 암살은 당대의 사회적 전체성에 있어서 일정 종류의 지체肢體의 성질을 획득한 유의미 근거이다. 그러므로 여기에 중요한 것은 표준적 인격의 유의미한 행동이니 이 행동에 따라 개념 근거에서 생기하는 것이 당해當該 사회적 전체성에서 지체적인 성질을 획득한다는 것뿐이다. 어느 임금이 어디에 가서 주필駐蹕했다든지 어느 영웅이 '라부례레'를 잘 썼다든지 이런 것은 사가史家의 대상 외에 있게 된다. 전체에 대하여 지체적 의미도 갖지 못하기 때문이다. 그래서 일체 사회과학의 방법은 부분 대 전체의 지체적 관계의 규정에 있게 된다.

이를 다시 말하면 사회과학 전용의 방법은 전체 대 부분의 관계에 의하여 규정되나니 따라서 다음 제 점點에 통일을 볼 수가 있다. 오트마르 슈판Othmar Spann 씨는 다음 세 점에 요약하여 말하되

1) 그 토구討究 영역의 전체성을 인식하고 이를 그 본질성에서 규정하고 또 그 타 전체성에서 구획할 것

2) 지체성의 성질을 규정할 것, 그 전체에 그것이 고차의 전체사회적 총합, 전체의 지체인 한限 속한 것이다.

3) 일정한 지체를 가진 소여所與의 지체의 중 전체 혹은 아亞전체에의 지체성을 그때그때의 특질에서 규정하고 또 이러한 지체적 연결의 법칙성을 규정하지 않으면 안 된다. 그리하여 일체의 최고 과제는 그 대상의 전체성과 이러한 전체성의 사회적 총합 전체에의 지체성의 특질과를 인식하여야 하니까 일체의 사회적 개별 과학은 방법적 필연성에 의하야 그 구극究極의 본질 규정을 일반 사회학에 구하지 않으면 안 되리라 한다.

이것이 필자의 사학에 관한 축일逐日의 소회所懷다. 지급히 조잡한 글로 이 말을 초草한다.(하편)

37

「(사설) 서세 백년의 다산선생 '백세가사'의 광부와 열성」

『조선일보』, 1935.7.16

오늘은 7월 16일이자 또 구력舊曆 16일로서 우리들 식자識者로 하여금 뜻깊은 추억을 일으키는 날이니, 그는 즉 조선 근세 희유稀有한 대학자로 우리 학술사상에 있어 태양 같이 빛나는 위대한 존재인 다산 정약용 선생의 강진降辰인 것이다. 선생의 출생은 이미 영종英宗 38년 임오세壬午歲에 있어서 금년에까지 174년을 헤는 터이나 그 졸卒하실 때가 순종純宗 2년 병신丙申 2월로서 금년은 그 서거 100년에 해당하니 서세 100년의 기념을 그 강진에서 하는 것은 언뜻 보아 모순됨 같으나 수數에서 100년을 기념하고 날에서는 그 출생을 추억함도 어즈버 가치 없는 자 아니다. 선생이 그 일생에서 정치의 쇄신과 사회의 개조로써 국가민생을 합리하게 광부匡扶하려 하였으되 시류속악時流俗惡의 벅차는 저해에서 그 관철이 당세에서 절망인 것을 예찰預察하자 혹 '백세오가사百世吾可俟'를 술회하고 또 '이사백세후以俟百世後'를 읊조리어 써 천하 후세에 그 지우知遇를 격세隔世하여 얻으려고 한 바에 돌아보면 오늘날의 조선의 정황에 비추어 그 100년의 기념이 다시금 읍울悒鬱한 정감을 품게 하는 것이다.

2. 선생은 원래 일개의 학도로서 시종할 인물이 아니었고 그 자신으로도 구방舊邦을 신新하고 써 '택국이민澤國利民'하는 역사적 대사업을 그 정법政法의

수단으로써 실천하려 하였던 것이오 정조正祖께서의 권주眷注가 융성하였던 데 보아서 최초부터 감기轗軻하였음도 아니다. 그가 혹 관각館閣 정원政院에도 섰었고 혹 치민治民의 부府에 임한 적도 있었으며 혹은 병조 형조에 대부大夫로서 벼슬하여 짧게나마 민정 재정 형정의 위적偉績도 보였었고 혹은 축성築城 건함建艦 등에 그 신기의 일단은 나타냄도 있었으며 문치가로서 탁월할 뿐 아니라 통병작전統兵作戰하는 장재장략將材將略으로도 인주人主의 신임을 입게 되었으면서도 어느덧 외외聵聵하게 취송聚訟하는 도배徒輩에게 참무讒誣되어 정조께서 문득 안가晏駕하시는 날에 드디어 그 운명의 형옥刑獄은 일어났고 처초일울凄楚一鬱 18년의 유배의 생애에 시달리면서도 '부과負果'한 축신逐臣의 몸이 그래도 차마 못 잊는 민생 해구解救의 염원을 그 호대浩大한 저술에 머물러 둔 것이다.

그 저술의 내용을 일고하건대 천문 지리 역사 정치 경제 법제 농정 토목 교통 기기 박물 고징考徵 철학 의학 시문 등 무릇 15부문이 그 명백한 자이오 그 설說한 바 다만 추상 일편의 희망론이 아니어서 조례條例 진열하고 반복 단안斷案함이 과학적 엄정과 귀납적 실현성으로 된 바이니 이는 선생의 학과 및 그 포부가 특히 찬연하게 빛나는 소이所以인 것이오 오늘날 다방의 사녀士女가 함께 그 서세 100년을 기념하는 이유이다.

3. 오늘날의 조선은 그 문화적 보편화와 및 그 심화를 요하고 있다. 그리고 그 문화의 건설공작은 현대 현지의 국제적 현실과 조선인 향토 유래의 역사적 생성의 전통에서 응분한 윤색 조화로써 신성新成한 특수문화를 목표 삼아 나아감을 요하고 있다. 이러한 의미에서 선생과 같이 조선의 향토와 전통과 역사와 문화에 입각하고 취재取材하며 겸하여 내외 수국數國의 경험과 기록으로 이를 원증援證 방통旁通하고 종합 융회融會한 지대한 학學의 부고府庫는 현대의 학자 신인新人으로서도 허다한 계옥啓沃과 시사示唆를 그에서 수需하여야 하게

된 것이다. 만일 그 '백세가사'를 대망하던 선생 당년의 대원大願을 생각할 때
에는 천하 후생으로서의 약동하는 의기를 더욱 스스로 멈추지 못 할 바이라.
대방의 제씨 그 오인과 그 정감 견해를 같이하는 자 반듯이 그 적지 않을 것
을 믿는다.

일본사상 하야시 시헤이林子平라는 자 있어 이미 그 간세이[寬政]년간에서
『해국병담海国兵談』과 『삼국통람三国通覽』을 짓고 멀리 유럽[歐洲]의 국정을 이야
기하여 쇄국몽鎖國夢 중의 도쿠가와[德川] 막부로 그를 금고추방한 자 있으니 둘
이 서로 비슷하나 선생에서 더 위대하였고 그러나 그 후래의 일은 선생에게
서 더욱 처창凄愴의 정情을 꺾을 수 없게 하는 역사의 진전進展이다. 이를 대조
논평하매 또 천하 무한의 회포가 없을 수 없다. 이때에 있어 선생을 기념함이
행여나 헛된 데 돌아가지 않아 반듯이 사회문화상의 의미 있는 수확을 우리
에게 가져오기를 절축切祝한다. 듣건대 선생 전서全書가 바야흐로 간신출세艱辛
出世하는 도정에 있다하니 이도 유심인有心人과 함께 그 건전한 성취를 열망할
바이다.

「고전 전승의 방법」(상)(하)

오메가, 『동아일보』, 1935.7.26~27

다산 서세 100년제를 기회하여 이 땅에는 고전적(고대적이 아니다) 조선의 면모를 알아보려고 하는 기운이 양성되어 있음을 본다. 그러나 이 양성되며 있는 기운에 대한 현단계적 내지 역사과학적 비평은 아직 아무 곳에서도 발견할 수가 없다. 본지가 다산 특집을 낸 것도 만근輓近 활발해가는 고전적 조선의 연구에 대한 한 개의 소개 급 이 소개를 통하여 조선의 역사적 일 단면에 대한 이해를 가지게 하기 위함이었다. 그것은 다산 하면 다산을 그 역사적 성격과 위치를 엄밀하게 비평하고 규정하려고 함이 아니었다. 그것은 한 개의 역사적 관심의 환기와 동시에 한 개의 문제의 제출이었던 것이다.

그러면 그 문제라는 것은 무엇이냐. 그것은 일언이폐지하면 고전 전승의 방법은 여하하여야 하느냐 하는 무언無言의 제시이다. 총명한 독자는 그것으로 간취하였으리라. 그와 같이 우리의 의도는 결코 단순한 것이 아니었다. 우리는 여사한 큰 문제를 다산이라고 하는 역사적 인물을 통하여 그를 계기로 하여 제출한 것이었다.

그러면 이 제출된 문제는 (1) 누가 (2) 어떻게 해결하는 것이냐? 고전적 조선의 연구에 있어서의 제 문제(아포리아로서의)는 전부 이 점에 귀속된다.

금후 조선의 역사적 제 시대를 연구하고 그 연구함에 의하여 (3) 무엇을 현대에 이바지하고자 할진대 본지가 다산 100년제를 계기로 하여 제출한 문제를 중심으로 하여 양성되고 있는 현재의 고전에 대한 관심에 세심細心의 주의를 불불拂하지 않으면 아니 될 것이다.(상편)

이와 같은 고전 전승의 방법의 문제에 있어서의 이 세 개의 측면은 우리가 그것을 어떻게 취급하느냐에 따라서 이 문제의 파악을 좌우한다. 그것은 일응一應 개별적으로 분리시켜서 음미할 수도 있다. 그러나 이 세 가지는 그중의 한 가지라도 제외하고 논할 수는 없는 것이다. 이론적으로 분리될 수 있으면서도 필연적으로 종합되어 논명됨을 요하는 문제이다.

조선의 고전 급 사료를 발현發顯 섭렵하는 소위 사료사학史料史學은 현재의 우리에게는 퍽 필요하다. 그것은 누가 하든지 좋다. 그러나 이 사료사학에 의하여 어떻게 고전을 전승하겠느냐 하는 문제는 누구나가 할 수 있는 것이 아니다. 그것은 전통주의, 복고주의, 선양宣揚주의 등의 일련의 역사성을 무시하는 정책적 방법에 의한 것이 아니라 엄정한 역사과학적 방법에 의한 것이라야 한다. 이것만이 오인이 조선의 역사적 과거를 연구하고 해석하는 데에 의거할 유일의 방법인 것이다. 이 방법에 의한 그 누구만이 제일 잘 조선의 과거 급 그 과거의 유물을 해석할 수가 있는 것이다.

그러면 그 누구는 어떠한 정도로 역사적 과거를 제일 잘 해석하는 것이냐 하는 것이 문제다. 그것이 즉 상기上記한 제3의 측면으로서의 무엇의 문제에 관련하여 오는 것이다. 우리들 젊은 세대의 학도는 문헌학, 연대학年代學, 고증학 등에 정통하는 것 그것만을 일의一義적으로 역사 연구의 목표로 삼지 않는다. 그보다도 더 조선의 역사적 제 시대 급 그 시대의 유물 혹은 작품이 여하히 당해 시대의 성격을 가지고 있으며 또 세계문명, 세계역사, 문학 등과 관

런하고 있느냐를 알고자 하며 그것을 알 자에 의하여 장래에의 전망 급 그 실천의 구체적 계획을 안출案出하려고 하는 자이다. 이 점에서 우리는 우리의 고전 전승의 방법의 구체적 방책을 발견하는 것이다.

우리의 고전 전승의 방법은 이와 같은 것이라야만 한다는 것을 재확언한다. 우리는 현금의 역사적 사회적 세계사적 전환의 시대에 처하여 세밀한 동시에 광대한 역사과학적 방법에 의한 고전의 음미와 현대를 위한 섭취를 당면한 문제로 하고 싶은 것이다.(하편)

「(사설) 조선연구기관을 만들자」

『조선중앙일보』, 1935.9.27

1. 근래 조선에서 발견되는 특이한 현상 중의 하나는 일반의 조선에 대한 관심이 현저히 증대한 것이라 할 수 있다. 물론 그 원인을 상세히 구명한다면 관심을 가진 동기와 목적은 각층 각 사회군이 그 의거하는 바 생활 이해에 따라 다르다 할지나 여하간 조선에 대한 관심이라는 점에서 공통되는 것으로서 오인의 기대는 자못 크다. 사실에 있어서 한 20년 전 아니 10년 전만 해도 조선이 세계적으로 전혀 알려지지 못하였을 뿐 아니라 조선사람 자신이 조선의 가진 바 정치적 경제적 지위를 자비自卑하고 폄하하는 형편이었다 하여도 과언이 아닐 만큼 자기에게 관심하는 바가 너무나 없었으니 지도자층들까지 막연한 추상적 문구나 혹은 감상적感傷的 표현으로써 민중에게 대하였으며 또 그것 이외에 하등의 구체적인 지식과 정확한 개념이 없었던 것이다.

2. 그러나 최근 수년래로 조선연구열은 발흥하기 시작하였다. 조선의 자연적 또 사회적 연구가 학도들의 연구대상이 되었고 조선의 정치적 경제적 중요성에 대한 일반의 인식도 점차 정당한 방향으로 전진하여 가고 있다. 지금까지 미지의 암운 속에 파묻혔던 조선에도 날카로운 해부의 메스가 종횡으로 사용되지 않으면 안 될 것은 당연하다. 우리의 가진 바 자연적 자원은 어떠한

가. 오늘을 결과한 역사의 과정은 어떠하였던가. 그 과정의 추진력은 무엇인가. 오늘날 우리의 상업과 공업 농업의 현상은 어느 단계에 놓여 있으며 그 장래는 어떠할 것인가, 엄정한 객관적 탐구가 있어야 할 것이다. 이것이 없이 일 민족 일 사회가 전진한다는 것은 마치 나침반 없이 원양항로를 나선 것과 다름없으니 지금 우리는 조선 자신에 대하여 역사적인 또 과학적인 열렬한 탐구가 절대로 긴요함을 깨달아야 할 때에 이른 것이며 현재의 모든 정세는 우리에게 이것을 강요하여 마지않는다. 우리의 학도들은 정치 법률 문학 철학 역사 지리 자연과학 등의 어느 부문에서임을 물론하고 조선 자신을 세계사적 입장에서 해부 검토해야 할 것이다.

3. 그러나 다시 생각하면 우리의 관심도 단순한 구호나 헛 공론에 지나지 않는가. 어느 곳에 조선을 연구하는 기관 하나 있으며 조선에 관한 단편斷片 약간의 자료라도 모아놓은 데가 있느냐, 그 방면 학도의 모임이 있는가. 일반의 조선에 대한 관심이 만일 진지한 바 있으면 이러할 수 있을까. 근래 경향을 통하여 교육기관에 희사와 원조를 아끼지 않는 희喜 현상을 도처에서 발견한다. 물론 교육기관의 충실, 증설이 우리의 각하刻下의 급무이다. 그러나 조선 연구의 권위 있는 시설도 그에 못지않게 아니 오히려 일층 더 긴절緊切한 문제이니 우리는 이 방면에 대하여 이해와 원조를 아끼지 않는 유지의 족출簇出하기를 요망하야 마지않는 바이다.

40

「천대되는 조선」(1)~(4)

안재홍, 『조선일보』, 1935.10.2~6

1. 조선인의 자기 폄하

옛적에 계빈삼장罽賓三藏인가 하는 이가 아란약법阿蘭若法을 행할 새 어느 절 [寺]에 이르르니 절에서 대회를 베푸는데, 문지기가 삼장의 옷주제가 오죽지 못한 것을 보고 문을 막고 안 들였다. 몇 번이나 들어가 보려다가 토심吐心스 러운 괄대를 받고 삼장은 하릴 없이 물러와서 낡은 옷을 벗어버리고 좋은 옷을 빌려 입은 후에 밭은 기침을 한 번 하며 떡 버티고 들어섰다. 문지기는 고개 한 번 굽신하고 어서 들어갑시라고 위해 주는 것이었다. 같은 삼장이 지마는 옷주제가 꼴이 사나웠던 탓에 무수한 괄시를 받았고 옷이 좋았던 그 늘로 대번에 쳐다보며 들여 모시었던 것이다. 계빈삼장이 들어가 앉은 즉 갖은 진수珍羞가 다 나온다. 삼장도 비위가 좀 틀렸던지 갖은 음식을 가져다 가 먼저 그 옷에 공양하였다. 남들이 묻기를 '그게 웬일이오?' 대답하되 '내 여러 번 오되 도무지 안 들이더니 이제 옷 좋은 덕에 이 자리에 왔고 또 갖은 음식을 다 받게 되니 어째 이 옷을 안 위하겠소'.

옷이 추레해서 푸대접을 받고 옷이 훌륭하매 어깨가 으쓱토록 우대를 받는 것은 금고동서今古東西 인세人世의 상사常事라 이러니저러니 뇌까리고 있으면 그는 아마 망녕의 벗님네다. 그러나 옷의 미관이 나쁜 것이 아니오 옷이 소속한 주인의 품등品等이 낮은 까닭으로 세상에도 드문 천대를 받는 것은 결국 열약자劣弱者의 치욕이오 승리자의 병적인 우월감을 말함이라, 그는 천하의 한사恨事가 아니면 아닐 것이다. 이를테면 바로 몇 해 전까지도 상하이[上海]의 만국공원에는 온갖 사람이 자유로 드나들되 '개하고 지나인支那人 하고는 못 들어온다'는 폭만무례暴慢無禮한 규칙이 있어 양복이나 입으면 중국인도 들어가되 청복靑服을 입고서는 얼씬을 못했던 것이다.

청복의 지체가 그렇거니와 그러면 바지저고리나 치마와 두루마기가 이 세상에 얼마나 푸대접을 받는가? 여기에 두 말이 없다. 나는 전차를 흔히 탄다. 양복에 넥타이라도 반듯이 매고 앉아있으면 차장이 가위를 들고 '어디를 가시옵니까?'(주註 왈曰 '도쩌라데 고자이마쓰까?') 언제는 물색物色이 아니 나는 두루마기를 입고 여전히 점잖은 체하고 안심코 앉았더니 차장이 와서 '어데요?' 이는 개인의 당하는 천대가 아닌지라 냅다 일어서며 '괴한 놈!' 하고 주먹으로 볼치를 우리기로 하였었다. 단 이것은 내 아직껏 실천치 못하였으니 반생半生 동안 아니해보던 전례를 급히 깨칠 수도 없고 분노가 변하여 한 번의 서글픈 고소苦笑로 되고 마는 것이었었다.

만일 그 외인外人에게 당하는 이따위의 천시는 이미 헤일 수 없거니와 최종으로 조선인의 조선 천시는 참으로 언어도단이다. 낭일曩日 황금정黃金町의 모소某所에서 조선인 거지가 말끝에 '이까짓 조선동네에 와서' 운운하는 것을 목격하였다. 조선이 천대 받는 심한 실례實例의 하나이다.

항간巷間 시정市井의 일은 이미 또 할 수 없고 식자識者와 선구자로 남달리 궁지하는 일부의 사람들도 여간이 아닌 조선 천시이니 단군 세종대왕으로부터 이순신 정다산 혹은 연개소문 같은 분들까지가 요새 한참 그 냉조소매冷嘲笑罵의 관혁貫革으로 되고 혹은 농문弄文하는 걸음에 그분들은 한 번 빈정대는 대상처럼 되는 것이 현하 조선의 한 편의 풍조이다. 그러나 이는 현하 조선 역사적 단계에 입각하여 엄숙히 검토하여 보더라도 오인은 드디어 그 이론적 의의를 찾아볼 수 없다. '이순신의 백골을 땅속에서 들추어내어 혀끝으로 핥는 사람, 단군을 백두산 밀림 속에서 찾아내어 사당祠堂간에 모시는 사람, 정다산을 하수구 속에서 찬양하는 사람…' 이런 것은 한 번 웃음에도 차지 않는 듯이 마구 깎는 것이 그들 일부의 태도이다. 이는 반복 음미하고 재삼 구명하기까지도 갈 것 없이 단연 그 천박한 비구체非具體 현실적 태도임을 지적하지 아니 할 수 없다.(1회)

2. 문화 옹호와 여시아관如是我觀

그 격으로 보아 단군과 동렬同列에 설 사상史上의 존재자가 한두 분 만이 아니오 이순신과 동렬에 선 현하 교재敎材 상의 인물도 하나 둘이 아니겠고 또 정다산과 그 위치가 서로 비슷한 인물들의 내력을 현대 조선의 후진들이 퍽은 많이 배우고 듣고 또 전송傳誦하게 되는 터인데 이제 전술前述 수심數三 분에 대한 그 찬양이 다른 그네들처럼 당당 교단敎壇 상이 못 되고 '하수구 속에서'라는 조매라도 받을밖에 없는 것은 조선의 현하 현실에 비추어 혹은 무괴無怪할 듯도 하나 그러나 이것이 선구자로 자임하는 사람들에 의하여 그리되는 것만은 드디어 수긍할 수 없는 그들의 태도이다. 이는 심상범연한 현상이 아니어서 조선의 식자 및 선구자가 그 인식을 똑바로 함을 요하는 문제.

동네집의 사치하는 일 부호가 있어 고량에 젖고 어육에 배불러서 기름살이 찌고 체증이 들렸거늘 양의良醫가 있어, 보고, 석고石膏 활석滑石으로 그 비만을 해소케 하고 대황大黃 망초芒硝로써 그 설기泄氣를 쏟아 내리며 그에게 청심과욕淸心寡慾을 당부하고 소식래갱蔬食萊羹을 권하였더니 다른 똑똑한 자 있어, 기아에 시달리고 빈혈에 헐떡이는 자가의 주인에게 부지런히 석고 활석을 쓰고 대황 망초를 먹여 얇은 창자를 훑어내고 깔딱거리는 명맥을 조릴 때에 그 살인적인 돌팔이의 수단이 구안자具眼者로 보기에 매우 딱하거든, 하물며 스스로 찬양하여 자기만이 구세의 양의로써 자부한다면 아는 자는 그 추趨하지 못할 것을 안타까워 할 뿐인 것이다.

이것이 학구적 순수한 비판이라고나 하면 오히려 삼분三分 음미의 여지라도 둘 법하나 오직 다만 일편一片 냉조소매의 거리로 여기는 것은 어찌 현대의 군자들이 너무 생각지 안함인가? 나는 더욱 혹惑하지 아니할 수 없다.

앙드레 지드는 말하였다. '나는 근저서부터 프랑스[佛蘭西]인이오 동시에 근저서부터 국제주의자이라고 주장한다'고. 그리고 '내가 제일로 지적하고 싶은 불명료한 일은 국가주의자가 국제주의라는 개념을 조국에 대한 혐오 부동의 무관심인 줄로 다루[取扱]려고 하는 것'이라고 해서 그렇지 않은 것을 표시키에 노력하였다. '각 인은 자기의 최대한 특성을 보전하는 일에 의해서만 가장 잘 사회에 봉사할 수가 있는 것이라'고 강조한 것이다. 그는 국가주의적 견지에 의하여서도 이 단언이 있었던 것이다.

어떠한 신사회에서일지라도 '각 인은 사회의 소단위는 자유로 전개할 수 있는 것'을 승인하는 바이오 아무리 국제주의를 제일의第一義 같이 준봉遵奉하는 특정한 사회에서일지라도 각 민족이나 혹은 각 소국가의 특성이 용인되어 즉 그들 각자의 언어 풍속 습관 문화의 특수성은 존중되는 것이 현하 세계의 엄중한 현실이다. 오인은 조선인 독자로서 최저한의 정치 생활의 계선을 이 점에 두고 현실 조선의 정법政法에서도 우선 그의 향유 보유에 열중하고 혹은 또 그 확대를 요하려 하는 것이다. 이것은 상도常道로 또 천하의 대경大經인 것이다.

무릇 천하의 대사大事란 자는 그렇게 손쉽게 가붓이 다루어 치워버리는 류의 소루疏漏한 것이 아니다. 혹은 그 주관에서 가장 신진 급진 초진超進의 선구자로 자임하고 겸하여 허름치 않은 긍지까지 가졌던 일에 그 객관의 냉혹한 결과에서는 도리어 생각지도 아니한 엉뚱한 무엇을 낳아 옥동자로만 여겼던 자기의 태문胎門에서 나온 그것이 자기의 기업基業이라도 계승할 선미한 이목의 소유자인 대신 혀끝을 날름대는 놀라운 뱀일 경우가 전혀 없다고만 장담할 수 없는 것이 역사 행진의 도정에서 왕왕히 목격 체험할 수 있는 일이다.

현대의 군자들은 총명한지라, 만일 혹 삼사三思하면 반드시 그 천려일실千慮一失을 교정 양기할 수 있을 줄 믿는다. 오인은 저들 문화 옹호를 고조한 원방遠方의 제 인자仁者의 담론에 배우건대 그 현실의 정세가 다른 바 많은 우리에게 오히려 깊은 얻음이 있다고 믿는 바이다.(2회)

3. 동서 제가諸家 성충일원론誠忠一元論

푸시킨은 그 역사적 지위에서 근세 러시아 문학의 아비로 된 자이다. 그는 현하 스탈린 등에 의하여 영도되는 소비에트 러시아의 정법의 밑에 그 100년 기忌를 성대하게 기념할 준비 중에 있다. 그는 서세 100년을 격隔하여 있는 19세기 초두의 인물이었나니 시대의 산아產兒인 점이 다른 많은 선구자와 다를 것이 없이 일찍 시대를 껑충 뛰어넘어 20세기의 블라디미르 일리치 등이라도 할 소리를 지레 하고 가는 신기적 존재자는 아니었었다. 그는 시가詩歌의 가치를 가장 고상하게 생각하는 순예술파의 시인이라고 한다. 그는 당시의 사회 민의의 충실한 표백자表白者로서 사회적 의미로서의 자유를 억세게 요구하였었다.

그러나 이 푸시킨이 푸시킨으로서 러시아 문학사에 광채나는 것은 그가 러시아 국민문학을 창시하고 또 확립시킨 개척자로서의 역사적 공로에 의함이오 그리된 동기는 프랑스의 18세기 민권운동에서 배양된 바이며 그것이 또 민중적으로 충격되고 침투 성장하게 되던 역사적 기연機緣은 전혀 1812년으로서 러시아 정복의 길에 달려들었던 대 나폴레옹의 철화鐵火 속에 러 국민으로서의 애국심의 고무에 주력함을 요함에 진[負] 바 많은 것이다.

이와 같이 푸시킨이 국민문학의 기초를 세운 역사적 작업은 몇 고팽이의 추이와 굴요屈撓를 지나고 다시 대일번大一番의 번복을 겪은 러시아의 오늘날이지만 그의 공로와 여열餘烈은 현대의 소비에트의 사람들로도 그 거대한 100년제를 준비하게 되는 것이다.

무릇 인인지사仁人志士의 뜨거운 혈성血性이 불합리를 미워하는 날카로운 양심으로 뛰고 중생을 도제度濟라도 하려는 경건 진지한 광구匡救의 염원에서 불타고 강압을 물리치려는 벋서는 기백에서 그 생명이 풀풀하게 움직이는 바에, 기機를 좇고 경境에 응하여 제각각 딴 형태로서 역사상에 나타나는 것이다.

이것이 천 수백년 전에 있어서는 한족漢族의 침략에서 자아自我네의 대중을 방호防護하는 을지문덕으로도 되고 거란契丹의 철기鐵騎를 파쇄하는 강감찬으로도 되고 혹은 일 왕조의 때문에 그 조수操守에 순殉하는 정몽주의 피로도 호를 수 있고 용서치 못할 야심의 찬탈자의 앞에 최종까지 혈쟁血爭하던 성삼문 유응부 등의 대절大節로도 나타나고 혹은 해상천리 몰아오는 몽동艨艟을 지쳐내어 수국추광水國秋光 잔월궁도殘月弓刀에서 천재千載에 그 유향遺響이 울려 지나가는 수군통제水軍統制로도 될 수 있으며 만일은 유반계柳磻溪 이성호李星湖 홍담헌洪湛軒 박연암朴燕岩 정농포鄭農圃 신여암申旅菴 정다산 등등의 문무 대소 정경병농政經兵農의 경국택민經國澤民과 사회개조의 경륜 규획規劃으로 되어 광정과 해방의 일서一序로 각 시대에 생동할 수 있는 것이니 무릇 그 감感한 바가 숭고한 데 있고 그 염원이 민생의 때문에 일[興]고 그 분발 작위作爲가 일신의 사私를 제물로서 바친 바 있는 곳에 금고今古가 막힐 것이 없고 갑을甲乙이 기이岐異할 바 아닌 것이다.

20세기 서양의 최대 선구자라고 하는 특정한 모갑某甲으로 현종顯宗시대 고려조에 있었던들 강감찬과 일류안一流人이 되었을 것이오 좀 늦게 남해南海 위에 두었더라도 또 동일한 취의趣意의 어느 인물로 되었을 것이며 상술上述 제씨지諸氏者로 20세기 독특한 모갑의 나라에 몸을 두었던들 역시 그에 상응한 현대식의 선구자 되기에 그 혈성의 최대한을 발휘하였을 것이니 그러므로 성충은 일원인 것이다.

오인은 이에 고금동서 사심私心과 아욕我欲을 떠났던 종종상種種相의 인인지사를 몰아 성충일원론을 부르짖으려 하는 바이요 국민문학의 창설자인 푸시킨의 100년제를 차비 차리는 소비에트 러시아의 사람들의 견식이 일편의 공식론의 몰비판적 직역자로서는 추수치 못할 바 있음을 알 바이다. 무릇 그 의도가 선구자를 벼름에 있으면서, 그 언동은 줄곧 오류의 봉호蓬蒿 속에서만 고상翔翔하고 있는 결과에 빠진다면 그 어찌 선善의 선인 자이랴. 이는 결국 관념론을 배척하는 일설一說의 관념론자로 되고 말 것이라, 어디 그 과학자적 진면목을 얻어 볼 수 있으랴.(3회)

4. 역사 발전의 구원성久遠性

하기야 러시아의 선구자 제군들도 생판 푸시킨 등을 배격한 적이 없던 것은 아니다. 전란 이전에도 이미 그 기세가 높았었고 1917년 전후부터 절정으로 되어 1923년경에 라프가 정면으로 등장하게 되고 할 때에는 새로운 민중 예술의 건설과 묵은 예술을 근저부터 파괴한다는 것 등이 그 골자이었나니 '현대 생활의 기선汽船 중에서 푸시킨, 도스토예프스키, 톨스토이 등을 방기放棄하라'고 쯤은 거침없이 외쳤던 것이다. 그러나 러시아인 자신끼리 러시아 역내域內에서의 독자적인 자주의 천지에서 역사상의 갑 계단으로부터 을 계단에의 명백하게 행진 앙양하게 되는 그들의 객관 상세란 자가 워낙 아무데서나 함부로 그를 효빈効嚬함을 허許치 않는 자이었었거든 하물며 오늘날의 조선에서의 과정은 이보담도 또 다른 바 있음에랴?

요컨대 그들은 제정 러시아 이래 뿌리 깊고 무겁고 검질긴 기성한 구사회의 지배세력에 향하여 또는 그것의 문화적 유력한 인소因素인 '클래식'한 전통과 부르적的인 인물 사상에 향하여 일응의 대항 배격 및 방기를 행하였던 것이다. 그것은 전술과 같이 그들의 독자적인 자주의 천지에서 역사적 계단에 비약하는 일부 행진곡으로 되었던 것이다. 그런데 그 정치적 제 조건과 대중으로서의 상대 관계의 세력과가 전혀 다르고 또는 당면하여 있는 역사적 단계가 매우 서로 같지 않은 우리의 처지에서 덮어놓고 상술 역사상의 제 존재자에 대한 배격 방기 냉조소매의 태도를 갖는다는 것은 그 인식 문제에서 첫째 크게 틀린 것이다.

그러면 그들은 맹목적 또는 독단적 몰비판적인 전제專制의 일 지도요소로서 (줄잡아 그리 악용될 수 있는)의 푸시킨을 배격한 것이오 그러나 그 역사 행진의 구원한 발전성은 문화적 사막의 위에 천강天降적인 현대의 신사회를 돌여突如히 가져올 수 없었던 필연의 법칙임에 돌아보아 그들은 푸시킨, 고골 등등의 부하負荷하였던 역사적 구실과 및 그 현대적 가치를 재음미와 신인식하게 된 것이다. 재음미와 신인식의 시야에서의 푸시킨 등은 훌륭한 계왕개래繼往開來의 발전의 교량이었고, 민중 성장의 개척자이었던 것이다. 그들은 이미 10년 이전에서 그에 대한 저훼詆毀 방기하던 순간적 과정을 집어치우고 이제엔 그 공로를 정확히 인식하는 기념과 존중의 도정에 든 것이다. 요령은 여기에 있다. 누가 이것을 천해淺解 오인하여 우리 사상史上의 존귀한 위치와 거대한 작업을 가져 써 오늘날에까지 민중생존의 때문에의 살아있는 '힘'으로 되는, 모든 존재자에 향하여 함부로 의구依舊한 효빈적 저훼를 일삼고 있을 자이냐?

극동대륙에는 부여夫餘 회和 한漢 등등의 제 민족이 구원한 유사有史 이래의 교쟁호침交爭互侵의 생애를 지나왔었다. 그리하여 어느 민족이나 독자적의 집단생활의 일 코스를 상대서부터 개척하여 왔었으니 이 개창자로서의 어느 한 분을 우리는 숭앙함을 요하고 모든 침핍진공侵逼進攻의 어수선한 틈에 많은 방호의 용자勇者들이 있었으니 그 두드러진 자로서 모갑 모을 등등을 경모치 아니할 수 없고 혹은 향토민중적인 어문을 완성하고 그 자립문화의 기초를 확립하려 한 분이 있었으니 그를 또 추앙치 아니할 수 없는 바이요 혹은 민국 붕괴의 필연의 세를 간파하고 그 광정 재조再造를 계획하던 대소의 선구자가 있었던 것이니 그들은 혹 조술祖述 음미하고 또 천명 선양할 수 있는 것이다.

이것이 결코 또 일편 회고적 감상으로서가 아니어서 그 의식과 기기氣機가 명백하게 현대 민중의 중요한 시대의식의 속에까지 관련 맥동脈動하고 있는 것이니 후진 특수의 조건 하에 헐떡이는 조선의 사회인지라 이 점에서 엄정한 인식 및 그 파악이 매우 필요한 것이다. 이제 이것을 앙드레 지드의 론論에 보매 그의 인식이 정당함을 알겠고 푸시킨 100년제에 비추어 또 그들의 인식이 허망치 않음을 증證할 것이다. 천하의 사事 원래 간이치 않은 것이오 그 영향되는 바인 즉 또 자못 중대한 것이니 어찌 그 심심深甚한 유의留意를 수須치 아니하랴?(4회)

「공식과 문학사」

김남천, 『조선중앙일보』, 1935.10.4

프레체의 예술사회학과 그의 예술사의 과오가 어디 있는지는 이미 중지衆知
하는 바이다. 그리고 그것의 하나가 구체적인 예술작품에서 떠나서 한 개의
전형적 예술을 가지고 전형적인 사회에 상응시키려고 한 곳에 있다는 것도
주지하는 바이다. 그런데 우리는 조선학계에서 '조선학'이라는 괴상한 신'학'
을 제창하여 그의 비상한 재조才操를 세상에 떨쳤던 신남철申南撤 씨에 의하여
프레체의 태도가 악질의 극치에서 계승되고 있는 것으로 보고 있는 바 그는
조선신문학사에 있어서의 신경향파의 지위를 결정하고 있는 논문에서(『신동
아』 9월호) 변증법의 초보 공식을 가지고 역사를 재단하려고 하고 있다. 그에
게 있어서는 구체적인 작품이 아니고 하늘에서 따온 형이상학 원리에 의하여
규제되는 예술사가 필요하였던 것이다. 이런 서생에게 걸리면 역사도 유물변
증법도 생명을 잃는다. 묻노니 씨가 항상 학적으로 의거한다는 맑스학설의
어느 구석에 변증법의 초보 공식을 가지고 역사를 재단하라는 계시는 숨어
있는가? 다시 묻노니 이것이 이른바 지식인의 학적 양심의 소치인가? 그리고
또다시 묻노니 이러한 망동은 지식인의 '체'병과는 어떻게 다르오?

「한 개의 유치한 '폴레모스'」

신남철, 『동아일보』, 1935.10.6

일찍이 유명한 역사적 문헌학자 뵈크는 교양 없는 민족도 또한 철학할 수가 있다.(필로소파인) 그러나 문헌학(필로로가인) 할 수는 없는 것이라고 하였다. 이것은 그가 독일의 역사학파 및 그 이전의 특히 고대의 모든 문헌학적 자료의 해석에 대한 깊은 연구로부터 귀납시킨 말이었다. 실로 교양 없는 민족일지라도 생각하고 싸움도 하고 할 줄은 안다. 그러나 그는 문헌학 할 수 있는 교양은 가질 수가 없는 것이다. 고대 희랍인들이 외방인을 '발바로스'라고 가리켜 경멸한 것도 그들이 교양을 가지지 않고 오직 폴레모스(싸움)를 즐겨한 때문이었다.

지금 이 뵈크의 말을 우리는 이 땅의 '재기발랄'한 한 사람의 비평가(!)에게 적용할 수 있는 불행을 가지게 된 것을 슬퍼한다. 그는 독선적으로 생각하는(!) 힘은 가지고 있으나 역사적으로 사물의 문헌학적 이해를 통하여 한 개의 정당한 비평에 도달하기에는 전도요원한 감을 주고 있는 것이다. 실로 교양 없는 일정 개인도 교양 없는 민족과 마찬가지로 저돌적인 '폴레모스'를 즐겨하는 듯하다. 김남천金南天 씨라는 비평가(!)의 「공식과 문학사」라는 '일평日評'은 그것에 해당한 것이었다.

그는 우선 프레체의 과오 운운하였으나 프레체는 조금도 그 소위 과오에 대하여 관지關知하는 바 없을 만치 학문상의 유산을 전수하고 있는 것이다. 또 그는 '변증법의 초보 공식'이 어떠한 것인지 보여주었으면 좋겠다. 변증법에 초보 공식이 있다는 것은 실로 놀라운 '탁설卓說'이나, 이것이야말로 논리학 또는 변증법의 수 개의 함축 있는 단편을 오려가지고 다니며 가장 변증법을 이해하고 있는 '체'하는 것이니 실로 걱정되는 일이라 하겠다. 변증법은 일응 도식적으로 극히 압축된 명제에 의하여 핵심을 표시할 수는 있다. 그러나 그 것은 결코 변증법의 공식도 아무 것도 아닌 것이다. 우선 변증법 공부부터 해야 할 일이다.

그는 모욕을 위하여 무소부지無所不知의 건필(!)을 휘두르고 있다. 이것은 실로 자기의 무지에 대한 졸렬한 표현 수단이다. 그리하여 일껏 현재의 높아지고 있는 비평의 수준을 후퇴시키는 것밖에는 아무 것도 소용되는 데가 없다. 나의 소론에 대하여 이의가 있거든 구체적으로 지적하라. 그것이 평가評家의 마땅히 할 일이다.

『신동아』지 9월호 소재 「최근 문학사조의 변천」에 대한 씨의 비겁무류한 욕설과 허무맹랑한 개인적 중상에 대하여는 아무 것도 말할 필요를 느끼지 않을 만치 유치한 것이었다. 나는 이 이상 더 씨의 '비평'에 대하여 고려하지 않으련다.

43

「조선은 과연 누가 천대하는가? 안재홍 씨에게 답함」(1)~(8)

김남천, 『조선중앙일보』, 1935.10.18~27

"이순신의 백골을 땅속에서 들추어서 그것을 혀끝으로 핥는 사람, 단군을 백두산 밀림 속에서 찾아다가 사당간에 모시는 사람, 다산을 하수구 속에서 찬양하는 사람, 장백산맥과 한라산의 울울한 산속에서 '조선 반만년 얼'을 져다가 소독수처럼 뿌리는 사람, 춘원春園 문학과 그의 사상을 '민족개조론'에서 다시 찾는 사람. 이리하여 일찍이 '괴테'를 '바이마르'의 속물에서 '헤겔'을 국가론에서 친미하기 비롯한 독일 '나치스'의 창안創案은 이곳 이 땅에서 그의 무수한 동지와 모방자를 발견하고 있다."

이것은 기억할 분도 있을는지 알 수 없으나 필자가 1개월 전 본지 위에 문예 시감時感을 적으면서 『이광수 전집』 간행의 사회적 의의를 써나가는 막음에 기술하였던 글구句이다. 이 몇 줄 안 되는 글구는 그 후 여러 가지로 말썽이 되어 '조선놈이 조선을 더 박대한다'든가 '너는 조선놈이 아니냐?' 등등의 격렬한 어조로 반격을 받았으나 이 글을 자세히 읽어볼 만한 침착성을 가질 수 있는 사람에게는 이 글의 어느 구석에서도 조선을 천대한 글자는 찾아낼 수 없을 것임으로 필자는 반박자가 무슨 까닭으로 글을 엄밀하게 읽을 만한 침착성을 가질 수 없었는가 하는 원인을 살펴보아 혹자에게는 진정제를 권하였고 또 혹자에게는 글을 바로 읽는 방법을 배워주기 위하여 문장독본을 권하였고 이 양자의 어느 것에도 해당하지 않은 이미 폐물로 되어버린 두뇌에게는 정신병원으로 가는 행로를 지시하여 주었다.

사실 위에서 전재轉載한 바 기술에 있어서는 이순신, 단군 할 것 없이 정다산에 이르기까지 심지어는 '20년대까지의 춘원'에 대하여서까지 조금만 불손이라든가 부당한 평가가 숨어있는 것은 아니었다. 이미 독일 나치스의 고전부흥과 고전 예찬의 태도와 연결된 상기 서술에서도 역력히 추상할 것인바 이네들을(이순신 등) 자기의 국수國粹사상 고취의 도구로 사용하려는 현금 조선의 '우국지사'들과 이른바 문화적 '선배'들을 운위하였음에 불과하였다.

예컨대 '이순신의 백골을 땅속에서 들추어서 그것을 혀끝으로 핥는 사람'의 서술에 있어서는 이순신에 대하여 불손한 태도를 취한 것이 아니라 이순신을 그 시대성의 정당한 인식에 있어서 파악하려고 하지 않고 민족개량주의의 선전 도구로 또는 국수적 반동사상의 선전 자료로 심지어는 어떤 출판물의 영리책으로 사용하려고 하는 자 그러므로 그의 두뇌도 아니오 그의 행동도 아니오 이미 아무 말도 못하고 흙속에 묻혀있는 그의 백골을 혀끝으로 핥는 우리나라의 '명사' 제위를 말하였던 것이며, 정다산의 진정한 연구는 자기의 사소한 사회적 지위까지를 이용하여 갖은 술책으로 방해하는 한편 다산을 상략商略적인 정책으로 우리 문화의 대해류大海流니 대운하니 등등의 광고문으로 선전하는 비양심적인 악덕 지사들을, 그럼으로 정다산을 정당하게 평가하려고 하지 않고 다산을 진정히 연구하는 학도에게 편의 대신에 장애를 줌에 의하여 다산을 땅위에서도 또는 그 시대의 엄밀한 과학적 분석에서도 찾지 않고 정正히 다산을 더러운 하수구 속에 끌고 들어가서 예찬하려고 하는 조선적 간디와 자칭 민중의 지도자들을 말하였던 것이었다.

그리고 이들의 이러한 고전부흥과 고전연구와 기념제 학행學行은 '나치스' 문화정책의 조선적인 모방이라고 지적하였던 것이다. 주지하는 바와 같이 이 땅의 '조선'의 '애인'들은 '히틀러'의 문화정책을 배격하고 나치스를 문화적 죄인으로 재단함에 다른 누구보다도 뒤떨어지는 자는 아니었다. 그들은 진시황을 문화의 파괴자라고 욕설하고 히틀러를 문화적 살인자라고 선전함에 의하여 자기 자신들의 비문화적 태도를 은폐하려고 하고 있으며 문화의 옹호자와 그리고 학문의 자유의 가장 열렬한 지지자임을 가장하고 있다.(1회)

그러나 나치스가 괴테의 100년기료 때에 연출한 태도와 이 땅의 '조선의 연인'들이 정다산을 기념하던 때에 폭로한 문화적 태도는 과연 무엇을 가지고 구별할 수 있는가? 그리고 진시황과 히틀러의 분서焚書 소동과 이 땅의 '선배'들이 단군을 과학적으로 구명하고 다산을 정당한 입장에서 평가하려고 하는 젊은 학도의 글을 자기의 사소한 사회적 지위를 남용하여 그 게재를 중지시키는 태도와는 과연 무엇을 가지고 구별할 수가 있을 것인가.

나치스가 괴테를 대신臣적인 속물 생활에서 예찬하려고 하였고 나치스의 어용문학자들이 괴테를 그의 내심에 있어서의 두 개의 모순과 투쟁의 상相에 있어서가 아니라 그러므로 '파우스트'에서 또는 '로마[羅馬]의 비가悲歌'에서가 아니라 '헤르만과 도로테아'에서 그리고 '협조'와 '질서'와 '반反혁명가'에서 예찬한 것은 괴테를 파시즘의 선전 도구로 사용하고자 하는 심사心思이었다. 그리고 '조선의 애인'들이 단군론을 쓰는 까닭은 단군을 과학적으로 구명하고자 함이 아니라 그를 더욱더 신비한 안개 속으로 이끌고 가서 화랑花郞과 함께 섞어서 빚어가지고 독가스[毒瓦斯] 같은 '얼'적 화합물을 제작하기 위함이었고 그들이 다산을 기념하는 의도는 다산의 진정한 학문적 유산을 정당히 계승하고자 하였음에 있었던 것이 아니오, 그를 운하적 존재로 선전하여 반동 사상에의 통항로通航路를 개척하기 위하여서이었다. 과연 이 땅의 '선배'들은 무슨 점을 가지고 자신을 나치스의 비판자라 일컫고 문화의 옹호자라 자처하는가.

이미 과거의 위대한 학자와 예술가와 사상가를 국수주의 선전의 도구로 사용하며 그들의 업적에서 그릇된 것만을 추려서 그것의 무비판적인 예찬에서 그들을 정략과 상략의 기구로 구사하는 경향은 국제적으로 유행의 조류를 형성하고 있는 바 『이광수 전집』 간행의 사회적 악영향을 적어가는 마당에서 '하수구' 운운의 '불손'한 문구로 '다산의 애인'과 '충무공의 충복忠僕'들을 건드렸다고 하여도 그것은 하등의 '불손'한 태도도 아무 것도 아니었던 것이다.

우리들은 정다산과 '다산의 애인'을, 이충무공과 '충무공의 충복'을, 단군과 '단군의 요술사妖術師'를 그리고 '조선'과 '조선의 연인'을 혼돈하여 생각할 하등의 권리도 없을 뿐더러 이들 일련의 '민족의 연인'들이 과거의 위인들을 자기선전 내지는 국수사상 선전의 수단으로 사용하려는 역사적 비행을 옹호하여야 할 일편의 의무도 가지려는 자는 아니다. 오히려 이 양자를 엄밀히 구별하여 '조선의 연인'들의 가장假裝을 잡아 찢고 그들의 사당祠堂으로부터 진정한 조선의 역사적 재물을 찾아올 과학적 의무를 새로운 모든 세대의 공통된 임무로써 부과코자 하는 의욕에 불탈 따름이다. 그러므로 조선 '민족'의 학문적 대표자와 민중생활의 사실적 지도자로 자처하고 있는 안재홍安在鴻 씨의 글에서 『조선일보』 학예란에 4회에 긍亘하여 게재된 「천대되는 조선」과 같은 잡문을 발견하게 되는 것은 씨의 '높으신 교양'과 '가면'을 위하여 슬퍼하여 마지 않는 바이다.

이곳은 '가면'을 옹호하고 그 껍질 위에 가루분을 발라주는 자리가 아니라

가면을 찢고 '민족'에 대한 숭고한 '애정'을 해부하는 마당이기 때문이고 안재홍 씨 자신의 심장으로 쏘아진 화살을 다산으로 충무공으로 돌리고 자기는 그들의 옷자락 뒤에 숨어서 '아웅'을 하고 있는 치기에 찬 비열한 '연정'이 이곳에서 비판의 대상이 되어야 할 슬퍼할 만한 장소이기 때문이다.

그리하여 조선을 천대하는 자는 과연 누구인가? 누가 조선의 재물을 사랑하고 누가 정다산의 진정한 계승자인가가 이곳에서 천명되지 않으면 안 될 것이다.(2회)

안재홍 씨가 이즈음에 그의 분망한 연구의 여가에 친히 붓을 들어 「천대되는 조선」의 일문一文을 초草하게 된 진의는 (주지하는 바와 같이 민세 안재홍 선생은 조선 지고至高의 정론가이고 역사가이고 지리학자인 동시에 또한 말하자면 조선학문의 대 '여호와'이시다. 그러므로 우리들이 상상컨대 여간 바쁘신 몸이 아니라고 생각된다. 이러한 속에서 일부러 이러한 글을 쓰신 진의는 우리들이 상상하고도 또한 남음이 없지 않다) 물론 씨가 수년래로 가지고 있던 고전연구의 태도와 고전연구의 방법에 대한 의견을 진술하며 조선이 가지고 있는 수많은 문화재를 학대하는 위지왈謂之曰 '경박한 일부의 청년'들의 '조선인으로서의 조선 천대'와 '조선인의 자기 폄하'를 폭로하고 이것에 의하여 조선의 문화재를 옹호하고자 하는 데 있을 것임으로 필자 역시 안씨의 고전연구와 부흥의 태도 방법을 살펴보는 데 론의 주지主旨를 두어야 할 것이로되 이곳으로 들어가기 전에 위선 우리들의 흥미는 안재홍 씨가 어떠한 곳에서 조선인의 자기 폄하와 자기 천대를 발견하였는가를 살펴보는 데로 향하지 않을 수 없다. 이것을 살펴보는 데 의하여 안재홍 씨가 사물을 어느 정도까지 과학적으로 깊이 관찰하고자 하고 있는가 그리고 안재홍 씨 자신의 '민족'에 대한 '연정'이 얼마나 숭고한 것인지가 명백하여질 것같이 생각되는 때문이다.

그리고 이것의 관찰이 또한 씨의 고전부흥의 태도의 비판으로 인도할 것이며 동시에 그 비판의 일부를 형성할 것이기 때문이다.

그리하여 우리는 안재홍 씨 자신의 서술에서 다음과 같은 조선인의 자기천대의 점묘點描를 발견할 수가 있다. "나는 전차를 흔히 탄다. 양복에 넥타이라도 반듯이 매고 앉았으면 차장이 가위를 들고 '어디를 가십니까?'(주 왈 도찌라데 고자이마쓰까?) 언제는 물색이 아니 나는 두루마기를 입고 여전히 점잖은 체 하고 안심코 앉았더니 차장이 와서 '어디요?', 이는 개인이 당하는 천대가 아닌지라 냅다 일어서며 '고약한 놈'하고 주먹으로 볼치를" 운운.

이미 이 인용에서 명백한 바와 같이 안씨가 양복을 입으면 차장이 자기를 신사로 대접하고 만일 물색 안 나는 두루마기를 입었을 때에는 자기를 푸대접 하더라는 말이다. 그래서 이것은 안재홍 씨 개인에 대한 모욕이 아니라 조선 민족 전체에 대한 모욕이고 천대인 까닭에 분연히 일어나 그 차장의 볼치를 갈기고 싶은 감정을 억누르기에 한참동안 애를 썼다는 것이다.

안재홍 씨의 이 간결하고도 원숙한 풍경의 묘사에서 우리들이 느끼는 바는 무엇인가? 과연 안씨와 한 가지로 민족적 차별과 조선 천대에 억울함을 참지 못 하고 몇 푼 안 되는 돈에 꽃같은 처녀 시절과 불타는 소년의 한 때를 아침 새벽부터 밤 열두시까지 전차에 까불리고 먼지와 사람에 시달리는 가련한 어린 교통 노동자의 볼치를 후려치기 위하여 때 아닌 장사壯士의 기상을 가슴 속에 안아야 할 것인가? 그렇지 않으면 벽력霹靂 같은 노호怒號로 "고약한 놈!"을 절규하며 차장에게 향하여 '너는 조선놈이 아니냐' 하고 질문을 발發하여야 할 것인가? 아니다. 우리는 안재홍 씨 보다는 좀 더 점잖아야 하고 좀 더 냉정하여야 할 것이다. 그리하여 우리들 경박하기 짝이 없는 '일부의 청년'들은 민족적 의분에 어깨 숨을 쉬고 있는 50 가까운 노장부老丈夫의 어깨를 두드리며 '선생이여!' 하고 그에게 한 개의 새로운 안경을 권할 것이다. '선생이여! 선생의 안경은 색色이 있습니다. 사물을 있는 그대로 볼 수 있는 이 과학적인 안경으로 바꾸어 끼소서!'

사실 우리들은 안재홍 씨의 이 같은 사물 관찰의 태도에서 일― 점의 존경할 만한 곳도 발견할 수가 없는 것이니 이러한 태도는 단순히 피상적일 뿐만 아니라 사물의 왜곡에 있어서 도저히 그대로 간과할 수는 없을 것이다.

안씨 스스로 그가 소지하는 면경面鏡과 상의相議하면 알 일이지만 양복 아니야 '프록코트'에 '실크 햇'을 써도 안재홍 씨 얼굴에서 외국인적 면영을 발견하기는 좀처럼 용이한 일이 아닐 것이다. 그럼으로 차장이 양복을 입는 안씨에게 대하여 친절한 것은 씨를 외국인으로 알고서 그런 것이 아니라 돈 많은 부자로 알았기 때문에 그런 것이었고 씨가 초라한 두루마기로 앉았을 때 차장이 '어디요' 한 것 역시 씨를 조선사람이라고 해서 그런 것이 아니라 가난뱅인 줄 알고서 그런 것이다.(3회)

만일 안씨가 같은 조선옷이라도 윤택 나는 비단옷에 번뜩거리는 금시계 줄이라도 놀리었던들 차장은 안씨가 희망하는 대로 '어디이십니까?'를 공손히 하였을 것이다. 사정은 우리들이 보는바 이렇게 명료하다. 다시 말하면 차장의 태도에서는 민족적 차별이라든가 조선인의 자기 폄하를 발견할 것이 아니라 빈부의 차별, 그러므로 이 사회의 근본적 모순인 계급적인 관계를 발견하여야 할 것이 있다.

안재홍 씨의 사물 관찰에서 표시되는 천박의 정도는 그 다음 서술을 보면 더욱 명백하여지는 바 "낭일曩日 황금정의 모소某所에서 조선인 거지가 말끝에 '이까짓 조선 동리에 와서' 운운하는 것을 목격하였다. 조선이 천대 받는 심한 일의 하나이다."

우리들이 한 가지로 보는 바와 같이 안재홍 씨의 '민족'에 대한 숭고한 '연정'은 이곳에서도 그의 표현을 가지고 있는 바 이번에는 다시 조선인 걸인에 대하여 씨의 의분은 날카롭게 폭발되어 있다. 거지가 다 조선을 업수이 보고 거지까지가 그의 '민족' 관념을 망각하고 있다는 강개慷慨가 이 묘사의 골자이다. 그리고 씨는 이것을 가리켜 "조선이 천대 받는 심한 실례의 하나이라" 하고 "조선인의 조선 천시는 참으로 언어도단이라" 하였다.

이 글을 읽으면서 느끼는 이처럼 조선을 귀애貴愛하시는 씨가 어째서 이 걸인을 2천만 동포의 일원으로 계산하는 아량을 가졌는가 하는 의문이다. 진실로 어떤 외국인이 있어 안씨더러 '저것이 조선인 거지입니까' 하고 물었다면 안씨는 서슴지 않고 '아니올시다. 단군의 자손에 저런 몹쓸 놈이 있을 리 있습니까! 저놈은 우리 민족이 아닙니다' 하고 대답하지나 않을까 두려워하는 바이다. 왜이냐 하면 안씨의 '민족애'란 이 정도의 것에 지나지 않는 때문이다.

위선 걸인에게 민족관념을 강요하고 있는 안재홍 씨와 안씨에게 민족애호심이 없다고 책망을 받고 있는 황금정 모소에서 안씨와 만났던 걸인을 대비하여 생각해보면 이것은 명백해질 일이다. 췌언을 불요하는 바이지만 걸인이란 계급사회에 있어서 가장 타락한 낙오자이며 생존경쟁에 있어 참패 당한 이미 폐물 되어버린 인간으로서 지금의 사회에 있어서는 하등의 생활적 기반도 가지고 있지 못한 최하층의 '룸펜'이다. 이들은 이 세상에 나서 걸어 다니게 될 때부터 지금에 이르기까지 자기 자신의 집을 가져보지 못하였고 고정된 식이食餌를 가져보지 못한 자이다. 한 날 한 때도 그는 시민적 권리를 가져보지 못하였고 따라서 한 날 한 때도 그에게는 민족적인 혜택이란 것을 받아본 일이 없었다. '조선사람'이기 때문에 맛볼 수 있는 특이한 하등의 온정미溫情味도 맛본 일이 없었던 것이다. 과연 어떤 민족주의자가 있어 대문을 두드리며 밥을 구걸하는 거지를 보고 그것이 2천만 성원의 1인이라 하여 그에게 따뜻한 밥 한 술을 특별히 권하였던가? 아마 걸인에게 민족애를 강요하는 안재홍 씨도 이를 동포라 하여 한 자리에 서자고 이를 조선인이라 하여 밥상을 같이 해준 전례는 가지지 못 하였을 것이다.

그럼으로 저들 걸인에게 있어서는 고상한 민족 관념도 친애하는 동포도 단군도 기자箕子도 아무 관계가 없었다. 그에게는 한술 밥이 고마웠고 북촌北村 쓰레기통보다 조금이라도 안온한 잠자리가 귀여웠다. '밥 없어!' 소리를 빽 지르고 벼락같이 대문을 닫아버리는 곳보다는 찬 밥 덩어리나마 내던져 주는 곳이 그에게는 고마운 것이다. 그의 입에서 '이까짓 조선 동리에 와서' 운운의 소리가 나왔다한들 무슨 이유를 가지고 이들을 책망할 수 있을 것인가! 실로 '조선'은 이들에게 무엇을 주었고 '민족'은 이들에게 무슨 혜택을 베풀었 길래 숭고한 민족 관념을 요구하려는가!

이에 비하여 '민족의 애인'들은 이랬거나 저랬거나 '민족'의 혜택으로 이 때껏 살아온 사람이다. 더구나 조선의 문화적 빈貧과 학문적 참慘을 이용하여 이 땅이 아니면 맛볼 수 없는 수많은 특권을 가질 수 있었던 행운의 과보자果報者였다. 그들은 조선에 태어났길래 애매한 정치 상식에 의한 현상 설명을 가지고 대정론가임을 자처할 수 있었고 중등학교 이과理科 교과서의 복사를 가지고 대천문학자로 뽐낼 수 있었다. 용서치 X할 X를 X고도 다시 '친애하는 민족이여!'만 외치며 사회적 지위도 월급 자리도 생길 수 있었다. 어찌 조선 민족에게 한술 밥조차 못 얻어먹는 거지와 동석同席에서 그의 받은 바 민족적 혜택을 운위할 수 있을 것이냐!

이미 '조선'이란 것에서 받은 바 민족적 혜택이란 것이 이러하매 민족 도매상의 민족 관념과 걸인의 그것을 동렬에서 비할 수 없음은 스스로 명백한 일이다. 그리하여 조선을 천대한 것이 차장이나 혹은 걸인이었던가 아닌가는 이미 자명한 것으로 되어버렸다. 이곳에서 보수報酬된 것은 조선을 천대하고 모욕한 것은 걸인이 아니라 차장이 아니라 이들에게서 천대를 느끼는 안씨 자신의 감각이었다는 해명이며 이곳에서 해부된 것은 차장과 걸인의 민족 관념이 아니라 안씨 자신의 숭고하고 극진하다는 민족에 대한 연정이었다오! 중학생들의 여드름과 같은 이땅 '지사'의 민족 관념이여!

오! 기생의 연문戀文 같은 이 나라 '명사'의 조선심이여!(4회)

이렇게 해서 우리들은 안재홍 씨의 신작로 잡초 제거 공작을 구경하기 위하여 오랫동안 그의 뒤를 따라 길 위를 방황하였다. 다시 말하면 안씨가 '조선인 자기 폄하'의 당본인을 체포하기 위하여 목적지까지 가는 길 위에서 만난 두 개의 잡초를 흥분과 함께 뽑아버리는 사업을 살살이 살펴보았다. 잡초의 하나는 자본주의 사회가 만들어놓은 한 개의 전형적 성격―돈이라는 개념에 붙들린 전차의 어린 차장이었고 그의 둘째는 이 사회의 최하층의 '룸펜'인 황금정 모소의 조선인 걸인이었다. 그리고 안씨가 힘을 다하여 이 두 개의 잡초를 제거하여 보니 그 뿌리에 목을 매고 있는 것은 의외에도 안재홍 씨 자신의 초라한 민족주의였다는 것도 우리들이 한 가지로 보아온 바와 같다.

사실 차장의 말에서나 걸인의 입에서 뱉어진 것을 가지고 '경박한 일부 청년'에 대한 공격의 전초전을 삼으려고 한 안재홍 씨의 두 눈은 난시임을 불면不免하였고 차장의 말과 걸인의 입만을 따르고 그들을 그렇게 만들어 놓은 것에 대하여 무관심한 안재홍 씨의 태도는 과학적인 추궁 방식과는 인연이 먼 것임을 도청塗敞할 수가 없었다. 이리하여 뽑아본 잡초에 목을 매고 있는 자기 자신의 모양에 놀라 저돌적으로 뛰어드는 안재홍 씨의 육탄을 따라 우리는 다시금 씨의 범인 체포의 광경을 살펴보지 않으면 안 될 것이다.

위선 씨가 그의 진두陣頭에서 '경박한 청년'의 그림자를 발견하자 손 빠르게 내던진 포탄이 이 글 모두冒頭에서 전재하였던 바 필자의 '이순신의 백골'과 '정다산의 하수구'이었다. "항간 시정의 일은 이미 또 할 수 없고 식자와 선구자로 남달리 긍지하는 일부의 사람들도 여간이 아닌 조선 천시이니 단군 세종대왕으로부터 이순신 정다산 혹은 연개소문 같은 분들까지가 요새 한참 그 냉조소매의 관혁으로 되고 농문하는 걸음에 그분들은 한 번 빈정대는 대상처럼 되는 것이 현하 조선의 한 편의 풍조이다."

그러나 우리들이 위에서 살펴본 데 의하건대 "농문하는 걸음에 그분들은 한 번 빈정대는 대상처럼 되는 것이 현하 조선의 한 편의 풍조"가 아니라 안재홍 씨 등에 의하여 이들 이순신 정다산들이 민족개량주의 선전의 도구 내지는 민족팟쇼 예찬의 제물로 되어 있는 것이 '한 편의 풍조'이었고 이들 문화적인 조선의 재물을 악덕 지사와 민족 도매상인의 전방에서 찾아오려는 젊은 학도의 노력이 '현하 조선의 다른 한 편의 풍조'이었다. 그리고 단군과 세종대왕과 연개소문을 냉조소매하고 조선을 천시하는 자는 "제자諸者와 선구자로 남달리 긍지하는 일부의 사람"이 아니라 이들을 역사과학적인 태도에 의하여 평가하지 못하고 그의 옳지 못한 것만을 추려서 정략과 상략의 간판으로 이용하려는 조선적 '간디'와 자칭 민중의 지도자들이었다는 것도 이미 우리들이 살펴온 바이었다. 그러므로 필자의 말썽거리가 된 '백골'과 '하수구' 운운의 글구句를 인용하고 그 뒤에 연달아 쓴 다음의 안재홍 씨의 글은 우리들로 하여금 '냉조소매'의 표적이 될 뿐이리라.

"이런 것은 한번 웃음에도 차지 않는 듯이 마구 깎는 것이 그들 일부의 태도이다. 이는 반복 음미하고 재삼 구명하기까지도 할 것 없이 단연 그 천박한 비구체 현실적 태도임을 지적하지 아니할 수 없다."

이곳에서 안재홍 씨의 불행은 이중이었다. 만일 씨에 있어 그 글을 '반복 음미'나 '재삼 구명'까지도 말고 단지 세심히 읽을 만한 침착성만을 준비하였던들 그러므로 독서 방식을 고치든가 그렇지 않으면 글을 읽기 전에 흥분을 방지하기 위하여 진정제를 먹어두었던들 안재홍 씨는 정신병원에까지 갈 필요는 없었을 것이다. 왜이냐 하면 안씨가 자기에게 쏘아진 화살을 다산이나 단군에게로 돌리고 자기는 그들의 옷자락 속으로 기어들어버리는 그의 피탄술避彈術이란 정신병자의 광무狂舞로 밖에는 볼 수 없기 때문이다.

그러나 이미 이것을 비판의 상대로 할 시기는 지나가고 말았다. 우리는 씨의 이른바 "단연 그 천박한 비구체 현실적 태도"를 지적당하기 위하여 다른 곳으로 자리를 옮기지 않으면 안 될 시각에 도달하였다.(5회)

그러면은 안재홍 씨의 이른바 '일부 청년'들의 "단연 그 천박한 비구체 현실적 태도"란 무엇이며 이에 대한 씨의 지적은 여하한 것이었던가? 씨는 '문화 옹호와 여시아관'이란 소제小題를 걸고 그곳에 앙드레 지드의 말을 다음과 같이 인용하였다.

"나는 근저서부터 프랑스인이오 동시에 근저서부터 국제주의자이라고 주장한다'고 그리고 '내가 제일로 지적하고 싶은 불명료한 일은 국가주의자가 국제주의라는 개념을 조국에 대한 혐오 부동의 무관심인 줄로 다루[取扱]려 하는 것이라'고 해서 그렇지 않은 것을 표시키에 노력하였다."

그리고는 안재홍 씨는 자기 동료나 발견한 듯이 의기등등하여 "그는 국가주의적 견지에 의하여서도 이 단언이 있었던 것이다" 하고 헛통을 뽑았다.

앙드레 지드의 이상의 말에 우리들은 반대는 없는가? 물론 번역의 □렬로 의한 것이겠지만 약간의 술어의 불명확을 탓할 수는 있으나 '국가주의자들이 흔히 말하기를 국제주의자는 민족을 무시한다고 하나 전연 그렇지 않다'고

하는 지드의 본의는 역력히 알 수 있으며 또한 우리들이 그것에 대하여 전적인 찬의讚意를 표할 수 있음도 사실이다. 다시 말하면 지드의 말은 소련서의 자국 문화에 대한 '형식에 있어서는 민족적인 것으로 남으면서 본질에 있어서는 사회주의적이 아니면 안 된다'는 표어와 동의의 것으로 국제주의는 민족을 한 개의 역사적 과정으로 무시하지 않을 뿐 안이라 민족문화의 가장 철저한 옹호자이며 그의 유일의 계승자이라는 것의 표명인 것이다. 그러므로 지드의 말은 국제주의를 비방하고 그를 공격하는 자료로 '민족문화의 천대'라는 허구한 사실을 위조하고 있는 국가주의자와 민족팟쇼에 대한 통격痛擊으로서 지드의 이 말에 의하여 비판받아야 할 조선에서의 장본인은 김남천 등의 '일부 경박한 청년'들이 아니라 민족팟쇼의 태두인 안재홍 씨 등이 아니면 아니 될 것이다. 그럼에도 불구하고 안씨는 지드를 국가주의자로 만들었고 '그는 국가주의적 견지'에서도 이같이 말했다 하고 허무한 날조 탄환을 가지고 우리들을 공격하려고 하고 있다. 묻노니 대체 상기의 '지드'의 인용문의 어느 곳에서 그를 국가주의자라고 지칭할 자료를 골라내려고 하는가? 안씨여! 다시금 또 다시금 세밀히 읽어보라! '지드'는 자신을 국제주의자라고 주장하였을 뿐 아니라 "국제주의라는 개념을 조국에 대한 혐오 부동의 무관심인 줄로 다루[取扱]려고" 하는 국가주의자들의 의견과 자신을 첨예하게 대립시키고 있는 것이다. 아! 유출유괴愈出愈怪의 안재홍 씨의 신기한 마술이여! 그는 드디어 자신의 심장으로 가는 탄환을 다산과 단군으로 돌리더니 이번에는 전후戰後 자본주의가 가질 수 있는 최대의 지식계급의 양심인 앙드레 지드를 국수國粹주의자로 변조하여 자기의 방패를 만들고자 하고 있다. 아마도 프랑스의 이 늙은 예술가는 동방 지역의 한중복판에서 새로운 친구를 발견하고 환영의 축배를 올리리라!

(아! 만일, 이 세상에 '조선의 얼'이라는 것이 진실로 존재하건대 원하노니 당신이여! 귀중한 당신의 아들을 이 미혹의 지옥에서 구출하여 주소서! 아—멘) 그러나 이렇게 말하면 후안무치의 '문화 옹호와 여시아관'은 다시 소련서나 프랑스의 국제주의자는 민족문화를 천대하지 않건만 이땅의 일부의 청년들은 의연히 조선 문화재를 학대한다고 주장하리라. 그러므로 이곳에서 우리는 우리들만이 조선이 민족문화를 진실로 자기 자신의 것으로 계승하려는 자이고 또한 이것의 유일의 옹호자이라는 것을 실례를 들어서 증명하지 않으면 안 될 것이다. 이렇게 해서 조선의 민족적 문화재를 학대하고 천대하는 자가 다른 사람 아닌 안재홍 씨 자신이라는 것이 명백하여질 것이며 동시에 '민족문화의 옹호자'라고 자처하여 이 간판 밑에서 갖은 기만을 다 하는 민족주의 '학자'들의 면모가 일층 더 새로워지리라.(6회)

이것을 구체적으로 예증하기 위하여는 물론 현재 우리가 가지고 있는 민족적 문화재의 어느 부문을 예로 들어도 이곳에서 누가 가장 정당하게 그 유산을 계승하려고 하고 있는가가 명백하여질 것이니 위선 문학 부문에서 그 예를 찾아보기로 하자.

경향을 물론하고 벌써 몇 100년을 어린 아해의 입에서까지 오락가락하는 예술 작품의 백미 춘향전을 놓고 생각하여 보건대 민족주의 사가나 문학자들은 이것을 개편하기도 하고 예찬하기도 하였으되 한 번도 춘향전을 역사과학적으로 해명하여 보려는 태도는 취하지 않았다. 다시 말하면 춘향전이 생겨난 시대의 사회적 정황을 분석하고 이 시대적 이상이 춘향전에 여하히 반영되었는가 또는 춘향전이 그 전대前代의 소설보다 성격이나 묘사에 있어 얼마나 한 문학적 발전을 보였는가 등등을 연구하여 춘향전에서 전승할 수 있는 재물財物을 미래의 문학적 발전에 지資하기 위하여 응당 하여야 할 사업은 저들 민족주의 문학 사가에 의하여는 하나도 시행되지 않았고 미약하나마 과학적 해부도를 가지고 이것을 해부해보려고 한 것의 단초를 지은 자는 역시 민족주의 문학가나 사가들에게서 민족문화를 무시한다고 공격을 받고 있는 일부의 청년학도이었다.

또한 과거 한 민족적 예술작품으로서 가장 많이 우리들에게 유산을 상속하고 있다는 시조나 향가를 당해 시대의 과학적 분석에서 천명하고 그것이 그 시대의 객관적 진실을 어느 정도까지 반영하였는가를 살펴보려고 한 것도 역시 저들 자칭 '민족문화의 옹호자'들이 아니고 저들의 소매의 적이 되어 있는 '일부의 청년학도'들이었다. 다시 또한 가까운 신문학 발생 이후의 문학사적 연구에 있어서는 어떠한가? 그곳에서도 필자의 과문한 탓인지는 모르나 국초菊初, 춘원 문학으로부터 우금于今에 이르는 문학적인 작품을 분석하고 그곳에서 예술적 발전의 객관적 일반법칙을 발견하는 동시에 그것을 예술사의 서술에 환원하여서 예술과학의 건설적인 기초 공작에 기여코자 노력한 것은 역시 민족문화를 천대한다는 일부 청년들이었었다. 이곳에서 민족적인 문학적 재산을 상속하려고 한 것은 누구이며 미래의 문학을 위하여 과거의 재물을 옹호하고 그것을 발전시키고자 하는 자는 과연 누구였던가?

그러나 이것은 유독 문학 부문에서만 볼 수 있는 현상이 아닌 것이니 조선 역사의 연구에 있어서도 단군을 반만년 전 신비한 안개 속에서 찾아오고자 과학의 방법을 가지고 그것에 근접한 것이 일부의 청년들이었고 다산의 학문적 유산을 진정히 연구하려고 한 것도 그리고 전인미답의 학문적 황무지를 향하여 용감한 칼을 들고 조선사회봉건사, 조선경제사, 그리고 아세아적 생산양식 등의 연구를 개시한 것도 또한 저주 받은 일부 청년학도들이 아니었던가?

민족주의 사가는 이들을 신앙상의 대상으로 복장을 입히거나 신격적 존재로 변조하거나 또는 이들의 이름 위에 형용사나 수식사를 붙이는 데는 남보다 뒤떨어지고자 하지 않았으나 그러한 저들의 사업은 민족문화를 발전시키고 그것을 옹호하려는 목적에서 시행되지 않았고 그것을 국수주의의 간판으로 모시기 위하여 전념한 것이었음으로 하나도 이들을 학문적인 대상으로 삼으려고는 하지 않았다. 한 달을 40회로 붓을 들고 가는 길 오는 길에 단군과 다산을 수식사로 예찬하는 안재홍 씨의 저술(?)에서도 이들에 대한 학문적인 연구는 찾아볼 수가 없으니 그곳에 있는 것은 '대운하'니 '경륜 규획'이니 하는 술어의 누적뿐이오 다산이 살고 있던 시대의 과학적인 분석이라든가 다산의 '경륜 규획'이 당해 사회의 어느 계급의 이상과 합치되었던가의 연구 등은 도무지 찾아볼 수가 없는 것이다.

무릇 한 개 인간을 역사적으로 평가하려 할 때에 그를 그 시대성에서 해명하지 못하고 '경륜가'라는 술어나 또는 '운하'니 '해류'니 하는 허황한 명사로 개괄하여 버리는 것은 진실로 그 인간을 사랑하는 소이所以인가? 그리고 자기네의 팟쇼적 지론과는 상이相異되는 학설이라 하여 젊은 학도의 진지한 과학적 연구논문을 자기네의 손톱만 한 지위를 이용하여 게재 중지를 시키는 것은 진심으로 단군을 사랑하고 다산을 존중하고 조선의 문화재를 옹호하는 소이인가? 진실로 묻노니 '문화옹호와 여시아관'이여! 이것을 명백히 대답하라!(7회)

그러나 역사적 인물 평가에 대한 안재홍 씨의 이같은 속학적 마각馬脚은 그의 소위 '동서 제가 성충일원론'이라는 소제를 걸고 쓰여진 속에 더욱더 명백히 나타나 있는 바 "무릇 인인지사仁人志士의 뜨거운 혈성이 불합리를 미워하는 날카로운 양심으로 뛰고 중생을 도제度濟라도 하려는 경건 진지한 광구匡救의 염원에서 불타고 강압을 물리치려는 벗서는 기백에서 그 생명이 풀풀하게 움직이는 바에 기機를 좇고 경境에 응하여 제각각 딴 형태로서 역사상에 나타나는 것이니 (…중략…) 무릇 그 감感한 바가 숭고한 데 있고 그 염원이 민생의 때문에 일[興]고 그 분발 작위作爲가 일신의 사私를 제물로서 바친 바 있는 곳에 금고가 막힐 것이 없고 갑을이 기이岐異할 바 아닌 것이니 저 20세기 최대의 선구자라고 하는 특정한 모갑某甲으로 현종 시대의 고려조에 있었던들 강감찬과 일류인이 되었을 것이오 좀 늦게 남해 위에 두었더라도 또 동일한 취의의 어느 인물로 되었을 것이며 상술 제씨자로 20세기 독특한 모갑의 나라에 몸을 두었던들 역시 그에 상응한 현대식의 선구자 되기에 그 혈성의 최대한을 발휘하였을 것이니 그러므로 성충은 일원인 것이다."

이 긴 인용에서 표시된 바 성충일원론이라는 역사적 인물 평가의 기준은 우리들이 한 가지로 보는 바와 같이 역사 또는 그것과의 관련에 의하여 평가되어야 할 사적 인물의 하등의 과학적인 구명도 소용이 없고 마치 안재홍 씨의 국제정세의 해설에서도 항상 느끼는 바와 같이 모든 사회와 인물을 한 가지 선상에다 갖다놓고 평가하려는 것으로 사회와 인물과의 관계의 설명에 있어 무력할 뿐 아니라 역사를 한 개의 발전하는 유동체로써 파악하지 못하는 그러므로 역사과학에 있어는 가장 원시적인 강담식講談式 인물 평전의 방식인 것이다.

첫째로 이러한 방법을 가지고는 19세기와의 연속된 발전과 그 계기를 설명할 수 없을 뿐 아니라 개인과 사회와의 관계 그리고 개인의 역할의 사회적 제약성과 개인의 성질과 재능 또는 개인의 이상과 세계사적 이상의 합치 상극 내지는 불합치를 전연 설명치 못하는 것으로 그러므로 안씨가 말하는 바 이곳에서 운위되는 인물평의 객관적 기준이란 오직 "인인지사의 뜨거운 혈성"에만 있는 것이다. 그러므로 안씨는 "그 감한 바가 숭고한 데 있고 그 염원이 민생의 때문에 일었다면" "금고가 막힐 것이 없고 갑을이 기이할 바" 없다고 하는 것이다.

역사적 인물 평가에서 있어서의 이같은 태도와 역사과학의 입장과는 전연 무연無緣한 것으로 안씨의 방법으로 한다면 위싱턴과 루스벨트의 구별을 설명할 수 없을 뿐 아니라 장제스蔣介石와 마오쩌뚱毛澤東이 동일한 기준에서 평가되어야 할 것이며 스탈린과 트로츠키는 누구가 옳으냐 하는 진실로 초보적인 단정까지도 내릴 수는 없을 것이다. 왜냐하면 이들은 모두 한 가지로 '뜨거운 혈성'에서 행동하고 '그 감한 바가 숭고'하고 '그 염원이 민생의 때문에 이른 것'이기 때문에 안씨의 소위 "금고가 막힐 것이 없고 갑을이 기이할 바"가 없기 때문이다.

그러나 우리들의 인물 평가의 태도는 안씨의 방법과는 본질적으로 대립되는 것이니 우리는 위선 그 인물을 시대의 분절 속에서 찾으려고 한다. 그리하여 그가 살고 있던 시대의 본질적인 요구와 이상이 무엇이며 세계사적인 욕구는 어떠한 것이었던가를 살펴보고 그 인물이 이 시대의 이상과 합치한 행동을 하였는가를 구명한 뒤에 그 인물의 역사적 가치를 규정하려고 하는 것이다. 그리고 그 인물이 하등의 그 시대적 이상을 구현하지 못한 자이라면 '뜨거운 혈성' 아니야 '불같은 혈성'에 의하여 움직였다고 할지라도 그를 훌륭한 인간으로 평가할 수는 없는 것이며 이러한 평가에서 한 층 더 나아가서는 이 인간의 이상과 시대적 욕구와의 모순, 상극을 조사하고 그 원인을 구명하여 보려고 할 것이다. 이같이 역사과학의 방법은 역사적 인물을 냉혹하게 그러나 정당하게 평가하려고 하는 것이다. 이에 있어 누가 그 인물을 진정히 예찬하고 누가 그 인물의 학문적 업적을 계승하는 자인가는 스스로 명백한 바 안재홍 씨의 '동서 제가 성충일원론'은 이곳에서 그의 무력無力과 무식을 폭로하는 수밖에 없을 것이다

그러므로 뒤이어서 안재홍 씨가 논술한 바 '역사발전의 구원성'에서 소련에서의 푸시킨제 거행을 예증하면서 소련의 선구자들도 10여년 전에는 그의 민족적 문화재를 천대하고 학대 배격하더니 지금에야 겨우 그의 비非를 각성하였다고 하는 등의 언사는 고소苦笑의 표적이 될 뿐이리라.

소련에서 푸시킨이나 톨스토이제를 거행하는 것은 그들이 국가주의자나 또는 혹은 무저항적 인도주의자라 해서 하는 것이 아니고 이들이 남겨놓은 자기 자신의 세계관 상의 협애성까지를 파괴한 그들의 창작 방법에 있어서의 사실주의를 정당히 평가하려고 함에서 나온 것이오 또는 과거의 사회주의자들이 민족적 문화를 천대하였다는 것 역시 허구한 악선전에 불과하다. 안재홍 씨는 블라디미르 일리치의 '러시아××의 거울로서의 톨스토이'라는 일문을 보았으며 맑스 엥겔스의 '발자크'평, 입센론, 괴테론 등을 일독一讀하였으며 플레하노프와 더 올라가서는 체르니셰프스키, 도브롤류보프 등의 예술 평론을 보았는가? 이들은 한 번도 그의 이른바 민족적 문화재를 천대한 적이 없었을 뿐 아니라 그의 가장 철저한 옹호자이며 유일의 정당한 평가자이었다.

그럼으로 통틀어 안재홍 씨가 「천대되는 조선」에서 이야기 한 바는 자기 자신의 '조선인으로서의 자기 폄하'와 '조선적 문화재의 학대'를 은폐하고자 한 데서 나온 고의故意의 허설虛說뿐으로써 이것에 의하여 마각을 드러낸 것은 안재홍 씨 자신의 무정견과 민족주의일 따름이다. 이리하여 김남천 등의 일부 청년들에게 뱉어진 안씨의 침은 다시금 안씨 자신의 콧잔등 위에 떨어지고 말았다! (끝) 을해乙亥 10월 25일(8회)

44

「김남천씨의 억설을 읽고 어찌 하여 조선의 '르네상스'를 '나치스'의 색채로 채색하려는가」(1)~(2)

김석종, 『조선중앙일보』, 1935.11.1~2

남천南天 씨의 그 지루한 억설臆說을 벌써 두어 차례나 읽었다. 그리고 씨의 논설이 점점 개진되어갈수록 씨의 오해와 그 착오된 인식에는 더 아니 놀랄 수 없었던 것이다. 씨의 그 지루한 논설을 귀결적으로 이를 일언하면,

1) 민족주의 내지 그 색채라도 띈 모든 것에 대한 극도의 혐오

2) 조선의 현하 모든 상태를 오로지 경제적 입장에서만 보려 하는 것

이상 두 가지로 요언要言할 수 있을 줄 안다.

극단의 민족주의, 광인狂人적 국수주의는 자유주의의 시대를 이미 통과하여 왔고 아직도 그 잔부殘部가 남아있는 현대 또는 현대인으로서는 모두 기피할 바이며 혐오할 바일 것은 남천씨와 전연 동감이다. 그러나 현하 조선에 민족 이념이란 것이 있어서 그것이 현 독일의 나치스와 혹은 이탈리아[伊太利]의 파시즘과 같다면 그야말로 괄목상대할 일이 아닌가? 그러나 오인은 남천씨와 여如한 형안炯眼을 가지지 못하였음인지 어느 구석에서라도 그 상사점相似點을 발견할 수 없다.

그리고 괴테를 바이마르의 속물에서 헤겔을 국가론에서 찬미하기 비롯한

독일 나치스의 창안을 조선 어느 분이 모방하였는지 또 그 무수한 동지가 조선 어느 구석에 숨어있는지 오인과 같은 우둔한 눈으로는 도저히 발견하여 낼 수가 없다. 그리고 도리어 오인은 씨의 이와 같은 위대한 획기적 발견을 일대 착오에 기인한 일대 편견으로 인정하는 것이다.

씨는 최근 조선의 '르네상스'라 할 말한 고전부흥—문예부흥의 동향을 구태여 나치스의 색채를 채색하려고 하며 또 이것을 그것의 모방으로만 보려고 한다. 그러나 현금 조선의 사학가들이 역사를 연구하는 태도로나 또 그들이 들추어내는 인물들을 과연 그들이 자기가 가진 사상의 선전의 수단으로 사용하고 있는가? 물론 희랍사希臘史를 연구하거나 고대 지나사支那史를 연구하지 않고 조선사를 연구하는 이상 조선적이며 ××적인 것은 심리적으로 보더라도 회피할 수 없는 것이다.

더구나 오인은 금일 미국식의 공부를 한 사람에게는 미국풍이 있고 근린식近隣式 교육을 받은 사람에게는 근린풍이 있는 것을 보지 않는가? 또 그 연구의 대상이 범위가 좁아지고 전문적으로 되어갈수록 이와 같은 기풍은 더 농후하여지는 것이다.

그리고 더욱 중요한 것은 오인은 현시 조선은 비과학적 봉건조선으로부터 과학적 자아적 조선으로 걸어가는 한 과정인 것이다. 이것을 고전적 역사적 사실로부터 예를 든다면 조선의 고전과 그 역사는 그야말로 일고一顧할 여지도 없는 비참한 처지에 있었다. 우리는 우리의 장구한 역사를 가지고 있으면서도 우리는 이것을 과학적으로 수립하려고 하고 학문적 일고를 주려고 한 것은 최근 불과 20~30년부터가 아니었던가? 과거 거의 매장을 당한 사실을 다시 일고를 주려는 이 반동은 너무나 힘없는 반동인 것이다. 이 반동이 일본 내지의 메이지[明治] 초기의 그것과 같았었다면 그야말로 씨는 무어라 말할 것인가? 아무 힘조차 없는 것을 넘어 강대한 것처럼 과평過評을 하니 감사무지感謝無至이지만….

헌 누더기라도 들추면 무엇이든지 쓸 만한 것이 나오는 법이다. 장구한 사실史實을 들추면 정다산도 나오겠고 이순신도 나올 것이다. 그리고 단군조선을 전혀 허무한 사실로 부정하고 그리고 조선사의 출발점을 근대사에 두려는 갸륵한 학자들이 엄연히 세상에 있는 데야 단군설 백두산으로부터 재차 출현하여야 할 것이다.

오인은 타 선진국에 있어서도 사적史的 인물이 그가 생존하였을 때 보다 사후의 그의 가치가 드러나고 그의 공적이 □□□□예를 흔히 보는 것이다.

그러나 이러한 예는 우리 조선에 있어서는 거의 전부가 그렇다 하여도 과언이 아닐 것이다. 사대주의의 침윤을 받은 과거의 정치 —그리고 학문의 배경을 가졌던 시대에 있어서 소위 조선의 인물들이 여하한 대우와 여하히 그 가치를 그 시대인이 인식하였던지 —아마 씨도 숙지하고 있을 줄 안다. 오인의 실탐구는 다시 이를 요언하자면 오인은 전연 부지하였던 고전과 사적 인물을 새로이 알고 그 가치를 새로이 인식하자는 것이며 또 모든 것이 잃어가고 망각하여가는 고조선의 것을 얼마라도 보존하려고 하는 것에 불과한 것이다.

결코 씨가 말한 '아리안인이 아니면 사람이 아니라'는 방약무인적 나치스적으로 나온 —또 심지어 이것을 모방하는 것은 결단코 아닌 것이다. 그리고 씨에게 일언하는 것은 '조선인이 아니면 사람이 아니라'고 믿는 씨의 소위 무수한 나치스 조선인을 좀 보여주기를 원한다.

씨는 괴테를 바이마르의 속물에서 헤겔을 국가론에서 찬미하기 비롯한 독일 나치스라 하지만 바이마르시대 —다시 말하자면 그의 정치가 시대를 찬미한 것도 또 헤겔의 국가론을 찬미한 것도 결코 씨의 말하는 바 같이 나치스가 비롯한 것은 아니다. 괴테의 11년간이란 정치생활은 결코 바이마르의 속물로서 보는 생활은 아니다. 그는 바이마르라는 지극히 작은 공국公國이었지만 군주 칼 오귀스트를 잘 보좌하였고 그의 사회정책적 소국가 건설의 이상은 그로 하여금 사력을 다하여서라도 전 독일 통일운동을 막으려고 하였던 것이다. 두말 할 것 없이 정치가로서의 괴테는 결코 속물이 아니다. 그리고 그가 위대한 시인인 동시에 또 비범한 정치가이였었다는 것은 독일인이 나치스 아니라도 자랑할 만할 수 있는 것이다. 좌우간 이러한 데까지 −씨의 인용문까지 전혀 억설이라 아니할 수 없다.

다음에 씨는 조선인의 자기혐오를 순전하게 경제적으로 나오는 무슨 계급적 의식이라고 해석한다. 그리하여 씨는 안재홍 씨의 소견에 대하여 반박한다. 전차 속에서 안씨가 얻은 인상은 조선옷을 입어 천대를 받은 것이 아니고 '돈이 없어보이었기 때문'이라고 해석을 내었다. 그리고 걸인의 담화로 조선인이란 빈곤한 탓으로 그렇다고 씨는 해석한다. 그러나 오인은 이 점에 대하여서도 좀 더 깊이 생각하여볼 필요가 있지 않은가 한다. 현금 우리가 듣고 보는 것은 모두가 조선인의 X망적 자포자기적으로 나오는 계급의식 그것보다도 XXXXX─그것이 강력으로 전 조선인의 두뇌를 지배하고 있는 까닭이다. 세루 두루마기가 유카타나 골덴 즈봉보다도 돈이 사실 있어 보이지 않는 조선 사회에서 받는 대우는 타국의 그것과 달라서 천양지차이다. (1회)

오인은 이 사실 ─XXXXX을 느끼고 있다는─것을 가장 중요시하는 바이며 또 여기에 필수적으로 나오는 모든 심리 상태에 가장 우려하고 있는 바이다. 오인은 씨와 같이 순전하게 경제적 계급의식으로만 보지 않기 때문에 여상如上과 같은 견해를 정당하게 보는 것이다. 안씨의 우려로 또한 오인의 우려와 동일한 점이 많기 때문에 도리어 오인은 씨에게 경의조차 표하는 것이다.

오인은 결국 씨가 현금 조선의 동향을 평가하기에 너무 개인별적 입장을 취하였기 때문에 그 개개인에 대한 혐오를 느끼는 나머지 그와 같은 어그러진 오해를 가지고 있는 줄 안다. 그릇에는 대기大器와 소기小器가 있는 법이다. 소기에게 대기가 되라고 하는 것도 망론妄論일 것이며 소기를 무시하는 것도 그릇된 생각인 줄 안다. 현재의 조선의 소위 인물들이 씨의 이상적 인물이 아니라고 여기에 여러 가지 혐오를 느끼는 나머지 억설을 부치는 것은 그릇의 용량과 그 역할을 모르는 데서 나온 줄 안다. 그리고 씨도 역시 영웅숭배자인 것에 오인은 경의를 표한다.

씨는 또 춘원春園의 전집에 대하여 그 사회적 주□를 말한다. 이러한 것은 그야말로 일고할 가치조차 없는 시정한인市井閑人의 여담인 줄 안다. 일개 문사가 그의 작품을 수습하여 전집을 내는 것은 필연적의 일이고 하등 여기에 다른 이론을 부칠 것이 못되는 줄 안다. 이러한 평범한 일에 이론理論을 부친다는 것부터 너무나 유치하지 않은가? 적어도 10년 전의 조선 같으면 모르지만….(2회)

45

「논단시감 (5) 천대되는 조선에 대한 시비」

전원배, 『동아일보』, 1935.11.15

안재홍 씨는 지난 10월 2일로부터 5일에 이르기까지 전후 4회에 긍亘하여 『조선일보』지상에 「천대되는 조선」이란 장론長論을 발표하여 그중에 동서 제가諸家의 성충론誠忠論을 예로 들어 조선의 역사적 유산에 대한 현대 군자들의 너무나 무사려한 바를 난힐難詰한 바 있었는데 그 뒤 동同 월 18일로부터 27일에 긍하여 『조선중앙일보』지상에 안재홍 씨의 소위 현대 조선의 일 군자로 자처하는 김남천 씨의 「조선은 과연 누가 천대하는가?」란 제題로 짧지 않은 박론駁論이 있었다.

나는 먼저 안재홍 씨의 소론所論을 일독하고 그가 조선학의 대가이시란 것은 미리부터 알았으나 러시아 문호 푸시킨과 프랑스[佛蘭西] 문호 앙드레 지드 등에까지 언급한 점으로 보아 과연 씨의 박학다식함에 경복하지 않을 수 없었거니와 김남천 씨의 소론 역시 조리정연할 뿐 아니라 소장 논객으로서의 첨예한 기상이 지면에 약여躍如한 바 있어 근래에 드문 대논책으로 나는 자못 흥미를 가지고 읽었다.

그런데 나는 여기서 이 양씨兩氏의 논전(?)을 들추어냄에 있어서 호말毫末이라도 거기에 개입하고자 하는 의도를 가진 바 결코 아니나 최근의 논단에 대한 시감時感을 써라 하는 부탁을 받고 그냥 지나칠 수 없어 몇 마디 느낀 바를 적어 보기로 한다.

먼저 나는 후진의 의감疑感을 간절 정녕丁寧한 지교指敎로 풀어줄 만한 아량을 가지지 못하고 '너희들 백면의 서생들이 무엇을 안다고 건방지게!' 하는 듯이 오직 침묵으로서 이를 말살하려 하던 재래 조선의 선진 논객들 중에 일을 그렇게 손쉽게 다루어 치워버릴 류의 조루粗漏한 것이 아니니 총명한 현대의 군자들아 혹 삼사三思하면 천려일실千慮一失을 교정 양기할 수 있다 하고 가르치는 안재홍 씨의 그만치 후진을 사랑하는 친절한 태도를 나는 다多하다고 생각한다. 그리고 이 점에 있어서 씨는 누구보다도 데모크라틱한 학자인 것을 나는 발견하였다.

그러나 안재홍 씨는 역사적 구실과 및 그 현대적 가치를 재음미 신인식 운운하였음에도 불구하고 역사적 유산의 현대적 계승 방법에 대하여 좀 더 반성할 필요가 없지 않을까 생각된다. 나는 원래 이르는 바 조선학에 대한 문외한인지라 외람이 여기서 노노呶呶치 않으려 하거니와 씨가 러시아 문호 푸시킨을 예로 들어 정다산의 역사적 가치를 동일시한 점에 대하여는 자못 의문을 갖지 않을 수 없다. 씨는 현하 스탈린 등에 의하여 지도치指導治고 있는 소비에트 러시아의 정법政法 밑에서도 푸시킨과 같은 역사적 존재의 100년기忌에 대한 성대한 기념제가 준비되고 있거든 하물며 그보다도 더 정치적 조건이 다르고 역사적 단계가 서로 같지 않은 우리의 처지에 있어서 더욱이 우리의 역사적 제 존재자에 대하여 현재 러시아露西亞에서 푸시킨 기념제를 준비하는 만치 성대히 기념 추앙은 하지 못할망정 왜 덮어놓고 배격 방기 냉조소매冷嘲笑罵의 태도를 취하느냐(이것은 아마 김남천 씨에게 한 말씀 같다) 이것이 첫째 크게 틀렸다 하지만 그것은 안재홍 씨 자신의 심장으로 쏟아진 화살을 다산으로 충무공으로 돌리고 자기는 그들의 옷자락 뒤에 숨어서 아웅을 하고 있는 치기에 찬 비열한 연정戀情 운운이라고까지 혹언酷言하리만치 김남천 씨에게 대하여는 매우 억울한 말이라고 생각된다. 왜 그런고 하니 김남천 씨 역시 정다산이란 역사적 존재 자체를 덮어놓고 배격 소매 방기한 게 아니라 그 가치를 그 시대의 엄밀한 과학적 분석에서 찾지 아니하고 도리어 더러운 하구수 속에 끌고 들어가서 예찬하려고 한(만일 그러한 사람이 있었다면) 그 자 자체를 배격 소매(만일 그러한 일이 있었다면)한 데 지나지 않았을 것인 까닭이다.

그리고 오늘날 소비에트 러시아에서 푸시킨 100년기를 기념하는 현실적 조건과 우리가 우리의 역사적 선행자先行者에 대하여 어떠한 태도를 취하는 현실적 조건과는 안재홍 씨 자신이 지적하신 바와 같이 서로 매우 같지 아니한 점이 있는 것이 사실이나 그러나 이 같지 않은 조건은 우리가 그네들보다 더 성대히 역사적 존재자를 기념하지는 못할망정 그보다 못하게 추모하여서는 안 된다는 논거는 되지 않을 줄로 생각한다.

왜 그런고 하니 현재 소비에트 러시아에서는 푸시킨을 분석 검토할 필요를 느끼던 현실적 조건이 이미 해결되어 그 100년기를 성대히 거행할 준비를 하게 된 역사적 단계에 이르렀으되 우리 조선에서는 물론 가령 정다산과 같은 역사적 존재를 냉소 방기 조매하여 역사적 행진의 도정에서 왕왕히 목격 체험할 수 있는 바 그 주관에 있어서 초진超進의 선구자로 자임하고 겸하여 험름히 많은 긍지까지 가졌던 일이 그 객관의 냉혹한 결과에 있어서 생각지도 않은 엉뚱한 무엇을 낳아 옥동자로 만든 것이, 자기의 기업基業을 계승할 선미한 이목의 소유자인 대신에 혀끝을 날름대는 놀라운 뱀일 경우를 피할 것은 물론이지만 정다산의 역사적 의의를 분석 비판 파악하는 대신에 소비에트 러시아의 푸시킨 기념제를 모방하여 축제 소동을 일으킬 필요는 없을 것이다.

46

「논단시평」(4)~(7)

전영식, 『조선중앙일보』, 1935.12.1~5

4. 조선사 연구의 국제성

조선사 연구는 최근의 논단에서 일종 화형花形적 역할을 하고 있는 듯하다. 양兩 3년래의 우리 학계의 특이한 경향 중 가장 주목할 현상은 이 역사에 향한 정열일 것이다. 그러나 이미 상당히 논의된 바와 같이 여기에는 엄연한 두 유파가 상호대립, 항쟁하고 있으니 조선 역사를 조선의 '얼'의 발전과정으로 인식하는 민족적 특수사관론과 조선사의 각 시대의 본질적 제 관계에서 그 계기적 법칙을 천명하여 세계사의 일환으로 파악하려는 주장이 병행하고 있다.

그러므로 전자는 복고주의적 경향을 취하게 되고 후자는 비판적 입장에서 되는 것이다. 그러나 우리는 여기에서 소위 특수사관론자들의 히스테리적 경향을 운운하려는 자가 아니나 다만 한 가지 주목할 현상은 현금의 시대적 정세와 또 낙랑樂浪문화니 대방帶方유적이니 하는 금석물 급 고분古墳 등의 발굴이 이들 특수론자=단군론자들에게 여하히 위협적으로 영향하는가를 일고一考한다면 저 소박당한 여자의 심정과 일맥상통하는 것이 있어서 신화 하나만 붙잡고 견강부회로 일삼던 분들의 가련한 자태에 일점一點 동정의 눈물을 불석不

^僻하는 바 있다. 실로 그분들의 안목에는 현대의 진보적 사학도들의 경향이 수십년래 은연 혹 공연히 '조선적'의 것을 의식으로 말살하고 엄폐하려는 일파와 호상 제휴하여 조선문화를 영구히 매몰시키려는 기도로밖에 □□혀지지 않는 것이다. 이 '외래□□□□없이 혐오하는 경향□□□래의 조선사가들과 '한글'론자등에 의하여 여하히 강렬히 주장되고 있는가는 설명의 여지도 없이 명백하다.

그러나 가령 일본 내지의 국학운동에서 보는 바와 같이 또 게르만 민족통일시대의 독일언어학 급 사학에서 보는 바와 같이 어떤 '이데올로기'라도 사회적 조건에 제약됨을 면치 못하는 것이니 일시 진보적 내지 ××적 역할을 하던 이들 '이데올로기'가 현재에 그와 정반대의 역할을 하고 있는 것은 사물의 변증법적 발전의 필연적 결과다. 그러므로 오늘날 '한글'연구를 단순한 철자법 개정에 국한하려는 기도나 혹은 재래의 조선사가들과 함께 가지고 있는 특이한 경향—외래적인 것을 일절 부인하고 '우리의 고유한 것'만을 묵수하여 사물을 고정적인 '카테고리' 속에 밀봉하려는 기도에는 절대 동의할 수 없다. 그렇다고 우리는 조선사 혹 조선어학 연구의 중요성을 과소평가하려는 자가 아니니 여기에서 '조선적'인 것을 참으로 사랑하여 그것을 진실한 자태에서 본질적으로 파악하고 현실적 '모멘트'와의 연관을 잃지 않는 것은 오직 과학적 방법론의 지지자뿐임이 명백히 될 것이다.

여사^{如斯}한 관점에서 최근의 사학계를 일별^{一瞥}할 때 무엇보다 주목을 끄는 것은 민속, 민요, 고고학적 연구일 것이다. 이미 송석하^{宋錫夏} 씨, 손진태^{孫晋泰} 씨 등에 의하여 가치 있는 논구가 비교적 많이 산출되고 있는 것은 희흡 현상의 하나라 할 것으로 여사한 영역의 개척이 조선의 사회적 구성의 근본적 파악에 다대한 시사와 생생한 증거물을 제공하는 것을 망각해서는 안 된다. 그러나 부이코프스키의 소언所言과 같이 역사학과 정치와는 친자매 간과 같다는 것을 명기하여야 할 것이니 일견一見하여는 현대 급 현대의 정황과는 하등 공통점이 없는 역사적 재료의 선택과 그 입안 역사 연구의 수제首題의 선택과 개개의 역사적 문제 해결의 계급적 제약성에 관한 문제 즉 당파성의 문제는 고고학, 민속학, 민요 채집 등에서 결정적 역할을 연출하는 때도 드물지 않다. 가령 최근에 유행하는 화랑도 연구와 소위 신라 무사도의 찬양은 현실과는 아무 연관성도 없다 할 것인가? 그러므로 우리는 최근 선사학, 민속학 등의 연구 기운에 심심深甚한 주의를 불석不惜하고 신중한 태도를 취할 필요를 강조하고자 한다.

새로운 입장에 선 이로는 한응수韓應洙 씨와 이청원李淸源 씨의 논문이 있었을 뿐이다. 한씨는 주로 일반적 방법론을 서술한 데 불과하나 '한글'을 세종왕 시대의 반도 원주인原住人이 사용하던 것으로 금속기金屬器를 사용하는 한족漢族이 침입하였을 때에 그들의 영향에 의하여 당시 바야흐로 계급 분열이 시작된 한족韓族 중의 지배계급이 한문을 그네의 전용 문자로 삼고 '한글'은 피지배계급의 문자로서 약 2천 년간 (낙랑시대부터) 병용되어 이조 초까지 왔다는 것으로 이는 흡사 고대 애급埃及 사회에서 상인용商人用의 희랍문자와 지배계급의 상형문자가 병용된 것과 같다는 것인데 그 상세한 논구는 후일로 약속하였으나 이 신의견이 이두吏讀 문자와의 관계는 어떠한지 아직 알 수 없으나 지금까지의 연구 결과와 대조할 때 독단적이 아니 될는지? 어떻든 한씨의 논구를 보지 않고는 단정할 수는 없을 것이다.

이씨의 것은 근래의 동양사학의 중심 문제인 아시아적 생산방법을 취급한 것으로 의의 있는 것이나 단 이씨의 소설小說 중에 『자본론』의 저자가 원시공산체를 '아시아적' 또는 '동양적'이라 지칭하였다는 점은 찬성키 난難하다. 차라리 전계급적 사회구성을 의미하지 아니하고 일종 독자의 사회구성, 계급사회의 일종으로 보는 고데스 설이 아닐까. 그러나 이씨는 그의 근저 '조선사회경제사'에서 구체적으로 그 논거를 명백히 할 줄 알고 그를 기대하는 바이다. '아시아'적 방법의 논쟁에서도 보는 바와 같이 조선사 연구의 길은 현실성과 국제성을 떠나서 있을 수 없는 것이니 국수적 혹은 골동품 완롱식玩弄式의 연구방법과는 근본적으로 다른 것을 시인치 않을 수 없을 것이다.(4회)

5. 조선적 철학과 그 계몽적 역할

이상에서 잠깐 설명한 듯이 조선 재래의 사학자와 '한글' 운동자들이 고유한 '조선적'인 것에 대한 편애에 의하여 사물의 바른 인식을 곤란히 하고 있는 것이 비난될 것이라면 우리는 동일한 비난을 조선의 철학자들에게 가할 근거를 어느 정도까지 주장할 수가 있을 것이다. 그러나 그 이유는 전자와는 정반대로 그들의 '외래적'인 것에 대한 편애에서 출발하는 것이다. 물론 우리는 철학 자신이 본래 '외래적'의 것이고 '서양사상'으로서 진정한 의미의 '필로소피'는 조선 아니 동양에는 있지 못하였다는 사정을 고려할 수가 있다. 그러나 그렇다고 하여 조선의 철학자가 서양철학의 해석에만 전력하란 결론이 생기는 것은 아닐지니 이러한 입장에서 최근의 논단을 일별할 때에는 철학자 제씨가 속세간에서 멀리 떨어진 상아탑에서 뛰어나와 철학과 현실과의 관련성을 설명하는 진보적 일면에도 불구하고 그것이 끝까지 '세계적'인 '외래적'인 한계에서 이탈하지 못한 소극적 관조적 태도에 그치고 마는 데에 불만을 말하지 않을 수 없다.

물론 이 서양적인 것, 외래품적인 것이 오늘날 우리의 가진 '이데올로기'와 전연 무연無緣하다는 말이 아니고 오히려 현재의 우리의 모든 관념과 사상이 그 생활까지 서양적이 된 사실은 부인할 수 없다. 그러나 이 사정은 반드시 철학자들의 외래적 경향을 변호할 재료가 될 수는 없는 것이니 철학의 발생 그 자체가 이미 실제 생활에 대한 관심에서 발생한 것이고 현재 그 지반 위에 서 있을 뿐 아니라 아무리 현실생활과 연緣이면, 혹은 아주 무관계한 듯한 철학상의 문제까지도 실상은 우리의 생활의 요구에서 출발한다는 일반적 명제가 진리라 할 것 같으면 지금까지의 외래적인 서양적인 편향은 비난되지 않을 수가 없다. 즉 현실이란 무엇이냐. 그의 철학적 해석의 여하를 우리는 모르나 그는 세계적인 현실보다도 더욱 이 땅의 '조선적'인 현실이라고 보는 것이 마땅할 것이니 대개 오늘날의 우리의 현실은 현실세계가 일환으로서 변증법적으로 이해되고 있는 때문이다.

만일 이 논점이 정당하다 하면 '니체'의 현대적 의의의 설교라든가 셰스토프, 야스퍼스 혹은 키에르케고르의 이론의 직수입이 여하히 우리의 현실과 배치되고 있는가 내지 진보적인 박종홍朴鍾鴻, 박치우朴致祐 씨 등의 최근의 역작도 그 자신의 가진 바 진보성에 불구하고 조선적 현실이 거의 도외시된 까닭에 씨 등이 현실과 철학과의 관련을 진지한 태도로서 설명함에도 불구하고 남의 옷을 입은 듯한 느낌을 가지게 하고 '우리의 것'으로 받아들이지 못하게 하는 원인이 명백히 될 줄 안다.

가령 우리는 박치우 씨의 논문에서 현대의 유행 철학자 하이데거에 대한 상세한 또 친절한 해설을 볼 수 있었다. 그러나 박씨가 하이데거 철학의 현대적 의의와 한계의 설명에서는 그의 철학의 해설에서와는 반대로 상세하고 친절한 태도를 취하였다고는 할 수 없었으니 물론 해설 그 자체가 이미 비판의

한 부분이었다고 볼 수 없는 것도 아니나 이 철학이 어찌하여 파시즘의 철학이 되었는가 하는 점은 조금도 명백히 되지 못하였다. 여기에서 우리의 철학자들의 '한계성'을 발견하려는 것은 너무 심한 관찰일까. 통틀어놓고 현실과 철학에 관련성을 시인하는 것은 재래 철학의 입장으로는 일보 전진이라 하겠지만 그 현실이 구체적으로 정당히 설명되지 못하고 또 그것이 '조선적 현실'에까지 주체적으로 파악되어서 철학자들이 이 현실의 추진에 적극적으로 참가하여 '철학하는' 점에까지 도달되지 못하는 한, 이 종류의 철학적 연구는 우리의 소견으로는 명료한 사실의 번뇌스럽고 평범한 철학적 해석에 불외不外하는 듯싶다.

이런 견지에서 볼 때 전원배田元培 씨의 최근 시평은 현실적 의의를 가지고 있다. 적어도 조선의 철학자들이 착수하여야 할 문제를 시사하는 점에서 그 의의가 인정되어야 할 것이다. 왕대아王大雅 여사의 '현대의 특수성'이 현재의 위기를 왜곡하여 설명하고 그것을 기독교 선전에 이용하려는 것을 일상 발견할 수 있는 종교가들의 관용수단으로서 일소一笑해버릴 수 없는 것은 명백하다. 이광수李光洙 씨의 '학창독어學窓獨語'는 현대의 극악한 관념론과 몽매주의蒙昧主義의 일종에 불과하다. 아니 왕 여사의 위기론을 세련된 철학 용어로서 표현한 것이라 보는 것이 가장 정당할 것이다. 이러한 예에서도 보는 바와 같이 조선의 철학자들이 비단 현실의 실천적 파악의 입장에서뿐 아니라 철학 자신의 방어를 위하여도 비판 극복하지 않을 수 없는 대상을 무수히 가지고 있는 것이다. 최근 조선문의 정기 출판 중에 가장 많은 종류를 종교 관계 출판물이 점령하고 있는 사실이며 기타 무수히 우리가 일상 경험하는 현상은 철학자에게는 아무 관계도 없는 것일까.

현실 조선이 가지고 있는 '이데올로기'는 과거의 것, 전통적으로 가지고 나려온 것이 새로운 수입품보다 더욱 많이 잔존하고 있으며 이 '낡은 것'은 '새로운 것'과 함께 잔존하여 거대한 세력을 이루고 있다. 우리는 조선의 철학자들이 수난 도정에 있는 철학의 참된 발전을 위하여 또 민중계몽의 입장에서 이 방면에 주력하여 철학의 본래의 사명에 매진하기를 희망한다.(5회)

6. 과학과 발명장려

우리에게는 모든 학문이 정체 중에 있으나 그중에도 자연과학이 가장 심하다. 이 사실은 지금에 와서 새삼스러이 문제된 것이 아니다. 그러나 최근 수년래로 이 문제가 갑작스레 더 많이 논의되고 유지자 간에는 과학대중화의 운동까지 생겨난 사실은 크게 반길 현상이라 하겠다. 그러나 우리는 여기에서 자연과학계의 전반에 대하여 평론할 소양과 준비를 가지지 못하였음으로 문제를 사회적인 측면에서만 사회과학과에 관련에서만 간단히 생각해보려한다.

자연과학은 일반이 다 아는 바와 같이 자연계를 대상으로 삼는 학문이다. 그러나 그렇다고 인간사회와는 아무 관련도 없느냐 하면 오히려 그 반대로 다른 추상적 과학보다 더 많이 사회와 밀접히 결부되어 그의 지배와 영향에 의존하여 온 것은 과학의 발생과 그 이후의 발전의 역사가 일점一點의 의념疑念도 남김없이 명시하여 주고 있다. 여러 가지의 원인으로 현재의 자연과학이 사회와는 독립하여 존재하는 것같이 자연과학자 일반이 생각하고 있는 것은 단순한 그들의 착각에 불외하는 것이다. 다행으로 우리의 과학자 아니 과학운동자 간에는 이런 상아탑적 견해가 드물다. 오히려 그네는 과학 그 물건과 사회와의 밀접한 관련성을 너무 자주 말했다 할만치 모든 기회를 이용하여 실로 존경할만큼 선전하기를 불석不惜하는 점을 누구나 부인 못할 것이다.

만일 잡지 『과학조선』이나 본보 '과학란' 기타 그네들의 쓴 논문을 일독한다면 이 사실은 곧 명료해질 것이다. 그러나 우리는 여기에 그들의 공로를 경솔히 지나치게 찬양할 아무 이유도 못 가진 것을 자백할 밖에 없으니 그네들은 과학과 사회과학과 인류과학과 문명 또는 실용과학 생활의 과학… 등등을 추상적으로 설명 선전함에 그치고 있는 것이다. 가령 잡지 『과학조선』에 예를 든다 하면 동지同誌는 문제를 사회, 생활, 실용성 등과의 관련에서 제기하여 모처럼 정당히 출발하고서도 그것을 구체적으로 해명할 능력과 성의가 부족하여 속악적俗惡的인 입장에 고정되고 있는 것은 슬픈 현상이라 아니할 수 없다. 그 원인은 일반적으로 자연과학자들의 사회과학에 대한 심한 무식과 또 일부분은 자연과학이 전문학도 아닌 과학운동 유지 제씨의 '이데올로기'의 속악한 데 있을 것이다.

우리는 여기에서 다만 학도적 양심에서 출발하여 과학대중화에 전념하는 분들에게 말하고 싶다. 과학이 그 실용성을 떠나서 성립되지 못하는 것은 불역不易의 진리이나 그러나 이 실용성은 속된 의미로 해석될 것이 아닌 것을 명기할 것이다. 그 진실한 내용 의미는 사회성에 그 구체적 현실성에까지 발전시켜 해석되어야 할 것이다. 발명의 장려 같은 것도 이런 견지에서 파악되지 않으면 참 의미의 발명시대가 우리에게 출현될 때는 영구히 없을 것 아닌가. 활자술이나 거북선 혹 고려자기 등을 인예引例하여 김용관金容瓘 씨는 조선인이 발명적 천재가 있음을 역설하였다. 그러나 이것은 우리를 고무하는 재료는 될지언정 위대한 발명을 나은 아무 증명도 못되지 않는가. 오히려 과거에는 저러하였으나 그때 이후 발명은 우리에게서 인연이 멀게 된 원인을 구명해볼 필요는 없을 것인가. 또 김씨는 국가적 혹은 사적의 유액誘掖 급 지도가 발명의 결정적 조건이 되는 것을 누누히 설명하고 메이지[明治] 시대의 특허법 실시를 극구 칭송하였으나 그러나 김씨는 곧 그 다음에서 조선인의 발명에 대한 이해 없음을 통분하고 그 이해를 위한 선전을 절규하였다. 이것은 누구에게나 명백한 듯이 김씨의 인식이 전후 당착된 것을 말하는 것으로 김씨에게는 일본 특허법이 유신 초에 □포될밖에 없었던 사정 — 즉 늦게 탄생한 일본 자본이 선진 자본과의 투쟁상 불가피적으로 취할 방책과 조선에 근대 산업 특히 공업이 개화성숙 못한 사정을 분변치 못한 것이며 또 단순한 선전 장려에 의하여 발명조선이 생겨나지 못할 것은 김씨 자신의 인예한 사실 — 국가적 유액 부도扶導이었음에도 불고不顧하고 발명을 위한 일정한 사회적 제 조건이 충분히 성숙치 못한 까닭에 유신 초에 발령된 특허제도는 다시 폐지의 비운에 쌓였다가 겨우 메이지 18년 그 완전한 형태로는 오직 다이쇼[大正] 7년에 이르러서야 비로소 부활되었다는 사정이 단적으로 증명하는 바이다.

지면이 부족하여 여기에 그치려하나 다만 일언할 것은 과학조선이 빈 '슬로건'이 되지 않고 진실로 우리의 것이 되게 하기 위하여는 조선의 과학자들의 손으로 '위로부터'와 '아래로부터'의 모든 몽매주의 신비주의를 비판하고 폭로하여 과학대중화의 길을 미리 청소하는 것이 첩경이오, 중요 임무의 하나임을 이해해야 된다는 것이다.(6회)

7. 조선문화의 특수경향

우리는 이상에서 비록 심히 불충분하게나마 논단의 경향을 일별하였다. 그러므로 여기에 약간의 감상을 적어서 끝을 맺으려 한다. 그 □일로 들고 싶은 것은 조선 논단이 우리의 기형적 현실의 한 개의 '이데올로기'적 복사로서 표시되고 있는 사실이다. 다른 자본주의적 문명 국가에서까지 자연과학의 한계성이 문제되고 발명이 지배적인 독점자본주의로 인하여 조지阻止되는 본질이 논의되고 있을 뿐더러 우리보다 몇 십배 문명화한 사회에서까지 과학자들이 대중에게 뿌리박힌 비과학적인 '이데올로기'의 잔재를 청소하기 위하여 계몽적 사업에 몰두하고 있는 이때에 그 한계성이 100배나 명료한 이 땅에 그 구명은 손톱만치 없고 반反히 과학조선이 도래하였다는 환희의 부르짖음이 들리고 있다.

발명가의 출현될 조건이 가장 결핍된 이 땅 오늘날에 발명조선의 '슬로건'이 고창되고 쥐꼬리만 한 개량 하나가 세계적 발명으로 훤전喧傳되고 있다. 또 몽매하고 반문명적인 잔재가 단 하나이 청산되지 못한 오늘날 이 땅에 이 잔존물의 중압이 우리의 전체 문화를 파먹고 우리의 과학 발전을 몇십 배 곤란히 하는 이 우리에게 민중계몽의 운동이 가장 무시되고 있다. 이 만인의 안목에 명백한 모순을 무엇으로 설명할 것이냐. 이것은 비단 우리 과학계만의 가진 현상이냐 모든 지식의 영역에서 이 모순은 발견되는 것이다. 가장 중점을 둘 곳은 전혀 멸시되고 불필요한 부분은 반反히 중요시되고 '조선적'인 것이 고조될 데에서 '세계적'인 것이 전부를 주장하고 오히려 '세계적' 측면에 역점을 둘 데서 '조선적'인 측면이 그 권리를 내세우고 있는 것이다. 이 도착倒錯된 현상, 이 도리道理는 전체로의 사회와 문화의 진전을 방애妨礙하여 우리의 이론적 현실적 정체停滯의 한 중요 원인을 형성하고 있는 것이다.

둘째로 들고 싶은 것은 우리에게 자본 문화가 늦게 들어와서 그것을 파악하려는 자각이 생기기도 전에 벌써 그것이 비판되고 몰락의 과정을 밟게 된 특수 조건 때문에 시민적 유산이 남달리 결핍되고 있을뿐더러 소위 '외래의' '이데올로기'는 소화될 사이도 없는 특이한 현금의 정황 그것이다. 대개 어느 민족을 불문하고 일정한 역사적 시기에 그들이 시민계급으로 자기를 형성시킬 때 자기 고유의 문화를 끝까지 남김없이 발견하여 그것을 전면에 내세운 때가 반드시 있었고 또 그것은 불가피적이었을 뿐 아니라 진보적인 역사적 역할을 수행한 것이었다. 그러나 조선에서는 이것이 성공될 행운의 기회를 거의 발견하지 못하고 말았다. 이것은 우리 문화 전체의 불행인 동시에 새로운 '제너레이션'에게는 이중적 불행이 될밖에 없었으니 우리는 아무 시민적 유산이 없는 까닭에 그것을 우리의 손으로 수행하는 동시에 또 '미래를 위한' 문화도 건설하지 않으면 안 되는 곤난에 봉착하고 있는 까닭이다. 이는 그렇다 하고 소위 복고주의는 이러한 특수 조건을 틈타서 우리의 문화를 엄습하는 점은 우리의 이론적 비판에 있어서 주의하여야 하며 그 현실적 의의도 결코 적지 아니한 것이다.

다음으로 한 가지 주목할 현상은 이 복고주의와 현실적 지반을 같이 하면서 일견 다른 형태로서 가장한 일종의 신경향이다. 이 경향의 주요 특징은 조선적인 모든 것을 말살, 부인하려는 태도로써 '조선의 공업화'를 그 환상적 물질적 지반으로 하는 것이다.

그들은 전혀 특이한 전신술轉身術에 의하여 급속도의 '이데올로기'적 전환을 수행한 것이다. 그들의 지향은 '조선 경제의 신단계'인 '공업 조선'에 몸을 내던져 전도 다행한 '신'문화를 건설하려는 것이다. 그러나 이들은 '낡은 것'을 다 버리는 듯하되 그것과 타협시키고 '세계적인 것'을 직수입하는 곳에서 결국은 '재래의 것'과 포합抱合시켜서 일개의 신조선적 형태의 이론을 수립하려는 것으로 복고주의자들이 '그네의 특수문화의 건설'을 이 공업화 조선의 신지반 위에 택한 것과 대조하여보면 그 성색聲色의 상이相異에도 불구하고 이들이 '한 어미'의 '쌍생아'인 점은 불무不誣의 사실로서 양자는 상이한 현상 형태와 수단 방법에 의하여 동일한 어떤 역사적 역할을 수행하고 있는 것이 명백하다.

그러면 이상의 사실은 우리에게 무엇을 표시하는가? 현금 성행되고 있는 모든 문화운동이 일종의 시민적 유산의 상속자로서 그 자신이 가진 바 정당한 존재권과 본질에 있어서 이 상속을 제척除斥하면서도 상속자의 이름 아래 등장하는 양자를 준별峻別하고 분리시키는 사업의 긴급성이다. 우리는 모든 우리의 문화가 기형적으로 불구자의 형태로밖에 출현하지 못하는 본질의 역사적 파악과 병행하여 이 역사적 현실의 '캐리커쳐'에 불과한 현재의 문화가 일련의 복고주의자와 그 쌍생아인 공업화 조선의 신봉자에 의하여 '캐리커쳐' 이상으로 새로운 문화 반동에까지 유도되고 있는 점을 특히 명기하지 않으면 진실한 조선문화의 옹호는 수포에 귀歸하고 말 것이다.

근래 각 부문에 있어서 그 방면의 전문가에 의하여 상당히 진지한 연구가 진행되고 있을 뿐 아니라 이것은 한 개의 대중화운동으로서 제기되고 있다. 왈 과학조선 한글조선… 내지 보건조선 체육조선 등… 우리는 여기에 아무 반대할 근거가 없다. 오히려 어디까지든지 우리의 목표가 거기 있는 것을 말하고자 한다. 그러나 부분을 강조한 결과가 그 방면의 전문가에 의한 순진한 동기로 출발한 '슬로건'이 현실 조선의 본질 파악을 방애하는 위험성을 고조하고 싶은 동시에 전문가에게 특유한 일면성이 흔히 상술한 우리의 문화의 적대자에게 악용되는 폐가 있다. 이는 물론 전문가만의 책임은 아닐 것이나 전문가에게 현실 조선의 본질에 대한 주의를 요청하는 한 계기가 될 것이다. 우리는 모든 문화적 부문에 있어서 역사 발전의 변증법이 이해되어 그 대중화될 기초와 조건이 명백히 되는 동시에 전체로의 조선 사회가 과학적 방법론의 '메스'에 의하여 전기구적으로 파악되는 때에는 우리의 문화도 수단數段의 전진이 일시에 가능할 줄 믿는다.(7회)

47

「문화조선의 다각적 건축, 자력을 기다리는 새로운 영야,
꾸미라 세우라 이 터전 위에!」

『동아일보』, 1936.1.1

조선에도 새 여명은 오려 한다. 학술, 과학, 문예의 제 영역에서 움트기 시작하는 명일에의 새싹은 우리가 여하한 대가를 불佛하고라도 옹호 육성해야겠다. 우리가 아무리 맘과 뜻으로는 그 새싹을 아끼고 사랑한다 할지라도 무슨 구체적인 방략과 건설을 도圖하지 않는 이상 그 맘과 뜻은 한갓 헛된 것에 그칠 것이다. 이에 무슨 적극적인 설계가 있어야 하겠다는 소리가 가계를 통하여 울연히 일어나고 있음을 본다. 다음의 제씨의 의견은 그 소리의 절절한 언표이다.

그러나 우리는 아직까지 이러한 제 의견을 만족시킬 만한 현실적인 기운과 그 기운에 상응하는 토대가 조성되어 있지 않음을 유감으로 생각한다. 새로운 여명을 앞둔 문화조선의 다각적인 건축과 그 건축 위에 찬연히 꽃필 명일의 조선문화를 위하여 학계와 예원藝苑은 물론 자산을 소유한 독지가의 교력膠力 찬동을 기망企望하는 바 절대하다. 우리의 자모慈母 조선! 그것이 융왕隆旺할 때 우리는 행복하고 그것이 황량하면 우리도 헐벗으리니 나오라 학자여, 과학자여, 재산가여! 꾸미자 세우자 이 터전 위에 움트는 새싹을, 북돋울 기관을 세우자!

1. 조선경제학회 백남운, (학술) 학술기간부대의 양성 중앙아카데미 창설

현재 우리의 처지로 보아 거대한 자력資力을 옹擁하고 완비한 시설을 가진 연구소를 바란다는 것은 거의 불가능한 일이니 우선 아쉬운 대로 서울에 역사·사회의 각 부문을 통하여 조사연구를 수행할 수 있는 기관을 설치할 수 있다면 나는 다음과 같은 의견을 말할 수 있겠다.

첫째로 현존한 각 학술단체를 그 기관의 산하에 모을 수 있는 중앙적인 기관일 것. 둘째로 조선 내에 있는 민간의 전문 이상 학원에 있는 각 연구실의 협력을 구할 것. 대개 이상의 두 개의 협력 하에 조직될 것인데 그 조직을 유도함에 있어서는 민간의 신문사가 산파역을 맡아할 것이다.

이같이 하여 조선의 현실적 사정을 고려한 중앙적인 학술적 조사연구의 기관 설립의 범위와 부서가 규정될 것인데 이때에 우리가 흔히 볼 수 있는 것은 광범한 의미의 정신과학적 혹은 사회과학적 부문과 이화학적理化學的(자연과학적) 부문의 두 가지를 설정할 수 있을 것이다.

□□에 양자에 있어서 제 외국의 □□□인 학술원(아카데미)의 조직을 참고하여 다시 수개의 전문적인 부문을 나눌 수 있을 것이다.

그러면 이 정신과학 우叉는 사회과학 급 이화학의 2대 부문에 전치專置 혹은 관여할 수 있는 연구원은 여하히 하여 선정하느냐가 문제일 것이다. 이때에는 그 선정의 공정을 기하기 위하여 기존 제 학술단체 급 전문학부의 연구실을 망라한 외에 사회적으로 신망 있는 유지를 참가케 한 일반 선정위원회 같은 것을 조직케 하는 것이 좋을까 한다. 종래로 나의 경험에 의하면 한 개의 학술단체를 조직함에 당當하여 참가할 사람의 경력 급 학력을 고려함이 없이 개인적인 정실 관계에 기基하여 조직하는 혐이 불무不無하였다. 이것은 현존

학술단체가 대개 부진하는 원인의 한 가지로 세일 수 있는 것이 아닐까 한다.

이 일반 선정위원회를 거쳐서 결정된 연구원은 우리가 '학술기간부대' 혹은 '학술노무원'이라고 하여도 좋을 명일 조선의 학술을 등진 자의字義 그대로의 연구원이 될 수 있게 온갖 편의를 제공해야 할 것이다.

이리하여 조직과 그 구성원이 결정된 때에는 그러면 무슨 사업을 어떻게 조사하고 연구하겠느냐가 당연히 문제되어 올 것이다. 나는 이 점에 대하여 우선 현실 조선의 제 정형 급 문화의 수준을 고양하여 다음의 몇 가지 사업을 수행하는 것이 가장 타당하지 않을까 생각한다. 제1 전래 문헌의 조사 정리, 제2 연구의 심화, 제3 번역, 제4 출판이 그것이다. 이 네 가지 것은 하필 사회제 과학에 있어서 뿐만 아니라 자연과학적 제 부문에 있어서도 동시에 진행할 것이라고 생각한다. 현재 우리는 많은 문헌을 가지고 있다 할 것이다. 그것이 분류 정리되지 않는 한 교육적 이용과 전문적 고구考究에 있어서 여간 큰노력의 소모가 아니라는 것을 절감하는 바다. 그 호개好個의 예로서는 『이조실록』이 있다. 그러므로 문헌의 조사 정리는 큰 문화적 의의가 있는 것이라고 생각한다.

2. 연전 도서관장 이묘묵, 종합도서관 문화 계수기計數機

도서관의 종류를 말한다면 공개 도서관, 대학 전문 도서관, 소중학 도서관급 전문적 학술 도서관이 있을 것이요 공개 도서관 안에다 아동부나 순회 문고부를 두는 데도 있다. 어떤 종류의 도서관을 가지고 본다 할지라도 (1) 도서 수집 보관 (2) 도서 정리 (3) 교양 연구 편의 도모 등의 공통된 직능이 있으리라고 믿고 대체로 도서관 존재의 목적이 무엇이냐 하면 (1) 지력 계발 (2) 학술 연구 (3) 정신 휴양 선도 (4) 개성 발휘 등에 있다 할 것이다.

우리가 말하려는 도서관이 종합도서관이니만큼 우에 열기[列記]한 직능과 목적을 가졌을 것이라고 믿고 더구나 이것이 조선문화를 선양하려는 중대한 사명을 가진 이만큼 항용 말하는 도서관을 뜻함은 아니다. 그러니 도서를 수집한다는 것은 일시 일대에 달할 바가 못 되나 이것만이 도서관 내용 건설 공작의 제1보라는 것만 말해두고 싶다. 나는 우리의 도서가 질이나 양에 있어 미약하다고는 보지 않는다. 그러나 우리의 특수한 과거와 현재 당면한 환경으로 인해 많은 도서가 분실, 잠복, 산재한 것만은 사실이다. 예를 들면 수년 전에 필자가 파리에서 프랑스[佛國]국립도서관 소장 수천의 사로잡혀가 있는 우리 도서를 참관한 일이 있는데 그중에는 금을 가지고도 살 수 없는 우리 문화의 자랑거리가 있었다. 이런 류의 불운을 당한 사회가 유독 우리뿐은 아니나 우리의 무식, 우리의 빈곤, 우리의 쇠약으로 우리의 진보[珍寶] 도서를 잃고 그 흔적조차 모르는 것도 있을 것이다. 그러므로 이 종합도서관 건설에 들어 현대과학 기타 외국 서적도 아니 필요한 바가 아니나 무엇보다 우리의 것을 쫀쫀히 모아 추려놓고 잘 간직하자는 것이다. 이것을 하기에는 돈만 있어도 되는 것도 아니요 선견력을 가진 지도자나 기술자만으로가 아니라 전 사회적으로 우리의 것을 알고 이것을 사랑할 줄 아는 문화의식을 갖게 하는 것이 가장 필요하다.

도서 보관 문제는 재력 문제요 기술 문제로 귀착이 되나 수집 보관한 도서를 어떻게 누구에게 뵈느냐는 극히 중한 문제이다. 이것에는 적어도 몇 십만 원의 자력을 기다려서야 그 윤곽이나마 설계할 수 있는 것이겠는데 그 점에 대하여는 구미의 각 저명 도서관을 참고하여 우리의 현재의 문화적인 제 정형에 맞는 것이라야 할 것이라고 생각한다.

그러니 조선에서는 도서관 사업의 일부로 이 문맹퇴치운동을 편입하지 않을 수 없을 것이다. 그리고 봉사정신을 가지고 인격 건설을 목표로 한 도서관일수록 기술에 많은 유의留意를 않을 수가 없는 것이니 기술은 최소의 시간과 최소의 힘을 들여 최신속한 최대의 효과를 얻는 방편이다. 미국의회도서관에서 몇 백의 인력과 몇 만의 거액으로 도서를 일일이 분류 정리 배치하는 것이 허사 같이 보이고 이 노력의 직산물인 몇백만 장의 카트가 여러 칸의 면적을 차지하고 서있는 것을 볼 때에 도서과학의 효과 여하를 힐문할 터이나 독자의 몸으로 미국의회도서관과 영국박물관이나 프랑스국립도서관을 비할 때에는 이런 회의는 전연히 없을 것은 물론이오 한 걸음 더 나아가 도서사업에도 기술과 과학이 불가결하다는 것을 주장하려 한다.

의회도서관 소장 700~800만 도서 중에 무엇이 있고 없다는 것을 순간에 알기만도 신기한 일인 데다 10분이 멀다 하고 청한 책을 받아들고 읽게 됨은 진실로 기적인 듯하다. 그 반대로 영국이나 프랑스도서관에서는 어떤 책의 유무만 알아내자기도 장구한 시일이 걸리고 다행히 그 책이 등록된 헌 종이 두루마리를 얻어들었다 해도 원래 많은 사람이 다뤄 글씨도 알아보기 어렵거니와 그 책을 청했다 하되 꼭 얻어 보리라는 보증도 없고 열람이 된다 하되 신청하던 날부터 3일 후가 될는지 얼마가 될는지 모르는 일이다. 이런 것을 전감前鑑으로 하여 도서 보관과 이용도 과학적으로 하자는 것을 강경히 주장하고 싶다. 실로 종합도서관의 건설은 문화의 계수기이다.

3. 연희전문 백낙준, 학술조선의 총본영 조선문고를 세우자

조선문화의 연구를 목적하고 좌기 각 항에 의하여 조선문고의 창설을 제안한다.

(1) 문고의 명칭은 조선문고라 함.

(1) 본 문고는 조선문화의 연구를 목적으로 함.

(1) 본 문고는 경성에 치置함.

(1) 본 문고는 전기 목적을 달하기 위하여 좌기 사업을 행함.

가) 사학, 문학, 어학, 민속학에 관한 재료의 수집 나) 연구비의 보조 다) 연구 발표 라) 도서관 급 박물관 경영 마) 강연회 바) 문화연구소 경영 사) 기타 필요한 사항

(1) 본 문고의 유지를 위하여 재단법인 조선문고를 조직함.

(1) 문고의 사업 경영은 재단법인 이사회에서 집행함.

설명 : 이상에 열거한 조항은 비록 간단하나 그 대이상의 실현에서 주도한 계획과 원활한 조직과 다대한 금전과 헌신할 책임자를 요한다. 자세한 설명은 유한한 지면에 불가능하나 우 설계에 관한 이유만은 거시擧示하려 한다.

'조선문고' 설치를 제창하는 이유는 조선문화 건설의 기초를 세우자는 것이다. 우리의 지위를 향상시키고 우리의 세계적 존재를 보장하고 우리의 현대적 생활을 발전하자면 세계의 신흥정신으로 순응하고 그 대세와 병진하여 신문화의 기초를 전고奠固하여야 될 것이요 그 기초를 확고히 하려면 구교회舊

敎化의 지질地質을 심사하여 왕서继緒를 계繼하며 내연來緣을 개開하여야 할지니 이러한 문화연구의 중심기관을 설치함이 심요한 까닭이다.

본 제안의 골자는 제안 그것보다도 이 제안의 실현성이요 이 제안에 실현성이란 본 문고 유지 재단 문제이다. 이상에 열거한 사업을 확장하여 축소하는 모든 것이 다 재단 실력 여하에 달려있다. 만일 어느 독지가의 100만 원 기부를 얻을 수 있으면 좌기 계획을 세우고 싶다.

    1. 창설비 1만 원

    1. 건물 급 부지 10만 원

    1. 도서 구입비 급 비품 14만 원

    1. 기본금 65만 원

기본금에서 생生하는 이자로 대부분은 연구비와 재료 수집에 공供하고 기타 출판비, 경상비, 봉급 잡비 등으로 사용케 할 것이다.

우리에게는 연구할 고문화가 있고 과학적 방식을 정통精通하는 학자가 있고 대사업을 경영할 만한 독지가가 있고 우리 문화를 건설하며 세계문화의 발전에 기여할 자신이 없는 바 아니니 강호의 학자여! 연구에 정진하자! 해내외 재산가 독지篤志들이여 조선문고를 창설하자!

4. 송석하, 민속의 진작 조사연구기관

사람의 체질 향상과 보건 즉 소위 체육상에 운동경기가 절대로 필요하다는 것과 우리의 생활 영위에 오락이 불가결한 것은 의식 무의식 간 세상이 시인하는 것이니 새삼스레 말할 것도 없는 일이다.

그리고 또 한 나라나 한 민족 환언하면 지리적 환경을 달리하고 생활양식을 달리한 무리에는 그의 구원久遠한 경험과 민족성에 따라 가장 적합한 경기나 오락을 스스로 가지고 있는 것이며 그 가치에 관하여도 벌써 검토기를 지나고 이제부터는 구체적 태도를 결정할 시기에 도달된 것이라고 보겠다. 이와 같은 전제하에서 신통치 못한 우견愚見을 좌진左陳하노라.(기술 순서가 대략 진행 순서임)

1) 전래 경기, 오락의 조사 급 연구 준비위원회

(1) 조직체＝운동관계자, 전문학자, 예술가, 공업기술자, 실업가, 언론관계자

(2) 부문＝

(가) 조사 (실지 채집 병並 수집, 재정적 조사, 분류)

(나) 연구 (사학적, 사회학적, 민속학적, 예술적, 의학적, 경제학적 종합
연구, 검토, 심사, 채택계획, 설계)

(비고) (가)의 실시 방안은 제1차로 각 지방의 언론기관, 사회단체, 학교,
관청 등에 촉탁하여 자료를 수집하고 그 분류에 의하여 위원회에서
담임위원을 실지에 파견하여 제2차의 엄밀한 조사를 할 일. 이에 대
한 경비는 여비, 촬영비, 녹음비(경우에 의하여), 실연비實演費 등

2) 전래 경기, 오락 연구회원회

(1) 조직체＝동상同上

(2) 부문＝

(가) 연구 (채택, 계획, 설계, 실시)

(나) 실행 (지방단위 연차 대회, 중앙초청 연차 대회)

연락기관 : 민속박물관 내지 참고관參考館

(비고) 준비위원회의 조사 사업은 연락기관인 민속박물관에서 계승할 것.

이 기관은 유럽[歐州] 특히 독일 등지의 민족박물관 내지 민속박물
관과 대동大同한 기구로 할 사事

준비위원회의 연구부 사업은 그대로 존속하되 제2단으로 채택한 것의 실
시 방안에 급及할 것.

이 실시 방안에 의한 것을 실시 우又는 실행하도록 하는 데 제일 착수로 적
당한 시기에 각 지방 단위의 연중행사로 대회를 개최할 것이며 특히 경기에
있어는 그것을 중앙에까지 연장할 것. 즉 선수권대회와 여如히 지방대회를 예
선으로 하고 중앙대회를 결승으로 함도 무방

중앙초청대회는 오락에 관련된 것으로 연 1차 내지 2차로 우량 오락을 중앙
에 초청할 것.(이것은 대략 일본청년회관의 향토민요무용대회와 동일한 주지
主旨 하에 할 것은 물론이요 1보 진進하여 그것의 장래성을 참작할 용의가 유有
하여야 함)

비용은 연구생의 인건비. 연차대회비(중앙초청 시는 관계 인원의 상경上京
여비, 준비비, 개최비, 연구비), 민속박물관의 건축비, 유지비, 인건비

5. 도산 안창호, (사회교육) 조선학회의 설립과 농촌·도제문고 발행

나로서 지금 어떠한 의견을 발표하기는 매우 곤란한 일이다. 첫째는 나의
발표한 의견이 그대로 실현될 가능성이 없고 따라서 나의 의견이 과연 조선

현실에 적합한가 의문이다. 둘째로는 귀사의 설문에 대하여 구체적으로 대답하여야 할 터인 바 아직도 요양 중에 있는 몸이라 충분히 생각할 머리를 갖지 못하였다. ─이렇게 말하기를 주저하시는 도산 안창호 씨는 사담私談의 형식으로 다음과 같이 말하였다.

나는 일상 생각하기를 조선문화의 원동력이 될 최고기관을 하나 세웠으면 한다.

(1) 그 기관 이름은 조선학원 혹은 조선학회라 하고 각계를 망라하여 구성할 것인데 특히 현재 교육계에 있는 분들이 중심이 되어야 할 것이다. 그리고 이에 찬동하는 이라면 누구거나 참가할 수 있도록 할 것이다.

(2) 그래서 귀사의 설문한 바의 농촌문고 또는 도제문고를 굵은 활자와 싼값으로 발행하여 널리 읽히게 할 것이고 과거의 우리 찬연한 모든 문화를 연구 조사하여 책으로 만들어내고 한편으로는 새로운 문화를 수립하는 데에 원동력이 되게 할 것이다. 과학은 물론, 문예, 미술, 음악, 영화는 물론이오 『조선어사전』 편찬까지도 이 기관에서 맡아 할 것이고 또한 발명에 뜻을 두었으나 돈이 없어 성공하지 못하는 청년에게는 보조를 하여 진흥시킬 것이다.

(3) 이러한 큰 문화사업을 일으키자면 자금이 있어야 할 것인데 유지가 있어 이러한 문화사업에 투자를 한다면 첫째 중앙지대인 경성에 회관을 하나 건축하여 조선 사람의 온 정신이 이를 목표로 하여 나아가게 하였으면 한다.

이것은 내가 늘 추상적으로 생각하였을 뿐이오 구체적으로는 아직 생각하지 안하였다.

6. 조선체육회 유억겸, (민족우생) 전조선체육연맹
조사 연구 지도의 적극화

체육조선의 건설을 하고자 할진대 먼저 자금이 한 100만 원 있다면 그 규모는 연맹식으로 하여 좀 더 구(한 줄 판독불능—엮은이) 수 있을 줄로 안다. 이제 그것을 몇 개의 조목으로 든다면 첫째, 조직체는 전조선체육연맹이라 하든지 그때 따라 적의히 붙여가지고 체육운동자를 총망라하여 최고지도기관으로 하는 동시에 그 아래의 배속은 서무부, 조사부, 연구부, 지도부쯤 두고 지도부에는 또한 각 계係를 두어 축구, 야구, 육상, 빙상, 정구, 탁구, 농구, 씨름 등 각 계 급 운동경기로서 지도할 만한 것은 죄다 두고자 한다. 둘째는 모이는 회합이겠는데 1년 중 1~2회쯤 모든 경기에 있어서 경성에서 대회를 여는 것은 물론이거니와 각 도의 도회지에서도 예例하면 예선대회 같은 것을 개최하여서 중앙으로 오도록 하였으면 좋겠다. 셋째는 체육 전반의 것을 통제하는 것은 물론이나 어느 때든지 '아마추어'인 것으로부터 시작한다는 것을 특히 말하고자 하는 바다. 진정한 운동경기의 장려는 아마추어의 정신의 확보에 있는 까닭이다.

이 일에 대하여는 현재 조선체육회를 좀 더 큰 범위로 확장 강화시켜 그 권위를 확립시켜야 할 것이다. 말하자면 기초적 각 부문의 단체는 있으나 무엇보다도 자금 관계로 또는 기타 사정 때문에 뜻하는 바 체육조선의 건설이 여의如意하지 못한 것을 한恨한다. 늘 맘속에서 생각은 하면서 실현은 못하고 있는 것이다.

7. 제대帝大 이종륜, 사회위생학 연구소 설립

조선에 영양연구소를 설립한다면 그 조직, 연구 방면, 조선인의 체질, 위생 기타 보건에 관하여 이상안을 말하라 하였으나 나 자신 특별히 영양에 관련된 연구에 항상한 경험이 없으니 구체적 복안을 말할 자격이 없습니다. 다만 나 개인의 편견이나마 말할 수 있다면 설문한 각 방면에 긍亘하는 연구를 목표로 한다면 차라리 '사회위생학연구소'라 하는 문패 밑에서 여러 가지 문제를 자유롭게 취급할 수 있도록 하는 것이 어떠할까 한다. 영양문제도 그중에 중요한 부문임은 물론이다. 어떠한 부문을 물론하고 설립하는 주지로 보아서 조선민족으로 주체로 하는 '테마'를 취급할 것이겠지만 한편으로 전인류를 대상(한 줄 판독불능-엮은이) 소할 것이다. 그래서 피아彼我를 비교 관찰하면 좋은 성과를 얻을 줄 믿는 바다. 아래 몇 가지 조목을 들어보면

.

> (1) 인류학적 생리학적으로 조선민족에 관한 기준적 연구를 할 것
> (1) 영양에 관한 연구, 식료품 식량문제, 기후 풍토 의복 거주에 관한 위생학적 연구
> (1) 산업 노동 (한 줄 판독불능-엮은이)
> (1) 인구문제에 관한 연구
> (1) 유전, 체질에 관한 연구
> (1) 청, 소년 아동 위생에 관한 연구

(1) 예방의학적 연구

(1) 소위 지방적 특수 질환에 관한 연구

(1) 공중 위생 시설에 대한 연구

8. 연희전문 이춘호, (과학) 실지응용 상품화 이화학연구소

이화학연구소의 설립! 이 얼마나 좋은 일이냐. 사실 나는 이것을 위하여 과거 수년간 애도 써보았고 또 현재도 그 설립을 위하여 노력하는 도중에 있다. 성불성成不成은 장래의 일이라 예단하기 어려우나 어떻든 조선에 이화학의 연구와 그 실용적 보급을 위하여 무슨 기관이 생긴다면 보다 더 큰 행복은 없을까 한다. 이에 내가 일상 생각하는 바의 일단을 피력한다면 다음과 같다.

첫째로 내가 마련하는 이화학연구소는 그 조직 급 연구의 원리적인 점에 있어서 무엇보다도 현실적인 응용의 방법을 중시한다. 즉 내가 이상하는 연구소는 언제나 조선인의 현재 급 장래의 생활에 적용하는 상품의 생산 급 그것의 저렴한 가격에 의한 보급을 주안으로 하여 연구를 진행해야 한다고 생각한다. 참으로 조선인이 자주적으로 문화적인 생활을 영위하자면 자력에 의한 과학의 연구 급 그 연구에서 응용되는 생활필수품의 생산을 기도하지 않아서는 안 될 것이다. 내가 일찍이 일본 급 미국을 주유할 때에 얼마나 그들이 이 방면에 주력하고 있나를 보고 나의 연래年來의 생각은 더욱 확고하여갈 뿐이었다. 일본의 이화학연구소라든지 미국의 앨라배마주에 있는 '부커 티 워싱턴'대학의 연구소 등은 실로 나에게 많은 감명을 준 것이었다. 더욱 '부커 티 워싱턴'대학은 흑인이 설립한 것으로서 흑인들은 이 대학을 다시 없이 자랑하는 것이었다. 이곳에서는 낙화생落花生 급 감자를 응용하여

150종이나 되는 식용 상품을 제조하는 것이었다.

나는 이러한 기관을 위하여 적어도 100만 원이라는 자금이 필요하다고 생각한다. 그중 30만 원은 설비비로 70만 원은 기본재산으로 하여 재단법인을 조직할 것이고 연 7분分의 금리를 계산한다면 연 약 5만 원의 경상비를 얻을 수가 있을 것이다. 그 경영에 당하여는 사회 유지도 낀 6~7인의 이사회가 있고 그 밑에 총지배인이 있어가지고 서무를 총섭總攝하며 통속과학 잡지(정가 10전 가량)의 발행 급 전문 보고서의 출판을 관리한다.

이것은 경리 문제에 관한 것이지만 이화학의 전문적인 연구와 그 실용을 위한 부서로는 (1) 화학부 (2) 물리공학부가 있다. 각 부에 주임 1인과 그 밑에 3~4인의 연구원(혹 조수)을 두는데 모두 각기 전문학자임을 요한다.

이와 같은 조직 하에 연구와 응용 방면을 겸행하는데 특히 공학 방면에 있어서는 제 외국의 좋은 기계와 기구를 참고하여 우리의 생활의 적합하도록 연구 제조하여 보급시킬 것이다. 여하간 연구의 상품화를 주안으로 하지 않아서는 안 된다. 그러고 인재를 양성하기 위하야 매년 우수한 청년학자를 1인씩 외국 유학케 하는 장학금 제도를 설치하면 좋으리라고 생각한다.

9. 조선박물회 이헌구, 과학박물관 명칭의 통일

박물(동動, 식植, 광鑛)의 명칭의 조사 통일에 대하여는 우리는 사업이라고는 할 수 없으나 벌써 4년 전부터 조선박물회라는 것을 조직하여 가지고 비록 소규모이기는 하나 동·식물의 명칭을 수집한 바 있는데 최근에 와서 식물의 반수半數 가량의 명칭은 총수집하여 그 명사를 일일이 분류해놓은 것이 있고 동물에는 포유류, 곤충류, 양서류, 파충류, 조류 등이 다 각각 조금씩은 결정되었으나 이것은 아직 요원하다.

명칭에 대하여 조선박물회 회원들이 예의銳意 상담, 토의 결정한 것은 물론이었고 쇼와[昭和] 9년 중에는 휘문고보 강당에다 박물전람회를 개최하여 일반에게 공개를 해본 일이 있다.

그리하여 우선 충분하게는 아니 되었으나 표본과 명칭을 부친 것을 제1회로 발표하려고 하는데 이것만으로도 경비가 한 2~3천 원 정도가 들 것 같다. 이 방면의 구체적인 가령 과학박물관 같은 것이 성립된다면 우리 박물회에서도 같이 악수할 심산이다. 그리고 한 2~3만 원을 들여 과학관을 한 개 건축하고 그 안에 주로 박물(동, 식, 광)에 대한 것을 일반에게 공개하면서 실물 또는 명칭 수집에 노력하여 집대성인 무엇을 하나 내었으면 한다. 따라서 사학斯學에 대한 연구, 조사도 이때라야 구체적인 것으로 되리라고 생각하는 바다.

10. 음악가협회 현제명, (미육공예) 약진 예원의 상징 종합예술학원

예술학원, 그 이름부터나마 우리에게는 다시 없이 반가운 것이다. 장래에 그것이 어느 누구의 독지에 의하여 설립될는지도 알 수 없는 일이니 이에 좀 공상에 가까운 설계일는지는 모르나 나는 대체 다음과 같은 생각을 가지고 있음을 말하고자 한다.

우리가 종합예술학원을 설립할 수 있다면 적어도 그것이 종합이라고 하는 한 음악과, 무용과, 연극과, 미술과 등을 포함하지 않으면 안 될 것이다. 그리고 음악과에 있어서는 성악, 피아노, 바이올린, 작곡의 제 전공 부문이 다시 세분되어야 할 것이다. 이 4과 중에서 미술과만은 내가 관여할 수 없는 과목이니 제외하고 기타의 3과에 대하여는 대략 다음과 같이 설계되리라고 생각한다.

음악과 : 학생 70명을 한도로 하여 건물 10만 원은 가져야 할 것이고 비품에 있어서 연습용 악기로 피아노 30대(약 2만 원), 관현악기(약 1만 원), 참고 서적(약 2천 원)이 창립 초에 필요할 것이다. 그리고 교원에 있어서 조선인 6, 외국인 4는 필요할 것인데 조선인만으로는 전문가가 적은 까닭으로 부득이 외국인을 고빙하지 않으면 안 되게 되니 자연히 경비가 많아진다. 따라서 연 10만 원은 들 것이다.

연극과 : 이 과에는 무대연극과와 영화연극과의 두 과가 있어야 할 것이다. 처음에는 건물에 5만 원, 직영 극장에 10만 원은 가져야 할 것이고 의상 급 비품으로 1만 원, 발성영화 촬영기 급 영사기 등으로 적어도 10만 원은 들 것이다. 학생 50명 위한 교원 10명 치고 연 경비 10만 원은 들 것이다.

무용과 : 이 무용과에 있어서는 불가불 체육관이 있어야 한다. 즉 체육의 연마를 반伴하지 않는 무용은 있을 수가 없는 까닭이다. 그러므로 건물은 이 체육관을 겸비한 것이라야 하는데 약 10만 원은 들 것이다. 또 체조 기구 급 설비에 1만 원, 의상 비치에 1만 원, 음악 공부에 필요한 비품 1만 원은 들 것이요 학생 40인에 교원은 조선인 5인 외국인 2인은 필요할 것이니 그 연 경비가 역亦 10만 원은 들 것이다.

대체 이상과 같은 설비 하에 종합예술학원을 세운다면 그 기본재산은 대략 500만 원은 있어야 할 것이다. 물론 재단법인의 조직이라야 할 것이다.

11. 서화협회 고희동, 아쉬운 대로 회화연구소

이러한 문제에 있어서 평소에 더러 공중누각과 같이 생각하여 본 일은 있었다. 지금에 구체적으로 말을 하자면 썩 자세하게 하기는 주저하지 않을 수 없다. 그러나 현대 우리 조선에 있어서 우리의 현상에 적당하(한 줄 판독불능-엮은이) 하여 돈으로서 예산을 세운다 하면 두 가지의 안이 있다.

(1) 100만 원. 미술학교 설립에 대한 예산이니 그 구체적인 시설은 좌와 여하다. 동양화과, 서양화가, 조각과, 공예과(각 과를 통하여 5개년제)
(2) 10만 원. 연구소 경비에 대한 예산이니 그 구체적 시설은 좌와 여하다. 동양화과, 서양화과, 서과書科(각 과를 통하여 연한 무제無制)

이 두 가지 안에 있어서 제2안을 취하여서는 곧 실행할 수도 있는 줄 생각한다. 이것이 실현만 되면 우리의 화단畵壇은 근거가 확립이 된다고 볼 수 있다. 전람회는 물론 따라서 성대하게 할 수 있겠다.

12. 조각가 문석오, (미육공예) 연구와 응용을 겸한 공예학원 창설

조선에 공예를 진흥시키자면 제일 먼저 공예 교육기관을 설치함이 목하의 급무일까 한다. 이제 외국의 공예 발달을 볼 때 프랑스[佛蘭西]나 독일이나 발달된 대원인을 공예 교육의 보급과 기 공과功課에 있다고 볼 수 있다. 프랑스는 그 미술은 별문제로 하고 공예를 시찰할 때 직물이며 도기, 파리기玻璃器는 세계에 유명하며 기타 장신구이며 동기銅器, 대리석 조각, 목조 가구 등 정교 미려하고 그 기술이 세계 일一이라 칭하며 독일은 도기가 역사적으로 유명하며 합성 금속으로 된 기물이며 동기진유銅器眞鍮의 판금세공板金細工 등이며 기타 대리석 조각, 인쇄물, 염직물, 완구로도 유명함은 세인이 아는 바이다.

공예 교육기관을 관찰할 제 프랑스는 미술국이니만치 논외로 하고 독일을 볼 때 학리를 연구하는 대학은 별문제로 하고 응용 방면에 고등공업학교가 수십 교가 있어서 건축 토목 기계 조선 응용화학 급 야금冶金 등의 연구를 하며 조각 회화 등의 순純미술 연구의 대학 정도에 고등미술학교가 약 16교 또 고등공업과 고등미술의 중간에 공예학교가 40여는 떨어지지 않는다고 한다. 기타 염직공업이 성한 지방에는 염직학교, 요업이 성한 곳에는 전문도기학교가 있다고 한다. 수백만 원의 거액으로 굉장한 교사를 짓고 대규모의 공예박물관을 병설하여 공예가에 참고물을 유감없이 수집하여 연구의 자료로 하고 있다. 나의 관찰이 틀림이 없다면 차此 양국이 세계 공예국이 된 원인은 확실히 공예 교육의 보급과 기 공과에 틀림이 없을 것이다. 우리 조선을 볼 때 공예가 금일까지 방척放擲을 당함에 따라 공예 교육도 망각됨은 사실이다. 조선 천지에 대학 정도의 공예학교는 말고 전문 정도의 연구소 하나가 있는가? 그러니 공예가 쇠퇴함은 자연의 정리定理일 것이다.

그러므로 진흥책으로 먼저 공예가를 다수히 산출하도록 하며 기 시대에 적당한 발전책을 강구하여 일층 우수한 공예품을 산출시켜야 할 것이다. 공예품 판로의 경쟁이 심하니만치 일치 노력하여 유치한 물품이나마 옹호할 필요도 있다. 이상은 적극적 근본책이오 소극적으로는 현 조선 공예의 유치한 구사상을 타파하며 학리를 응용하며 분업을 장려하며 자본가의 투자가 필요할 것이다. 그리고 공예 지도기관을 설치하며 해외에 공예 연구의 유학

생도 파견하며 기타 여러 가지 시설이 필요할 것이다. 지면에 제한이 있으므로 연구소의 내용과 조직은 미뤄두고 부문은 도안圖案, 요업, 금공金工, 제판製版, 가구 조각의 각 부를 꼭 설치함을 절망하는 바이다.

13. 세전世專 오긍선, 연구 창작을 위한 학자 아파트

한 100만 원의 자금으로 스칼러스 호텔, 혹은 스칼러스 아파트먼트를 건축하여 조선의 학자와 문인들을 수용하여 연구 창작에 전심專心케 하는 방략은 좀 막연한 일에의 하나이겠으나 역시 좋은 일에 하나임은 틀림이 없겠다. 나더러 이 방략을 세워보라고 하면 대개, (1) 인원 : 100명 (2) 본실, 객실, 변소 (3) 공동욕장 (4) 공동식당 (5) 공동응접실 (6) 공동유희실 (7) 도서실 (8) 전화교환실 (9) 사무소 (10) 자동차고 등 10개소를 두어 시작하되 위치는 경성 서대문 외 연희장延禧莊 근처에다 한 3천 평가량 해가지고 건평建坪을 철근 콘크리트로 한 500평 잡아서 설계하면 윤곽만은 설 것이다.

그 다음엔 이것에 대한 설비비이겠는데 그것을 잠깐 말씀하면 (1) 지가 6만 원 (2) 건물 7만 5천 원 (3) 공동욕장 5천 원 (4) 공동식당 1만 5천 원 (5) 공동응접실 1만 2천 500원 (6) 공동유희실 1만 5천 원 (7) 도서실 1만 원 (8) 전화교환실 2천 원 (9) 사무소 5천 원 (10) 자동차고 2천 원 (11) 수도, 난방장치 1만 2천 500원 (12) 전기, 전열장치 1만 2천 원 (13) 비품비(금침衾枕 기타) 1만 원 (14) 인건비 연 4천 800원 (15) 제 잡비 연 5천 원이라는 계산이 들 것이다.

그런데 이만한 설비에 대하여 학자, 문인들에게 요금을 받는다면 적어도 매일 1원 50전 내지 2원까지는 받아야 수지가 맞게 될 터이니 이 위에 식비를 가산하면 적어도 매일 2원 50전 내지 3원 받아야 될 터이나 현재 조선의 학자 문인으로서는 이 비용을 지변支辨하기 어려우니 이 스칼러스 아파트는 재단법인에 의한 문화시설이어야 할 것이고 이곳에 들어올 수 있는 사람은 선정위원회를 거쳐서 결정하는 것도 좋을 것이다.

48

「(사관의 비판) 사학 연구의 회고, 전망, 비판」(1)~(6)

김태준, 『조선중앙일보』, 1936.1.1~11

사슴[鹿]을 가지고 말[馬]이라 뻗고처서 馬鹿^{バガ}의 어원語源을 지은 것은 분서 갱유로 유명한 진시황의 신하 조고趙高의 일이다. '삼각형의 내각內角의 회和가 이직각二直角이라는 공리公理가 상인의 주반珠盤과 틀리는 경우가 있다면 그 상 인은 곧 기하학의 교과서를 하나도 남김없이 소각하여 버릴 것이다'란 말은 '흡슨'의 경구警句이다

악랄한 정치가의 산반算盤은 상인의 그것과 다름이 없다. '3에 2를 가加하면 지당하게는 5가 될 것'이로되 그들에게는 때로는 6도 되고 4도 될 수 있는 것 이다. 중세기의 토호土豪가 도량형을 속여서 받을 적에는 큰 것을 쓰고 줄 적 에는 작은 것을 썼다고 하지 않는가. 이와 같이 3+2=6이 되고 사슴이 말이 되고 삼각형의 내각의 화가 이직각이 되지 않은 곳에는 상식이 과학을 은폐 하고 미신이 정신正信을 저지하고 패리悖理가 진리를 구축하여 학술상에도 '그 리샴 법칙'이 유행하게 되는 것이다.

청대淸代의 일대 영주英主라고 받들던 건륭제乾隆帝도 전 중국의 서적을 모아 놓고 거기서 만청滿淸에 관한 기사가 있으면 지배자에 대한 모욕이라 하여 금 훼서목禁燬書目에 기입하고 닥치는 대로 소각하여 버렸다. 그보다도 천여 년 전

에 진시황 같은 이는 당시 민간에 저치貯置된 시서백기詩書百家를 행정 방해라는 죄목으로 모두 소각하고 유생을 닥치는 대로 갱살坑殺하고 무릇 학문은 각 주 각 현의 관리들에게 배우라고 하였다.

근년 독일에 일어난 '나치스'의 분서 소동은 모두 현대의 진시황이라고 하여 얼마나 세계의 이목을 경동驚動시켰던가? 그러나 나치스적 바바리즘은 일개 독일에 한한 일이 아니라 다만 정도의 차는 있을지언정 이와 같은 실례를 지구상에 산재한 '열강'의 구석에서 발견할 수 있는 것이다. 열강 제국의 학술연구에 대한 자유를 박탈하는 것은 원칙적으로는 지배권력에 대한 회의, 반항, 저해 등을 억제함에 있다. 우리가 과학적으로는 3+2=5가 되고 鹿을 녹이라고 하는 것이 부동不動의 진리인 줄 알면서도 반듯이 이 현실은 선지善者 창昌, 악자惡者 패敗, 선자 승勝, 악자 멸滅로 되는 것도 아니요 그 선악의 표준이란 것도 강자의 것은 모두 선, 약자의 것은 모두 악으로 규정되는 한 나날의 행동을 강자의 ××에 ××되면서 아무리 역사법칙의 지시하는 진리의 최후의 승리를 남모르게 즐겨하면서도 우리는 전야의 암흑에 고민하지 않으면 안 되는 것이다.

그러나 이런 일이 열강 제국에서 생겼다면 용획무괴容或無怪이지만 와우각상蝸牛角上의 소小반도 '조선에서 사이비한 괴물 아니 속물이 횡행하고 있는 것은 무엇인가? 자기의 사소한 지위를 이용하여 우愚□하고 노망鹵莽한 자가自家의 소주관小住觀으로 남의 논문 게재를 중단하는 예는 그 뚜렷한 현상의 하나라고 본다. 더구나 그 소주관이 야만의 꿈과도 같이 그야말로 천박한 관념으로 구성된 부질없는 회고적 보수적 민족개량주의적 무정견이 있음에랴. 우선 지난 1년 동안에 필자의 신변을 위요圍繞하고 일어난 사실로 볼지라도 중국의 '스콜라'적 철학의 하나인 음양오행설陰陽五行說을 가지고 가장 신세기의 대진리나 발견한 듯 필자를 향하여 '계몽' 운운의 폭언으로 도전하여온 의생醫生도 있었지만 필자의 쓴 수종數種의 논문을 게재 중에 중지시켜 버리고 금후 필자 일체의 논고를 '보이코트'하려 하고 나아가 필자와 같은 입장의 일체의 청년을 '경박지輕薄者'니 '조선을 천대'하느니 하고 가두연설까지 하고 다니는 분도 있었다. 이것은 김남천 군이 일찍 「누가 과연 조선을 천대하느냐—안재홍 씨에게 답함」이라 제제題하고 본지에 쓴 명쾌한 필진筆陣으로써 제자諸者는 충분히 짐작하였을 것이다.(1회)

특히 조선에서는 '학'과 '상식'과 '문헌'이 혼동되어 있다. '학'은 '과학적인 학 일반'이니 과학적 체계하에 건설된 학만이 학이요 참된 지식이 될 수 있다. 3+2=5는 참된 지식이다. 따라서 그야말로 '학'이요 인류 천천만고千千萬古에 움직일 수 없는 직리直理이다. 그것은 경험의 누적에서 뿐만 아니라 과학적 수리학적 증명이 이를 실증한다. 삼각형의 내각의 화가 이직각이 된다는 것도 가설假說, 작도作圖, 종결終結 등 여러 전제를 세운 후에 얻은 증명이다. 그러므로 기하학상의 정리定理가 된다. 아무도 이 정리를 거부치 못 한다. 만일 이를 거부하며 회의하는 자가 있다면 그는 과학적인 '학 일반'을 진심으로 받아들일 아량이 없는 자이다. 그처럼 '학'은 유일 부동한 것, 보통타당성을 가진 것임을 요구한다. 그런 점에 상식과 구별되는 것이다. 상식은 많은 경우에 부정확하다. 또 부정확하여도 누가 구태여 문제 삼지 않는다. 상식으로서는 3×2=6이 되거나 삼각형의 내각 화가 삼직각이 되거나 학문지인學問之人으로서는 그다지 문제를 삼지 않는 것이요 '오는 길 가는 길 한 달에 40회씩 쓰는 글(김남천 씨가 안재홍 씨에게 준 말)'의 속물적 상식적 견해가 그 해독의 여하를 고려하여 간간 그 정문頂門에 일침一鍼을 가할 적은 있으되 상식적인 잡문 수필이 아무 문학적 평가의 대상이 되지 못할 것도 스스로 명백한 일이다.

방간坊間에는 아직도 '학'이라면 '구학과 신학' 상식적 분류를 한다. 그러나 구학은 한학과 한문 글자로 기록된 (고문체) 글이요 신학은 한학 한문학 이외의 각 국문으로 기록된 것이라 한다. 구학은 상투 짠 노인의 학문이요 신학은 머리 깎은 청소년의 학문처럼 생각된다. 그러나 우리더러 말하라면 구학이라고 하고 한학 내지 한문 문학은 세계 각국의 철학, 사학, 문학 등 문화과학의 일부분 일지엽으로서의 중국 철학, 중국 문학, 중국 사학인 것이다. 신학인의 '학'이란 것은 우선 세계의 학술을 그 초보에서 한 번은 저작咀嚼하나니 구학은 '학' 일반의 일지엽에 한 조선적 과도기의 일 칭호인 것이다.

그렇기 때문에 구학의 일편一片을 잘 이해한다고 해서 그 사람이 학을 안다고 할 수는 없다. 구학 즉 한문(고문古文)의 일편을 잘 기억한다는 것은 그것은 '죽은 옥편'적 역할의 일부분적 사명은 수행할는지 몰라도 살아있는 '학문'적 역할을 한다고 볼 수는 없다. 그러므로 구학을 이해한다는 것은 중세기의 문자책이 아니면 글자 찾는 옥편인 것이다. 한자를 잘 안다고 해서 학을 안다고 할 수 없고 그는 학적 황무지인 조선에서는 한 상식가로 통할 수는 있을는지 몰라도 세계적으로는 중국 고문을 이해하는 문맹에 불과한 것이다.

그러나 조선의 고대 사실史實은 모두 한문자로 기록되어 있기 때문에 그러한 한학 또는 한문학자들이 남보다 먼저 아니 그 사실을 수집, 섭렵할 기회를 가졌던 것이다. 그래서 그들은 살아있는 옥편으로서 즉 '문헌'으로서의 업적을 후학에게 남겨준 것이다. 그러나 그 □술術이 엄청나게 논리적 비약에 빠질 때에는 학도들은 태연히 밟아볼 뿐이다.(2회)

한학자가 역사를 쓴다는 것은 때로는 문헌학적 기여가 될 수도 있지만 많은 경우에는 특히 조선과 같이 독자층이 학적 세계관을 갖지 못한 곳에서는 그 □혹惑의 해독이 매우 큰 것이다. 모지에 실은 「5천년간 조선의 얼」 같은 것은 그 현저한 예이거니와 지난 2월(?) 그 서문이 십수회를 지날 적에 신윤 국申允局 씨의 초청에 의하여 천향원天香園에 집합한 역사학구歷史學究 수십명이 이구동성으로 그 논문의 비과학적인 것을 지탄하면서도 누구 한 사람도 거기 대한 논평을 쓰지 않은 것은 모지의 고등정책일 것을 알았음과 그 한학자에 대한 면목을 존중한 것과 이 양자보다도 그 논고가 엄청나게 비학문적이어서 논평의 대상이 되지 않음을 알아야 한다.

논평의 대상이 되는 것은 오직 과학적 체계가 선 '학'적 논문인 것이다. 그러나 아무리 상식적 잡문雜文이라도 우리는 그 정치적 반동성이 과다한 때에는 그를 심상히 묵默할 수 없다. 그러면 우리는 본론으로 들어가자.

1. 문화연구의 방법론적 대립

무슨 문화를 연구함에 있어서 가장 긴요한 문제는 방법론인 것이다. 코페르니쿠스의 지동설이 발명되기까지는 서반구에도 천원지방天圓地方을 정신正信하고 두메서 사는 사람은 해가 동신東山에서 뜬다고 하고 바닷가에 사는 사람은 해가 동해東海 물속에서 뜬다고 하지 않았던가? 다윈의 진화론이 증명되기까지는 인간의 종자가 아담 이브의 낙원 추방에 의한 신의 창조를 정신하지 않았던가? 당시에 지동설과 진화론의 발명이 얼마나 중세기의 신학에 대한 위협이었던가?

근세 과학의 발전은 놀랄 만큼 괄목에 치值한 것이었다. 국제자본주의의 급격한 발전은 특히 자연과학을 비상히 발전시켰으나 그것은 상공인들의 어용에 만족될 정도의 학술이었다. 그래서 그는 시대적 의미에 있어서 중세기의 신학적 소주관小主觀에 대치되는 자였다. 영국의 자본주의는 그 상공층의 자기 생활의 옹호를 위하여 민중을 동원하여 '피'의 존엄을 자랑하는 특수사관을 내세웠고 유럽[歐洲]의 열강도 보다 이에 지지 않는 국민사관을 내세웠지만 게르만 민족의 통일과정의 독일적 사관이 그대로 메이지유신[明治維新]에 열도列島를 젖혀 이 땅에도 부식된 것이다.

여기서는 조선의 선배 제씨만을 들어 이야기하려 한다(관가 어용의 학은 본론에서는 생략하려 한다). 그들은 사물의 현상을 관념에 소訴하여 독단獨斷한다. 그들은 야만시대의 복사卜師처럼 때때로 통한 변신론辨神論과 예언을 한다. 그들은 어디까지든지 환상적이다. 그들은 항상 금인今人이 고인古人만 못하다는 주관을 갖고 사회는 퇴화한다고 본다. 상고上古에 만선만능萬善萬能한 단군 세계가 있었고 그 단군은 만주 조선 일대에 군림하기를 하나님께서 허가 맡은 천제자天帝子로서의 단군천강설檀君天降說을 그대로 믿는다. 벌써 옛날에 완전무결한 영웅과 신인神人이 많이 났다 한다. 강감찬, 개소문, 세종대왕, 충무공 이순신… 운운하고 그 우상 앞에 백배百拜한다. 그 영웅 그 신인은 우리의 공통히 모셔야 할 위대한 조선祖先이요 다같이 단군의 자손으로서 민족적인 화랑혼을 잘 준수하여야 한다는 것이다. 이미 고정한 소우주가 구성되어 아무러한 학적 구명도 이 질곡 속에 벗어나지 못 한다. 벗어나면 단군의 자손으로서의 죄악이라는 것이다. 그리하여 영웅 신인 권력에 대한 본질의 분석을 허許치 아니하고 한갓 감상적으로 그를 구가하며 훈고학적으로 훈고할 뿐이다. 물론 이것은 과거 1년에 처음 보는 현상도 아니요 100여 년래의 드러난 사실로 되어 있다. 물론 훈고학적 개척의 일면적 공과를 무시할 수는 없는 것이다.

그는 현실과 교섭을 끊고 상아탑 속에 농성하여 과거의 역사적 사실을 신비적으로 감상적으로 해석하고 정치와의 관련을 경계하지만 실로 그 결과는 의식적으로 무의식으로 반동에의 악용의 도구가 된다.

이것은 갑오경장甲午更張이란 역사적 대사건이 있은 후 어느 정도까지 이 나라의 신흥세력과 결탁하여 발전한 것이었으나 ××합병 후는 전혀 그들의 활동 무대가 ××되어 지금까지의 '민족자랑'도 '화랑혼'도 '단군론'도 공허한 감상적 구기口氣가 되고 말았다. 지금까지도 조선사회에는 약 40~50세 이상의 한문학도들에게는 이때의 의식을 그대로 가지고 그 아성을 굳게 지키고 (내버린 이도 있지만) 있는 이가 대부분이며 이 독자층을 만족시키려는 저널리즘의 관심은 일부러 '5천년간 조선의 얼'을 다시 내세우는 것이다.(편의상 독자층을 40~50세 이상의 인물이라 하였지만 이것은 강렬한 민족주의 의식에 의한 것이다.)(3회)

그러나 최근의 과학적인 학도들은 개정個正한 지식의 추구에서 언제든지 그들의 잠꼬대에 속을 만큼 어리석지 아니하다. 사회적 역사적 사건의 현상을 그 본질에서 분석하여 이것을 진정한 자태로 보려 하고 언제든지 그것을 '현실'이라는 역사적 순간과의 연관 밑에 관조하려 하고 언제든지 사람의 생의 유동을 보려 한다. 종래의 역사관에 대립하여 근본적으로 다른 두 가지의 특징이 있다.

하나는 종래처럼 역사를 어느 개인의 업적과 진개眞個 사실의 서술로써 만족하지 아니하고 생활자군群이란 대중의 활동을 대량적으로 고찰하여 이들의 활동을 이해하는 열쇠를 주는 것이요, 다른 하나는 종래의 역사가 각 개개인 속에 사회 진화의 원인을 구하고 인류의 역사적 활동에 있어서도 잘하여 그 관념적 동기의 추구로써 지선至善의 능사로 삼던 것이 이에 이르러서는 1보 나아가 그러한 동기가 어디서 유래한 것인가를 연구하고 그 최후의 결정적인 동인動因을 사회의 물질적 생산력의 변화에 구하므로 인하여 사회관 진화의 배후에 잠재한 엄연한 객적(객관적－엮은이) 법칙을 추출함에 있는 것이다.

이러한 역사적 방법은 종래의 학술적 나열식의 병폐를 일소할 뿐 아니라 인류역사적 활동의 구극적究極的 원인이 무엇인가를 탐구하여 이를 사회의 물적 생산력의 발전에 귀착시킨 것으로 인류의 역사적 활동의 기機와 사회 변화의 원인을 어느 개인의 의사와 정복욕과 민족정신과 그 타他 관념적인 동기한 역사와는 전연 판이한 입장에 섰다는 점은 코페르니쿠스적 전향이라고 하여도 과언이 아니다.(코노 미츠河野密 씨 설 인용)

그리하여 조선문화의 각 부문의 연구에 있어서 비과학적 권력적 보수적 관념적인 종래의 방법과 이에 반한 것과의 양자의 대립을 보게 되는 것이다.

2. 해석학解釋學의 제 결함

오인은 선배 제씨의 해석학적 공적을 전적으로 은폐하려는 자는 아니다. 그러나 그를 그대로 계승하기를 주저한다. 왜 그러냐 하면 그는 너무도 자가의 특수사관에 사로잡히고 너무도 고루한 연구재료로써 하였다는 것이다. 현대 학도들의 관심은 적어도 아래와 같은 사료에 시선을 던지지 않으면 안 된다는 것이다.

  1) 직접관찰, 사진술, 사음술寫音術

  2) 전승의 보고

  3) 유물 잔류물, 언어, 상태, 풍속, 제도, 제 산물, 업무상 서류, 통계적 기

록, 기념물과 금석문, 고문서 등

4) 사료 안내 급 사료찬집史料纂集, 도서에 관한 지식, 중요한 사료 출판, 도
서관 박물관 지식 등

(a) 구비적 전승 : 가요 전설, 종교 전설, 일화 유행어 이언俚諺

(b) 문학적 전승 : 역사적 금석문, 계보적 기록과 관리표官吏表 연대기와 시
대기記, 역대왕조 기록 전기, 실록 회상록 기타 잡문

이 있을 것이다. 그러나 종래의 연구가 모두 그렇다는 것은 아닐지라도
'얼'적 연구의 수백 회 잡문이 누구든지 사학에 관심을 가진 사람이면 모두
알 만한 문학적 전승의 몇 종의 연대기와 문집류에 나오는 자구의 훈화와 해
석으로써 득의연得意然하시는 모양이 아닌가? 그러나 진정한 조선 고대사가
간단히 중국의『동이열전東夷列傳』과『삼국유사』,『삼국사기』,『고려사』만으로
써 해결될 것인가? 구비적 전승인 가요 전설 등과 언어 습속등 유물에 대해
서 다소의 관심이라도 가져본 적이 있던가? 여기 대하여 고고학적으로 혹은
지질학 혹은 민속학 혹은 언어학… 등 여러 각도로 관찰하려고 노력해본 적
이 있던가? 더구나 구비로 전해오던 가요 전설 미언謎言 등과 그 타 유적은 아
직도 모아놓지도 못한 채 그대로 산일되려는 상태에 있고 언어도 아직 한 개
의 우리 사전을 갖지 못한 형편이 아닌가? 물론 우리는 우리의 선배가 왜 우
리와 같은 다른 나라의 사학 선진들처럼 학구적 업적을 남겨주지 못한 환경
의 소이연所以然을 잘 알고 있는 것이다. 그래도 이 나라의 '얼' 빠진 선진들은
역사의 법칙을 무시하고 집요 완미하게 정외井蛙의 견見을 붙잡고 왈 '5천년
간… 얼' 왈 '단군 천년'하고 큰소리치며 다닌다.

아무리 근시近視라도 사론을 쓰는 사람이면 조선 땅에 조선 민족의 생활해

온 역사를 5천년만이라고만 볼 수는 없다. (3×2=4의 수학이 아니고는) 조선 민족이 이 나라에 서식하며 생활해온 역사는 만 년에 가까우리라는 것이다. 이는 해석학자들의 내버린 사료—즉 문헌학 이외의 사료에서 과학적으로 추출한 결론인 것이다! 그러면 혹 정인보鄭寅普 씨가 이것을 알면 '1만년간 조선의 얼'이라고 개정改正할는지 모르나 '조선의 얼'과 같이 각 국민이 자국혼을 내세우기 시작한 것은 세계 각국 시민들의 국제적 비약을 목표코 민중을 자가 옹호의 병정으로 이용하는 수단이 생긴 이후의 일이다.(4회)

조선혼의 부지扶持, 화랑도의 재현, 간디이즘의 숭배 등이 요사이 우리 선배인 우국지사들의 전매특허 받은 사업으로서 자기네만이 '조선을 사랑'(남은 모두 조선을 천대)한다고 생각하는 것 같으나 실은 그들도 장차 의외의 결과를 얻음에 놀라리라. 현재 간디의 배후에 인도 토착 부호의 금력이 얼마나 지지하고 있는지 알아보았으며 무엇을 줄 수가 있겠는지 고구하여 보았던가? 화랑은 신라 건국 후 종교적인 그 본질의 거세를 당하고 그 신라 왕족 귀인의 자제로 조직되었던 만큼 소수의 주인이 다수한 노예를 통어統御하기 위한 노예국가의 귀족 자위단이었던 것이다. 그는 역사의 진행 도정에 일시의 필요로 생겨났다가 불필요한 때에 수시 소멸된 것으로 그만한 무용담은 서양의 돈키호테식 봉건 무사에서도 얼마든지 볼 수 있는 것이요 이것을 인공적으로 이 조선의 현실에 재현하소서 하는 망발은 수천년 전의 목내이木乃伊에 다시 영혼이 살아오라고 부르는 것과 같다. 이런 의미에서 조선의 원시신앙을 샤머니즘에서 이해치 아니하고 조선혼으로서 이해하려는 박노철朴魯哲 그 타 제씨의 '화랑' 연구는 '얼' 빠진 논문과 동일한 수준에서 논할 것이다.

세계 문화가 모두 조선의 불함문화不咸文化에서 배태하였다는 최남선 씨의 단군론은 필자가 이미 본지에 석명析明한 바 있었거니와 그들은 삼황오제三皇五帝

帝와 기자箕子 위민衛滿이 조선 사람이 아니었음을 한恨하고 '단군 천년 기자 천년…' 하고 5천년 역사를 자랑하다가 평양 부근에서 발굴하는 낙랑문화 사군四郡문화를 무어라고 장차 설명하려는가, 무릇 과거의 문화적 생활을 한 역사가 짧고 길었다든지 과거에 남의 지배를 받았다는 것이 무엇이 그다지 한사恨事가 되는 것인가? 또 그것이 우리에게 가장 중대한 사실일 것인가? 과거에 남의 지배를 받지 않았다는 것을 내세우기 위하여 기자를 개아지(『괴기怪奇』 2호)로 설명하여 보는 육당六堂도 있었고 『진단震檀』 제3호에 이병도李丙燾 씨는 '기자의 후손 기준箕準'이란 설을 일축하고 기준을 한준韓準이라고 결론하였다.(기자가 조선에 오지 않은 것은 논할 필요도 없이 명백하고 이 점 이씨의 견해가 일면적으로 귀중한 작품이다.)

일본 내지에서는 메이지[明治] 초년 기부산崎阜山 중에 조선의 '한글'과 비슷한 글자를 날조하여 매치埋置하였다가 우연히 발견하여 얻은 것처럼 선전하고 이로써 일본 고유의 신대문자神代文字라 하여 일시 신대문학 소동을 일으켜서 이마사와今澤 박사와 그 타 제씨에게 소파笑破되고 만 일도 있거니와 조선서도 김부식金富軾이가 고구려의 연대를 깎은 것은 요사이 관학자들처럼 직업에는 충실했다고 할는지 모르나 학문으로서는 상당한 규탄을 받아야 할 것이요, 단군을 믿기로 대종교를 창립하고 『신단실기神壇實記』 『단경檀經』 같은 경전經典을 출판하여 구차한 민중의 생활을 위협하는 자가 있는 일면에 단군사당 권X사당, 이충X공사당 건축, 정다산 백년제… 등 소란한 문제로 지면을 번화롭게 하던 것이 작금의 일이다.

그러나 종래의 해석학적 특수사관의 근본적 결함은 비과학적이라는 일어一語로 다한다. 그는 문서로 된 사료의 취급은 비교적 익으나 문서 이외의 사료에 대해서는 그 진가眞假의 검증, 연대의 측정 등 분석과 비판이 결여할 뿐 아니라 사물을 정반합적 발전의 법칙에서 보지 못하기 때문에 역사적 제 현상을 잘하여 그 표면적 연결의 해설에 그치고 그 현상 속에 내재한 객관적 관련을 무시하며 개인심리학 또는 심리학적 인지因子의 파착把握까지는 하되 문화인자의 파착 또 자연적 물질적 인자의 파착을 하지 못한다.

예컨대 이상백李相佰 씨의 「삼봉인물고三峯人物考」 같은 것은 문헌적으로 종래에 보지 못한 석명析明을 보여주면서도 그 인물의 시대성을 그 사회경제적 배경에서 구명하지 않았기 때문에 삼봉 정도전鄭道傳이란 인물의 좀 더 진정한 면목을 보여주지 못한 것 같다. 이를테면 고려에서 이조에로 사회××를 하지 않으면 안 될 당시의 정형이라든지 선악의 표준이라든지의 이같은 것을 말하고 그 ××의 중요 인물인 삼봉이 배사절우背師絶友하고 그 후 훼방의 적이 된 원인을 밝히지 않으면 아직도 아픈 곳을 가리켜주고 긁어주지 않는 화룡점정의 느낌이 없다. 이병기李秉岐 씨의 시조時調 기원을 음악적 일면에 구한 점은 종래에 듣지 못한 탁견이면서 그 음율의 발전이 무엇에 의하여 그처럼 변하였으며 시조가 왜 거기서 변해 나왔는가를 알려주지 못한 한 신광수申光洙의 시구詩句 '래자장안이세춘來自長安李世春'을 가지고 대번에 이세춘을 시조의 시조始祖라고 하기는 너무도 경솔하다. 누가 황제黃帝가 작주거율려산수作舟車律呂算數… 하고 설총薛聰이 작이두作吏讀하고 창힐蒼頡이 조자造字하고 세종이 한글을 창정하고…를 그대로 믿을 것인가, 봉건사회까지의 문화적 유산은 그 대부분이 그 장시일에 극히 지완遲緩하게 그 사회 진화의 수요에 응하여 지어내는 것이다.

김두헌金斗憲 씨의 「조선 조혼早婚 원인」 같은 것도 그를 정치상 사회상에 구함보다는 (그도 일면의 원인이야 되겠지마는) 중세기적 농업국의 반半가정노예적 의의에서 온 것이 아닐까 하고 생각하여진다.(5회)

조윤제趙潤濟 씨의 「시가의 태생」 같은 제목은 가장 붓을 들기 힘든 문제였다. 씨의 「역대 가집歌集 편찬의식에 대하여」도 편찬자의 개인적 동기가 아니면 시가 태생의 문헌학적 고증에 그쳐진 것이 그 논문을 좀 더 완성시키지 못하고 말았다.

서양에서도 '슈판'의 말과 같이 '워털루'의 싸움은 나폴레옹 국가 도괴倒壞의 원인이라든가 '시저'의 암살이 새로운 시민전쟁의 원인이라든가 하는 견해가 있었다. 그러나 역사에 있어서의 표준적 인격의 그 유의미한 지체적肢體的 행동의 관련 개념근거가 제일 중요하고 그 인격의 유의의한 행동에 의하여 개념근거에서 생기는 것이 그 사회적 전체성에서 지체적인 성질을 획득한 것만이 그 다음엔 중요하다는 것이다.

전봉준全琫準이가 갑오동학란甲午東學亂을 일으켰으니 위대하다, 대원군이 서원을 훼철하였으니 옳다(혹은 그르다)(이는 『신흥新興』 8호 졸고를 참조하라), 구주대전은 세르비아의 한 청년의 피스톨이 일으켰다 등등의 견해가 우리나라에는 얼마나 횡행하고 있는지 보라. 그들이 단군, 개소문, 세종대왕, 이순신… 그 타 역사적 사실을 본질적으로 진정한 면목을 보려고 노력이나 해봤던가. 그에 대한 정당한 평가와 현실의 생에 관련해서 가치 판단을 하여본 적이 있던가?

그러면 전봉준이가 과연 갑오의 동학란을 일으켰던가? 세르비아의 청년이 구주대전을 일으켰던가? 아니다. 전봉준과 사라예보 청년의 행동은 발화의 지체적인 일 행동에 불과한 것이요, 발화의 가능성은 그 객체가 충분히 가졌던 것이다. 전봉준이가 발난發亂할 그 때에 '전'으로 하여금 발난하게 한 이조 말엽의 봉건적 제 기구의 모순이 다시 미봉할 수 없을 만큼 극도로 양성되어 있었다는 것을 무시하고 갑오의 난을 설명할 수 없을 것이다. 구주대전 전의 국제적 알력과 각국 자본주의 모순이 발화점에 달한 점을 말하지 않고는 구주대전을 말할 수 없는 것이다. 바로 전봉준의 발난과 세르비아 청년 발총發銃의 개인적 동기는 현실과의 관련 하에 동학란 또 구주대전의 일 소인小因으로서 일 지체 행위로서 주의하여야 하겠지만 전봉준이가 소변 어떻게 하고 잠은 어떻게 자고 키가 몇 척尺이고(그도 동학란과 관련된 일이면 모르되 그렇지 않고)…를 골동적으로 발묘적發墓的으로 시사是事하는 조선학은 마땅히 경계하지 않으면 안 된다. 그는 어린아이에게 칼을 준 것처럼 안심할 수 없는 위험한 결론을 내리기가 쉽다. 특히 사실의 선택을 주의하라는 것이다.

3. 금일의 조선학

반도의 뒤에는 다시 한 나라가 건설되고 우리를 에워싼 극동 정형은 나날로 변하고 있다. 책상머리에서 고전을 캐고 있는 우리에게도 비위생적인 저 기압이 숨을 막을 듯 미리 누르는 것 같다. 발표기관이라고는 3 신문, 수종 잡지밖에 없는데 거기는 각 신문사 전속의 거두들이 그 사社의 고등정책에 의하여 '5천년의 얼' '화랑사花郞史' 같은 것을 써서 특수문화를 고조하며 조선혼을 환기하고 있다. 잡문 쓰는 논객들은 이를 옹호하여 '조선천대론'(?)을 썼다. 이외 보조를 같이 하여 『삼천리』에 김명식金明植 씨가 단군론을 쓰고 『신동아』에 누구(?)가 '화랑 연구'(?)를 발표하였다.

진행하는 역사적 순간이 잠깐 그 표면적 속도를 정체시킨 것 같을 때 외계의 압력이 엄청나게 이 나라의 양심적 인텔리의 행동에 불리하여 올 때에 그들도 과거의 조선을 재인식 하려고 하게 되었다. 그리하여 일반적으로 학구들이거나 독자층이거나 조선을 바로 인식하자는 기운이 다른 일면의 관심의 해이됨에 반비례하여 커진 것이다. 그리하여 법학에 있어서 켈젠의 순수법률을 말하는 자가 있으면 의지의 법률학을 가지고 대하여 오고, 문학에 있어서 해외문학을 연구하는 것이 훌륭히 문학 유파가 되는 동시에 예술의 상실을 염려하고 문학의 사회사적 문학사적의 이원적 관찰을 하면 「이인직李人稙에서 최서해崔曙海까지—신문학사 서설」(임화林和)을 써서 이에 대립한 적도 있고 신의新醫와 의생醫生까지의 이론 대립이 있었다. 이와 같은 것은 역사 연구의 면면에도 나타난다.

이 나라의 특수문화를 세계사적 일환에서 분리시켜서 훤전喧傳, 고조하는 인간은 여기서 제외하고 그 다음 조선에 관해서 많이 실은 잡지로 『진단학보』(1호에서 3호까지 나왔다) 『신흥』 제8호 등이 있는데 『진단학보』의 내용은 위에서 부분적으로 논급하였거니와 『신흥』은 조선연구호라 하고도 박문규朴文圭 씨의 「조선 농촌기구의 통계적 해설」, 신기석申基碩 씨의 「조선 근세 외교사의 일절一節」이 기억된다. 또 철자법 다툼만을 운위하는 조선어학계에 있어서 이숭녕李崇寧 군의 ','' '음가고音價攷' '어명잡고魚名雜攷'(이는 『진단학보』), 방종현方鍾鉉(일하一何) 군의 '△음' 변천 같은 것이 종래에 보지 못하는 귀중한 논문이다.

무엇보다도 현저한 것은 사회경제사의 연구다. 백남운 씨가 『조선사회경제사』에 선편先鞭을 치자 홍기문洪起文 씨가 그 가족제도의 용어에 대하여(『조선일보』), 신성생愼星生이 신라 골품제도에 대하여(『중앙일보』), 모리타니森谷(『역사과학』) 이청원李淸源 제씨가 아세아적 생산양식에 대하여(『신동아』), 한흥수韓興洙 씨가 원시××사회에 대하여(『비판』) 부분적으로 비판하였다.

물론 '사회경제사'의 연구는 모든 상부건축적 문화의 연구에 앞서서 무엇보다 필요한 기본적 연구일 것이지만 석기시대의 연구, 아세아적 생산양식 문제, 고조선 사군문화 등등 아직도 착수치 못한 문제가 얼마든지 있다. 사회경제사 그 타 이상 제 문제의 해결은 금후 조선의 정치, 예술, 사상, 종교사 등등에 중대한 열쇠를 줄 것이며 이로 인하여 좀 더 현실의 진정한 자태를 본질에서 볼 수가 있게 되리라 한다.

우리의 역사관은 과학적인 것과 비과학적인 양자의 대립이 있다. 소시민적이고 비과학적인 따라서 감상적 환상적인 종래의 역사관을 가진 늙은이들은 스스로 언어 기관을 봉쇄하고 자가의 환상적 사륙변려문四六駢儷文을 언론기관의 고등정책과 영합하여 발표하고 있다. 그것은 과학적 역사관에 대한 도전이면서 가련한 그들의 단말마적 발악이었다. 그러한 발악은 새로운 입장에 서서 진출하는 학도에 대한 기염 그것보다도 그들의 외래 정세와 영합한 정치주의에 의한 것이다. 까닭 없이 장제스蔣介石 무솔리니의 독재를 구가하고 나치스의 변용變勇을 절찬絶讚하고 있는 그들의 일이라 남의 팟쇼에 춤추는 그들로서 열강의 정책적인 '특수사관'을 묵수하여 모든 신비의 해부를 허許치 아니하며 모든 위인의 본질적 구명을 허치 아니하고 오직 '그대로 믿으라' 오직 '그대로 삼켜라' 한다.

그러나 우리는 세계사적 일환에서 떠난 천강적天降的 단군론과 선민적選民的 조선이라는 아희적兒戱的 허영에 만족할 것이었던가, 아니다. 우리는 이러한 야만적 소우주에 만족하지 않는다. 우리는 지식을 무시하는 지식과 중세인의 잠꼬대 같은 사견史見을 신뢰하고 이것을 나침반으로 하여 우리의 진로를 정할 수는 없다. 그렇다고 무조건하고 조선사 연구에 농성하라, 조선학으로 높은 상아탑을 쌓으라 하는 것은 아니다. 우리는 현실은 과거의 연장이요 미래는 현실의 연장이기 때문에 항상 현실을 이해함에는 과거와 현실을 각각 한 토막씩으로 분리시킬 수 없는 것이라. 하지만 현재에서 미래를 향하여 나가는 속도가 얼마나 빠르며 미래의 이상 추구를 위하여 거의 일각一剗도 한각閒却할 수 없음을 아는지라 어떻게 과거의 추구가 우리 행동의 전적인 것이라 하고 베개를 높이고 있을 것인가.

지난해는 젊은이의 정치적 노력이 종래만큼 민활하지 못하기 때문에 더 한층 역사 연구의 길로 농성한 듯한 감을 갖게 된다. 그러나 전연 그런 것은 아니다. 우리는 진정한 역사책을 단 한 권도 갖지 못하고 있다. 역사가 종래에 가장 샌님들 사이에 떠들어오는 문제임에도 등한시되었으며 뒤떨어지고 있던 것이다. 그렇기 때문에 조선사의 진정한 개척은 도리어 금후에 남긴 한 가지 과제라 한다. 이것의 연구만으로써 만사가 족하다고는 생각지 않는다. 우리가 요구하는 참된 역사는 오직 과학적 세계관을 가진 사람의 분업적 연구가 아니면 안 된다고 한다.(6회)

49

「고전연구의 방법론-문화유산에 대한 비판적 태도」(1)~(3)

이청원, 『조선일보』, 1936.1.3~7

　　낡은 시대가 새로운 시대에로 전환하려고 할 때, 다시 말하면 가장 큰 역사적 발전을 앞둔 금일, 우리 조선에 있어서 일부의 인사들은 과거의 영혼을 불러 일궈서 그의 이름과 음성, 그 의상을 빌려 어용에 충실하려고 부심하고 있는 것이다. 그리하여 이 조선의 역사의 새로운 장면을 무대 위에 상연하려고 '배달' 자손의 전체적인 천재, 그 공식의 영웅, 재간 있는 사람, 또 그 기수들은 위대한 '5천년간의 얼'을 합창하면서 '옛 보금자리로 돌아가라'고 위엄 있게 호령하고 있으며 따라서 이것은 조선의 역사적 발전과정의 독자성, 독립성의 화신으로서 고가로 팔고 있으며, 이 문제에 관하여 복고사상의 공허한 '아지프로'를 전개하면서 있는 것이다.

　　그리하여 이 현상과 같이 그들은 신성화된 '짓밟힌 현실'의 본래적 존재의 의견에 유력한 일련의 논증과 역사적 증명을 원망願望하고 있으며 이것을 위하여 고전연구는 안개의 열병적熱病的 조류로서 대유행하고 있다. 그러나 이 반면 급박한 공기를 호흡하면서 있는 대중들은 자기들의 광휘 있는 시일을 정확히 이해하기 위하여서는 과거를 자기들의 시야로서 바로 보려고 착실한 태도로서 과거 연구를 착착 진행하고 있는 것이다.

그러나 방법론적 적절한 설명은 극히 적은 주의밖에 던져지지 않는 현상이며, 오직 백남운 씨의 선구자적 저술인 『조선사회경제사』를 통하여 재래의 연구가 의거하고 있는 제 원칙을 비판 검토한 바 있으나 아직 모든 것이 미해결의 과제로 남아 있는 현상이다. 그러나 이 영역에 있어서의 방법론적 구체적 연구의 전개는 우리들을 만약 제외한다면 그 장래는 조금도 속임 없이 한심과 암흑만이 남아 있을 것은 당연한 이치이다.

그런데 편집자로부터 요청한 제목은 고전연구의 방법론이나 이 고전이라고 하는 것은 문서적 전승 자료인데 이것은 엄밀한 의미에서 말한다면 역사연구에 있어서의 협의의 사료이며 우리 조선에 있어서는 우리들 신흥학도들은 자기들의 앞에 벌써 부분적이나마 이 고전이라고 하는 광대한 미개척지를 자기들의 과학적 방법으로 개척하기 시작하였다. 그러나 우리들은 아직 여러 가지 색소로 물들인 관념론적 이론의 성무盛茂하고 광범하고 아득한 지면을 바라보지 않으면 안 되게 되었다.

그리하여 우리들이 금후 과학적 방법으로 이 영역에 있어서의 지면을 개척하려면 먼저 무엇보다도 고전 급 재래의 일체의 속학자 제군에 의하여 수행된 고전의 내용적 해설을 음미하지 않으면 아니 된다. 다시 말하면 우리들은 이것들의 고전 급 그 내용적 해설자가 가지고 있는 바 관념적 외피로부터 해방하기 위하여서는 이것들에 대한 기본적 태도는 의혹적 비판이며—물론 절대적은 아니다—이것은 적어도 과학적 연구의 출발점이라는 것이다. 그러므로 우리들의 고전에 대한 비판적 태도는 고전적 유산을 정당히 계승하기 위하여서는 절대로 필요한 것이다.

그러면 이 고전이 가지고 있는 바 일반적 특징은 무엇이었던가? 이 명제는 금일 우리들이 고전을 비판적으로 정확하게 이해하는 데 있어서는 필요불가결의 명제인 것이다. 그것은 먼저 정치권력의 변천, 흥망소장을 기술한 왕조연대기였으며 그리하여 그것은 더욱 군왕, 군신의 언행, 회상, 일기, 쟁투, 군신의 실득失得, 정령政令의 개폐 등을 기록한, 말하려면 전제 정부의 전쟁사, 일기장이었으며 그 편찬의 체재로 본다면 소박한 역사적 사실과 단순한 역사적 자료를 시간과 장소에 있어서 배열한 연대기적인 분류사적 감상 기록이었던 것이다.

1. 사회구성의 발전적 관찰

이와 같은 일반의 사정은 조금도 의심 없이 확실성을 가지고 역사적 발전의 전 행정을 힘있게 흐르고 있는 경제적 관계를 객관적으로 서술하여 있지 않으며, 따라서 시대적 압력에 눌려있는 거대한 민중의 생활에 관하여서는 음폐陰蔽와 말살을 특징으로 하고 사회구성의 발전 과정을 그의 계기적 발전의 법칙에 있어서 써지지 않고 있는 것이다. 물론 이것은 그 당시의 외국을 오랑캐시 하고 있던 절대주의적 교육을 받은 궁정학자宮廷學者 제공諸公에 있어서는 필연 이상의 필연이었고 아세아적으로 정체한 이 사회에 있어서는 할 수 없는 사정이었다.

그리고 근대 조선사 상에는 유형원柳馨遠, 이익李瀷, 이수광李睟光, 정다산丁茶山, 서유구徐有渠, 박지원朴趾源 등 말하려면 '급진 보수주의적 현실학파'라고도 할 우수한 학자들이 배출하여 선행자들의 경험을 일반화하면서 역사적 현상의 인식의 자기 자신의 창의를 발휘하는 데 의하여 자기 자신의 학파를 창설하였다. 그러나 이 새로운 자기 자신의 학파라고 하는 것은 자기들의 선행자들과 전연 별다른 독특한 비약적으로 발전한 내용 즉 새로운 세계관을 전취할 것은 아니었다. 물론 그들은 부분적으로는 엄청난 발전과 상위相違가 명료히 나타나고 그중에서도 정다산의 전토田土 이론 같은 것은 주목할 만한 내용= 세계관이었다. 다시 말하려면 정다산은 격렬하게도 봉건사회를 증오하였고 보다 선한 것에의 성숙을 욕구하는 동시 아세아적으로 정체돼 과거로부터 해방하려고 하는 원망을 반영하는 동시에 불철저한 몽상주의! 정치적 교육의 결여! 부동성浮動性을 반영하였다―그 당시의 과도기적인 역사적 경제적 조건을 이 이상으로 발전시킬 수는 없었다―. 그리하여 오직 그들의 궁정적 선구자들의 제기한 명제를 그들의 세계관의 범위 안에서 일층 정확하게 발전, 수정, 보충하는 동시에 다른 일면을 분리하였을 따름이다. 그러나 이 한에 있어서 우리에게 남겨준 업적은 결코 적은 것은 아니었다. 그러나 그들도 전부 그 선행의 자기들의 선구자들과 같이 '단군' 자손의 천상天上 제국 '동방예의 지국'에 눌려있는 죄 없는 수도囚徒=전제 치하의 거대한 민중의 변증법적 자기의식적 운동―그의 대부분은 목적의식적이 아니었다 할지언정―의 기초에는 도학자道學者 류의 동양적인 '역자혁명易者革命'으로서의 '왕조 변천'을 대치하였고, 그 서술적 내용의 대부분은 신비적, 신화적 외피로서 분식하였으나 이것들은 두말 할 것 없이 그 당시의 통치층의 신성불가침적 절대적 위엄을 옹호하는 기도에 지나지 않았다.

그러므로 재래의 고전은 사회 발전의 국한한 일 측면만을 그나마 무비판적으로 서술하는 동시에 '노예의 성률誠律은 예종隸從에 있다'와 같이 대중을 행위의 객체로서 위로부터 관찰하고 결코 주체로서 관찰하지 않았다. 이상 이 재래의 고전에 대한 우리들의 일반적인 태도적 기준이라고 보겠으나 우리들이 과학적 달성을 이 영역에 있어서 전취하지 않으면 안 된다고 할진대 무엇보다도 먼저 우리들은 과학적 사유의 법칙을 가지고 우리들을 무장하지 않으면 아니 된다. 그와 동시에 고전 속에 포함되어 있는 진실성, 신빙성, 확실성의 방면으로부터 정밀히 조사하지 않으면 아니 된다. 물론 우리들은 솔직하게 말하면 단순한 사실의 지식에 관한 한, 공식의 사가들에게는 도달할 수 없을 것이다. 그러나 단순한 지식은 과학이 아니다. 따라서 모든 조건 아래에서 역사적으로 관찰한 것만이 과학이 되는 것도 아니다. 오직 과학은 다음과 같은 보류가 필요하다. 역사적 현상 급 사실의 의미, 의의 급 그 사실과 가튼 계열에 속하고 있는 다른 역사적 현상 급 사건과의 관련에 있어서의 기원 그 임무를 천명하여서만 비로소 과학이 되는 것이다.(1회)

그러면 과학은 어떻게 우리에게 방법론적으로 명령하고 있는가? 그것은 그 어떤 사건도 경제적 관계에 있어서 따라서 생산력의 발전에 있어서 파악될 것이다. 즉 정치상의 일체의 현상은 사회구성의 토대인 경제상의 일체의 사실의 집중적, 통일적 반영임으로 그 어떤 사물이든지 먼저 이 관점에서 분석하지 않으면 안 되며 그와 동시에 각 시대에 있어서의 구체적 특수성을 본질적 세계사적 관점으로부터 분리된 것이 아니고, 현실적 발전, 세계사적 과정에 있어서의 특수성으로 각 시대의 국가형태와 관념형태와의 호상互相 관련에 있어서 파악할 것이며 단순한 자료를 역사적 시간과 장소에 있어서 배열한 것이 아니고 그 역사적 과정에 있어서의 구체적 특수성에 있어서 그 역사적 현상, 사건과의 사이에 있어서의 관련의 의의를 따라서 그 임무와 기원과를 명백히 하는 데 의하여 모든 역사적 자료의 단순한 수집, 파악, 서술보다 훨씬 커다란—종국에 있어서의 역사적 합법칙성의 특질을 구체적으로 천명하는 데 있다.

그러나 이것만으로써는 우리들의 방법론은 과학이 될 수 없다. 물론 우리들이 정치적 모든 현상을 경제적 사실로서 설명하기 위하여서는 다시 말하면 역사상의 모든 인물을 선인과 악인, 동정할 것과 동정하지 않을 것과 운운하는 류로 구분하고 있는 '주관주의적 역사학'의 낡은 전통을 영원히 청산하기 위하여서는 우리들은 압도적으로 경제적 자료를 수집하고 설명하지 않아서는 아니 된다. 그렇다. 이것은 귀중하고 존중하여야 할 자료임에는 틀림없다. 우리들의 모든 논증은 이 자료들에 의하여 명쾌하게 또 숫자적 근웅성近雄性을 가지고 논쟁의 여지가 없게 되는 것이다. 그러나 이것 안으로서는 역사적 진행을 완전히 설명할 수 없는 것이다. 우리는 이곳에서 결정적으로 맑스 엥겔스의 유명한 고전적 정식화를 상기하여야 할 것이다. 즉, 참으로 역사라고 하는 것은 일정의 경제적 사정 아래에서 어느 특정의 경제적 기초 위에서 창설되는 이 경제적 기초의 인지 없이는 역사 그것도 역시 의연히 이해하지 못하는 것이다.

그러나 역사는 활동적 인간에 의하여 창조되는 것으로서 그들의 직접의 동기라고 하는 것은 꼭 항상 경제적 성질의 것이 됨을 필요로 하지 않는다라고 강조한 것을! 환언하면 소여所與의 역사적 조건 아래에서 틀림없는 인간이 역사를 창조한다는 것을 즉 역사적 필연의 결정론은 인간능동적 파동=실천의 평가를 방해하지 않는다는 것이다. 만약 역사에 있어서의 인간능동적 임무의 승인을 거부한다면 그것은 조금도 의심 없이 경제적 유물론 따라서 역사적 숙명론에 떨어지고 마는 동시에 역사의 무한한 변증법적 발전의 커다란 왜곡에 그칠 것이다.

2. 사회의 경제적 조건과 인간의 자유의지

그러므로 우리들의 방법이란 결국 '모든 사회 발전의 기초는 경제적 조건이며 인류의 역사는 계급 대립의 역사임과 동시에 역사를 창조하는 주인공인 인간의 자의지와를 변증법으로 통일하여서만이 비로소 우리의 방법론은 과학이 될 수 있는 것이다'.

이상의 것은 극히 개괄적 의미에 있어서의 방법론이나 우리들 이상의 방법론을 자기 자신의 것으로 만들기 위하여서는 무엇보다도 먼저 역사적 진행의 일반적 지식을 정확하게 파악하여야 할 것이다. 이것은 가장 결정적인 중요한 문제이다. 그러나 이것은 변증법에 대한 철학적 논쟁을 전개하라고 하는 것은 아니다. 우리에게는 그런 여유가 없다.

우리들의 과학적 선구자의 고전적 정식화에 의하면 인류의 역사적 발전과정은 그 시원적인 원시사회로부터 자본주의 구성의 현역계에 이르기까지 다음과 같은 역사적 도정을 밟아왔다. 즉 '재산의 최초의 형태는 종족재산이다 … 제2의 형태는 고대에 있어서의 공공자치체의 재산 급 국가재산이었다. … 이때에는 벌써 공공자치체의 재산과 같이 동산動産의 사유 급 부동산의 사유도 발달한다. 그러나 그것은 예외적 공공자치체에 대하여 종속적 형태로서이다. … 사유재산의 발전과 같이 이에 비로소 근대의 사유재산에 있어서 — 일층 확대된 규모 위에서가 틀릴 뿐이다 — 또다시 볼 수 있는 것과 같은 제 관계가 출현한다. … 제3의 형태는 봉건적 또는 신분적 재산이다'(『도이체 이데올로기』)라고 하였는데 이 관념에서 볼 적에 우리 조선에 있어서의 역사 발전 행정을 혈연의 결합을 유대로 한 원시사회는 삼국시대 초기까지 계속하고 공공자치체 혹은 국가에 의한 공존형태=아세아'적 노예 소유자적 구성은 삼

국시대, 통일신라시대, 고려시대—특히 고려는 군사적인 노예사회이었다
—까지 계속되고 봉건사회는 이조에 와서 비로소 전개되었다고 볼 수 있다.

이상과 같은 시각에서만이 우리들은 각 시대에 있어서의 경제적 구조의 내면적 관계, 내재적 모순의 발달 급 그로부터 생기는 생산관계의 계기적 발달의 일반 합법칙성과의 불가피성과를 과학적으로 논증할 수 있을 것이다. 다시 말하면 문헌 역사 이전의 계급이 없고, 약수擽攻가 없는 인류사회 발전의 시원적 단계로서의 원시사회로부터 계급사회에의 발전적 전화, 내면적으로는 가족의 직접 확대 연합인 정치적 경제적 단위이었으며 사회구성의 기초였던 민족체로부터 약수 생산양식에 이르기까지 환언한다면 민족체가 일정의 발전과정에 이르며 필연적으로 일어나는 부권父權의 증대는 부계 가족에로의 변화와 노예의 발생이라는 결과를 내었다. 그리하여 이 과정은 '대인大人' '상호上戶'라고 이름 지어 부르는 노예 소유자적 선구자들이 씨족 전체의 권력을 자기들에게 유리하게 이용하여 자기들의 재산을 보유하였던 것이고 이 가부장적 재산=개인 재산을 보유하고 있는 실제적 권력이 씨족이 가지고 있는 기능을 파괴하자마자 씨족은 붕괴하여 이제는 정치적 경제적 단위는 완전히 가족에 이행하여 이에 비로소 노예생산양식이 개시되었고, 또 발전하였고 따라서 이것의 봉건적 생산양식에의 전화와 그 발전과정을 구명하는 데 의하여 조선인의 과거의 생활, 계급, 계급운동의 역사를 정치, 경제, 문화의 전 과정에 있어서 그 사적 발전을 정확히 설명할 수 있을 것이다. 그리하여 우리들은 이 임무를 현실적으로 수행하기 위하여서는 이상과 같은 관점에서 고전을 연구하지 않으면 아니 되는 것이다.

이상에서 방법론적으로 불충분하나마 해명한 우리들은 이제 이 문제를 좀더 높은 단계에로 추진시키기 위하여서는 고전연구의 기술적 측면을 밝혀야

할 것이다. 그런데 재래 이 나라의 신흥학도들은 기술적 측면에 있어서는 사관의 여하는 반영되는 것이 아니다, 라고 하는 말을 많이 들으나 이것은 큰 잘못이다. 왜 그러냐 하면 기술 문제는 결코 다른 문제와 똑떨어져서 존재하는 성질의 것이 아닌 이상 그에도 역시 당파성黨派性이 관철하고 있는 것이다.

고전연구의 기술 문제에 있어서 가장 중요한 것은 임의의 역사적 고전과 사료적 고전과를 먼저 구분하여야 하는 것이다. 다시 말하면 자료의 한계를 지어야 한다는 것이다. 이리하여서만이 그 어느 것을 무조건적으로 이용하여도 좋으나 그 어느 것은 이차적 흥미 또는 전연 무시하여도 좋다는 것을 즉 의무적인 것과 삼자적 내지 불필요한 것과를 구분하여야 한다는 것이다.(2회)

일례를 든다면 『삼국사기』나 『삼국유사』 등에 처음으로 발포된 법률의 엄밀한 본문을 포함하고 있는 것들은 완전히 사료로서 사용할 수 있을 것이다. 그리고 보통 우리들이 막연하게 고전이라고 하는 중에는 연대기, 전기, 자서전, 동시대인 또는 고대인의 기록, 회상기, 일기, 정치적 저작, 논필적 성질을 가진 종교적 저작, 동시대인의 서간 급 외국인의 기록 등으로 구분할 수 있으며, 연대기라고 하는 것은 제 사건에 대한 연대적 기록을 지칭하며 여기에는 제 사건이 약간의 집단의 개인의 기록이 일정한 해[年]에 순응하여 조성되어 있고 따라서 이러한 기록들의 총체는 단순한 연대순으로 배열되어 있는 것이다. 그리고 이 연대기에 있어서는 더욱이나 그 원시적 제 기록은 서서히 개인의 종교적 전설, 성자전聖者傳, 법률적 기념물 등이 결부되어 있는 것이다. 그 후의 편찬자는 개인적 관찰의 기초 위에, 또는 타인의 일화의 기초 위에 되는 자기 자신의 기록에 의하여 그 선행자들의 기록을 계승한 것이다. 연대기의 이와 같은 복잡한 조성은 그 개개의 부분을 보고된 사실의 지식에 대하여서도, 이 사실의 역사적 확실성에 대하여서도, 의문적 태도를 취하게 하는 것이다.

그리고 전설이라고 하는 것은 편찬자의 개인적 추억, 구비적 전승 등을 기초로 편찬한 것이며 정치적 저작은 선택 방법에 관한 전승의 특수형태로서 인정하지 않으면 아니 된다. 물론 이 외의 모든 고전도 정치적 기분 감정, 반감에 의하여 써있으나 다시 말하면 이미 확인된 바 같이 모든 역사적 서술은 불편부당의 사실의 기술자가 아니나 그중에도 이 정치적 저작만치 그 조류가 명료히 그 누구의 눈에도 반영되는 것은 없다. 다른 모든 역사적 서술은 그 배경에는 꼭 역사적 자료가 있어서 이것을 토대로 그 위에 자기들의 비유에 맞춰서 서술하나 이 정치적 저작에 있어서 결정적 의의를 형성하는 것은 무엇보다도 그 배경에는 정치적 이상이 있고 그 정치적 이상에 상응하여 자료를 선택한다는 것이다. 그러므로 이때에 있어서의 역사적 모든 재료는 편찬자의 주요한 목적에 더 상응하는 한에 있어서만이, 이 정치적 저작에 흡수되고 있다는 것이다.

일례를 든다면 금일은 벌써 그 정체가 명백히 된 삼봉三峰 정도전鄭道傳의 행위가 왕조연대기에는 허용할 수 없는 '역적'으로 써있으나 그 사실인 즉 국가에의 '역적'이 아니고 태종 개인과의 세자 문제를 중심으로 한 이해관계의 상위相違로부터 그렇게 되었다고 하는 것과 같이 이때에 있어서 태종은 자기의 정치적 야망=이상에 상응하지 않은 건국에 있어서 있지 못할 공신으로서의 삼봉을 국가의 역적이라는 이름으로 그들에게 일대 쿠데타를 단행하고 따라서 그렇게 선언하는 데 의하여 삼봉의 서술한 허다한 문헌이 무언 중 삼봉은 이조의 있지 못할 공신이라고 말하고 있음에도 불구하고 그를 왕조연대기에는 역적으로 썼던 것이다. 또 이 정치적 저작은 자기들의 주요한 목적에만 상응한다면 공허한 사실이라도 자기들의 척도에 맞추어 역사를 위조하는 사실이 많이 있는 것이다. 일례를 든다면 『삼국유사』의 단군은 단순히 평양에 도

읍하였던 것이나, 봉건 이조에 와서의 단군은 한 개의 통일적 민족의 시조로 등장하였던 것이다.

그리고 외국의 문헌 따라서 중국의 문헌은, 그들은 자기들과 하등 인연이 없는 이 조선 사회의 암흑면의 음폐에는 하등 용의하지 않음으로 그 문헌들은 사실에 가까운 확실성이 있다고 하는 사람도 있으나 이것은 하등 과학적 근거가 있는 이론이라고 보기에는 곤란하다. 물론 외국의 그중에도 중국의 문헌은 존중하여야 하고 또 흥미 있는 많은 자료를 제공하고 있는 것만은 엄연한 사실이며 따라서 이 나라에 있어서의 절대주의적 교육을 받은 역사가 제공들의 실증주의적, 실용주의적 모든 보고, 서술보다는 훨씬 진실에 가까운 점이 많으나 이 조건은 그들이 완전히 객관적 과학적 관찰자로서 나타나고 있는 것을 보증하고 있는 것은 아니다. 외교적, 종교적, 정치적 기타의 동기는 외국인을 사실의 경향적 왜곡으로 인도할 따름이라는 것이다. 그러므로 우리들의 고전에 대한 기본적 태도는 오직 의혹적 비판적이라는 것이다.

그리고 이상에서 우리들이 번갈아 강조한 바와 같은 역사 연구의 당파성은 일정한 한도로 그 술어까지 제약한다는 것이다. 재래 학자 제군은 조선사를 연구할 적에 이 조선의 역사적 발전 과정에 해당하는 원시사회, 노예 소유자적 구성, 봉건적 구성, 자본주의적 구성 등으로 사회구성적인 구분과 그 용어를 사용하지 않고 상고, 중고, 근고, 근세 따위의 의미 불통不通한 애매한 낡은 술어를 그대로 사용하고 있으며 이것은 그들 동방예의지국의 광휘 있는 행상인 가부장적 질서의 자랑이며 그러므로 적어도 과학적 술어를 쓰는 것은 삼강오륜의 도덕에 위반되는 동시에 커다란 수치라고 생각하고 있는 이것은 몇백 년 전에 지나간 시기에 있어서는 천재적 계시였겠으나 적어도 금일에 있어서는 역사적 발전의 계단을 엄폐하려는 가엾은 현상이다.

이상은 지면상 관계로 불충분한 분석이었고 더욱이나 우리가 구체적으로 분석하여야 할 이른바 '조선적 특수성이란 무엇이냐?' 그것은 금일 이 땅의 독자적인 것과 어떤 관련을 가지고 있는가? 조선의 각 고전에 대한 그 내용 구성에 관하여 당연히 구명하여야 하나 이것은 후일 다른 기회로 미룬다. 그러고 이 고전연구는 결코 그것만으로서 조선의 역사 과정의 일반 합법칙성과 그 발전의 구체적 특수성을 설명할 수 없으며 따라서 기형적인 생산관계의 일정의 체제로서의 조선의 현실을 완전히 복사複寫하고 그 체제 아래에서 경제적 발전의 지시하는 질서로부터의 활로를 명백히 하지 못한다.

역사 과정의 변증법이 추상적 학술적 용어로부터 한 개의 새로운 구체적인 산 사실로 나타나는 것으로 정확히 설명하기 위하여서는 인류학, 고고학, 토속학, 언어학, 민속학, 공예학 등의 보조과학의 힘을 빌어야 되는 것이다. 더욱이나 원시사회의 연구는 결정적으로 이것을 증명하고 있는 것이다. 즉 조선의 전설적인 전 태고사太古史를 싸고도는 무거운 암흑 따라서 더욱 후세에 와서의 절대주의적 교육을 받은 문헌학자 제공들의 합리적 주의, 실용주의적 해석 보고에 의하여 이 암흑은 일층 더 심하여지고 있는 현상에 있어서야. 그러나 이것은 우리를 인류학자 고고학자 언어학자 민속학자 공예학자가 되라는 것은 아니다. 이것은 도저히 불가능한 것이며 만약 이것을 강요한다면 그때 우리들은 역사연구가가 아니고 한 개의 수공업자에 불과할 것이다.(3회)

50

「문화투자의 신방면과 그 구체안, 과학박물관의 설립을 제창함」(1)~(7)

이승우, 『동아일보』, 1936.1.11~18

1. 서언

문화의 요소가 되는 학문, 예술, 문학, 교육, 정치, 풍속, 종교, 경제, 교통 등등 각 부문의 그 어느 것에나 문화적 투자를 하여 가ﾎ치 아니 한 곳이 없다. 문화적 투자의 수가 많으면 많을수록 또 그 규모가 크면 클수록 그 은택을 입는 범위가 광대할 것이다. 이 투자의 다소가 그 사회의 문명 정도를 표시하는 척도가 되는 것이다. 그러하므로 문명국이면 문명국일수록 이러한 투자의 수가 많으며 그 규모가 굉장하다. 선진 각국의 이 방면에 대한 투자의 실황을 살펴보면 실로 놀라운 일이 많다. 기아선상에선 우리의 현상으론 상상키도 어려울 만한 대규모로 광범위의 사업을 하여 그 사회에 막대한 공헌을 하는 단체의 수가 수백씩이다. 그러하건만 신방면의 문화적 투자가 뒤를 이어 일어나며 그 규모가 갈수록 더 굉장하며 복잡하고 정밀하여가는 현상이니 이러한 사실을 견문하고 우리의 현상과 대조할 때 우리는 어이없음을 제ﾠ할 길이 없다.

돌이켜 우리의 현상을 살펴보면 어떠하냐. 문화적 투자가 매우 근소할 뿐 아니라 그 종류가 육영이나 출판의 범위 외에 나지 못하였다. 이것은 물론 여러 가지 사정 하에서 이러한 결과를 맺은 것이요 우리의 몰지각 또는 인색에만 그 죄를 돌릴 수는 없을 것이나 무량한 적막을 느끼는 것은 사실이다. 그러면 이제 힘을 있는 대로 내어 새로 문화투자를 하려는 계획이 있다면 어떠한 방면의 사업이 가할까. 환언하면 여러 가지 사업 중에 어떠한 것을 가리어 하는 것이 가장 의미가 있고 효과가 많은 것인가. 이에 대하여 여러 가지 의견을 가진 이도 있을 것이나 필자는 아래와 같이 생각한다. 이 사회를 유지하여 나아가는 데 필연적으로 하지 아니치 못하는 방면 즉 생활이나 정치경제에 직접 관계가 있는 방면은 문화적 투자를 기다리지 아니 하여도 자연히 어느 정도까지 발달하는 것이니 그것은 고사하고 학문상이나 실제상 간절한 요구가 있으면서도 그 사업의 성질상 영리적 효과가 없는 것이면 언제까지나 버려두는 것이 상례이니 이 방면에 향하여 투자하는 것이 가장 적절할까 한다.

이러한 사업도 많을 것이나 그중에 최긴요한 것으로 과학박물관의 건설을 제창한다. 왜 이 과학박물관이 그다지 긴요하냐 하면 현대인—더욱 현대 문명에 후진인 우리—의 절실히 느끼는 바는 과학적 훈련의 부족 우쯔는 결여이다. 그런데 이 결점은 독서로써 어느 정도까지 구할 수 있으나 항상 이에 부수하는 난관은 실험을 아니 하면 독서한 효과가 박약하거나 또는 이해할 수 없는 것이 많은 점이다. 그렇다고 개인의 힘으로 기구를 사서 실험한다는 것은 경제상 문제 때문에 도저히 불가능한 일이다. 막대한 비용이 듦으로 아무리 절실하게 원하는 것일지라도 어찌 하지 못하는 것이 상례이다. 이러한 절실한 요구를 어느 정도까지 구하여 연구자의 편리에 공供하며 일면으로 과학에 비교적 냉담하던 이들에게 그 필요성을 고취하여 이를 보급시킴으로써 문화에 기여하려는 것이 과학박물관의 사명이다. 또 일국의 상업의 발달은 공업의 발달에 의하며 공업의 발달은 출중한 발명과 고안考案이 많이 생겨야 하는 것인데 발명 고안은 과학적 지식의 기초가 없이는 바랄 수 없는 것인 즉 과학적 지식의 훈련을 목적한 과학박물관이 현하의 최긴급한 사업임을 짐작할 수 있을 것이다.

이것을 설립하려면 얼마나 한 자금이 들까. 이것은 썩 결정하기 곤란한 문제이다. 첫째 어떠한 표준을 정하기 위하여 선진국 박물관의 실정을 보자. 구미 열국은 고사하고 위선 가장 가깝고 우리가 비교적 쉽게 구경할 수도 있는 도쿄[東京]과학박물관을 예로 들자. 이것은 구미의 그것에 비하면 각 항으로 유치한 정도에 있는 것이건만 그 건축비만 하여도 200만 원이란 거액이니 이보다 더 완전한 다른 박물관들이야 얼마나한 거액이 들었을까 상상키에 곤란치 않을 것이다. 둘째 우리의 환경과 실력을 고찰하자. 이러한 사업은 그 성질상 정부가 경영하는 것이 통례이나 금일 조선의 현상으로 보아 위정 당국에선 일찍이 이러한 계획이 있음을 듣지 못하였으니 솔선하여 설립하여 주기를 바라기는 좀처럼 어려운 노릇일 것 같다. 그러면 다른 방법으로라도 이 민중의 절실한 요구를 기분간[幾分間]이라도 만족시킬 만한 기관이 있느냐 하면 전무하다. 간혹 약간 시설이 있어도 이것은 공개치 않는 것이니 소용이 없다. 따라 민간 유지의 사업으로 이것을 달성하는 수밖에 없다. 그러면 종래에 조선 내에서 문화투자라고 할 만한 방면에 투자한 이들이 최고 얼마나한 투자를 하였던가. 불과 수십만 원인 듯하다. 그런 즉 우리는 이 현상 하에서 아무리 절실한 요구가 있는 사업이라 하더라도 수백만 원 혹은 수천만 원의 대자본의 투자를 바라기는 불가능한 일이다. 선진 각국의 시설을 생각하면 망양[芒洋]의 탄[歎]이 없지 못 하나 위선 우리의 처지대로 능력이 있는 대로 설립하여 놓고 기회 있을 때마다 확장을 하여 결국 수년 혹은 수십 년 후에 다른 것에 비하여 손색이 없을 만한 것을 만들 용의만 있으면 그만이다. 한갓 남의 화려

한 것만 생각하고 있는 힘도 아니 쓰며 낙심만 하는 것은 절대로 불가한 일이다. 소규모로라도 설립만 하여 놓고 충실하게 이용만 하면 그만치 우리에게는 남의 것 못지않게 이익이 생기는 것이다.

이러한 의미 하에서 필자는 40만 원이란 최초 출자를 우리의 현상에 비춰 적당하다고 가정하고 이것을 어떻게 운용하여 이 사업을 성취할까 이 아래 구체적 의견을 기술하거니와 졸문 천견의 필자임으로 얼토당토 아니 한 일이 없음을 보증키 어려우니 이러한 점은 대방 제가의 지적 문책하심을 기다린다.(1회)

2. 재원

상술한 바 최초 출자금은 어떠한 방법으로 이것을 구할 것인가. 물론 이것은 개인의 출자로 하는 것이 제일 간편할 것이나 부득이하면 수인數人이 합자하여 하는 것도 무방하다. 이 40만 원 중 10만 원은 최초 설립 시의 건축비(3만 원)와 시설비(7만 원)에 충당하고 나머지 30만 원은 기본금으로 적립한다. 이 외에 일반 유지에게 널리 기부금을 모집하여 이것은 전부 기본금 속에 적립하는 것이 적당할 것이다.

조직은 재단법인으로 하는 것이 현대 문화투자의 상례이니만치 제일 온당할 것이며 재단법인 조직에 대하여는 출자하는 이들이 의논하여 정할 것임으로 여기에는 경영법에 한하여 이야기하려 한다.

그 다음으로 법인측에선 당국에 향하여 매년 5만 원 정도의 경상비의 보조를 요구할 것이다. 이 5만 원이란 금액은 결코 덮어놓고 턱없이 정한 것이 아니라 이 사업의 성질과 조선의 1년 예산을 참작하여 이만한 것은 당국에서도 당연히 응하려니 하는 자신을 가지고 말한 바이다. 그러나 그 성공 여부는 당시자當時者 간의 교섭과 당시의 재정 형편에 있는 것인 즉 물론이여서 단언할 수는 없는 일이다.

기본금 30만 원의 이자는 연 5분分을 쳐서 1만 5천 원이오 입관료는 1년 총 입관 인원을 5만이라 추정하고 매 1인 10전씩으로 계산하면 5천 원이니 이것은 보조금과 함께 세입이 될 것이다. 이리하여 약 7만 원 정도의 세입이 있으니 이것을 관의 유지와 발전의 비용으로 쓴다.

3. 건물

기지는 어디나 별로 못할 것은 없으나 지가의 문제도 있을 뿐 아니라 공기의 신선과 또는 시가지를 옥상에서 전망할 수 있는 편리라든지 원산遠山과 창공蒼空을 임의로 볼 수 있는 관계가 있으므로 될 수 있으면 교통이 비교적 편리한 경성 교외의 소구小됴 상에 위치를 잡는 것이 가할 것이다. 이 관의 성질상 원경, 창공, 운무 등도 연구의 대상이 되는 까닭이다.

건축에 3만 원 예산을 하면 대략 석조 2층 연평 150평 가량의 건축은 될 것이다. 이것을 차장次章에 말하는 6실室의 진열과 창고, 사무실 등 다음과 같이 이공학실 45평, 암실 8평, 종합실 45평, 도서실 8평, 연구실 16평, 사무실 12평, 창고 10평, 숙직실, 치탄장, 변소 등 6평 합계 150평의 비례로 분배하여 간間을 막아 쓰도록 하되 여기서 말한 바는 결코 설계서적 정확을 기할 수는 없는 터인 즉 임시하여 변동이 있을 것은 물론이며 경우에 따라 확장하기 전 사용할 예정으로 목조로 변경하면 더 넓은 실로 쓸 수 있을 것이다.

4. 시설

전 장에 말한 바 재정의 기초와 건물을 가지고 우리는 어떠한 범위의 진열을 할까. 이것은 썩 결정하기에 곤란한 문제이다. 우리의 요구하는 것은 최소의 자금으로 최대의 효과가 있는 진열을 하는 것이다. 그런데 우리가 본문 중에서 시설비 예산으로 세운 것은 불과 7만 원이오 진열품은 그것의 전부가 돈덩어리라고 하여도 과언이 아니다. 따라 예산만으론 극난할 것이다. 또 우리보다 모든 것이 행복스럽고 용이한 처지에 있는 선진 각국의 이 종류 박물관도 모두 널리 다방면의 기부 행위에 의하여 설비의 충실, 사업의 진전에 자資하는 형편이니 우리가 이에 계획하는 바와 같이 빈약한 처지에 있어서는 특히 이 방면에 주력하지 아니치 못할 것이다. 따라 될 수 있는 대로는 진열품의 기부 우꼬는 출품을 각 관청, 학교, 박물관, 회사, 상점, 신문잡지사, 학□□ □단체, 유지 등에 의뢰하여 이것으로써 충당하고 부득이한 것만 예산 속에서 지출할 것이다. 물론 의뢰하는 진열품은 피의뢰자에게 약간씩 관계가 있는 것이라야만 한다. 가령 말하자면 민간에서 금전으로서 구하기 어려운 귀중품을 관변 혹은 박물관에 할애함을 의뢰하고 고등공업학교에 실습 관계품을 구한다든지 전등 회사에 전등에 관한 것, 악기 회사에 악기, 신문사에 윤전기의 모형 등등이며 그 제품에는 반듯이 정밀한 과학적 해설과 도표를 삽입할 것을 요구하여야 한다. 이와 같이 하여 진열품을 수집하는 것은 극난할 듯하나 현대 문명에 대한 상식을 가진 이로서 이 사업의 성질을 모를 리 없으니 한 번 의뢰까지 받은 이상 관청 학교 등은 물론이려니와 회사, 상점 내지는 개인에 이르기까지 응할 힘만 있으면 자기의 약간 손해와 수고를 불고하고 흠연히 승낙할 아량을 가졌을 것이다. 설사 약간 꺼리는 이가 있더라도 수

차 간청만 하면 반듯이 응할 것이다.(2회)

그러면 상술한 바와 같은 방침을 세우고 우리는 어떠한 범위와 정도로 내용을 충실케 함이 가장 적당할까. 과학박물관인 이상 과학에 관한 모든 부문을 망라하여야 할 것이다. 그러나 현재 계획하는 것과 같은 빈약한 예산으론 도저히 그 각 부문에 대한 개관에도 접근할 수 없음으로 위선 가장 우리에게 긴밀한 관계를 가진 이공학 방면을 주로 하여 그 윤곽이라도 짐작하게 하고 다른 방면은 수집되는 대로 단편적으로라도 종합 진열하되 전관全館을 좌기와 같이 나눈다.

이공학실, 암실, 종합실, 연구실, 도서실, 사무실, 창고, 숙직실, 치탄장熾炭場, 변소

이상 각 실에 대하여 내용을 어떻게 할까. 다음에 그 윤곽을 그려보자. 그러나 여기에는 지면 기타의 관계로 각 부문에 대하여 긴요한 것을 수종식數種式 열거함에 불과한 것인 즉 진열할 때의 사정에 따라 당사자의 추가 또는 취사할 것이 많음을 말하여둔다.

1) 이공학실

차실此室 전부를 15구로 나누어 각 구에 좌기와 같은 물품을 진열한다.

(1) 물성 : 역力의 합성 실험, 원심력 실험, 토리첼리 진공 실험 장치, 회전대, 활차滑車, 윤축輪軸

(2) 열 : 한난계寒暖計, 체온계, 특수온도계, 열팽창 실험, 광학고온계 실험

(3) 음 : 공명상共鳴箱을 부付한 음차音叉, 진공 내의 전령電鈴 실험 장치, 파동 실험, 공명관 실험, 풍금 급 피아노 구조 조음계噪音計

(4) 광 : 렌즈 급 프리즘 실험, 철면경凸面鏡 급 요면경凹面鏡, 스펙트럼 실험, 뉴튼 윤輪 실험, 편광 실험

(5) 자기 급 전기 : 철분과 자석에 의한 자력선 실험, 자석과 전류의 관계 실험, 발전기 급 전동기 원리 실험, 발전기 급 전동기 실험, 변압기 실험, 전압과 전류 실험, 저항 실험

(6) 전자 : 브라운관 급 정류관 실험, 광전관 실험, 광전관 응용 실험, 수은 정류기 실험, 각종 진공관

(7) 전파 : 발진 급 변조 실험, 단파 장전파 측정 실험, 방송 실험, 정류기, 라디오 수신 장치

(8) 전등 전열 : 전선 발열 실험, 각종 전등 비교실험, 각종 전등 표본, 화력발전소 급 수력발전소 모형

(9) 전기 측정 : 전압과 전류 측정 실험, 저항 측정 실험, 전력 측정 실험

(10) 전기 통신 : 모르스 인자기印字器 실험, 전화기 구조, 자동전화 구조 급 기능 실험, 무선전신 송수신기 모형, 무선전화 송수신기 모형, 전송사진 송수신장치 모형, 텔레비전 송수영送受影 장치 모형

(11) 기관汽罐 : 기관 모형, 기기 운전 모형, 조속기調速機, 기관차 운전 모형

(12) 내연기관 : 내연기관 설명 실험, 자석 발전 착화 장치 실험, 소형 석유 기관

(13) 펌프와 압착 공기 : 각종 펌프, 각종 압축기, 송풍기

(14) 선박 : 증기 터빈 설명기, 소형 터빈 실물 분해, 상선 모형, 군함 모형, 선거船渠 모형, 기선의 기관 요부要部 모형

(15) 항공기 : 비행기 구조 모형, 비행기 모형 각종, 비행선 구조 모형, 비
행선 모형 각종, 경기구 모형, 프로펠러 실험 장치, 풍동風洞 실험

2) 암실

차실은 명칭과 같이 외부에서 오는 광선을 전부 차단하고 필요에 응하여
특수한 장치의 전등을 사용케 하는 것이며 진열품은 다음과 같다.

(1) 조도 시험 장치, 3원색 실험 장치, 조명 실험, 자외선 실험, 네온사인
실험, 가이슬러관 실험, 크룩스관 실험, X선 실험

3) 종합실

차실은 동물학, 식물학, 지학地學, 해양기상 급 천문학의 4구에 적당하게 나
누되 각 부문이 모두 호한浩瀚한 터이므로 기기旣記한 정도의 예산으론 이공학
실과 같이 계통을 찾아 구비할 수는 없을 것이나 동물원, 식물원, 보통박물관
등에서 볼 수 없는 □표본과 연구에 종사할 때 필요한 방면 즉 식물의 □엽류,
동식물의 현미경 검사 장치 등을 위주하여 될 수 있는 데까지 수집하여 가지
고 박물학 상의 분류와 같이 좌기 순서에 의하여 진열한다.

(1) 동물학 : 포유류, 조류, 파충류, 양서류, 어류, 곤충류, 지주류, 갑각류,
연체동물, 편형동물, 원형동물, 극피동물, 해면동물, 강장동물, 미생
물의 현미경 관찰, 공서생활의 실황
(2) 식물학 : 쌍자엽식물, 단자엽식물, 송백류, 공손수류, 소철류, 양치류,
선태류, 조류藻類, 균류, 지의류, 세균류, 엽·경·근 등의 현미경 관찰

의 계통적 비치

(3) 지학 : 각 조암造岩 광물 표본, 지각의 구조형, 경사의傾斜儀 접해측각기, 각 지질 시대의 화석, 지질 시대 구조 모형, 금속광물 급 비금속광물의 표본, 운석, 운철, 결정 급 결정 구조, 화산 급 온천 구조 모형, 지질광상鑛床 분포도

(4) 해양학, 기상학, 천문학 : 해저의 형상 모형, 각지 해저 침전물 측심기, 수압식 자기험조기自記驗潮器, 나침의, 험류의, 채수기, 채니기, 지진침, 자기기압계, 자기우량계, 자기풍력계, 자기한난계, 기상신호기旗 급 용법, 운雲의 사진, 자오의, 경위의, 육분의, 천체 사진, 천체 망원경

천체 망원경은 특히 옥상에 조그마한 간이 돔을 만들고 이 안에 설치하여 망원경 자체의 전람은 물론이거니와 특정한 일시(야간)에 천문연구자를 위하야 개방한다. 물론 계원의 엄중한 감시를 요한다. 망원경의 구경口徑은 얼마나 한 것이 적당할까. 클수록 좋을 것은 정眞한 일이나 따라서 고가임으로 위선 대구경의 것은 단념하고도 소액인 8인치의 뉴튼식 반사 망원경을 비치하고 전동기로 돌리는 적도의赤道儀를 붙일 것이며 이 외에 구체 관측에만 쓰는 시계를 한 개 준비하여야 할 것이다.(3회)

4) 도서관

차실은 이공학에 관한 서적을 주로 하여 진열품에 관계 있는 서적을 될 수 있는 대로 수집하여 입관자의 열람에 공供케 한다. 즉 과학에 관한 간이 도서관인데 입관자에게 한하여 무료로 제공한다. 열람석과 도서 창고, 계원석의 배치는 각국 도서관의 신착서 관리하는 형식을 취하는 것이 가장 간편하다고

생각한다. 즉 서가의 일편에 철망을 치고 철망과 책의 배피背皮가 동시에 열람자에게 향하도록 하여 열람자 자신이 직접 책의 실물을 보고 임의로 청구케 하는 것이다. 이리하면 카드를 찾아가지고 책을 청구하여 의외의 책을 받아가지고 낙심하는 폐단은 덜 수가 있다. 만일 책 수가 많아 기술한 바와 같은 형식으론 면적의 협소를 느끼게 되거든 서가를 U자를 조금씩 띄워서 일자로 늘어놓고 그 끝을 모두 연連하여 놓은 형상 즉 □□와 같이 하되 서적의 배피와 철망은 열람자 측에 향하고 요부凹部는 통로가 되도록 배치하면 열람자와 관원이 각기 양방에서 자기의 목적을 달할 수가 있을 것이니 이와 같이 하면 비교적 협소한 면적으로 상기한 방법을 취할 수 있을 것이다. 또 진열품에 관계있는 서적 외에 백과대사전, 공업대사서, 내외 저명 잡지 수종을 비치하여야 할 것이다.

5) 연구실

차실은 이화학을 주로 순전한 학구적 연구를 위하여 제공하는 실이오, 일반 입관자에겐 공개치 아니 한다. 그뿐 아니라 연구자에게도 물질로 소비되는 것은 실비의 지출을 요구한다. 예를 들면 화학 실험에 쓰는 약품이라든지 기타 소모되는 것에 대하여는 실비를 징수한다. 이와 같이 하여 실험에 대한 간절한 희망이 있으면서도 설비가 없어 못 하던 이들에게 제공하면 그들은 마치 오랜 장마 끝에 청천백일을 대하는 것 같은 반가움을 느낄 것이오, 더욱 독학으로써 이화학의 연구를 하는 숨은 학구들에게 실로 다시 없는 복음이 될 것이니 이것으로 인하여 이 사회에 끼치는 공헌은 실로 클 것이다. 과학의 보급이 철저하게도 되려니와 여러 에디슨이나 아인슈타인을 양성하는 장소도 될 것이다.

그러나 차실에 비치한 기구는 그것의 전부가 극히 정교한 것임으로 따라 고가이며 약품은 위험한 것이 많아 연구자 자신에게는 경홀히 맡길 수 없다. 학식과 경험이 풍부한 지도자를 두고 그의 엄밀한 지도 하에서 처음으로 착수를 허할 것은 물론이오, 연구자에게도 차실에 들어오기 전에 미리 이러한 사정을 양해케 하여 절대로 복종하겠다는 서약을 하게 한 후 들어가게 할 것이다. 실제상 이러한 기관의 상례로 존경할 만한 진실한 학구도 많거니와 그중에는 항상 호기심에 끌리거나 심하여는 작란 삼아 들어가 보는 이도 많음을 본다. 이와 같이 하여 피차에 협력하여 차실을 보호하여 가야 할 것이다.(4회)

차실에 비치할 기구와 약품은 이화학에 관한 것을 위주한다는 방침 하에서 좌에 그 요목만을 열거한다.

(1) 물리학

(가) 물성 : 구면계, 측미철사계, 광光의 정자, 현미경(배율이 적고 유리제의 측미척과 대안측미척을 유한 것), 수준기, 캐데토미터 캘리퍼, 플래니키터 크로노그래프, 천칭(0.001 와瓦까지 측정할 수 있는 것) 등 기본적 측정기를 위시하여 비중 측정 장치, 기압계, 중력 측정 장치, 고체의 탄성 측정 장치, 표면장력 측정 장치, 점성 측정 장치

(나) 열 : 한난계, 팽창계수 측정 장치, 비열 측정 장치, 잠열 측정 장치, 융해점 응고점 비등점의 측정 장치, 습도계

(다) 음 : 음차의 진동 수 측정 장치, 공기 가스[瓦斯] 우又는 봉중棒中의 음파 속도 측정 장치

(라) 광 : 광도 측정 장치, 구면경의 곡률 반경 측정 장치, 평면의 검사 장치, 렌즈의 초점 거리 측정 장치, 망원경 급 현미경의 배율 측정 장

치, 굴절율 측정 장치, 분광기, 광의 파장 측정 장치, 사탕계

(마) 자기 급 전기 : 자침의 회전각의 측정 장치, 수평자력의 측정 장치, 전류계, 저항 측정 장치, 전동력 측정 장치, 볼타계, 열 전류에 의한 온도 측정 장치, 열 전기의 전동력 측정 장치, 전류의 발열 작용에 의한 열의 일당량Mechanical equivalent of heet의 측정 장치, 전기 용량 측정 장치, 감응계수 측정 장치(5회)

(2) 화학

(가) 무기화학 : 산소, 수소, 오존, 과산화수소, 탄소, 염화수소, 초산, 유산, 금, 은, 수은, 동, 알루미늄, 칼슘, 나트륨, 연소, 취소, 옥소, 불소, 불화수소, 유화수소, 아유산가스, 삼산화유황, 암모니아, 질소산화물, 인, 비소, 안티몬, 규소, 붕소, 철, 니켈, 코발트 크롬, 망간, 석, 연, 아연, 마그네슘, 알칼리 토류금속, 알칼리 금속 등의 원소 우ㅈ는 중요화합물 중 실험실 내에서 실험할 수 있는 제조 장치 급 검출 장치와 이에 요하는 약품, 산 급 알칼리 공업 비료, 규산 공업 야금 급 제련 합금 등의 생산과정을 설명하는 진열, 희산 원소와 그 화합물, 염색 반응 실험 장치, 투척법 실험 장치

(나) 유기화학 : 탄화수소, 석유, 알콜, 에틸, 알데히드 유기산, 유지, 석감, 탄수화물, 벤젠 유도체, 방향족의 산, 염료, 연료, 화약, 테르펜, 알칼로이드, 조백질 등의 실험 장치 혹은 생산과정을 설명하는 진열, 정성 분석 장치, 정량 분석 장치

(3) 잡부

이화학 외에도 적당한 것을 사정이 허하는 대로 구하여 비치한다.

6) 사무실

차실은 관을 경영하는 수뇌부이다. 그 내용은 차 장의 관리라는 조條 하에서 상기하겠으므로 여기에는 략한다.

7) 창고

차실은 관의 진열품을 보관하거나 기타 소용품을 저장할 때에 쓰는 것은 물론이며, 확장하기 전, 차실의 일부를 빌려 공작실로 대용한다.

8) 숙직실, 치탄장, 변소

이 세 가지는 예정한 평수를 적당히 분할하여 쓰도록 할 것이오, 특별히 말할 것은 없다.(6회)

5. 관리

관의 유지와 발전이라든지 세입 세출의 결정 같은 것은 이사회가 이에 당할 것이오, 그 최대 문제인 기본금과 유지비에 대하여는 벌써 언급한 바 있으므로 여기에는 사무적 방면에 한하여 논하겠다.

관장은 과학적 지식이 풍부하고 인격이 고결한 학자를 초빙하되 그의 물질적 대우는 중학교장 이상의 보수는 있어야 할 것이며 그 이하 각 직원으로 말하면 각 부장은 중학교유, 각 계원은 백화점원, 용인傭人은 계원과 동등 정도가 되게 하는 것이 가할까 한다. 양 부장은 물론 과학적 지식이 풍부하여야 하려니와 특히 연구부장은 실험에 대한 기술이 능한 이라야 한다.

인사비 기타 소요의 비용을 제한 또 일반의 기부금에 의한 기본금이 많아지거나 또는 보조금이 실패하는 경우에는 이에 따라 1년 지출을 가감할 것은 물론이다. 직원은 좌와 같이 정함이 적당할 것이다.

관장 1인−서무부장 1인(회계, 이공학실, 암실, 종합실, 진열공작실, 접객실 1인 用俑), 연구부장 1인(연구실, 장려계 각 1인)

세입의 잔액은 전부 관의 확장에 쓸 것이다. 이에 특히 주의할 것은 장려계라는 것을 연구부장의 아래 둔 것이니 이것은 가치 있다 인정한 발명 급 고안에 대하여 지도 급 표창을 하고 또 상당한 가치 있는 것임에도 불구하고 발명 우꼬는 고안자가 빈궁하여 어찌 할 수 없는 때에는 이것의 특허 또는 견본 제작 등의 알선을 하여 세상에 발표케 함으로써 목적을 삼는 것이다.

관내의 진열은 임시하여 적당하게 할 것이나 일반적으로는 역시 서서 돌아다니며 보기에 피로를 느끼지 않는 형식, 즉 진열품이 보통 신장을 가진 사람의 허리에 돌도록 하는 것이 가장 편리할 것이며 진열품의 직후에는 상세한 과학적 해설을 기재한 도圖 혹은 표를 게시하여 관람자의 연구에 유감이 없도록 할 것이다. 또 어떤 부문에 있어 중요한 성질을 가져 뺄 수 없는 진열품이면서도 여러 가지 사정으로 인하여 진열할 수 없는 것은 정밀한 도해만이라도 게시할 것이다.

진열품에 대하여 개관 시간 중 계원의 친절한 감시를 요할 것은 물론이며 진열품은 관람자가 이해하기 쉽도록 될 수 있는 대로 간단한 형식을 취할 것이다. 입관료는 보통 매 1인 1회에 대하여 10전식(대체 관측을 위한 야간 입관과 연구실 입관도 동액)으로 하고 단체의 입관과 회수권에 대하여는 특별한 감액을 하는 것이 적당할 것이다.

6. 결론

이상 기술한 바로써 필자의 목적한 바는 대략 말하였다. 지면의 관계로 세부에 이르기까지 충분한 검토를 못하여 미진한 점이 많으나 그 윤곽만은 그렸을까 한다. 이 미숙한 글이 독자 제씨께 이 사업을 일으키는 암시만이라도 드렸으면 다시 없는 영광이겠다.

현금 조선의 형편으로 보아 이 사업이 가장 긴급한 것은 필자의 췌언을 불요하는 바이다. 따라 이것을 하루 바삐 설립하는 것은 그 효과에 있어 중등학교나 상업학교 1개의 설립보다 훨씬 보편적이오 심각한 이익을 줄 것이다. 그러면서도 그 투자액에 있어서는 중등학교나 상업학교를 세우는 것보다 더할 것이 없을 뿐 아니라 간절한 희망이 있으면서도 종래에 없던 사업이니만큼 그 광채가 찬연할 것이니 무슨 문화 투자를 하여 볼까 하시는 유지 제위의 분기를 절기切企하고 각필한다.(7회)

51

「(사설) 조선연구의 긴급성」

『조선중앙일보』, 1936.2.8

1. 현금의 험악한 국제정세에 관하여는 여기에 다시 노노呶呶할 필요조차 없겠다. 제국주의 국가에 의한 재분할의 전화戰火는 이미 개시된 지 오랠 뿐 아니라 또 다시 대규모로 충돌될 위험은 현실적으로 우리의 안전眼前에 절박하고 있다. 이는 그의 내포한 모순과 대립을 더 엄폐할 수 없는 필연성의 폭발에 불외하니 이제 인류는 다시금 그의 문화와 부를 파멸당하고 수천만의 생명을 희생에 공供하는 이 가공할 전신戰神의 협위脅威에 전율하고 있다. 따라서 이에 대응하려는 여러 가지 기도도 도처에서 발견할 수 있으니 그것이 이 험악한 사태를 어느 정도까지 완화할 수 있을지는 예단할 수 없으나 하여간 이런 기도들이 출현한 사실은 곧 장래할 전화戰禍를 피하려는 다수의 의사가 존재한다는 것을 표현하는 것이며 또 여사如斯한 현상은 결국에는 어떤 형태로든지 국내정치에 반향하고 급기야에는 국제정치에까지 파급되어 참으로 현실적 동력으로서 저 필연성을 제한하는 것이 역사상 □부동의 법칙이다.

2. 이상의 예에서도 명백함과 같이 국제정치는 결국 국내정치의 연장에 불과하고 그는 어떤 절대의 것이나 우리의 의사와 행동에서 독립하여 존재하는 제3자가 아니다. 그렇다면 오늘날 우리들 일반의 개념에는 정정을 요하는 이

불소不少하지 않을까. 국제적 사건에 몰관심함이 큰 잘못임은 말할 것도 없거니와 국제적 관심만이 과장적으로 의식되어 사물의 관찰과 행동의 기준을 자기에게서 구하지 못하고 오로지 남에게서만 찾는 착각이 의외로 뿌리 깊게 우리를 점령하고 있는 것은 결국 남의 발등에서 밤을 구우려는 간활奸猾한 이기주의거나 약자의 사대사상의 발로 이외에 아무 것도 아니다. 여차如此한 관념이 민중의 자칭 선도자층에까지 득의연得意然히 진행함은 과연 그 무슨 까닭인가. 일부에서 고조되는 경향 즉 조선의 얼과 민족성에서 역사의 근본 동력을 찾는 반동적 기도와 우리가 이상에서 지적한 바 모든 운명을 국제정국의 결과에 일임하려는 이 조류는 한 가지로 우리의 진실한 자태와 방향 급 그 계기까지를 모호케 하여 민중을 기망欺罔하는 반동적 임무를 수행하는 것이다.

3. 그러므로 국제 위기가 오늘같이 심각 무비無比한 때가 없다는 것은 조선 자신의 과학적인 탐구와 진실한 조선문화의 옹호가 오늘같이 절실히 요구되는 시대가 없다는 것을 의미한다. 모든 사회의 선진자와 양심있는 문화인에게는 이 광란노도狂瀾怒濤의 시대적 정황이야말로 가장 예리한 □□비판이 절대명령으로서 요구되는 것을 철저히 자각하고 조선 자신을 근본적으로 재인식하지 않으면 안 된다. 이것만이 험악한 국제 위기에 처하고 있는 오늘날의 조선 민중에게 참된 방향과 노력을 지시할 수 있다. 근래 우리 학계와 문화인들 중의 진지한 분자 간에는 이와 같은 혼희欣喜할 경향이 보이고 있으나 아직 맹아상태에 있을 뿐이다. 오인은 일반이 이에 대하여 심심한 이해와 절대의 지지를 불석不惜하는 동시에 이런 기운을 더욱 조장하여 팽배한 문화적 운동에까지 앙양하도록 노력하기를 희망하여 마지않는다.

52

「**시사소감** - 두 가지 문제에 대하여」(1)~(3)

이청원, 『조선일보』, 1936.2.15~19

인제 필자가 이곳에서 기도하려고 하는 것은 두 가지 문제니 즉 자유주의, 대중화와 유행화에 대하여 요약적으로 분석하려고 하는 바이다. 그러나 이것의 구체적인 것은 아니다.

1. 자유주의에 대하여

신년 조선논단에 있어서 자유주의는 한 개의 주요한 문젯거리가 된 듯싶다. 『조선일보』에는 「자유주의의 철학적 해명」이 실리고 『동아일보』에는 「자유주의의 본질, 특히 문학과 관련하여」가 실리고 있다. 이 자유주의는 우리의 당연히 구명하여야 할 흥미있는 중대 문제다. 그러나 그 내용을 본다면 현상의 설명에 그치지 않았는가 하는 의문이 생긴다. 다시 말하면 그들은 자유주의를 여러 가지 형태로 말하였다. 그러나 과학적 방법은 현상을 설명하는 데 그쳐서 안 된다. 현상의 배후에 있는 본질 관계를 검토하여야 하는 것이다. 환언하면 우리는 모든 문제를 제기할 적에 반드시 정치적 관점에서 출발하여야 한다는 것이다. 경제의 집중적 표현인 권력을 둘러싸고도는 제 계급의 호상互相관계인 정치를 객관적으로 끌어내어야 한다는 것이다. 정치란 것은 별 것이 아니다. 일정한 사회에 있어서 물질적 기초에 근거를 둔 계급과 계급과의 호상 관계의 전 양상이다. 그러므로 어떤 계급 현실의 정치 과정에 있어서 힘이 강하여졌다는 것은 다른 계급의 힘의 약하여짐을 의미하며 또 다른 어떤 계급의 힘이 약하여졌다는 것은 그와 반대의 계급의 힘의 강화를 의미하는 것이다.

그런데 이 자유주의의 문제는 정세가 급박하면 할수록 첨예한 형태로 나타나는 것이다. 이 문제는 부르주아민주주의 제 과제와 관련하여 있으므로. 그러므로 우리들은 이 문제를 전 기구적으로 파악하기 위하여서는 부르주아민주주의적 제 요구의 본래적 형태를 분절할 것이다. 그것은 다음과 같다.

(1) 사유제의 확립

(2) 봉건적 토지관계의 해체=농노의 해방과 토지의 농민에의 분할

(3) 근대적 공업 발달 때문의 국내시장의 형성=상품 유통생산의 자유(봉건적 신분 차별의 철폐, 국내 관세의 철폐)

(4) 전 국토적인 민족적 통일=민주적 공화국의 수립(국민대표기관 의회의 창설과 사법, 행정, 입법의 삼권 분리 등)

(5) 정치적 자유의 실현(신체, 생명, 신교信敎, 언론, 출판, 집회결사의 자유)

이상이 부르주아적 민주주의적 제 요구의 본래적 형태이나 그중에서도 봉건적 토지관계의 해체와 반주伴奏되는 사유제의 확립이 가장 중요한 것이다. 이 요구는 다른 모든 제 요구가 실현되는 전제적 요구이며 다른 부르주아적

제 요구는 이 요구가 실현되는 정도에 상응하여 실현되는 것이다. 다시 말하면 봉건적 정치권력의 물질적 기초는 두말할 것 없이 봉건적 토지관계며 이 봉건적 토지관계의 해체 없이는 시민들은 자기들을 봉건적 제 관계로부터 해방시키고 자기들의 절실한 요구를 실현할 수는 없었던 것이다.

시민들은 이곳에 와서 자기들의 유력한 동맹군을 농민에게 기다리었다. 즉 봉건적 토지관계를 해체하고 이것을 국유화의 규모에 있어서 수용하고 경작농민에 분할함을 내용으로 한 토지개혁은 부르주아민주주의의 가장 중요한 것이었다. 그러므로 그 당시의 부르주아민주주의=자유주의는 진보적이었다. 그러나 이 부르주아적인 자유 평등의 배후에서 실질적인 부자유 불평등을 발견하고 이것의 현실적 제거를 요구하며 실행하는 계급이 출현하기까지는 이것은 전 인류의 진보를 반#하여 전 인류의 이익이며 합리적 존재인 것 같은 외관을 보이면서 그 사실인 즉 불평등 부자유 속에서 교묘한 방법으로 자기 질서를 확보하여왔던 것이다. 그들의 유일한 '슬로건'인 자유, 평등의 배후에 있는 부자유, 불평등이 구체적으로 현실화하여 이 모순이 분열되면 부르주아자유주의는 이런 관계를 은폐하고 외형적인 자유, 평등을 고집하여 실질적인 불평등, 부자유를 영구화 하려고 하는 것이다. 이곳에 부르주아자유주의의 본질이 있으며 따라서 부르주아자유주의와 부르주아자유주의적 요구와의 한계가 있는 것이다. 현금 후진국의 모든 나라에 있어서는 무조건적으로 부르주아적 자유=민주주의적 요구는 절대적으로 필요하며 또 진보적인 것이다. 그러나 이 부르주아적 자유민주주의적 제 요구의 실현의 형태가 벌써 석일昔日의 형태로서는 도저히 불가능한 것이다. 적어도 그때와 판이한 계급관계 아래에 있는 금일의 사회적 조건 아래에 있어서 그러한 형태는 그 존재 가치가 완전히 압도되고 있는 것이다. (1회)

그럼에도 불구하고 그들 부르주아자유주의자들은 낡은 형세를 고집하고 자유와 독재를 기계적으로 대립시켜 놓고 있음으로 이것은 적어도 현계단에 있어서 역사적으로는 허위요, 실질적으로는 생산의 무정부상태가 지배하고 있는 현대적 질서를 영구화 하려고 하는 위만僞瞞이며 따라서 반동적인 것이다. 다시 말하면 부르주아적 자유주의는 반동적이나 부르주아적 자유의 제 요구는 진보적이라는 것이다. 이곳에 문제의 전 중심이 가로 놓여있다.

그런데 재래 이 나라 신진학도들은 모든 데 유물론 운운하면 만사가 해결된 듯이 이해한 듯 싶다. 그러나 우리들의 과학적 인식의 무기인 유물변증법은 어떤 천재의 골 속에서 유토피아적으로 제작되고 발전한 독단적 교리가 아니고 현실의 정치 과정의 비판적 파악에서 발전하고 있는 것이며 그 한에 있어서 이것은 과학적 인식과 활동의 지침이 되는 것이다. 다시 말하면 '통일물의 분해와 그 모순에 찬 구성분과는' 조리調理와 실천이 변증법적으로 통일된 우리들의 철학 유물변증법의 본질이며 이것은 정치라고 하는 통일물의 분해와 그 모순에 찬 권력을 둘러 싸고도는 제 계급과의 호상 관계를 그리고 설명하여야 하는 것이다. 그렇지 않는 한 암만 자유주의를 현 계급의 전체적 문제와 분리하여 굉장히 분석한다고 하여도 그것은 자유주의의 본질적 파악의 '과학적 계단'을 확보할 수 없을 것이다.

2. 대중화와 유행화에 대하여

필자는 모지 신년호에 "…복고사상은 유행화하고 진정한 조선연구는 대중화하였다"고 한 일이 있다. 사상의 대중화가 그대로 유행화라면 별 문제 없이 간단히 될 것이다. 그러나 만약 우리들이 유행화와 대중화를 구별하지 못한 다면 그것은 큰 잘못일 것이다. 사상의 대중화가 동시에 유행화를 반주伴奏하 는 일은 흔히 있다. 그러나 사상의 유행화가 동시에 대중화를 반주하는 일은 없다. 우리는 유행의 특징적 내용을 정당히 이해하며 '과학적 계단'을 전취하 기 위하여서는 이제 그 내용을 분석할 것이다.

유행! 그것은 제일 인간의 모방심리에 기인되는 것이며 따라서 이것은 모 방되는 것에 대한 인식도 비판도 평가도 없는 것이다. 그런데 이상에서 우리 들은 인간의 모방심리 운운하였으나 이것은 인간에 고유한 것이 아니고 오직 그 당시의 사회의 기본적 구조에 제약 받는 것이라는 것이다. 그러므로 지금 과 다른 사회구조 아래에 있어서는 모방심리는 없어지는 것이다. ―그러므 로 유행은 맹목이다. 이곳에 이른바 유행의 특징적인 내용이 있는 것이다. 일 례를 든다면 연전年前 학생 제군들 사이에 나팔바지라는 것은 대유행하였다. 그것은 바지통이 나팔처럼 넓음으로 나팔바지라 하였는데 그것은 걸을 적에 불편하며 따라서 비위생적이며 외관상 맵시도 곱지 못하고 경제적으로 돈도 더 많이 든다. 그럼에도 불구하고 학생 제군들은 이 나팔바지를 못 입으면 시 대에 뒤떨어진 것 같이 생각하고 경제가 풍부하지 못한 학생들은 남의 나팔 바지를 빌려 입고 네거리로 횡행하는 형편이었다.

다시 말하면 이곳에는 유행되는 그 자신에 대한 인식도 비판도 평가도 없 었던 것이다. 즉 유행은 비판을 초월하였다는 것이다. 따라서 유행은 사실주 의적 경향을 가지고 그 당시의 지배적인 세력이 그의 방향을 지□하고 있다 는 것이다. 그러므로 그 당시의 지배적인 세력이 진보적인 때에는 유행도 진 보적이고 그 세력이 그렇지 않은 때에는 유행도 그렇지 않은 것이다.(2회)

그러나 유행화와 구별되는 대중화는 항상 대중화되는 그것에 대한 인식,

비판, 평가를 내포하고 있다는 것이다. 그러므로 진정한 의미의 대중화라고 하는 것은 대중이 자기의 생활과정을 통하여 그 사상을 이해하고 그것의 정당성을 확신할 때에 비로소 일어나는 것이다. 그러므로 이곳에는 모방도 맹목도 사대주의적 경향도 없는 것이다. 그 어떤 사상이든지 역사적 필연에 입각한 한 그것은 조만간 대중화 한다는 것이다. 그것이 벌써 대중화한다든가 그렇지 않으면 그 생성과정에 있어서 대중화될 성질이 있다든가.

지금 조선에 있어서 저널리즘의 세계에서는 그렇게 사대주의적인 복고사상처럼 호화로운 약동을 치지 않는다 할지언정 조선의 과거와 현실을 정당히 이해하려고 하는 과학적 사상은 집요히 발전하고 있다. 지금의 사회적 조건 아래에 있어서는 과학적 사상을 가진다는 것 자체가 벌써 사회적으로 불리한 지위에 놓여짐에도 불구하고 이 과학적 사상이 차츰 대중 속으로 퍼지고 있다는 것은 대중화와 유행화의 한계를 잘 말하고 있다. 지금 어떤 분들이 말하는 바와 같은 맑스주의는 과거 계단에 있어서 확실히 유행성을 띤 시기가 비록 단기간일망정 있었다. 저널리즘의 세계가 떠들고 정체 모를 분들이 맑스주의자 운운하여 이른바 맑스보이 맑스걸의 출현은 이것의 조혼 예였다. 다시 말하면 맑스주의는 한 개의 매력을 띤 사상이었다. 그러나 어렵쇼! 한번 큰 선풍이 불자마자 석일의 맑스주의 도령님과 아가씨들은 제갈 곳으로 다 가고 말았다.

그러나 이것은 이 과학적 사상의 대중화 하는 것을 방지할 수는 없었다. 아니 대중화 하면 할수록 눈에 얼른 보이지 않으나 물질적 힘이 되었다. 즉 대중이 자기들의 생활과정을 통하여 그 과학적 사상의 현실적 정당성을 이해하게 된다면 그들은 이 역사 발전의 자기 운동의 객관적 논리를 위하여 신명을 아끼지 않게 되는 것이며 그때에는 이 과학적 사상은 단순한 사상이 아니고 역사의 바퀴를 움직이는 위대한 힘이 되는 것이다. 과학적 선구자들이 항상 강조한 '이론도 대중이 파악하자마자 물질적 힘이 된다'라는 것은 이것을 의미하는 것이다.

물론 유행도 한 개의 힘에는 틀림없다. 현금 사대주의적인 복고사상이 대유행하고 있다고 하는 것은 그것이 한 개의 힘을 만들기 때문이다. 그러나 우리에게 있어서는 그 역사성, 사회성을 제거한 막연한 일반적 힘은 문제가 아니 된다. 유행도 힘을 만듦에는 틀림없으나 그 힘은 유행 자체가 맹목적이고 비판을 초월한 것인 만큼 그 힘도 맹목적이고 비판을 초월한 힘인 것이다. 그러므로 이런 종류의 힘은 사회의 결정적인 힘이 한 번 부닥치면 그것과 집요하게 대항하지 못하고 그만 일조일석에 부서지고 마는 것이다. 고래로 사회 발전의 비약적 전야前夜처럼 보수적인 사상이 대유행한 때는 없다. 그것은 보수적인 사상은 자기의 세력을 보지保持하려고 모든 힘을 총동원하여 유행시키고 있음으로써이다. 그러므로 지금 조선에 있어서의 복고사상도 보수적인 사대주의적인 것임은 물론. 그것도 역시 이상의 범주에서 해탈할 수는 없다.

그러나 진보적인 사상은 모든 불리한 조건을 극복하면서 착착 대중화 하여 간다. 그러므로 어떤 사상이든지 '참다운 힘'으로 전화시킬 수 있는 것은 유행 사상이 아니고 역사적 필연에 입각한 과학적 사상의 대중화이며 이것만이 모든 곤란하고 복잡한 문제를 종국적으로 해결할 수 있는 자이다. 역사는 벌써 이것을 증명하고 있다. 역사는 비판이다. 역사 발전의 변증법은 적어도 유행 사상자들에게 있어서는 이 이상 없는 악마일 것이다.(3회)

53

「시사소의, 독지유력자에 기하는 서」(1)~(5)

안재홍, 『조선일보』, 1936.3.26~31

1. 조어朝語 사전 완성론

어느 문화민족에게 있어 언어가 존귀 또 중대한 구실을 하고 있는 것은 너무 명백한 일임으로 긴 말이 도리어 번거롭다. 이를 18세기 이래 유럽[歐洲]의 수개數個 후진 민족에게 찾아보건대 혹은 그 자연의 방어邦語로써 간신히 '바이블'을 역술譯述 출판하였음에 의하여 비로소 그 향토 고유 문화의 수립 및 순화純化의 길을 나아간 자 있었나니 언어 및 그 문자의 문화상의 지위를 촌탁村度할 만한 자이다. 조선의 언어와 및 그 용기容器로서의 문자=즉 '한글'이 그 소재로서는 벌써 완성된 역사를 가진 지 5세기가 넘으려 하면서 그 현대 문화에 적용되던 과학적 정비로서는 이때껏 그 성취를 못 보았던 터이다. 수십여 년래의 내외의 사정이 통상으로서는 그럴밖에 없음을 수긍케 할 바이나 그러나 그는 결국 자가 변호의 허울 좋은 핑계로서만 의미를 이루는 자이다. 이제 조선의 표준어도 확립치 못하였고 그의 기술의 결정結晶으로서의 조선어사전은 또 그 완성에까지 아직도 전도요원한 감이 있다. 조선의 식자와 유력독지한 편에서는 무엇으로 이를 변辯할까?

조선에서 선교하던 영미의 사람들이『한영자전韓英字典』으로 처음 조선어 관계의 사서辭書를 편찬 간행한 바 있고 위정자 측으로 왕년에 이를 간행한 바 있으나 역시 간이한 미완성의 사서이다. 민간의 식자 논객 학자 교육자들이 서로 모여 '조선어사전 편찬위원회'를 결성한 바 있어 이래 8년 4천~5천 원의 비용을 내고 그 어사語詞 어휘語彙의 수집 편차編次함에 자못 볼 만한 바 있었으나 아직도 다소의 곡절 중에 그 공정功程을 바삐 하는 도정에 있다. 호학好學 유지의 사士—워낙 그 설두設頭와 진력을 아끼지 않음을 수須하거니와 유력 독지 한 분이 그 자력資力을 공급함으로써야 그 순조의 성취를 기할 것이다. 근자 조선어학계에도 불행 귀일통합을 보지 못한 터이나 물자의 갖춤이 있어 이것을 단행함에는 그는 큰 지장될 수 없는 바이오 한글철자통일안에도 다소 수정을 요할 여지 있으나 그는 정리 도정에서의 일 소小 계요屆撓인 것이다. 방금 조선어문의 정리 통일은 7분分 성장成長의 지경에 걸어간 자이니 그 점은 차라리 낙관할 자이오, 문제는 그의 경기經紀에 요하는 자금의 확립에 있는 것 같다. 무릇 일정한 자산이 있고 사회 민족에 공헌하여 써 그 문화의 기공탑에 썩지 않을 자취를 머물려는 자 대개는 이 어문 정리의 완성과 그 구체 실천으로서의 조선어사전의 편찬 및 간행에 지나는 바 사업이 많지 못할 것이다. 최근에 조선어학회의 관계자 제씨 중에는 7~8년래의 단속적으로 하여오던 조선어사전 편찬 사업을 기어 촉진코자 4~5씨가 그 비용을 분담하고 자자孜孜히 노력키로 한다고 한다. 만萬의 금金이 잘 하면 이 수집 편차를 거의 완성에 가깝게 할 수 있으되 오히려 부족이 있을 것이오 그의 출판으로 선미善美를 바라보게 하려 할진대 전후 4~5만의 자금을 요할 것이다. 4~5만의 돈이 많지 않음 아니나 사회사업가로서는 힘에 버는 거액은 아니오 혹 이리저리 관련되어 10만 원을 던질 각오를 한다 치더라도 그 천하 후세에 주는 바 공효功

勞가 자못 큰 바이다. 작금 조선의 사회에는 거민鉅萬의 금을 후진 교육의 때문에 내던지는 분이 적지 않은 터이니 그중에 방향을 조금 달리 하면 이 사업을 고를 수 있는 것이다. 오인 산사山寺에 놀아 2~3 불서佛書를 뒤지다가 왕왕 희사로써 명복을 빌고자 그 경經과 론論을 간행케 한 '시주'가 있음을 발견할 수 있나니 조선어사전의 편찬 간행을 담당할진대 그 천하 후생에게 문교로써 비익裨益함이 이제 외타에 견줄 자이랴? 무릇 사업을 기림에도 일가一家의 특이한 지견智見을 요하나니 현대의 부유한 사녀士女, 이 사전의 업을 맡을 수 있다면은 그는 초연히 독행獨行할 수 있는 자이라 또한 혼쾌치 아니할까? 후세생生後世生의 문화인으로 두고두고 그 공덕을 추들게 할 수 있다면 그 열悅치 아니 하랴? 써 독지 유력자에게 기하는 제1의 글월을 삼는다.

2. 조선문화 상금론

작금 조선문학 문제에 관하여 문단인으로부터 대소의 논의가 있는 줄로 들었다. 나는 문학에는 문외한이라 이를 간여할 바 못 된다. 그러나 문학 그것이 시가 소설 문예비평 또는 그 방면의 사史의 저작 등등을 아울러 민중문화에 중대한 작업으로 기여되는 바는 아마 누구나 다 인식할 바이다. 조선의 문학은 지독한 한화주의적漢化主義的인 구시대의 정법의 밑에 매우 그 발본색원적인 장해를 입었었고 그것이 엄도든지 수 세기에 아직도 잠잠불순한 초매草昧한 도정에 잠겨있던 때가 지금으로부터 오래지 않았다. 현하에도 다시 거대한 신新파도의 틈틈에서 간신히 그 생명이 부침浮沈하고 있는 사정이다. 논자혹은 조선문학의 위기를 부르짖는 바 있으니 참인 것이다. 조선문학은 조선의 식자 선구자들의 손에 의하여 오히려 그 생장 발전 및 그 완성을 기하여야 할 바이다. 모든 일은 생활이 그 존재를 조건 짓거니와 이러한 일 소부문적인 문제에 있어 그는 결국 종사인從事人의 생활 및 연구의 자금문제로서 그 개인적인 조건을 결정짓는 것이다. 그리고 그 천품이 우수한 문학인 될 수 있으되 그 빈궁함이 이를 완성할 수 없는 자 편은 많은 것이니 여기서 오인은 조선문학 장려의 때문에의 조선문학상 기금 적립과 및 그 희사 행위의 추천 권유의 말을 부친다. 조선의 자산가는 선진 국가의 그들처럼 거대치는 못하다. 그러나 우리의 처한 바 시대 정세는 그 자산의 일부를 사업에 제공함으로써 불후의 명가名價를 남기기에 알맞다. 불후의 명가는 일편一片 허영이 아니니 인생 일세의 일대 쾌사인 것이다.

시가 소설 문예비평 또는 사학상의 저술로서 조선인의 심금을 가장 잘 울려내어 조선문 문예작품으로서 찬연히 빛날 수 있고 이것이 또 국제적으로 소개될 수 있는 자로 우리의 향토를 향내 나게 할 자이거든 그 작자에게 상응한 문학상을 주어 그 연구의 비費를 보태어주고 혹 그 대성의 자資를 삼도록 할 것이다. 순연한 문예에 한할 바 아니니 회화 음악 등 민중의 정조를 정화 또는 앙양케 할 수 있는 예술 제품諸品에 있어서도 상응한 상금으로 그 연구 및 대성을 도울 것이다. 조선의 자연이 많은 풍경 승구勝區의 미를 가졌고 그곳마다 가지가지 향토 전설을 싣고 있다. 이것이 다 사생寫生의 화재畵材로 될 수 있고 조선사 상의 많은 사건과 전설과 또는 설화적인 장면이 모두 훌륭한 화제畵題 및 화재 될 수 있는 것이니 이것은 문화적 처녀지인만치 또 활용의 무진장으로 되어 있다.

산수를 그리는 자 한토인漢土人의 어느 조박糟粕을 할꼬, 인물화이면 벌써 당송唐宋 이전의 중국인의 갈건야복葛巾野服을 지금까지 끄적거릴 필요는 전혀 없지 아니한가? 또는 조선적인 가요에 조선색인 운률이 만중萬衆을 고무 흥감시키기에 족한 작곡이거든 이것도 또한 상금으로써 추장 면려케 하는 자를 삼을 것이다. 그럼으로 문학상에 그치지 않아 회화 음악 등 기타 조각 제작 등에까지 뻗치어 모름지기 그 조선 예술상의 기구를 준비할 것이니 이들은 조선 문화상으로 통칭한 자이다. 그리고 이것은 사회 문교와 민족문화에 심심한 관심을 가지는 유력 독지의 사녀가 특히 그 응분의 자력을 경주함직한 바이다.

무릇 3만의 기금이 오히려 1년 천 수백 원의 입상자의 학자學資를 지공支供할 수 있나니 한 사람이 한 상금의 기금을 기탁할 수 있는 것이오 혹은 수 삼인이 수 삼건의 문화상의 기금을 취합할 수 있는 것이다. 저 '노벨'은 북유럽北歐의 인사이라. 그의 기탁한 기금이 해마다 전 세계 문학자의 시청을 집중하나니 조선문화의 배양 및 그 건설의 때문에 일정한 기금을 보내두고 세세년년 그로 인한 경진자를 봄이 또한 쾌하지 아니한가? 자기들의 공헌에 의하여 100세의 후 오히려 후생선류後生善類의 사이에 이로써 문화적 정진에 자하는 바 될 수 있다 하면 어찌 열할 바 아닌가? 현대의 조선은 이러한 독지 유력자와 함께 신시대의 탄생 및 그 보육을 조신助產함을 요하고 있다.

3. 우량 문헌 간행론

조선 문화상의 기금은 호好 민간 언론기관으로서 그 자신이 이를 적립 운용하되 그 심사 전고銓考에는 넓히 사회 구안具眼의 사士를 망라 위촉토록 함도 좋을 것이오, 독지 유력한 분이 그 기금을 사회에 기탁하되 인격 신망이 아울러 적합한 사녀들로 그를 관리하여 언론기관과의 협력으로 그 선전 활용의 임무를 다하게 함도 좋을 것이다. 만일은 일정한 문화 건설을 목표로 하는 기관을 따로히 결성하고 그에 상응한 기금을 취합하여 각 과의 조선 문화상을 앙장鞅掌 시여施與키로 함도 또 일 방법일 것이다. 이는 차라리 지엽 문제이라 노노함을 요치 않는다. 이 외에 선민先民 저술의 중에 혹은 지리 역사 정법 경제와 농림 공예와 문학 의약의 청서淸書 등 우량 가고可考의 서를 수집 인간印刋함으로써 조선연구의 주요한 문헌으로 삼을 것이니 이것은 변동하는 역사과정에 임하여서의 조선의 선구자 식자된 자로서 금고今古를 품질 음미하고 써 미래를 검색 입안하는 경미치 아니한 특수적인 자료로 될 바이다.

6~7세기 이래의 조선의 국제정치적 위치는 스스로 숭외목폄崇外目貶의 중세적인 기습氣習에 점염點染되어 있었고 현대 '부르'적 문명에서는 온통 전역적全域的 피동의 지위에 전락하고 있어 그 발동되는 정치문화적 제 형세가 다만 선진사회에서의 정상적인 경제적 유물론의 발표 형태만으로서가 아니오 때로는 실로 정치적 유물관의 신형적인 사회 현상으로 되어 있다. 이는 정치적 피예속이라는 엄연 결정적인 조건이 오직 선진 강대국가 안에서의 기성既成한 사회이론으로서만 율律할 수 없는 이유이오 조선적인 무엇을 현하 당면의 역사적 정치적 과정에서 가장 명백한 의식으로 파악하여야 하는 객관적 요건으로 되는 자이다.

오인은 사회의 유물적 발전과 역사의 국제적 추진이 무엇으로고 약진적인 과정을 조만早晚에 가져올 전야적前夜的 혹은 전전야적 시기에 제회한 줄을 인식하므로 그럼으로! 스스로 돌이켜 전연 황무荒無인 구원과도久遠過渡의 전대前代 조선에 향하여 그 사건 인물 연찬 축적의 온갖의 민족적 문화재에 관한 천명 소개로써 그 과학적 검토와 도덕적 비판을 가하고 그리고 그로써 다음의 시

대에 약진하는 청산 정비의 공작을 삼을 것이다. 이것은 지극히 타당 또 정량
正良한 역사적 과제이오 이러한 견지에서 우량 문헌의 간행 및 연구는 하필 조
선인에만 한한 바도 아니어서 무릇 조선에 관심함을 요하는 내외좌우의 성의
있는 사람들의 한 가지로 요구되는 일이다.

　장제스蔣介石 중심의 국민당 정권이 중국 정사의 무대에 등장한지 이미 십유
년이다. 그들이 혹 연로용공聯露容共을 정책으로 삼고 또 배로초공排露剿共을 그
방편으로도 써서 적지 않게 국제적 파동을 일으켰나니 이것이 한 거대한 사
실이다. 그들이 배격하던 공자를 되찾아서 숭배키로 하고『복고復古』의 지誌가
그 국수적인 사상을 고취하는 바 있나니 그들은 반半식민지적 지위에 부침하
는 자이나 오히려 족히 국가적 긍지를 가지는 자들이 그의 복고가 참 복고이
자 또 급진을 탄압하는 실제의 탄력으로 작용될 수 있는 것이다. 그러나 조선
에 일찍 공자가 있어 존아양외尊我攘外를 고조하는 실제가 있었던가? 그의 춘
추대일통春秋大一統의 제정적帝政的인 정치사상이 역대의 시군속리時君俗吏로 떠메
어서 써 만민을 겸제箝制하는 기구로 삼으려 하던 윤리적 압력의 거대한 자 있
었던가? 요순우탕堯舜禹湯을 추켜올려 혹 그 모고慕古의 벽僻을 돋우고 말미암아
민중의 진취를 저해케 할 역사적 인습의 강력이 있는가? 다행인지 불행인지?
조선에는 이것들이 아주 없었다. 오늘날의 조선에는『복고』가 없고 또 있을
수도 없다. 그럼으로 전대의 인물 사건과 연찬 축적을 음미 검색하고 매개 선
양하는 것은 오직 구원과도의 구조선에 인하여 그 진지한 자기반성과 일정한
정치문화적 진취의 공작을 가지려 함이다. 이에서 우량 문헌의 간행과 또는
구시대의 사건 인물의 음미 천명은 그의『복고』로써 규정할 바 아니다. 사상
事象은 비판 및 파악을 요한다. 그러나 현학적인 참무讒誣를 무용타고 하는 것
이다. 조선의 선류와 독지 유력의 사士는 이 정사적 다난한 제회에 그 자금을

공하고 지력을 수需하여 현대적 가치 있는 고문헌을 간행함으로 오히려 문화에 비보裨補키로 할 것이다. 자기의 기여한 자산이 귀중한 문헌 홍포弘布의 저력으로 되어 미래에까지 '문고'로서 빛나는 귀중한 사회적 재산으로 남을 때 또한 열치 아니할까?

4. 지방학교 광설론

오인은 객하客夏에 있어 조선 사회현상의 주요한 일 면상面相으로서 제3기적 향학열의 정치문화적 의의를 비판하고 이것이 선구자들의 거대한 관심사인 것을 지적하여 각종 교육의 확대 보화普化할 필요를 논하고 써 신문화공작에의 약진할 방편을 다소 전의詮議하였던 것이다. 금년에 와서 향학열은 이보다도 가속적인 팽창이어서 보통학교에는 대체로 수용력의 2배강彊에 달하는 지원자이오 중등 각종 학교에는 남자에서 약 10배, 여자에서 3배 평균의 지망인 현상이다. 경성 인접의 땅도 그렇거니와 먼 시골의 학부형들은 소년 소녀의 자녀 학동을 데리고 경성과 외지 도시에 모여들어 여러 날 초조 불안한 속에 지내다가 대부는 낙방한 자녀를 앞세우고 면목 없는 기색으로 초연히 귀향하는 것이었다. 확실히 1건의 비극적인 현상이다. 초등교육은 그 급속한 시설의 확장과 의무교육 실행의 촉진을 기할 바이오 전문교육에는 각 학교의 조선인과 일본 내지인의 입학률 균등의 요구를 개시 및 관철키로 적당한 운동을 일으킬 것과 및 그 기관의 충실을 도모함 등이 그 당면 대책인 것이니 이는 모두 별개 문제로 두어둔다. 이제 주로 중등 교육 기관 확충 증설의 필요 및 그 방법에 관하여 또다시 전역全域 각계 독지 유력의 사녀에게 말하여 두기로 한다.

중등학교 증설의 필요와 위정 당국의 그릇된 교육 통제의 의견 등은 사설란에서 이미 그 비평의 요의要意가 소개 또 고조된 바이라 군말을 부칠 바가 아니오 오직 각 지방의 특수사정에 맡기어 각각 응분한 교육기관의 확충 및 증설의 책을 수립 단행할 것이다. 황해도는 지역이 넓고 인구가 많되 그 고보高普의 시설은 오직 해주 1군에 국한되어 있은 즉 안악군에서와 같이 일거 60수 만 원의 기금으로 1개의 완전한 사립고보로서의 존립 및 발전을 의도 또 온화溫和하는 것은 그 지방민의 총의와 주사자主事者의 일념에 의하여 당연 문제없이 성취되지 아니 하면 아니 될 일이오. 외타의 그 각 도에서도 이 예에 준하여 혹 1~2의 고보를 필요로 하는 것이다. 이를테면 강릉이 영동 7군의 중심지요 동해안의 일 추요로서 춘천 유일의 강원도의 고보가 있음에 돌아보아 명명히 1개의 고보를 요하고 있는 것이오, 외타에도 안동 거창 남원 여수 태전太田 홍성 수원 북청 혜산 강계 재령과 강화 진도 제주 각 곳을 따라 남녀 중등학교로서 고보와 실업학교 가정학교 등의 설립 또는 승격 완성을 요하는 것이니 이는 일률로 규정할 수 없고 또 일일 열거함을 요치 않는 현하 필요한 교육 시무로 되는 것이다. 그리고 이는 각 지방의 정주하는 유력 독지의 사람들을 중심으로 내 고향에서 내 자녀를 교육하겠다는 염원으로 그 학교의 설립을 계획 또 실천할 것이다. 무릇 각개 지방이 일시에 이를 관철할 수 있으리라고 속단할 수 없는 바이나 목하의 정치적 제 정세는 객관적으로 이를 의상意想케 하고 또 편달하는 바이다.

대개 중등교육은 워낙 자기의 향토에서 수료케 하는 것이 휘뚜루 타당 적합함을 깨닫게 하나니 그것은 공민적인 자격을 함양하는 도정에서 특히 골고루 자신의 생활 근거지인 내 시골의 비세備細한 정조情操 및 사상事象을 견식見識

영득領得함을 요하는 것인 까닭이오 부형의 편으로도 자녀를 그 근접 영향하는 권 내에 두어 그 동도수육董陶受育의 기회를 다분으로 가질 수 있는 데서 공사의 편의가 있을 수 있는 것이다. 조선의 부형들이 근소한 중등 교육기관에서 다수 낙방의 자녀들을 끌고 부질없이 인세人世 부침을 걱정하는 대신 스스로 자기의 향토를 중심으로 적당한 교육기관을 건설하여 놓고 안심하고 후진 교도에 종사할 것이다. 무릇 강만岡巒에 올라 송력松櫟이 우거짐을 보고 구롱丘隴에 내리어 선인先人 분묘를 성省하고 써 추원감시追遠感時의 정을 품는 것은 전대인前代人의 생활 감각이다. 이제 친애하여진 고원故園의 산하 풍경의 그림자 속에 자기의 힘으로써 건설한 솟아있는 학사學舍를 보고 거기에서 남녀의 학동이 명랑하게 주동走動함을 반겨하며 그윽이 후생 만년의 생존을 기함이 또한 간절치 아니한가? 천하 국가도 사회 민족도 이를 각자의 개인적 처지에다 요약하면 결국은 안타까운 '위자손계爲子孫計'에 지나지 않는 것이다. 이 나라의 독지 유력한 제씨는 어쩌자고 스스로 위자손계를 아니 할까?

5. 문화적 기공탑론

예술은 길되 인생은 짧다. 인생 일대一代를 그 고립한 토막에서 본다면은 그야말로 석화광중石火光中에서 단장長短을 시새움이다. 짧은 일생이 혹 무상한 환멸을 느끼는 바일 새 여기에서 유방백세遺芳百世하는 썩지 않는 명가名價를 남기려는 것이 인정 자연의 충동으로 될 수 있는 것이다. 그러나 명가를 좋아하는 자 한갓 천박한 실책을 흔히 저지르나니 그 성예聲譽에 급급할 것인가? 명산 승구 바위낭에 명자名字를 머물려는 자 그 호명好名의 치기가 가엾다고 하려니와 후인後人으로 명자를 읽되 그 누구이던 것을 알 수 없나니 슬프지 아니한가? 알되 기릴 일이 없나니 서글프지 아니한가? 인인지사仁人志士 천하민생天下民生의 때문에 그 재財와 역力을 기울이매 그 공적이 진진振振한 후생에게 미쳐서 택세이민澤世利民하는 문화적 풍력風力이 반드시 유형무형한 불멸의 영화靈火로 피어오르나니 무릇 존귀한 1건의 사회사업의 기초를 닦아서 두매 이것이 곧 항존恒存의 문화적 기공탑으로 되지 않는가? 재의 물됨이 그 사용의 가치에서 비로소 빛나나니 오직 축적만이 의미를 이루지 못한다. 이는 성자聖者의 고풍高風이 아니니 범부 일상에서 목격 체험할 바이다. 오인이 한 번 부자유한 고장에 들어가매 삼척三尺의 포의布衣가 오히려 내 몸을 다소케 할 수 없고 수두斗의 가량家糧이 오히려 내 입에 풀칠할 수 없나니 사용치 않는 자산이 나에게 무엇이 있을까? 그러나 부자유는 그 필연으로 다가오는 묘소의 지배보다 더한 자 없는 것임을 알아야 한다.

동양의 사람은 석숭石崇의 부富를 잘 안다. 그가 제실帝室의 인친姻親인 왕개王愷와 호화를 겨룰 새 그 은성殷盛한 재력은 천하를 놀랬었다. 그러나 팔왕八王의 난이 일어나서 진조晉朝의 승평昇平이 작시금비昨是今非를 걱정하게 될 때 그는 "놈이 나의 재를 이利하려 하는구나"의 편언片言만을 남겼을 뿐이다. 오늘날의 천하가 물론 진대晉代의 천하는 아니지만 소인騷人으로 하여금 '재택구허梓澤丘墟'의 영탄咏嘆을 발하게 하던 것은 인생의 본질적 필연의 운명인 것이다. 아니 금곡번화석계륜金谷繁華石季倫 단모부귀불모신但謀富貴不謀身이라고 명기名妓 녹주綠珠로 더불어 금곡의 영화에 잠겨 살던 계륜 석숭이 부귀는 꾀하였으되 신명을 꾀하지 아니한 우졸愚拙은 달인의 기롱譏弄을 면할 길 없었다. 그러나 이제는 신명의 문제라는 구구한 개인사는 아니오 천하 국가 사회 민중으로 함께 더불어 만년자손의 계計를 세우자는 것이다. 만년자손의 계란 자는 혹 전면 전선적全線的인 웅대한 정치적 방법도 있는 바이지만 목하의 정세는 각 사람들이 각 지방에서 각각 1건씩의 사업을 골라 쥐고 각각 응분 및 최선의 기획 공헌으로써 진지한 그리고 불멸의 문화적 기공탑을 건설하자 함이다. 모든 사람은 명문名聞을 떠나서의 구원久遠 생존의 운동의 일단으로서 당면 정세에서 이 문화 배양의 때문에의 진지 협력을 할 것이다. 다만 명은 실實의 빈實이라 그 봉사의 실이 영존하는 곳에 명문을 떠난 자의 참된 명문이 다만 무명 전사자의 무덤의 갸륵으로 바꿀 자 아닐 것이다.

보라! 사전의 완성이 4~5만의 금이면 우선 그 불후의 공적을 이룰 것이오 각각 수삼 만의 기금이면 각종의 문화상의 사업을 구원토록 경기經紀할 것이며 수천 혹 만 여의 자금이면 각각 선정한 귀중한 문헌을 즉간 반포할 것이다. 수십 정보의 전답 임야와 10여 만의 기금을 가함으로 일개의 자영적인 농민학교가 경영될 수 있고 20~30만의 기금이 우량한 가정부인학교를 향토 사정에 따라서 적의 경영할 수 있고 기타 이에 준할 실업, 직업의 제 학교가 그를 요하는 각개의 읍락에 설 수 있는 것이다 혹 수 군의 재력을 집중함으로 50~60만의 적립하는 기금이면 특히 선미한 고보를 자기들의 영향되는 권내에 철저 실현할 수 있는 것이다. 작금 해서海西 각지에서 발흥하는 교육기관 증설 확장의 운동을 보건대 제타의 지역은 홀로 그 범위 외에 초연한 독자적인 정세를 전단專壇할 수 없는 것이다. 조선 현하의 자산가는 선진 사회의 그들처럼 웅후하지 못하다. 그러나 현하 내외의 제 정세는 오로지 그 자주적인 희사로써 모처럼 조선에 생을 받았던 인연을 그 문화 건설의 공정의 위에 응보하여 둠을 요하는 것이다. 독지 유력의 사녀여! 경卿 등은 그 처지를 스스로 재검토하라! 그리하여 함께 더불어 항구 불멸의 문화적 기공탑을 인연 깊은 이 땅에 세워두자!(5회)

54

「문단시사수제 - 문화연구기관의 창설」

김한용, 『조선일보』, 1936.5.19

    그러면 영리를 목적 삼지 않는 출판기관이란 대체 무엇을 의미하는 것이며 어떠한 필요 하에서 이것이 제창되며 이를 위해서는 어떠한 조건이 필요한가? 이는 그 명칭으로서 자명한 바로 다시 설명을 가할 필요도 없거니와 첫째 이것은 경제적 희생을 미리 각오한 사업이라고 전제한 것만큼 이것이 개인적 영리적 사업이 아니오 사회봉사적 사업일 것은 재언再言할 필요가 없을 것이다. 만약 영리적 출판업자라면 지금에도 수효에 있어서는 많다고 할 수는 없으나 우리 사회의 수요에 응할 만한 내용을 구비한 것이 현존하는 터이니 구태여 그런 종류를 들어 논할 필요는 물론 없다. 우리는 현재 우리 사회 속에서 소위 문필로써 업을 삼는 이들이 혹은 연구가 있으되 발표할 기회가 없고, 혹은 자비 출판은 경제적 능력이 없어서 종내 그 학구의 보과寶果를 썩히는 일이 얼마나 많은 것을 목도하지 않느냐? 또 이 결과는 학문의 연구로서는 생활이 보장되지 않을 뿐 아니라 그것을 사회에 제공할 기회조차 얻기 어려운 처지에 있어서는 여간한 열성으로서는 그 학문 연구를 계속할 수가 없을 것은 명약관화의 사실이니 이는 문인학도가 부득이 호구를 위하여 자기의 전문과 성격에 맞지 않는 직업을 구하여 전직轉職하고 혹은 서재를 버리고 가두에 나서게 되어 문필과는 쓰라린 이별을 고하지 않으면 안 되는 비참한 현실의 광경이 이를 증명하고 있다. 사실 희세의 천재나 위인, 한 학자도 사회의 따뜻한 보호와 원조 없이는 공功을 쌓아 대업을 성취하기는 지난한 것이니 이는 역사가 증명하고 있다. 그러므로 우리는 이러한 현실에 직면하여 조선 문운文運의 융성을 위해서는 먼저 문인학도로 하여금 그 업에 안도安堵케 하여 그 연구를 계속하도록 할 방법과 다음 그 정연精研한 수확을 발표할 기회를 제공하여야 하겠다는 것이 절실히 느껴지는 바이다. 그러므로 경제적으로는 희생을 바칠 각오하에 상당한 재원으로 출판기관을 만들어서 주기적 간행물은 물론, 기타 문인학도의 창작이나 연구적 저서를 출판케 한다면 그 사회적 공헌은 위대한 효과로서 나타날 것이다. 물론 이는 특수 독지가를 기다리지 않고는 실현되기 어려운 일이라 그 출현을 대망하여 마지않거니와 이는 반듯이 개인적 사업이 아니라도 될 수 있으니 회사나 단체조직으로서도 전연 불가능한 일은 아닐 줄 믿는다.

다음 문화연구기관 창립은 이상의 출판기관에서 일보를 진進한 것으로 그것보담 범위가 광대하고 그 기능이 또한 확충된 것이라고 볼 것이니 이를 요약하여 열거하건대 (1) 전기前記 출판기관적 역할은 물론 이를 포용 담당하고 (2) 문학적 활동이나 일반 문화연구를 개개인의 개별적 활동에만 기대하는 소극적 태도를 버리고 (3) 적극적으로 그 연구와 활동을 조장 용종慫慂하고 (4) 문필가 학도를 망라하고 각기 부문에 분分하여 공동연구 내지 조직적 연구를 행할 수 있도록 할 것과 (5) 일방 이 조사와 연구를 일부 학술에 국한할 것이 아니라 일반 문화의 종합적 연구계획을 수립하고 (6) 그 발표는 단행본이나 혹은 종합적 저작으로써 하되 독자층이 소수라고 예상될 경우에는 예약 출판 내지 부수部數 제한 출판으로 할 것.

대개 이상과 여如한 문화의 적극적 조직적 합적合的 연구와 발표로서 문화 향상과 또 문화 보급에 노력하기로 한다면 그 업적도 위대하려니와 그 현실적 효과는 이루 말할 수 없을 것이다. 다만 이런 것이 가능하겠느냐 하는 문제에 대한 의견은 구구區區할 것이다. 필요는 느끼되 가능성 실현성이 희박하다는 것이 일반의 의견일 듯하다. 그러나 경제적 기초만 있다면 불가능한 일이 아닐 것은 물론 가령 선진 제국諸國에서 그런 예가 없다 하더라도 조선과 같은 특수한 사회적 현실에 있어서 문화의 향상과 발달을 기도하고자 한다면 또한 특수사정에 적합한 특수한 방법으로써 하지 않으면 안 될 것이니 적어도 조선 현실에 있어서는 이러한 기관이 없이는 문운의 융성을 기대키 난難하다는 의미에서 이것이 최선의 방법의 하나라고 확신한다. 동시에 이러한 민족적 사회적 대사업을 창안하시는 분이 있기를 또 대망한다. 또 다음으로 이러한 문제에 대한 토의나 기타 문단 학계의 일반적 문제를 공동으로 토의하고 연구하자는 의미에서 말하자면 문화연구기관 창설의 전제로서 문필가 좌담회와 같은 것을 개최할 필요가 있을 것이다. 이것이 다음 논의할 문제이다.

55

「(사설) 학술에 대한 관심을 조장하자」

『동아일보』, 1936.5.24

1. 조선사람은 문화민족이다. 이것은 우리의 자부도 아니요 열조劣弔도 아니다. 그것은 우리의 과거에 있어서의 문화적 창조와 그 유산의 계열이 무언으로 증시證示하는 엄연한 사실이며 또 그 문화적 생산에 공동 육력戮力한 선인先人의 정신적 소질이 남만 못 하지 않았다는 것도 사실이다. 그러나 우리는 이러한 과거적 사실에 자감自甘하여 당면한 문화적인 제 사상事象에 맹목하려 할진대는 우리의 앞에는 오직 암흑과 정체가 기다리고 있을 뿐이다. 문화민족이라 할지라도 멸망한다는 잠언은 예나 지금이나 다름이 없다. 우리가 우리의 문화적 향상을 꾀하고 그 융성을 바라며 나아가서는 조선의 문화적 생명을 길이 유지하자면 모름지기 역사의 동향에 대한 인식과 그것에 적극적으로 관여하는 노력이 있어야 할 것은 노노呶呶할 필요가 없을 만치 자명한 일이다.

2. 그러면 현재 조선에 있어서 이 동향에 대한 인식과 그것에 관여하는 노력에 있어서 결핍缺乏하는 바 없는가. 우리는 이것에 대하여 유감이나마 수다數多한 부족과 불만을 느끼고 있다. 우리는 그중에서도 더욱이 학술 방면에 대한 사회 일반의 거의 무관심한 듯이 보여지는 애달픈 정황을 지적하지 않을 수가 없다. 우리는 아직까지 한 개의 연구소를 가지지 못하고 있는 빈약한 처지

에 놓여있다. 비록 수삼數三의 학회를 가졌다 하더라도 그것마저 첫째 물질적인 지반의 태무殆無와 구성원의 불여의不如意한 생활에 의하여 위미부진萎靡不振하는 형편에 놓여있음을 본다. 그밖에 무슨 문화적인 경륜과 기도 하에 학술 진흥에 관한 신방안을 제출하며 또 그것에 헌신하려 하여도 사회는 그것에 대하여 하등의 반응과 찬동을 일으키지 않은 듯이 보여진다. 이것은 물론 그 경륜, 기도의 내용과 발기인의 지향 여하에도 관계하겠지만 적어도 그것이 조선의 문화 내지 학술의 진흥에 대한 선善 의지에서 나온 것이라면 사회는 그것을 북돋고 길러주는 노력에 인색하여서는 아니 될 것이다. 그러나 불행히도 우리는 그러한 선 의지에 대한 성원 내지 찬조의 소리를 아직 듣지 못하고 있다.

3. 그러면 그것은 어디서 연유하는가. 이를 일언이폐지하면 사회의 학술 방면에 대한 관심의 도度가 얕고 좁으며 또 그럴 수밖에 없다는 것에 기인한다고 생각한다. 우리의 생활은 그 개체적이고 일반적임을 물론하고 너무나 심각한 경제적 곤핍困逼에 가중하여 유형무형의 많은 체주掣肘를 받고 있나니 해가奚暇에 그러한 고급한 욕구를 추종할 수 있겠느냐 하는 것도 사실이다. 그러나 우리는 언제까지든지 이러한 상태에 놓여있을 수는 없고 또 그래서는 아니 된다. 우리가 진정으로 우리의 당래할 제 정세에 대처하며 아울러 우리의 역사적인 영예와 그 확보를 위하여서는 없는 힘도 내야겠고 부족한 자력資力도 합쳐야하겠음은 이곳에서 논할 필요가 없는 바이다. 한 사회의 발전과 그 융잠隆潛에 대한 기본적인 동력으로서의 현실 인간의 문화적 실천은 이러한 성의, 합심 내지 정열을 사俟하여 비로소 그 원만한 성과를 기期할 수 있는 것이다.

4. 그러므로 우리는 위선 무엇보다도 그러한 성의, 합심 내지 정열을 고취

하지 않으면 아니 되겠다. 조선의 학술이 현재 아직도 소기의 정도에 이르지 못하고 있는 것은 그러한 성의, 합심 내지 정열의 부족에도 일반一半의 원인이 있음을 잊어서는 아니 된다. 유위다재有爲多才한 독학자가 이 땅에는 많이 숨어 있다. 그러나 그들을 포용하여 학구에 전심케 할 만한 기관도 없으며 그리 할 기도조차 아직 보이지 않는 듯하다. 조선의 광막한 학술적인 원야原野를 개척하려고 노력하는 많은 선 의지의 소유자를 성원하는 기관의 설립도 필요하지만 또 그와 동시에 사회 일반이 학술에 대하여 배전倍前의 관심을 갖도록 그 기운을 촉진하여야 할 것이다. 우리는 이것을 당면한 문제의 한 가지로서 제기한다.

56

「(사설) 학예의 조장 유력자의 할 일」

『동아일보』, 1936.6.8

1. 조선에는 너무도 많은 문맹이 있는지라. 이 문맹의 타파가 당면의 긴급한 문제로 되어 있는 것은 오인의 누설屢設한 바이니 재언再言을 비費할 것도 없는 일이거니와 문맹이 이렇게 많은 것은 첫째 생활의 곤궁 때문에 취학키 어려운 것과 둘째 시설의 부족 때문에 입학키 어려운 것을 그 원인으로 드는 데이의를 삽揷할 사람이 없을 것이다. 그러므로 이 취학난 입학난을 완화시키기 위한 대책이 긴급하게 요구되는 것이다. 이러한 요구에 응하여 최근 양 3년래 교육 방면에 거금을 희사하는 인사가 속출하여 교육조선의 축성築成에 막대한 기여가 있었고 그 사이에 허다한 미담을 남긴 것은 오인의 경하하여 마지않는 바이다. 앞으로도 더 많은 인사의 더 많은 희사가 이 방면에 있어야할 것은 물론이다.

2. 그러나 지금까지 문화사업에 투자한 인사는 너무도 투자 방면이 국한되어 있는 감이 있다. 물론 교육사업을 일으킴이 좋고 언론기관을 세움이 좋기는 하지마는 그만 못지않은 정도로 좋고 또 필요한 문화사업도 하나둘만 아닌 것을 지금까지는 대개 간과하고 있었다 하겠다. 1~2의 예를 들면 학술 예술의 조장을 위한 기관이 아주 결여되어 있는 것이 현하의 형편이 아닌가. 이

미 대학이나 전문학교를 마친 사람으로서 더욱 그 길로 정진하려 하되 적당한 연구소 하나가 없어서 유위有爲의 인재가 궁항窮巷에 허덕이고 있는 것을 흔히 보나니 이는 조선문화의 심화와 및 고도의 발전을 위하여 당연히 적의適宜한 보조 급 장려 방법이 강구되어야 할 것이다.

3. 그리고 이 학술 방면보다도 더 냉대 받고 있는 것은 예술 방면이다. 예술이 인생과 사회에 불가결인 것은 새삼스러이 노노呶呶할 것도 없는 일이지마는 오인이 진실로 다채한 문화를 건설하여 윤택한 생활을 영위코저 할진대 예술을 한각閒却하고서는 불가능한 일이다. 그러하거늘 우리는 종래 너무도 예술을 경시 내지 천대하여왔다. 그럼에도 불구하고 기다幾多의 예원 천재가 사상史上에 배출한 것을 보면 우리의 천부의 능能이 예술에 있어 부족함이 없음을 말함이니 이 재능을 배양함이 어찌 대사업이 아니랴. 경제사정의 절박이 일심日甚한지라. 예술 방면을 돌볼 수 없기도 하지마는 최근에 와서는 예술 방면에 대한 일반의 관념이 차차 고쳐져서 석일昔日과 같은 냉대 천시로만 임하지도 않게 되어가는 형편이니 이 시기에 이 방면에 일비一臂의 역力을 아끼지 않는 것은 문화 방면에 투자하려는 이로서는 자못 현명한 일이라 할 수도 있을 것이다.

4. 학예의 조장을 위하여 투자함에는 대규모로 하려면 상당한 거액의 금전을 요할 것이나 우선은 이미 각 부문에 전공자들로써 결성된 학회, 연구회, 협회 등의 단체가 있어 유력자의 희사를 기다리는지가 오랜 터인 즉 이것들을 원조 육성하여 가는 것이 사반공배事半功倍일 것이다. 교육 방면으로 말하면 투자량이 많을수록 좋은 것이니 금후에도 그 방면에는 무제한으로 투자가 요구되는 바이지마는 학술 예술의 조장을 위한 방면은 투자질로 보아서 이색異色이 있을 뿐만 아니라 이것은 흔히 한각되기 쉬운 방면이니만치 이 방면의

확충을 위한 노력은 다른 날 더 빛나는 업적으로 기록될 수도 있을 것이다. 오인은 조선의 유력자가 문화사업의 전 영야領野에 착안하기를 희망하는 의미에서 학예의 조장을 위한 신국면에 대한 주의를 이에 환기하였나니 이는 다른 날 문화기관의 종합적 확충을 보자는 뜻이다.

「(사설) 문화운동의 고성을 고수하자, 지식계급에게 고함」

『조선일보』, 1936.11.23

1. 최근 조선 지식계급 간에 정신적 일대 동요가 있는 것은 유감의 일이다. 교육자 종교가 예술가 학자 등등 가위可謂 조선의 정신적 중견이 될 만한 청년들은 거의 기회만 있으면 딴 방면으로 전환할 것을 엿보고 있다. 혹은 문화기관의 경영자로 혹은 영리회사의 고급사업 내지 경영자로 혹은 영리를 위한 자가自家 독특의 기업가로 되려 한다. 이리하여 조선 지식계급 간에는 그 종從하는 문화운동을 천직으로 삼고 이것과 일생을 같이 하려는 기백 있는 이가 적어 보인다. 일언으로 평하여 조선의 문화운동은 일대 위기에 빈瀕했다 할 만하다.

2. 문화운동자가 그 직업에 대한 애착을 잃어버리고 타 방면으로 전환할 것을 엿보는 사정도 전연 무시할 수가 없다. 시세의 격변은 황금의 나날이 위력 있음을 발휘하고 있으며 최근 수삼년래의 인플레 경기가 자칫하면 일확천금이 가능할 듯이 보인다. 문화운동의 고성孤城을 사수하는 동안 처자가 굶고 제 자신 한토寒土의 지경地境을 넘지 못하고 그칠진대 차라리 이해를 쟁탈하는 물질사회에 나아가 자녀를 교육할 자산을 만들고 나아가서는 문화기관을 경영할 만한 자력까지 구하겠다고 꿈꾸는 것은 결코 악의라 할 수 없고 오히려

당연하다고도 할 수 있다. 말하자면 자본만능주의의 황파荒波가 지식계급을 학대하고 유혹하고 부허화浮虛化시켰다 할 수 있으니 조선 지식계급의 불안 동요도 이 점으로만 보면 동정할 여지가 있다.

3. 그러나 1보를 퇴하여 정사靜思하자. 지식계급이 현재의 우울과 번민을 탈각코자 모리사회謀利社會에 투입한다 하자. 그리고 소기한 물질적 유족裕足과 경영자적 야심을 충족하였다 하자. 그러면 지식계급에게 자기 사명을 다 한다는 만족과 희열이 올 것인가. 아니 후세의 사가史家는 그들로 하여금 세계를 1보라도 진전시켰다 할 만한 가치를 인정할 것인가. 우리는 인류가 반만년의 역사생활을 해오는 중 기만幾萬의 부호와 기억幾億의 사생활의 안족한 자가 있을 것이로되 사상史上에서 찾아보기 힘들며 현실에서 만족한 무수한 영웅을 가치 있다 생각치 않았다. 우리는 수백수천 년 전의 칸트, 셰익스피어, 다윈, 소크라테스, 예수, 석가를 알되 록펠러, 로스차일드, 모건, 포드의 이름은 사후 백 년을 지나 세기의 기억에서 사라질 것이다. 예술은 길고 인생은 짧다 하였지만 실로 문화는 길고 황금은 찰나적이 아닌가.

4. 조선은 경제적으로도 빈약하기 짝 없지만 문화적으론 일층 한심한 바가 있다. 그중에도 10수년래 점차 진전해오던 신문화가 최근 시세의 격변에 따라 일대 수난기를 조우하였다. 일층 더 큰 문화운동을 일으키기 위한 경제계 진출은 찬성하며 희망하는 바다. 그러나 수난기의 문화운동을 버리기 위하여 달아나는 것은 찰나주의자요 근시안자요, 비겁자다. 타他가 문화운동자를 고용인시雇傭시하거나 고루한 한토의 일이라 조소하거나 문화운동자는 자기의 천직으로 알고 인류의 최고 가치로 믿고 인류의 이상이라 생각하여 끝까지 문화고성을 고수할 것이 아닌가. 지식계급은 재삼 정사할 위기에 있다고 절규하는 바다.

「문화단체의 진로, 현대적 조류에 감하여」(1)~(5)

한식, 『조선일보』, 1937.1.5~12

지금 문화단체로는 방금 음악가협회, 서화협회, 연극협회, 극예술연구회, 조선어학회, 성악연구회, 연극협회 등이 있고 기타 2~3의 영화 단체가 있다. 그 가운데서도 극문화에 관한 제 단체가 가장 활발하게 활동하고 있는 것은 주목할 바라고 하겠다. 이와 같은 예술가를 중심으로 한 제 문화단체는 새해로부터 더욱 다방면의 발전을 기도하지 않으면 안 될 것이며 우리의 기대가 또한 대단히 큰 바가 있는 것이다.

우리는 제일로 이들의 문화단체가 그 독자의 입장을 더욱 자각하여 주기를 바란다. 우리는 문화활동이 구극하는 바 일반 사회적 활동으로부터 제외하며 격리시킴으로써 득의得意로 하는 것은 아니다. 그러나 또 일방에 있어서 문화적 활동은 부분적으로 혹은 때때로 사회적, 정치적 활동으로부터 독립하여지며 선행한다는 것을 잊어서는 안 될 것이다. 특히 현재와 같은 때에 있어서는 문화활동은 문학적 내지 문화적 자유주의를 그 근저의식으로 가지는 바가 다대하다. 그 문화적 리버럴리즘은 정치적, 경제적 체계로부터 독립하여 존재할 수가 있으며 또 그와 같은 것으로 발생하는 역사적 범주라는 다른 것임을 알아야 할 것이다. 최근에 주창되는 휴머니즘도 역시 이와 같은 리버럴리즘의 사상으로부터 발생한 것이라고 볼 수가 있으니 경제적 체계, 정치적 활동으로부터 독립하는 이만치 광범한 대중적 그라운드를 가지게 되는 이유이다.

우리는 100년 전에 현재의 우리와 같은 처지에서 있던 제정 러시아의 30년대에 있어서 위대한 열정의 비평가 '벨린스키'를 추억하는 '트루게네프'의 다음과 같은 말을 대단 흥미 있게 읽을 수가 있지 않을까 한다. '벨린스키는 그가 중심으로서 활동하고 있던 사정 밑에서는 그가 순수히 문학평론가의 범위에서 뻗어나갈 수가 없었던 것임을 잘 알고 있었다. 제1, 그 당시의 상태에 비추어 그 이외의 행동은 곤란하였다. 제2는 그는 각 국민의 발전에 있어서 문학적 시기가 다른 시기보다 실행하는 것임을 명확히 알고 깨달았던 것이다.'

이와 같이 하여 특히 진보적 문화운동에 있어서는 문학적 내지 문화적 자유주의를 그 의식 내용으로 가지고 있으며 예술가가 가장 그의 많은 활동적 중심을 만드는 특징을 가지는만치 정치적 영아(嬰兒)로부터 비교적 독립한 활동을 할 수가 있는 것이다. 이와 같은 문화단체의 독자의 인식과 그 활동에 대한 대중적 사명을 자각하지 않으면 안 될 의무가 있다고 생각한다.(1회)

그리하여 문화단체는 상호로 각자 자기의 활동 능력을 다할 수 있는 범위 내에 있어서 자기의 특징되는 활동을 기도할 것이며 또 그는 나아가서 그 단체에 있는 각 멤버의 각각의 독특한 기술과 능력을 발휘할 수 있는 것이 되어야 함을 암시하는 것이다. 객관적 조건을 무시한 조급한 것이 되어서는 안 될 것이며, 그와 같은 나이브한 것으로는 도저히 이 핍박한 상태 하에 있어서의 문화활동을 조금이라도 감당 못할 것은 분명한 일이다. 이와 같은 자각 아래에서 각자의 문화단체는 그가 아니면 못할 티피컬한 성격을 만들어낼 필요가 있으며 우수한 생산을 사회에 제출하여야 할 것이다.

그러기 위하여서는 그에 속하는 제 활동이 가장 훌륭한 기술을 가진 것이

되어야 할 것이다. 각기의 멤버의 기술의 획득과 문화적 교양의 충실은 당면의 급무 중의 하나가 아닌가 생각한다. 만년 아마추어리즘의 영역에서 몇 걸음 벗어 못 나는 것으로는 도저히 이제로부터의 복잡한 시대의 문화생산의 감당자가 못될 것이다. 엑키스파트의 선순의 힘을 빌지 않고는 그 유의한 문화단체의 존재 이유가 희박하여지는 것은 어쩔 수 없는 것이다. 그리하여 우리들은 많은 문화적 활동을 가장 독자한 형태로써 발표하지 않으면 안 될 것인데 금일에 있어서 긴급히 하지 않으면 안 될 일은 적극적 활동보다도 오히려 소극 임무를 통하여 다 하지 않으면 안 될 것 같은 지경에 이르렀다. 예컨대 이곳저곳에서 부르짖게 되는 문화의 옹호라고 하는 말로써 표현되는 것인데 그것은 즉 문화의 창조적 활동보다는 문화에 방위적 임무를 더 필요로 하는 것을 의미하는 것이다.

다음으로 우리들 문화인에게 항상 제일 부족하였으며 또 그 나머지 근소한 것이나마도 위기에 떨어지고 있는 것은 문화에 있어서의 비판적 지성이다. 문화적 활동에 있어서 가장 옹호하지 않으면 안 될 것은 문화적 기초의식을 구성하는 첨예한 지성 그것이다. 우리는 이와 같은 지성이 문화생산에 있어서 여하히 최대한 창조적 기능을 제공하는 것인가를 잘 알고 있다. 빈시둔貧時鈍이라는 말이 있지마는 우리는 그럴수록 이러한 때에 있어서 더욱 속물적 교양과 마비된 감각 등의 여러 가지의 유혹에 빠져서는 안 될 것이다.

근간에 있어서 더욱 아유阿諛와 추수와 복종뿐이 정신을 지배하고 과학적 지성 대신에 저미低迷한 생활감정이 발호하고 있을 때를 당하여 편견과 전통을 배제할 수 있는 기초적 무기의 날카로운 메스를 가져야 할 것이다. 문화 옹호의 이름 아래에서 '지드'와 '페르난데스' 등의 연설은 이와 같은 점에 그 근거를 두는 것이다. 작년부터 금년에 이르기까지의 리버럴리즘으로부터 휴머니즘의 발자취는 직접의 동기는 물론하고 지성과 현실과의 제 모순에 대한 새로운 해답의 플랫폼이며 문화 창조와 그 발전을 위하여 문화의 옹호와 아울러 지성의 방위를 하지 않으면 안 될 것이다.(2회)

금일의 문화인의 최대의 비극은 다만 지성과 현실과의 분열이라는 곳에 있는 것이 아니라 이와 같은 암담한 세기에 있어서의 자기의 현실로부터 패배를 지성의 영원한 성격으로 돌려보내는 곳에 있는 것이다. 지성의 강인한 파악과 글로부터 생기生起하는 비판적 에스프리의 멸각滅却은 다만 외부로부터의 압력만으로 박탈할 수는 없는 것이다. 지성의 패배는 패배할 수밖에 없는만치 미약한 지성의 파악에 있는 것이지 지성 그 자체에 있는 것이 아니다. 문화옹호의 최인最人의 임무의 하나는 문화활동하는 각 멤버의 의식에 있어서 역사적으로도 확고한 배경을 가진 문화에 대한 새로운 인식을 가지지 않으면 안 된다는 것이다. 그는 곧 강인한 지성의 방위防衛 위에서만 가능함을 알아야 하겠다.

우리들 사이에서도 약간 논의된 일이 있는 인텔리겐챠 문제, 휴머니즘, 행동주의 등등에 관하여 이러한 점으로 보아서 문화인의 공통한 명제로서 자기 자신의 문제로서 더욱 논의되며 글로부터 새로운 '바이탈 포스'를 흡취하지 않으면 안 될 것이다. '지드'가 말하는 것과 같이 문화는 정신을 해방하는 것이지 정신을 예속시키는 것이 아니라 포착할 수 있는 비판력 과학적 지성으로부터만이 획득할 수가 있는 것이다. 글로 말미암아 우리는 더욱 문화단체의 사회적 관심을 높이 하며 정당한 문화에 대한 비판적 정신을 찾아야 할 것이다. 문화활동을 충분히 또 정당하게 전개함에는 더욱 이데올로기적으로도 풍부한 성격을 부여하지 않으면 안 될 것이다. 문화단체의 활동이 가장 합리적이고 문화인의 일반적 입장이 가장 진보적인 것이 되어야 할 것임을 따라

이데올로기의 문제가 등한시되기는커녕 더욱 발랄한 형태로, 그러나 굴신자재屈伸自在한 방법으로 취급되며 글로부터 문화적 사명이 나변那邊에 있는 것인가를 항상 반성하지 않으면 안 될 것이니 지성의 방위가 또한 긴급한 테마의 하나가 되는 이유이라고 생각한다.

다음으로 현재에 있어서 우리는 각기의 문화활동을 견지하기 동□□□을 가장 '미니멈'한 한도에서 하게 되는 것은 또한 부득이한 일이라고 하겠다. 그 문화적 활동은 항상 출판 공연 상영 기타의 여러 가지로 공개하는 형식을 취할 것이며 스스로 공연한 표현기관을 가져야 할 것이다. 우리는 이에 있어서 저널리즘과의 협동을 생각할 수가 있는 것이다. 더욱 현존하는 저널리즘이 여하한 것이라 하여도 그와 연결하고 있는 대중을 잊어서는 안 될 것이다. 대중과 결탁하고 대중의 동향을 부지不知하고는 대중을 교화하며 리드할 수는 없는 것이다. 자기의 발표기관을 가지지 못할 때에는 더욱 기왕의 저널리즘을 활용하는 수밖에 없지 않을까 한다. 금일의 문화운동이 저널리즘적 형태를 띠고 나오는 것은 역시 부득이한 사유가 있는 것이다.(3회)

그러나 문화단체의 사명 수행에 있어서 그 진의를 왜곡치 않으며 문화인 되는 자격을 방기 않는 정도에 있어서만 가능한 것은 물론이다. 조선에 있어서의 문화적 활동의 대부분이 저널리즘의 조력이 없이는 불가능한 현상은 이유 없는 일이 아니다. 저널리즘은 일면에 있어서 이윤을 추구하면서도 다른 일면에 있어서 역시 대중과의 생활 관계가 없이는 도저히 성립키 어려우니 독자의 생장生長이 얼마만큼 신문 '오거니제이션'을 지배하는 것도 틀림없다. 더욱 조선에 있어서의 그의 역사적 내용이 어느 정도까지 진보적 역할을 다하고 있는 것을 발견하기가 곤란치 않다.

그 내부에 있어서 모순을 품고 있으면서도 그 기본적 성쇠盛衰에 있어서 대중의 생활 감정, 요구 등이 표현되지 않는 저널리즘은 없을 것이다. 금일에 있어서의 문화활동은 그 활동하는 범위에 있어서 그 사회적 방향에 있어서 가장 대중적인 것으로 되지 않으면 안 될 것이다. 사회적으로 여러 가지 제약을 받을지라도 이와 같은 견지로 보아서 문화활동에 저널리즘의 사회적 방향과 및 그에 따른 대중적 기초와 지반이 부여되지 않으면 안 될 것이다.

다음으로는 우리들의 문화단체의 중요한 활동은 그 대중성과 결합할 계몽적인 방향에 있는 것을 알아야 하겠다. 문화적 활동은 그 본질적 정신으로서 당초부터 계몽적 사명을 띠고 나온 것이며 더욱 금일과 같은 정세에 있어서는 문화단체의 강령도 역시 이 계몽적 사업에 있다고 볼 수가 있으며 우리들에게 남아있는 가장 활동할 분야도 여기에 있지 않을까 한다. 또 문화운동의 최대의 급무인 대중화는 곧 이와 같은 계몽정신과 긴밀한 협력을 필요로 하는 것이다. 더욱 연극, 영화를 주로 하는 문화단체에 있어서는 그 필요성을 통절히 느끼는 바가 있지 않으면 안 될 것이다.

작년의 그러한 제 단체의 레퍼토리를 볼 것 같으면 대단한 진보를 볼 수가 있기는 하다. 예술적 연극과 고전의 무대화 등에 대한 다대한 노력을 헤아릴 수가 있다. 그러나 그것이 다만 표면상의 예술적 기술의 약간의 진보뿐이고 특히 고전의 재연출에 있어서 복고적 취미와 봉건성, 비가悲歌, 인정수탄人情愁嘆 등의 대중의 저조한 부분과 영합하는 무비판적인 것이라 할 것 같으면, 대중을 리드하면서 계몽하지 않으면 안 될 연극 문화에 있어서 그다지 한 기여를 끼쳐주지 못하였을 것이라고 우려할 수가 있다.

물론 공연의 도수度數를 더욱 증가하며 대극장 대강당에의 진출을 더욱 고려하며 관객층의 다수 획득, 대중과의 접촉은 극문화의 보급화에 있어서 가장 불가결의 조건으로 되고 있지마는 그와 동시에 질적 내용에 있어서의 문화의 향상에 기여가 되는 레퍼토리의 선택도 더욱 엄밀히 하지 않으면 안 될 것이다. 이와 같은 질적 향상을 고려함이 없이 양적 확대만으로는 도저히 극 문화, 따라서 일반 문화의 향상을 구득求得하기가 곤란할 것이다.

라디오, 영화, 유행가 레코드 등에 있어서 넌센스, 에로티시즘 등이 차츰 노골화 하는 때를 당하여 이에 대한 음악가협회 등의 할 일은 참으로 많다. 대중을 개안開眼시키며 대중의 생산적 건전한 감정을 풍부히 율동화 하는 것은 또한 중대한 문화 사업의 하나이다. 고대 민요를 연찬하며 새로운 민요를 창조함은 당면의 음악 기술자와 시인들이 하지 않으면 안 될 의무의 하나이니 지방 문화의 탐인探案으로서, 지방 이언俚諺, 가요 등의 발굴은 장래의 우리들의 문화의 발육을 크게 돕는 것이다. 작년에 있어서 고전을 살리려고 하여 조선성악연구회의 고전극의 가극화는 우리의 가장 주목할 바가 되고 있으나 오늘 같은 '모멸의 시대'에 있어서의 고전의 극화 상연은 어떠한 아이디어가 있지 않으면 안 될 것인가에 대한 인식 부족을 지적하기에는 그렇게 어렵지 않다. 단單한 오락이 아니고 생활의 양糧이 되며, 단순한 부흥이 아니고 새로운 생성의 과정에 있어서의 의미가 대상 되지 않으면 안 될 것이다.(4회)

모든 문화의 발양하는 프로세스는 고유한 언어, 풍속, 습관 문화 등을 충분히 존중하면서도 또 다시 충분히 비판적으로 재인식 하는 데에 있는 것이니 단순히 역사적 밀림 속으로 도피하며 혹은 영리적 목표로 대중적 통속성을 붙잡는 것이 되어서는 안 될 것이다. 역사적 테마는 현실적 기초에서만 그 의미를 포착하여야 하는 것이다. 이와 같은 인기는 곧 계몽적 정신으로써, 더욱 날카롭게 될 수가 있는 것이다. 오늘날 문화운동에 있어서의 계몽적 역할에 대한 많은 착오가 시정되지 않으면 안 될 것이다. 계몽이라든가 계몽가라고 할 것 같으면 우리는 곧 평범한 상식 이하의 것으로 생각하지마는 그러나 진실한 의미에 있어서의 계몽은 인간 생활에 배반되는 미망, 암흑을 깨뜨리고 풍부한 생활 감정과 고매한 인간 정신을 천명하는 것이다. 계몽 정신이라는 것은 '비굴한 상태로부터 지성에 의하여 무능한 경지로부터 해방'하는 것이다. 계몽이 시민사회 발흥기에 있어서 중세기의 암흑에 대한 위대한 물질적 무기였던 것을 우리는 잘 안다.

그는 가장 오성적(悟性的)이며 가장 지성적이며 가장 이성적 입장을 취하였던 것이다. '지성의 무기로써 두려움(공석恐惻)이 없는' 과학적 정신이었던 것이다. 금일과 같이 인간 정신이 고갈하였으며 생활감정이 사막화 하였으며 인텔리전스가 무용화하고 대중의 비판적 센스가 첨유(諂諛)하고 있을 때에 이 역사상의 무기인 계몽의 정신과 지성의 활동을 파취(把取)하는 것은 가장 시기에 적합한 일이다. 문화적 활동의 독립성과 창의성이 거부당할 때에 가장 내셔널한 계몽적 문화활동 가운데서 그의 '미니멈'한 무대를 발견하는 것은 또한 당연한 바라고 하겠다. 이와 같은 이유 아래에서 대중성과 분리하여 생각할 수 없는 계몽적 진로를 개척할 수가 있는 것이니 그는 일상적 문화생활에 있어서 가장 뒤떨어진 부분에 대한 맹목적 지배에 반발함을 의미하는 것이다.

최후로 나는 문화단체의 큰 임무의 하나로써 위에서 말한 것 같은 조건을 잘 이해한 위에 반드시 그러한 공통한 문화활동에 참가하는 모든 단체의 연결을 생각지 않을 수가 없는 것이다. 여하히 양심과 선지식(善知識)이 있는 문인들이라도 다만 개개의 광휘만을 가지고는 즉 다시 말하면 연대력(連帶力)을 가지지 못한 고립 상태로서는 대단히 불리가 많을 것임을 알아야 할 것이다. 문화에 대한 정당한 사랑이 여하히 미약한 것이라도 그들의 상호부조만 있을 것 같으면 어느 근피(槿皮)까지의 효과를 얻을 수가 있다고 생각한다. 시대적 관심을 가진 모든 문화인과 문화단체를 망라하는 문화인협회 혹은 문화단체의 연맹 등의 성립을 요망할 수가 있다. 문화단체의 협동 프론트로서 그 활동, 출판, 공연 등을 더욱 민활케 할 수가 있으며 아울러 문화인들의 생활권 옹호와 사회적 지위 때문의 한 기관을 겸할 수도 있을 것이다. 시민으로서의 생활의 확보는 문화활동에 있어서 어느 정도까지의 생산력을 증가케 할 것이며 그러한 경제적 안정에 대한 관심도 그만치 문화의 사회적 훈련을 돕게 하는 것이다. 문화의 생활도 결국 현실사회 기구 내에서 주출鑄出되는 것이라고 할 것 같으면 또 그만한 생활적 연대가 충분히 있으면 있을수록 문화와 대중, 문화와 사회의 여러 타입도 더욱 밀접하게 되며 확고히 될 것이다. 문화인의 생활권의 옹호는 곧 문화단체와 문화활동의 지구적持久的인 굳은 기초의 건축을 의미하는 것이라고 할 수가 있다. 우리는 그 어느 점으로 본다 할지라도 그와 같이 하여 문화활동의 공연한 진출을 기도하며 문화단체의 사명을 재인식하지 않으면 안 될 것이다.(5회)

「문화의 민족성과 세계성」(1)~(6)

한식, 『조선일보』, 1937.5.1~7

최근 문화의 위기가 절규되면서부터 문화에 있어서의 민족성이라든가 민족의 지성이라든가 민족문화의 정신이라든가 하는 등의 문제가 대단 왕성하게 논의되고 있는 것을 볼 수가 있다. 그리하여 정치 사회 문화 등의 여러 가지 방면에 있어서 19세기 이래로 제창되었으며 그의 정신을 높이 하여 가지고 온 국제주의에 대항하여 전통적인 것의 찬미와 민족적인 것의 부흥들이 일정에 오르고 있는 것이 금일의 세계적 풍경의 하나라고 할 수가 있다. 각국의 가장 시류에 예민한 문화인들과 같은 지식계급들 사이에 있어서는 혹은 신탁神託과 같은 창槍을 둘러메고 나오며 혹은 민족주의에 신자新字의 관冠을 씌우며 혹자는 휴머니즘이라는 융통성이 있는 무기로서 한정시킨 결론을 가지고 모두 민족의 제단 앞에 배궤拜跪하고 있는 새삼스러운 포즈를 유행시키고 있다. 그 많은 가운데에는 없지 못하여 허위의 물정物情도 있을 것이니 우리들도 그러한 유행과는 따로 그러나 그의 본질을 천명하면서 민족성 등에 대한 재검토와 식별을 가지고 그의 인식을 새로이 하며 그에 대한 반성을 다시금 하는 것은 영영 부질없는 일이 아닐 것이며 더욱 이러한 시기인만큼 절호한 기회를 만났다고도 할 수가 있는 것이다.

물론 우리들이 이 문제에 대하여 더욱 심각한 해답이 있어야 한다 할 것 같으면 그는 더 말할 것 없이 우리들에게 닥쳐오는 문화의 위기를 바로 인식하며 우리들에게 남아있는 아름다운 문화의 유산을 정당히 신장시키는 관점으로서만 의의가 있는 것이다. 그것은 어떠한 부분에서 유행하는 것 같은 현실의 고뇌를 은폐함으로써 역사의 밀림 속으로 둔주遁走하는 것이 되며 또는 어떠한 정치적 조류 때문에 복고주의에 화급히 접목하고마는 저스티피케이션이 되어서는 안 될 것이다. 우리는 한 시대 전과 같이 이러한 문제에 대하여 관심하는 것조차 일축하여 버리는 공식적 기분주의氣分主義에서는 어서 탈각하여야 할 것이며 그리하여 민족적인 것에 대한 재고찰을 거부할 수는 절대로 없는 객관적 정세에 당도하였음을 충분히 자각하는 바가 있지 않으면 안 될 것이다.

문화 정신의 대도大道가 농무濃霧에 모호하여 버렸으며, 모든 지성의 표치標幟가 공중에 떠돌고 있는 때를 당하여 모든 민족적인 것에 수隨 희喜의 울음을 바치며 방탕한 자식이 돌아오는 격의 비희극悲喜劇을 연출하는 것이 아니라 이러한 기회에 민족적인 것에 대하여 샅샅이 들춰보며 거기 남아있는 플러스되는 유산을 계승함으로써, 우리들의 두 발로 단단히 대지의 현실을 밟으면서 생활하지 않으면 안 되리라는 역사적 입각지를 발견함은 오늘날의 우리들의 책무의 하나인 것이다. 민족성은 과연 단독의 아들로 세계성과 배치하는 것이며 그것에 대한 정당한 인식은 여하하면 획득할 수가 있는가 등에 대하여 생각하는 것은 우리들의 구체적 생활의 금일의 자세임을 꺼림 없이 알아야 할 것이다.

현재 문화에 있어서의 민족성의 문제가 제창되며 운위되고 있는 객관적 정세는 물론 정치적 필연성으로부터 산출한 것임에는 틀림없다. 민족적인 것에 대하여 많은 화제를 제공하며 그의 부흥을 열렬히 노력하고 있는 부분은 파시스트의 편인 것은 뚜렷한 사실이다. 그러나 그들이 민족적 문제를 정표히 제출하였으며 정당히 검토하고 있지 않은 것도 분명한 일이다. 문제를 최초로 제출한 사람이 반드시 최선으로 해답한다고는 못할 것이다. 그들 파시스트가 신비주의자이며 원시적 복고주의의 성격을 가지고 있는 것은 국제적으로 증명되는 일이다. 문화에 있어서의 민족적 개념을 다만 지역적으로 봉쇄하며 종족적으로 환원하며 '피와 흙'의 원시림에 부합시킴으로써 그들의 신세身勢를 찾으려 하고 있는 것은 주지의 일이라고 하겠다.

예컨대 나치스의 독일에 있어서 그들이 얼마나 민족적 문화 정책을 목표로 하여 순수한 아리안 민족문화에의 복귀를 희구하고 있는가 함을 볼 수가 있는 것이다. 그럼으로써 그들은 독일화한 유태인 문화와의 절단을 기도하며 그의 소제掃除에 진력하고 있는가 함에서 볼 수가 있다. 그러나 그들의 문화에 있어서의 민족성의 파악이 얼마나 착오에 쌓인 것이며 순수 독일문화의 개념이 여하히 유상謬想에 얽매인 것인가를 우리들은 용이히 발견할 수가 있는 것이다. 제일 오늘날의 민족은 그 여하한 민족을 물론하고 수다數多한 혼혈적 역사를 경유한 것이며 오랫동안의 민족의 동서의 이동으로부터 말의 절대적 의미에 있어서의 순수한 민족, 혈통이라는 것이 절대로 없다는 것을 그들은 모르나 혹은 알고도 은폐하는 것이다.

우리들은 역사가 지시하고 과학의 진실한 가르침에 의하여 이 지구상에는 순수한 인종이라든가 따라서 순수한 문화라는 것이 존재한 일이 없으며 존재치 못한다는 것을 이때까지에 존재하고 성립한 것은 다소간으로 혼혈된 민족과 혼합한 문화였다는 것을 안다. 여하간 민족도 여하한 문화도 처음부터 독창적일 수는 절대로 없으며 단독으로 다른 민족과 다른 문화와의 접촉, 교환

영향이 없이 발전하며 영위하지 못하였으며 또 못하는 것이다. 그리하여 모든 민족문화는 타 민족문화와의 상호 관계, 전승 등의 경로를 밟으면서 촉진되어왔던 것이다.(1회)

즉 세계적 형태의 침투가 그 얼마나 민족문화의 창조를 조성하였는가는 이미 역사가 가르치는 바 상식적 진리이다. 그들이 나치스의 정치에 수종隨從함을 바삐 함으로써 견강부회로 세계에서 가장 우수한 민족으로서의 아리안 민족 만세를 부르짖으며 순수 아리안 민족문화의 절찬을 거듭하고 있으나 그 나머지로 역시 당연한 그들의 결론이라고 하겠지마는 비非아리안 민족문화를 열등시하여 다른 민족문화를 파괴하는 무모를 폭로하고 있으며 따라서 문화에 있어서의 세계적 형태의 발전과 문화의 세계성적 내용의 부정으로 나타나오는 것이다. 그러나 순수 문화를 찾으려고 역사를 휘둘처 소원溯源한다 할 것 같으면 그리하여 고대로 쫓아들어 간다면 그는 도리어 원시적 미개문화에 도달하지 않으면 안 될 것이며 그야말로 모든 지역의 형식적 구별조차 없는 공통한 유원인적類猿人的 동물 세계에로 퇴각하는 모순을 폭로하는 수밖에 없을 것이다.

또 동양 제국諸國에 있어서의 각각의 민족정신과 문화를 자기들의 정치적 편리에 따라 주조한다 할 것 같으면 역시 나치스와 같은 모순과 혼란을 거듭할 것임은 분명한 일이다. 예컨대 동양 제 민족에 있어서의 각기 자기들의 민족의 순수를 찾아들어가며 고유의 변화 정신을 탐구한다고 할 것 같으면 그는 필연적으로 소위 '아세아적' 사상 형태의 공통한 것에 다다를 것이다. 우리들에게 있어서 소위 민족문화의 정신을 일으키는 대부분이 유교이데올로기의 그것이며 불교적의 그것일 것이며 혹은 민족의 이동을 따른 몽고蒙古 계통의 그것이며 한漢 민족의 영향인 것은 이미 우리들의 상식하는 바이다. 그리하여 민족문화의 고유성이란 대단 애매한 것이며 나치스의 파시스트와 같이 생각한다 할 것 같으면 결국 문화의 적극적 발전을 부존하며 문화의 역사적 천명과 과학적 근거를 무시하며 부정하는 것밖에 못 되리라는 것을 알 수가 있다.

문화는 그리하여 그가 어떻게 순수하다고 고유한 민족성을 외형적으로 가지고 있는 것 같이 보이더라도 우리가 가히 문화라고 호칭할 수 있는 범위 안의 것이라면 모두 타민족의 접촉과 타국의 문화와의 교통이 절무絕無하고는 성립치도 못하며 존재치도 못하였던 것이다. 우리는 얼마만큼 고석古昔의 문화에 있어서도 이와 같이 역사가 증명하는 것을 볼 수가 있는 것이다. 그리하여 문화의 민족성은 태초로부터 세계성과의 연관 앞에서만 더욱 조명할 수가 있는 것을 해득할 수가 있다. 우리는 또 나아가서 그러한 문화가 그가 어떠한 민족의 문화임에도 불구하고 위에서 말한 것 같은 국제적 연락이 많고 세계적 관심이 깊었으며 다른 외국문화의 전승이 많으면 많을수록 더욱 광휘있는 민족문화를 형성하였다는 역사적 사실을 성찰 안 할 수가 없는 것이다. 이것은 가장 높은 레벨에 달한 민족문화가 가장 훌륭한 세계성을 띰으로써 가장 인류적 이데아를 포함하는 때문이다.

문화에 있어서의 세계적 관심의 증대는 곧 전 인류적 공감성을 초래하며 타 민족문화에도 공통하는 감정의 연대와 휴먼적 성격을 생산케 하였던 것이다. 문학에 있어서의 괴테의 문학, 톨스토이의 창작이 가장 독일적 러시아[露西亞]적인 것이면서 가장 인류적 세계성을 띠고 있는 것과 같이 문화 일반에 있어서도 가장 민족문화로서 찬란한 것은 반드시 형식에 있어서 가장 독특한 색채를 띠면서도 인간성의 보편과 인류의 심금에 같은 공감을 주는 휴머니즘 같은 내용을 풍부히 가지고 있었던 것이다. 지리상으로 연락되고 민족의 이동으로 서로 접촉 교환되어 문화의 국제적 통래通來는 결국 내용에 있어서도 같은 보편적으로 내재한 인류의 공통한 정신의 긴밀과 제휴를 만들어낸 것은 또한 당연한 일이라고 하겠다.

우리들은 중세기 유럽[歐羅巴]에 있어서의 '르네상스 문화'라든가 그보다 전에 있어 '고대 희랍 문화'에 있어서 그와 같은 훌륭한 예를 볼 수가 있는 것이다. 르네상스 문화, 희랍 문화가 가장 세계적으로 찬란한 것이 된 것은 그와 같은 문화를 만들어낸 그들이 결코 편협한 지역에 봉쇄 당하며 쇼비니즘적 민족주의에 한정된 생활을 하지 않음으로써 라는 것을 잘 안다. 동로마[東羅馬] 제국이 멸망하여서부터 그 나라의 학자와 지식계급들이 라틴[羅甸] 문화를 휴대하여 이탈리아[伊太利] 등지로부터 유럽에 도망하여 거주하며 왕래하는 자가 많은 이후로 라틴 문화는 물론 희랍, 로마의 자유스러운 정신과 학문과의 접촉 등에 의하여 '르네상스 문화'가 생산되었음을 우리는 주의할 수 있는 것이다. 또 고대의 바빌로니아, 애급埃及, 페르시아 등의 나라와의 교통과 그에 따른 문화, 문물의 접촉과 타국의 장처長處의 이입移入 등으로써 고대 희랍 문화가 형성되었다고 하는 역사상의 사실은 우리에게 문화의 창조과정을 충분히 설명하여 주는 것이다. 이와 같이 고대 희랍 문화, 르네상스 문화가 가장 높은 형태의 문화를 만들었으며 금일까지 그의 광휘있는 문화 계통을 지속하여 오는 이유는 그 당시의 그 문화의 담당자들이 오늘날의 나치스적 의미에 있어서 민족성의 지리적 봉쇄와 타민족을 절대로 배척하는 종족적 혈액의 '순수'로서 시종始終하는 대신에 왕성한 타국과의 교통과 타민족문화와의 접촉으로써 문화의 국제주의를 일찍이 획득하였던 때문이라고 하겠다.(2회)

다만 한 민족적의 형식, 언어로서 만든 것이면 어떠한 것이라도 제일 좋고 내용에 있어서 여하하다는 것이 문제가 아니라고 할 것 같으면 즉 문화의 민족성을 지역적으로밖에 생각치 못하며 종족적으로 밀폐하여 버린다면 그들은 현대의 우리들이 이동백李東伯의 노랫가락보다 '샬리아핀'의 '볼가의 뱃노래'를 친부親父가 음송吟誦하는 시조보다 하이네의 시가를 더 좋아하며 춘향전 구운몽보다는 톨스토이 고리키의 소설에 더욱 감동하며 기녀妓女가 노래에 맞춰 울리는 가야금보다는 하와이안 기타의 음률에 더욱 매력을 감득感得하는 이유를 설명할 수가 없는 것이다. 이와 같은 것은 더욱 문화가 지리적보다는 시간적으로 종족적보다는 국제적으로 전통적보다는 근대적으로 역사적보다는 생활 현실로 추출됨을 즉 사회적 유사성을 말함이라고 생각된다. 봉건적 문화유산이 얼마만 한 여운과 잔향을 가지고 오며 여하히 민족적 문화라는 거룩한 고전적 모자를 쓰고 나오더라도 시대적 유사성과 감각적 공감성을 가지고 생활상의 근대 의식을 공유하는 코스모폴리타니즘의 생활 형태와 싸워 승리를 못한 증거의 하나라고 하겠다. 이와 같은 것은 즉 같은 민족 중에서보다는 도리어 타민족문화 가운데서 같은 인간적 감동과 동일한 내용을 감각하는 보편성 즉 세계성을 가지고 있다는 것을 말함이라고 하겠다. 특히 교통이 편리하며 인쇄술이 극도로 발달하였으며 신문, 라디오, 전화, 전신의 완전한 발달은 우리들로 하여금 지역적인 좁은 민족적 탈을 벗어나서 세계문화에 나날이 접촉하며 호흡할 수 있는 현금에 있어서는 더 말할 것 없는 것이다.

그리하여 문화에 있어서 그를 발육 생장시키며 백화요란百花燎爛의 화원花園으로 만들 수 있는 세계성을 무시하거나 단절하려고 하는 무모의 노력은 민족성을 여하히 강조하고 민족 정신의 부흥을 여하히 합창하더라도—그는 현대의 파시즘의 주요한 정치적 책동의 강령이며 그네들은 그와 같은 무기로 민중을 파시즘의 영내에 몰아넣고 있으니— 진정한 민족문화를 개발시키며 과학적으로 보아 정당한 민족성을 신장시킬 수가 없는 것이다. 그들은 민족성, 민족적인 것을 그냥 그대로 봉재奉載하여 감격의 울음을 울며 그에 대한 추상적 정열을 환기시키느라고 애쓰고 있는 형편이다. 그들의 파시즘의 정치적 성격의 필연으로서 문화에 있어서도 세계성을 방축하려고 하는 것이다. 그 대신에 민족적 슬로건을 내붙이며 그에 대한 금단의 터부는 극히 심한 것이었으니 그리하여 민족적인 것에 대한 과학적 해부를 용납하지 않은 것이다. 그들의 문화의 민족성은 대개로는 봉건적인 것이며 복고적인 그것이다. 과거의 문화 그 가운데서 대부분을 점령하는 지배계급의 문화를 가리켜 민족문화라고 하는 양상에 대하여 과학적 판단을 거부하는 이유가 여기 있는 것이다.

인간이 창조한 일체의 것, 더 협의로서 말하여도 풍속, 교육, 기타 이데올로기 형태, 도덕, 법률, 철학, 과학, 예술, 종교, 언어 등의 총체가 문화라고 할진대 이와 같은 것은 전부 물질적 생산관계의 토대 위에 의존하여 발생하는 것이며 결국에는 생산력으로 규정받는 원칙을 가지고 있는 것은 더 말할 것 없다. 그리하여 어떤 사회의 지배적 문화는 항상 지배군의 문화라고 할 수가 있다면 우리가 과거의 문화에 있어서 추상적 문화 일반을 논하기보다는 항상 노예 소유자의 문화, 귀족 문화, 봉건적 문화, 자본주의 문화 등등으로 표현하는 것도 이와 같은 이유에 의하는 것이다. 그러하니 민족적 특수한 형태가 있다 할지라도 일반적 내용에 있어서는 이상과 같은 분류를 하는 것은 조금도 무리한 일이 아니라고 하겠다. 이와 같은 견지로 보아서도 문화를 지역적으로 종족적으로 봉쇄하여 버릴 여세餘勢를 빌어서 민족적이라는 추상적 언사로서 문화의 구체적 분석을 거부하는 것은 자기의 생명을 보존하기 위하여 과거의 지배계급의 문화를 민족성을 존중히 한다는 명목 아래에서 강요하는 것밖에 못 되리라고 하겠다.

우리들의 과거 문화에 있어서도 '제일 발전이 늦은 중세기적 봉건적 야만적인 외피를 입은 사상'인 소위 아세아적 형태를 지적하는 것은 그렇게 곤란한 일이 아니다. 단군檀君 문화라든지 기자箕子 문화라든지 단지 그러한 개념뿐만으로 우리들의 고유의 문화라고 추상할 것 같으면 그것은 현실 문화의 구체적 인식과 신장에는 하등의 도움이 못 되는 도로徒勞라고 하겠다. 우리들의 문화 사상 가운데 있는 의무, 희생, 온정, 보은 등의 삼강오륜 등은 소위 가부장적인 관념이며 그것은 틀림없이 유교의 사상임은 누구나 다 아는 바이다. 또 1천 5백 년 전부터 인도로부터 도래하여 온 불교는 노예 소유자의 구성을 가지고 모두 사원寺院 문화, 체관諦觀 사상, 인종적忍從的인 세계관을 중심으로 한 그 당시의 문화를 형성하였던 것이다. 그리하여 문화의 민족성 아래에서 얼마나 봉건적의 그것이며 노예 시대의 그것이며 지배계급의 문화 형태를 그냥 그대로 복고할 수가 있다는 것에 대하여 우리는 모든 경계를 게을리하여서는 안 될 것이다.

물론 우리들은 자기들의 문화의 발전을 기획하여 그의 건전한 발달을 희구하지 않으면 안 될 것이며 그러함에는 무엇보다도 먼저 자기들의 역사적 현실을 자각하지 않으면 안 될 것이다. 추상적으로 민족성을 운위하는 대신에 이번에는 일반적으로 세계성을 고창하여서는 아무 것도 건축하지 못할 것이다. 문화의 기초될 토대는 역시 민족에 있을 것이며 민족이라는 입각지를 떠나서 세계문화를 운위한다는 것은 현재에 있어서는 사상砂上에 누각樓閣을 세우는 따위의 공론空論이 아니면 안 될 것이다. 또 세계성은 여하히 하면 포착할 수가 있을 것이며 민족문화를 여하히 하면 세계성적 관련 아래에서 발전시킬 수 있는가의 문제는 결코 용이한 문제가 아니다.(3회)

또 민족의 완전한 형성 과정은 진정한 의미에 있어서는 자본주의의 발전과정에서 규정되는 것이나 민족, 민족성이라고 하는 것은 자본주의에 의하여 처음으로 발생하는 것이 아님을 알아야 하겠다. 그리하여 장시간의 역사의 산물로서의 민족성을 여하히 취급하며 그러한 민족성 가운데에는 여하한 플러스와 마이너스가 잠재하고 있는가 등의 문제에 대하여서도 충분한 고찰이 있지 않을 수가 없는 것이다. 단순히 민족성을 완성한 의미에서 말하는 근대의 민족국가에 부수되는 것으로만 생각하여 그를 일축하거나 혹은 과거의 문화가 대개 지배계급의 그것이라는 원칙으로서 속악(俗惡)한 사회학자처럼 공식화하여 가지고 모든 고전문화의 계급성만을 결정함으로서 만족하는 따위의 이론으로부터 어서 우리는 탈각하여야 하겠다. 그와 같은 계급성 결정 공식으로는 우리는 어찌하여 금일까지 희랍 문화에 존경과 매력을 느끼는가를 설명할 수는 도저히 없을 것이다.

희랍 문화는 더 말할 것 없이 사회학적 분석으로 말할 것 같으면 그 시대를 구성하는 노예 소유자의 계급의 문화라고 할 것이다. 그리하여 일언지하에 우리가 배격하지 않으면 안 될 문화가 되고 말 것이다. 그러나 우리는 이와 같은 졸렬한 사회학적 분류와 레테르 첩부(貼付)와는 달리 그와 같은 원칙은 충분히 양해하면서도 그 문화 중에서 희랍 문화의 본질적인 자유 명랑, 희랍 천재들의 지식, 합리, 균세(均勢)의 사랑, 그 미술에서 보는 것 같은 순진 고귀, 이와 같은 것 등을 일체 포괄하는 그들의 신화(神話)가 증명하는 바 위대하고 풍부한 판타지 ―이와 같은 민족성의 특징적 내용을 얼마든지 경탄하며 음미하지 않으면 안 될 것이다.

그리하여 우리는 민족성 개념을 추상적으로 합창하는 단순한 전통주의자와 그와 반대로 주문으로써 말살하여 버리는 경솔한 공식주의자와의 두 자어느 편에도 가담하지 않을 것이다. 우리의 방법은 추상과 공식의 일반화의 부정과 긍정이 아니고 모름지기 고전 시대와 그 문화의 이동 변천, 민간 습성, 방언 등의 연구, 구전 민요, 생활자로서의 농민 가요 등의 그 시대, 그 시대의 허위 없는 대변적代辯的 형태를 샅샅이 들쳐보며 정치 사회의 소장消長과 병행하면서 아름다운 우리 문화의 민족성을 탐색할 수가 있는 것이다. 신라 통일시대의 유산 가운데의 대부분이 미륵불, 관음상 같은 불교 전래의 양식을 그냥 차지하고 있었다고 할지라도 그중에는 민중적 천재들의 창작으로서 고전적 소박素朴과 낙천적 조소미彫塑美에 충만한 조각 등 동양 고대 예술 중에서도 제1급으로 칭앙稱揚받는 창작품 등을 고전 문화의 최대 유산으로서 그 정당한 위치에 놓아 다시금 음미를 시작하는 데서부터 민족문화의 정신을 탐색할 수가 있는 것이다.

그러나 금일에 있어서 이러한 의미에 있어서 문화의 자유스러운 발달— 그는 세계성의 획득으로부터만 가능한 것이나— 을 억제당하는 이때에 있어서 문화의 옹호는 세계문화 프론트의 공동의 사명이 되고 있는 사실을 우리는 간과할 수가 없는 것이다. 편협한 민족주의가 파시즘의 조류에 흘러 문화에 대한 바바리즘을 발휘하고 있는 때에 그에 대항하여 진정한 의미에 있어서의 문화의 민족성은 세계성을 대동帶同하며 그의 연관 밑에서 해야만 빛을 발휘할 수 있다는 관점에서 문화의 세계성이 더욱 강조되어야 할 것도 긴급한 일이라고 하겠다.

히틀러의 고굉股肱인 괴벨스는 문화는 절대적인 것도 아니며 세계사적인 것도 아니라고 명언하여 제3제국의 문화를 민족적인 것에 한정하여야 하겠다고 강조하고 있다. 그리하여 인쇄기술이 극도로 발달된 금일에 있어서 분서焚書의 형刑으로 모든 유태인 계통의 문화를 절멸하려는 아나크로니즘을 감행하고 있는 사실은 그들이 민족문화의 미명 아래에서 문화의 세계성을 부정하며 민족성을 다만 좁은 지리 내에 폐쇄하며 인간성의 자유로운 발전을 기대하여 야 할 고귀한 문화의 성장을 조지阻止하여 '피와 흙'이라는 종족적 신비에 복 구하자 함임을 알 수가 있다.

일찍이 1817년 융거 헤겔리안에 대한 프러시아 정부의 탄압에서도 이와 같은 분서가 감행되었던 것이다. 그러나 금일에까지 남아있는 것은 도리어 헤겔의 철학 문화고 프러시아 정부의 철鐵의 사상이 아니었다는 역사의 작란 作亂을 그들은 알 것이다. 그리하여 우리는 쇼비니스틱한 그릇된 민족성의 영 웅인 프리드리히 대왕 비스마르크 카이저의 문화가 아니고 문화의 세계성을 추구함으로써 진정한 민족문화를 빛나게 한 괴테, 베토벤과 같이 게르마니아 의 토지에 뿌리를 깊이 박으면서 전 세계의 창공에 향하여 무성한 지엽枝葉을 신장시킨 문화에서만 우리들의 전망할 수 있는 문화의 가치의 전형을 알 수 가 있는 것이다. 독일의 노老 대작가 토마스 만이 '현대의 독일정치가 독일 자 신에도 혹은 세계에도 하등의 비익裨益을 줄 수가 없다는 것을 확신한다' '나 는 내가 독일 사람이 아니라고 용감스럽게 2~3년래 전 세계에 향하여 훤전喧 傳하고 있는 나치스의 사람들보다도 몇 배 이상으로 독일의 깊은 정신적 전통 에 뿌리를 박고 있는 것이다'라는 말의 의미를 알 수가 있다.

그리하여 이때까지의 독일 정신 가운데 우수한 것이 있으면 그는 곧 세계 시민성에 속함이다 라고 한 그의 언사에 따라서 다음과 같은 괴테의 말을 더 욱 첨부할 수가 있는 것이다. '문화의 최저 계급에 있어서는 항상 국민적 증 오가 가장 강하게 가장 치열하게 보이는 것이다. 그러나 어떤 일정한 계단에 있어서는 이러한 증오는 전연 소실消失하여 말할 것 같으면 우리들은 제 국민 의 공통한 입장에서나 우리들의 근린近隣의 국민의 행복 또는 비애를 우리들 자신의 국민 중에 생기生起한 것처럼 감득感得하는 것이다. (4회)

이러한 문화 계단이 나의 본성에 일치한다. 이것은 곧 우수한 문화의 세계성을 더욱 적절히 지시하는 말이다. 문화가 지리적으로 제한을 받고 또 그 시대에 따라 생활의식에 따라 그들의 민족적 특수성과 형식은 대단한 차이가 있었다 할지라도 또 많은 민족성으로부터라야 문화의 발생이 시초되었다고 할지라도 희랍 문화에서 보는 바와 같이 항상 그 내용에 있어서는 지성을 높이 하며 이성을 움직이어 인류 공통의 휴머니즘의 이념과 인간 정신의 고귀와 자유의 발달, 이와 같은 것이 없고는 높은 진보적 문화를 창조할 수는 없는 것이다. 지성의 보편성과 도그마가 아닌 합리주의는 정당한 이성을 가진 어느 누구가 대망하지 않을까. 먼 장래의 인류 문화의 완전한 공통성을 전망할 수 있는 우리들의 정신은 금일에 있어서도 한결같이 문화의 바바리즘 횡행에 대항하여 저 나라의 고민을 이 나라의 그것으로 감각할 수 있는 휴머니티의 의욕을 회복할 수가 있는 것이다. 문화에 있어서 빈약한 국가주의는 국제주의로부터 멀어가지마는 풍부한 국가주의는 필연적으로 국제주의에 근접하여진다는 장 조레스의 말은 진리일 것이다. 우리는 오늘날 타국의 문화에서도 많은 시간적 근사성近似을 가지며 역사적 공감성을 같이 하는 바가 많다. 금일에 있어서 마드리드의 옹호가 즉 문화의 옹호처럼 되고 있으며 제3회 문화옹호 국제대회가 근경近頃 마드리드에 개최될 것이라는 즉 이와 같은 문화의 세계성적 진출을 말함이라고 하겠다. 지드가 최근에 '스페인 민중과 더불어 마드리드의 옹호 혹은 회복의 요구는 지상에 있어서의 전 민족의 일치하는 바이다'라고 절규하고 있는 것은 휴머니스트 지드의 성격을 여실하게 표현하는 것이다. 많은 문화인, 작가들이 동란動亂의 스페인전선戰線을 질구疾驅하면서 양심과 자유에 싸인 세계를 희구하면서 불타는 가슴 속에 문화의 바바리즘의 습래에 대하여 인간성의 고귀한 발전과 인류 공감의 높은 이념 휴머니즘의 이데아 등을 공동한 분한憤恨에서 폭발시키고 있는 현상은 우리들에게 그러한 태도로서만이 문화의 민족성도 정당히 옹호할 수 있다는 것을 교시하여 주는 것이다.

근대 문화에 접촉하여 그를 수입하여 온지 아직 20~30년에 불과한 우리들에게 있어서는 더욱 그것도 아직까지 단순한 그 모방에 불과한 신세로서는 현재와 같은 파시즘의 조류에 따라서 편협한 민족성만을 단독으로 추구할 수는 없을 것이다. 우리들은 프랑스[佛蘭西]의 대 비평가 르낭으로 하여금 19세기에 있어서의 슬라브 민족의 발흥을 19세기 문명 중에서 가장 경탄할 만한 사업이라고 한 때의 러시아 국민문화의 약진을 성찰하여 볼 필요가 있는 것이다. 실로 18세기의 처음부터 저 '경이스러운 노동자'라고 칭호 받은 '표트르' 대제가 서유럽[西歐羅巴] 문화의 대대적 이입과 외국어의 장려와 서구의 명저, 고전 등의 번역을 장려하였으며 다수한 서구에 파견된 유학생의 귀환으로서 타국의 문물의 흡취, 대학 급 학사원을 설치시킴으로부터 문화의 융성의 단서가 시작되었으며 그 이래로 19세기의 러시아 국민문화가 발전되었던 사실을 크게 주목하지 않으면 아니 될 것이다. 투르게네프는 푸시킨과 표트르 대제를 비교하면서 유럽 민족의 동무가 된 이 양인의 러시아인의 특성으로서의 천재는 '그 행복을 어디서라도 발견하여 자기 수중에 넣는가'라는 프랑스의 이언俚諺을 인용하면서 이 두 사람은 자국민에 대하여서뿐만 아니라 유럽의 문화에 대하여서도 또 '같이 감수성과 능동성을 발휘하였다는 것'을 지적하고 있다. 그들은 자기 민족의 전통적 한가운데서 생활하면서도 타민족의 문화를 끝끝내 섭취하였다가 자기 것을 만드는 동화력을 가졌던 천재였다고 상양賞揚하였던 것이다. 트루게네프는 또다시 베린스키를 논하는 고에 있어서 레싱은 자기의 종족의 지도자, 자기 국민의 대표자가 되려고 할 것 같으면 거진 일체를 포괄할 만한 세계적 지식을 갖추지 않으면 안 되겠다고 한 것과 같이 베린스키는 가장 모스크바 사회의 전통적 분위기 가운데서 생활하면서 30년대의 초시初始부터 유럽의 문화과학, 예술, 서구의 사상, 사회 조직 등이 자기 것보다에 배倍나 우수한 것임을 발달시키며 그의 독특한 문화의 의의를 천명시키며 신장시킴에는 모든 서구의 소산을 힘껏 섭취할 필요가 있다고 논하였다고 한다.

벨린스키의 이와 같은 서구 숭배는 조금도 그의 충심에 잠재하고 있는 러시아적 감정과 이해를 미약화 한 것은 절대로 아니었다고 한다. 그 당시의 슬라브주의자들이 사실인 즉 봉건적 귀족적의 러시아를 복고시키자는 것에 불과하였지마는 하여튼 민족적이라는 무기를 가지고 극력으로 벨린스키의 서구 신앙을 배격하였던 것이다. 그러나 벨린스키는 표트르 대제의 지시하는 바에 따라 타민족과의 접촉, 타문화의 수입 등의 방향만이 러시아의 독특한 문화를 형성하는 이유라는 것을 극력 주장하였다고 한다.(5회)

이와 같은 문화에 있어서의 민족성의 우수한 독창을 만들면 만들수록 세계성과의 상호 결합이 없고는 도저히 불가능하다는 것을 표시하고 있는 것이다. 그때의 편협한 애국주의자들이 운위하던 민족성 등이 마침내 전제정치, 희랍 정교正敎의 종교적 경향에 둔주하여 버린 것은 그 후의 러시아의 역사가 증명하는 바이다. 나치스에 있어서 보는 바와 같이 순수한 독일 문화를 고취하며 아리안 문화의 민족을 강조함은 나아가서 그들의 세계적 우위성을 강요하는 결과를 맺으며 따라서 타민족의 문화를 열등시 하는 따위의 결국의 부정을 감행하고 있으며 그러기 위하여서는 문화 세계성을 영원히 방축하여 버린다.

나아가서는 열등한 것이라고 자단自斷하여버린 타민족의 문화를 우수하다고 자과自誇하는 자기들 문화의 민족성 하의 영원한 철쇄에 얽매이며 완전히 지배하자 하는 모략에 불과하다는 것을 알 수가 있는 것이다. 그것은 결국 자기들 외의 민족문화를 억울하게 파괴하는 것이 되어 또 결국은 자기 자신들의 민족문화도 야만화 시키는 것밖에 안 되는 것이다. 그리하여 우리는 '문화에 있어서의 민족성의 정당한 존중은 일반 문화의 개발을 강조하며 민족문화의 발전을 기도하는 사회에서라야만 비로소 가능한 것이라'는 진리를 알게 되는 것이다. 이러한 의미에 있어서 나치스 독일과 대립되는 문화 발전의 상태를 대단 흥미 있게 볼 수가 있는 것이다. 거기서는 각 민족이 통일적 정치적 연방을 형성하고 있으면서도 각 민족의 문화에 있어서는 결코 한 민족의 문화의 힘으로써 일색으로 통일 받고 있지 않을 뿐더러 나날이 더욱 각 민족의 각각 특유한 문화를 발전시키며 번성을 도모하고 있는 현상은 대단 우리들의 주목을 요하는 것이다. 한 예를 들 것 같으면 한 지방인 '우크라이나' 지방에서는 그곳의 학교는 물론 국가기관에 있어서도 대러시아어가 절대로 사용되지 않고, '우크라이나' 지방어 공용어로서 사용되고 있으며 신문 잡지에 있어서 보더라도 대러시아어로 발간된 책 등을 최속히 '우크라니아' 어로 번역하여 출판하며 소개하는 것이다. 다른 소민족에 있어서도 물론 이와 같이 자기 민족어를 그냥 그대로 공용하며 세소한 소민족의 문화형식들도 한결같이 존중히 하여간 소민족 중으로부터 자기 민족어로서 당당하게 그들의 문화적 특질을 발휘하고 있는 것을 볼 수가 있다. 일찍이 그들의 어떤 지도자가 그들의 일체의 문화의 민족적 특질에 반대한다는 데마고기에 대하여 자본주의 치하에 있어서 한 민족의 문화를 가지고 제 민족의 문화를 통일할 수가 있다는 생각의 오류를 지적하면서 '과연! 국제문화는 몰민족적인 것이 아니다. 사랑스러운 분트주의자여! 우리는 그런 것을 주장한 일이 없다. 우리들 중의 누구든지 '순수'한 폴란드인적도 아니고 유태인적도 아니고 러시아인적도 아닌 문화를 요구한 일은 없다'라고 한 말을 상기할 수가 있는 것이다.

하여튼 문화의 민족성과 세계성은 전연 고립한 카테고리에 속하는 것이 아니라 대립의 통일로서 발전하는 것이다. 물론 현재에 있어서는 이 양자 간에는 모순된 점이 많다. 그러나 이와 같은 모순은 인류사회의 금후의 발전을 따라 해소할 수 있는 것이다.

형식으로서의 민족성과 내용으로서의 세계성이라는 경지에까지 발전하여 통일된 것도 있는 것이다. 그리하여 문화에 있어서의 이 두 가지를 고립한 분자로서 생각할 수가 없는 처지에 세계 각국의 문화는 나날이 상호침투하면서 발전하고 있는 것이다. 그리하여 문화에 있어서의 민족성은 그의 정당한 의미에 있어서 높고 훌륭한 것일수록 그것은 국제적 접촉과 교류를 가지는 것이며 그와 같은 세계적 연관에 있어서 재건축한 것이 되어서만 비로소 인류적 이데아를 공감하는 휴머니즘의 성격을 독창할 수가 있으며 찬란한 문화로서 꽃을 피울 수가 있는 것이다. 아름다운 문화 계보의 진정한 상속인으로서의 우리들은 과학적 인식 위에서 문화의 민족성의 구체화를 천명할 것이며 또 그러기 위하여서는 그와 분리시켜 생각할 수 없고 그의 혈육을 제공하는 세계성을 부여시키도록 노력하지 않으면 안 될 것이다.

이러한 때를 당하여 우리들은 마침 '때의 아들'로서 일체의 고색창연한 문화를 부흥시키며 모든 민중의 문화의 발달을 억제하는 현재의 제종의 반달리즘에 대하여 '새로운 땅'의 소금[鹽]으로서 정당한 민족문화의 옹호를 '인식'하는 동시에 그 세계성의 연관을 단종시키려는 무모한 바바리즘에 대하여 충분한 자각을 가다듬어야할 것이다. (6회)

60

「논단시평」(2)~(3)

신남철, 『동아일보』, 1937.6.24~25

1. 고전이냐 유행이냐, 최근 문예평론에 대한 2~3의 단상

결국 생각하는 사람은 타락한 동물인가?

그들은 생각하는 것을 사갈蛇蝎과 같이 싫어하는 듯하다. 그야말로 생각을 하면 신주神主가 덧나느냐 하며 반문하고 싶을만치 피상적이며 일면적이며 또 앵무적 반문返問 분주한 듯이 보여진다. 이것은 틀림없이 하나의 눈살을 찌푸릴 사태다.

생각하는 사람이 만일 타락한 동물이라면 그들은 루소와 같이 감수感受에 재빠르면서도 그것을 속속들이 파고 덤벼서 정화情化(이런 말을 할 수 있다면)하는 사람이 되어야 할 것이다. 그리하여 루소의 감수하고 정화하면 그만이지 생각은 다 무엇이냐 하는 주장이 18세기의 호모사피엔스(이성인)를 놀라게 하였던 것과 같이 현대의 우리 비평가들도 무슨 놀랄 만한 경험을 우리에게 주었어야 할 것이다. 그러나 나는 아직 과문 또 불민한 탓인지 그러한 경탄할 사실을 전문傳聞조차 하지 못하고 있다. 아니 나는 시절 환경의 소치所致를 망각하려고 하지는 않으나 루소는 그만두고라도 프랑스[佛蘭西] 현대의 엔·엘·

에프(NLF – 엮은이)의 말석이나마 차지할 수 있게 되자고 애쓰는 사람을 보지 못하고 있는 것이 슬프다.

사실 나는 그러한 진지한 노력자 양심적인 기원자企願者를 찾아보기를 바란지 이미 오래다. 참 의미의 세대의 수난자가 되어 명철한 예지叡知에 의하여 문화의 문제(지금에 있어서 그것은 금년 원단元旦 토마스 만이 본 대학에 보낸 공개장에서 말한 바와 같이 전쟁의 위기를 중심으로 하여 논의되는 그러한 것이다.『세르팡』지난 5월호 참조), 육체, 심정의 문제, 교양(유산의 문제) 급 예술적인 창작의 문제에 대하여 준엄한 비판, 섭취와 재건의 정신에 불타는 왕도자王道者를 찾고 찾아서 못 찾고 있다. 만일 어떤 평기評家가 있어 나를 탄해 가로대 그것은 지금 이 땅 이곳에 있어서는 있으려야 있을 수 없다고 할는지 모른다. 물론 나도 그러한 객관적인 요인을 십이분으로 인정한다. 그러니만치 나는 개인의 주관적인 예지적 노력을 원망하는 바 실로 통절한 것이다.

"쓰여진 모든 것들 가운데에서 나는 오직 피[血]를 가지고 쓴 것만을 사랑한다."(차라투스트라)

창작의 정신도 또는 비평의 정신도 결국 육체적 노력을 통과하지 않으면 아니 된다. 생명의 호흡과 격동하는 맥박을 가리지 않으면 아니 된다. 그러나 그것은 그것만에 그치는 것이 아니라(단순한 파토스가 되어서는 아니 된다) 진리의 재건을 위하여 지성의 권리도 확립하지 않으면 아니 된다. 그러자면 그저 고뇌! 고뇌! 현실과 끝까지 격투하는 발발勃勃한 기상을 가져지이다! 적어도 살 맛 있고 일할 나위 있는 때와 땅이라고 허리띠를 조여매보라! 처음에 감성 속에 없던 것은 지성 속에 없다고 중세의 철학자는 말하였다 한다. 진리의 재건을 위하여 지성의 권리를 확립하자면 위선 똑똑히 면밀하고 정확하게 보고 듣고 느끼자. 피상적, 일면적 앵무적 반문 같이 우리의 예지에 대한 불구대천의 원수는 없다. 무비판하게 자료를 사용하여서는 아니 된다. 사료 비판이라고 하는 것은 역사학의 하늘 천, 따 지다. 어떤 비평가는 무에 어떻게 되어가는지도 모르고 단구短句를 요기조기서 알맞게 빼어다가 들어맞춘다. 문예사가 되기가 어이 그리 쉬운고! 창작가와 마찬가지로 비평가도 사료를 취급함에 당하여 비판적인 정확을 기하지 않으면 아니 된다. 창작가는 이 비판적인 정확을 양기揚棄하여 자유로이 예술적인 형상화의 세계에로 비상시켜도 좋으나 비평가 더욱이 문예사가, 문예비평가는 그래서는 아니 된다. 그는 동시에 과학적 정신의 사도가 아니면 아니 된다.

그러므로 비평가는 사상가가 아니면 아니 된다. 논리 분석 역사 급 과학을 알지 않으면 아니 된다. 적어도 그러한 정신에의 사념思念을 가져야 하지 않느냐! 단편소설의 월평月評만이 비평인 줄 아는 비평가는 없으리라고 생각은 하나 이곳의 현상으로 미루어보아 그러한 흠이 없지도 않다. 지금 작가와 평가와의 소위 불화니 충돌이니 하는 문제도 비평을 단편소설의 월평으로만 하는 무지와 공허한 방법론 투쟁(나는 방법론을 대단히 중시한다)에서 오는 소살笑殺할 희극이 아니고 무엇이랴. 참된 비평가, 더욱 문예사가 혹은 문예사적 비평가가 되자면 위에서도 말하였지만 명철한 예지에의 수련과 고뇌를 쌓지 않으면 아니 된다. 그들이 이러한 수련과 고뇌를 두려워하는 의지박약자가 아니면 얼마나 다행하랴! 일면적 피상적이고 앵무적 반문을 일삼자니 하는 수없이 시속을 따르게 되고 따라서 유행과 모방이 헛된 회중渦中에서 허덕이게 된다. 나는 아무것도 시속과 유행 그 물건을 나무라는 것은 아니다. 그런 것들을 집어 섬기기 전에 먼저 그러한 것들을 통하여 고전성에의 안광眼光을 기르지 않으면 아니 된다.

고전! 그것은 언제나 새로운 생명의 원천이 되는 것이다. 맑은 샘물이 소리 없이 흘러나오는 것, 그것은 고전! 이것을 고전 정신이라고 하여도 좋겠지. 현대의 예지는 진리의 재건을 위하여 역사와 격투하는 '다스 로만티쉐 레알' (낭만적 진실)인 동시에 준비를 위한 잠복기의 연구 정신이다. 이 연구 정신은 고전 정신의 획득에 통한다. 헛되이 시속을 쫓지 말고 넓은 원아原野를 조망하라! 사회적 인간, 역사적 인간의 문화적 창조의 원야를! 행동주의는 어디로 갔느냐, 창작방법론은 어디로 갔느냐, 또 낭만주의론은 어디로 갔느냐! 그대들은 이런 것들을 참으로 섭취하여 그대들의 부육膚肉이 되고 혈액이 되게 하였는가? 고뇌 없는 곳에는 새 안광은 열리지 않고 격투 없는 곳에는 창조는 없다!

우회하는 패배의 비평가! 나는 이 불명예의 표어가 하루라도 속히 우리의 문예 평단으로부터 사라지기를 바라서 마지않는다.(2회)

2. 특수문화와 세계문화, 문화론의 합습과학적인 전진을 위하여

3년 전 본지 신년호에 박사점朴士漸(박종홍朴鍾鴻) 씨의 「조선의 문화유산과 그 전승의 방법」이란 함축 있고 무게 있는 논문이 실렸었던 것을 독자 중엔 기억하는 분이 많이 있을 줄 안다. 조선의 문화유산을 어떻게 전승하여야 하느냐 하는 것을 엄밀한 방법론적인 검토 하에 우리에게 보여준 일이 있음을 잊을 수가 없다. 씨는 이 문제의 해명에 당하여 첫째로 우리가 묻고 있는 것은 무엇인가로부터 출발하였다. 즉 조선의 문화유산이라는 것을 로고스적 평면에서 해석하는 것으로부터 해방하여 일층 깊고 넓은 지반 즉 현대 우리들의 현실적 사회적 생활의 지반에 있어서 이것을 해명해야 된다고 하여 우리의 역사 사회적인 현실 생활의 지반을 물었고[問], 둘째로는 이 문제를 어떻게 물어야 하느냐고 하는 것으로부터 론을 진행시켰었다. 그리하여 문제의 초점을 실천에 두어가지고 관념적 해석적 태도를 배격하였으며 이 무엇과 어떻게의 두 계기의 인식과 파악에 있어서는 현실적 정황 즉 현 계단적 입장의 고려를 망각하여서는 아니 된다고 하는 것을 강조하였었다.

이 논문은 최근 4~5년래 우리가 우리의 문화를 진지하게 생각하기 시작한 최초의 방법론적인 글이었다. 그러나 이 논문에 내포되어있는 여러 가지의 중대한 문제가 더 깊고 넓게 전개됨이 없이 오직 우리의 4~5인의 동학同學의 도徒에 의하여 개인적으로 토구되었을 뿐이었고 그 뒤에는 일껏 제기된 이 문제가 논단의 전면에서 사라진 것 같은 느낌조차 불무하였다. 허나 이 문제는 언제 제기되어도 늦지 않은 당면의 중대한 문제이다. 이 방면에 관심을 가지고 있는 분들의 활발한 토구를 바라서마지 않거니와 최근에 와서는 이 엄숙한 문제가 백철白鐵 씨에 의하여 너무도 엄청나게 불근신不謹慎한 수법 하에 재제출되고 있는 듯이 보여진다. 「문화의 조선적 한계성」(『사해공론』 3월호)과 「동양 인간과 풍류성」(『조광』 5월호)의 두 편은 정正히 우리의 관심하지 않으면 아니 될 반反역사과학적 반문화적인 논문이라고 단정하기에 조금도 아까움이 없는 글임을 나는 대단히 슬퍼하지 않을 수가 없다. 이 두 편 논문의 사료 비판과 원전原典 해석에 있어서의 실제적인 음미는 사도斯道의 전문가인 김태준金台俊 씨에게 밀기로 하고(『조선문학』 6월호에 실린 「문학의 조선적 전통」과 동 7월호에 나리라 하는 그 계속 참조) 나는 다만 백씨의 이해하고 있는 문화의 특수성의 문제에 대하여 간단한 시평을 가하여 보고자 한다.

도대체 백씨는 동양 인간이라는 것이 여하한 종류의 인간을 두고 하는 말인지 알 수가 없다. 그는 풍류성이라고 하는 것을 가지고 동양 인간을 규정하여 보려고 한 듯한데 불민한 필자에게는 진의를 파지把持할 수가 없으니 좀 더 이론적으로 정제된 의상을 입혀가지고 등장시켜주기를 바라서 마지않는다. 그러고 풍류성이라고 하는 것도 그와 같은 문헌 속의 문구의 나열에 의한 설명이 아니라 좀 더 이론적으로 문학사史다운 구명을 한 뒤에 놓아주기를 바란다.

서구의 어떤 실제적인 문예비평가는 주어진 예술작품의 사상을 예술의 언어로부터 사회학의 언어로 번역해가지고 주어진 문학 현상의 사회학적인 등가를 발견하는 것이 문예사가의 임무라고 말하였다 하는데 이 말을 그냥 다 받아들인다고는 하지 않더라도 적어도 개개의 문학 현상으로부터 무슨 일반적인 결론을 끄집어내자고 할진대 이 문학까지도 포함한 문화 그 물건에 대한 깊은 체계적인 이해와 파악이 없이는 귀납할 수 없는 일이다. 그런데 백씨의 문화에 대한 지식은 이러한 근본적인 점을 망각하고 있는 듯이 보여진다. 그리하여 문화의 일반적 공통성을 말살한다. 문화에 있어서의 특수와 일반이라는 양면을 씨는 의식적으로 일면을 보고 있다. 특수문화는 일반문화에 양기되는 것이다. 각국사各國史는 결국 세계사에 연결한다. 지역적인 문명은 세계문명에 해소되는 것이다. 동 시대의 제 문화의 연관을 독단적으로 한정하여 조선의 문화하면 조선의 문화를 신화적으로 운위하는 것은 문예비평가 백철 씨의 취하지 않을 바라고 생각한다.

더욱이 그 문화의 위기론에 대한 견해에 이르러서는 나에게 씨의 교양을 의심하리만치 비과학적이라는 느낌을 가지게 한다. 씨는 조선의 태백산적인 문화가 비태백산적인 문화에 의하여 정복되어 내려왔기 때문에 고유한 문화유산을 가지지 못하였으니 문화의 위기라는 것은 없다고 한다.(「문화의 조선적 한계성」 참조) 문화 위기라는 것은 나치의 갱유분서坑儒焚書만이 아니다. 그 이면에는 파시즘 대두의 역사적 정세에 대한 논리의 문화론적 파악이 있어야 한다. 이것은 역사적으로 규정되어 있는 개념이다. 태백산적인 것이 비태백산적인 것에 감鑑하여 정복(!)된 때(!)에 무슨 문화의 위기가 생生하였든지, 이것은 일대 발견이 아니면 아니 될 것이다.

그리고 문화의 교류 상호침투에 있어서 순한 것과 불순한 것과의 구별은 무슨 기준에 의한 것인가. 그 순불순의 가치 판단은 누가 하는 것인가? 또 조선문화의 사대적인 것과 의뢰적인 것과는 석금昔今이 동일하다 하였으니 그것은 무엇에 대하여 사대적이며 의뢰적이란 말인가? 이것은 정히 이렇게 말하는 당자의 현실적인 사대성과 의뢰성을 자변自辯하는 것 이외에는 아무 것도 아니다. 학도로 자임하는 씨에게 있어서는 이러한 불근신不謹愼한 언설은 아니하는 것이 좋을까 한다.

이상은 문화론의 과학적인 진전을 위하여 간단하나마 언급하는 소이다.(3회)

61

「문학대화편, 조선문학의 전통과 고전」(상)(중)(하)

홍명희 · 유진오, 『조선일보』, 1937.7.16~18

지금 우리 예술계는 전반적으로 재검토를 요할 만한 침체의 극두極頭에 이른 것 같다. 전체적으로 아무런 통일된 경향이나 목표도 없이 저미低迷한 분위기 속에서 허덕이는 현상이다. 이렇게 침체한 현상에서 대가들은 과연 무엇을 생각하며 중견들은 또한 어떠한 지향성을 가지고 있는가? 우선 이것을 탐색함으로써 국면 타개의 일책이 될까 하여 먼저 벽초碧初 현민玄民 양씨의 대담을 들어 옮기기로 하였으나 기사 중 일체 문책文責은 기자에게 있음을 부기한다.(일기자)

유　조선문학의 전통이라든지 고전에 대해서 선생께 말씀을 물어달라고 하는 것
　　이 신문사의 청인데 첫째 향가의 조선문학사 상에 있어서 지위가 어떠할까요?

홍　글쎄 요새 모두 향가 연구하는 사람도 생기고 하더군요.

유　가령 일본문학의 『만엽집萬葉集』 같은 데 비하면

홍　향가라면 분량이 여간 빈약해야 말이지요, 그래도 『삼대목三代目』이나마 남
　　았던들 볼 만한 것이 있었을는지 모르지만….

유　그래도 친다면 『만엽집』 같은 것과 같이 칠 수 있지 않을까요?

홍 그야 그렇지. 어느 나라 문학이든지 발단의 시초는 시가詩歌 형식에서부터
    시작하는 것이니까. 서양은 의학 서적도 시가 형식으로 된 것이 있다고 합디
    다마는 그와 비슷한 것을 동양에서 본다면 '악성가樂性歌' 같은 것이 적당하
    지요, 모두 외우기 쉽게 만드느라고. 그러나 향가라야 몇 수首 못 되니까『만
    엽집』에 비하더라도 분량으로는 여간 빈약하지 않지만 같은 류는 류이지요.

유 시대도 비슷하지 않습니까?

홍 그럴걸요,『만엽집』이나 향가 비슷한 것으로는 류큐[琉球] 지방에 '오모로 소
    시オモロ草紙'라는 것이 있더군요.

유 류큐어로 되었습니까?

홍 가나[假名]로 되고 게다가『만엽집』같이 해설을 했으니까 원본은 아니지요.

유 원본은 못 보셨습니까?

홍 못 보았습니다. 하여간『만엽집』은 그만두고라도 향가란 원 워낙 수효가 얼
    마 안 되니까 가령 오래되었고 얼마 안 된다고 해서 신룡神龍의 편린과 같이
    귀하게 여길런지는 몰라도 문학의 연구 대상으로는 얼마나 한 가치가 있을
    는지 모르겠습니다.

유 그래도 조선문학의 발단은 향가이겠지요?

홍 그렇겠지요.

유 향가 이후의 조선문학으로서는 역시 시조를 그 계통으로 치시겠지요?

홍 시조는 향가 계통으로 보겠지요?

유 그리고 시조는 한漢 문학이 들어온 뒤에도 쭉 계속되지 않았습니까?

홍 그렇지요. 이조까지 내려왔으니까. 그리고 향가 말이 났으니 말이지 '동경
    東京 달 밝은 밤에…'라는 향가는 오구라 신페이小倉進平 씨보다도 위당爲堂(정
    인보鄭寅普 씨-기자 주) 같은 이가 먼저 해독한 것입니다. 그래서 그때도 서

로 이야기한 말이지마는 향가라고 해도 몇 수 안 되는 가운데 제일 쉬운 것 하나밖에 해독하지 못하는 것은 창피하지 않느냐고까지 한 일이 있습니다.

유 전체적으로 해독한 이는 오구라 신페이 씨가 아닐까요?

홍 또 한 사람 있기는 하답디다마는 그렇겠지요. 위당 같은 이도 많이 해독했지 마는 대체로 향가 해독 『악학궤범』에 있는 가사歌辭를 해독해보아도 잘 맞지 않는데 그보다도 더 오랜 향가를 현대어로 해독하는 것이 너무 영절스럽게 떨어지는 것이 도리어 낭패지요.

유 도리어 의심스럽다는 말씀이지요?

홍 그렇지요.

유 그런데 『만엽집』 이후에 한 문학이 들어갔다고 하더라도 와카[和歌]나 『겐지 이야기[源氏物語]』 같은 것을 보더라도 그 독특한 경향으로 발달을 해왔는데 조선은 향가 이후에 시조가 있어도 역시 한문적이지 뭐 조선적이라고 할 만 한 독특한 특색이 없는데 가령 그래도 무슨 조선 독특한 특색은 없을까요?

홍 그것은 우리 문자가 없던 한탄恨歎이지요. 더구나 나중에는 표현 방식까지 한문을 모방했으니까. 『일본외사日本外史』나 『신황정통기神皇正統記』 같은 것은 말하자면 일본식 한문인데. 그러나 우리 문학사를 쓴다면 하여간 우리말로 쓰여진 문학 이외에 막문漢文으로 쓰여진 문학에서 비록 표현하는 기교는 부 족하다고 하더라도 중국 것과는 다른 것은 역시 조선문학사의 일 부문으로 들 수 있을 테지 그야 심장적구尋章摘句만한 것은 모르지만 연암燕巖(박지원 『열하일기』 저자, 기자 주)만하면 자기 할 말을 마음대로 다 했으니까. 영재寧 齋(이건창李建昌, 기자 주) 같은 분은 연암은 고문규범古文規範에 덜 맞는다고 했 지만 거기에는 조선 정조가 있거든.

유 그 외에는…

홍 『악학궤범』 첫 머리에 있는가요 그리고 요새 많이 말하는 가사, 시조는 가사 속에 들든지 따로 치든지. 그리고 극 방면에 있어서는 요새 봉산탈춤을 새로 하기도 합디다마는 그 대본이래야 별로 볼 만한 것이 없고 또 본래 대개가 그때그때 임시로 만든 것이었을 게니까.(상편)

유 그러면 조선문학사는 우리말로 쓰인 문학과 한문으로 쓰인 문학의 두 부류로 칠 수 있다는 말씀입니까?

홍 문학사라면 첫째 운문과 산문으로 나눠야 할 것이지마는 우리말에는 운이 없으니까 하여간 향가, 가사, 시조 같은 것을 운문류로 치고 극 방면은 아까 말과 같이 영성零星하고 소설에 들어오면 동양 소설로는 당인唐人의 소설이 시초인데 그건 모두 야담野談이나 고담古談 같이 된 것이지. 그러나 원元, 명明, 청淸에 들어오면 이제 본격적 소설이라고 볼 수 있는데 하여간 『수호지』 하나만 하더라도 성격소설로는 세계적이니까.

유 우리 것으로는 고려 이전에는 없겠지요.

홍 없지. 이조 초기까지도 없었으니까. 그런데 중국은 그야말로 유교의 본국이 건마는 원, 명, 청 삼조三朝에 다 소설이 있는데 우리는 그런 것이 없는 것을 보면 소설이란 것을 천시를 해서 글깨나 하는 사람은 그런 것은 손에 대지 않는 것으로 알았던 때문이겠지. 그러나 우리 소설이 있다면 그건 대개 숙종肅宗 이후인데 그 뒤로는 분량으로는 퍽 많습니다.

유 『춘향전春香傳』도 처음에는 노래로 된 것을 적은 것이겠지요?

홍 그렇지요, 노래를 적는데 여러 사람이 적으니까 모두 각 본本이 다르지. 그런데 소설이 분량은 많아도 거개가 다 중국 것을 번역한 것이고 또 내용이란 것도 그저 천박한 이상주의지 뭐…!

유 권선징악적인…!

홍 채 권선징악도 못 되지. 그저 조선 소설의 내용이란 천편일률로 꼭 같으니까. 가령 어떤 부부가 자식이 없어서 산천에 불공을 해서 아들을 낳아. 그러면 그 아들이 자라는 동안 부모를 잃거나 무슨 풍파를 겪어 출가를 해, 그 다음에 돌아다니다가 도사를 만나 술법을 배워, 그러면 난리가 나. 배웠던 술법으로 난리를 평정하고 출장입상出將入相을 하는 데 또 그런 배우자를 하나 만들어 두었다가 내외가 되어서 백자천손百子千孫으로 버려진다는 것이 판에 박은 듯이 꼭 같으니 그거야 세상 욕심으로는 그런 것도 있겠지마는 원 현실로서야 그렇게….

유 조선 소설의 내용이 빈약하더라도 그래도 좀 특색 있는 것을 찾는다면?

홍 그렇지.『춘향전』『박씨전』『금방울전』같은 것『장화홍련전』도 칠 수가 있고.

유 요새 문학에 있어서의 전통이라는 말이 유행하다시피 하는데 향가나 시조라든지 또는 한문학도 중국 것과 다른 것이 있다고 하셨는데 이러한 데서 말하자면 조선적이라고 할까요, 뭐 전통될 만한 것은 무엇이겠습니까?

홍 그건 향가를 연구해봐야 알겠지요. 소설은 이제는 말한 것 같이 별로 볼 것이 없고.

유 그러면 한문학에서 무엇이 다를까요?

홍 글쎄 뭐 하여간 한문에도 이전에 최치원崔致遠 이제현李齊賢 김부식金富軾 같은 분이 있었지마는 이조에 들어와서는 계곡谿谷(장유張維) 택당澤堂(이식李植) 농암農岩(김창협金昌協) 연암(상주上註─이상 기자 지誌) 같은 분들이 주소註疏 문학에서 벗어나 고문법도에 이르렀던 것이지. 그런데 고문이라는 것은 자字에 자법字法이니 구句에 구법句法이니 편篇에 편법篇法이니 하는 것이 있으니까 수사학적으로 보면 현대로서도 배울 점이 있을는지 모르지만 내용이야 보잘 것이 없지.

유　요새 일본문학의 전통이라고 해서 'さび(사비-엮은이)'니 또는 'もののあ
はれ(모노노아와레-엮은이)'니 하는 이도 있고 어떤 이는 『만엽집』의 웅대
한 것이 일본문학의 전통이라고 하는 이도 있어서 모두 각인각설各人各說인데
우리도 문학적 감각에 있어서 뭐 그러한 독특한 것이 없을까요?

홍　글쎄 모르지.

유　아니 아주 없습니까? 아주 생각지 않습니까?

홍　잘 모르는 것을 억지로 말할 게야 뭐 있나?

유　왜 요새 어떤 사람은 풍류風流라는 말을 하는 이도 있지 않아요?(기자를 돌아
보면서)

기　무상無常이라고 하는 이도 있지 않아요.

홍　불교의 영향을 받았으니까 그럴는지도 모르지.

유　글쎄요. 독특한 것이라고 해도 결국은 그 시대 그 시대의 영향에 따라서 다
를 것은 사실이겠지요마는….

홍　가령 예술 전반으로 보면 석굴암石窟庵 같은 것이 조선 사람의 손으로 되었다
니까 그런 건 모르겠지마는 문학이란 재료가 너무 빈약하니까 억지로 떼다
붙인다면 무엇이 있을는지 모르지마는 도리어 창피할 지경이지 뭐.

유　사실 일본문화의 독특한 점이라는 것도 결국은 세계적 문화의 영향에 따라
된 것이므로 인류 공통적인 것이라고 하는 이도 있더군요.

홍　그럴 테지.(중편)

유　선생께서 젊으셨을 때는 조선문학의 건설에 대한 의욕이라든지 그런 것이
계셨을 텐데 그때 일을 반성해보신다면….

홍　조선문학의 건설이라는 게 다 뭐요, 그때는 그런 생각도 없었지.

유　그러면 자기 문학에 대해서 무슨 목적이나 주장 같은 것이 있었겠지요.

홍　나는 그것도 없었어. 그저 남의 것을 읽는 것만 좋아했지.

유　춘원春園(이광수李光洙 씨─기자 주) 같으신 이는 그래도 뭐 있었던 모양이던데요.

홍　아마 춘원도 없었을 겝니다. 바로 말하면 막연하게 창작욕이라고 할까 그런
　　것은 있었겠지마는.

유　작자는 무관심했어도 결국은 그런 것이 나타나지 않습니까?

홍　그야 비평가로서 보면 그러하겠지. 그러니까 비평가와 작가는 본래 동등의
　　지위에 있는 것이지. 그것은 비평가의 창작이니까.

유　저희들은 그래도 어떠한 것을 창작하겠다는 것이 있는데요, 가령 선생의
　　『임꺽정전』 같은 것이라도….

홍　그렇다면 그건 다 신사상의 덕택이지.

유　그러나 선생의 『임꺽정전』으로 말씀하더라도 하고 많은 인물 중에서 하필
　　그 사람을 고른다는 것은….

홍　(웃으면서) 이제는 모두 임꺽정의 이야기를 합디다마는 기왕이면 남들이 잘
　　모르니까 고른 것이고 또 그쯤 가놓으면 거기 나오는 인물들에게 대해서 시
　　비가 없으니까. 그러나 그 작품에 대해서 나대로 무슨 생각이 있었다면 그건
　　막연하게나마 조선 정조情調나 그려볼까 한 것이지요. 하여간 한 말로 한다
　　면 조선의 자랑거리라는 것은 땅 속에 있다고밖에 말할 수 없습니다.

유　유물이란 말씀입니까?

홍　글쎄. 하여간 덮어놓고 조선 것이라고 해서 자랑하는 것은 좋지 못합니다.

유　사실 저같이 젊은 사람들은 외국 것만 배워왔으니 조선 것으로 가치 있는 것
　　이 있더라도 잘 모릅니다. 외국 것을 배운 눈으로서 조선 것의 가치 있는 것
　　을 새로 보기도 하고 했으면 좋겠는데요.

홍　그건 물론 좋은 현상이지마는 그러면 자연 환멸과 낙첨하는 것이 많을 겝니

다. 그러나 모든 방면에 권위가 없으니까 그것을 파괴한다거나 부정하려는 데카당이 없고 자유자재하게 건설의 일로一路밖에 없는 것은 도리어 좋지 뭐, 더구나 문화적으로는.

유   전승될 것이 없으니까 자수성가란 셈입니까?

홍   그럴걸. 그래도 뭐 있기야 하겠지.

유   그게 무엇이겠습니까?

홍   가령 연암 호질문虎叱文에 '명처야취命妻夜炊'라는 것 같은 것은 조선밖에 없는 것이라고 해서 호질문이 연암 작이라고 증명하는데 쓰이는 말이지마는 그런 류는 얼마라도 있을 테지.

유   지금 신진이 선생 젊으셨을 때와 어떻습니까?

홍   다 나아졌지. 그때야 조선문학이고 뭐고 있었나요? 물론 지금도 문단이 소조蕭條하기는 하지마는 그때보다야 나아졌어요. 그런데 여러분도 다 하는 일이지마는 가령 작가를 비평하는 것은 좋은 일이야. 더구나 그것이 의식적儀式的일 때는 더 좋은 일이지. 그러나 지금 우리 문단에서 이름 있는 작가라도 외국 문단에 비해서 이류 작가축에 갈만한 이도 드물지 않을까?

유   사실 그렇습니다. 전체적으로 수준이 낮으니까 한두 사람이 뛰어나기도 어렵습니다.

홍   첫째, 작가의 정력이 생활상으로 소비되는 것이 많고 또는 외국 같은 데는 벌써 표현 방식이 정돈되어 있으니까 기반이 서있지마는 우리 작가야 어디….

유   사실 언어부터 배워야 하니까요.

홍   언어라기론 말의 색향色香에 대해서 표현의 묘미를 알자면 그러니까 작가에게 부담이 과대하지.

유   선생께서 초기에 많이 보신 작가는 누구십니까?

홍 처음에 집에서 글을 읽을 때는 『논어』니 『대학』이니 하는 것은 안 읽고 『수호지』니 『서유기』니 하는 것을 아는 대로 모르는 대로 내려 읽었지요. 그러나 학교 다니러 도쿄[東京] 갔을 때는 맨 처음에 도쿠토미 로카[德富蘆花]의 『순례기행』과 마야마 세이카[眞山靑果]의 『청과집靑果集』을 헌책 집에서 사서 읽었는데 그건 누가 가르쳐서 산 것도 아니고 어찌해서 책모양이 마음에 들었거나 그래서 사 읽은 것이지. 그 다음에는 아주 남독濫讀이였는데 메이지[明治]시대 작가로는 나쓰메 소세키[夏目漱石]의 작품은 거의 다 읽었습니다.

유 그가 『도쿄아사히신문[東京朝日]』에 있을 때입니까?

홍 들어가지는 않고 '我輩は猫である(우리들은 고양이로소이다─엮은이)'를 발표할 때입니다. 시마자키 도손[島崎藤村], 다야마 가타이[田山花袋], 번역으로는 모리 오가이[森鷗外]의 것도 읽었으나 도손의 『약채집若菜集』만은 읽다가 재미가 없어서 집어치웠습니다.

유 태서泰西 것으로는….

홍 러시아[露西亞] 작품을 제일 많이 읽었습니다. 그때는 하세가와 료[長谷川葉] 씨 번역을 통해 읽었는데 나 있을 때 번역된 작품은 하나도 안 빼고 다 읽었습니다. 그저 헌책이나 새책이나 할 것 없이 전부 주워 모으고 책을 빌려달라 다니기도 하고.

유 작가로서는 누구를….

홍 도스토예프스키가 제일 크지. 소련서는 톨스토이를 높이 평가한다더구만. 그건 사회적 이론으로 하는 말이고 문학적으로 도스토예프스키가 톨스토이보다 훨씬 높지. 하여간 그것은 읽고 나면 얼떨떨하거든.

유 도스토예프스키를 좋아하신다는 걸 보니 저와도 어디 공통되는 점이 있는 것 같아서 기쁩니다. (하편)

62

「문화의 특수성과 일반성 - 그것의 성립과정에 대한 일반성」(1)~(2)

이청원, 『조선일보』, 1937.8.8~10

1. 근래에 이르러 여러 가지 영역에서 조선의 과거와 현실을 알려고 하는 기운은 굉장히 진전되고 있다. 그리하여 조선을 알자고 하는 소리와 같이 조선의 특수성의 천명에 대한 부르짖음도 훨씬 높아지고 있다. 그리고 이것을 논증하기 위하여서의 일련의 구체적인 성과가 나타나고 있는 것 같다. 그러나 이 성과의 대부분은 조선의 과거와 현실에 대한 그릇된 인식을 규준規準으로 문제가 평가되고 전개되고 있다. 물론 우리는 조선의 특수성에 대하여서는 조금도 서슴지 않고 여하한 보류도 없이 대체를 승인한다. 그러나 그것은 어디까지든지 세계사적 합법칙성 위에서의 특수성이지 세계사적 일반 합법칙성과 반립되는 고유의 절대적인 특수성은 아니다. 이 양자는 결코 상반하는 것이 아니고 일반성에 있어서의 특수성, 특수성에 있어서의 일반성만이 문제를 정당히 해결하는 것이다.

방금 유럽[歐洲]의 천지에서는 문화적 바바리즘의 공세 앞에서 수많은 인류의 빛나는 선구자들이 자기 땅의 문화적 전통의 옹호를 부르짖고 있으며 따라서 이것을 전 세계의 양심적인 인사들께 호소하고 있다. 물론 문화는 옹호하지 않으면 안 된다. 그러나 위대한 역사적 발전이 없는 즉 우리들의 역사적 지혜라고 하는 것의 실증적 자료가 결여되고 있는 이 땅의 역사적 현실, 위대한 역사적 발전의 지상적 토대, 현실적 지반이 결여되고 있는 이 땅의 역사적 조건 아래에 있어서는 유럽과 같은 논리로서 문화적 전통의 옹호 내지 사수를 부르짖는다고 한다면은 그것은 큰 잘못이다.

그러므로 이와 같은 문제에 대한 정당한 이해를 확보하기 위하여서는 우리는 무엇보다도 조선문화의 특수성에 대한 천명이 절실히 요구되는 것이다.

2. 역사적으로 제한된 사회가 사회학에서 이른바 이익사회라고 한다면은 치자군은 자기 수중에 공력公力(게발트)를 가지고 있는 자로서 이 사회의 대표자이기 때문에 다시 말하면 그들은 계급으로서 치배治配하며 또 역사적 일 시대의 전 범위를 결정하는 한 그들은 그 치배와 결정과를 자기들의 힘자라는 데까지의 전 범위에 이르러 행하는 것이다. 바꾸어 말하면은 치자군은 그 사회에 있어서 전개되는 인간 활동에 대하여 일면에 있어서는 자기의 치배의 확립 때문에 타방에 있어서는 피치배군의 반거反拒를 진정시키기 위하여서는 일정한 형型을 더욱이나 사회 그것의 명칭 아래에서 강요하는 필요와 편의를 가지고 있는 것이다. 다시 말하면 문화는 그 무슨 형태로든지 그 당시의 치배군의 이익 때문에 통제된 것으로서 존재하는 동시에 또 이와 같이 통제된 것으로서 피치배군을 통제하는 사명을 가지고 있는 것이다.

그러므로 문제는 사회학상에서 말하는 이익사회에 관한 한 일체의 문화는 사회적 성격을 가지고 있는 것이다. 그런데 문화를 통제하는 사회의 지도군에 있어서는 당해 사회는 자기의 것이며 그러므로 그들은 자기들의 이익을 사회 전체의 이익으로서 표명하기 때문에 문화는 그 성격에 있어서 구인적求人的으로 되고 자自의 절대적 특수성을 대내적으로 대외적으로 주장하며 요구하는 경향을 자기 스스로 지시하지 않을 수 없는 것이다. 그러나 그들의 이와 같은 문화의 통제 그것이 그들의 개성 혹은 기대 기도의 여하를 불구하고 그 기본선基本線을 흐르고 있는 것은 금일에 이르러서는 그 누구나 다 승인하는 바와 같이 당해 사회의 기본구조 그것이라고 하는 것은 조금도 의문이 없는 것이다.

문화의 절대적 특수성의 요구에도 불구하고 사회 발전의 일반적 합법칙성은 문화를 그 구체적 특수성에 있어서 인정하면서 이 당해 사회의 영상으로써의 문화의 생성 발전 몰락을 통하여 사회의 문명의 보다 고도의 높은 계단으로 진전되는 것이다. 다시 말하면은 문화라는 것은 결국 생산 제 관계의 성질과 그 위에 서는 생산 제 관계의 총화 즉 일정의 사회경제적 구성과 분리되어서 독립하여 그의 기본구조와 관계가 없는 것은 아니다. 그것은 이상에서 수차 강조한 바와 같이 문명이라고 하는 전 과정적 관점에서 본다면은 한 개의 계단적 현상으로서의 문화의 성질은 결국 당해 사회의 기본구조의 성격이 결정한다는 것이다.

우리가 이상에서 수차 문화의 의미와 그것을 규정한 것은 다름이 아니라 조선문화의 특수성을 역사적 발전에 있어서 과학적 관점에서 정당히 파악하기 위하여서는 무엇보다도 문화 자체에 대한 똑바른 이해를 획득하지 않으면 안 되기 때문이다.(1회)

우리는 이상에서 문화의 특수성을 규정하는 것은 그 당시의 사회구조의 성격이라고 한 바 있었으나 그러면 현금 조선의 사회구조는 여하한 성격을 가지고 있는가?

농업에 있어서의 반半예농적 경작이 독특한 물질적 토대를 형성하고 외래 자본주의의 가지는 기본적 마찰에 제약되어서 재생산된 중세기적 양식을 가지는 소규모 생산이 사회적 기초를 형성하고 있다. 다시 말하면 조선의 사회적 생산력의 발전을 제약하는 결정적 요인으로서의 반예농제. 이 반예농적 소규모 생산이야말로 현금의 사회적 기초가 되고 있는 것이다. 그런데 이 이른바 소규모 생산은 봉건사회 일반의 특징적 속성으로서 이것은 과거의 봉건 이조에 있어서는 그 어디보다도 가장 전형적으로 나타났으며 그리하여 이것들의 소규모 생산양식은 상호로 한결같이 왜소한 일종의 소우주를 이루어 이것들이 많든지 적든지 평등의 이해는 있을지언정 공동의 이해관계는 없는 관계를 계기적으로 현출하고 이것은 조야한 가부장적 봉건 이조사회의 사회적 기초를 형성하였던 것이며 이와 같은 관계가 즉 소규모 생산양식 아래에 있는 농민들은 서로 고립하여 있으므로 평등의 이해는 있을지언정 이것은 조금도 그들의 공동일치 외 전면적 결성을 형성하지 못하였으므로 이곳에 비로소 '나라도 노인만 공경한다'고 한 격언과 같이 아세아적 전제주의가 행하여질 천성天城의 기초를 형성하고 있었던 것이다. 결코 봉건 이조는 사회적 기초가 없이 공중에 뚝 떨어진 유기적 생활체는 아니다. 그것은 예농제적 소규모 생산양식 위에서 축조된 사회이었다.

봉건적 생산양식 위에 축조된 봉건적 정치 조직은 자생적인 소규모 농업경영의 분산 고립 위에 존립하고 있으므로 동일의 이해관계는 있을지언정 공동의 이해관계는 없는 즉 자기들의 이해를 자기 스스로 대표하지 못하는 공동체 영세농민에 대하여 그 정치적 치배를 가능케 하였다. 그러나 현금에 있어서는 이와 같은 생산관계의 분산성 위에 농업의 중세기적 관계가 의연히 존속하는 한 이와 같은 구성 위에 관리官吏 역사적 특수 치배를 가능케 하였던 것이다.

이런 사회구조 위에서 존재하고 있는 문화는 벌써 그 성질을 이미 규정되었다고 할 것이다. 즉 가장 뒤떨어진 아세아적 형태의 문화 가부장적 농촌 생활의 조선의 사회에는 적합한 후진적인 그것인 것이다. 이와 같은 조선문화의 사회적 성격 그것은 무엇보다도 제일 먼저 심하게 저하한 형태를 가지고 우리들을 위요圍繞하는 조선적인 현실 바로 그 속에 부여되고 있으며 특수적으로는 이와 같은 조건에 기인되는 일반적 크리세의 현실의 역사적 위치가 제약하는 바는 우리들의 그날그날의 일상생활의 적은 구석까지 침입하여 있는 것이며 이와 같은 형태를 가진 문화 형태의 성격적 특질은 이 땅에 있어서 아세아적 반봉건성질 급 개인의 입장의 무력에 그 근거가 있다고 하지 않으면 안 된다.

그런데 개인의 원리의 확립 자연법적 사회 이론의 선전은 봉건사회 비판의 도구로서 타방에 있어서는 근대적 사회 건설의 원리로서 세계사적 의의를 가지고 있는 것이다. 이상에서 본 바와 같이 조선에 있어서는 이것들의 이론은 초기 동학당東學黨 등에 의하여 다소간 주장되었다고 할지언정 그것이 정당한 권리를 가지고 주장되지 못한 것의 필연적 결과로서 진정한 의미의 시민적 제 해결은 조금도 성숙되지 못하였던 것이다. 그것은 그 당시의 이 땅의 사회 경제적 상태가 그렇게 한 것이었었다.(2회)

63

「국외인의 일가언 (1) 자연과학계에 기함」(상)(하)

김태준, 『조선일보』, 1937.10.9~10

자연과학은 인간 사회의 생활 현상을 연구하는 사회과학 또는 역사과학에 대치하여 인간사회를 위요하고 있는 외부 자연을 연구대상으로 하는 학문으로 다른 문화과학과 함께 생산관계의 토대 위에 선 상부건축의 하나이다. 이를테면 천문지리, 생물학, 물리화학, 응용과학, 자연철학 등이 그것인데 그것이 인간에 필수한 학과로 되는 것은 그가 기술을 통해서 생산관계의 기초를 이룬 생산력에 직접 연계되어 있기 때문이니 선철先哲이 일찍 이를 '인간의 현실적인 방方'이라고 본 것도 이 때문이요 조선의 완미頑迷한 노인들이 오늘날까지 저주로운 구미歐米의 '물질문명'이란 것도 이 때문이다.

유럽[歐洲]에서 자연과학의 발달을 수반한 것은 자본주의가 보무당당하게 약진하기 시작한 때다. 산업혁명은 생산력의 발전을 유도하고 생산력의 발전은 자연과학의 전반의 발달에 큰 박차를 가했다. 속담에 '필요는 발명의 모母'라고 이 발달도 그 시절의 요구에 의해서 그리 된 것이다. 1830년 후 헬름홀츠 씨 등의 '에너지' 보존법칙, 파라데이 씨의 전자감응현상, 리비히 씨의 유기화학, 슈반 씨의 세포설, 라이엘 씨의 지질학상 진화관 등 여러 가지 이론이 수립되어 이 이론과 실천은 과학과 산업 위에 긴밀히 연락되어 정복적인 자본주의의 흥륭기를 현출하고야 말았다.

그래서 과학과 산업의 발전은 상시相俟하여 근근 몇 세기동안 신비의 전당처럼 봉쇄되었던 지구상의 온갖 생물이 분류되고 채취되며 또는 거기서 생물진화의 법칙을 발견하고 광물 전자력광 등의 성질과 이에 대한 원리와 및 이의 응용에 대한 온갖 방법을 강구하여 자연관찰에 대한 철학적 석명釋明과 그의 인생에 미치는 기술의 진보를 조금도 게을리 하지 않았다.

그래서 갓 당옷 도포道袍 연죽 초리草履 대신에 모자 양복 파이프 구두를, 단경短檠 대신에 전등을, 보행 대신에 비행기를, 이렇게 생활의 양식을 일변하여 버렸다. 시대의 변천에 추수하여 진선미의 표준이 달라지고 위생 시설의 정돈과 인구의 기하급수적 증가 등에 반伴한 중세기의 소박성의 상실은 조선의 중세기적 고로故老들을 격노케 하여 심지어 이 시대 '문명' 전체를 저주하게까지 되는 것이다. 그러나 자연과학 자체에 아무 죄과가 있을 것이 없고 그 자체에 위기가 있을 것이 아니므로 이 과학은 때때로 박해를 받고 위기에 처하게까지 된다. 이것은 인간의 생존을 조화에서 보지 않고 경쟁으로만 본 것처럼 과학의 혜택을 은폐하고 과학의 죄과만을 본 자이다. 그래서 때때로 자연과학의 위기의 절규를 하게 된 것이다.

잠깐 중세의 역사를 보라. 절대주의적 권력의 중압과 신비 일관한 종교의 세력이 얼마나 많이 자연과학에 미친 것이었던가를 우주 간에 무수한 태양계가 있다는 '브루노'는 로마[羅馬]의 성장盛場에서 분쇄되고, 영혼 불멸을 타파한 '폼포나치'는 겨우 교회의 탄압에서 몸을 피하고, 자연 인식의 근저를 감각과 경험에 둔 '캄파넬라'는 30년의 광음光陰을 영어囹圄에서 보내고, 물리학의 태두 '갈릴레이'는 종교재판에서 금고형의 선언을 받지 않았던가. 그들은 벽을 포포抱抱하고 원원冤冤을 곡곡哭哭하는 화씨和氏의 여한이 있었을 것이다. 한때에 그처럼 위험시하던 '다윈'의 진화론도 이제는 어느 정도까지 진리로 화化하지 않았는가. 그러나 이러한 선철들은 그 괴악한 분위기와 불리한 환경 속에서도 오직 그의 소신을 굴하지 아니하고 꾸준히 매진한 것이 곡학아세의 납미속물納媚俗物과 동시에 논할 바가 아니었다.

관동진재關東震災 때에 이런 일화가 있다. 현대 지진학의 세계적 권위 이마무라 아키츠네今村明恒 박사가 메이지[明治] 38년 잡지 『태양太陽』과 및 자저自著 『지진학』에 50년 내에 관동 지방에 대진재가 일어 가옥의 붕괴와 인명의 피해가 참절할 터이니 미리 수도를 다른 곳에 이천移遷하거나 그렇지 않으면 시가도로 수도 등의 정리를 하여야 한다는 것을 예고하였는데 당시의 어용학자 오오모리大森 박사는 이것은 세인을 소동시키는 망설이라고 하여 일소에 부附하였기 때문에 당국자는 오오모리 씨의 의견에 가담하여 이마무라 씨를 좌천하였다가 관동진재를 당해서 도쿄[東京]가 화가火街로 화化할 적에야 이마무라 씨의 선견에 탄복하였다고 하는 말을 들었다.

과학의 발전은 형이상적인 추상 위에서가 아니라 실재의 견고한 재료에 건축할 기초가 충분히 성숙되지 않으면 안 되기 때문에 이롭지 못한 환경에서 응분의 노력을 다할 수밖에 없다. 해외의 선진국에는 모두 이상적인 연구소가 있고 연구 시설이 있어서 천문수리학자 몇 명, 생물학자 몇 명, 물리화학자 몇 명, 응용과학자 몇 명, 철학가 몇 명, 역사가 몇 명이 한 곳에 모여서 연구 분담은 비록 부문을 갈라서 분업적으로 한다 할지라도 자료의 호상 제공과 이론과 기술의 원조를 서로 받아가면서 연구하기 때문에 학구에 많은 능률을 발휘한다는 말을 들을 적에 우리의 유지들도 이런 방면에 문화투자라도 했으면 하는 어리석은 생각을 품은 바도 없지 않으나 그도 이 순간의 망상이요 갈수록 추워오는 겨울바람은 구차한 서생의 방구석을 용서 없이 습격하여

올 적에 우리의 과학이 속절없이 일모도원日暮道遠한 느낌에 잠겨진다.

조선에는 기다幾多의 자연과학자가 있는 줄 안다. 때때로 천문지리를 말하는 분도 있고 곤충 식물 채집을 말하는 분도 있고 물리 화학을 말하는 분도 있고 무엇무엇을 발명해서 전매특허권을 얻었다는 분도 있다. 조선에는 적지 않은 '다윈' '에디슨' '갈릴레이' 제2세가 배양되고 있다고 믿고 싶다(여기서 '에디슨'만은 기술자라고는 할 수 있어도 이론가라고는 할 수 없다). 과학의 진보가 문화 발전의 기초가 될 뿐 아니라 인간을 진으로 선으로 미로 정화시키는 본원이 됨으로써 더 한층 이를 고가高價로 사려하는 것이다.(상편)

그런 고로 과학자에 있어 '진'의 요구가 없고 도의감이 결여되고 심미적 판단이 없다면 그 과학은 강도에게 던져준 무기와도 같이 위험천만한 일이다.

나는 과학자라고 자타가 공인되면서 희랍적 관념론과 중세기적 신학의 노예가 된 자를 경멸하려 한다. 우리의 선배 한 분이 일찍이 『과학개론』의 저자 '피어슨'을 평하여 왈曰 "피어슨은 큰 오류를 범하였다. 물질은 감관感官 지각知覺의 군群인 이외에 아무 것도 아니라는 것이 씨의 논점이고 철학이다. 이것은 감각 또는 사유가 제1차적이고 물질이 제2차적이라는 것을 의미한다. 그러나 물질 없이 적어도 신경 계통 없이는 의식이 확실히 존재할 수 없다. 그리고 보면 정신과 감각이야말로 제2차적인 것이 논증된다" 하였다. '피어슨'이라는 과학자에 선행해서 유명한 철학자 '듀링'은 목적의 존재를 유기계의 특징적 성질로 인정하고 본능은 본질적으로는 그 기능의 만족 때문에 창조된 것이라 하여 자연의 의식적 행동을 설법함으로써 물활론적物活論的 자연신론自然神論에의 합리화를 기도하다가 『반듀링론』 저자의 축斷을 받았다.

젊은 조선은 중세 유럽의 신학과 같은 '콘퓨셔스' 도덕과 '부디즘'의 설법에 포민鮑滿하려 한다. 수천 년 전의 목내이木乃伊에서 '샤머니즘'을 환기하려

한다. 소수의 유사 '피어슨'이 진실하게 『과학개론』을 읽으면 다수한 '듀링'이 그를 향하여 종을 울리고 박자를 치나 우리의 과학은 교과서에 기록한 분류와 설명으로 만족치 않는다. 교과서의 기술은 너무도 간단하여 수긍할 수 없다. 너무도 원리에 대한 설명이 결여되어 왜곡된 속설에 의혹되기가 쉽다. 모든 교과서는 다윈의 진화론을 소개하고 있으되 진화론에 대한 비판이 없고 생물학의 전자설이 있으되 그에 대한 비판이 없다. 조잡한 과학적 사실을 열거하였으되 그 구극적인 설명은 없어서 도리어 독자를 오리무중에 방황하게 한다. 역사는 원시사회의 설명이 없이 신화에서 설기說起하며 철학은 무극이 태극無極而太極이 아니면 음양오행설을 가르치니 사교邪敎의 발전은 있으되 과학적 사상이 결핍하다. 우리는 교과서 류의 자연과학적 관념을 교양 있는 일반인의 머리에서 수정하며 보전補塡할 수 있도록 하지 않으면 안 된다. 풍수설 대신에 유전遺傳의 원리와 변이의 법칙을 가르치고 복서卜筮와 예언豫言 대신에 재이災異와 질병의 자연과학적 본원을 알려주고 신화 대신에 야만인의 생활과 역사과학을 소개하고 사교 대신에 과학을 알려주어야 할 것이다.

자연과학 특히 물리 화학 응용과학에 대한 기술의 부족과 따라서 발견 발명의 적은 것은 그 환경의 불여의不如意함으로써 십분 천재天才를 발휘하지 못함이 사실이다. 이 땅의 장래의 운명을 결決할 발명과학의 퇴영적 기세에 있어 보무가 지지遲遲한 것은 어찌 한심한 일이 아니리오. 그러나 허하는 환경 속에서라도 응분의 노력을 하여야 할 것이다. 요약하여 말하면 자연과학의 정당한 파악에서 출발, 자연과학 제 부문의 연계적 협력적 연구, 이론과 실천과 발명과학과의 평행, 상식적 과학 지식의 일반 두뇌에서의 수정의 요망 등이다. (하편)

64

「(사설) 조선문화와 조선어」

『조선일보』, 1937.11.11

1. 정치와 언어란 비록 밀접한 관계를 가지고 있음에 틀림이 없으나 전연 별개의 문제다. 위선 동일한 언어를 사용하는 영미의 양 국민은 이해를 달리 하건만 언어를 서로 달리하는 스위스[瑞西] 혹 벨기에[白耳義]의 국민들은 이해를 동일히 하고 있다. 물론 한 정치권 내에 있어서 언어의 상이가 상호의 의사소통을 저해하는 만큼 종종의 폐해가 반수(伴隨)되는 것도 사실이요 그 폐해에 있어서 선진언어에 속하는 편보다는 후진언어에 속하는 편이 더 클 것도 사실이로되 요컨대 언어란 긴 전통과 역사에 의하여 만들어진 것으로서 20~30년의 짧은 시일을 가져서는 얼른 변이되기 어려운 것이다. 또 설사 언어의 장벽으로 인하여 폐해가 없지 않다고 하지마는 그것은 오직 지류말엽(枝流末葉)의 것이라 만일 사상으로 문화로 더구나 정치적 이해로 쌍방의 유대를 불가분리(不可分離)케 밀접히만 한다면 그 적은 장벽을 초월해서 넉넉히 일치될 수가 없지 않은 것이다. 여기서 언어의 통일이란 그렇게 쉬운 문제도 아니려니와 또 그렇게 시급을 요하는 문제도 아니다. 그러한 문제를 조급히 서두르다가는 도리어 기대에 반한 결과를 내지 않을까 생각된다.

2. 그런데 문화란 어느 지방 어느 주민의 것이고 그 언어와 문자를 떠나서

는 존립치 못하는 것이다. 오늘날의 일본문화도 유신維新 초의 활발한 어문운동을 기초 삼아서만 성립되었다고 보더라도 결코 단순한 과장만은 아니다. 만일 그렇다고 한다면 후진지대의 문화 향상을 지시하여 주고 조장하여 주고 동독董督하여 줄 선진지대에서 그 어문운동도 바로잡아 주어야 할 것이 아닐까. 후진지대의 우리로서 그러한 요구를 제출하기에는 곤란한 바가 없지 않으나마 선진의 의무는 당연 이러한 바 있지 않은가. 우리도 이러한 의무를 가져 1~2 개인이나 1~2 집단에 바란다는 이보다는 총독부 당국이요 막연히 총독부 당국에 바란다는 이보다는 직접 그 방면의 행정을 맡은 학무당국이다. 학무당국으로부터 민간의 어문운동을 적극적으로 지도하여서 하루 바삐 조선어문의 통일을 도모하여야 조선의 문화 향상도 더 일층 가속도로 선전選展할 수 있을 것이다. 그러므로 연전前年 교과서의 철자통일에 있어 그 자체의 적부適不適은 막론코 먼저 그 정당한 견지에 감복됨을 마지못하였던 것이다. 금후로도 그러한 견지를 더 일층 확충해서 문화행정에 임해주길 청한다.

3. 그러나 수월 전 학무당국에서는 중등학교의 조선어식 한문을 철폐하였다. 그곳 생도의 부담을 경감시키려는 호의의 처사임은 모르지 않건만 우리는 본란을 빌어서 현실에 부적함을 지적치 아니치 못하였었다. 금번 또 교육심의회의 토의는 조선어를 수의과隨意科로 넘기자고 하는 데까지 미쳤다고 한다. 이 역시 교육제도를 획일화시키려는 취지의 변개임은 양해하는 바로되 우리의 기대에 벗어남을 면치 못한다. 물론 조선어를 수의과로 두자는 것뿐으로 전연 폐지하자는 것은 아니라고 하더라도 수의과로 하는데 따라서 그 학과에 대한 일반 생도들의 성의를 감쇄시킬 것만은 불가피의 일이다. 그 결과 조선어에 대한 조선인의 지식이 점점 더 얕아지고 따라서 조선문화의 향상에도 지장이 되지 않을까 우리로서 우려됨이 불소不少하다. 학제의 획일화

제가 오직 조선어를 수의과로 하여서만 실시될 수 있을 것인가. 학무당국에서도 좀 더 우리의 고심을 살펴 한 번 다시 고려하여 줄 필요는 없을까.

65

「(사설) 향토문화조사의 의의」

『조선일보』, 1938.3.6

1. 본보 지령 6천 호급 혁신 5개년 기념사업 중의 하나로 조선향토문화조사사업에 착수하게 되어 원안原案 작성의 완료를 따라 본지 창간 18주년 기념일인 3월 5일로써 제1회 조사를 개시함은 지상紙上으로 보도한 바와 같다.

향토와 산하는 비록 유구하다 할지라도 역사와 문화는 천이遷移하여 머물지 아니한다. 비옥한 향토와 명미明媚한 산하를 가졌을지라도 이를 애상愛賞치 아니하면 황량하고 적막한 자가 되는 것이며 호장浩長한 역사와 찬연한 문화를 끼쳤을지라도 이를 기록치 아니하면 허무하고 암매暗昧한 자가 되는 것이니 어찌 써 향토 산하에 대한 애상과 역사문화에 대한 기록을 등한히 할 것이랴.

진인農人이 태고로부터 신앙과 생활을 근거한 곳이 바로 여기요, 이래爾來 민신민속民信民俗의 끼친 낭적痕跡이 초수草藪 간에 숨은 듯이 남아있으며 인문의 발전을 따라 혹은 불교로써 민생을 향도코자 한 자취와 혹은 유학으로써 후래後來를 교화코자 한 자취가 다 여기에 있다. 산악과 원야野原에는 민담民譚이 있거니와 강하江河와 호소湖沼에는 이요俚謠가 있고 대해大海와 함께 생겨난 신화로부터 시대마다 배출한 명인달사名人達士의 아름다운 이름과 향기로운 행적이 다 여기에 남아있다.

그러나 은부殷富한 문화자산을 소유하고도 그를 보전함에 성의가 없고 또 따라 후세에 전한 기록이 영성零星하매 오늘도 또한 내 향토에 대한 열애와 내 문화에 대한 지식이 희박하고 결여함이 보는 바와 같다.

2. 문헌의 산실散佚 소략疎略은 조선문화 전체에 대한 통한사痛恨事이거니와 더욱이 지리서에 그러하다. 『삼국사기』와 『고려사』의 일부분이 당시의 지리에 대한 약간의 참고가 되고 이조 초엽의 『여지승람』 이후에는 다시 그같은 총관적 대저大著를 보지 못한다. 지리지地理誌, 강역고疆域考, 산수경山水經, 도로고道路考 등 서書가 전무한 바는 아니로되 그는 다 편린단간片鱗斷簡에 그치는 자요, 각도 읍지邑誌의 간행이 있어 군별적郡別的 참고에 공供하였을 따름이다.

또한 시대가 바뀐 오늘에 있어서는 그나마 불명不明한 자가 되고 그 위에 수록의 범위와 채취의 안목이 다르므로 우리가 보고자 하고 알고자 하는 바는 본시부터 천황天荒 그대로 있음을 깨닫는다. 그러므로 우리는 막대한 노력과 금력을 비費하여서라도 용감히 이 사업에 착수한 것이오, 또 이를 완성하여 스스로 조선문화 정리, 문화 수립에 대한 우리의 적충赤衷을 발현코자 하는 바이다.

고래古來의 문헌에 수록된 자는 물론이오 채관採官의 눈이 미처 이르지 못하여 기록으로 못 전한 것이 허다하니 민신민속이 그것이오 신화 전설이 그것이오 민요 무용이 그것이오 방언 이언俚言이 그것이다. 뿐만 아니라 유물 고적에 있어서도 역사상에 지대한 가치를 가진 자는 오히려 황답荒畓 사이에 쓰러져 거두는 이 없고 인물로도 그러하니 문화상에 막대한 공적을 끼친 자와 정의의 사士들은 도리어 무문無聞 속에 묻혀서 아는 이가 없다. 그러므로 이번 우리의 조사하려는 바는 특히 전적前籍에 없는 자, 시간을 다투어 민멸泯滅해가는 자에 성의를 쓰려 한다.

3. 요컨대 일 괴석塊石 일 경초莖草가 하나도 허술한 것 아니어서 거룩한 내 향토미에 대한 감수感受를 극진히 해야겠고, 이 영태靈胎에서 종육鍾毓된 온갖 문화를 찾고 더듬어 인문상相의 진실한 면모를 찬연하게 해야겠다는 대원大願으로 이 사업을 시작한 것이다. 그러나 이 사업은 그 질적으로나 양적으로 보아 실로 역사적 대사업인 만큼 본사로부터 학자를 파견하여 방방곡곡을 실지 임증臨證케 하고 사계斯界의 전문학자들을 초청하여 총집필케 할지라도 조선이 전역적全域的으로 남호북응南呼北應치 아니하면 이 사업은 완성되기 어려울 것을 믿는 것이다.

더욱이 조사와 편집 등의 사무가 완료되어 이것이 전집으로 상양되기까지에는 실로 장구한 시일을 비하게 될 것인 바, 스스로도 유종의 미가 있기를 기약하거니와 강호 인사의 열렬한 원조가 있기를 요망하는 바다. 이 걸음이 가장 정명正明하고 가장 원만하여 당대에는 물론이오 후세에까지 오늘 우리의 노력한 값이 미쳐가도록 스스로 바라고 사해四海에 이 뜻을 외쳐 성의 있는 공명共鳴이 있기를 기다린다.

66

「(사설) 향토문화의 보존, 향토연예대회의 의의」

『조선일보』, 1938.4.27

1. 재작일로서 개막된 조선특산품전람회를 기機로 본사에서는 조선고가요의 경창競唱을 비롯하여 산대도감山臺都監, 꼭두각시, 걸궁패, 봉산탈춤, 재담才談 등 시斯의 민속예술을 포함한 향토연예대회를 동시에 개최하게 되었다. 이 연예를 한갓 여흥으로 보고자 할진대 물론 여흥 아님이 아니로되 특산품전람회가 각 지방 특산품의 질적 향상과 생산장려를 도圖하는 동시에 중소산업의 진로를 명시하려 함에 대하여 향토연예대회는 현대의 우리가 계승한 고대문화의 귀중한 유물이 걸핏하면 등한시 불필요시 되는 데서 거의 쇠멸상태에 빠져 문화문제의 일 중요과제로 이 보존책이 논의되고 있는 터이므로 여하히 하면 이 민속문화의 진가眞價를 일반에게 이해케 하고 이에 대한 인식을 새롭게 할 수 있을까 하는 미성微誠에서 이 대회를 개최케 된 것이다.

2. 무릇 사회가 있고 인민이 있는 곳에는 그 생활감정의 표현으로서의 예술이 존재하여 이것이 생활상의 필요에서 생生하고 아니한 여부를 불문하고 생활은 예술을 낳고 예술은 생활에 위안을 주고 이것을 장식하고 지도하여 생활을 풍요하게 하는 것임은 췌언贅言을 불요하거니와 그중에도 향토적 분위기에서 성장된 가요와 무용 등을 중심으로 한 소위 향토예술은 말하자면 원

시예술적 형태로서 현대의 발달된 예술과 같이 정교를 극㰴한 개성의 천재적인 독창성은 발견할 수가 없다 하더라도 장구㐙한 세월 동안에 세련되어 인민 전체의 공동제작이라 해도 과언이 아닐 만치 그 인민의 성격과 생활양식과 감정을 여실히 표현하여 그 소박한 인민성과 지방색의 혼연한 조화가 일종의 특이한 색조와 미를 가져오는 것이다.

3. 이런 의미에서 향토예술은 그 예술을 낳은 지방인민의 예술로서 그 인민에게 즐거움을 줄 뿐 아니라 인류가 가진 한 특이한 예술형식으로서 또한 존중하지 않을 수 없을 것임에도 불구하고 조선은 근대에 와서 유교만능과 관존민비 사상이 그 도를 지나친 결과 예술은 군자의 취할 길이 아니오 이에 종사하는 사람은 이를 천인시㊋㊋하여 이를 천대한 까닭에 고대예술의 대부분이 망각 소실되고 잔존한 일부도 발달의 여지가 없었으며 또 최근에는 새로운 문화 수입에 급급한 나머지 이를 돌보지 아니한 관계도 있어서 조선의 향토예술은 일부 연구가 이외에는 이를 아는 사람조차 희귀하게 될 뿐 아니라 이를 아는 이로서도 혹은 직접 생활에 관계가 없다고 하여 이를 불필요시하는 이조차 있는 현상이니 이 어찌 식자의 탄식할 바가 아니랴?

4. 물론 오인은 직접 생활에 필요한 것이 더 긴요시되는 것도 사실이며 현대의 문화에 뒤떨어졌으므로 신문화의 수입과 발달을 게을리 할 것이 못되는 것도 용이히 이해할 수 있는 일이며 현재의 생활을 표현한 예술 제작에도 정진하여야 할 것은 두말 할 필요조차 없는 일이나 직접 생활에 관련이 없다고 보는 것은 예술을 이해치 못하는 치론㊓㊓일 것이오 또 일견 이 아무 의미가 없어 보이는 과거의 문화도 이것이 현대문화의 모체인 것을 이해할 때에 실로 이를 등한시 할 수 없을 것이니 건전한 전통의 토대 위에 서지 않고는 새로운 어떤 문화도 이를 참답게 건설할 수는 없을 것이다. 이런 의미에서 향토

문화 중의 중요한 일 부문인 향토예술에 대한 이해와 인식을 새로이 하는 동시에 이 흐드러져가는 문화의 잔존한 일편-[#]이라도 이것을 보존하도록 이 방면에의 노력도 있어야 할 것이다.

67

「(고전부흥의 이론과 실제 1) **고전부흥의 현대적 의의** - 심오한 예지의 섭취과정」

박영희, 『조선일보』, 1938.6.4

전환기에서 고전이 돌려다 보인다는 것은 엄숙한 역사의 증언이다. 비록 현대의 정점이 어느 전환기에 다다렀나 안 했나는 것은 꿰뚫어 말하기 어렵다고 하더라도 현대인의 모든 성의와 정열이 고전을 향해 팽배하고 경주하는 것만은 속일 수 없는 사실이다. 그러나 이때까지 우리가 겪어온 바에 의하면 어떠한 문화적 지향성이 나타날 때 항상 느껴지는 것은 다음과 같은 두 가지 위요危曜와 불안이다.

그 하나가 아무런 실제적 세력도 없이 입으로만 떠드는 공소空疎한 이론에의 타락이라면 다른 하나는 아무런 방향이나 표지標識가 없이 맹목적으로만 추수하는 정력의 허비이다. 그러므로 우리는 이 고전부흥 열熱이란 거대한 현대적 사실을 붙들어 한편으로 그 이론적 방향을 지시하고 다른 한편으로는 그 실제적 경험을 수록하여 이 팽배한 현대적 성의와 정열로 하여금 진정한 20세기의 르네상스를 성취케 하지 아니하면 안 될 것이다.

이에 평론가들의 고전부흥에 관한 이론과 고전연구가들의 실제적 체험을 교체해 실어 한 개의 시대적 표지가 되기를 기하는 바이다. (일기자)

수년 전부터 사람들은 고전에 관해서 큰 관심을 가지고 혹은 그 부흥을 주장하며 혹은 그 유산의 정당한 계승을 절규하였다. 그것이 사실상 금일에 이르러서는 각 방면에 고전연구의 기색氣色이 창일漲溢하여져 있는 것을 볼 수 있는 것이다. 현대에 있어서 고전부흥의 의의는 무엇인가? 이 문제는 일반 문화인들의 재고할 중요성을 가지고 있는 것이다. 더욱이 조선에 있어서 제반 문화를 횡축橫築하고 있는 '제너레이션'에게 이 문제의 중요성을 제출하지 아니치 못하게 되었다.

널리 말하면 학문이라는 것은 반드시 계통과 체계를 필요로 하는 것이다. 유구한 세월이 흐르는 동안에 그 형태가 상이하며 그 체계에 이변을 일으킨다 하더라도 결국은 어떠한 한 개의 체계와 학설에 귀납되는 것을 연구할 수 있다. 그 다소의 이변은 확대며 보충이며 발달의 결과 뿐이다. 가령 철학상으로 우리가 생각해본다면 '칸트'니 '헤겔'이니 '포이에르바흐'니 등 위대한 철학자의 사상이 결국은 수천년 전으로 올라가서 희랍의 고도古都를 찾아 '탈레스'니 '히포크라테스'니 하는 철인哲人들의 사상에 귀결할 수 있는 것이다. 우주는 물로써 형성되었느니 혹은 불로써 되었느니 하는 물질론과 '사물은 변천한다'는 이 두 가지의 내용과 방법의 무한한 발전과 보충과 확대가 '칸트'의 철학이나 '헤겔'의 철학 속에서 쉽게 찾아낼 수 있는 것이다.

이와 같이 학문이라는 것은 무한한 연쇄와 발전에서 체계를 형성하여서 가며 또 이 체계가 확대되는 것이다. 만일 이런 것으로서 진리를 시인하게 된다면 현대는 고전의 연장이며 그 일부분이다. 즉 현대의 학문은 고전 없이 형성될 수 없는 것이 원칙일 것이다. 그러나 쇠퇴하여 가는 현대 문화의 내부를 살펴보면 그와는 정반대의 기질이 충만하였었다. 그것은 급진적 유물론자의 부정적 정신의 세속적 해석이 일대一代를 풍미하여서 일체의 고전을 사악시하며 그 도덕을 그 생활 형식을 일고할 가치도 없는 것처럼 생각하였다.

그러한 까닭에 현대적 학문이 보다 더 확실한 체계를 소유하기 위해서 고전 연구의 필요는 재론할 것도 없거니와, 기외에 소위 변증법을 신봉하는 학도들은 일보를 진하여서 고전 없이는 현대가 없다는―(그 상호 관계) ― 논리에서 고전을 탐구하였으나 그러나 그곳에도 편파된 관찰이 있어서 결국 완전한 결론을 얻지 못하였으니 그것은 유물적 요소만을 탐색해서 자기의 공명功名을 더하려 함이며 고전을 그대로 연구하여 현대의 완전한 체계를 형성하려는 것이 아니었다. 그것은 고전 가운데 포함한 정신 방면을 아주 방기하여버린 까닭이다. 고전 가운데는 정신과 물질의 적당한 조화가 있는 까닭이나 현대에서는 고전의 한편 쪽만을 이용하려는 데 또한 결함이 있는 것이다. 이제 제2로 고전이 우리에게 주려는 귀중한 의의는 실로 이 정신적 방면의 학문이다.

이와 같은 의식의 운용은 문학에도 동일한 과정을 밟게 되었다. 문학은 감정과 정서의 문자적 표현으로서 만족할 수는 없는 것이다. 그 가운데는 예지가 군림하지 않으면 아니 되는 것이다. 그러나 현대문학이라는 것은 관능적官能的 향락적인 극히 표면적인 데서 만족하려 한다. 생활의 표면만을 장식하려 하며, 안목에 보이는 색채의 황홀함을 예찬하려는 것이다. 착각의 찬미와 재담이 당당히 시가의 행세를 하며 생활의 기괴한 풍습―(모더니즘 등)이 소설의 최고봉을 이루려는 것이다. 사람의 생활의 전개는 그 이면의 마음의 저류를 탐색하려는 것이다,

따라서 선악의 분기선상에서 예지의 천착이 고전문학의 특질이라면, 현대문학에는 이것이 결여되어 있던 것이다. 그러므로 우리가 고전문학의 가치를 재인식 하려는 것은 생활의 표면이 아니고, 그 저류에 있고 그 물질에만 있는 것이 아니며 심오한 정신에 있으며 그 협착한 데 있는 것이 아니라 그 광윤廣潤

한 사색의 세계에 있는 것이다. 또한 우리는 고전문학에서는 현대문학에서 볼 수 없는 심미적 세계가 있으니 현대문학은 그 미려 웅장한 품으로도 도저히 고전을 따를 수 없는 것이다. 그러한 까닭에 우리가 고전을 부흥코자 하며 이미 부흥되며 있는 사실은 그 각각 타당한 계단이라고 않을 수 없다.

인생 생활의 기본을 천착해서 그 표면적 가설架設을 극복하며 심오한 예지의 섭취로서, 부동적浮動的 사상의 공허성空虛性을 보충하며 부분적 진리의 과장을 전체성에서 정리해서 보다 더 웅대한 체계를 건설하며 속악한 소극화한 공리주의에서 미려 웅대한 존재를 만들어놓으며 물질적 고갈에서 윤택 있는 감정의 세계를 전개시키며 애매한 도덕 관념에서 그 이상적 생활을 암시할 수 있는 이러한 제 요소는 고전에서만 가능하였으니 우리는 또한 반드시 고전의 연장으로써 현대를 살려가지 않으면 아니 되는 것이다.

이곳에서 우리들이 가지고 있는 현대적 문화의 결함을 보충할 수 있으며 또 그 이반離反에서 조화에 이를 수 있을 것이다. 이와 같은 의미에서 고전부흥은 시대의 역행이 아니라 오히려 완전한 신시대를 영합하려는 타당한 일 준비 과정이라고 나는 생각한다.

68

「(고전부흥의 이론과 실제 2) 고전문학에서 얻은 감상

-그 결점과 장처에 관한 재인식」

이희승, 『조선일보』, 1938.6.5

필자는 전공상 또는 직업상 관계로 꽤 여러 해 동안 우리의 고전을 주물러 보았고 방금도 주무르고 있는 중이다. 그리하여 이에 대한 불연속성적 촌감寸感도 없는 바는 아니나, 이렇다고 공개할 만한 아무 무엇도 갖지 못하였다. 어 찌하였든 우리의 문학 고전에 대하여 실제로 연구랄까 고찰이랄까 하여본 중 에 얻은 감상을 몇 가지 말하려 한다.

우선 결론부터 먼저 말하겠다. '건실 정당한 신문학을 수립하려면 우리 고 전문학의 재음미 재인식을 절대 조건으로 하지 않으면 안 되리라'고. 어찌하 여 이와 같은 단안斷案을 내리느냐. 문학에 대한 이론을 아무리 외국의 그것에 서 배운다 하더라도 공식에만 틀에 맞추어서 생명 있는 새 문학이 산출되리 라고는 생각할 수 없다. 개인의 작품 속에 그 작자의 개성이 삼투되어 있는 것과 마찬가지로 조선문학에는 조선 정조와 조선적 '이데아'가 확립되지 않 으면 안 될 것이다. 그리고 그것을 표현하는 형식에도 조선적 '뉘앙스'가 흘 러 있어야 할 것이다.

요사이도(벌써 오래전부터이지만) 조선문학의 성격에 대하여 많이 논의되고 있으나 아직 이렇다 할 정설定說을 구경하기에 이르지 못하였다. 이 성격이란 결국 조선문학의 본질과 개성을 의미하는 것이라 생각된다. 그런데 이 성격이란 것이 결정되려면 현실적 환경 외에 또한 고전이 주는 어떤 암시를 배우지 않으면 안 될 것이다. 그 까닭은 이 현실이란 결국 과거가 남긴 무엇이기 때문이다. 과거를 모르는 현실에 대하여는 아무리 하여도 정당한 인식이나 판단을 내리기 어려울 것이다. 아무리 우리의 현실생활을 잘 해부할 수 있는 형안烱眼의 소유자라도 이 현실까지 이르기에 구성된 필연적 모든 조건을 추출하여 음미하지 않고는 그 생활을 기조로 하여 어떠한 창작적 성과를 충분히 할 수 없을 것이다. 의사가 환자의 발병 경과를 조사하여 가지고 치료에 만전을 기하는 것이나 미생물학자가 세균의 성장 과정을 관찰하여 그 습성을 알아낸 다음에 그것을 배양할 수 있는 것이나 다 마찬가지가 아닐까. 이 근본 문제가 해결되지 않는 한 문학의 성격 운운은 격화소양隔靴搔痒의 안타까운 감질밖에 소득이 없을 것이다.

그러면 고전문학은 우리에게 무엇을 일러 주는가. 즉 우리는 그것에서 무엇을 배울 수 있는가. 나는 추론의 순서로 그 결함과 장처長處를 먼저 들어 보겠다.

1) 결함이라 생각되는 점

(1) 지나친 수식으로 과장이 심한 일

(2) 비사실적이어서 낭만주의에 기울어진 일

(3) 많이 권선징악의 재료로 삼은 일

(4) 관념적이어서 박력이 적은 일

2) 장처라고 보여지는 점

(1) 리듬이 자연스럽고 부드러워서 이것만으로도 매우 매력을 느끼게 하는 일

(2) 사물을 유취纛聚하는 버릇이 많아서 어휘를 풍부히 구사한 일

(3) 막연하나마 조선적 '이데아'의 주류가 흐르고 있는 일

필자의 좁은 소견으로는 결점이 장처보다 조항條項의 수효로 많을망정 그 중요성에 있어서는 장점이 그 단처를 상쇄하고도 남음이 있다고 생각된다. 이것을 방향을 달리하여 바라보면

1) 내용적 검토다

과거의 소설 가요 시조 등이 아무리 지나支那 문학의 영향을 받았다 할지라도 거기에는 우리 선인의 고유한 생활의 상징이 힘 있게 움직이고 있다. 그들의 독특한 전통 감정 습속이 커다란 주류가 되어가지고 우리의 심상에 혹종或種의 영상을 환초喚起시킨다. 직역적 외래 정서가 우리의 폐부에 힘 있는 감명을 심어주기는 용이히 기대할 수 없는 일이다.

2) 형식적 음미다

언어는 의미만을 전하는 것이 아니다. 일종의 말할 수 없는 매력을 지니고 있다. 그것은 곧 혼이라고도 볼 수 있는 것이다. 그러나 이 혼이야말로 어휘의 부자연한 나열에서는 찾아지지 않는 것이라 생각한다. 적재적소라는 것은 예술의 표현 도구인 언어에도 그대로 적용하여야 할 말이다. 이 두 가지 견지로 보아 현대인의 많은 작품 속에서 우리는 커다란 실망을 느끼지 않을 수 없

다. 이러한 작가들은 대개 그 창작 생활을 외국문학에서 출발하여 우리 고전 연구에 손을 대지 않은 탓이 아닐까 한다.

「(고전부흥의 이론과 실제 3) 역사의 전환과 고전부흥

- 새로운 창조와 건설을 위하여」

박종홍, 『조선일보』, 1938.6.7

우리네가 역사에 있어서 특히 전환을 말한다면 그것은 순조로운 유기적 발전으로서의 변천을 생각하는 것도 아니오, 과거의 전통적 타성에 이끌리어 윤체輪替되는 안일한 관습적 반복을 의미함도 아닐 것이다. 문화의 고정화로부터 필연적으로 주출되는 자기 소외라는 모순된 현상이 종전의 구각舊殼을 묵수墨守할 수 없게 된다는 곳에 비약적인 비연속적 전환을 보게 되는 이유가 있다. 여기에 갈망되는 것은 새로운 지평의 전개, 새로운 원리의 파악 그러나 기성적 규준으로 헤아릴 수 있는 과거의 자연생장적인 확대나 연장이 아닌지라. 앞으로 닥쳐드는 것은 인습적 전통으로부터 단절된 불안, 안정된 지반의 상실로 말미암아 일어나는 공허감뿐이요, 미래에 대한 초조로 마음을 태우는 정숙과 성실이 오히려 아찔한 절망에 사로잡히기 쉬운 시대이다.

이러한 때에 고전이 문제됨은 무슨 까닭인가. 일견 모순된 기현상이나 아닐까. 더욱 외래의 문화가 어느 정도까지 내면적으로 소화도 되기 전에 성급한 형식적 추종에만 급급하던 이 땅의 특수사정은 다시금 세계적인 이 전환에 임하여 더 일층 착잡한 정황 속에서 헤매게 된 것도 같다. 그렇다고 해서 그 성과조차 예측키 힘든 긴장으로부터 차라리 일탈하여 일시적 안온이나마 탐하기 위하여서의 회고적 자위가 고전의 부흥이라는 미명을 가장하고 나타난 것도 아님직하다. 골동적 취미로서의 수집과 정리가 가지고 있는 소극적 의의마저 무시할 것은 아니나 그 한만閑漫한 퇴영적 태도가 우리의 문제가 지니고 있는 긴박한 진지성과는 인연이 엷어 보인다. 무기력한 전락을 창연한 낡은 빛으로 부질없이 도호塗糊하여 홀로 초연한 듯이 꾸미려는 것도 아니오, 마치 전형적인 동경의 이상향을 고대에서 다시금 찾아보려고 하는 호고벽好古癖을 이름도 아니다.

고전이 인습 전통이나 골동품과 달라 높은 평가를 받는 소이所以는 언제나 그 생생한 근원성에 있다. 발랄한 생의 근저에서 용솟음치는 박력이 그 자신 영원히 새롭기 때문이다. 본연적인 인간성이 새로운 '티푸스'에 있어서 건실한 발로를 보이기 때문이다. 형식적 규박窺縛을 벗어나 창조와 새로운 건설을 위하여 씩씩하게 싸운 그들의 '오리지널'한 의기가 오히려 현대인의 심정에 공명되는 바 있기 때문이다. 하여간 옛 것이면서도 가장 새로울 수 있고 먼 곳이면서도 가장 가까울 수 있다는 것이 고전이 가진 바 특성이 아닐 수 없는 것이오, 이와 같이 하여 역사에 있어서 획기적인 최고봉으로부터 최고봉으로 비약적 단절을 넘어 새로운 연결을 짓게 되는 것이 곧 고전부흥의 현상으로 나타나는 역사적 사실일 것이다. 우리는 이미 지나가버린 과거로 돌아가려고 공연히 허덕이는 것이 아니라 우리의 미래에 대한 정열이 과거로 하여금 이 순간에 있어서 소생케 하는 것이오, 과거의 의미가 미래에 대한 결의를 통하여 각각으로 새로운 힘으로 새로운 운명을 걸머지고 긴장된 현재의 없지 못할 일 계기로서 등단하는 것이다.

우리는 이러한 의미에 있어서 비로소 참된 과거를 파악할 수 있는 것이다.

아니 현재에 있어서 과거를 살릴 수 있는 것이다. 그렇다고 고전은 마치 무조 건하고 두들기기만 하면 황금이 저절로 쏟아져 나오는 마술 방망이도 아니 오, 용지부갈用之不渴하는 영천靈泉의 수원지水源地도 아니다. 고전이 고전으로서 나타날 때에는 벌써 그 시대정신이 객관화 된 것이오 '로고스'화라는 고정된 형식을 가지고 나온 것임을 망각하여서는 안 된다. 그 시대와의 관련에 있어 서 전체적 통찰을 소홀히 하고 한갓 지엽적 자구에 구애되어 유사한 외양만 을 들추어 오로지 자기 주장의 강조와 권위를 부치기 위하여서의 한낱 수단 으로 오용誤用한다면 그야말로 고전에 대한 헛된 신뢰라기보다도 차라리 일종 의 모욕이 아닐 수 없다. 고전을 단지 '로고스'화 된 차원에서 고핵천착考覈穿鑿 함에 그친다면 그것은 훈화학자나 문헌학자의 학구적 취미에 일임하여도 무 방한 일이다. 일층 고차의 입장에서 새로운 의미에 있어서 다시 살려내어 지 양 섭취하는 곳에 고전부흥의 본의가 있을 것이다.

인습적 전통을 일거에 단절함은 무서운 일이다. 목전의 안일을 택하는 약 자의 비겁을 그 누구나 감히 비웃을 용기를 가졌으랴마는 이러한 태도는 다 시금 전통의 압력에 휩쓸리어 전통과 더불어 몰락을 같이 하게 될 뿐이오, 미 래에 대한 정열과 성실을 끝끝내 잃지 않는 굳센 힘뿐이 전통과 싸워가며 절 대의 부정을 매개로 하여 도리어 참된 유산의 생명을 살리며 전승을 확보하 는 것이다. 참말로 시대의 첨단에서 용감히 싸우는 젊은 힘뿐이 진정한 고전 의 부흥도 가능케 한다는 모순의 진리가 비로소 역사 전환의 추진력인 것을 또한 생각 아니 할 수 없다.

70

「(고전부흥의 이론과 실제 4) 고전 연구와 서적 빈곤 - 장서가의 서적 공개를 요망」

이여성, 『조선일보』, 1938.6.8

빈약한 경험에서 얻은 소감이나마 나로서는 절실히 느낀 바 있기에 두어 가지 적어보기로 한다. 조선에 있어서 고전을 공부하려는 이는 먼저 서적 결핍에 제일 큰 고통을 느낄 것이다. 원료 고귀한 저지楮紙의 사용, 국판배대菊版倍大의 대형제본, 목판본, 한정 출판 등등의 제 조건이 부수되어 있는 이상 서적 생산비가 고귀할 것은 물론이요 또 여러 번 병선兵燹을 치르고 남은 그것이고 본즉 이제 와서 없고 귀하고 비싸다는 것도 당연한 일이겠다. 그러면 이것을 어떻게 하여야 다소라도 구제할 수 있을 것인가. 이에 누구나 생각될 것은 난 득難得할 고서를 많이 간행하되 그것을 실비로 반포하여 주었으면 하는 것이 겠으나 이는 용이히 기대할 수 없는 일이라. 극히 소극적이면서도 가장 가능한 장서藏書의 활용, 효과적 이용이 우선 그 완화책이 되지는 아니 할까 한다. 이것은 물론 독서자에게만 권할 말이 아니요 소장자 자신이 사장제일주의死藏第一主義로 나아가지 말고 그 이용 편의를 널리 제공하여야 될 것은 물론이다.

서울서는 규장도서奎章圖書를 인계 수장收藏하여 일거 조선 최대의 고전부古典府가 된 성대城大 도서관이 있고 그 다음에는 이왕가李王家 전래의 도서와 신규로 수집한 고도서 합 6만여천 부를 수장하고 있는 이왕직장서각李王職藏書閣이 있으며 조선사를 편찬한 조선사편수회에서도 다수의 진珍 도서를 수장하고 있다. 그러나 성대 도서관은 동학同學 교수의 보증이 반드시 있어야 입관을 허하며 이왕직장서각은 명실공히 도서관이 아닌 고로 열람실 설비조차 없으니 특수열람자에게 있어서도 불편은 막심한 것이다. 그리고 조선사편수회의 장서는 비록 열람의 허가가 있더라도 책을 얻어볼 때마다 당국 관리의 허가를 요하는 규정인 고로 그곳을 도서관 같이 이용할 수 없는 것은 물론이다.

그러므로 허다한 고전지古典志 학자는 날마다 '책이 없어서' '어디 책을 쉽게 얻어 볼 수 있어야지' 하는 탄식을 거듭하는 동안에 귀중한 세월을 덧없이 지나가는 것이다. 그 가운데는 개인의 장서를 이용하는 분도 없지 않으며 빈약하나마 보전普專 연전延專 같은 데의 장서를 이용하는 분도 있겠으나 바다에서 잡을 고래를 도랑에서 헤매고 있는 격이라 그로써 충분치 못할 것은 더 말할 것이 없다.

먼저 성대 도서관의 보증제도를 완화하여 일반 고전학도의 편의를 제공하도록 하여야 하겠고, 둘째 이왕직장서각의 도서관화를 최촉催促하여 그 이용 범위를 확대시킬 필요가 있겠으며 편수회 같은 데도 좀 더 학도에게 친절한 편의를 준비하여야 될 것이다. 다음으로 개인 장서가의 경우에 있어서도 희서, 진서珍書가 있으면 그것을 출판하여 뒤를 잇게 하든지 그렇지 못하면 적어도 관계 학자 혹은 관계 기관에 알게 하여 사본寫本으로서라도 그것을 완전히 남기도록 힘써야 될 것이다. 그러기는 고사하고 어디까지든지 '청기와쟁이' 격으로 남이 알까 두려워하는 태도를 갖는 것은 문화계승자로서의 자격을 이미 상실한 자이라 하겠다. 고전을 '좀'에게 주는 것이 좋을까 학도에게 주는 것이 좋을까. 금일의 고전은 어두운 창고에서 바삐 밝은 책상 위로 걸어 나와야겠다.

71

「(고전부흥의 이론과 실제 5) 고전 연구의 역사성 – 전통의 전체적 질서를 위하여」

최재서, 『조선일보』, 1938.6.10

고전 연구가 단순한 고서의 훈화 주석이거나 또는 고물벽의 대상이 아니라면 그것은 역사성이 있기 때문이다. 고전 연구는 어떻게 해서 역사성을 가지며 또 가질 수 있나? 이 점을 좀 생각하여 보겠다.

원래로 Classic(고전)은 라틴어[羅甸語] Classici에서 나온 말인데, Classici란 한 사회 안에서 선별된 소수의 시민을 말한다. 자산과 교양과 기타 모든 점에 있어 대중과는 구별된 지위에 서고 있는 시민계급이었다. 문학 작품에 있어서도 한 부문을 대표할 만한 작품이면 클래식이라 할 수 있다. 이리하여 어빙 배빗은 다음 같이 말하였다. '한 물건이 독자적이 아니고 한 계단의 대표자일 때는 클래식이라 한다. 이런 의미에서 의사는 장티푸스[腸室扶斯]의 고전적 병증 히스테리의 고전적 상태란 말도 쓸 수 있을 것이다. 그뿐만 아니라 우리는 낭만주의의 고전적 실례라고 한대도 무방할 경우가 있다. 무엇이나 최고적 대표적 지위에 속하는 자이면 고전적이다.'(「고전적'과 '낭만적'」)

그러나 우리가 고전이라면 으레 연공을 쌓아서 후세의 존경을 받고 그 방면의 권위로서 승인되는 작품을 의미함은 무슨 까닭인가? 그것은 고전이 전통과 분리되어 존재할 수 없기 때문이다. 그렇기에 생트뵈브도 다음 같이 말하였다. '고전이라는 관념은 그 자신 가운데 연속성과 안정성을 가진 그 무엇—전체를 형성하고 전통을 만드는 그 무엇, 전승되고 지속되는 그 무엇—을 포함하고 있다.'(「고전이란 무엇이냐?」)

가령 전무후무한 천재가 나서 비범한 작품을 남기고 갔다 할지라도 그 뒤에 그를 추종하는 작가가 없고 따라서 그의 문학적 혈통이 단절되었다면 우리는 진정한 의미에 있어서 그것을 고전이라고 부를 수는 없을 터이다. 이상에 말한 고전의 대표성과 지속성은 생각하면 결코 우연한 것은 아니다. 그것은 고전의 선별이 전통 안에서만 가능하기 때문이다. 이 경우에 전통이란 전체적 질서이다. 고전은 하나하나가 전통적 질서를 구성하면서도 그와 동시에 그 전체적 질서에 의하여 재허裁許되고 정위定位된다. 티보데가 '직업적 비평은 책을 읽고 그 책들로부터 공통된 이념을 추출하여 모든 시대와 모든 장소의 서적 사이에 일종의 사회를 설정하는 비평이다'라고 했을 때 그는 고전으로부터 전통을 구성하는 일면을 말하였다. 그러나 그는 이 질서로부터 거꾸로 고전을 결정하는 일면도 잊지는 않았다. 그는 그 실례를 브륀티에르에서 보았다.

고전 연구의 역사성은 여기서 생겨난다. 한 고전을 연구하되 반드시 그가 전 전통의 질서 안에서 점령하고 있는 그 지위에서 생각하는 동시에 전통의 전체적 질서는 반드시 고전들의 전승과 상호관계에 의하여 구성 내지 유지되는 데서 고전 연구의 역사성은 실현된다. 고전은 후세의 작가가 모방할 전형이고 복종하여야 할 규칙의 법전이라 생각지 않고 인간 예지의 최고 표시로서 후세인에 대하여 무한한 가능성을 포장하고 있다고 생각하는 데서, 그리고 또 전통은 고정된 권위로서 개인에 대한 절대 명령자가 아니라 개인에게 정통적 의식을 주면서도 개인의 소산에 의하여 부절히 수정되고 또 풍부화되는 움직이고 흐르고 자라나는 것으로서 생각하는 데서 진정한 역사성은 파악

된다. 그러기에 고전은 다만 고전들과 뿐만 아니라 나날이 생산되고 나날이 망각되는 현대 작품과도 늘 관련하여 고찰되어야 할 것이다. 현대 작가에 고전적 의식이 필요하다면 고전연구가엔 현대적 의식이 필요할 것이다. 역사성이란 한 의미에 있어서 상대성이다.

그러기에 엘리옷은 다음 같이 말하였다. '전통은 위선 역사적 의식을 포함하고 있다. 그리고 역사적 의식이란 과거의 과거성 뿐만 아니라 그 현재성에 대한 지각도 포함한다. … 역사적 의식이란 무시간성을 지각하는 동시에 시간성을 지각하고 또 무시간성과 시간성을 동일시에 지각하는 의식이다.'(「전통과 개인」) 현대 작가가 늘 고전을 의식하고 써야 한다는 것과 고전연구가가 늘 현대 문학을 염두에 두고 있어야 한다는 것은 다같이 전통이 우리에게 전체적 질서를 요구하기 때문이다.

「(고전부흥의 이론과 실제 6) **박래문품의 계고난**-고전 존중의 관념을 가지자」

유자후, 『조선일보』, 1938.6.11

옛 것을 찾고 옛 것을 알기 위한 온갖 노력은 일언一言으로 별관瞥觀하면 현
재에 자기를 칙수敕修하여 과거의 자기를 상속하여 써 미래의 자기에 상전相傳
결탁하고자 하는 삼계三界 전체의 자기심心에 집중 사색의 연환작용連環作用이라
하겠다. 그러므로 자기심의 결여된 남의 미법양규美法良規를 때로 □중에 염송
念誦하며 자기심의 결여된 남의 염려문물艷麗文物을 날로 안전眼前에 제진提陳한다
할지라도 이는 인과에 효응效應이 적은 동시東施가 서시西施를 효빈效嚬하는 노름
이 아니면 용육龍肉으로 담포談飽하는 우거愚擧의 희극에 지나지 못할 것이다.

우리는 우리의 고전을 연구하여 우리의 과거의 자기심을 승계함에 있어서
비로소 우리의 삼계 문화의 유맥流脉 관통을 잘 알 수 있는 것이다. 이러한 사시
思륜 하에서 보무步武를 시이試移하여 수면 상태에 함함陷한 고전의 문헌 내지 고품考
品을 타기후래打起嗅來하여 시시로 간대看對할 때마다 과거의 자기심을 현재의 자
기심에 내지 미래의 자기심에 연융치후連融致後하는 영생永生 문화의 생명을 묵
회默會케 되는 것이다. 그리하여 일조一朝에 일 연구하고 일석一夕에 일 연구하고
일식一息에 일 연구하고 일순一瞬에 일 연구로 고고금금을 수람대응收攬對應하여
과거 문화의 체계 제도에 대한 온갖 수색과 모든 평리評理인 이것들을 일체 합

해合解하는 백과사전인 임무를 대행帶行하는 불휴부단의 정신으로, 다시 말하면 즉 자기의 두뇌를 항상 과거의 만유 사태를 영량충수映量充數하는 일대 창고로 자기의 심흉을 항상 광고曠古의 군상휴영群像休盈을 분조도사分照圖寫하는 일대 성경星鏡으로 청마수비淸磨修備하여 진진眞盡한 심성心誠을 총지불한 결과 종회終會에 있어서 허다 시간에 자기 경험으로 다수 세기에 과거 역사를 개조開照하며 과거 역사의 다수 세기는 자기 경험의 허다 시간에서 의명倚明되는 취미는 자기 일신의 일시 사색 감정의 표현으로서 보다 보편 공통의 과거를 연결하는 계계繼啓로서 그 원과圓果에 만일을 기상企嘗코자 하는 구심력과 원심력에 평형적 근자勤孜가 무엇보다 집중의 사시思是로서 최고치의 쾌락을 느끼는 바이다. 그러나 이 연환적 문화 영생의 쾌락을 상상想嘗하려는 반면에는 기다幾多의 애장礙障과 비애와 수로愁勞가 첩층추수疊層追隨하여 심신을 고뇌케 하는 바가 있다.

첫째로는 전래 문품文品의 기근과 잔류 품록品錄의 계고난稽考難이니 우리로서 취급하는 원료의 양식糧食인 정량正良 문품의 기근난은 대동지환大同之患이니 차치하고 다소 잔류 품록 중에서도 가장 땀을 빼는 일은 무기명 무연호無年號의 문적文籍들이었었다. 다행히 방수傍搜 계통에서 노출 연락되는 것은 그다지 고통을 느끼지 아니하지만 그렇지 못한 빙품憑品은 여간 곤란한 것이 아니었었다. 하는 수 없이 이리저리 상하좌우로 색출하노라니 그 시간 허비와 노심초려는 실로 허수虛數의 일로서 일반 사계斯界에 놓는 이로서는 피제被除키 어려운 실수實數의 한 과정일 줄로 안다. 그러므로 금후에 기록들은 후인성로後人省勞를 위하여 사반공배事半功倍의 로路를 개여開與치 아니하면 아니 되겠다고 절실히 느끼었었다.

둘째로는 문품 오귀烏歸의 통석痛惜이니 일시는 부지런히 향촌에 견족繭足하며 도읍에 수절輸節하였었다. 이 사람이나 이 집을 찾아가면 반드시 찾고 보고 싶은 수장守藏을 만나리라 하고 타점打點하여 보면 상상 외로 가공자假孔子와 가공자님 택宅이었었다. 공자는 완물상지玩物喪志라 말하였고 또 공자는 자기 거후去後에 진시황이라는 폭걸暴傑이 나와 갱유생분시서坑儒生焚詩書의 비극이 있을 줄을 예측하였던지 벽경壁經을 전하였다 하더니 우리 가공자님들은 공자를 오학誤學하여 고전적 사품史品을 완물상지의 두蠹로 취급함인지 그다지 지성으로 보수保守한 이가 적고 어떠한 시대를 착상着想함인지 훌륭한 문헌 사료를 도배장판으로 가공자 택 화化하고 심한 것은 화구火口로 오유인장烏有湮藏된 것이 불소하였다. 혹 유존留存의 문적에는 말명삭인抹名削印한 것이 종종 있는데 이것은 과거의 동서남북의 4색 편당便黨 관계로서 나온 조선 특유의 현상이오 혹 양도되는 문헌에는 거지반이 자기들의 부조父祖 장인藏印 등을 괄거括去하는 유례類例를 많이 보았었다. 이러한 것을 볼 때마다 고전문화의 요수상명夭壽傷命을 애통치 아니 할 수 없었다.

셋째로는 문조구재問糟求滓의 비로悲勞니 우리 고전 연구의 노선은 마치 폭풍우를 경과한 익조翌朝에 황야를 걸어나아가는 신산辛酸한 감념感念이 자심滋甚한 바가 있다. 그리하여 눈에 비추이는 빛은 산일散逸이오 귀에 들려오는 소리는 표령飄零일 뿐이다. 조선祖先 전래의 귀중한 문헌, 진기한 고품考品이 문로무진問路無津한 것이 불소하다. 약간 조박糟粕이 있다 하면 이것이야말로 우리의 소유일 것임에 불구하고 노력에 노력을 가하며 주의에 주의를 불拂하나 용이히 입수되지 아니하고 결국 타창他窓에 문조問糟 가며 타수他手에 구행求滓되는 때가 빈빈頻頻하니 이는 우리의 무지의 소치로 남의 유지有知의 소치를 원망하는 것은 아니로되 사계에 입각한 이에게 무이無二의 비로가 아니면 아니다. 이것의 대처로는 무엇보다 사계 지지의 독지기관의 출현을 바라는 바이다.

「(고전부흥의 이론과 실제 7) **고전의 성격인 규범성**─ 참된 전승과 개성의 창조력」

박치우, 『조선일보』, 1938.6.14

흔히 고전이라면 으레 문학작품만을 연상하기 쉬운 모양이나 문학작품만이 고전의 전 분야를 독차지할 것이 아닐 것이다. 학적 고증을 위하여서 필요한 전거로의 고문서 바이블이나 『논어』와 같은 종교서 윤리서도 훌륭한 고전이다. 아니 오히려 해석에 따라서는 회화도 조각도 음악도 무용도 고전의 세계에 참여할 수 있을 수 있을 것이다. 언어라는 것이 표현 중에서 가장 중요한 부면을 차지하고 있고 또 언어적인 표현 치고도 문학이 그중 세련된, 이를테면 고급에 속하고 있다는 사실이 아마 이같은 편견을 빚어낸 원인일 것이나 인류의 표현양식이 한두 가지가 아니겠거늘 가령 학적, 종교적, 도덕적 고전─이러한 등속의 고전이 없으란 법은 없을 것이다. 이것은 고전의 모체일 표현의 기능상 불가피한 일일 줄로 생각된다─이라고 하는 것은 원래 표현이라는 것은 대략 다음과 같은 세 가지의 중요 기능을 가지고 있는 것이다.

첫째는 외적 대상에 중점을 두고 이것을 될수록 극명하게 부호^{符號}에 의하여 전달하려는 작용 즉 지시 작용, 둘째는 내적 감흥을 형상화에 의하여 외부로 토로시키는 작용, 즉 표시 작용, 셋째는 감흥의 단순한 토로가 아니라 주관의 의욕 내지 원망을 다른 사람의 손을 빌려서 실현시키려는 다시 말하면 주관의 원하는 대로 다른 사람으로 하여금 사유시키고 감득시키어 행동시키려는 작용(정신병학적 용어를 차용한다면) 암시 작용이라고나 할까, 어떻든 이같은 3대 기능의 표현을 가지고 있는 것이어서 대체로 보아 지시는 보다 더 학을, 표시는 보다 더 예술을, 암시는 보다 더 윤리 내지 종교라는 문화재를 만들어 주는 것이다. 고전이란 결국 표현의 유아遺兒인지라 그러므로 이러한 종별을 그대로 답습할 것은 말할 나위조차 없는 것이다. 따라서 고전의 의미를 우리는 여기에서 이러한 넓은 의미로 사용하고 싶은 것이다.

그러나 이러한 종별보다도 중요한 것은 고전 일반의 성격 구명의 문제일 것이다. 고전과 고전 아닌 것과를 구별 주는 조건을 구명하는 것이 문제인 것이다. 고전의 성격은 무엇인가? 위선 우리는 고전의 역사성을 들지 않을 수 없다. 단순히 과거에 속한 물건이라는 점에서만이 아니라 역사의 흐름에 '에포케'를 주며 가위를 넣어 이것을 단절하며 이렇게 해서 역사의 리듬에 억양抑揚을 부여한다는 의미에서 사실은 고전은 한 개의 뚜렷한 '역사적'인 유산인 것이다.

그러나 역사에 억양을 남긴 문화유산은 설사 건축 건물 기타의 소위 유물까지를 넓은 의미의 고전 가운데에 넣는다 치더라도 가령 제도나 사회적 전통이라든지 하는 것들은 어떨까. 고전이 아닌 것만은 확실하다손 치더라도 역시 역사에 '에포케'를 주고 있는 것이라는 의미에서 본다면 마찬가지로 '역사적'이라 할 것이다. 그럼에도 불구하고 이 양자가 구별되는 것은 각각 그 전승의 기저를 형성하고 있는 시간성에 본질적인 차이가 있기 때문이다. 제도 전통의 전승 양식은 우又 우상전격子相傳格으로 이를테면 연속적이기 때문에 이러한 전승을 가능케 하는 시간은 직선적 시간이라 할 수 있다. 하루와 하루를 바꿀 수 없고 오늘에서 어저께로 역행할 수 없는 그러할 시간 위에서 비로소 제도나 전통은 살고 있는 것이다.

따라서 한 번 죽으면 소멸하면 그만인 것이 제도나 전통의 특질이 되는 것이나 그러나 고전에 있어서는 이와는 전연 다르다 라고 하는 것은 고전에 있어서는 경우에 의하여서는 천년이 일순과 맞잡을 수 있을 뿐 아니라 고전의 가지가지의 봉오리는 오히려 시간의 순서에 의해서가 아니라 '이데아'의 순서에 의해서 자리를 잡으며 배열되는 것이어서 플라톤과 아리스토텔레스의 사이보다는 플라톤과 칸트, 아리스토텔레스와 라이프니치의 거리가 한결 더 가까운 것이다. 따라서 거기서는 언제나 일상적인 시간 즉 직선적 시간은 무시되고 이를테면 원환적圓環的 시간이 지배하고 있다고 볼 수 있어 이 때문에 전승은 단절적—비연속의 연속의 양식을 밟게 되는 것이다.

역사성에 못지않게 중요한 고전의 성격은 규범성이다. 규범은 언제나 '모범'의 의미를 가장 강하게 가지고 있어 이 때문에 고전은 언제나 존중되며 경도하는 것이지만 규범은 또 한편으로 '범형範型'의 의미도 지니고 있어 이 때문에 왕왕 준구準矩와 같이 자유로운 발전과 개성의 창조력을 위축시키는 폐단을 낳게 되는 것이다. 고전 탐구가 자칫하면 낡은 준구 그대로를 묵수 맹종하는 소위 고전주의라는 것에 떨어지기 쉬운 것도 이 때문이다. 그러나 고전의 참된 전승은 이 같은 묵수에 있는 것이 아니라 창조적인 향애享愛에 있다는 것은 역사적인 것은 어느 것이나 일회적이며 그렇기 때문에 진실로 독창적인 것이라는 점에만 상도想到하면 족할 것이다. 범형을 모방함에 그치는 한 범형 이상은 나갈 수 없을 것이다. 두 사람의 칸트, 세 사람의 셰익스피어는 있을 수 없다. 우리가 고전을 소중히 여기는 것은 고전을 맛보고 알아보고 하기 위해서가 아니라 고전을 낳기 위해서인 것을 잊어서는 아니 된다.

74

「(고전부흥의 이론과 실제 8) 신문화 수입과 우리 민속

- 인멸의 학술자료를 옹호하자」

송석하, 『조선일보』, 1938.6.15

고전 연구라는 엄격한 의미 하에서 운운하지 아니하더라도 무릇 전승하는 어떤 문화 현상을 더 좀 깊게 관찰하려면 즉 보다 더 충실하게 그 시원이라든지 또는 밟아온 코스를 보살피려고 할 때에는 우리는 실제에 있어 대략 두 가지 길을 취해야 할 것이다. 하나는 문헌적으로 고구하여야 할 것이요, 또 하나는 임물적臨物的으로 관찰하여야 될 줄 안다.

물론 어느 한 가지로만으로서 어느 문화 현상을 잘 알아내는 수도 없지는 아니하지마는 대개는 이 두 가지 방법을 병용해야 비로소 완전에 가까운 것을 천명하게 되는 것이다. 나는 종래로 다음과 같은 태도를 취해왔다. 문헌은 뒤로 하고 임물은 먼저 하자는 방식으로 될 수 있으면 점차로 수입되는 다른 문화 까닭으로 인멸하는 것부터 손을 대어왔는데 그것마저 이따금씩 뜻하지 않는 난관에 봉착하여 공연히 헤매는 때가 많다.

그중 가장 큰 것은 지나친 유교 사상의 영향이다. 지난 날 아직 문화적으로 레벨이 낮은 조선을 어떠한 높은 수준으로 올린 공은 유교가 가져야 할 것은 긍정할 수 있는 일이지마는 실제에 있어 지나친 간섭까지 한 죄는 유교가 또한 마땅히 져야할 것이다. 이는 그를 맹신하고 운용한 사람의 잘못임은 물론이다. 유교가 조선에 수입되자 그에 가합^{可合}되지 못할 모든 행위와 서적은 모조리 고쳐서 외형적으로만 번듯하게 하였다.(여기에는 사대사상으로 나온 것도 있고 공연한 허영으로 나온 것도 있지마는)

가령 조선 각지에서 현행하는 통찰 같은 것도 순전한 조선 고래 것은 거진 전부가 유교적으로 고쳐서 유세차^{維歲次} 격인 축문이 생기고 강신^{降神} 초헌^{初獻} 서헌^{西獻}의 엄격한 절차가 생긴 것은 물론이려니와 신앙하는 대상까지 전연 부지불식 지즁 중에 변하고 말았다. 이것은 다시 말하면 지식이 있는 사람은 좀 안다고 해서 고친 것이고 무식 민중 일은 몰라서 신앙 대상까지 한해버린 것이다. 물론 실제 생활상에는 그 법이나 이 법이나 그 귀신이나 이 귀신이 별반 다른 영향이 없겠지마는 이것을 연구하는 사람에게는 대단한 불편을 느끼는 것이라고 할 수 있다.

조선 사람처럼 관대하다는 것보다 자비심^{自卑心}이 많은 민족은 유례가 드물 것 같다. 이것을 '호양^{好讓}'이라고 하지마는 동속^{東俗}, 도속^{鄙俗}은 최대급의 자과사^{自誇辭}고 아폐속^{我弊俗}은 보통이고 의관 문물 예악 제도가 소중화 지칭하던 백성의 입으로부터 아동이속^{我東夷俗}이라고 스스로 부름에 이르러는 어안이 벙벙할 지경이라고 할까.

말이 추상적으로만 달아났으나 조선에서 어떠한 문화 현상을 고찰하여 보려고 문헌을 조사하면 먼저 유교적으로 말살하여 용이하게 그 정체를 모르도록 하였음으로 이제는 실제에 다다라 그것을 구명하려고 보면 그것까지 손이 미쳐서 독자성을 잃게 한 것이다. 또 문헌도 중언부언 이론만 숭상하였으며 문장대가로 자처하는 사가^{私家} 문집으로 당송^{唐宋} 대가의 모방만한 시부논책^{詩賦論策}으로 민중의 일상생활에 아무런 관련이 없는 것들 뿐이어서 다른 나라에서 신변 잡사를 자기 힘대로 기록한 적은 저술에 떨어짐이 많은 것이다. 그리고 연극, 무용, 음악 같은 예술 부문의 어떤 것에 대하여는 위정자가 인위적으로 탄압을 하여 그의 생장을 조지沮止한 까닭으로 지금에 있어도 그의 발달을 보지 못하여 다른 나라의 순조로운 발달을 형성함에 비교하여 감개가 깊은 것을 느낄 때가 많다.

또 하나는 민속학 연구에 있어서 가장 필요한 회화에 대한 문제인데 조선의 회화는 그 역亦 실생활하고는 거리가 먼 사군자 같은 문인화나 그렇지 아니하면 선인仙人 도사道士만 그린 남화南畵뿐임으로 조선 사람이 그린 것이면서도 조선하고는 대단 인연이 멀어서 심하게 말하면 민속학 상 뿐 아니고 조선학의 어느 부문으로 보아도 거진 불필요한 존재라는 감이 불무한 것이다. 듣건대 이도 또한 그때의 풍조로 풍속화를 그리는 사람을 천대한 소치라 하니 나는 그 천대하던 심정을 천대하고 싶은 것이다.

이상을 요약하면 나는 신문화가 수입되어 인멸할까 염려하던 마음이 실지에 다달아 본 결과 신문화 수입으로 인멸된 학술 자료보다 구수입 문화 까닭으로 연멸한 학술 자료가 보다 더 많은 것을 발견하고 새삼스레 한 번 더 저주하고 싶은 마음을 금치 못하는 것이다.

75

「문화의 일반성과 특수성 - 보편적인 문화와 특수적인 문화」(1)~(4)

김기석, 『조선일보』, 1938.6.16~19

　현대의 문화는 현대의 현실과 함께 한 개 심한 혼란 속에 빠졌습니다. 현대에 있어서의 문화의 위기는 이제 단순히 '문화'의 문제로서만이 아니고 '현실'의 문제로서 우리들에게 주어집니다. 문화는 아시다시피 생활의 표현으로서의 의미를 가집니다. 그런데 이 생활의 표현으로서의 문화란 어떤 것이겠습니까. 문화는 본디 자연에 대한 문화로서 자연으로부터 자기를 구별해야 합니다. 우리들은 문화라고 할 때 흔히 학술, 도덕, 예술을 들거니와 광의의 문화는 여기에 그치는 것이 아니고 이른바 정신문화와 함께 관습, 경제, 법률, 정치 같은 것들을 모두 포괄하게 됩니다. 이리하여 자연의 질서에 마주서는 문화의 질서가 성립 또 발견되기에 이릅니다.

　자연 아닌 것으로서 역사란 게 있지 않습니까. 역사가 자연으로부터 자기를 구별하는 성격을 무엇이라고들 생각하십니까. 역사는 문화에 있어서 문화를 가지는 데 있어서 자연으로부터 구별된다고 나는 봅니다. 말하자면 역사는 문화적 역사고 문화는 역사적 문화이겠습니다. 문화가 역사고 역사가 문화라니 말이 되나. 문화는 관념이고 역사는 현실이거든. 문화는 현실에 의하여 규정되는 관념형태거든. 누가 금세 이렇게 나무라실 지도 모릅니다. 우리들은 여기에서 예의 규정 피규정의 관계를 따지려는 것이 아니거니와 문화가 관념이냐 현실이냐 또는 관념이란 게 따로 있고 현실이란 게 따로 있느냐라는 저 새로운 '스콜라 철학 문제'를 그대로 남긴 채 문화의 주체에 대한 근본 연관을 반성해 들어가려고 합니다.

문화는 먼저 자연으로부터 구별되어야 합니다. 그런데 이 자연으로부터 구별된다는 것은 무엇을 의미하는 것이겠습니까. 자연과 구별된다고 해서 시간을 넘어선다는 것은 물론 아니겠습니다. 시간적인 것인데 있어서 자연이거나 자연 아닌 문화 또는 역사거나 다를 까닭이 있겠습니까. 그러나 자연으로부터 구별되는 무엇이 있어야 합니다. 자연에 마주서고 자연에 대드는 말하자면 무단히 자연을 부정하는 무엇이 있어야 합니다. 자연에 마주서는 질서가 없는 한에서 자연마저 아직 자기를 한 개 현실적인 질서로 구성할 길이 없기 때문입니다.

인간은 자연에 대하여 자기를 주체적인 것으로 한정합니다. 문화는 인간의 이 주체성을 표현하지 않아서는 안 됩니다. 그런데 이 주체가 된다는 것이 곧 문화를 가진다는 것이 되고 문화를 가진다는 것이 곧 주체가 된다는 것이겠습니다. 자연에 대한 인간을 흔히 역사적 존재라고들 하지마는 이 역사적 존재는 워낙 문화적 존재를 가르치는 것이 되어야 합니다. 이러므로 문화에 있어서의 보편성과 특수성은 곧 주체로서의 인간의 보편성 특수성에서 오는 것인 데 지나지 않습니다.(1회)

현대의 문화는 그 광범한 영야領野에 뻗쳐 한결같이 불안 동요에 싸였습니다. 그런데 이 불안과 동요는 현대의 문화로 하여금 마침내 두 갈래의 방향 또는 태세를 가지게 합니다. 보편적 문화로서의 태세와 특수적 문화로서의 태세. 하나는 문화의 세계성을 고조하고 하나는 문화의 민족성을 주장합니다. 하나는 문화의 이념을 그 전개태로서의 창조에 있어서 찾으려고 하고 하나는 문화의 실체를 그 완결태로서의 전통에 있어서 읽으려고 합니다.

그런데 어느 것이 문화로서의 진실한 방향이겠습니까. 또 우리들은 이제 바야흐로 어느 편에 참가해야 하겠습니까. 여기에서 우리들은 문화의 문제가 단순히 문화의 문제에만 그치지 않는 것임을 봅니다. 문화에 대한 논의는 어쩔 수 없이 문화의 비판에 나아가야 하고 문화의 비판은 마침내 주체의 비판을 제기하기에 이릅니다. 우리들은 앞에서 문화가 어제 오늘 두 갈래의 태세를 갖춘다고 했습니다. 보통성과 특수성, 상항성常恒性과 역사성, 세계성과 민족성, 일반성과 개별성. 이것은 비단 문화에 있어서만의 대립, 반발이 아니요 진실로 일체의 존재 및 사실을 통하여서의 한 개 숙명적인 장면 또는 연관을 구성합니다.

현대의 철학은 아시다시피 많은 문제를 그 앞에 쌓아놓고 있습니다. 정신과 자연, 이론과 실천, 주관과 객관, 작용과 대상, 유한과 무한, 순간과 영원. 그러나 이 속에서 가장 힘 있게 철학적 사유를 부르는 것이 보편과 특수가 아니겠습니까. 이 보편과 특수를 오늘의 철학은 어떻게 또 어느 귀퉁이에서부터 해명해 들어가야 할 것이겠습니까. 문화가 오늘에 이르러 자기를 이 보편과 특수에 있어서 반성하기에 이른 것은 다름 아닌 문화의 자기 발견 또는 자기 귀환이라고 보아서 마땅합니다.

문화는 인간의 주체성을 표현해야 합니다. 그런데 이 주체성이란 분명히는 어떤 것이겠습니까. 주체적 존재인 것이 곧 다름 아닌 인간의 일반적 규정이 아니겠습니까. 주체적 질서 이것은 그 속에 싸이는 개인이나 종족 같은 것에 대하여 전체 또는 세계로서의 의미를 가집니다. 이러므로 문화는 그것이 본디 한 개 주체적 사실인데서 이 전체성과 세계성을 보이게 되나니 문화가 개인이나 종족을 넘어서서 자기를 보편적인 문화로 주장하기에 이르는 근거가 진실로 여기에 있는 것입니다. 문화는 전체적인 문화, 세계적인 문화가 아니면 안 됩니다. 우리들 역사가 많은 모양의 문화를 이끌어 나아왔음을 압니다. 그러나 어떠한 시대의 문화, 어떠한 민족의 문화가 승의勝義의 현실적인 문화일진대 그것은 모두 그 속에 보편성에의 방향, 일반성에의 방향을 지니지 않아서는 안 됩니다. 주체적인 질서에서 떠날 때 역사나 문화는 위선 역사요 문화될 바가 없나니 이미 역사 또는 문화가 아니고서 한 시대 한 민족의 역사와 문화가 될 길이 있겠습니까.

그러나 우리들은 인간의 주체성과 함께 주체의 민족성을 생각해야 하겠습니다. 인간은 주체인 데 있어서 그 일반성에 만납니다. 그런데 이 주체는 다시 민족에 있어서 자기를 구체적으로 한정하지 않아서는 안 됩니다. 이러므로 문화는 민족의 문화로서 민족을 통하여서 뿐 실현됩니다. 문화가 민족을 초월한다고 해도 그것은 어디까지든지 민족에 의한 초월이 아니면 안 됩니다. 민족의 문화가 모여서 세계의 문화를 형성하는 것이 아니고 민족의 문화 하나하나가 그대로 세계문화의 의미를 가지지 않아서는 안 됩니다. 우리들은 여기에서 문화의 보편적 일반적 방향에 대한 그 특수적 방향, 개체적 방향을 읽게 됩니다. 문화는 구원久遠한 창조이면서 한편 전통의 체계입니다. 창조와 전통 이것이 문화의 숙명 또는 행정行程이 아니겠습니까.

우리들은 앞에서 문화에 보편적인 방향과 특수적인 방향이 있다는 말을 했습니다. 그런데 문화의 창조는 그 보편적인 방향에서 문화의 전통은 그 특수적인 방향에서 발견된다고 보아서 어떻겠습니까. 우리들은 문화의 보편성과 특수성을 이 창조 및 전통에 관련시켜 생각해 들어가려고 합니다. 문화는 그것이 세계사의 의미를 가집니다. 문화의 역사는 말하자면 한 개 세계사가 되는 것이겠습니다. 문화는 어느 의미의 유화성有和性의 세계입니다. 문화는 한 시대와 다른 시대, 한 민족과 다른 민족을 굳게 얽매어 놓습니다. 문화에 있어서 우리들은 과거가 과거가 아니고 현재요 적敵이 적이 아니고 자기임을 압니다.(2회)

'소크라테스'의 고난 속에는 오늘의 내 고난이 들어있고 '플라톤'의 사색 속에는 내일의 그대의 사색이 어리운 것이 아니겠습니까. 한 개인으로서만 살려고 하는 자, 한 민족에 있어만 살려고 하는 자는 문화의 세계에 들어서지 못합니다. 문화의 세계는 개인 또는 민족이 거기에로 흘러 모이고 또 거기에서 흘러나가는 한 개 구원한 근원입니다. 문화의 창조에 나가려는 이들은 단순한 자아에 붙잡혀서는 안 됩니다. 문화를 쌓기 위하여 나는 나를 죽이고 훨씬 넓은 것에 있어서 살지 않으면 안 됩니다. 문화는 본디 승의에 있어서 전체의 문화이기 때문입니다. 문화의 창조는 이 세계성의 방향에 있어서 현성現成됩니다. 세계성의 도가니 속에 들어가지 않고 문화는 자기를 현실적인 것으로 한정 또 주장할 길이 없습니다. 한 시대 한 민족의 문화가 특히 그 건설기에 있어서 세계적인 섭취와 배경을 가지는 것은 진실로 이 때문입니다.

문화에는 창조적 측면과 함께 전통적 측면이 있습니다. 전통 없는 문화란 것이 있겠습니까. 문화의 전통은 자연 문화의 특수적인 방향, 개체적인 방향에 관련됩니다. 문화는 부단한 창조와 함께 부단한 전통을 가집니다. 그런데 이 문화에 있어서의 창조와 전통이란 어떤 구조를 가지는 것이겠습니까. 창조는 때로 전통을 깨트리게 되고 전통은 흔히 창조를 막는 때가 있다고들 합니다. 그러나 실상은 전통은 창조 속에서 형성되고 창조는 전통에로 귀환하는 것이 아니겠습니까. 아니 더 나아가 창조 즉 전통 즉 창조가 되는 것이 아니겠습니까.

나는 문화를 어느 의미의 존재라고 봅니다. 그런데 존재는 모두 '존재'이면서 그 자신 '사실'이 되어야 합니다. 전통은 이를테면 존재로서의 문화, 창조는 말하자면 사실로서의 문화가 아니겠습니까. 문화의 존재성과 사실성. 존재로서의 문화가 부단히 자기를 완결적인 것, 고정적인 것으로 만드는 데 반하여 사실로서의 문화는 부단히 자기를 생성적인 것, 유동적인 것으로 만들게 됩니다. 문화의 이 완결적인 체계를 전통, 이 생성적인 운동을 창조라고 부릅니다.

우리들은 앞에서 문화가 세계성의 의미를 가진다고 했습니다. 그러나 문화는 세계성에 있어 자기를 창조하고 나서 다시 민족의 문화에로 귀환하여 그 개체적 전통을 지키지 않아서는 안 됩니다. 전통은 본디 특수의 전통, 개체의 전통이 되어야 합니다. 보편자의 전통이란 것이 있겠습니까. 문화의 전통은 그것이 단순히 문화의 지속은 아닙니다. 문화의 지속이기는 하면서도 어떤 주체의 특수성을 지속 주장하지 않아서는 안 됩니다. 이 문화에 의하여 그 특수성을 지속하기에 이르는 어떤 주체란 것이 곧 다름 아닌 민족이니 이러므로 문화의 전통은 어느 의미의 민족의 전통에 얽매이게 됩니다.

우리들은 문화가 보편적인 태세와 특수적인 태세에 갈린 것을 보았습니다. 보편적 태세가 창조의 측면에 스쳐 세계성의 방향에로 나아가고 특수적 태세가 전통의 측면에 따라서면서 민족성의 방향에 기울어지는 것이 대개 우연한 것이 아님을 알 수 있습니다. 세계를 위한 문화와 민족을 위한 문화. 우리들은 장차 어디로 나아가야 할 것이겠습니까. 하나가 문화의 보편성을 존숭하고 하나가 문화의 특수성을 주장은 할지언정 어느 편이나 자기들이 내세우는 '세계' 또는 '민족'을 모두 '전체'라고 외치는 데 이르러서는 마찬가집니다.

전체로서의 존재, 전체로서의 문화. 현대의 생활과 문화는 그 광범한 영야에 뻗쳐 한 가지로 이 '전체'에 대한 의식이 심히 고조 선양되고 있습니다. 그런데 이 이른바 '전체'란 과연 어떤 것이고 또 '세계'와 '민족' 중에서 어느 것이 진실한 '전체'가 되는 것이겠습니까. 사람들은 흔히 전체가 부분을 위해서 있을 것이 아니라 부분이 전체를 위해서 있어야 한다고들 합니다. 부분이 전체의 부분이요 또 전체 속에 쌓인 부분인 한에서 전체가 부분을 섬길 것이 아니고 부분이 전체를 섬겨야 하겠습니다.(3회)

그런데 이 전체니 부분이니는 실상 전체가 따로 있고 부분이 따로 있는 것이 아니고 전체 속에 부분이 있고 부분 속에 전체가 있는 것이 아니겠습니까. 부분은 전체와 함께 부분을 위해야 하고 전체는 부분과 아울러 전체를 위해야 할 것이 아니겠습니까. '세계'와 '민족'이 이 전체 즉 부분의 구조를 가진다고 하면 '세계'와 '민족'이 따로 있는 것이 아니고 '세계' 속에 '민족'이 있고 '민족' 속에 '세계'가 있는 것이겠습니다.

전체가 부분이요 부분이 전체가 된다. 전체 속에 부분이 있고 부분 속에 전체가 있다. 이게 어떻게 하는 말인가. 이렇게 누가 반문하실 지도 모릅니다. 우리들에게 주어지는 실재나 현실 속에는 본디 전체니 부분이니가 있는 것은 아닙니다. 이 전체니 부분이니는 모두 분석적 이성이 빚어낸 주관의 망집妄執이오 오직 한정성의 세계에서 전개되는 총체적인 연관이 있을 따름이니 전체에서 떠난 부분이 없고 부분과 헤어진 전체가 없는 것을 보아서 알 수 있습니다. 설령 여기에 전체를 해하는 부분이 있다고 합시다. 그때 이 부분은 전체를 죽이고 부분을 살리는 것이겠습니까. 전체를 죽여 마치는 때 그는 실상 부분인 자기를 죽여 마치는 것이 아니겠습니까. 부분을 상처내는 전체가 있다고 합시다. 그때 이 전체는 부분을 헐면서 전체를 세우는 것이 되겠습니까. 부분을 짓밟고 있는 동안에 그는 실상 전체를, 자기를 짓밟아버린 것이 아니겠습니까.

 부분을 구박하는 전체는 진정한 전체는 아니요 전체를 저버리는 부분 또한 진정한 부분은 아닙니다. 사람들이 '세계'나 '민족'을 '전체'로 내세우는 것은 좋습니다. 그러나 이 '세계' 또는 '민족'은 그것이 어디까지든지 전체 즉 부분, 부분 즉 전체로서의 '전체'가 아니면 안 됩니다. '세계'가 자기를 '전체'로 규정하는 것은 있음직한 일입니다. 그런데 '민족'이 '세계'를 물리치고 자기만을 '전체'로 주장하는 것은 어떻게 된 까닭이겠습니까. '민족'은 '개인'에 대하여 부분이 전체 속에 있어야 한다고 가르칩니다. 이것을 나는 전체주의의 논리라고 부르려고 합니다. 그런데 '민족'은 '세계'에 대하여 전체가 부분 속에 있어야 한다고 우깁니다. 이것을 나는 부분주의의 논리라고 부르려고 합니다. 이 두 '가상의 논리'에 대하여 '현실의 논리'로서 전체 즉 부분주의의 논리란 것이 있다고 하면 오늘의 세계성의 문화는 과오 하나 오늘의 민족성의 문화는 과오 둘을 범한 것이 됩니다.

 부분이 전체 속에 있다. 전체는 부분에 있어서뿐 실현된다. 우리들은 여기에서 저 유명한 진무한眞無限이니 구체적 보편이니 하는 일련의 사상을 상기합니다. 유한과 무한, 상대와 절대, 특수와 보편, 시간과 영원. '헤겔'은 유한을 떠나서 무한이 있는 것이 아니고 유한 속에 무한이 있고 유한에 있어서 무한이 자기를 개전시킨다고 했습니다. 이리하여 유한과 구별되는 무한을 악무한惡無限, 유한에 있어서 나타나는 무한을 진무한이라고 하여 다른 것들도 모두 이 모양으로 생각해 들어갔습니다.

 이 '헤겔'적 사유는 분명히 '헤겔' 이전의 추상적 논리를 넘어서서 일반자의 자기 한정의 구조에 대한 근원적 해명의 길을 연 것이 됩니다. 유한에 있어서 무한이 나타나고 상대에 있어서 절대가 나타난다고 할 때 '헤겔'은 의연히 무한이나 절대에 치우친 것이 아니겠습니까. 말하자면 '헤겔'은 유한보다 무한을 사랑하고 상대보다 절대를 사모한 것이 아니겠습니까. 유한 즉 무한, 상대 즉 절대로 보는 것이 실재와 진리에 대한 인간으로서 도달할 수 있는 최심한 이해라고 할진대 우리들은 유한이냐 무한이냐 상대냐 절대냐의 어느 한편에 편들기를 삼가지 않아서는 안 됩니다. 유한이자 무한, 특수이자 보편이라고 보는 것은 곧 유한도 아니고 무한도 아니고 특수도 아니고 보편도 아니고 라고 보는 것이 되나니, 이때 이것은 유한과 함께 무한, 특수와 함께 보편을 멀리 초월하는 것이 되기 때문입니다. 구체적 보편이니 비연속의 연속이니 하는 '헤겔'의 예의 '진무한형眞無限型'의 사유는 진실로 놀랄 만한 세력을 가지고 현대의 생활 및 문화의 모든 영야에 속속들이 침윤되고 있습니다.

아까 앞서 오늘의 민족성의 문화가 두 개의 과오를 범한다고 했거니와 그 둘째 번의 과오는 정히 이 '헤겔'적 논리에 사로잡혀 '세계'의 개념을 추상적 보편, '민족'의 개념을 구체적 보편이라고 하여 드디어 자기만을 유일한 '전체'로 고집하는 데서 오는 것이 아니겠습니까. 현대의 문화는 그 속에 세계성에로의 방향과 민족성에로의 방향을 가졌습니다. 하나는 문화의 보편성을 고조하여 그 창조적인 출발을 꾀하고, 하나는 문화의 특수성을 주장하여 그 전통적인 긍지를 자랑합니다. 그러나 하나는 새로운 건설에 이름을 빌려 거친 정열에 사로잡히기 쉽고 하나는 고전의 전승을 빙자하여 부질없는 회고, 영탄咏嘆에 떨어지는 때가 많습니다.

문화가 본디 보편성과 특수성에 있어서 주어지는 것이 잘못이 아니고 한 시대의 문화가 진실한 보편성, 진실한 특수성을 획득하고 못하는 것이 문제니 문화의 오늘에 이르러서의 두 태세는 문화 본래의 행정을 위하여 우리들로 하여금 때로 어떤 의구疑懼를 품게 하는 것이 아니겠습니까. 보편적 문화와 특수적 문화 이것은 언제나 둘인 양 하나이고 싸우는 양손을 마주 잡는 것이니 문화에 있어서의 세계성에로의 방향과 민족성에로의 방향은 하나가 하나를 헐고 짓밟는 것이 아니고 도리어 서로 부단히 이끌고 얽매이는 것이 되어야 합니다.

그런데 아시다시피 어제오늘 많은 사람들이 이 두 방향 사이에서 깊은 근심에 싸여있는 것은 어떤 까닭이겠습니까. 나는 암만해도 현대의 문화가 실상 그 떨치는 의상衣裳, 그 서두르는 소리만이 수선스러울 따름이고 아직도 자기를 진실한 의미의 보편성, 진실한 의미의 특수성에 있어서 자각하지 못한 것이 아닌가 합니다. 그런데 문화의 이 자각은 주체로서의 인간에 대한 반성과 성찰을 전제 또는 기초로 합니다. 세계성에로의 문화냐 민족성에로의 문화냐가 문제가 아니고, 본디 일체의 문화 활동의 근본주체로서의 인간의 실존이란 무엇이고 또 문화에 있어서의 창조와 전통은 그것이 인간의 실존으로 더불어 어떤 모양의 연관을 가지는 것인가가 먼저 해명되지 않아서는 안 됩니다.

문화의 비판은 문화의 비판에 그치지 아니하고 마침내 주체의 비판에 나아가게 됩니다. 주체로서의 역사적 존재, 이것을 그 근원성에 있어서 이해, 연구할 길이 없겠습니까.(4회)

76

「논단시감(하) 고전연구 잡상」

김남천, 『동아일보』, 1938.6.30

우리 고전을 부흥하자는 것의 시비와 연구의 이론과 실제에 대하여 논책이 있어온 것은 결코 작금에 시작된 일이 아니다. 십근년 전에 고전에 대한 유산 상속의 문제와 관련시켜 그의 과학적 섭취의 방법 같은 것이 토의된 것을 우리는 친히 경험하여 왔고 그뒤 전 문화 분야가 통일된 방향을 잃어버리고 사상적 지향을 상실하였을 때에 이것의 재건책으로 고전에 대한 성찰이 운위된 것도 한 가지로 보아온 바와 같다. 그리고 다시 복고주의의 대두와 아울러 '조선적인 것'의 탐구를 통하여 문화의 전통 문제와 어울려서 한때 시끄러우리만치 이것이 논위論謂된 것도 우리는 아직 새롭게 기억하고 있다.

이즈음 다시 이 문제에 대한 논책을 발견하게 되는데 이렇게 한 가지 문제가 오랫동안의 시일을 두고 되풀이 되는 곳에는 저널리즘 자신의 화제의 빈곤이나 또는 문제 그 자체가 낡은 것이면서도 영원히 새롭다는 것에도 유래하는 것이 없지 않겠지만, 고전연구나 부흥 그 자체가 문화의 위기나 문학의 침체나를 구출하기에 충분한 능력이 없거나 또는 우리가 갖고 있는 고전의 가치라는 것이 그러한 활력소를 갖고 있다고 보기에는 너무나 빈약한 것인데 유인誘因되는 것도 없지 않은 것 같다.

본시 나어린 소설가나 비평가나는—아니 통틀어 문단 사람들은 우리의 고전에 대해서 너무 무식하고 또 제 고장 문화재의 고전적 가치에 대하여 지나치리만치 맹안자라는 비난을 가끔 들어왔고 특히 어학자 제씨한테서는 조선의 소설가와 시인은 조선말을 모르고 조선말의 아름다움을 모른다고 꾸중을 듣는 중에 때로는 '조선의 문인이여! 『용비어천가』를 보라! 『춘향전』을 읽으라!'는 간곡한 충고까지도 받아왔다. 그것을 읽어서 문장의 리듬을 배우고 어휘를 주워 얻으라는 것이다. 문단의 말석을 더럽히고 있는 자로서 부끄러움을 금할 수 없는 일이며 또 이러한 비난을 그대로 받아도 결코 불복할 것이 없을 만큼 우리네의 지식이나 열성이 미약할 것도 사실이 아니랄 수 없을 것이다.

그러나 한번 돌이켜 생각하여 보면 『홍길동전』과 (한 줄 판독불능—엮은이) 『홍부전』과 『춘향전』에서 과연 얼마만 한 활력소와 자양물을 섭취해낼 수 있는가는 이 또한 경홀히 단언할 수 없는 바가 아닐 수 없다. 세심한 눈을 가지고 이를 재삼 읽어본 이라면 이러한 제 소설에서 현대 작가가 배울 곳은 극히 적은 분량의 것은 아닐까 하는 의심을 품음에 이를 것이다. 내 자식이니까 엎어주고 귀엽다든가 또는 협착한 혈통 이론에 포로됨이 없이 세계 대大의 규모 위에 서서 이를 냉정히 관찰한다면 우리가 갖고 있는 문화재의 빈약함에 거의 통분에 가까운 격정을 품을 것이다. 아세아적으로 정체된 극히 뒤떨어진 봉건 이조는 동 연대의 서구의 '로만'에 대비하여 실로 엄청나게 왜곡된 소설밖에는 우리에게 전하여 주지 않은 것이다.

이 가운데 머리를 박고 한 나절을 헤매어도 침체한 우리 현대문학에 고귀한 정신을 넣어준다든가 홀륭한 성격적 전형을 제시한다든가 위대한 구상력을 계시한다든가 하는 활력소는 용이히 체득하기 어려울 것이다. 이러한 고전 자신이 갖고 있는 약체적인 조건이 우리 청년들을 그곳으로 이끌고 가지 못하는 중요한 원인의 하나가 되지 않는가고도 생각된다.

사실 형용사의 무용한 무계통적인 첩구疊句, 풍월식風月式 묘사, 판에 찍은 듯한 공허한 성격, 무수히 출몰하는 '비몽사몽간', 시조적인 영탄詠歎이나 감상感傷을 가지고는 현대와 같이 모순과 혼란에 뒤섞인 복잡한 인간 생활을 그리기에는 거의 무용의 장물長物이라는 느낌을 주지 않을 수 있다.

그러므로 이 가운데서 우리 문화나 문학의 전통을 찾아 그의 위기를 벗어나게 하기는 여간 힘든 일이 아닌 것처럼 생각되었다. 젊은 예술가들이 세계에의 귀환 속에서 오히려 고전적 유산을 찾아보려고 하는 것도 또한 필연의 세라고 생각되었다. 최근의 고전연구론자들이 이 점에 특히 유의하여 고전의 역사성을 고조하고 복고주의를 경계하고 세계 대의 규모 위에 서서 고전을 탐색하려는 태도는 과학적으로 일보 전진의 감이 있는 듯하다. 단지 좀 어떨까 하고 생각한 것은 해석학적인 태도의 유행이었다—라고 하는 것은 해석학은 왕왕 산 진리를 고갈시킴으로써이다.

「종합논문 (4) 서구정신과 동방정취」(상)(하)

최재서, 『조선일보』, 1938.8.6~7

1. 휴머니즘과 종교

'가을바람이 불어 떨어뜨리기 시작해야 비로소 우리는 나뭇잎을 의식하는 거와 마찬가지로 전통이 폐멸廢滅할 때야 비로소 우리는 그 중요성을 깨닫는 다'고 엘리옷은 말하였지만 현대는 바로 그러한 시대이다. 요새 전통에 대한 지식인의 관심이 나날이 높아가는 것은 일변─擺 전통의 붕괴가 거의 완료에 가까웠다는 증거도 될 것이다. 사실 유럽[歐羅巴]의 전통은 1914~18년의 유럽전쟁에 의하여 치명적 타격을 받았다고 볼 수 있다. 그것은 지금 읽어도 우리의 가슴을 답답케 하는 무수한 전후 작품을 말고라도 발레리의『유럽 정신의 위기』 1편만 읽어도 짐작할 일이다.

그러나 유럽 전통의 붕괴라는 것은 결코 현 세기에 시작된 일은 아니다. 리차즈와 같은 비평가는 그 발단을 17세기에 있어서의 과학의 탄생에다 구하였지만 이것은 매우 강변의 허물이 있다 치더라도 19세기 초두—좀 더 올라가서 18세기 말엽에 둔다는 것은 그다지 무리한 일은 아닐 게다. 왜 그러냐 하면 이 과도기에 있어서 전통을 전복시킬 지하공작은 완전히 준비되었기 때문이다. 그렇다면 근대정신이 근근 1세기 반에 궁핍하여 거지 반 그 존립을 위협하게 된 유럽 전통이란 대체 무엇인가? 유럽 문명 전체가 그러하듯이 유럽 전통은 결코 한 줄거리는 아니다. 적어도 그것은 두 주류의 병행 교차 충돌 타협 내지 종합으로서 약 25세기 동안에 형성된 정신적 물질적 질서의 총체이다. 그리고 두 주류란 말할 것도 없이 고전적 전통과 기독교적 전통이다. 고전적 전통이란 희랍 로마[羅馬]의 고전 가운데 축적되어 있는 인간 중심의 휴머니즘의 전통이고 기독교적 전통이란 교회 안에 유지되어 있는 신 중심의 종교적 정신이 그것이다. 그것이 희랍과 유태[猶太]를 서로서로 기원으로 삼고 있음은 일반이 주지하는 바이다.

그러나 이것이 헬레니즘이라는 명칭에 의하여 의미되는 자유의 정신과 헤브라이즘에 의하여 지시되는 구속의 정신만이냐 하면 그렇지는 않다. 원래로 이 대립 개념은 낭만적 헬레니스트들에 의하여 창시된 것이기 때문에 무척 편벽된 데가 있다. 기독교적 전통이 구속적이라 함에는 별반 이의가 없다 치더라도 고전적 전통이 일체로 자유적이었더냐 하면 결코 그렇지는 않다. 물론 예술에 있어의 미의 추구, 과학에 있어서의 진리의 탐구를 보면 희랍 정신이 퍽 관용적이었음은 짐작할 수 있다. 그러나 고대 인문주의는 결코 인간성의 자유를 주장하는 정신이 아니라 도리어 인간의 불완전성을 깊이 인식하는 데서 시작되는 정신이었다. 따라서 그것은 인간성의 균형과 조사를 목표 삼고 개인에게 이 목표를 모방하여 자기의 개성과를 교정하고 훈련할 것을 명령하였다. 그리고 그 모범은 고전—즉 장구한 역사에 의하여 도달된 인류 예지의 총화로서의 고전 가운데 결정[結晶]되었다고 생각하였다. 따라서 고전 연구(소위 인문학)는 생명적인 중요성을 가졌었다. 고전 연구가 다만 문학적 교양을 위해서만이 아니라 실로 정치 도덕 처세술 전반에 대한 기초를 닦기 위하여 숭상되었음은 동양과 마찬가지이다. 이리하여 고전적 전통은 학자와 시인에 의하여 궁정과 대학 안에서 유지되어왔다

인간성의 자유를 누르고 외부적 권위를 누르고 외부적 권위를 선양함에 있어선 종교가 인문주의보다는 훨씬 철저하고 근본적이었다. 기독교는 인간성을 불완전하다고만 볼뿐 아니라 실로 사악하다고 보았다.(원죄설은 기독교의 기본적 교의이다.) 예수는 '십자가를 지고 나를 따르라' 하고 명령하였다. 이것은 두말 할 것 없이 고난의 길이었다. 그러나 주의 은총이 없이는 이 고난도 아무 소용이 없었다. 그렇듯 인간의 타락은 심각하다고 생각하였다. 이리하여 기독교적 전통은 승려와 목사에 의하여 교회 안에서 유지되어왔다.

이 두 갈래 전통은 그 근본정신에 있어서 결코 일치하는 것은 아니었다. 하나는 인간 중심이고 다른 하나는 신 중심이었다. 따라서 전자가 문학 예술 학문에 치중하여 끝까지 현세주의적임에 대하여 후자가 윤리와 도덕에 치중하여 타세주의他世主義적임도 그 중요한 차이의 하나일 것이 그렇다고 해서 두 전통이 늘 항쟁만 한 것도 아니다. 일찍이 르네상스 시대부터 양자의 조화는 부절不絶히 도모되어 왔었다. 밀턴의 '실락원' 같은 작품은 고전적 전통과 기독교적 전통의 조화를 증명하는 화려하고 장엄한 기념탑이다. 거기까지 못 가면 제수이트파派에서 보는 것과 같은 비속非俗 비승非僧의 타협적 문화라도 가질 수 있었다. 사실 근대주의와 전통과의 차이를 생각한다면 양 전통의 차이란 아무 것도 아니었다. 둘 다 인간의 무력성에 대한 인식에서 출발된 정신이니 그럴 법도 하다.(상편)

2. 전통 부활의 의의

전통이 있은 다음에 생활이 있는 것이 아니라 생활해나가는 동안에 전통은 어언간 형성된다. 최초에는 식물 획득 혹은 자기 방어를 위한 사소한 기술이었던 것이 자자손손히 전승하여가는 동안 전통은 부지불식 중에 형성되었을 것이다. 물론 이 전통을 구체화한 종교적 도그마라든가 사회적 제도가 있어서 전통 유지의 지주가 되어있기는 하지만 전통적 정신이란 언제든지 무의식적이다. 인류의 대부분은 아무 생각 없이 종교적 의식이나 사회적 관습에 복종할 뿐 다만 비범한 정신적 통찰력을 가진 천재만이 그 제도를 뚫고 들어가서 전통적 정신을 생생하게 파악한다. 그러나 여기에 사회 전체가 적어도 그 대부분이 비상한 관심을 가지고 전통적 정신을 탐구하는 때가 있다. 그것은 현대문명이 파괴되어 아직까지 절대시하여오던 제일 원리가 불완전 내지 전연 □□이었다 함을 깨달을 때 생겨난다. 사람은 현재에 절망할 때 으레 구제를 과거에다 구하기 때문이다. 유럽의 현재는 바로 그러한 시대이다.

일찍이 배빗은 19세기 낭만주의운동을 일반 의식에 대한 개인 의식의 완전한 승리라고 정의하였다. 유럽의 전통은—그것이 고전적 전통이었든 종교적 전통이었든 외부적 권위에 의한 개인의 통제 위에 건설되었던 것이다. 그것이 르네상스 이래의 개인주의 발달에 의하여 점차로 잠식되고 드디어 국가개인주의에 의하여 완전히 파괴되고 말았다. 그것을 가장 단순한 형모形貌로써 보태준 것은 세계대전이었다.

이때에 많은 사람은 절망하였다. 그러나 아직도 건강한 정신을 잃지 않은 몇몇 지도자들은 정신적 재건에 여념이 없었다. 그때에 그들이 착념著念한 것은 역시 유럽의 2대 전통인 고전적 정신과 종교적 정신이었다. 이리하여 고전적 휴머니즘과 가톨리시즘이 새로운 중요성을 가지고 정신적 설계안에 채택케 되었다. 프랑스[佛蘭西]에 있어선 샤를 모라스, 미국[亞米利加]에 있어선 배빗과 엘마 모어, 영국[英吉利]에 있어선 초기의 엘리옷이 고전주의 부활을 주장하였고 그와 동시에 프랑스의 자크 마리뎅, 앙리 마티스, 영국의 엘리옷, 체스터턴 등 가톨리시즘에 전향하여 많은 추수자를 산출하였다.

그리고 고전적 휴머니스트와 가톨릭 사이에는 종종 논쟁이 없는 바 아니나 결국 개인주의 수정이라는 일치된 목적을 가지고 있는 이상 당분간은 협조가 가능한 모양이다. 그뿐만 아니라 휴머니즘과 가톨리시즘이 같은 한 사람 가운데서 질서 있게 조화되어 있는 예도 볼 수 있다. 영국의 엘리옷은 처음에 배빗의 제자로서 고전주의를 표방하고 나섰다. 그 후 가톨릭에 전향한 후로는 배빗과도 논쟁한 일이 있었다. 그러나 이 두 정신은 그에게 있어 결코 타협할 수 없는 두 정신은 아닌 듯싶다. 문예비평을 할 때엔 고전주의, 인생론을 할 때엔 가톨리시즘—이리하여 그는 과히 어색치 않은 1인 2역을 하고 있다. 원래로 그에게 있어 문예와 종교는 동일 수준에서 논할 제목은 아니다. 종교는 언제든지 문학보다 근본적인 문제이다. 그러기에 '문학에 있어선 고전주의자, 종교에 있어선 가톨릭'이라는 그의 유명한 선언은 많은 비난을 받았지만 양자는 수준이 다르니까 엘리옷 자신은 하등의 모순도 느끼지 않는 모양이다.

요컨대 일읍一론에 있어선 문명의 파괴를 결과하기까지에 확대되고 타변他邊에 있어선 동물적 수준에까지 타락한 개성주의를 눌러서 건강하고 명랑한 질서를 회복하자는 것이 전통주의자들의 일치된 주안主眼이다. 이 취지는 무엇보다도 문예비평에 잘 나타나 있다. 배빗은 '루소와 낭만주의' 가운데 개성찬미의 극치인 낭만적 천재가 어언간 낭만적 우울에 빠졌고 또 드디어 데카

당스에까지 타락한 경로를 분석한 다음 예술에 있어서의 전체성 규율성 균형성을 극력 주장하였다. 엘리옷은 이를 계속하여 예술가의 독창적 개성까지를 부인하고 오로지 전통성과 역사적 의식을 가질 것을 역설하였다. 더욱이 엘마 모어의 심리주의 소설에 대한 공격은 철저할 뿐만 아니라 어떤 점에 있어선 가혹도 하다. 붕괴된 개성의 내부를 아무리 세밀히 묘사한대도 거기서 건설적이고 가치 있는 예술은 나오지 않는다는 주장이다.

이리하여 일변 개인주의 예술에 대한 비판과 비난이 있는 동시에 건강한 고전적 예술에 대한 선망도 끊이지 않았다. 흄은 '막연하고 침울하고 박모색薄暮色이고 감상적이고 순정적인' 낭만시에 대하여 '생경하고 고담하고 백일색이고 쾌활하고 세간적인' 고전시를 극력 찬미하였다. 심지어 E·M 포스터와 같은 소설가가 시인 없는 시 ─즉 고대 민요의 집단성에 동경의 눈을 던지고 리드와 같은 시인이 기질적인 낭만 소설에 실증이 나서 행동을 가진 서사시를 찾기까지 되었다. 이리하여 고전주의를 표하는 휴머니스트는 말할 것도 없지만 아무 선언이 없는 작가까지도 고전주의에 대하여 비상한 관심을 보이고 있다.

가톨리시즘에 대해선 말할 여유가 없어졌으나 그것이 인간 이외에 권위를 세우고 그에 대한 충성을 요청하는 이상 고전적 휴머니즘과 일치할 뿐만 아니라 그를 포함할 수 있다. 그리고 최후로 우리가 주의를 게을리 해서는 아니될 점은 전통주의자들이 점점 우익에 접근하고 있는 사실이다.(하편)

「전통의 일반적 성격과 그 현대적 의의에 관하여」(1)~(8)

서인식, 『조선일보』, 1938.10.22~30

　　최근 이 땅에서도 시대적 조류를 배경으로 하고 문화의 전통 문제가 지식
계급의 관심을 끌고 있다. 본지 상에 나타난 것만으로도 '서구정신과 동방정
취'에 관한 종합논문이라든가 '고전부흥의 이론과 실제'에 관한 제가諸家의 의
견 징발과 같은 것은(고전이 곧 전통이 아님은 물론이나) 문화의 전통 문제에 관
한 현대인의 관심의 일단을 표현하는 것으로 볼 수 있다. 대개 문화의 전통이
문제되는 것은 문화의 자각 현상의 하나로 옛 문화가 경색하고 새 문화가 생
성하는 문명의 전형과정에는 언제든지 수반되는 것이다. 개개의 국민적 입장
을 떠나서 적어도 세계사적 입장에서 볼 때에는 현대가 정正히 문명의 전형기
이며 따라서 문화의 자각의식이 문화의 제 영역을 관류하고 있는 것은 두말
할 것도 없다. 따라서 문화의 전통이 오늘날에 문제되는 것은 시대적 필연성
에서 보아 당연하다. 그리고 그 의미에 있어 이 문제에 대하여 일반적 윤곽을
그려보는 것도 무의미한 짓은 아닐 것이다.

　　근대 유럽[歐洲]에 있어 전통이 주로 종교적 전통으로 문제된 데 반하여 현
대의 우리에게 있어서는 그것은 주로 민족적 전통으로 문제되는 듯하다. 오
늘날 학자들 중에는 민족과 다른 역사적 실재와를 구별하는 중요한 표식으

로서 전통을 들고 민족을 전통적 존재로 규정하는 사람도 없지 않다.

그러면 전통이란 무엇인가? 위선 전통 일반의 특성을 말하기 위하여 이 말의 원어에 해당한 Tradition의 어원부터 캔다면 라틴어[羅典語]의 Traditis 또는 Tra-dare Tra=Trans dare=Ge-ben에서 발원한 것으로 독어의 Überlieferung에 해당하며 영어의 Succession의 의미까지 가졌다 한다. 따라서 이 말은 그 어의에서 해석한다면 양도, 전달, 전승, 계속 등을 의미하게 된다.

그런데 전달이라 불러지는 한 전달되는 일정한 내용이 있지 않으면 안 될 것이며 그 내용은 이 경우에는 특히 역사적 문화적 내실이 되지 않으면 안 될 것이다. 그리고 그 역사적 문화적 내실은 또한 과거로부터 전달되는 것인 만큼 시간적으로 보아서 이미 낡은 것, 지나간 것일 것임은 물론이다. 그러므로 전통이란 그 전달된 내용에서 볼 때에는 일응 문화적 제 소산을 지시하게 된다. 그러나 일정한 내용이 전달되기 위하여서는 그 전달을 가능케·하는 일정한 작용을 전제하지 않으면 안 될 것이다. 이 의미에 있어서 전통의 성격 규정에 있어서는 전달하는 작용적 측면에 있다. 그 이유는 이 소론의 전개에 따라 명백하게 되려니와 이 사실은 우리의 건전한 상식까지도 시인하는 바이다. 누구나 전통이라면 곧 전달되는 내용으로서의 기성의 문화유산을 연상하고 전달 작용은 도리어 전통의 대립 개념인 '창조'의 속성으로 돌리는 것이 상례이다. 요컨대 전통이란 사적 성격보다도 물적 성격을 가진 것으로, 전달보다도 전달되는 것이다.

그야 어쨌든 전통은 그 내용에서 볼 때에는 첫째 과거의 역사에 속한 것으로 모두 과거적 성격을 가진 것이다. 그리고 과거 역사에 속하는 것으로서 현대의 역사에 사는 우리에게 소여所與되는 것은 문화적 소산이란 말이 지시하듯이 한낱의 객체적 존재밖에 더 될 것이 없다.

이리하여 사람들은 흔히 전통이라면 과거적 객체적 성격만 가지지 못한 문화적 유산으로 간주한다. 그러나 이것은 한낱의 상식의 착오이다. 과거의 역사에 속하는 내용이 모두 전통이 아니고 과거의 것으로써 현대에 전달되어 와서 현재를 반복하는 것만이 전통이 될 수 있는 것이다. 그리고 전통이란 현대에 전달되어 와서 현재도 반복하는 것이라면 그는 또한 단순한 객체적 존재가 아니고 끝까지 주체적 성격을 가진 것이 되지 않을 수 없다. 즉 그는 우리에게 소여되거나 우리와 대립하는 것이 아니고 도리어 우리를 한정하고 우리를 포섭하는 것이다.

그러므로 전통은 둘째 현재적 주체적 성격을 가진 것이다. 르네상스기의 인문주의자들에게는 이미 지나간 희랍문화는 이른바 고전문화이고 전통문화가 아니었다. 그들에게는 그들의 현재 생활을 현재 반복되고 현재 한정하는 현대적 카톨리시즘의 문화가 다름 아닌 전통문화였다. 그와 같이 현대 독일 민족에게는 현재 그들의 생활을 반복하고 한정하는 민족적 신화 문화가 전통이고 예하면 근대 계몽 인간이 남긴 문화재는 도리어 고전에 속할는지도 모른다.

간단히 말하면 전통은 일방 과거의 역사에 속하는 동시에 또한 현대의 역사에 속하며 타방 객체에 속하는 듯 하면서도 기실은 주체에 속하는 것이다. 과거가 현재가 되며 객체가 주체가 되는 것이 곧 전통이다. 전통이 현재적 주체성을 가졌다는 것은 단순한 논리적 귀결이 아니다. 우리는 항용 말로도 인간은 전통을 떠나서는 살 수 없다고는 말하지 않는가? 인간은 모태에서 지상에 떨어질 때에 강보 위에 떨어진다기보다도 전통의 보금자리에 떨어진다고 볼 수 있다. 전통은 인간의 사회적 행동을 행동할 수 있는 주체적 지반이다. 그러므로 기상奇常한 말 같으나 인간은 전통의 위에서 자기를 받아들이며 전통의 위에서 자기를 형성하는 것이다. 인간을 사회적 존재—사회의 개별화라

말할 수 있다면 우리는 똑같은 권리로 인간을 전통적 존재−전통의 화신이라 말할 수 있다.(1회)

그런데 전통이 현재성과 주체성을 가진 것이라면 이는 당연히 전통을 단순한 우又 문화적 유산으로만 보는 착오된 관념을 뜯어 고치지 않으면 안 된다. 전통을 단순한 문화적 유산으로만 볼 때에는 그는 늘 과거에 그가 형성되던 역사적 시대의 시대적 특성을 짊어진 듯이 오해되는 법이다. 전통은 현대성과 주체성을 가진 만큼 설사 그것이 과거로부터 전달되어 온 것이라 하더라도 그는 늘 현대 사회의 특수한 행동기구와 그 행동기구의 인격화인 현대 인간의 인간적 구조를 체현한 것이다. 예하면 근대 프로테스탄티즘은 전통으로 볼 때에는 헤브라이즘의 연속으로 볼 수 있으나 그는 단연코 원시 기독교나 카톨리시즘의 재판再版이 아니고 근대 시민사회의 독특한 기구와 시민 인간의 독특한 성격을 체현한 것이다. 그러므로 근고近古에 있어서 카톨리시즘의 교의가 성서에 의한 성서의 해석을 억압하고 현대에 있어서 민족적 신화가 강당과 가두에서 지성에 의한 세계 해석을 방축放逐한다 하더라도 그것을 결코 그 교의 그 신화의 과거적 특성에서 유도된 것으로 보아서는 안 된다. 그를 제약하는 조건은 현대의 역사적 사회적 상황 속에 복재하여 있는 것이다. 그 의미에 있어서 전통이란 단순한 문화적 소산이 아니고 과거의 소산으로서 현대에 전래하여 현대의 사회기구에 알맞도록 모디파이즈 되어가지고 우리의 사회생활에 있어 없지 못할 사회적 행동양식으로 동화同化한 것으로 보지 않으면 안 될 것이다.

그러나 전통은 또한 우리가 현대 사회기구에 반적反適하는 행동양식인 만큼 그는 반드시 시간의 경과를 따라서 우리를 포섭하는 경위境位에서 우리와 대립하는 경위로 이행하는 법이다. 역사 사회란 한낱의 물리적 메카니즘이 아니고 부절히 운동하고 발전하는 것인 만큼 사회의 형식과 내용은 언제든 균형과 통일을 유지하는 것이 아니고 균형에서 상극相剋으로, 통일에서 대립으로 나가는 것이다. 이리하여 형식이 내용을 합리적으로 콘트롤 할 수 없게 되면 그 사회 형식에 알맞도록 주조된 행동양식으로서의 전통이 우리의 일상생활을 보증하고 추진시키던 포섭적 기능을 잃고 도리어 그의 대립물인 행동의 질곡으로 전화할 것은 두말할 것도 없다. 이리하여 전통이 우리를 포섭하던 배면背面에서 우리와 대립하는 전면으로 전위轉位한다는 것은 곧 전통이 현재에서 과거로 탈락하고 주체에서 객체로 이행한다는 것을 의미하는 것이다.

그리고 전통이 포섭의 경위 즉 배면에서 대립의 경위 즉 전면으로 전위할 때에 우리는 비로소 전통을 전통으로 자각하는 법이다. 쉬운 말로 말하면 전통이 우리를 키워주고 안아주다가 우리를 매질하고 구박할 때에 우리는 전통의 정체를 비로소 자각하는 것이다. 따라서 전통은 그 자각태에 있어서는 늘 과거적 객체적의 것으로 나타나는 법이며 이 점이 그의 대립 개념인 창조가 그 자각태에 있어서 늘 현재적 주체적의 것으로 나타나는 것과 대조를 이루는 것이다. 근고의 인문주의자는 현재 카톨릭문화에 살면서도 그 문화를 과거의 것이라 하여 뒤로 밀치고 도리어 옛날의 희랍문화를 현재적의 것이라 하여 앞으로 당겨왔다. 그와 같이 현대의 많은 휴머니스트들도 현재 자기가 살고 있는 민족적 신화 문화를 도리어 전통으로 몰고 전대의 계몽문화를 창조문화라 하여 앞으로 당겨온다.(2회)

그러므로 전통의 셋째의 특징은 전통이 현대적 주체적 성격을 가졌음에도 불구하고 의연히 과거적 객체적의 것으로 자각되는 데 있다. 그리고 전통의 특성이 현재를 반복하고 있으면서도 과거로 자각되는 데 있다면 전통의 자각이 비판적 부정적 방향으로 유도될 것은 자명한 것이며 그 부정 의식이 그를 부정하는 의식적 행위로 표현될 것도 두말할 것 없는 것이다. 이리하여 전통은 결국 미래를 대표하는 사회 세력의 의식적 행위를 통하여 부정되는 것이다.

그러나 전통은 결코 인간의 부정적 행위를 통하여 죽어 없어지는 것은 아니다. 우리는 전통의 이 넷째의 특성을 명확히 인식하지 않으면 안 될 것이다. 사람들은 흔히 한 번 부정되면 죽어 없어지는 듯이 말한다. 그러나 부정을 통하여 소멸하는 것은 이른바 관습이고 전통이 아니다. 관습이 한 개의 사회 형태와 운명을 같이 하는 것임에 반하여 전통은 그 부정을 매개로 하고 사회에서 사회로 끊임없이 '지양'되며 나가는 것이다. 예하면 인간이 죄를 지으면 종교재판에 부치던 중세의 사회적 관습은 한 번 부정되자 소멸하여 버렸으나 그와 반대로 헤브라이즘의 전통은 근고 인간의 부정적 행위를 통하여 카톨리시즘으로서 죽고 프로테스탄티즘으로서 갱생하였다. 이와 같이 전통이란 한 시대와 운명을 같이 하는 것이 아니고 사死와 부정을 통하여 시대에서 시대로 생연生娫하여 나가는 것이다. 그 의미에 있어서 그는 한 시대 한 사회에 살면서도 한 시대 한 사회를 넘어서는 것이다. 이리하여 그는 자기부정을 통하여 과거적의 것에서 다시 현재적의 것으로 이행하며 객체적의 것에서 다시 주체적의 것에 지양되는 것이다. 다시 말하면 그는 부정을 매개도 하고 형식과 내용을 변혁하면서 끊임없이 그 생명을 생연하여 나가는 동시에 그 입장을 전환하여 나가는 것이다.

그러므로 전통이란 죽으면서 살아나는 것이며 파괴되면서 생성하는 것이다. 낡아가면서 새것이 되며 지나가면서 돌아오는 것이다.

이곳까지 와서 우리는 비로소 알 수 있다―전통은 일면 과거적 객체적의 것으로 과거 급 현대의 역사에 속하는 것이나 또한 인간의 현재적 부정적 행위를 매개도 하고 끊임없이 갱생하여 나간다는 점에서는 생성으로서의 역사

(원시역사)에 속하는 것이다. 더욱 소상히 말하면 그는 과거로부터 전달되어 온 점에서는 과거의 역사에 속하며 현대 생활에서 반복되는 점에서는 현대의 역사에 속한다. 부정적 행위를 매개하고 갱생하는 점에서는 미래의 역사에 속하는 것이다. 그리고 이곳까지 와서 전통의 전달 형식이 본능이나 관습의 그것과 완전히 상이한 것을 알 수 있다. 본능과 관습은 무의식적으로 전달되는 것임에 반하여 전통은 의식적으로 전달되는 법이다. 관습과 전통은 끝까지 긍정적으로 전달되는 것임에 반하여 전통은 끝까지 부정적으로 전달되는 법이다. 관습은 한 번 부정되면 소멸하여 버리는 까닭에 행위적으로 부정할 수는 있으나 부정적으로 전달되는 것은 부정을 통하여 갱생하는 것이 아니면 안 될 것이다. 본능의 전달 형식은 이른바 '유전'이며 관습의 그것은 이른바 '전습傳習'이나 전통의 전달 형식은 끝까지 갱생이다. 유전은 생득적의 것이므로 원래 무의식적으로 전달되는 것이며 전습은 획득적인 만큼 일응 습득이 필요하나 그것은 대개 암시와 모방 등에 의하여 자연생장으로 습득되는 것이다. 오늘날 사회심리학자가 관습을 사회적 유전이라 부르는 것도 이유 없는 것이 아니다.

그러나 전통은 부정을 통하여 전달되는 만큼 거개는 의식적 변혁적 행위가 요구되지 않을 수 없다. 본능과 관습을 말하자면 그 전달되는 내용은 그대로 있고 그를 짊어진 인간이 세대에서 세대로 대체되는 것뿐이나 전통의 그것은 그를 짊어진 인간이 대체할 뿐 아니라 그 인간들의 창조적 행위(창조란 늘 '기성'의 부정이다)를 통하여 그 내용이 근본적으로 변신되면서 재생산되는 것이다. 그러므로 유전과 전습에 의하여 전달되는 본능과 관습은 하나는 자연적 충동 양식이고 하나는 사회적 행동양식이라는 차이는 있을망정 두 낱이 모두 몰개성적 일반적의 것이 되지 않을 수 없다. 갑과 을의 본능과 관습이 다른

법은 없다. 그러나 전통은 그를 짊어진 인간의 부정적 행위를 통하여 재생산되는 만큼 자연히 개성적 특수적의 것이 되지 않을 수 없다.

그리고 그 의미에 있어 본능은 물론이고 관습까지도 자연적 시간 위에 성립하는 것이나 전통은 역사적 시간 위에 성립하는 것으로 볼 수 있다. 자연 시간이 단순히 과거에서 현재로 흘러내리는 직선적 등질적 시간임에 반하여 역사 시간이란 '행위적 현재'와 자연 시간과의 통일로서 구성되는 것이다. 오늘날 많은 학자들이 전통을 필연과 자유의 통일이라 말하는 본의도 이곳에 있으리라. 요약하여 말하면 본능은 물론이고 관습까지도 자연적 실재의 전달과 같이 기계적 동질적으로 반복되나 전통이야말로 역사적 실재로서 개성적 이질적으로 갱생하는 것이다. 관습이 흔히 사회학적 개념으로 통용됨에 반하여 전통이 승의勝義의 역사학적 개념으로 통용됨은 결코 이유없는 일이 아니다. (3회)

나는 이상에서 전통의 특성을 규정하여 첫째 그는 그 내용에 있어 과거의 역사에 속하는 것이라 말하였다. 그러나 둘째 과거의 역사에 속하는 것이 모두 전통이 아니라 과거에서 현대에 전래하여 현대 사회의 행동양식으로 화하여 그 사회기구에 사는 인간의 주체적 측면을 구성하는 것이 전통이라 하였다. 그러나 셋째 전통이란 단순히 현재적 주체적의 것이 아니라 인간의 행위적 자각의 입장에서 과거적 객체적의 것으로 객회客化하고 부정할 수 있는 것이라 말하였다. 그러나 넷째 인간의 행위적 부정을 통하여 소멸하는 것이 전통이 아니고 다시 사회적 행동, 인간의 현재적 주체적 측면을 구성할 수 있는 것이 전통이라 하였다. 그러나 이러한 형식적 제 규정은 독자의 두뇌를 혼란시킬 염려가 있으므로 지금부터 이상에 말한 제 규정을 내용적으로 정돈하여 보자!

전통이 현재 사회의 행동기구에 적응한 행동양식으로 구회具化할 때에 그 사회적 행동기구에 무의식적 타성적으로 순응하는 인간에게 있어서는(나는 이러한 인간은 자연생장적으로 행동한다는 의미에서 영어의 Behavour의 의미를 참작하여 행동인간이라 부르고 싶다) 전통이 곧 그 인간의 인격을 구성할 것은 두말할 것도 없다.

사회적 행동기구란 동물의 자연적 환경과 같이 단순히 외부에만 존재하는 것이 아니고 행동 주체의 행동하는 방식으로서 그 주체의 행동과정 그 물건과 부착하여 있는 것이다. 그러므로 동물은 가령 그의 행동양식을 변한다 하더라도 자연-환경은 있는 그대로 있는 것이지만 인간 집단은 한 번 그들의 행동방식을 변하면 그 사회기구가 전연 변질하여 버린다. 그러므로 전통은 일방 현대 사회의 현실적 토대를 기초로 하고 객관적 문화 제 형상과 과거의 문화 제 유산에 연결하여 있으면서도 타방 그 전통에 타성적으로 순응하면서 행동하는 행동인간의 행동 그 물건에 소지되어 있는 것이다. 이리하여 전통은 사실에 있어서 우리의 주체적 인격을 구성하고 있는 것이다.

그러나 이러한 것은 비단 전통뿐 아니라 본능도 자연적 존재로서의 인간에 있어서 그러한 것이며 관습도 사회적 존재로서의 인간에 있어서 그러한 것이다. 본능은 조선祖先이 갖고 있던 과거적 소질로서 부자상전父子相傳하여 현재에 와서 자연인간의 작용 중심으로 기능하고 있다. 동물이 그의 본능은 부정하지 못하고 본능 그대로 생활하듯이 인간도 단순한 자연인간으로서 충동의 세계에 머무르는 한 그에게 있어서는 본능은 현재적 주체적 측면을 구성하고 있는 것이다. 그러나 인간은 자연인간인 동시에 또한 협의의 사회인간이다. (이곳에서 특히 협의라는 말을 쓰게 되는 것은 역사와 사회를 '편의상' 개념적으로 일응 구별하자는 본의에서다.) 그리고 자연을 장소로 하고 충동인간이 형성된다면 사회를 장소로 하고는 행동인간이 형성된다고 볼 수 있다. 인간은 자연적 존재로서는 본능이 구사하는 대로 운동하는 한낱의 충동인간이나 협의의 사회적 존재로서는 기성의 사회기구가 구사하는 대로 타성적으로 행동하는 한낱의 행동인간이다.(4회)

그리고 인간생활에 있어서는 자연적 계기보다도 사회적 계기가 우위를 점하는 만큼 사회를 자연보다도 고차의 존재로 볼 수 있다면 우리는 저차低次의 충동의 세계에서 고차의 행동의 세계로 이행할 때에는 충동의 세계에서 부정하지 못하던 본능을 능히 부정할 수 있다. 우리는 한낱의 생물인간으로서 자기의 자매에 대하여 느끼는 수욕獸慾을 한낱의 사회인간으로서는 사회적 '관습'에 의하여 부정할 수 있다. 다시 말하면 사회적 행동의 세계에서 볼 때에는 본능은 현재도 아니고 주체도 아니다. 그리고 생물의 사회(?)를 충동의 체계로 보고 인간의 사회를 행동의 체계로 볼 수 있다면 생물의 사회적 행동이 주로 본능에 의하여 영위되는 반대로 인간의 사회적 행동은 주로 '관습'과 '전통'에 의하여 영위되는 것이다. 그러므로 협의의 사회인간은 한 개의 관습적 존재─관습의 화신, 전통적 존재─전통의 화신으로서 관습과 전통은 사회인간으로서의 우리에게 있어서는 현재적 주체적 측면을 구성하는 것이다. 내가 이상에서 전통의 현재적 주체성을 말한 것은 다름 아닌 사회를 장으로 한 이러한 행동인간의 입장에서 한 말이다.

그러나 인간은 협의의 사회적 존재인 동시에 또한 승의의 역사적 존재이다. 승의의 역사인간이란 일정한 유한한 사회에 타성적으로 적응하여 무의식적으로 행동하는 것이 아니고 늘 그가 점유하고 있는 유한한 사회를 목적의식적으로 부정하고 새로운 역사를 창조하기 위하여 행위하는 인간을 말하는 것이다. 사회를 행동Behavour의 체계로 볼 수 있다면 역사는 정히 행위Conduct의 계열이다. 오늘날 많은 역사 이론가에 의하여 사회가 일반적 몰개성적 세계임에 반하여 역사가 개성적 이질적인 행위의 세계로 논의되는 것도 결코 이유없는 것이 아니다. 그리고 단순한 사회적 행동인간이 움직일 수 없는 사회적 환경도 역사적 행위인간은 능히 움직일 수 있다면 역사인간을 사회인간보다도 고차의 존재로 볼 수 있다. 만뾱 타스의 촌부가 움직이지 못하던 프랑스 사회를 나폴레옹이 능히 움직였다. 이와 같이 역사인간이 사회인간보다도 고차의 존재라면 이번은 행동의 세계에서 객화 혹은 부정하지 못하던 관습과 전통도 일단 행위의 세계로 이행할 때에는 능히 객화 혹은 부정할 수 있을 것이다. 상투 짜고 갓 쓰던 '관습'과 부형을 효경孝敬하던 '전통'은 근대 조선의 역사 전환기에 이르러 우리 선진들의 목적의식적 행위를 통하여 폐기(관습) 혹은 개조(전통)되었다. 그러므로 역사적 행위의 세계에서 볼 때에는 관습과 전통은 과거적의 것, 객체적의 것밖에 더 될 것이 없다. 다시 말하면 역사인간의 행위적 현재에서 볼 때는 사회인간의 행동적 현재는 한낱의 과거밖에 더 될 것이 없다. 오늘날 학자들 중에는 현대와 현재를 구별하는 사람도 있지만 내가 이곳에서 말하는 '행동'적 현재란 정히 '현대'를 말하는 것이며 '행위'적 현재란 곧 현대와 구별되는 의미에 있어서의 '현재'를 말하는 것이다. 기성사회의 행동기구를 무의식적 긍정적으로 반복하는 것은 곧 '현대 역사'를 '그대로' 반복하는 것 이외의 아무 것도 아니다. 행위적 사실의 좌표에서 볼 때에는 현대를 긍정하는 현대적 현재는 이미 지나간 현재이다.

　행동은 현대를 긍정하는 '현대적 현재'의 입장에서 성립하는 것이나 행위는 그 어떠한 곳에서든지 현대를 부정하는 '미래적 현재'의 입장에서만 가능한 것이다. 그러므로 행위는 엄밀한 의미에 있어서 늘 부정적 실천을 의미한다는 것을 우리는 잊어서는 안 된다. 그러므로 관습과 전통이 현대적 주체적 성격을 가진 것임에 불구하고 과거적 객체적의 것으로 정립되는 것을 다름 아닌 역사적 행위인간의 입장에서만 가능한 것이다. 내가 이상에서 전통은 현대적 주체적 성격을 가진 것임에 불구하고 의연히 과거적 객체적 성격을 가진 것이라 말한 것은 정히 이러한 행위적 인간의 입장에서 한 말이다. 전통의 주체적 현재성과 객체적 과거성을 동일한 차원의 입장에서 동시에 말하는 것은 한낱의 논리적 혼란이다. 역사와 사회 행위와 행동이라는 차원을 달리하는 좌표에서만 각개의 입장에 상응하게 주체성 현재성과 객체성 과거성을 말할 수 있는 것이다.(5회)

그런데 인간이 일단 사회의 장에서 역사의 '장'(엄밀한 의미에 있어서는 역사의 장은 현대 역사의 '재단災端'이다)으로 이행하여 행동에서 행위로 전향하는 때에는 관습과 전통은 행동의 주체에서 행위의 객체로 입치立置를 바꾸고 곧 따라서 부정되지 않을 수 없다. 그러나 위에서도 말한 바와 같이 관습은 부정을 통하여 소멸하는 것이나 전통은 부정을 통하여 지양되는 법이다. 상투 꽂고 갓 쓰던 관습은 한 번 부정된 뒤로는 적어도 이 땅의 도시에서는 그 영자影子를 감추었으나 부형을 효경하는 전통만은 봉건적 형태를 변혁하여 가지고 오늘날도 의연히 어떠한 근대적 형태로 남아있을 것이다. 그러므로 관습은 행동의 세계에만 살 수 있는 것임에 반하여 전통은 행동의 세계와 함께 행위의 세계에도 살 수 있는 것이다. 이리하여 그는 이미 경화硬化된 기성 사회의 행동양식으로서 죽고 새로 생성하는 보다 높은 사회 형태에 적당한 행동양식으로 재생산되는 것이다.

그러나 이곳에서 주의할 것은 전통이 갱생한다는 것은 결코 개개의 전통이 영원의 생명을 가졌다는 것을 의미함은 아니다. 예하면 헤브라이즘이 금일까지 유럽 역사에서 전통으로 생연하였다 하여서 반듯이 금후에도 수천 재載를 두고 생연하여 나가리라고 생각하여서는 오해이다. 역사에는 그러한 의미의 영원한 전통은 없는 법이다. 그가 설사 오늘날까지는 전통으로 존재하고 갱생한다 하더라도 금일 아닌 내일에 갱생하지 못할 때에는 즉 사멸하는 역사적 순간부터는 그는 전통의 범주에 속할 수 없다. 그러나 그와 반대로 그가 갱생하여 나가는 순간까지는 100퍼센트의 전통의 자격을 가진 것이다. 그러므로 개개의 전통은 그 역사적 생명에 있어서는 유한한 물건이나 그 논리적 요청으로서는 늘 영원성을 요구하는 것이다. 즉 그는 어느 날이나 죽어 없어지고 마는 것이나 전통으로서 존재하는 한 또한 죽어 없어져서는 안 된다. 이 의미에 있어서 전통은 유한과 무한, 상대와 절대의 통일로 볼 수 있다.

그러면 전통이 행동의 주체에서 행위의 객체로 전화하는 객관적 사회적 근거는 어디 있는가? 전통이 우리의 일상생활을 타성적 목가적으로 지배할 수 있는 것은 원칙적으로는 그 전통의 행동양식에 따라서 행동하는 것이 곧 자기의 일상생활을 안일하게 영위하는 가장 편의한 방법이 될 수 있는 경우이다. 이러한 경우에는 전통이 우리의 일상 행동의 안전한 지침이며 기준이 될 수 있는 만큼 우리는 그 전통에 대하여 아무런 반성이 없이 우리의 생활을 그에게 투탁할 것이다. 그러므로 전통이 행동의 주체로 기능할 수 있는 것은 일정한 사회기구가 우리의 일상생활을 무난히 콘트롤 할 수 있는 시기 즉 사회의 형식과 내용이 통일과 균형을 유지하고 있는 시기이다. 그와 반대로 전통이 우리의 일상생활을 타성적 목가적으로 지배할 수 없는 것은 그 전통의 준칙 위에 선 행동이 우리의 생활에 불운을 초래하는 경우이다. 이러한 경우에는 그것이 우리의 일상 행동의 안전한 지침이 될 수 없는 만큼 우리는 자연히 그에 대한 맹목적 신뢰를 버리고 도리어 자각적 비판적 태도를 취하게 될 것이다. 그러므로 전통의 화신인 인간이 전통의 탈을 벗고 행동적 주체로 이행하는 것은 일정한 사회기구가 성원 전체의 일상생활을 합리적으로 콘트롤 할 수 없는 시기 즉 사회의 형식과 내용이 심대한 대립의 상태에 있는 시기이다.

그러므로 우리는 개괄적으로 다음과 같이 말할 수 있다. 전통이 행동의 주체로 존속하는 것은 역사의 상대적 안정기이며 행동의 객체로 전화하는 것은 역사의 전형기轉形期라고. 역사의 전형기에 있어서는 전통은 관습과 같이 행동을 매개로 하고 무의식적 긍정적으로만 반복될 수 없고 행동을 매개로 하고 의식적 부정적으로 전달될 수밖에 없는 것이다. 그리고 만일 전통이 행동의 세계에서 행위의 객체로 상이上而하는 것이 역사의 전형기에 볼 수 있는 현상이라면 그와 반대로 그가 행위의 객체에서 행동의 세世로 타행墮行하는 것은 주로 역사의 평화적 안정기가 아닐까? 제아무리 위대한 역사적 행위에 의하여 형성된 전통이라도 장구한 시일을 반복하면 한낱의 평범 진부한 형식적 질곡으로 동결하기 쉬운 법이다. 그러므로 역사의 전형기에 볼 수 있는 전통이 우리를 매질하는 현상은 그 일반이 평화적 안전기에 준비되는 것으로 보아 틀림없을 것이다. 그리고 전통의 의식화가 사회의 형식과 내용의 상극에서 기인하는 것이라면 그 구극究極의 사회적 근거를 사회의 기본구조를 이루는 물질 생산의 형식과 내용의 상극으로 귀착시킬 수도 있을 것이다.

그야 어쨌든 이상의 논궁論肯을 요약하면 전통은 일반적으로 역사의 상대적 안정기에는 행동적 긍정적으로 반복되고 전형기에는 행위상 부정적으로 전달되는 것을 알 수 있다. 만일 그렇다면 우리는 또한 전통의 발전은 늘 역사의 전형기에 일어나는 것을 알 수 있지 않을까? 역사의 상대적 안정기에 있는 전통의 무의식적 긍정적 반복은 전통의 내용은 그대로 잇고 그를 짊어진 행동만이 행동에서 행동으로 대체할 뿐이므로 그것은 말 그대로 등질적 연속이다. 비연속적 연속만이 전통의 이질적 발전을 가져올 수 있는 것이다. 역사 사회를 한낱의 원추형의 물체로 본다면 충동의 연속으로서의 자연은 그의 저면底面을, 행동의 연속으로서의 사회는 그의 주변을, 행위로서의 역사는 그의 극단을 대표하는 것이다. 주변은 주로 행동과 행동의 공존 관계를 형성하므로 행동에서 행동으로 전달되는 것은 무의미한 반복이나 역사의 전 과정은 첨단과 첨단을 연결한 점선을 형성하여 행위에서 행위로 비약함으로 부정을 통한 '질'의 생성이 있는 것이다. 오늘날 전통의 발전성을 말하는 사람들이 많지만 원래 부정이 없는 곳에는 엄밀한 의미의 발전이 없는 것이다.(6회)

그러면 전통의 부정적 전달은 어떠한 형태로 수행되는가? 트뢸치에 의하면 과거의 역사적 사실로서 현대 생활의 구성 요소로 전승되는 것은 그가 그의 사회적 체구體軀를 상실한 뒤에도 이데올로기 형태로 보유되기 때문이라 한다.(트뢸치가 말하는 이데올로기는 관념학적 의미의 것이다.) 예하면 헤브라이즘이 역사 제 시대를 통약通約하는 전통문화로서 오늘날 유럽 사회에까지 생연한 것은 그가 고대 유태민족의 예언자 시대에 갖고 있던 정치적 데마고그로서의 역사적 성격을 탈락하고 시대에서 시대로 전달되는 과정에서 합리적 인간윤리학으로 전신轉身한 데서 가능하였던 것이다.

그러므로 트뢸치 류로 말한다면 일정한 사회의 행동양식으로서 그 사회적 체구를 상실한 뒤에도 이질적인 다른 시대에 전통으로 전승되는 것은 로고스적 형태로 전달되는 것으로 볼 수 있다. 트뢸치의 말은 물론 역사를 정신사로 보는 이른바 문화사적 입장에 있어서의 입언立言이다. 한 말로 헤브라이즘이라 말하나 그의 이데올로기적 형태는 시대를 따라 다르다.

그야 어쨌든 전통이 이데올로기적 형태로 전달되는 것이라면(오늘날 사회학자들 중에는 전통을 '습속형태'의 하나로 보는 사람도 물론 없는 바가 아니나) 우리는 오늘날 한스 프라이어의 사회이론의 구문을 빌어 전통과 문화에 관한 한낱의 일반론을 구상할 수 있지 않을까 한다.

일정한 시대의 문화는 단일한 요소로 구성되는 것이 아니고 전통을 형성하는 제다諸多의 요소로 구성되는 것이다. 그리고 그들 제 요소는 개개가 모두 과거의 특정한 사회적 체구와 연결되어 있다는 점에서는 한낱의 과거적 계제階梯를 이루는 동시에 또한 그가 과거의 역사적 성격을 탈락하고 현대 사회의 문화 단층 내에 한낱의 구성 요소로 현재하고 있다는 점에서는 한낱의 현재적 성층成層으로 볼 수 있다. 다시 말하면 과거의 제 역사시대에 형성되었던 문화적 내실은 그가 존속할 역사적 조건이 엄존하는 한 그 시대의 사회적 체구가 소멸하는 데 따라서 소멸하는 것이 아니고 계제Stufe에서 성층Schichte으로 발전하여 현대 사회의 내부에 와서 한낱의 전통으로 작용하는 것이다. 이렇게 볼 때에는 문화의 전 발전과정은 종적으로 보면 역사 제 시대를 구성하던 문화 제 원리의 계제에서 계제에의 연쇄로 볼 수 있는 동시에 횡적으로 보면 전통 제 요소의 성층과 성층의 연관으로 볼 수 있다.

그러나 이곳에서 특히 염려 삼아 주의를 부친다면 전통의 종관사적縱貫史的(?) 성격은 그 전통을 걸머진 범박한 의미의 '문화공동체' — 가족 교회 민족의 특수한 체질로부터 부여되지만 그의 횡단적 시대적 성격 — 엄밀한 의미의 역사적 성격은 끝까지 각 역사시대를 구성하던 사회적 체구와 그 시대의 지배적 문화 원리에 의하여 부여되는 것이다. 이리하여 예하면 현대에서 문제되는 민족적 전통은 일방 그 민족의 역사생활을 일관하여 소지되는 민족적 특수성을 가지는 것이 사실이나 그의 횡단적 역사적 성격은 각 시대를 따라 다르게 되는 것이다.(7회)

그런데 민족적 전통은 또한 그의 내면적 발전과 외문화와의 동화에 의하여 일반화 합리화하여 나가는 것이라면 전통의 민족적 특수성은 시일의 경과를 따라 마멸되고 현대에까지 전승되는 것은 도리어 일반적 합리적의 것이 되지 않을 수 없다. 뿐만 아니라 종교적 전통이 그 종교와 역사적 운명을 같이 할 것은 두말할 것도 없다.

그러므로 우리는 전통은 문화 일반 즉 전통 일반 즉 전통 일반으로서는 영원히 존속하는 것이나 개개의 구체적 전통으로서는 역사적으로 유한한 생명을 가진 것을 알 수 있다.

현대는 정히 역사가 전형하는 시기이다.

이것은 누구나 하는 말이다. 그만큼 전통에 대한 부정의식이 한 개의 세계적 저류底流를 이루고 있다. 그러나 그 반면에 있어 전통에 대한 긍정의식이 또한 그만 못하지 않게 한 개의 세계적 표류表流를 이루고 있는 것만도 사실이다. 그리고 이것은 그 이세理勢에 있어 당연한 추향趨向이다. 전통은 그의 부정의식이 커가면 그 반작용적 타세墮勢로서 도리어 자기를 고지固持할 경향적 필연성을 가진 것이다.

인간생활의 집중적 표현을 정치라 하면 전통도 일정한 사회의 생활양식으로서 정치가 지향하는 방향을 지향하지 않을 수 없다. 이리하여 다른 역사적 시대가 있어서와 같이 현대에 있어서도 미래를 지향하는 정열의 전통에 대한 부정의식이 커가는 반면에 전통을 전통으로서 요구하는 다른 한 가지 긍정적 자각이 과거를 지향하는 정열로서 대두하여 온 것이다.

그런데 전통의 긍정의식은 한 번 자각되면 늘 배진輩進하는 것이다. 즉 그는 전통의 현대적 경위에서 그가 생성하던 과거의 역사적 체구로 소행溯行하는 법이다. 이것은 전통이 과거의 역사에서 전달되어 온 것이라는 점에도 그 이유가 있지만 그보다도 전통은 옛 것일수록 우월하고 낡은 것일수록 고귀하다는 한낱의 징상적徵象的 가치를 갖고 있기 때문이다. 그리고 이것이 현대에 있어서 특히 중요하다. 전통의 부정의식이 커간다는 것은 전통을 내면적으로

지지하던 권위가 권위로서의 가치적 우월을 상실하였다는 것을 반증하는 것이다. 전통은 단순한 외부적 지력호力만이 아니고 일정한 내면적 가치를 배경하고서만 성립할 수 있는 것이다. 역사의 상대적 안정기에 그가 행동주체로 기능할 수 있었던 것도 그가 우리의 신뢰를 획득할 만한 일정한 가치적 우월을 가졌었기 때문이었다. 그렇기에 그는 능히 자기를 주장하고 타인을 자기에게 복종시켰던 것이다. 그 권위가 동요할 때에 전통의 위력을 대행할 수 있는 것은 그의 '징상적 가치'이다. 이리하여 현대에 있어서도 전통은 전통을 부르면서 과거로 소행한다.

현대의 많은 전통주의는 우월한 의미의 전통의 가치를 찾기 위하여 역사를 소행한다. 금일에서 어제로 어제에서 그저께로 그러나 전통의 우월한 가치가 참으로 창고蒼古한 곳에 있을까? 뿐만 아니라 저들은 창고한 것 중에도 특히 특수한 것에서 찾는다. 동양문화의 그것은 서양문화와의 상이한 측면에서, 독일 문화의 그것은 프랑스 문화와의 상이한 측면에서, 그러나 전통의 우월한 가치가 참으로 특수한 것에 있을까? 창고한 것에보다도 도리어 현대의 발전된 형태 속에, 특수한 것에보다도 도리어 현대의 보편화한 것 속에 있는 것이 아닐까? 헤브라이즘의 우월한 가치는 누가 보든 유태민족의 정치적 데마고그의 단편에보다도 인류적 종교로 보편화한 프로테스탄티즘의 속에 있을 것이다. 그런데 그보다도 중요한 것은 그들은 그 창고한 것 그 특수한 것에 우리의 행위를 규제하는 규범적 가치를 부여하려 한다. 그러나 특수한 것이 반드시 규범성을 가질 수 있을까? 적어도 형식적으로 볼 때에는 특수가 특수되기 위하여서는 일회성 개별성을 가지는 것으로 족하나 규범이 규범이 되기 위하여서는 보편성 일반성을 갖지 않으면 안 될 것이다.

현대의 암흑한 정열은 이성을 가진 인간에게 전통에 살기를 요구한다. 이것은 요컨대 인간을 행위에 살지 말고 행동에 살라는 말이다. 그러나 행동인간이란 불미不美한 의미에 있어서의 '사회적 동물'이다. 자연적 환경에 반사기능을 갖고 타성적으로 순응하는 것이 동물이라면 사회적 환경에 타성적으로 반응하는 행동인간의 생활 방식은 동물의 그것과 다를 것이 없다. 그러므로 인간에게 전통의 삶을 요구함은 인간으로서의 궁지를 버리고 동물로서의 생활을 부과하는 것이다.

누구나 말하듯이 전통을 떠나서 창조와 발전이 없는 것은 물론이다. 동물은 불행히 전통을 갖지 못한 탓으로 자자손손이 늘 최초의 출발점에 돌아가 조선祖先의 생활을 반복하지 않을 수 없다. 그와 반대로 인류는 다행히 전통을 가졌기 때문에 누적하는 전통을 토대로 하고 어제와 금일, 금일과 명일이 모두 이질적 시간을 형성하게 되고 그들에게는 문화적 발전이 있는 것이다. 그러나 우리는 끝까지 이것을 잊어서는 안 된다. 전통은 우리의 문화 행위가 그것을 토대로 하고 출발하는 한 개의 출발점이고 그 곳에 도달하여야 할 목표점이 아니라는 것이다. 전통이 문화 행위의 목표점으로 정립될 때에는 그곳에는 퇴보와 묵수뿐 남을 것이 없다. 그리고 전통은 문화 행위의 출발점인만큼 목표점이 긍정되기 위하여서는 그는 늘 부정되지 않으면 안 된다. 스타트 라인을 부정하지 않는 경기선수는 일보도 전진할 수 없는 것이다. 사람들은 현대를 리액셔널한 시대라 말한다. 그것은 즉 전통과 창조의 대립적 관계에 있어 전통이 우위를 점하고 있다는 사실을 말하는 것이다. 전통의 이러한 우세는 역사의 운동곡률曲率을 쓸 데 없이 비대시킬 뿐이다. 현대야말로 전통이 부정되어야 할 시기이다. 그것은 전통의 발전과 명예를 위하여서도 그러하다. 전통의 위력을 위하여 전통을 긍정하는 것은 인간을 동물로, 전통을 관습으로 타하墮下시키는 것 이외의 아무것도 아니다.(8회)

「조선문화자료관의 필요성을 논함」(1)~(4)

신남철, 『동아일보』, 1939.1.1~10

지금 노도의 창해같이 세계는 동요하며 금후의 발전의 많고 많은 가능성이 우리 주위에서 춤추고 있다. 그러한 속에서 상실된 확신을 회복하여 보자고 여러 가지의 기운이 촉진되고 있는 듯이 보여진다. 공전空前의 규모와 세심細心으로써 세기의 이목과 세계의 주의가 동양에 집중하고 있다. 그중 특히 우리의 관심을 자아내는 것은 동양 연구니 지나支那 연구니 하는 것이 허다한 객관적 제 정세에 제약되어 동양 고전의 부흥이니 또는 동양의 재인식이니 하는 표어 밑에 창도되고 있다. 그것은 결국 오랫동안 광범하고도 부질기게 침체하여온 이른바 동양적인 것 또는 특수적인 것이 역사의 운행 속에서 세계사적으로 위기에 빈瀕해 있다는 거대한 의미를 가지고 있다는 것을 말함이다.

그러나 동양의 연구니 또는 재인식이니 하는 것이 단지 그것의 고유성의 발견이라든가 어떤 소수자의 관념 체계의 연구와 부흥에 그치는 것이 아니라 부분에서 전체를 찾고 특수에서 일반을 귀납하여 장래에 대한 전망과 지표를 주는 역사적 실천 작업이 아니어서는 안 될 것이다. 환언하면 참된 의미의 동양의 연구는 동양사회의 현실적 생활과정과 문화적 관념형태를 확증하여 인구의 최대다수를 점하는 직접적 생산자의 지위를 재인식하는 것이 아니어서는 아니 될 것이다.

왜 그러냐 하면 역사, 민족 급 사회의 발전은 소수자보다 다수자, 향락자보다 생산자의 사회적 실천에 의존하는 까닭이다. 일정한 지역 또는 사회의 재인식이라고 하는 것은 결코 그곳에서 조성된 고전적 이데올로기의 해석과 그 부흥이 아니라 동양사회하면 동양사회의 현실적 생활과정이 역사적으로 연구 음미되고 세계사적으로 비교 대질됨에 의하여 근본적으로 그 내부적인 제 관계가 최심最深의 비밀까지 천명되는 것을 이름이다.

이러한 의미에 있어서 구극究極의 목적을 달성하기 위하여 연구자에게는 과학적으로 파악된 사관, 방법과 광범한 시계視界, 집요한 분석과 종합의 지적 능력과 노력이 절대적으로 필요하다. 환언하면 개별적 제 연구가 전제되는 동시에 그것의 총괄적 결론에 도달하기 위하여 원자료의 탐색과 고구考究가 필요불가결이며 그 제 자료에 대한 비판 음미의 과학적 두뇌가 또한 요구되는 것이다.

이러한 약간의 원리적인 전제 하에 '우리의 옛 것을 찾자'라는 대논제 속에 포함되는 나에게 맡겨진 '문화자료관의 필요성의 방법론'도 자연 그 윤곽이 나타날 줄 안다. 즉 온갖 방면의 역사적 자료의 수집과 그것의 문화적 의미의 천명이 필요한 동同 정도로 역사발전의 합법칙성의 방법론적 파악이 절대적으로 요청되는 것이다. 이리하여 조선의 문화자료의 수집과 탐색의 의의가 발견될 것이다.

그러면 문화자료라는 것은 무엇이냐. 문화라는 것의 의미를 이곳에서 설명하지는 않겠으나 그것이 소위 문화사회학자가 말하는 바와 같이 사회의 피안彼岸에 있는 무슨 이념적인 것이 아님은 사실이며 따라서 관념적인 가치의 체계라고 형식적으로 규정하는 것은 더욱 미흡한 일이겠다. 우리는 그것을 구체적으로 이해하자.

즉 사회의 현실적 제 관계에 의하여 양성釀成된 모든 생산물이다. 이렇게 광의로 해석해야 할 것이나 문화라고 하면 흔히 간접적인 상부건축으로서의 관념화된 변형물(모디피케이션)의 한 체계로 아는 견해가 더 일반적이므로 나도 이 논술의 편의상 문화의 뜻을 이같이 한정하려 한다. 그러므로 문화자료라고 하면 그 관념화된 변형물의 한 체계를 구성하는 한 요소거나 또는 그 형성을 보족하는 소재의 뜻으로 해석할밖에 없다.

우리는 언제나 우리의 현재의 생활을 기준으로 하여 과거의 사회적 정신적 생활의 형태를 연구하고 음미한다. 그러므로 문화연구의 소재는 현재의 조선이 처하여 있는 사회적 역사적 정황에 비추어 학문의 세계적 수준이 지시하는 과학적 조명 하에 제출되도록 세심한 수집 탐색과 정리 분류 급 보관이 필요하게 된다. 흔히 말하는 문화유산이라는 것은 이 소재로서의 역사적 기록과 유물을 정리하여 체계적으로 그 역사적 의의를 추출한 가치있는 구체물이다.

그러므로 문화유산은 분산된 문화자료의 통일적 가치체이며 현대의 생활자에게 존경의 염念으로써 회고하기를 요구하는 만인의 공유재산이다. 그런데 이러한 문화유산에 특히 '우리의'라는 접두어가 붙는다면 어떻게 될까. 나의 논술은 이 점에 그 초점이 있다. 나에게 이 문제를 과課할 때 편집자의 의도도 이것을 고려하고서일 것이다.

이 '우리의'는 '조선의'와 동의어다. 조선의 문화유산을 연구하여 지난날의 우리의 사회적 생산 재생산의 과정과 그 과정에서 창조된 관념형태를 통일적으로 이해하는 방도 여하가 이 논제가 보이는 가장 직접적인 문제다. 과거 40~50세기에 긍亘한 조선인의 고증할 수 있는 역사의 속에서 현금에 이른 개개의 문화 부문의 특수 연구와 아울러 사회 발전의 구체적 동인動因을 전체적으로 연구하는 초보적이기는 하나 조직적인 활동으로서의 한 개의 소재 즉 자료의 수집 정리 기관을 나에게 물어온 것이다.

나는 이것에 대하여 무조건하고 그러한 기관의 절대적 필요를 절규한다. 왜 그러냐 하면 소재 자료에 의빙依憑하지 않은 상상적 역사라든가 고증이라는 것은 그 자체가 어불성설인 까닭이다. 그러므로 조선의 문화를 연구하여 우리의 선인들의 살아온 자취를 찾고 그 끼쳐놓은 유산을 계승하여 그 의의를 천명하며 그것에 의하여 앞으로의 우리의 전망을 마련하자면 조직적인 협력에 의하여서만 가능할 것이다. 조선 문화유산과 그 전승의 방법이 이곳에 문제된 것도 상술한 논거에 의하여 주의되지 않으면 아니 될 것이다.(1회)

문화연구에 있어서 자료의 중요성은 너무도 일의적一義的이다. 역사적 인식의 가능한 재료—이것을 우리는 사료라고 일컫는다. 그러나 저 유명한 사학 이론가 베른하임의 말과 같이 다른 학문에 있어서는 재료가 동시에 인식의 직접 대상이나 역사에 있어서는 전연 그렇지 않다. 왜 그러냐 하면 그 대상은 실로 인간의 모든 활동인데 인간의 활동이라고 하는 것은 우리가 동 시대인으로서 체험을 같이 할 수 있는 소범위만이 직접 우리의 관찰 속에 들어오는 까닭이요 이 소범위 내에서도 동 시대의 개개인에 의하여 직접으로 관찰될 수 있는 것은 또 늘 소부분에 그치고 대부분은 타인의 보고에 대待하지 않으면 아니 되는 때문이다. 그러므로 역사의 사료라는 것은 수집, 비판, 대질, 분류, 정리, 보관되어야 한다는 것이 거의 숙명적 성격으로 되어 있는 것이다. 사학 방법론에 있어서 사료 비판(쿠엘렌 크리틱)이라는 것이 필요한 것도 이 때문이다.

덴마크(丁抹)의 이름 있는 사학자 엘슬레브는 그의 『역사연구의 방법론』(히스토리쉐 테호니크)에서 '과거의 사건을 서술하고 또 그것의 사장되고 은닉된 유물을 담론할 수 있게까지 하는 역사가가 없이는 과거는 우리에게 존재하지 않을 것이다'라고 하였다. 그같이 역사가의 임무는 중대하다. 한漢의 4군과 삼한三韓 이전에도 수십 수백 세기의 유구한 역사가 있었으나 그것에 대한 기록이 영성零星하고 또 아주 없었기 때문에 우리는 그 정확한 면모를 규지窺知하기 어려워 여러 가지의 논쟁을 야기하고 있으며 또 기록과 유물이 있다 하더라도 그때의 사회적 관계와 통치적 이유에 의하여 일방적이거나 그렇지 않으면 왜곡되었기 때문에 당시의 구체적 상황을 증시證示하지 못하고 오직 여러 가지의 자료와 수단을 빌려 개연적으로 총괄하는 수밖에 없는 것은 현재의 조선사학의 계단이 아닌가 한다.

만일 위대하고 정직한 역사가가 있어 당시의 사실과 견문을 그대로라도 적어놓은 기록이 있었더라면 우리의 현재 사가들은 훨씬 부담이 가벼워졌을 것이며 벌써 전에 성과 있는 업적을 남겨놓기도 했을 것이다. 그런데 가뜩이나 없는 기록과 기타 사료 또는 작품이 영성한 데다가 그것마저 병화에 소실하고 인몰湮沒 산일散逸하여 현재의 문헌학적 고증이 아무리 정밀하고 세치細緻하다 하더라도 그 원형을 찾을 바가 없어 우리의 과거 생활의 얼마나 많은 부분이 영원의 암흑 속에 매장되고 말았는가! 당唐의 이적李勣이 고구려를 멸하고 동국東國의 서적을 모두 평양에 모아본 즉 그 진보 발달이 너무도 찬란하므로 그것을 투기하여 모아놓은 전적을 전부 불살라버렸다는 것 또는 후백제 견훤이 멸망할 때 자기가 수집했던 삼국의 유적을 전주에서 전부 분서焚書해버렸다(이덕무李德懋, 『아정유고雅亭遺稿』에 참조)는 것은 우리의 문화사상 2대 통한사慟恨事로서 영원히 그 야만적 행패에 대한 통분을 금할 수 없을 것이다. 이 2대 재난이 없었더라면 우리의 과거 문화는 지금의 우리에게 더 좋은 본보기를 보여주었을 것이요 따라서 이로부터의 우리의 역사적 사회적 실천—문화 창조의 행정에 더 많은 희망과 용기와 자극을 주었을는지도 모른다.

그러나 역사는 엄격하다. 인간의 대對자연, 대사회적 대립 긴장의 국면에 있어서 언제나 검찰관의 고발적 태도로서 심판하는 것이요 결코 온용溫容의 변호인으로 우리를 대하여 주지는 않는다. 우리를 방호防護하고 구원할 자는 우리 자신이다. 인간으로서의 우리다. 사회적 존재로서의 우리다. 사회적 존재로서의 우리가 우리 자신을 구호하면서 문화의 창립과 그 옹호에 힘쓰지 않으면 아니 된다. 동양적 사회의 특질로서의 관개灌漑(이리게이션) ─ (비트포겔의 규정) ─라는 사회경제적 사상史上의 급수給水 투쟁과 방수防水 투쟁에서 보는 한해와 홍수에서 우리는 얼마나 많은 문화상의 손실을 받았는가도 상상해보라.(『증보문헌비고』에 나타난 삼국시대 이후 이조 말에 이르기까지의 한해 수재가 재래齎來한 기민상식饑民相食의 여□과 전적典籍의 유실 등) 정치적 사회적 관계에 있어서 또는 대자연 투쟁에 있어서 인간이 얼마나 헛되이 자기의 창조력을 멸살당하며 그 소산을 상실하는가는 거의 상상에 절絶하는 바가 있지 않은가 한다.

이에 우리는 우리의 문화창조의 기반으로서의 사회역사상의 제 관계와 그 소산인 역사적 전승물을 보존 옹호하는 정세精細한 방책을 수립하매 그것에 의하여 보다 좋은 생활과 향수의 길을 찾지 않으면 아니 될 것이다. 이에 우리는 우리의 가능한 실천으로서 문화유산의 과학적 방법적 계승과 그 보존을 위하여 응분의 노력이 있어야 할 것은 노노呶呶할 필요가 없는 줄 안다. 그러자면 무엇보다도 문화유산의 의존 근거로서의 온갖 사료의 수집, 연구, 보존에 유의留意하지 않으면 아니 될 것은 벌써 위에서도 말한 바와 같다.

다시 우리는 사료의 의미를 더 좀 구체적으로 음미해보기로 하자. 위에서 말한 엘슬레브는 사료를 유언有言의 사료와 무언無言의 사료의 두 가지로 구별하여 전자에 기록, 후자에 유물─출토물 등을 배정하였다.(『역사 연구의 방법론』 제7절) 그런데 베른하임은 셋으로 나누어 제1, 직접적인 관찰과 상기와

같이 직접 재료에 의하는 것(2회)

제2, 전승으로서 그 속에는 (1) 가요, 물어物語, 전설, 유행어, 이언俚言 등과 같이 구비에 의하는 것과 (2) 문자에 의한 전승으로서 그 속에는 금석문, 계보적 기록, 관리표, 군왕보君王譜, 연대기, 전기, 서간, 회상록, 신문, 잡지 등 (3) 도화圖畵에 의한 전승으로서 도면, 회화, 조각에 의한 역사상의 인물, 장소급 사건의 재현. 제3, 유물로서 사상史上에 활동한 인물의 유기물遺棄物과 기념물 등을 들고 이 속에도 또 원어학語源學과 방언의 연구 등을 집어넣고 있다. (『역사학개론』 제3장 제2절) 이것으로 보건대 엘슬레브의 분류는 간명하기는 하나 좀 추상적인 것이 있고 베른하임의 분류는 사적 연구의 수단에 대한 방법적 세련이 부족한 듯한 느낌이 없지 않다(그런데 이 두 사람의 방법 가운데서 우리의 주의를 이끄는 것은 엘슬레브는 역사 연구에 있어 어학적 방법의 도인導引을 배제하였으나 베른하임은 그 논술이 불충분하기는 하나 이것을 시인하고 있다는 점을 간단히 지적하고 지나간다).

이에 제3의 분류법으로서 부이코프스키가 사료의 기본적 집단으로서 든 것을 보면 (1) 구비적 전승 (2) 문서적 전승 (3) 사물적 기념물 급 회화에 의한 전승 (4) 잔존물의 넷이다. (『역사 연구의 방법론』 제1부의 3) 이 분류는 문화 유산의 연구―역사 연구―의 객체적 수단과 주체적 방법을 범주적으로 정제한 것이라고 보겠다.

무릇 여하한 사상事象에 있어서도 그것의 연구와 천명이 반드시 방법론적 반성을 경經한 뒤라야 그 결과가 과학적이고 따라서 힘이 되는 것이므로 역사와 사회가 날이 되고 씨가 되어 짜내는 다채한 제 산출을 연구하자면 그 소재로서의 사료와 그 통일체의 힘을 빌어가지고 과거에의 길을 발견 개척하고 출발하지 않으면 아니 될 것이다. 그런데 이 출발은 개개인의 자의에 의한 독단적인 작업에 의하여서가 아니라 조직적인 공동에 의하여서만 가장 효과적인 결과에 도달할 수가 있을 것이다. 이 효과적인 결과에 도달하자면 3개의 주요 계단을 구별할 수가 있다. 위선 사료를 발견하여 그것이 보편화 되도록 해야 한다. 이것을 발견법이라고 명명할 수가 있다. 다음으로는 그 사료를 정확히 검토하여야만 한다. 이른바 사료 비판이다. 끝으로 그같이 검토된 소재 사료로부터 어떻게 하면 현실에 대한 추론을 도출할 수가 있을까 하는 데 대하여 명백하게 되지 않아서는 아니 된다.(엘슬레브, 전게서)

이 3개의 방법을 수행하는 것은 정력적인 개인에 의하여서는 가능할는지도 모른다. 그러나 다종다양의 사료—한우충동汗牛充棟의 기록을 일 개인의 힘과 재력으로 수집하여 독파 대질하며 진위 선후를 고증하는 것은 거의 불가능한 일이라 하지 않을 수 없다. 그러므로 이에 조직적인 공동작업이 필요하게 된다. 그런데 이 조직적인 공동작업은 일정한 기관을 전제하지 않을 수가 없다. 그러면 우리의 현재 정황이 용허하는 가능한 그 기관은 여하한 종류의 것이라야 할 것인가?

우리는 먼저 문화연구소든지 역사연구소든지 명칭은 여하간에 한 개의 연구소를 전제하지 않고서는 이 작업은 수행될 수가 없을 것이다.

물론 관공사립의 각 전문대학과 수개의 도서관이 있다 할지라도 이러한 연구소는 그 수가 많아서 걱정되는 일은 절무絶無할 것이니 그 수가 늘면 늘수록 문화에 대한 기여는 클 것이다. 그런데 이것은 거대한 자력의 출연을 기다리지 않고는 불가능한 일이다. 첫째 그 규모는 크지 않다 하더라도 연구에 지장이 없을 만한 설비는 최소한으로 있어야 할 것이며 그것에 부수하는 도서관의 작용을 담당하는 서고와 그 기능이 갖추어져야 할 것이다. 이 서고라는 것은 마치 자연과학자의 실험실과 같이 절대 불가결의 것이다. 이 서고의 설비에는 내용과 외관을 갖추는 임시비와 경상비가 막대할 것이고 역사와 문화에 관한 연구소라고 하는 이상 이 서고와 많은 인건비와 연구비가 지출되어야 할 인적 구성이 중심 되어야 할 것이다. 그러므로 이것은 가장 이상적인 대망의 기관이나 좀처럼 실시되기 어렵다고 하겠다.

다음은 도서관과 박물관이다. 전자는 그 이름과 같이 주로 많은 도서를 수집 분류 진열 보관하여 일반에게 공개하는 사회교육적 의미를 가진 것이고 후자는 공예 병기 과학 교육 아동 연극 향토 등 각기 주제적 방면에 속한 역사적 유물과 최근 단계의 생산물과 동태를 보이는 서민교육적 의도 하에 경영되는 것이라고 하겠다. 그러나 양자가 다같이 문화의 형태와 형성과정을 밝히고 역사의 주류와 발전을 가리어 새로운 생활에 지침을 주기를 기하는 작용은 전연 그 주요 목적이 아니다.

물론 도서관이나 박물관이 다같이 연구자에 연구 재료를 제공하고 또 그 자체가 기요紀要와 보고서 등을 발간하여 문화와 역사의 연구에 협동하는 일이 있으나 그 또한 부副사업이고 적극적 의미는 가지지 못하였다고 보는 것이 타당할 것이다. 또 이것에도 거대한 자력과 기술이 필요한 것이 대부분이다.

박물관이니 미술관이니 하는 것의 의의는 지금에 있어서는 벌써 예와 다르다. 그곳에 수장收藏되는 골동품, 미술적 작품의 해석이 변화하였다. 왕시往時에는 흔히 개인의 상완賞玩의 구具로서의 의의가 주였으나 지금에 있어는 다른 학예와 마찬가지로 국민 또는 민족문화의 결정結晶으로서 문화 계발, 정신 향상의 사회적 의의를 선양하는 것으로 변화하였다. 즉 완상 기관으로서가 아니라 문화의 보지保持와 발양의 사회적 기관으로서 등장하여온 것이다. 실물교육에 의한 국민교육의 의의가 주된 목적이 되어 있고 연구 자체는 별다른 기관을 기다리게 되었다고 할 수가 있다.(3회)

이렇게 보아올 것 같으면 우리에게 가능한 최후 남은 것은 우리의 역사, 문화 연구에 필요한 사료와 소재의 산일, 인몰, 사장을 방지하며 당해 부문이 연구가에게 자료를 제공하는 역사, 문화자료관이나마 한 개 독지가에 의하여 설립되기를 바라는 마음이 간절하다. 이것은 말하자면 소규모의 역사, 문화의 주제 박물관이라 해도 좋다. 그것의 조직과 그 경영 주체에 대한 것은 지면 관계로 생략하나 여하간 삼국시대 이후 더욱 이조에 있어서의 저 풍부한 고서 문헌, 도회圖繪, 작품의 수집, 조선과 관계 깊은 지나支那의 경사자집經史子集 총서의 완전한 비치, 일본 내지와의 정치적 사회적 교섭이 만들어낸 저 무한한 도서와 작품 또는 서양인의 입래入來 이후 내외지에서 간행된 만천을 헤일 수 있는 기행, 연구, 보고서 그리고 최근 40년래 출현 폐간된 신문, 잡지, 관청 간행물, 최후로 내외지의 사회 문화운동의 자재 등을 유루 없이 망라 취집하여 분류 편성하며 정리 제본하여 보관하는 것은 실로 우리의 각하刻下의 급무일 뿐아니라 우리의 후대를 위한 무상명령적無上命令的 의무가 아닌가 한다.

현재의 광막한 학계를 돌아볼 제 완전한 연구와 그 업적은 망이불급望而不及이라 해도 과언이 아니다. 개인의 유한한 생명과 능력 또는 불여의不如意한 경제생활 속에서 같은 일을 단독으로 경영한다는 것은 불가능 사事다. 그러므로 우리는 위선 연구의 토대요 직접적인 수단으로서의 역사, 문화의 자료의 수집을 제언하지 않을 수가 없다. 시일이 지날수록 사료와 자재는 산일한다! 인몰한다! 정부에서는 국보의 해외 지출持出을 법령으로 엄금하였고 총독부에서도 '조선보물고적 명승 천연기념물 보존령'을 벌써 발표하여 그 보호에 주력하고 있기는 하나 그것은 대개 미술공예품 등의 산일, 훼손을 방지하기 위한 것이고 유언의 사료로서의 문헌적 전승물에 관하여는 자연의 성행에 임치任置한 것이라고 하겠다. 그래서 상인의 손을 거치는 귀중한 문헌이 돈 더 주는 곳으로 전전하다가 필경은 이 땅을 떠나 영원히 돌아오지 않을 뿐 아니라 그 사진, 사본의 구득조차 어려운 경우가 많이 있음을 우리는 일상 견문하는 바가 아닌가.

아무리 적은 사료라 하더라도 우리는 그것을 조홀粗忽히 하지 말고 수집하여야 한다. 당장에 소용없다고 생각해도 일후에 필요한 경우가 내달을는지 모른다. 파리에는 요리박물관이 다 있어가지고 1913년 거행의 로마노프왕조 300년제 만찬회 메뉴까지도 알뜰히 보관하고 있다 한다. 우리는 결코 학문에 대한 개인적 소질과 열의에 있어 뒤떨어지지 않는다고 생각한다. 그러나 그 소질과 열의를 충분히 발휘하지 못하고 남의 조박糟粕을 쉽게 하는 듯이 보여지는 근본 원인은 사회적으로 학술문화의 연구에 대한 관심의 태무殆無와 경제적 능력의 불급不及 때문이라고 생각한다. 왜 우리라고 모리스 쿠랑의 저 유명한 저작 『조선저서목록』(1894년) 같은 것을 못 만들어낸다고 할 것인가. 쿠랑은 겨우 4년간(기 중 2년간은 조선 체류)의 연구로 이 3권의 대저를 출판하였다. 물론 그때에는 문제도 안 되는 헐가로 진적 희서를 입수하였을 것이므로 누구나 그 방면에 눈만 떴더라면 가능하였었을 것이나 우리는 그때에는 너무도 유치하였고 이제 겨우 어른이 되고 보니 시대와 사회는 변화하였다. 가석可惜한 일이 아니냐.

이에 우리는 아쉬운 대로 독지가의 출현이건 개인의 협력이건 협회의 경영이건 간에 문화, 역사 연구의 절대적인 선행조건인 자료관의 필요를 절망切望 역설하는 바다.

(이상으로써 나는 간단하나마 역사, 문화의 연구 태도와 그 조성기관에 대하여 천견을 피력하였다. 나의 이 글이 유지의 관심하는 바가 된다면 나는 이 천견을 더 부연할 용의를 가지고 있다. 나는 그 기회의 도래를 기다려마지 않는다.)(4회)

80

「(사설) 문화자료관의 수집과 이용」

『조선일보』, 1939.3.1

1. 우리는 가끔 남에게서 하루살이 살림을 한다는 평을 받거니와, 이 비난은 문화적 방면에 있어서도 역시 피하기 어려울 줄 안다. 수천년의 문화가 찬연하건만 여기에 대한 자료다운 자료는 거의 산일散逸되고 분실되어 문화유산을 유산으로서 받아들이기 매우 곤란한 상태에 있는 것이 현하 조선학계의 실정이다. 우리는 문화자료 수집의 가치를 전연 몰각하고 살아왔던 까닭이다. 그런데 본지 작보昨報와 같이 함남 정평의 김동원金東遠 씨는 조선 여명기의 신문 잡지 『서북학회월보』 『황성신문』을 비롯하여 『매일신보』 『동아일보』 『시대일보』 『반도신문』 『중외일보』 『조선일보』 등 최근에 이르기까지의 조선 내에서 발행된 조선문 신문의 거의 대부분과 귀중한 한적漢籍 400여 권을 수집하여 본사에 기증하여왔다. 본사로서는 김 옹의 이와 같은 갸륵한 소행에 대하여는 오직 감격하여 마지아니하거니와 문화자료가 빈약한 조선에 있어 그 아름다운 수집 정신과 및 이것을 이용케 하는 의지에 대하여는 더욱 감사함을 금치 못하는 바이다.

2. 우리는 전통 없는 문화를 생각할 수 없는 동시에 전통 없는 문화의 향상 발전도 또한 바라기 어렵다. 반드시 복고주의가 아니고 가령 전통과 아주 반

대되는 입장을 취하여 신설新說 신사상新思想을 주장하는 때에도 역시 과거의 문화유산에 대한 이해가 필요하고 따라서 그 자료가 귀중한 출발점이 되는 것이다. 그러므로 선진 제국諸國에서는 각 개인개인의 문화자료 수집에 대한 성의도 성의려니와 그 이용방법이 또한 진보되어서 가끔 수백년의 수집물을 도서관에 기증하는 실례實例를 본다. 뿐만 아니라 국가에서도 중요한 국가사업의 하나로 이 방면에 거재巨財를 던지고 있는데 특히 요새는 국제관계가 험악하여지매 문화재의 보관에 대하여는 각국이 모두 특별한 주의를 하고 있는 모양이어서 영국에서는 폭탄에도 파괴되지 않을 도서관의 시설을 계획중이라고 한다. 돌이켜 조선인 급 조선의 실정을 살펴보면 우리는 문화자료 수집과 보관 내지 이용에 대하여 좀 더 깊은 이해와 실행을 가져야 할 것을 통감하는 바이다.

3. 그런데 수집의 중한 이유는 결국 그 이용에 있을 것이다. 이것이 수집가일 개인만의 수집욕 만족의 대상이 되어서는 안 된다. 모름지기 문화자료는 문화재로서 일반에게 이용되지 아니하면 무의미하다. 본사에서도 적당한 시기가 오면 본사 소관의 문화재의 공개를 단행하려 하거니와 만일 조선에도 수집가가 있어 이것을 사장死藏한다고 하면 그것은 조선의 문화 향상을 위하여 유감이다. 조선에도 수집가라고 할 만한 사람은 귀하여도 장서가는 있다. 다행히 그것을 후손에 전하여 이용이 되면 좋거니와 그렇지 못하면 그 서적은 역시 사장이 되는 것일 뿐만 아니라 보관의 불충분으로 나종那終에는 폐물이나 일산逸散되기도 쉽다. 만일 뜻 있는 수집가이거든 용단 있는 장서가이거든 문화자료의 공개와 영구보관과 이용을 위하여 권위 있는 문화기관에 기증하는 용단을 가지기를 권고하고 일반적으로 수집에 대하여 좀 더 깊은 이해를 가져야 할 것을 고조하는 바이다.

81

「(사설) **문화의 심화** - 더욱 진지한 태도가 필요」

『조선일보』, 1939.4.21

1. 무릇 문화는 제 것이고 남의 것임을 막론하고 그것을 심화시켜서 그 근본을 철저히 구명하는 데 그 의의가 있을 것이고 또 문화인의 임무는 실로 이점에 있지 않으면 안 될 것이다. 만일 자기 전래의 문화에 대한 반성에 부족함이 있고 또 수입문화에 대하여 철저한 구명이 없다고 하면 결국 그 사회는 자기의 문화라고 하는 것은 영원히 가져보지 못할 것이니 한 개의 문화가 완전히 자기의 것이 되자면 적어도 그 사회의 문화인의 혈관을 통하여 비판되고 음미되지 않으면 안 되는 까닭이다. 실은 이와 반대로 어떤 문화를 거부하는 때에도 우리의 태도는 역시 마찬가지여야 할 것이다. 우리는 다만 이러한 태도에서만 문화의 진정한 취사선택과 그 향상 발전 내지 창조를 기대할 수 있을 것이다.

2. 그런데 이 점에 대하여 우리 사회의 실정을 살펴보면 반드시 안심하여 좋을 만한 적극적 태도가 보이지 아니하고 도리어 소극적인 혐嫌이 없지 아니하다. 근일 전통문화의 재음미가 고조되는 기세에 비하여 그 실적을 보면 오히려 기대에 미치지 못하는 바가 있고 또 과거 십수년래로 수입문화가 수다하였음에 비하여 이것이 우리 문화의 진정한 도움이 된 것은 희귀하다는 것

이 현하의 실정이다. 말하자면 모든 문화가 수입되었을 뿐이고 이것이 완전히 소화되어 우리의 피가 되고 살이 된 것은 지극히 드물다. 물론 어떤 문화에 대한 완전한 소화라는 것은 그렇게 넓은 범위에 대하여 기대하기는 어려운 일이지만 그 범위를 지극히 줄여본다고 하더라도 역시 똑같은 말이 타당되는 것이 오늘날 조선사회다. 돌이켜 30년 전의 조선을 살펴보면 천주학을 위하여 생명을 희생한 사람이 있었다. 천주학을 위하여 생명을 희생하는 것의 가부는 별문제로 하고 이와 같은 태도는 금일의 문화인에게도 가져서 좋은 것이 아닐까 한다.

3. 생각하면 조선사회로서는 이와 같은 태도를 가지기에 기다幾多의 불편이 있으니 첫째 문화 정도가 너무 뒤떨어졌다는 점이다. 현대문화의 급격한 템포에 대하여 우리 사회로서는 그것을 충분히 소화 재생산할 겨를이 없다. 그리고 둘째로는 가지가지의 사회적 조건인데 그중에서 여기에 대한 분위기 문제도 또한 결코 경시할 것이 못 된다. 그러나 이 문제들은 구극究極에 있어 개인개인의 노력 문제요 태도 문제다. 모든 일에 있어 선구자는 역시 선구자의 노력이 있어야 하는 것이다. 문화인은 정표히 문화운동의 선구자이다. 여기에 오늘날 조선 문화인의 노력이 절실히 요구되는 시대적 사명이 있는 것이 아닌가. 모름지기 우리 격랑과 같이 밀려오는 신사조 신문화에 대하여 또는 우리의 전래문화 재음미에 대하여 좀 더 진지한 태도로써 임함이 없이야 어떻게 문화의 향상 발달을 바라며 더구나 우리 문화의 건설을 기대할 수 있을 것인가. 요컨대 문화 진전의 열쇠는 오직 우리의 적극적 태도와 진지한 노력에 매어있을 뿐이다.

82

「(사설) 본사 문화상제, 본사의 문화사업상 일 공헌」

『조선일보』, 1939.4.22

    1. 인류가 동물과 구별되고 원시인이 현대인과 차별되는 소이所以는 문화의 창조 여부에 있다. 동물에는 문화가 없고, 원시인에게도 문화가 없으며, 있다 하더라도 극히 유치한 소위 원시문화라는 이름을 넘지 못할 문화를 가졌을 뿐이다. 실로 인류는 문화를 창조하는 것으로써 그 발전의 첫 길을 내딛었고 문화를 창조함으로써 역사적 기록을 지었다. 쌀을 심는 법, 칼을 가는 법, 강 하河에 배를 띄우는 법이 이미 원시문화의 서광이었거니와 점차 인지人智가 발달됨을 따라 고급한 문화를 건설하게 되었다. 육상을 달리는 기차, 공중을 나는 비행기, 몇 만 리를 연락하는 무선전신이 고급한 과학문화의 소산임은 말할 것도 없거니와 우아한 음악, 수원邃遠한 회화, 황홀한 공예품 등은 인간 의 예술적 문화의 현현現顯이라 안할 수 없다.

    2. 본사는 이에 감鑑한 바 있어 창립 당초 사시社是를 내세움에 신문화 건설 을 그 하나로 하고 직접 간접으로 조선문화 향상에 전력을 다하였다. 학교 설 립에 당국을 격려하며 민간 독지가를 고무한 것이라든지, 문자보급반을 파견 하여 문맹퇴치운동을 일으킨 것이라든지, 미술전람회와 음악콩쿨을 주최한 것이라든지 축구대회와 수영대회를 개최한 것이라든지 어느 하나 치고 신문

화의 건설을 목적치 않은 것이 없다. 그러나 본사는 이에 구안苟安을 느끼지 않고 좀 더 고급한 문화, 대중적 문화를 건설하기 위하여 금년도부터 문화상 제도를 창설하고 조선문화에 공헌이 있는 사람은 예술, 과학, 체육 3방면에 궁亘하여 매년 1회씩 표창하고 약간의 금품을 증정하기로 되었다. 예술상 대걸작이 있는 이나 과학적 대발견 우叉는 대발명이 있거나 체육상 대공로가 있는 사람은 사계斯界 권위자로 구성될 심사원의 추천을 기다려 공정히 수상하려는 것이다.

3. 이미 선진 제 사회에서는 정부마다 학사원學士院이 있고 대학마다 아카데미상이 있으며 민간으로도 유수한 수상 제도가 있으니 저 노벨상 같은 것은 1896년 스웨덴[瑞典]의 대학자요 부호인 '알프레드 노벨'의 유지遺志에 의하여 유산 1800만 원으로 기금을 삼아 인류복지에 공헌한 사람을 표창하는 제도로서 세계적 권위와 영예를 가졌다. 즉 노벨상을 물리, 화학, 의학상에 각각 가장 유익한 발견을 한 자, 문학상 대저작을 한 자, 평화 촉진에 가장 공익이 있는 사람에게 연 8만 원 가량의 상금을 주는 것이니 그 수상자들이 세계적 영예자요 역사상 불멸할 족적을 남기고 있는 것은 누구나 다 아는 바이다. 일본서도 재작년부터 문화훈장 제도를 창설하고 기타 민간단체에도 유수한 상금제도가 있는 것은 이미 세간에서 다 아는 바다.

4. 본사의 이 제도는 조선으로서 처음 되는 시험이다. 금원金員에 있어 예술, 과학상에만 각 500원이란 극소한 제도지만 그 취지와 성의에 있어서는 타의 추수를 불허하는 바이다. 조선도 이미 신문화가 수입된 지 반세기, 이제부터 정正히 결실기에 입수하려 한다. 이때를 제회際會하여 이런 제도를 설치하는 것은 가장 시의를 득得한 감感이 있는 동시에 조선문화 건설에 소허少許하나 공헌이 될 것을 자임하는 바이다.

83

「(사설) 고문화를 수습하라, 특히 의방유취를 보고」

『동아일보』, 1939.5.10

 1. 수일 전 본지에 대개 상보詳報한 바 고서古書『의방유취醫方類聚』264책은 조선 고문화상의 혜성적 존재이다. 이제 다시 사족적 설명을 붙이지 않거니와 조선 의학사 상에 있어서『의방유취』의 지위는 세종조(15년)의『향약집성鄕藥集成』과 선조조의『동의보감東醫寶鑑』으로 더불어 한의학의 3대 보전寶典이다. 어찌 3대 보전의 하나로서만 평가될 것이랴. 3대 보전의 백미인 동시에 한 걸음 나아가 세계 의학사 상에 있어서 최대 보전이다. 어찌 의학사 상에만 제한될 것이랴. 세계 문화사 상의 보전이라 아니할 수 없는 것이다.

 2. 본서는 천종지성天縱之聖이신 세종의 성대盛代 산물의 하나다. 거금距今 497년 전에 세종은 문관 김예몽金禮蒙, 유성원柳誠源, 민보화閔普和 등으로 하여금 제방諸方을 수집하여 분문유취分門類聚케 하고 그 후에 또 김문金汶, 신석조辛碩祖, 김수온金守溫으로 하여금 의관醫官 김순의金循義, 최윤崔閏, 김유지金有智 등을 소집하여 그것을 편집編輯케 하고 또 안평대군安平大君 용瑢과 도승지 이사철李思哲과 우부승지 이사순李師純과 첨지僉知 중추원사 노중례盧仲禮로 하여금 감수케 하여 3년 만에 완성하고『의방유취』라 사명賜名하였으니 시편始編한 때는 세계 무류無類의 문자인 훈민정음을 제정한 세종 25년이오 완성한 때는 정음正

音을 사용한 용비어천가를 간행하고『치평요람治平要覽』과『역대병요歷代兵要』등 유수한 명서를 편성하던 27년이었다. 이때는 조선문화사상에 영원히 기념치 않으면 안 될 황금시기였다.

권卷으론 266이오 책으론 264이니 양은『향약집성』과『동의보감』의 기십幾十 배이며 내용은 총론, 오장문五臟門으로부터 부인문婦人門, 소아문小兒門에 이르기까지 무릇 95문이오 각문各門은 다시 자목子目으로 세분하였다. 그런데 명석한 안론案論을 기입하고 정확한 경험방經驗方을 채집하여 전인미답의 경지를 개척한 것은 본서의 유일무이한 특색이며 또 당시 현존한 당唐, 송宋, 원元, 명明초의 각종 의서醫書를 대개 망라한 것은 그 수가 153부의 다수에 달하였다. 더구나 이 인용된 의서는 원문 그대로 분류 편입되었으므로 그중 현금 망일亡逸된 의서 40여 부는 그 복구의 가능성을 오직 본서『의방유취』속에만 발견할 수 있으니 이는 한의학 문헌 상에 있어서 절대한 보고寶庫가 되는 바이다. 다만 권질이 너무 호한浩瀚하므로 완성 즉시 간행치 못하였다가 그후 16년 즉 세조 5년 말에 이르러 눌재訥齋 양성지梁誠之가 총책임 교정을 맡아서 5~6년 만에 비로소 활자본으로서 인행印行케 되었다. 거대 무비無比한 작품인 만큼 완성 급기 간행이 오랜 세월을 요하였으며 또 그 인출印出의 부수部數도 십지十指를 꼽을 만한 정도에 지나지 못했던 것이다.

3. 생각컨대 우리 인류는 과거를 잘 계승하고 잘 회고하고 잘 보존하는 데서 발전이 있고 진보가 있고 확대가 있는 것이다. 이것이 인류가 다른 동물보다 우수한 지위를 얻는 유일한 이유이다. 만일 우리가 과거를 과거로 잊어버리고 만다면 우리는 전인前人의 경험과 지식과 업적을 문화재로서 받을 수 없는 동시에 인류의 역사는 항상 몰자적沒字的 백지白紙로만 있을 것이 아닌가. 우리가 만일 유구한 역사를 가지고 있다면 이는 유구한 문화재의 축적을 갖고

있다는 것이다. 그러나 우리는 과연 유구한 문화재를 소유하고 있는가.

신라, 고려의 것은 오히려 고대에 속한 것이니 고사하고라도 근고近古 시대라 할 수 있는 이조 초의 것도 지금 우리가 거의 잊어버리게 되었으니 그 문화재의 빈약이 어떠할 것인가. 세계의 절보絶寶라 할 만한『의방유취』는 일대一代의 정력을 다하여 저성著成하였고 적지 않은 국력을 기울여서 인행하였음에 불구하고 200년을 지나지 못하여 본토에서는 그것의 가치는 그만두고 그 존재까지도 거의 잃어버리게 되었고 국조國朝 전고典故를 총망라했다는『문헌비고』중에도 그 서명書名을 찾아볼 수 없게 되었으니 이 어찌 놀라고 통탄할 바가 아닌가! 더구나 그것이 역외에 흘러나가서 절보로 인정되어 원본이 300여 년간 진중히 보장保藏되어오고 또 그것이 중간重刊까지 되어 고종 초년에 다시 역수입케 되었으니 이는 진실로 문화의 기현상이며 최대의 부끄럼이 아니면 아니 될 것이다. 그리고 그 역수입한 진본이 또다시 진두塵蠹의 세계로 돌아가서 일반뿐 아니라 식자계급에서도 그것의 존재와 유래를 거의 잊어버릴 현상에 이르렀으니 어찌 한 번 다시 통탄하고 부끄러워할 바가 아니랴!

4. 역사는 흘러서 저급에서 고급으로 향상한다. 인류의 문화는 또한 끊임없이 영구히 진전한다. 우리는 부질없이 고전을 편중하는 상고주의자尙古主義者가 되어서 사회 진화의 수레바퀴를 끌고 도리어 출발점으로 돌아가서는 아니 될 것이다. 그러나 영구 진전은 인류와 세계의 전체에 대한 원칙적 총론이오, 어느 시기 어느 부분에 있어서는 침체와 황폐와 퇴축은 또한 자주 볼 수 있는 현실적 운명이다. 여기서 유럽[歐洲]의 문예부흥도 있게 되었고 지나支那의 청조 고증학도 있게 되었던 것이다. 우리는 이『의방유취』일서一書가 엄숙히 가르쳐주는 문화 흥폐興廢의 실례를 범연히 간과치 말고 고문화의 폐허에 답사의 걸음을 옮겨놓아 부흥의 연구와 고증의 공적을 이제부터 더욱 힘써 쌓지 않으면 안 될 것이다.

84

「문화의 유형과 단계」(1)~(4)

서인식, 『조선일보』, 1939.6.18~22

한 시대의 문화이론의 성격을 말하는 데는 그의 배경을 이루는 사상사적 상황을 떼어놓을 수 없다. 한때 혹종或種의 이즘이 대두하던 시기에는 문화의 계층성을 말하는 이설理說이 문화 이론의 정향을 이루더니 '토탈리즘'이 지배적 사상으로 등장한 오늘에는 문화의 민족성을 고조하는 교설이 유행한다.

한데 원래 불 없는 곳에 연기가 날 리 없다면 이론의 배경을 이루는 시대의 상황을 떠나서도 문화에는 계층성과 함께 민족성이 있는 것을 인정하지 않을 수 없다. 오늘날의 세계문화는 횡단하여 놓고 보면 두 날 이상의 계층으로 구성되어 있으나 종관縱貫하여 보면 두 날 이상의 민족으로서 형성되어 있다. 그리고 그들은 한낱의 시대문화로서는 이른바 시민문화의 범주에 속하는 것으로 시민계급의 관념형태로서의 동일한 성격을 갖고 있으나 민족문화로서는 제각기 상이한 전통적 차별성을 갖고 있다. 고대 자유민의 문화 속에서도 예술적 조소적인 희랍문화와 법률적 형식적인 로마[羅馬]문화를 구별할 수 있듯이 현대의 시민문화 속에서도 감성적 지성적인 프랑스[佛蘭西]문화와 정신적 신비적인 독일문화를 구별할 수 있다. 그리고 한 시대 문화 속에서 제다諸多의 민족문화를 구별할 수 있는 반대로 또한 한 민족문화 속에서도 그 역사적 성

격을 달리 하는 제다의 시대문화를 발견할 수 있다. 같은 '일본문화' 속에서
도 고대의 전상殿上문화와 중세의 무인武人문화와 근세의 정인町人문화를 구별
할 수 있으며 또 조선서도 신라의 화랑花郎문화, 고려의 왕조문화, 이조의 양
반문화를 구별할 수 있다. 그러면 문화의 계층성과 민족성은 각각 어떠한 지
반 위에서 형성되는 것이며 문화의 발전 행정에 있어서 서로 어떠한 연관을
갖고 있는가?

위선 누구나 알 수 있는 것은 문화의 계층성이 문화사의 제 발전단계를 구
별하는 표치標幟임에 반하여 문화의 민족성은 문화의 제 자연적 유형을 구별
하는 표식이라는 것이다. '단계' 개념은 원래 '헤겔'의 철학에서 출발한 것이
다. '헤겔'은 예의 철학의 역사를 문제사적으로 취급한 데서 역사상에 제 각
기 자기 완결성을 갖고 나타난 제다의 철학 체계를 정신의 내면적 운동에 있
어서의 필연인 제 발전단계로 파악하였었다. 그 어떠한 철학이든지 지나간
제 시대의 철학적 사유의 총성과로서의 절대성을 갖는 동시에 또한 장래할
시대의 철학적 사유의 일 매개 계기로서의 상대성을 갖고 철학사의 전 발전
행정에 있어서 서로 그 위치를 교환할 수 없는 필연적 제 계기 즉 발전단계를
형성한다는 것이다.

한데 문화는 정신의 문화인 동시에 또한 사회의 문화이다. 그리고 정신과
사회는 현실적 운동에 있어서는 동일한 변증법적 세계의 자기 한정으로써 동
일한 형식을 밟는 법이다. 그러하다면 그것은 비단 철학사에만이 아니고 일
반 문화사 사회사에까지도 적용할 수 있는 존재 일반의 논리가 아닐까? 이러
한 의미에서 우리는 재래에 일반 문화사의 발전 행정을 원시문화 고대문화
봉건문화 시민문화의 몇 가지 단계로 나눠왔다. 이것은 인류문화의 보편사적
발전에 있어서는 물론 한 민족문화의 특수사적 발전에 있어서도 그러하다.

서구문화에 과용過用되는 이 논리가 동양의 제 민족문화에라고 제외될 리가 없다. 문화의 기초를 이루는 사회기구의 구성과 이행의 형식이 그 본질에 있어서 같다면 설사 동양 제 민족의 사회생활에는 이른바 아세아적 특성이 있다손 치더라도 그 특수가 반드시 일반을 제외하는 것은 아닐 것이다. 그리고 일반 문화사를 사회생활의 특수한 구조에 따라 몇 가지 발전 단계로 나눌 수 있다. 또한 계층 원리가 각 시대문화를 구별하는 표치로 등장할 것은 우리의 과학적 상식으로서도 용이히 추단할 수 있다. 한 시대의 문화 '형태'는 그 시대의 사회생활의 특수한 구조를 반영하는 만큼 그 사회를 '콘트롤'하는 사회 성층成層의 생활 의욕이 그 시대의 문화에 대해서 결정적인 의의를 차지할 것은 두말 할 것도 없다. 따라서 문화사의 발전 행정을 시대사적으로 원시문화, 고대문화, 중세문화, 근대문화로 나눌 수 있다면 우리는 또한 그것을 계층을 기준하고 원시문화, 고대 자유민(노예소유자)의 문화, 중세귀족문화, 근대자유민(평민)문화 하는 일 계열의 표치를 붙여서 역사 제 단계에 배열할 수 있다.

그런데 문화의 계층성이 그의 발전 제 단계를 구별하는 반대로 문화의 민족성은 그의 정신적 유형을 표현하는 표치밖에 더 될 것이 없다. 그는 문화의 민족성이 그를 관찰하는 사람에게 나타내는 특수한 단면에서 보아서도 알 수 있다. 그는 일방 한 민족문화와 다른 민족문화와를 비교 관찰하는 데서 각기 상이한 '정신적 특수성'으로도 나타나며 타방 동일한 민족문화 안에서는 역사적 특질을 달리하는 제 시대 문화를 일관하여 그 내면을 흐르는 그 어떠한 '정신적 공통성'으로써 나타나는 것이다. 그러므로 우리가 한 말로 인도문화, 지나문화라고 말할 때에는 우리의 주의는 그 민족문화의 역사적 성격을 떠나서 그의 정신적 유형으로 옮아가지 않을 수 없다. 원래 단계 개념이 '헤겔'의 이성의 논리에서 발원한 반대로 유형 개념은 '딜타이'의 '생生의 논리'에서 나온 것이다.

'헤겔'이 그의 철학사에서 철학의 체계로서의 절대성과 역사로서의 상대성은 정신의 운동의 논리에 의하여 일의적 통일적으로 파악한 데 반하여 '딜타이'는 그의 세계관학學에서 희랍 이래로 사상史上에 나타난 수다한 철학 체계를 비교유형화적 방법에 의하여 생의 구조 제 상면象面에 즉하는 세 가지 유형—자연주의, 자유의 관념론, 객관적 관념론으로 분류 개괄하였었다. 그 이유는 설사 그들 제다의 세계관이 각각 상이한 시대적 성격과 논리적 구조를 갖고 절대의 보편타당성을 요구한다 하더라도 한결같이 생의 표현이라는 점에서는 다를 것이 없다는 데 있었다. 허나 이와 같이 모든 세계관의 상이한 특성을 동형 동질의 인간성의 표현에 있어서의 단순한 차별상相으로 환원한다면 그 비교적 방법에 의해서 개괄된 결과가 무색무취한 정신적 유형밖에 더 될 것이 없을 것을 두말 할 것도 없다. 문화의 민족성이란 세계관에 있어서의 이러한 유형과 같은 것이다.(1회)

한데 문화란 문화로서 응당 가져야 할 규범적 가치 즉 내면 '포스추레이트'에서 볼 때에는 원래 계층성을 지향하는 것도 아니고 민족성에 정착하는 것도 아니다. 문화의 내면적 '포스추레이트'는 시공을 초월하여 보편타당성을 가진 진, 선, 미를 추구하는 데 있다. 과학과 도덕과 예술이 설사 인류의 사회생활에 유용하기에 존재하는 것이라 하더라도 과학자 도덕가 예술가는 도리어 과학을 위한 과학, 도덕을 위한 도덕, 예술을 위하는 예술을 연구하고 추구하는 것이다. 그들에게 있어서는 문화의 형식적 가치와 효용적 가치는 일익 구별되는 법이며 또는 구별되는 것이 필요하다. 그 의미에 있어서 문화의 극치는 민족성과 계층성 즉 인간성까지도 완전히 이탈하는 데 있다. 인간의 주관성을 완전히 이탈함이 없이는 문화는 그의 향도 이념인 보편타당한 객관적 가치를 실현(접근)할 수 없기 때문이다.

한데 문화의 문화성을 결정하는 이념이 이러한 보편타당적 가치에 있을 뿐 아니라 문화가 역사적으로 발전하여온 족적을 보더라도 그는 늘 이 방향을 지향하여 왔었다. 우리가 만일 광의의 문화를 엄밀하게 한정하여 신화 습속 언어 예술 등의 표현 제 형식과 논리 수리 법률 도덕 철학 과학 등 협의의 문화 제 형식으로 구별할 수 있다면 역사의 발전을 따라 문화가 표현 제 형식에서 협의의 문화 제 형식으로 분화 발전하여 왔으며 또는 하면서 있는 것을 알 수 있으리라. 논리와 수리는 언어에서, 법률과 도덕은 습속에서, 종교와 철학은 신화에서, 철학과 과학은 종교에서 각각 분화하고 순화純化하였다. 분화는 발전을 의미하며 발전은 순화를 의미하는 것이다. 그리고 역사의 제 발전 단계를 일관하여 역사적 사실로서 실현되면서 있는 문화 제 형식의 이러한 분화와 이행이 문화의 내면적 '포스추레이트'에 조준照準하여 볼 때에는 그가 곧 가치차석價値次席에 있어서 저차에서 끊임없이 고차로 향상하면서 있다는 것을 의미하는 것이다.

언어 신화 습속이 우연적이며 특수적인 것임에 반하여 논리 수리 과학은 필연적이며 보편적인 것이다. 전자는 민족을 따라 상이하고 시대를 따라 소멸할 수 있지만 후자의 내용을 구성하는 제 명제, 제 법칙은 민족과 시대를 초월하여 만인의 승인을 요청하는 것이다. 그런데 문화가 협의의 표현 제 형식에서 협의의 문화 제 형식으로 분화하고 이행한다는 것은 한말로 말하면 문화가 상징에서 개념으로, 직관에서 지성으로, 순수화 정형화 하여 간다는 것을 의미하며 문화가 그 내면적 '포스추레이트'에 있어서 보편타당한 가치를 요구한다는 것은 문화의 범형範型이 이성의 객관적 내면적 논리에 의하여 구성되는 데 있다는 것을 의미하는 것이다.

만일 그렇다면 광의의 문화란 원래 이런 이성의 산물로서 그 대응 주체로서는 보편 개성을 전제하며 그 발전 동향에 있어서는 세계를 지향함을 알 수 있지 않은가? 문화의 문화성을 결정하는 표식은 인간성을 완전히 이탈한 객관성, 합리성, 개념성, 보편성에 있는 것이다. 표현 제 형식은 신화 언어 등에서 알 수 있듯이 지행이 분리하기 이전의 정의情意의 표현 형태로서 개념성이 말하자면 상징성 속에 수면하고 있지만 문화 제 형식은 수리나 과학에서 볼 수 있듯이 지행 분리 이후의 지성의 개념적 구성의 산물이다. 전자가 생또 대 주또의 공동 유대로서 사회생활의 주체적 측면을 형성하는 만큼 생에 부착하는 주관성을 탈각할 수 없지만 후자는 지성의 대상화를 거쳐서 구성되는 만큼 생에서 완전히 이탈하여 독자의 객관성을 갖는 것이다. 어떠한 학자는 이 양자의 특성을 비교하여 전자는 인간 대 인간의 교섭 장소로서 문법적 대화적 성격을 가진 것이나 후자는 인간 대응성을 떠나서 논리적 독자성을 가진 것이라고도 말하였다. 그러므로 광의의 문화는 보편 개성 즉 의식 일반을 전제하고서만 성립할 수 있는 것이다. 그리고 광의의 문화가 그 대응 주체로서 의식 일반 즉 이성 인간을 전제한다면 문화가 그 본질에 있어서 세계성 즉 보편성을 요청하고 지향할 것은 두말 할 것도 없다. 그는 모든 풍토성과 역사성 즉 인간성을 떠나서 고도의 객관적 보편적인 인식과 형상에 도달하면 할수록 문화의 이념 즉 규범성에 접근할 수 있는 것이다.

그런데 보편 개성은 기실은 구체적 개성이 아니고 개성 일반이며 이성 인간은 기실은 구체적 인간이 아니고 인간 일반이다. 인간=개성이라 하는 것은 단순한 이성의 '허수아비'가 아니고 이성과 함께 정의情意를 가진 것이다. 단순한 추상적 존재가 아니고 역사적 사회적 존재이다. 의식 일반은 우리가 사유하는 경우에 준봉準奉하여야 할 규범이고 사실로 존재하는 의식이 아니라 사유의 주체이고 사유의 객체가 아니다. 인간은 이성 인간으로서는 한낱의 세계 인간, 세계 개성이나 역사적 자연적 존재로서는 일방 사회학자의 이른 바 이익사회의 성원으로서 일정한 계층에 속하며 타방 공동사회의 지체로서 일정한 민족에 속하여 있다. 이러한 인간 존재의 다향성에서 세계를 지향하는 문화에 계층성과 함께 민족성이 수반하는 것이 아닐까?

민족이 가정과 함께 공동사회의 범주에 속하며 계층이 개인과 함께 이익사회의 범주에 속한다는 것은 현대사회 이론의 정설이 되다시피 되었다(그 시비는 차치하고). 뿐만 아니라 오늘날 시세의 소치로 문화를 이론 부연附하는 작업에 이 양개兩個의 사회 유형이 쉴 새 없이 동원되는 만큼 문화의 민족성과 계층성의 관계도 이 양자에 연결하여 생각하는 것이 필요할 것이다. 공동체와 이익체는 그를 형성하는 '사회적 의지'의 종류에 따라 구별한다면 전자는 사유를 포함하고 사유에 지배되지 않는 본질 의지의 사회며, 후자는 사상에 포함되고 사유에 좌우되는 선택 의지의 사회라 한다.('테느') 전자는 개인을 사회유기체의 일 분지分肢로서 흡수하는 유기체적 원리에 의하여 형성되는 법이며 후자는 사회가 개인의 산술 총화로서 결합되는 원자적 원리에 의하여 구성되는 것이다. 다시 말하면 공동사회는 개인의 매개를 걸치지 않은 직접적 전체성의 원리에 입각한 전체주의 사회며 이익사회는 개인에 매개'만' 된 추상적 보편성의 원리에 입각한 개인주의 사회이다. 전자는 본질 의지에 의하여 형성되는 만큼 분석논리로서 이해할 수 없는 전前 논리적인 사회며 후자는 선택의지에 의하여 결합되는 만큼 논리 이후 또는 논리 이내의 지성에 의하여 결합된 사회이다.(2회)

그런데 이러한 의미에 있어서의 순수공동체를 찾는다면 우리는 역사의 첫 발전 단계를 형성하던 원시 '토테미즘'에 가서 찾을 수밖에 없으며 이러한 의미에 있어서의 순수이익체를 찾는다면 역사의 현 발전 단계를 형성하는 시민의 경제사회에 와서 찾을 수밖에 없다. 원시 '토테미즘'은 모순율에 의하여 이해할 수 없는 '레비브륄'의 말하는 이른바 분유分有의 법칙'에 지배되는 전 개인적 전 논리적인 집단이며 시민의 경제사회는 이른바 자유계약의 원칙에 입각하여 개인의 합리적 의사로서 결합된 후 개인적 후 지성적인 집단이기 때문이다.

만일 그렇다면 공동체에서는 원시 '토테미즘'에서 보는 바와 같이 역사의 자연적 기체基體를 이루는 생명의 원리가 중요한 의의를 가지며(이른바 생 명공동체約이다) 이익사회에서 현대의 경제사회에서 볼 수 있는 바와 같이 역사의 사회적 기체를 이루는 노동의 분화 원리가 결정적 의의를 가짐을 알 수 있다. 원래 단순한 생명의 세계에는 개성도 지성도 없는 법이다. 인간의 직접적인 생명은 말하자면 주객이 분화하기 이전의 환경과 생 중심과의 혼돈한 통일태에 불과하다. 이러한 직접적 주객 통일태는 주체적 환경을 노동의 대상으로 객회客化하고 주체 대 객체의 노동의 세계로 이행하는 때에만 자기의 정신과 지성을 발견하고 자각할 수 있는 것이다. 노동의 발전 행정을 통하여서만 생명은 직접적인 통일태에서 주관과 객관으로 분화할 수 있기 때문이다.

그리고 노동의 발전은 필연적으로 노동의 분화를 수반한다. 원시사회의 전체 노동은 생산력의 발전을 따라 개인노동으로 분화하며 이러한 분업의 발달은 또한 소유와 점유의 분화, 소유의 사유화를 수반한다. 이리하여 공동사회는 이익사회로 이행하는 것이다. 그리고 이러한 노동의 분화와 그를 기초로 한 교환과 소유의 분화를 통하여 인간은 차츰 자기를 개별성에서 파악하는 동시에 또한 보편성에서 파악하게 되는 것이다. 그리고 이러한 독립한 오성悟性을 가진 개인을 중심하고 비로소 이익사회가 완성되는 법이다. 원시사회와 시민사회의 중간 단계를 형성하는 두 날의 신분사회―고대사회와 봉건사회는 공동체의 이익체에의 과도 제 단계로 볼 수 있다. 그러므로 이익체와 공동체가 모두 노동의 원리 후에 형성되는 것은 물론이나 전자는 그 순수태에 있어서 노동이 직접적 전체성에 있는 만큼 혈연과 풍토의 원리가 중요한 의의를 가지며 후자는 순수태에 있어서 노동이 충분한 분화 상태에 있는 만큼 생산과 교환의 원리가 주되는 유대가 되는 법이다.

그런데 문화에 있어서 원시공동태에 대응하는 형식은 개념성과 상징성, 주관성과 객관성이 완전히 분화하지 못하는 만큼 그는 전 논리적 전 지성적인 생활의 공동유대로서의 표현 제 형식의 한계를 넘을 수 없다. 이것은 원시사회의 주되는 문화를 대표하는 것이 신화 습속 언어 등임을 보아서도 알 수 있다. 그와 반대로 문화에 있어서 순수이익태에 대응하는 것이 개념성과 객관성을 획득한 협의의 문화 제 형식이다. 이것은 시민사회의 주되는 문화로 대표하는 것이 논리 수리 법률 도덕 철학 과학임을 보아서도 알 수 있다. 공동사회는 분업과 교환이 발달하기 이전의 전체성의 사회며 따라서 원시 인간의 행동은 습속과 전통을 분유하고 지성의 반성을 악화하지 않는 만큼 그곳에는 문화가 있다면 지정의知情意가 분화하기 이전의 표현 제 형식밖에 더 될 것이 없다 하나 이익사회는 분업과 교환을 원리로 하는 만큼 그곳에서는 지행의 분화와 지성의 발달을 전제하는 고도의 문화 제 형식이 대응하는 것이다. 공동사회는 한 개의 중심에 귀속되는 단순된 폐쇄된 장소인 만큼 그곳에 대응하는 문화는 지방성과 특수성을 요구하나 이익사회는 도처가 중심이 될 수 있는 말 그대로 개방된 세계인 만큼 그곳에 대응하는 문화는 세계성과 보편성을 요청하는 것이다.

그런데 공동사회와 이익사회는 일방 역사의 시간적 발전에 있어서는 계기적 차석을 이루는 동시에 타방 사회의 공간적 구조에 있어서는 중합적重合的 성층을 이루는 미묘한 관계도 가졌다. 인류의 역사적 생활은 '토테미즘'에서 고대사회 봉건사회를 걸쳐서 시민사회는 역사의 발전을 따라 이익사회로 이행하여 온 것이다. 하나 공동사회는 일방 이익사회로 이행하면서도 또한 이익사회의 내부에서도 공동생활의 원리로서의 기능을 유지하고 있다. 즉 그는 사회구성의 일 계제階梯 원리로서는 원시 '토테미즘'이 붕괴된 뒤로는 역사에서 그 족적을 감추었으나 일 성층 원리로서는 현재의 시민사회에서도 그 존재를 발견할 수 있다. '지배의 계기(이익사회를 말함—필자)가 사회 형성력을 이루게 되면 공동사회는 벌써 공동생활의 근본적 형식이 될 수 없게 된다. 그러나 그밖에 공동사회라는 구성 법칙은 영구 현상이며 모든 사회적 전체 상태 가운데에 공동적 원칙으로서 존재한다.' 이것은 '한스 프라이어'가 그의 『사회학서설』에서 한 말이나 일찍이 '헤겔'도 그의 『법률철학』에서 공동체는 중세 '테오크라시즘'이 해소된 뒤에도 현대 사회에 와서도 가족 단체로 남는다하여 동일한 사상을 표명하였었다.(3회)

그러면 공동체가 계제 원리로서 붕괴하면서도 성층 원리로서는 현재하는 이유는 어디 있을까? 그것은 그가 일방 노동의 차원에 속하면서도 타방 생명의 차원에 속하기 때문이 아닐까? 노동의 분화와 기술의 발달이 공동체의 이익체의 이행을 결과하였다면 혈연의 연속성과 풍토의 정착성이 그의 성층 원리로서의 존속에 결과하는 것이 아닐까? 생명이란 어떤 사람의 말마따나 남녀 간의 성적 대립에 의해서 단절되었다가 친자 간의 혈적 통일에 의해서 연속되어 나가는 영원의 순환 운동이다. 그리고 생명의 이 '리드미컬'한 회귀 운동의 주기를 표현하는 시간이 오늘날 흔히 말하는 '세대'이다.

다시 말하면 혈연을 유대로 한 공동사회는 세대를 매개하고 원환적圓環的으로 회귀하는 윤회 시간의 위에 성립하는 것이다. 그리고 이 점이 노동을 유대로 하는 공동사회가 개인을 매개하고 단순히 직선적으로 전진하는 시간의 위에 성립하는 것과 대조 이룬다. 공동사회의 운동은 단순히 원환적으로 회귀하며 이익사회의 그것은 말 그대로 직선적으로 전진한다. 전자의 운동 형식을 순환이라면 후자의 운동 형식은 말 그대로 진보이다. 이익사회를 최고의 질서로 간주하는 근대 프랑스의 계몽 인간이 진보 관념에 맹목에 가까운 신뢰를 가졌던 반대로 조국과 회고에 날뛰던 독일 낭만주의자가 역사의 이해에 있어서 순환 개념에 사로잡혔던 것은 결코 우연한 일이 아니다. 사람을 따라서는 세대를 역사적 시간으로 간주하는 이도 있는 모양이나 그는 생명공동체의 운동을 구별하는 시간 단위로서 원래 '토테미즘'이나 가족 단체에 고유한 것이다. 구체적인 사회는 공동사회와 이익사회의 '통일'인 만큼 그는 단순히 원환적으로 순환하는 것도 아니고 단순히 직선적으로 진보하는 것도 아니다. 원환적 직선적 즉 나선상적으로 발전하는 것이다. 전자의 시간 단위가 '세대'임에 반하여 후자의 시간 단위는 '시대'다. 공동체가 '순환'하고 이익체가 '진보'한다면 역사적 구체적인 사회는 '발전'하는 것이다.

이와 같이 공동체의 내적 원리인 혈액이 윤회성을 가졌을 뿐 아니라 그의 외적 원리인 풍토도 승의의 시간이 침입하기 곤란한 정착성을 가졌다면 공동사회가 일방 이익사회로 이행하면서도 또한 영원한 성층 원리도 존속하여 나갈 것은 당연하지 않을까? 단초에서 출발하여 단초로 회귀하는 실체가 역사 발전의 그 어떠한 사회 계단에 둔 그 기저에 현재적 성층으로 존속하여 나갈 것은 논증할 필요조차 없다. 그리고 이것은 그러한 추리를 기다리지 않고도 인간 사회를 직하直下에서 관찰하는 데서 상식적으로도 알 수 있는 것이다. 역사가 '생'의 역사인 한 그는 일정한 공간과 생명 즉 원시 자연을 지반으로 하고 형성될 것은 두말 할 것 없으며 또한 '존재'의 역사인 한 생산과 교환 즉 사회관계를 지반하고 구성될 것은 물론이다. 즉 그는 공동사회와 이익사회를 한결같이 전제하는 것이다.

그러나 현실의 사회로서는 공동체는 이익체에 서면서도 또한 이익체에 매개되는 것이라면 우리는 공동체의 사회생활의 유대로서의 의의가 역사의 발전을 따라 민족에서 종족으로 종족에서 민족으로 민족에서 세계로 이행하는 사실을 간과하여서는 안 될 것이다. 우리는 우선 풍토의 이질성과 정착성을 말하나 그것은 상대적 의미에서 하는 말이다. 풍토의 이질성은 인간의 생산기술의 증진함을 따라 동질화 할 수 있음은 물론(척박한 토지를 비옥하게 만드는 것과 같은) 풍토와 인간을 매개하는 생산기술의 증진은 더 나아가 양자의 간격성을 증진함으로써 후자의 전자에의 예속을 극복케 만든다. 그리고 풍토는 설사 객관적으로는 정착성을 가졌다 하더라도 주체적으로는 외연성을 가졌다. 인간 대 자연의 생산 교섭의 범위가 확대함을 따라 어제까지 한 촌락의 풍토에 살던 우리가 내일은 한 국토의 풍토를 환경하게 되는 것이다. 뿐만 아니라 혈연도 윤회성과 함께 외연성을 갖고 두 사람의 조부모에서 열 사람의 자손이 생산되어 나간다. 그리고 혈연은 그 외연의 범위가 확대하면 할수록 그 순수성과 친화성은 도리어 축소되는 경향을 가진 법이다.

그러므로 우리는 공동체와 이익체의 중합적 성층 관계를 말할 때에 양자를 기계적으로 분리하여 전자는 '토테미즘' 이래의 원시적 형태를 그대로 지속하여 나가는 고정적 실체로 보고 후자만이 시간을 따라 발전하는 듯이 생각하여서는 잘못이다. 양자는 그때그때의 역사적 발전 제 단계에 있어서의 '구체적 통일적'인 사회 형태의 '추상적'인 양 대립 계기로서 역사의 발전과정을 따라서 서로 대립하고 길항하면서도 서로 매개하고 전화하는 변증법적 관계를 가진 것이다. 다시 말하면 양자는 단순히 '장소적'으로 뿐만이 아니라 '과정적'으로도 대립물의 통일로서의 구조를 갖고 있다. 단 장소적 관계에 있어서의 통일은 과정적 관계에 있어서는 대립자의 매개를 거쳐서 자기 내에 환귀하는 형식을 밟아서 실현되는 법이라. 이리하여 이익사회의 범위가 확대되면 공동사회의 그것도 적든 크든 확대되지 않을 수 없으며, 이익사회의 성질이 변화하면 공동사회의 그것도 적든 크든 변질하지 않을 수 없다. 봉건사회의 성층으로서의 민족과 시민사회의 성층으로서의 그것은 그 외연과 내용이 반드시 상복相覆하는 것이 아니다.

그러므로 요약하여 말하면 사회구성에 있어 중합적 성층 관계로 이루고 있는 공동체와 이익체는 일방 역사의 '전 발전과정'에서 볼 때에 전자에서 후자로 이행할 뿐 아니라 타방 역사의 '각 발전단계'에 있어서도 전자에서 후자로 이행하는 것이다. 생물사에 있어서 종種의 역사가 개個의 역사에서 반복反覆되는 것과 흡사한 관계가 인류사에서도 반복되는 것으로 볼 수 있다. 따라서 이익의 범위가 확대됨을 따라 공동체의 범위가 축소된다는 것은 일면적인 관찰에 불과하다. 공동체는 그때그때로 확대되는 이익체를 매개로 하고 그때그때로 보다 높은 자기에게 환귀하는 까닭에 민족에서 종족으로, 종족에서 민족으로, 민족에서 세계에까지 확대하여 나갈 수 있는 것이다. 오늘날의 문화이론가들은 공동체와 이익체의 관계를 말하면서도 이 사실을 은폐한다. 현대의 혈통과 토지의 이론이 가진 위험한 복선이 이곳에 있는 것이 아닐까? 지면 관계로 이 소론의 하반은 다음 계회繼會로 미룬다.(4회)

85

「문화시평」(1)~(4)

이원조, 『조선일보』, 1939.8.8~12

1. 고전연구의 현대적 심리

근래 '저널리즘'에 팽배하게 대두한 것은 무엇보다도 고전연구열이다. 그 중에도 물의를 제일 많이 일으킨 것은 고려가사高麗歌詞 같은 것으로서 아직도 그 여진餘燼이 다 꺼지지 않은 모양인데 물론 그다지 풍부하지 못한 우리 고전 중에서 다만 한두 가지라도 묻혀있던 것을 새로 발견하고 해석하고 천명하는 것은 쌍수를 들어 경축할 일임에는 틀림없는 것이다.

그러나 고전 말이 나오면 으레 고전부흥과 복고주의라는 것이 먼저 말썽거리가 되는 동시에 이 두 가지는 마치 선악의 절대적인 도덕률과 같아서 아무리 고전에 소매素昧한 사람이라도 고전부흥이라는 데 반기를 드는 이는 없고 아무리 고전연구열이 강한 사람일지라도 나는 복고주의로서 고전을 연구하노라는 사람은 없을 만큼 이 두 가지의 구별은 거의 상식화하고 말았다. 그러나 어떠한 상식이든지 그것이 상식인 한에서는 항상 개념적이오 추상적이기 쉬운 바와 가까이 고전부흥이나 복고주의의 구별도 고전을 어떻게 하면 고전 부흥이 되며 어떻게 하면 복고주의가 되느냐 하는 구체적인 대답을 하려면 그렇게 간단하게 수응酬應할 수는 없는 것이다.

　그런데 고전이란 쉽게 말하면 옛날의 전적典籍이란 말로서 어느 특정한 시대, 특정한 사회의 문화적 성과인 것이니 다시 말하면 역사적 '피리어드'를 그린 한 개의 문화적 사실인 것이다. 그러므로 이러한 지나간 일이 지금에 와서 돌아다 보인다는 것은 다시 말하면 어느 때나 고전이 현대에 와서 문제가 된다는 것은 그 현대의 문화가 어떠한 의미에서든지 막다른 골목에 이르렀다는 것을 의미하는 것이다. 이것은 유럽[歐羅巴] 제국諸國의 문예부흥기의 시대적 정황을 소고해 보더라도 역력히 증명되는 것이니까 지금 조선에서 고전이 문제되는 것으로 보아 우리의 현대 문화도 어느 막다른 골목에 다다렀다는 것을 짐작할 수 있으나 대체로 막다른 골목에 이른 시대적 심리란 극히 복잡하고 '델리케이트'한 것으로서 이 현대를 붙잡아 어느 길로 향해 새 국면을 타개할 것인가 암중모색한 나머지에 그 유일한 혈로를 찾아 고전으로 돌아간 것이라면 고전은 항상 새 문화의 창조적 원천이 되는 때문인 것이다. 그러나 고전이 창조의 원천이 된다는 것은 그것이 어느 한 시대 한 사회의 전형적 개괄임으로 그 속에 스스로 영구한 가능의 세계를 포장하고 있어 풍부한 창조성이라든지 균제均齊한 형식미를 갖춘 때문이지마는 이러한 고전의 모든 요소는 막다른 골목에 이른 현대 문화의 갱생하는 추진력이 되는 바로 동시에 또한 갈 곳 없는 현대 문화에 복귀의 매력도 있는 것이다ㅡ라고 하는 것은 우리가 현대의 궁지에서 고전으로 돌아간다는 것은 벌써 우리에게 심리적 약점이 있는 것이니 가령 어느 한 시대가 막다른 골목에 이르렀다면 그 문화는 지극히 수척하고 한없이 혼돈되어 제 스스로 진기振起할 수 없는 불사신의 지경에 이르렀다는 것이다. 그러면 이러한 불안과 혼란 가운데서 허우적거리다가 한 번 그 화려하고 안정된 고전 속에 들어갈 때 그 심리적 위안과 회유와 과

긍지(矜持)이 스스로 도취와 황홀의 지경에 이를 것은 넉넉히 추측할 수 있을 뿐만 아니라 사실 누구나 한 번 고전에 손을 대본 사람이라면 거의 다 이러한 심리적 경험이 있을 것이다. 그러므로 우리가 고전으로 돌아간다는 것이 벌써 운명적으로 이러한 심리적 약점이 있는 이상 쳑경 잘못하면 우리의 고전연구의 결과는 고전을 우리가 살리는 것이 아니라 도리어 우리가 고전 속에 살게 되고 말 것이다.

그래서 이것을 일러 앞의 것을 고전부흥이라면 뒤의 것을 복고주의라고 할 것인데 물론 지금 우리 고전연구란 신라 향가나 고려가사 같은 것은 아직도 해석의 시기이니만큼 벌써 이것을 가지고 복고주의의 경향이라거나 고전부흥의 조짐이라고 속단할 수는 없으나 고전이란 제 자신이 우리에게 복귀의 매력을 가지고 있고 또 우리 자신이 고전에 사로잡힐 심리적 가능성이 있는 만큼 우리가 고전에 손을 댈 때는 항상 먼저 고전을 가져 현대를 살리려는 시대적 의욕이 더 강인하지 아니 하면 안 될 것이다.(1회)

2. 현대 문화와 시사성

최근 우리 문화 영역 안에서 비교적 등한시되어왔지마는 한 개의 현저한 현상으로서는 '액츄어리티'(시사성)의 결핍이라는 것이다. 시사성이라면 목전에 일어나는 일이라는 의미에서 흔히 일상성과 혼동되기 쉬우며 이러한 의미에서 시사성이란 것이 부당한 모멸을 받아온 것도 사실이나 일상성이란 항상 되풀이되는 것으로서 한 개의 습관이라면 시사성이란 항상 새로운 것으로서 한 개의 발견이란 것으로 적어도 이 두 가지는 확실히 구별되지 아니 하면 안 될 것이다. 그러므로 일상성을 만약 시대의 잔재라면 시사성은 시대의 촉각 또는 시대의 척후라고도 할 수 있을 것이다―라고 하는 것은 일상성이란 한 시대가 아무리 급격히 변전해도 구태의연하게 우리에게 되풀이되는 한 개 생활 형식―습속―이지마는 시대성이란 그것이 한 번 우리 눈에 띄는 때는 반드시 그 시사성 가운데는 그 시대의 중태重態가 엿보이는 때문이다. 그러면 오늘날 우리 문화 영역 안에서 왜 이러한 시사성이 결핍되었는가?

이것은 적어도 두 개의 측면에서 고찰할 수 있을 듯하다. 그 하나는 어떠한 시대가 커다란 '데포르마시옹'을 앞에 두고 크게 전신轉身을 하려면 그 전체의 상모相貌만이 우리 눈에 띄지 그 시대의 촉각이라는 '디테일스'는 그렇게 쉽게 보이는 것이 아니라 그러므로 그 시대의 전체적 상모란 마치 한 개의 '몬스터'와 같이 움직일 따름인 것이다. 그러므로 우리는 시대의 촉각으로서의 시사성이라는 것을 포착할 수 없는 동시에 이와 곧 표리가 되는 다른 한 개의 측면에서 살펴본다면 이러한 시대가 제 전체적 상모를 명시하지 않는 때문에 우리 자신이 시대적 자각이라는 것을 가지지 못하는 것이다. 그러므로 우리가 가령 한 개의 시사성을 포착하더라도 그것을 가지고서 우리는 이 시대의 동태에 대한 예측을 허하지 아니하므로 우리 자신이 가령 시대의 촉각에 부딪혔다고 하더라도 그것으로서 곧 이 시대를 이해할 수도 없으며 따라서 우리 자신이 한 개의 시대적 자각도 가지지 못하는 것이다, 그리고 보니 지금 우리에게 가장 중요한 것은 우리가 시대적 자각을 가지지 못한다는 이 일사一事이다. 사실 우리에게 확호한 시대적 자각이 있다면 우리 문화 공작이 어떠한 의미에서든지 다각적인 현대적 촉각에 안 부딪힐 리가 없을 것이다.

그러나 오늘날 우리의 여러 가지 문화 영역을 살펴보더라도 우리는 거기에서 살아있는 현대의 감촉을 느낄 수가 없다. 아니 이 세기가 먼저 세기로 더불어 구별되는 특이성조차도 발견할 수 없이 그저 인순因循과 고식姑息과 준순逡巡하는 한 개 회황적徊徨的 상태에 머무르고 있는 것이 사실이다. 그러므로 가령 요새 도쿄[東京] 문단에서 소재문학이라는 말이 유행하는 모양이나 소재의 축적이란 한 시대의 촌료는 될지언정 그 소재에서 그 시대의 동향은 지시되지 않는 것이다. 그러나 우리 문단의 정황을 다시 생각해본다면 창작에 있어서나 평론에 있어서나 잡다한 일상성은 취급되나 새로운 시사성이란 일찍이 한 사람도 착안하지 않은 것이 사실이다.

일찍이 경향문학이 왕성할 때는 모든 문학적 정열이 시사성의 추수에만 급급해서 심하면 '토픽'을 줍는 것으로 시사時事를 삼은 경향까지 없지 아니하였으나 시사성이란 결코 '토픽'의 습철拾綴이 아니라 실로 시대성의 해각解角이란 의미에서 우리 문화인의 불순한 관심의 대상이 되지 않으면 안 될 것이다. 더구나 현대와 같이 우리 자신이 시대적 자각을 가지기 어려운 때에는 이러한 시사성의 관심에서 도리어 우리의 시대적 자각을 찾을 수 있는 것이며 나아가서는 오늘날의 우리 문화적 성과가 현대와 같이 복잡한 시대적 반영을 싼 채로 어제의 그것과 구별되며 또한 내일의 그것과 다른 한 개 '모뉴멘트'가 될 수도 있는 것이다.(2회)

3. 질서에의 의욕

질서란 말을 한 개의 사회적 제약으로 해석한다면 이 말과 가장 직접적인 긴밀한 관계를 가지는 것은 정치일 것이다. 사실 정치란 어느 의미에 있어서는 질서를 유지하는 수단이라고 해도 과언이 아닌 때문이다. 그러나 정치

란 질서를 유지만 하는 것이라 한 개의 질서가 정비의 극도에 이르면 그 적
새는 그 질서를 깨뜨리고 다시 새로운 질서의 형성을 시험하는 것이다. 그
래서 이러한 긍정의 부정이 연속되는 동안에 역사는 진전하는 것이다. 그러
니 이러한 의미에 있어서는 실상 정치란 질서를 유지하는 것이 아니라 도리
어 부절히 질서를 갱신하는 것이라고도 할 수 있는 것이다.

그러나 문화에 있어서는 결코 그런 것이 아니어서 문화는 하루라도 질서를
무시하고는 제 자신이 존재할 수 없는 것이다—라고 하는 것은 질서란 어떠
한 사물이든지 제 위치에 안정되어 있다는 것이므로 문화에 있어서의 질서의
개념은 곧 정제된 형식을 이르는 것이며 이러한 정제된 형식이란 심정의 해
조諧調를 얻지 않고는 이루어지지 않는 것이다. 따라서 어떠한 시대를 물론하
고 그 시대의 심정의 해조가 어지러워지면 문화의 발전은 바랄 수 없는 때문
에 정치가 그 시대의 질서를 무시하고 파괴하려 하면 문화의 질서에 대한 동
경의 정열온 더 강렬해지는 것이니 가령 ‘르네상스’ 시기에 일체 문화의 정열
이 ‘클라시시즘’에로 팽배하게 경주하였다는 것은 그 ‘클라시시즘’이 가진
바 정제된 형식과 해조를 얻은 심정의 동경 이외에는 아무 것도 아닌 것이다.

그러나 이것은 그 시대의 목표가 벌써 일정한 방향을 가진 뒤에 나타나는
현상이지 결코 어떠한 시대든지 나타나는 것은 아니다. 만약 그렇지 않다면
우리는 문화의 혼돈기라든지 암흑시대라는 것을 구별할 수 없는 때문이다.
따라서 이것을 우리는 세기말적 현상이라고 부르는 것이니 현대에 와서 우리
가 겪은 이러한 세기말적 현상이란 무엇이냐 하면 우리는 ‘자의식’이라는 괴
물을 들기에 누구나 주저하지 아니 할 것이다. 사실 자의식이란 시민사회의
황혼에 나타난 한 개의 시대적 괴물임에 틀림이 없는 것으로서 이것의 발호
로 말미암아 우리 자신은 한없는 분열을 겪어오는 동안에 우리의 심정은 한

개의 통일된 조화나 해조를 잃어버렸으며 따라서 우리의 문화는 혼란된 형식에 빠지고 말았다.

나는 일찍이 현대 시의 형식적 혼란은 현대 시인이 심리적 조화를 갖지 못한 때문이라는 것을 지적한 일이 있었으나 이것은 비단 시뿐만 아니라 소설에 있어서도 그러하다. 소설에 있어서 사건과 인물과 장소란 고전주의 시대 이후로 이때까지 소설의 구성에 있어서 금과옥조와 같은 절대의 요소이었지마는 오늘날에 와서 이것은 도리어 현대적 수치가 될 만큼 진부한 관념이 되고 말았다. 요전에 어느 잡지에서 보니까 다카미 준高見順이든가 누구든가 젊은 작가의 말이 '소설이란 아무렇게나 써도 되는 것이라'고 했는데 이것은 곧 소설이란 아무런 형식을 갖추지 않아도 좋다는 말이다. 이것은 아마 다카미 씨 일 개인의 의견이 아니라 아마 현대 소설가의 공통된 관념이리라고 생각되는데 사실 멀리는 말고라도 먼저 세기의 소설과 현대 소설을 비겨보더라도 현대 소설이란 그 형식에 있어서 얼마나 지리멸렬하며 무질서한가가 쉽사리 눈에 띌 것이다.

이러한 현상의 원인을 나는 오로지 현대적 시대병인 자의식의 발호라는 데서 찾을 수밖에 없다는 것으로서 자의식이란 누구나 다 아는 바와 같이 통제를 벗어난 자기의식인 것이다. 그러므로 시대적 유대가 끊어지면 나타나는 한 개의 피곤한 탕아로서 항상 병리적 향락에서만 도취하는 것이다. 그러나 병리적 향락이란 결국은 생명의 소모인 만큼 한동안 그렇게 떠들던 자의식의 과잉이니 자기분열이니 하는 소리가 요즘 와서는 한동안 뜸한 것을 보면 이 자의식이란 인제는 그것조차 아주 죽어 없어졌는지도 모른다.

그러나 만약 현대라는 것이 점차로 제 방향이 명확해지고 개인에 대한 시대의 통제적 유대가 좀 더 강화해진 것이라면 이것은 자의식이 시대의식에로 지양되면서 우리 문화는 새로운 질서에 대한 동경의 염원이 대두한 것이라는 낙관론도 성립될 수 있으나 그러나 이것은 아직 예단할 수 없는 문제이다.(3회)

4. 기술주의의 편중

경제학에 있어서의 기술론이 직접 생산과 관계되어 상당히 여러 가지로 논의가 되어온 모양이나 이것은 내 영분領分 외의 일이니까 심해深解할 것이 없지마는 일반 문화에 있어서의 기술이란 한 개의 가능적 조건이오 제대로 독립한 가치율은 아니다—라고 하는 것은 어떠한 문화가 그 이념을 실현하는 데 있어서는 항상 고도의 기술을 요하기는 하지마는 이 기술은 그 문화적 이념의 실현을 가능케 하는 것이고 결코 기술 그 자체가 문화와 같은 단위로서 가치 표준은 될 수 없는 때문이다.

그러므로 문화에 있어서의 기술이란 그 문화 발전의 가능적 조건도 되지마는 그 반면에는 도리어 문화 정체停滯의 표식이 되기도 하는 것이다. 그것은 어떠한 문화의 이념이 제 자신을 실현시킬 여지가 있는 동안까지는 기술이란 항상 가능적 조건이지마는 그 문화의 이념이 고갈될 때는 기술이란 그 가능의 한계를 벗어나 도리어 문화적 질곡으로 화化하고 마는 것이다. 이것은 어느 문화사가가 문화의 발전 계단을 3기로 나눠 1기를 내용의 성盛한 시기, 2기가 내용과 형식의 완비된 시기, 3기를 형식만 남은 시기로 구별한 데 비추어보더라도 이러한 사정은 가히 짐작할 수 있는 것이다.

그런데 현대문화의 여러 면을 살펴보면 현저히 나타난 현상으로는 기술주의 편중의 경향이다. 가령 문화 이념이 가장 직접적으로 구현되는 것은 교육인 것이다. 그래서 교육학이란 자연적인 인간을 이상적인 인간에로 승화시키는 데 입각한 학문이므로 흔히 이것을 규범학이라고까지 하는 만큼 교육이란 항상 더 높은 문화 이념에로 추향하지 아니 하면 안 될 것이다. 그러나 현대에 와서는 교육에 있어서의 문화 이념이란 다시 더 실현될 여지가 없는 것 같다. 가령 인격의 도야니 덕성의 함양이니 하는 것도 이제는 일정한 규범이 서 있어 교육한다는 것은 이러한 일정한 규범 안에서 적당한 방법만을 취하면 되는 것이니 이러한 의미에 있어서 현대 교육자는 한 개의 기술자가 되고 만 것 같다. 이러한 현상이 교육사로서 본다면 혹은 진보된 형태이라고 하는지도 모르나 문화사적 견지에서 본다면 기술주의의 편중이란 항상 문화 이념이 쇠퇴해질 때 나타나는 현상이란 의미에서 다시 한번 반성해 볼 필요가 있지 않을까?

이것은 물론 한 개의 예로서 끌어온 것이지마는 문학에 있어서도 기술주의의 편중이란 근자에 와서 현저히 드러난 현상의 하나이다. 이것은 일찍이 임화林和 씨 같은 분은 현대 작가가 묘사 능력에 있어서는 상당히 진보되었으나 성격의 창조라든지 현실의 전형적 개괄에 있어서는 여간 빈약하지 않다는 의미의 말을 한 일이 있었으나 사실 현역 작가가 얼마나 문화 이념이나 시대 의식에 대해서 등한한가는 지금 중견 작가들 중에서 작가적 테마를 1년 동안 가지고 있는 이는 한두 사람에 지나지 못하는 것이다.

더구나 요즘 와서 신진이 놀랄 만한 수준을 가지고 나왔다고 하는데 물론 이 사실은 어느 정도로 수긍할 수 있는 것이다. 그러나 이 말은 오늘날 신진들이 기교에 있어서는 상당한 수준에 올랐다는 말이나 그네들이 어떠한 문화 이념이나 시대의식에 있어서 중견이나 대가를 능가할 만한 새로운 작가적 세계를 가진 사람은 거의 한 사람도 없다고 해도 과언이 아닐 것이다. 이러한 의미에서 본다면 우리가 기술을 수련하는 것은 우리의 문화 이념이나 시대의식을 실현시키는 한 개의 가능적 조건으로서만 필요한 것이니 먼저 우리는 한 개의 문화 이념을 파지하는 것이 더욱 필요한 것이다.(4회)

86

「서양문명의 동점」(1)~(4)

김명식, 『조선일보』, 1939.10.27~11.1

1. 고전문명과 과학문명

제題를 서양문명의 동점東漸이라 하였으나 양洋의 동서로 문명의 이동異同을 말할 수 없는 것은 양의 동서로 인정人情의 이동을 말할 수 없는 것과 다르지 아니하니 입론의 체제가 성립될 수 없다. 그러나 제의題意를 고전문명에 대한 과학문명의 진전으로 이해하면 문제의 중대성을 새로이 발견할 수 있다. 그리고 이 문제의 종래의 의미로 말할 것 같으면 물론 고전문명에 대한 과학문명의 진전을 내용한 것인데 요즘 고전 사상이 범람함과 함께 문제의 본의가 왜곡되어 양의 동서로써 문명의 이동을 말하는 자가 생기게 되었다. 그러나 그들의 노력은 여하함을 불구하고 무로써 유를 만들 수 없는 것은 분명한 일이 아닌가. 그리고 공자孔子의 인仁과 예수의 애愛는 다른 것이라 하여 서양인의 감정과 동양인의 감정이 다른 것을 결론하는 자가 있다 하면 그것은 과학문명 이전의 일로 한정하여도 하나의 견강부회에 지나지 않는다.

그런데 문명의 이동은 동질 문명에서 구명할 것이오. 이질 문명에서 논란할 것이 아니거니와 동양문명이란 고전문명을 이름이니 이를 서양문명의 '헬레니즘'이나 '헤브라이즘'과 대조하여 비교 연구하는 것은 극히 의미 있는 일로서 고고학자의 전공에 대하여 기대하는 바 큰 것이 있다. 그러나 고전문명과 과학문명과의 대조는 제사의식과 공장제도와의 비교 연구와 같은 일이니 아무러한 의미가 있을 수 없다. 더구나 과학문명에 대한 동양문명의 우월을 말하는 것은 기계화 부대의 폭위를 저주하다가 봉건 기사의 용감을 찬미함과 같은 시인의 질고嫉妬 이외에 다른 것이 없다. 그리고 '간디'의 방차紡車운동은 동양문명을 지지하는 대표적 사업이지마는 인도의 섬유공업은 벌써 방차를 사용할 수 없게 되었다. 그러므로 이질 문명은 서로 대비할 수 없이 고전문명은 과학문명에 의하여 양기揚棄되는 것뿐이다. 여기서 최근 고전사상이 범람하게 된 사회적 근거와 정치적 이유를 구명할 필요가 있으나 좀 장황하겠으니 그만둘 수밖에 없다.

그리고 최근 유행하는 고전사상이 프랑스혁명[佛蘭西革命] 전의 그것과 다른 것은 무엇보다도 과학문명에 대한 태도의 이동으로 설명할 수 있다. 즉 중세기의 고전사상은 과학문명의 유도체이며 또 다시 산파역으로서 역사적 의의를 가지고 있었는데 현재의 고전사상은 과학문명의 반동으로서 그의 부정을 꾀하고 있다. 그리하여 전자는 고전복고주의에서 과학문명을 온양하고 후자는 고전이용주의로써 과학문명을 배척하니 전자의 고전복고주의는 드디어 고전이용주의로 진화하였으나 후자의 고전이용주의는 명실이 아울러 고전복고주의로 전락치 아니할 수 없다. 어째 그러냐 하면 전자는 과학의 광망光芒을 발견함을 노력하였음에 반하여 후자는 이미 발견된 과학적 광망을 부정함으로써 출발한 까닭이다. 그리고 고전주의와 복고주의가 같은 것을 말하는 자가 있지마는 중세기에 있어서의 고전주의와 복고주의는 같은 말로써 현실을 부정하기 위하여 고전주의가 나오고 현실을 구제하기 위하여 복고주의가 창도되었다. 그러나 고전으로는 완전히 현실을 부정할 수도 없고 구제할 수도 없어 한갓 과학문명의 성장만 기다리게 되니 고전복고주의는 마침내 고전이용주의로 진화하였거니와 이제 현실을 긍정하거나 수추하는 고전주의는 동기의 여하를 막론하고 과학문명과 대립하게 되니 어떠한 진보적 의의를 가질 수 없다.

요컨대 이제 여기서 중세기의 현실은 말할 것이 없지마는 그러한 현실을 부정하는 고전주의와 긍정하는 고전주의는 같은 것이 될 수 없다. 그렇다고 고전을 연구하는 사람 가운데 '휴머니스트'의 기백과 열정을 가진 자가 있을 수 없다는 말이 아니오 한갓 고전에 도취하여 진보적 계기를 얻지 못하면 '휴머니스트'가 될 수 없지 아니한가고 생각한다.

그런데 서양문명의 동점이라는 말을 고전문명에 대한 과학문명의 진전이라는 뜻으로 해의解義하면 문제 자체가 고전주의의 부정을 의미하게 되니 먼저 동양적인 고전문명을 고려할 필요가 없지 아니하니 이것은 역사학자에게 밀어두는 것이 좋을 듯하다. 그리고 아세아적 생산양식 문제는 많은 학자가 논란한 바 있거니와 동양적인 고전문명의 특징은 이에서 구하지 아니하면 아니 되겠는데 그러나 그것으로는 일찍 동양에서 과학문명이 발생치 아니한 것이나 또는 이제 과학문명을 이식함에 있어서 전 세기의 서양에서 보다 더 많이 방해되는 사실은 논단할 수 없으니 동양 고전의 '헬레니즘'이나 '헤브라이즘'과 다른 것은 중대한 의의가 있을 수 없다.(1회)

2. 오해되었던 물질문명

공론公論 '헬레니즘'은 '헤브라이즘'과 대립하여 과학문명을 유치하였지마는 과학문명이 진전함과 함께 '헬레니즘'도 퇴장치 아니할 수 없었다. 그리고 동양의 고전으로 말하면 초기의 과학문명과는 접촉한 일이 없으므로 그를 박해할 수도 없고 유치할 수도 없었으나 고전문명의 공통한 운명으로 해서 과학문명이 진전하면 동양문명도 양기될 것은 필연한 일이다. 그러므로 이제 문제는 그가 어떻게 양기될 것인가, 그것은 '헤브라이즘'과 같이 양기될 것인가, 혹은 '헬레니즘'과 같이 양기될 것인가 함에 있다. 그러나 그것은 이 양자의 그것과 동일한 방법으로 양기될 것이 아니니 서양문명의 동점이라는 문제는 특별한 의의를 가지게 된다. 그리고 동양문명이 '헤브라이즘'이나 '헬레니즘'과 다른 것이 있음으로 양기되는 형식도 다르지 아니할 수 없지마는 이제 그것은 중요한 것이 아니고 기성 문명으로써 기성 문명을 침략하는 것이 특별한 의미를 가지게 된다. 다시 말하면 '헤브라이즘'이나 '헬레니즘'은 과학문명이 형성되는 과정에서 장구한 시일에 수시 양기되었는데 그간 동양문명은 기성한 과학문명의 침략을 받아 한꺼번에 파멸한 운명을 가지고 있다. 그리고 서양문명이 동양으로 진출함에 대하여 일찍 동양 각국에서 자주 국민적 반항운동이 일어난 것도 이 까닭이다. 이질의 기성 문명과 기성 문명이 부닥칠 때 충돌이 생긴 것은 필必한 일이 아니냐.

그러나 그것만으로는 방적기를 부수던 '길드'의 행동과 아편전쟁을 일으킨 지나支那의 행동이 다른 것을 설명할 수 없다. 다시 말하면 아편전쟁이 과학문명에 대한 반항이라면 역사적 의의가 있을 수 없으나 제국주의의 침략에 대한 자위수단으로 해서 방적기를 부수던 '길드'의 행동과 다른 것이다. 그리하여 과학문명이 제국주의의 무기가 되어 후진사회를 침략하게 되니 기성한 과학문명을 후진 사회에 이식하는 것도 간단한 일이 될 수 없게 되었다. 그러나 제국주의의 침략을 이유로 하여 쇄국주의를 변호할 바 아니다. 우라가[浦賀]에 흑선黑船이 투묘投錨한 때 내지도 쇄국정책을 썼으면 지나와 다름없이 되었을 것이오 지나도 아편전쟁을 일으키지 말고 녹명관鹿鳴館운동을 일으켰으면 내지와 같이 되어 있을 것이다. 그리고 과학문명이 비록 제국주의와 결부되고 있다 할지라도 그것이 과학문명의 허물이 아니니, 제국주의를 증오함으로써 과학문명을 연좌連坐하는 것은 정당한 일이라 할 수 없다.

물론 제국주의와 과학문명을 시간적으로 구분할 수 없는 현실에서 제국주의를 배척할 때 과학문명도 배척되는 것은 어쩔 수 없는 일이지마는 지나의 아편전쟁은 그리고 그 후의 쇄국정책은 그를 구분할 만한 시간적 여유가 없음으로 말미암은 것이 아니라 지나는 한갓 망자존대妄自尊大하여 고전문명에 대한 과학문명의 우월성을 끝까지 이해치 못하였을 뿐만 아니라 제국주의적 침략사상은 선진국의 그것만 못하지 아니하였다. 그러므로 지나는 타를 침략치 못하면 제가 침략되는 것뿐이었다. 그러나 저는 일찍 과학문명으로써 저의 침략사상을 무장치 못하여 마침내 서양 열국의 침략을 받고 말았다. 그리고 지나의 정치가는 정치적 침략을 문화적 침략으로 선전하여 민중에게 호소하였으나 민중은 도리어 정치적 압박을 저주하고 과학문명의 이식을 환영하였다. 그리하여 화교華僑의 세력은 마침내 청조淸朝를 전복하고 과학문명을 건설하는 과정에서 다시 정치적 위기를 초치하였다. 그리고 이조 말년의 조선의 쇄국정책은 청조의 모방으로서 어떠한 주의 주견이 있다 할 것이 아니었고 대원군이 실권한 뒤에는 쇄국정책을 국책으로 해서 내놓을 수도 없었으나 과학문명을 수입함을 꾀하지 못한 것은 역시 지나의 쇄국정책이 작용한 것이다.

그런데 지나의 정치가와 조선 정치가들이 정치적 침략을 문화적 침략으로 선전한 것은 과학문명으로 무장한 선진국의 제국주의가 종교로 척후대를 삼아 침략한 까닭이거니와 종교 문명으로써 서양문명을 대표한다 하면 서양문명에 대한 동양문명의 우월을 입론치 못할 것도 아니다. 그리하여 과학문명은 침략자에게서는 은휘隱諱되고 피침략자에게서는 엄폐되어 정체가 나타나지 아니하니 문명의 본질을 구명함에 등한한 민족은 불행한 결과를 짓고 말았다. 그리고 과학문명을 물질문명이라 하여 물질문명에 대한 정신문화의 우월을 창론唱論하는 정신주의자가 있는 것은 어떠한 필요에서 나오지 아니한 것이면 문제될 것이 없으나 역시 문명의 본질을 구명함에 등한한 민족으로서 부화뇌동하는 경향이 있는 것은 경계치 아니할 수 없다.

물론 서양문명을 물질문명이라 하면 동양문명의 특수한 지위를 주장할 수 있다. 그러나 과학문명에 대해서는 어떠한 고전문명도 물질 방면은 말할 것도 없고 정신 방면에 있어서도 대비할 수 없다. 다시 말하면 과학문명은 여러 고전문명의 결정이오, 총화로서 과학적 체계를 가진 것이니 정신문화와 대립한 물질문명이 아닐 뿐더러 동양문명도 될 수 없고 서양문명도 될 수 없는 세계문명이오 우주문명이다. 그와 동시에 그것은 어느 시대적 제한성이 없이 과거에서 현재에로 또 다시 현재에서 미래에로 발전한다. 그러므로 지역적으로 또는 연대적으로 제한된 고전문명은 과학문명과 대비할 수 없다. 여기서 서양문명을 어찌 하여 과학문명이라 하느냐 하는 문제에 대해서는 번론煩論할 필요가 없으나 그것은 과학문명이 서양에서 먼저 남촉濫觸한 것을 표시한 것뿐이오, 서양을 숭배하는 말이 아니다.(2회)

3. 동양문명의 부동성不動性

그러나 과학문명은 여러 부분 문명의 총화는 아니다. 과학문명의 초기에 있어서 고전주의의 복고운동은 종교혁명을 일으켰으나 종교문명은 과학문명의 출발에서부터 분리되었다. 이것은 문예부흥운동이 한때 종교혁명운동과 합류하였으나 그 방향이 다른 것으로만 가지고도 알 수 있다. 그리고 루터의 문예부흥에 대한 파괴적 의욕은 이제 여기서 논란할 것이 없으나 '프랑스[佛蘭西]'가 '스콜라'의 지배 하에서 탈출한 것은 다시 신교의 '퓨리타니즘'의 압제하로 들어가기 위한 일이 아니다.

"프랑스가 독립과 예술과의 방순芳醇을 맛본 것은 결코 그 미주美酒를 끊어버리기 위한 일이 아니다. 프랑스가 그 국헌國憲 중 봉건적 조직의 '게르만'식이라고 생각되는 것을 부셔버린 것은 결코 '퓨리타니즘'에서 또 다시 동同 정도의 '게르만'식인 것을 부활하기 위한 일이 아니다. 어째 그러냐 하면 이 또한 종교개혁의 정신이 문예부흥의 정신과 배반하는 일점一點인 까닭이다."(브룬티에르 저, 『불란서문학』 서설에서) 그리고 관념철학은 과학문명의 체계에서 용납될 수 없이 제외되고 말았다. 그리하여 과학문명은 역사적으로 또는 체계적으로 한계를 지었으나 지역적의 한계는 초탈되고 그와 동시에 시간적의 한계도 설정할 수 없어 무한히 발전하는 것뿐이다.

그런데 고전문명의 공통한 특징은 '인모빌리티'로서 금일은 작일 같다. 또명일은 금일 같이 순환할 뿐이오 문명이 움직이지 아니하였다. 그것은 특히 동양문명에서 일층 현저하였다. 그리하여 한시漢詩는 이제 오히려 당시唐詩의 조박糟粕을 재생산함으로써 능사를 삼을 뿐만 아니라 송유宋儒의 해석이 없는 교의는 경전의 가치를 나타내지 못한다. 그리고 인도의 농민 생활은 고금이 일반이다. 또 파라문婆羅門도 힌두도 고금이 다르지 않다. 그러나 광명은 동방으로부터 온다 하여 과학문명에 대한 동양문명의 우월을 말하는 것은 문명의 절대가치를 천명한 것이 아니오 어떠한 필요의 이용가치를 요망한 것이다.

그리고 과학문명의 특징은 부절不絶히 발전하는 유동성에 있으니 초기에 있어서 자본주의로 표현되었던 과학문명은 이제 그를 수정하고 있다. 그러므로 과학문명이 후진사회로 진전함에는 두 가지 형태로 표현되어 일찍 자본주의를 이식한 사회에는 그의 수정을 촉진하고 아직 그렇지 못한 사회에는 자본주의로 진전한다. 그러나 기성 문명으로서 두 가지 형태가 병진하는 관계상 후진사회의 내외 정세 여하에 의하여 그의 표현 양식은 반드시 일정하게 되지 않는다. 그리하여 후진사회의 진화 단계가 혹은 연장되고 혹은 압축되는데 그 까닭에 객관에 반작용하는 의식은 후진사회의 발전을 위하여 더욱 요구된다. 그리고 고전문명을 양기치 못한 동양의 후진사회에 있어서는 과학문명을 이식함에 당하여 어느 유형에 치중할까 함은 물론 내외 정세의 여하로써 결정할 것이지마는 저의 의식적 노력은 언제나 필요한 것이다. 그리하여 필연한 진화성에 일대 박차를 가할 수 있게 되면 사회적 역사 단계를 압축하여 과학문명을 건설할 수 있다. 그런데 과학문명은 자본주의를 수정하는 과정에서 국가주의와 결부되어 국제 대립이 비상히 격화하다가 마침내 유럽[歐洲]전쟁이 발발되었으나 이 전쟁의 파괴성은 다음 단계의 과학문명을 건설함에 필요한 기초공사로 볼 수 없는 것도 아니다. 그리고 전쟁 산업은 평화 산업을 압두壓頭하여 전쟁의 생산성이 평화의 그것을 능가하게 된 것은 한 때의 현상이지마는 다음날 그들의 목적이 전환되어 이용후생하게 되면 과학문명의 이용 가치가 일층 증대할 것도 의심 없는 사실이다. 그러므로 전쟁의 생산성을 평화의 그것으로 전환하여 이용후생케 함으로써 과학문명의 이용 가치를 일층 증진케 하는 것은 의식적 노력에 기대할 바이거니와 금번의 유럽 전쟁이 이 노력의 파탄을 결과하지 아니하면 다음 단계의 과학문명은 전쟁의 생산성에서 해방되어 평화 산업의 풍부한 생산을 보장할 수 있다. 그리고 전쟁 문제에 대해서는 예로부터 많은 이론이 있었고 또 금번 전쟁에 대해서도 구구한 이론이 있지마는 그러나 금번 전쟁이 다음날의 평화에 공헌할 것은 그리하여 전쟁을 위한 전쟁이 되지 않고 평화를 위한 전쟁으로서 역사적 의의를 가지게 될 것은 신구 세력이 대치한 실제 정세로서 입론할 수 있으니 전쟁을 가지고 과학문명의 파탄을 논단함과 같은 일은 보드라운 문학자의 시적 감상에 지나지 않는다.(3회)

4. 유럽전란과 문화

물론 전쟁의 파괴성은 부정할 바 아니지마는 그의 진보성도 긍정치 않으면 아니 된다. 그리고 어떠한 전쟁은 진보성을 가지느냐 하면 전쟁의 결과 신세력이 등장하여 신질서를 건설할 수 있는 전쟁은 노상 진보성을 함축한다. 그러므로 이제 우리는 금번의 유럽전쟁에 대하여 먼저 신세력이 등장할 수 있을까 없을까, 그리고 신질서를 건설할 수 있을까 없을까를 밝힌 다음 전쟁의 본질을 규정하지 않으면 아니 된다. 그리고 영프 등 국가에서 구질서의 수정을 불긍不肯하여 인류문화는 거의 질식할 지경에 빠지고 있으니 그에 대한 반대 세력이 나타난 것은 필연한 일이거니와 이 전쟁에 있어서 신세력이 패배하면 구질서의 질곡은 일층 증대하여 소수의 강대국가의 전자專恣 하에 인류 생활은 어느 지경에 이를까. 그러나 신세력이 개세改勢를 취할 수 있을 만큼 강대해졌으니 구질서의 수정을 비관할 것이 없다. 그리하여 과학문명이 전쟁문제에서 파탄되지 아니하면 일보일보 전진하여 신질서의 건설을 완수하게 된 것이니 금번 전쟁에 대한 세인의 관심이 긴장한 것은 이유 없는 일이 아니다.

그런데 중세기의 말기에 이르러서 고전이 범람한 끝에 나폴레옹[那巴崙]이 나타나서 구질서를 파괴함에는 성공하였으나 신질서를 건설함에는 기다幾多의 공적을 남겨놓고 실패하였다. 과학문명의 제한성을 극복치 못한 까닭이다. 그리고 이제 고전이 범람하는 것을 볼 때에 어떠한 역사적 시사가 있는 것을 깨닫는 바거니와 금번 전쟁에 있어서 구질서만 수정하게 되면 신질서의 건설에 실패한 위험은 적지 아니할까 한다. '히틀러'의 영웅주의는 과학문명으로 무장되고 또 신질서의 건설 도안은 이미 계시되고 있다. 그리하여 이 시대의 문예부흥은 필요치 않게 되었으니 고전문명으로 방패를 삼아 서양문명의 동점東漸을 거부할 이유가 없다. 그리고 일부 학자 간에 언어, 가요, 역사 등을 연구하고 동양학東洋學의 조예를 꾀하는 것은 조선을 알고 동양을 알기 위한 일로 해서 의미가 있으나 세계문화에 공헌함에는 높게 평가할 수 없을 줄 안다.

요컨대 서양문명의 동점은 무엇으로도 막을 수 없는 대세이니 이에 순順하면 살 것이오, 역逆하면 망하는 것뿐이다. 그리고 일찍 이에 순응치 못한 사실 史實은 감상感傷에서 사라질 것이 아니니 부동성인 고전문명을 과중過重 평가하고 현실에 추수하여 대세에 역행하는 것은 언제나 금물이다. '물론 전쟁이라는 대사건은 만인에 대하여 특히 지식인에 대하여 근본적인 자기 성찰을 요청한다. 그런데 반성한 뒤에 자기의 논견과 오류를 발견하면서 그를 고치지 않는 것은 고루이다. 그와 동시에 시국에 대하여 문화인으로서의 진실한 협력을 하는 대신에 한갓 시세의 편승을 초려하여 문화의 정당한 전통을 방기하는 것은 겁나怯懦의 조롱을 면할 수 없다. 지지계층도 아我국민·국가를 위하여 전쟁의 선과善果를 취하고 악과惡果를 억抑하여 저들의 심위心位를 유지하고 문화의 좋은 유산을 황폐에서 구호하는 것은 전장의 병사에 지지 않는 용기를 요구한다.'(『개조改造』 4월호 모리토 다츠오森戸辰男의 「전쟁과 문화」에서)(4회)

87

「문화현세의 총 검토, 초유의 예술종합논의 토의되는
제 문제에 문화인의 진지한 기염」(1)

『동아일보』, 1940.1.1

건설 약진 도상途上에 있는 우리 문화 예술의 현세를 종합적으로 그리고 또 관련으로 논의 검토해보자는 것이 이 좌담회의 근본 의도이다. 이미 오늘의 우리 문화는 각 부문이 모두 개념적 기분적 분위기에서 해탈된 지 오래되어 상당한 진경進境을 보여주게 되었음에도 불구하고 같은 문화 영역에 헌신하고 있으면서 다른 부문에 너무도 무관심하게들 지내오는 것이 또한 사실이다. 이런 결점이 항상 우리의 문화 향상을 조해阻害하는 원인이 되나니 이제 상호 관련되는 문화인의 정예부대를 선발하여 일석一席에서 문학 평론 연구 소설 시 연극 영화 음악 미술 등 각 부문의 당면한 긴요 문제를 제의 검토하는 중대한 의미가 오로지 여기 있다고 생각한다. 자기 부문에 대한 진지한 견해의 피력 그리고 다른 부문에 대하여 평소에 관심하던 바 기탄없는 주문 그리하여 여기서 얻는 반성과 소득이 또한 나타나리니 이로써 우리 문화의 앞날을 위하여 획기적 도움이 되고 적지 않은 자극이 있을 것을 확신하는 바이다.

일시 : 12월 20일 오후 5시 30분

장소 : 본사 응접실

출석자 : 김광섭金珖燮 김상용金尙鎔 김용준金瑢俊 길진섭吉鎭燮 이태준李泰俊 임
　　　회林和 양주동梁柱東 유치진柳致眞 안석주安碩柱 서항석徐恒錫 서광제徐光
　　　霽 정인섭鄭寅燮 최재서崔載瑞 홍난파洪蘭坡 제씨

본사 측 : 정래동丁來東 이하윤異河潤

이하윤　우리가 같은 문화 예술의 영역에 있으면서도 피차이 관심이 너무 적었음
　　　은 사실인 것 같습니다. 오늘 이 좌담회의 본의는 특히 이런 의미에서 문
　　　화 각방에 계신 분들이 한 자리에서 자기 부문을 토의하며 다른 부문에
　　　있는 분의 의견을 듣고 또다른 부문에 대한 평소의 견해를 피력하여 문
　　　화 전반에 긍亘한 향상에 일조가 되고자 하는 데 있습니다. 먼저 문예 평
　　　론에 대한 문제부터 시작하겠습니다. 금년은 각 신문 잡지를 통하여 문
　　　예 평론이 상당히 양적으로 많았다고 봅니다. 그러나 문제를 요약하면
　　　세 가지로 생각할 수 있는데 그 하나는 비평의 빈곤, 둘째 순수예술론, 셋
　　　째 신세대론 이렇게 되겠습니다.

임화　　비평의 빈곤이라는 것은 주로 이원조李源祚 씨에 의하여 많이 말해졌고 기
　　　타 서인식徐寅植, 윤규섭尹圭涉 제씨 등에 의하여 말해졌다고 생각되는데
　　　비평의 빈곤이라는 말은 곧 비평이 왕성치 못하다는 것으로 볼 수 있는
　　　일면에 이 말은 또 비평정신이 빈핍하다고 할 수 있는 것과 또 비평의 기
　　　준이 박약하다고 말할 수 있는 것으로 나는 오히려 여러분의 의견을 듣
　　　고 싶습니다.

김광섭　비평의 빈곤이라고 하면 결국 할 말을 다 못하였다는 것이겠는데 어쩔
　　　수 없는 한 현상이 아닐까요.

이하윤   단순히 그렇게만도 해석할 수 없겠지요.

정인섭   비평의 빈곤은 최재서 씨 방면에서 나온 것 같고 순수예술론은 유진오兪
        鎭午 씨가 낸 것 같으며, 임화 씨는 신세대론을 쓸 것 같은데 비평의 기준
        이 뚜렷한 것이 없다면 그것은 다소 비평의 빈곤에 타당할 수 있으나 비
        평정신이 빈곤하다면 그것은 또 무엇이람.

최재서   나는 그렇게 이야기 한 일도 없고, 그렇게 생각한 일도 없습니다. 나는 비
        평이 빈곤 커녕은 도리어 왕성하다고 봅니다. 이즈음 도쿄[東京]에서 온
        문예잡지를 펴보더라도 비평이 이곳만 못한 느낌을 줍디다.

김광섭   그 전에는 어떤 주창 또는 어떤 선전을 하기 위하여 비평정신이란 것이
        있었고 또 그것에의 한 비평 기준이 있었으나 요새 와서는 시대적 영향
        도 있다고는 생각합니다마는 첫째 투지가 없다고 보이는 동시에 그 속에
        있는 무엇을 캐치하기가 너무 힘이 듭니다. 따라서 그것은 완전한 비평
        이라 할 수 없고 다만 암시를 주는 정도에 지나지 않다고 봅니다.

양주동   재래의 작품은 사상적 내용을 많이 내포하였고 또 비평가들 사상적 기준
        밑에 재단해왔으나 요즈음 혼한 기술 비평에 이르러서는 퍽이나 애매하
        여 이것도 저것도 아니지요. 기술 비평이라고 하더라도 좀 더 정확하게
        할 수 있는데 어째 그런지 그 까닭을 알 수 없더군.

정인섭   나보기에는 기묘년의 비평론은 평가評家들이 주로 기술 비평을 주장한
        모양인데 역시 분류해 말하면 임화 씨는 주인공론, 최재서 씨는 성격론
        기타 형식론 등으로 한 말로 하면 기술에 대한 것이라 하겠는데 너무 만
        연하여 어디인지 부족한 느낌이 있었고 또 동시에 지시가 있었습니다.
        말하자면 기준에 대해 애매한 동시에 모든 이론이 추상적인 데서 만족한
        듯합니다.

이태준 거기 대하여 저도 한 말씀 하겠습니다. 저는 제 작품에 대하여 가끔 비평을 받게 되는데 전에는 작품을 가지고 사상적으로 그것이 되었느니 아니 되었느니 꾸지람을 들었으나 무슨 타격 같은 것을 느낀 일은 없었고 한 말로 하면 그때 비평은 이데올로기 만능이었지요. 최근은 분명 기술 비평을 하기는 하여 다소 우리들 작품 속에 들어와 우리들의 의견에도 접근해오기는 하지만 역시 그저 가려운 데를 긁어주는 정도입니다. 김동인 金東仁 씨가 몇 번 비평의 붓을 들어주셨는데 씨는 아픈 데를 긁어주는 느낌을 느꼈습니다. 아직도 작가의 공작 속에 들어온 비평가가 없다고 해도 과언이 아닙니다. 그저 나은 것이 있다면 그 전보다 비평가가 작가에게 접근해 오는 그것이겠지요.

임화 최근의 평단은 기술 비평에 흐르고 있는 경향만은 사실이겠지요. 헌데 나는 금년에 여기에 관하여 이원조, 서인식 양씨의 평론을 매우 의의 있게 보았습니다. 그것은 이원조 씨는 전적으로 비평정신의 결여를 논했고 또 서인식 씨도 비평정신의 결여를 말하였으나 전자는 어떤 구체적인 것을 거론하지 않았고 후자는 다소 구체적인 것을 말한 듯합니다. 요컨대 비평 정신이란 영도성, 지도성이겠는데 이런 것들이 연래 모든 평론에 없는 것은 또 사실입니다. 또 최근에 전혀 기술적인 것에 치우쳤다는 것은 나더러 말하라고 하면 모든 평가들이 기술에 대하여 이해하고 해석하려고 노력하고 있을지언정 작가를 힐뜯고 있는 것은 아닙니다.

안석주 나는 최근 문단과는 좀 떨어져있지만 역시 평단은 떠드는 것으로 일을 삼아 그 구체적인 것을 보여주지 못하는 데는 늘 불만입니다.

서항석 이때까지 비평이 빈곤이니 어떠니 하지마는 문학이 문학되는 근본적인 점을 제시해야 할 것입니다. 더욱이 다음 해는 어떻게 해야 한다는 것을 명시했으면 합니다.

양주동　나는 도리어 평단에서 작가들보다도 열심인 것 같습디다. 좀 작가들을 혼내놓는 평가가 있었으면 합니다.

정인섭　작가를 혼내놓는다는 데는 나도 찬성이야. (소성笑聲)

이태준　나 보기에는 오늘까지의 조선의 비평은 너무나 고답적인 감이 불무합니다. 나는 도리어 소설 강의하듯이 좀 자세히 해주었으면 작가에게도 도움이 되고 독자도 잘 알아보리라고 생각합니다.

서항석　그런 것은 중견 비평가들이 좀 힘을 쓰면 될 터인데 역시 비평을 고답적으로 쓰는 것이 한 명예 같이 되고 보니 어디 그렇게들 쓰나요.

안석주　비평가들은 아직도 편벽된 비평을 하는 일이 많아 작가들을 무척 추킨 일도 많고 작가들 무척 깎는 일이 많은데 이것은 다 같이 작가 중심으로 전혀 대중과는 너무 떨어져있는 것입니다. 비평가들도 대중을 생각하고 붓을 들었으면 좋겠습니다.

이하윤　그러면 다음 순수예술론에 대하여 구체적으로 말씀해주셨으면 합니다.

이태준　순수예술론은 아마 이원조 씨가 많이 제의하고 또 주창한 모양인데 나는 그보다도 최재서 씨가 방금 시험하고 있는 작가 연구에 대하여 매우 흥미를 가지고 보고 있습니다. 그리고 아마 이 순수예술론은 명년에도 중요한 과제가 될 것이라고 봅니다.

정인섭　순수예술론은 지금 조선문단에 두 가지로 나뉘어 있다고 봅니다. 하나는 안회남安懷南 씨 일파가 주장하는 그야말로 순수예술주의와 또 하나는 새로 유진오 씨가 주장하는 순수예술론인데, 안회남 씨의 그것은 무슨 새로운 것이 아니라 그 전부터 말해오던 순수예술, 곧 재래 경향적인 작품에 대립하여 작품을 순수예술로 만들어 쓴다는 것이고 유진오 씨의 그것은 오늘의 20대 작가는 30대 작가와 같이 고민을 겪지 못하였으니 행복인 동시에 그 나아갈 길을 리얼리스틱한 길로 하라는 것입니다.

이태준 그것은 순수예술론이라고 하기에는 너무 동떨어져 있는 것이 아닐까요. 리얼리즘론이 아닐까요.

양주동 똑같은 말 같구먼! 하여간 재래는 순수하지 않았으니 이제부터는 순수하자는 것이겠는데 이것도 좋지 않을 것은 없고, 그렇게 했으면 하지만 그 실은 그렇게 못 되는 것이 항예恒例거든. 그러므로 작년에 순수이니 무엇이니 하고 떠든 것도 구경究竟 그런 곳에 멎어지고 말았지 뭐 더 진전된 것 같지는 않습니다.

김광섭 그러기에 아까 이태준 씨가 명년에도 순수 시비는 중요한 과제라고 말한 듯합니다. 나도 거기에 동감입니다마는 그 실은 순수예술을 낳기가 도리어 경향적인 것보다도 어렵다고 봅니다.

양주동 하여간 순수예술이 조선 문단에서 성론盛論되고, 또 앞으로 작품이 그렇게 될 것은 필연적 사실로 될 것이나 그렇다고 서양의 것이나 모방하는 데 그치지 말고 조선이 가지는 바 특색있는 것을 가졌으면 합니다.

임화 그렇습니다. 조선적인 특색을 요구하는 것은 문단이나 독자나 공통된 심리일 것입니다. 아울러 박태원朴泰遠 씨의 「천변풍경」 같은 류에 멎어지지 말고 좀 더 참신한 순수예술 작품이 나왔으면 합니다.

이하윤 한동안 물의가 분분하던 신세대론으로 넘어가겠습니다.

김광섭 신세대론은 내 생각에는 주로 임화 씨가 많이 집필하신 줄 아는데 나는 아무런 신세대적인 감흥이 없고 또 2~3의 시인이 신세대를 대표할 수 있을까 퍽 의문되어 마지않습니다. 임화 씨는 거기에 대하여 어떤 의취意趣 밑에 신세대라고 하셨는지.

임화 　신세대론은 사실 내가 많이 썼습니다. 그러나 그렇게 무슨 큰 의도 밑에 써진 것은 아닙니다. 곧 로렌스가 말하는 것 같은 그런 새 세대는 아닙니다. 다만 신세대적인 경향이라고 말할까요. 아무런 내 의도와는 다른 의미에서 너무 확대해본 것들만은 사실입니다. 요컨대 나는 세대를 가령 5년 내지 10년이란 것으로 간격을 두어가지고 그것을 보았고 또 신세대라고 그저 한두 번 제목을 붙여본 것뿐입니다. 따라서 현대 조선의 20대 작가가 대체 무엇을 생각하고 있는가를 한 번 알아본 것뿐입니다. 그러므로 무슨 새 세대가 형성됐다든가, 또는 왔다든가 하는 말은 전혀 아닙니다.

이하윤 　다음 고전연구에 대하여 말씀해 주셨으면 합니다.

정인섭 　이 문제는 양주동 씨가 말씀해주셨으면 좋겠습니다. 고전에 속하는 작가를 연구함에 있어 세 가지로 분석할 수 있는데 한 가지는 언어학적 연구고 다른 두 가지는 문학적, 사상적 연구라 하겠는데 양주동 씨는 나보기에는 언어학적인 곳에만 그치고 만 것 같은데 앞으로 누구든지 학자적 양심, 예하면 양주동 씨 같이 좀 더 진지한 학구적인 무엇이 나와 조선 문단에 언어학적으로 또는 문학적으로 사상적으로 큰 도움이 되었으면 여간 좋은 일이 아닐 것입니다.

김광섭 　문학적 연구, 사상적 연구라고 말씀하시는데 문학적이라는 것은 무엇을 지칭하는 것인지 좀 구체적으로 설명하셨으면 좋겠습니다.

정인섭 　그것은 고전을 다만 어떻게 읽는다든지 해석하는 그런 것만이 아니라 우리가 그 고전 속에서 발견할 수 있는 어떤 무엇, 곧 시대를 대변한 사상이라든가 또 그와 같은 문학사상을 말함입니다.

이하윤 　제가 말한 고전은 조선 고전만에 한해서가 아닙니다.

최재서 　고전연구란 말로는 하기 쉬우나 그 실 연구라는 것이 붙으면 상당히 사람을 괴롭게 구는 것이니까요.

양주동　고전연구에 관해서는 이원조 씨가 쓴 논문도 퍽 구체적인 것이었습니다. 고전연구란 덮어놓고 좋은 것만은 아님으로 신중히 하지 않으면 아니 됩니다. 고전을 연구하는 데는 장점도 있고 또 단점도 있어 단점은 버리고 장점만을 취하여야 할 터인데 어디 그렇습니까. 다시 말하면 사람 속에 고전이 살아야겠는데 고전 속에 사람이 산다는 것은 대차불찬성입니다. 아까 정인섭 씨의 말씀대로 나는 고전연구를 언어학적으로 한 데 불과하니까 초보적이라 하겠지요. 그 다음 문학적인 데까지 파들어 가야겠는데 아직 언어학적인 데서도 완전히 못 끝내고 문학적인 것은 먼 장래 일이지요.

김광섭　고전연구라는 것은 조선 것만 아니라 외국 것이라도 때로는 얼토당토 아니한 것이 나타나는 때가 있으니 이것은 어찌 되는 까닭일까요? 그리고 고전연구라고 언어학적인 주석에만 그치고 마는 것이 있으니 이래서는 고전연구가 진전될 것까지 의심이 됩니다.

양주동　옳은 말씀입니다. 또 당연한 질문입니다. 고전 원본이란 때로는 불분명한 일이 있어 얼토당토 않게 해석되는 수도 있고 또 그 연구하는 사람의 연구가 부족해서 그리 되는 수도 있으나 하여간 어학적인 주석만은 자꾸 장려를 할지언정 걱정할 것은 아니라고 생각합니다.

정인섭　조선의 학계는 아직도 미약하여 무어 어디 연구다운 연구도 볼 만한 것이 없을 뿐 아니라 또한 논쟁이라도 어학적인 곳에서 싸우고 있어 펙 유치한 감을 주는데, 이런 것은 백년하청百年河淸으로 밤낮 싸워봤자 별 수 없으니 앞으론 좀 문학적으로 나아가 일반 작가로도 경청할 만한 것이 있고 또 독자도 흥미를 느끼게 했으면 좋겠습니다.

양주동 고전연구에 있어서는 아까 정인섭 씨도 말했거니와 실로 세 계단으로 나눠 어학적인 것을 첫 계단으로 하고, 그 다음 문학적 비평과 감상을 하고 최종으로 사적史的 사회학적으로 할 수 있는데 조선의 학적 수준이란 말이 아니어서 셰익스피어의 텍스트도 완전히 못 읽으면서 셰익스피어 연구이니 뭐니 하는 것은 아무래도 소지천만笑止千萬의 일로서 나는 아무래도 그런 연구 태도는 버렸으면 합니다.

이하윤 여기 관련된 고전부흥에 대해서 말씀을 듣고 싶습니다.

김광섭 고전부흥은 별 것이 없을 것입니다. 학자들이 많이 연구하고 또 그 연구한 바를 발표하는 동시에 어려운 원본을 평이하게 읽도록 해주는 데서 비로소 고전부흥이 있을 것입니다.

정인섭 고전부흥은 그저 고전을 많이 간행하고 또 해석하고 (한 줄 판독불능 – 엮은이) 『만엽집萬葉集』이나 『고사기古事記』가 수정에 수정을 거듭하고 있듯이 되어야 할 것입니다.

이하윤 최근에 외국 간행물이 잘 못 들어오고 여기에 따라 외국문학 연구의 방도가 논의됨이 당연하겠는데 의견을 말씀해주십시오.

김상용 외국 간행물의 수입이 곤란한 것만은 사실입니다. 그렇더라도 외국문학 연구하는 데는 반드시 새로운 간행물만이 필요한 것은 아닙니다. 나는 외국문학 연구한다는 태도 그것부터 시정했으면 합니다. 고전은 필요 없고 신간만 필요한 것이 아니겠지요. 요컨대 나는 문학 연구에 있어 우선 진지한 태도를 가졌으면 합니다.

최재서 양서洋書 수입의 곤란은 우리의 상상 이상의 그것입니다. 제대帝大 도서관에 가보니 『써플리먼트』가 9월까지 오고 아직도 오지 아니하였습니다. 외국 신간을 읽는다는 것은 주로 잡지와 신작에서 그들의 동향을 알려는 것입니다. 그렇게 되고 보면 구하기 쉬운 기간[旣刊] 중에서 작품을 본위로 삼아 연구할 수밖에 없겠지요.

김상용 작품 읽는 것은 여간 필요치 않습니다. 작품도 안 읽고 거저 연구 운운은 암만 해도 모를 소리 같더군요.

이하윤 외국문학 수입에 관한 문제도 긴요한 문제라고 생각합니다.

김상용 일반이 좋은 번역을 요구하는 것은 사실이겠지요.

최재서 하여간 번역이라고 하면 큰 것을 해야겠는데 예하면 셰익스피어의 4대 비극도 좋고 또 괴테의 시도 좋고 좀 그런 것들이 있으면 합니다. 이탈리아[伊太利]에도 외국 것들의 번역이 성행된다 합니다. 그리고 요새 도쿄에서 오는 출간물을 보면 번역물이 상당한 퍼센테이지를 점령하고 있더군요. 조선에도 번역이 상당히 수용될 터인데 아무래도 창작과는 병행이 안 됩니다.

정래동 우선 번역도 많고 볼 것입니다. 어떤 때는 번역이 창작보다 독자가 많은 수가 있습디다. 중국에서 본 현상인데 창작을 제쳐놓고 읽는 일이 많습니다.

최재서 역시 문제는 늘 번역이 잘 되었느냐 못 되었느냐 하는 데 있지요. 번역이 그 실 창작보다 어렵습니다.

정인섭 번역물이 창작보다 힘이 더 드는 것은 사실이지요.

이하윤 이런 기회에 고전과 작품을 많이 연구 번역하는 것이 좋을 줄 압니다. (1회)

88

「학술조선에 전진령! 학계진흥책을 듣는다

– 경성제대에 고한다, 농성주의를 버리라」

『조선일보』, 1940.1.3

1. 경성제대에 대한 희망?

유억겸兪億兼 학내 사정에 통효通曉치 못한 사람으로 혹은 무모無謀의 희망이 있을는
지 모르나 평소 희망하던 것을 몇 가지 말하여 보겠습니다.

1) 도쿄[東京]제대나 교토[京都]제대와 같이 속히 명실상부한 완전한
종합대학이 되어 줄 것 2) 법문학부에서는 대학 창설 당초에 발표한
것과 같이 동양문화 연구 및 선명宣明에 특히 노력하여 줄 것 3) 현유
現有 시설만으로도 현재 학생 수의 3~4배 수용이 가능하겠으니 관공
사립 전문학교 졸업자에게까지도 입학의 길을 광개廣開하여 줄 것 4)
여자에게도 대학교육을 받을 길을 광개하여 줄 것 5) 성인 교육을 목
적하여 교수단의 공개 강연을 자주 개최하여 줌과 동시에 교수나 학
생의 연구의 장해가 없는 한도 내에서 널리 일반 독학자들에게 기 시
설을 이용할 수 있게 하여 줄 것 6) 교외생校外生 제도를 두어 숨은 재
사才士들의 연구의 길을 열어주도록 하여 줄 것 7) 반도 출신의 젊은

독학자篤學者를 교수로 많이 채용하여 줄 것 8) 대비생貸費生 제도를 두

어 학자 양성에 만전을 기하여 줄 것 9) 100만 권 이상을 보장保藏한

도서관이 속히 되도록 노력하여 줄 것.

김두헌金斗憲   경성제대에 대해서는 나는 세 가지의 요망을 가지고 있다. 기1은 입

학생 선발에 있어서 아무런 구별이 없이 다만 성적순으로만 뽑아 달

라는 것이고 기2는 조선인 학자에게도 교수의 자리를 제공하라는 것

이고 기3은 단 2~3인의 교수나 강사가 한 과의 강좌를 전임하지 말고

조선인 학자 중에서도 권위 있는 사람을 뽑아다가 강단에 세워달라

는 것이다. 제대의 현상은 이 점에 있어서 너무도 등한한 것이 사실

이다.

김활란金活蘭   입학생을 선발할 때 '퍼센티지'제로 하지 말고 엄정한 의미에 있어서

성적순으로 하였으면 한다. 그리고 조수나 교수를 채용하는 데도 정

실情實이나 혹은 사적 관계를 초월하여 어디까지나 인재 본위로 하여

주었으면 한다.

유진오兪鎭午   성대城大는 근본적으로 개혁하지 않으면 안 된다. 조선문화로부터 유

리되어 있는 것이 무엇보다도 성대의 일대 결함이다. 그리고 교수나

조수에 있어서 조선인을 '보이코트'하게 된 것 같이 느껴지는 것도

실수가 아닐 수 없다. 그들은 먼저 조선학자에게도 문호를 개방할 책

임을 느껴야 한다. 현재의 성대의 기구는 행정관청이나 사법관청보

다 더 경화硬化되었다고 나는 본다.

최윤식崔允植   성대에 대한 요구는 많다. 그러나 우선 생각하는 것은 학위를 주는

데 불공평한 것이다. 더욱 의학부가 그렇다. 전문학교를 졸업하고

온 사람은 10년을 가도 학위 얻기가 힘들다. 이 점은 확실히 성대가

짊어질 비난일 것이며, 반성할 문제일 것이다.

방종현方鍾鉉 조선어문학 강좌를 맡는 교수를 더 두고 내용을 충실히 하여 주었으면….

이극로李克魯 최고학부로서 우리가 가지고 있는 유일의 경성제대에 대해서 희망을 말하자면 너무도 많다. 그러나 그중에서 건의하기에 편리한 2~3 종목을 든다면 다음과 같다. 1) 학술생활에 있어서 공평하게 2) 조선학자에게도 교수의 자리를 제공하라 3) 조선학자에게도 적극적으로 활동의 길을 열어주었으면.

백인제白麟濟 학문을 배우자고 하는 사람은 누구나 갈 수 있도록 먼저 학원을 개방할 필요가 있다. 지금의 성대는 학벌에 있어서 너무나 농성주의寵城主義다. 대학이 이렇게 농성주의로 나간다면 학계의 진흥을 이야기 할 때 훨씬 우리들은 원기를 상실하게 된다.

안동혁安東赫 설비가 대학으로서는 너무도 불충분하다. 그리고 조선인 조수를 다량으로 채용하여 생활을 보장하여 주고 연구를 조장하여 줄 것이다.

이병도李丙燾 제대는 지금 비교적 충실한 도서관을 가지고 있으니까 나의 희망이란 오직 이 풍부한 서적을 널리 일반에게 공개하여서 자유로 열람할 수 있도록 하여 달라는 것이다. 조선의 학자는 막대한 비용을 투자하고 고가의 연구서를 사볼 만한 경제적 여유가 없으니까 제대 같은 데서 이 점을 잘 이해한 후 도서실을 공개하여서 일반에게 연구상 편리를 원모圓謀해주었으면 한다.

윤일선尹日善 이공학부가 된다 하나 성대는 좀 더 설비를 대규모로 하여 종합대학으로서 발전하였으면 한다.

김태준金台俊 나는 직접 이 기관에 관계하고 있는 만큼 무어라고 발언하기가 곤란하다. 내선일체란 의미에서도 학생을 평균하게 다수히 뽑았으면. 그리고 조선문학과 조선사학에다 좀 더 주력하여 성대를 중심으로 진흥시킬 수는 없을까. 이것은 나의 희망의 하나다.

김상용金尙鎔　최고학부로서의 성대의 금일의 책임은 여간 중대한 것이 아니다. 강좌 같은 것도 일반에게 공개하고 공평하게 학자를 양성해주었으면 한다. 이 중에서도 공평하게 학자를 양성한다는 문제는 가장 긴요한 문제일 것이다.

이희승李熙昇　1) 학원을 개방하라! 2) 조선학에 치중하여 여기에 대한 과목을 좀 더 충실히 하여 주었으면 한다.

「학술조선에 전진령! 학계진흥책을 듣는다

– 후진학도 지도는 어떠케, 아카데미 출현 대망, 현유 기관을 더 충실하게」

『조선일보』, 1940.1.3

이병도 '아카데미' 같은 유력한 기관이 있다면 후진의 지도기관 같은 것은 별로 따로 필요하지는 않을 줄 안다. 사실 우승優勝한 인재가 학교를 마치고 나와도 곧 자기의 연구를 연장할 수 없고 그렇다고 적당한 직장에 취직도 안 되니까 참 난처한 문제다. 이러한 필요한 기관을 시급히 설립하자면 재단의 문화적 자각도 자각이겠지마는 그보다도 언론기관 같은 데서 사회적으로 여론을 일으킬 것이다.

유억겸 거액의 자금이 있어 독립한 연구 지도기관을 설치할 수 있다면 모르지마는 그렇지 못하다면 현유 전문학교 이상 학부의 내용 충실을 도모하여 그것을 적의適宜히 개방함으로써 후진의 학적 지도를 능히 할 수 있을 줄 믿는다.

백인제 민립대학이 있고, 사설 연구소가 많으면 이 문제는 자연 해소될 것이리라 생각한다. 학생 때에는 그래도 학자學資를 보조하는 기관이 있는데, 학교만 나오면 보조를 끊고 마는 것은 조선사회에서만 볼 수 있는 기형적 현상이다.

최윤식 시급한 대로는 인사상담소 같은 제도의 것도 좋다. 물론 완전한 학교만 된다면 교수들이 지도에 나설 것이나 그렇지 못하니 문제는 중대성을 띄게 된다.

방종현 역시 사설 연구소 문제에서와 같은 말을 할 수밖에 나는 딴 생각이 없다.

유진오 위선 사설 연구소 설립이 긴급한 문제다. 이것이 해결되자 동시에 후진은 그들의 고독한 연구실로부터 구제될 줄 안다.

윤일선 현재에 있는 기관을 지도받을 사람이 이용하기에 달렸다고 나는 생각한다. 즉 후진 자신에게 달렸다는 것이다.

이극로 학생이 한 번 교문을 나오면 좀 더 계속해서 공부길이 없는 것은 우리만이 가진 비극적 현상일 것이다. 즉 이들 후진을 위해서 사회적으로 또는 문화적으로 지지가 없는 것이 무엇보다도 심각한 조선사회의 결함이다. 재벌은 자꾸 재단법인을 만들어서 얼마든지 후진의 지도기관을 설립해야 된다.

안동혁 조선의 문화수준을 높일 후진이 있다면 사회 전체가 그의 지도기관이 되어야 한다. 더구나 대학 같은 곳에서 적극적 후원이 있어야 된다.

김상용 문단만 하더라도 선진에 대하여 확실히 불친절하다. 그들은 너무나 사법관이 되려고 한다. 적으나마 문화유산을 가진 사회에서는 이러한 교제가 또는 상종이 진행되어서는 안 된다. 그러니까 말하자면 후진의 지도기관을 설립하기 전에 먼저 선진들의 태도부터 고쳐야 될 것이다.

김활란 후진을 정당한 의미에서 철저히 지도하자면 새로이 하나나 둘의 특별한 기관을 설립하는 것도 훌륭한 한 방도겠지마는 그보다도 사회의 기성 기관이 전적으로 총동원 되어야 할 것이다. 이것이 중대한 문제다.

김두헌 이 문제에 대해서는 나는 좀 다른 생각을 하고 있다. 후진의 지도기관이야 물론 필요 이상으로 필요하지만 그보다도 나는 공설학생기숙사를 세우고 싶다. 그래서 도덕적 이상을 가지고서든지 종교의식을 가지고서든지 적당한 지도자가 나서서 지도했으면 좋을 줄 안다.

김태준　이 점만은 특히 조선적 현실에 비추어서 언론기관의 힘을 빌려야 될 줄 안다.

이희승　사설 연구소만 된다면 이 문제도 자연 해결될 것이다.

90

「학술조선에 전진령! 학계진흥책을 듣는다

- 사전에 이러케 요망한다, 대학의 대용기관 교수진을 정비하라!」

『조선일보』, 1940.1.3

유진오   성대城大가 저렇게 유리되어 있고 연구소도 없으며 민립대학을 세우자는
기운도 아직 같아서는 보이지 않으니까 현재의 사립전문은 2중 3중의 역
할을 하지 않으면 안 된다. 즉 각계의 인물을 망라하고 대학이 하는 문화
적 역할을 하였으면 한다.

방종현   우리 처지에서는 사전私專이 딴 데 대학 노릇을 해야 할 줄 안다. 그러니
까 단순히 학생의 교수에만 치중하지 말고 교수진의 학적 정비를 꾀해야
할 것이다.

이병도   현재의 사립전문을 볼 때 제일 서운하게 느껴지는 것은 진지한 학자가
드물다는 것이다. 물론 침착하게 연구할 만한 경제적 여유도 없겠지만
설혹 충분한 여유가 있는 사람도 웬일인지 불성실하다. 그리고 교수 자
신들의 각성이 있어서 질적으로 향상이 있어야 될 줄 안다.

백인제   현재의 사전은 너무나 내용이 빈약하다. 교수의 보수도 적고 그들에게 제
공하는 연구비용도 너무나 적다. 이것은 완전히 사립전문학교가 가진 불
명예스런 '핸디캡'이다. 여기에 대한 구제책은 학교당국에 바라는 것보다

대외적으로 유력한 재벌의 출마를 기대할 수밖에 없다.

이극로　현재의 사립전문은 교수의 개성을 조장시켜줄 줄 모르는 것이 하나의 병
　　　　폐다. 그리고 교수의 생활보장이란 데 있어서는 학교당국은 너무나 무관
　　　　심하다. 그들의 매월 타는 보수를 가지고서는 가족은커녕 개인생활도 영
　　　　위하기에 곤란한 처지다. 하물며 연구의 길을 바라리요.

최윤식　현재의 사립전문은 상당한 학력을 가진 교수들이 많다. 이것은 기꺼운
　　　　현상이다. 좀 더 경제적으로 보조만 있다면 내용도 충실해질 수 있고 성
　　　　과도 크리라 생각한다. 문제는 어느 때나 돈이다.

안동혁　사전은 교수진이 빈약한 점에서 아직 같아서는 비난을 면할 수 없다. 보
　　　　수를 후히 하여 교수 진용을 강력화 할 것이다.

윤일선　사람 건물 기구…등에 있어서 결코 만족할 수 없다. 그중에 인적 문제란
　　　　가장 복난한 숙제다.

김상용　제도에 있어서는 관공립과 별무別無 차이다. 다만 차이가 있다면 그것은
　　　　오로지 경제적 약점에서 오는 차이일 것이다. 경제가 허락지 않으니까
　　　　자연히 많은 보수를 내고 좋은 교수를 더 많이 데려다 내용을 확충할 수
　　　　없는 것이다.

김활란　설비를 완전히 하고 내용을 충실히 해야 한다. 이것이 언제나 이상으로
　　　　만 떠들고 실현되지 못하는 곳에 학교경영자로서 고민이 있는 것이다.
　　　　그리고 사회에서도 이 점은 충분한 이해와 지지로서 대해주었으면 한다.

김두헌　사립전문학교에서 제일 먼저 해결해야 될 것은 경제적 조건일 것이다.
　　　　경제만 허許한다면 내용의 기구나 설비에 있어서도 결코 관공립에 떨어
　　　　지지 않을 줄 안다. 그리고 당국에서도 좀 더 사립전문을 이해해주었으
　　　　면 하는 희망을 나는 언제나 가진다. 끝으로 하나는 학교 설립자가 학교

행정에 대해서 절대로 간섭을 말 것이다. 사무와 교육은 엄연하게 구별 해야 한다.

김태준　법문학부만 하더라도 교수 채용에 있어서 너무 편협한 것 같다. 세계관 이 다르고 또는 종교가가 아니더라도 실력만 있으면 관대하게 맞아주어 야 사전의 내용은 충실하여질 것이다.

이희승　설비도 설비겠지마는 내용을 충실하게 해야 한다. 이것의 한 방편으로서 는 제일 먼저 교수들의 연구를 적극적으로 후원하고 조장해주어야 한다.

유억겸　요컨대 1) 내용 충실에 최선을 다 하지 않으면 아니 된다 2) 현상 유지의 급 급함으로만은 학계의 공헌은 거의 기대할 수 없다 3) 이렇다 할 만한 건실 한 학풍 진작의 노력이 부족하다 4) 대체로 교수나 생도가 학문 연구의 열 의가 부족한 듯 5) 독특한 교풍이 있어 좋은 듯이 보인다.

91

「평단 3인 정담회 문화문제 종횡관」(상)(중)(하)

서인식 · 박치우 · 김오성, 『조선일보』, 1940.3.15~19

1. 문화 성장의 토양

외래문화

서인식徐寅植　어떤 편에서는 조선문화의 특수성 창조성 고유성을 의심하는 경향

도 있나 보던데….

박치우朴致祐　그런 말을 들어도 무리는 아니겠지만 대체로 말하면 정도 문제가 아

닐까? 어느 정도까지를 빌려온 것, 어느 정도까지를 고유한 것이라

고 하느냐를 명확하게 규정하기 전에는 일률로 판단해 버리기는 어

려울 것입니다. 남의 것을 자기 것을 만든다는 것은 문화 본래의 수

입성인데 이는 문화의 본질적 성격이 아닙니까? 만일 그것조차를 인

정치 않는다면 세계에는 독자적인 것은 없지요. 다만 그 수입성에 있

어서 상품과 다른 점은 문화란 한 번 들어오면 자기의 생리에 맞도록

개조하고 수선해서 제 것을 만드는 점입니다. 빌려온다는 것은 벌써

필요가 있어서 하는 일이니까 필요해서 하는 일이니 가져오는 사람

의 것이 되어버릴밖에 없지요. 한 번 들여다가 성장시키지 못하고 말

려버린다면 몰라도 잘 성장한다면 그 토양과 소질에 훌륭히 들어맞았다는 증거겠지요.

김오성金午星 하세가와 뇨제칸長谷川如是閑은 자연적 경제적 정치적 환경 때문에 지나支那 문화는 그대로 들어오지 않고 대화大和 민족의 감정이 고쳐져서 일본문화가 되었다는 생각을 가지고 있나 보더군요. 풍토는 중간적이고 온화하고 농업을 중심으로 한 경제생활 속에서 선사先史 이전에 벌써 민족적 통일을 하였다는 일로부터 일본문화에는 간소하고 중간적이고 생활에 즉卽했고 '감정을 제약한 것' 등의 특징이 나왔다고 하는데 이 세 조건을 과거의 조선에 적용해온다면 자연은 대륙에 가까우면서도 어디나 없이 초조하고 경제적으로는 땅이 좁고 척박했고 또 정치적으로는 북방의 침략과 내부적 알력이 심해서 침착하게 자기 고유성을 북돋아 못간 혐嫌은 없을까.

특수성 문제

서 대체로 말하면 지나에서 들어온 문화가 단순히 조선에 와서 한 개 조선문화라는 독특한 성격을 가졌다면 조선에 독특한 전설이 있다는 것을 전제해야 합니다. 그런데 우리는 아직도 조선문화의 독특한 전설을 현재에 있어서 명확하게 규정 못하였습니다. 구체적으로 그 특수한 성격을 규정해놓았으면…. 지금까지는 유의論議가 늘 추상적이었는데 조선학 방면의 학자들이 그것을 좀 뚜렷하게 일러주었으면 합니다. 물론 개념적으로 그것을 규정 못할 뿐이지 생활을 통해서는 느끼고 있을 터이나 그래도 명확하지 못합니다.

박 꼭 같은 점만을 주워낸다면 델 수도 있지요. 동양이나 서양하면 나타나지만 조선만 짚어 말하라면 잘 나타나지 않지 않아요?

서 위선 조선문화의 형태를 규정하고 들어가야 할 터인데 이 일은 역시 조선학 방면의 학자에게 기대할밖에 없지요.

박 고구려적인 것과 신라적인 것을 나누어 생각하는데 조선적이라고 하면 이 둘을 혼합한 것도 아닙니다. 시대를 따라서 달라지는데 이것은 민족과 정치 관계를 떠나서는 생각할 수 없을 것입니다. 순서로는 고구려적인 것과 신라적인 것을 먼저 검토해야 할 것입니다. 평양 경주 개성을 보았는데 개성서는 별로 그런 감상이 없었으나 평양과 경주는 아주 다르더군요. 민족의 씨가 다르냐는 것은 별문제로 하고 우리 성격에는 두 가지 면이 있는 것만은 사실인가 합니다.

풍토성

서 풍토성은 어떨까요?

박 물론 중요한데 고대일수록 그것이 더 중요하나 지금 와서 그것을 중요시하면 오해입니다. 문화의 풍토성은 오늘과 같이 교통이 발달되면 점점 무용한 것이 될 것입니다.

서 나도 동감입니다.

박 와쯔지和辻의 이론의 동기는 알겠으나 그대로 가면 민족의 대외적 발전에 장해가 될 공간 강조의 사상에 지나지 않지요.

서 자기의 전통에서 외래문화를 소화 못하고 즉 전통을 발견하고 그 위에서 외래문화를 재반성하고 재편성하지 못하니까 외래사상이 그저 왔다가 그대로 떠난 느낌이 있습니다.

박 물론 다른 원인도 있겠지요.

김 전통을 자꾸 버리게 되지 않았을까….

박 한 30년 동안 받아들인 힘과 과거에 지나에서 받아들인 힘이 소지素地가 되어있는데 여하간에 신문화를 받아들이면서 우리 눈은 세계에 통했습니다. 문화를 받아들이는 것은 늘 우수한 것에 심복心服할 때에 되는 것인가 합니다. 지금 받아들이는 것은 서양문화 특히 자본주의 문화가 아닙니까.(상편)

2. 문화 정서와 전통

전통의 발견

서   문화에 일종 상하 두 층이 있는데 아래로 흐른 층이 문제입니다. 외래문화를 활발하게 받아들이는 것은 상층의 변화고 하층은 말하자면 민족신앙과 같은 비교적 부동不動하는 것이 있지 않아요? 이 상하층은 각각 다른 성격을 가지나 봅니다. 재래의 것은 하층에 있고 외래문화는 상층에 잠겨서 서로 분리된 대로 있습니다. 소위 신문화가 들어온 다음에도 이 일은 마찬가지인 것 같습니다. 지나문화는 말하자면 세계성을 띤 것인데 다니카와 데쓰죠谷川徹三가 말하는 문화의 무지반성無地盤性이라는 것은 역시 고유한 문화 위에 외래문화가 부동浮動하고 있는 상태를 이른 것이 아닐까요.

이조의 양반문화와 민중의 민속적 문화는 융합되지 않았으니까—신문화도 역시 이런 부동성을 가진 것이 아닐까? 그래서 민중층을 흐르는 것이 전통의 본령이 아닐까 하는데 이것의 재발견 재흡수가 긴급하다고 생각됩니다. 이 두 층이 잘 통일될 적에만 고유한 문화가 발생할 것입니다.

박   그러나 하층 문화만 찾다가는 낭패입니다. 그것은 터에 지나지 않으니까.

서   전통이라는 것은 토양이겠지요.

박   로마[羅馬]적인 전통은 '바바리즘'인데 그 토양 위에 희랍문화를 받아들였지요. 토양과 씨가 잘 들어맞았지요.

서 '로고스'적인 문화는 세계성을 가지게 되는데 각 민족의 '게뮤트'(정서)는 하층의 문화에 깊이 섞여 있지 않을까요?

무無의 성격

박 고유섭高裕燮 씨는 남과 다른 것만이 창조적인 것이 아니라 남의 것을 받아들여서 이용하는 데도 창조성이 나타날 수 있다는 의사를 말했는데 지나문화나 서양문화를 받아드릴 때에는 수동적이 되나 그것을 소화해서 내 것을 만들 때에는 창조성이 나타나리라고 생각합니다. 일본문화의 성격으로서 '무'라는 것을 잘 드나 서양 사람이 말하는 무와 노자老子의 '무', 인도철학에 있어서의 '무' 즉 동양적 '무'와는 아주 다른가 합니다. 서양서는 '-이 아니다'도 '무'라고 하니까 아주 '없는' 것과는 다르지요. 동양적 '무'라는 것은 아무 것도 없는 것이니까… 민족적 민족적 할 때에 자칫하면 고대적인 것, 봉건적인 것만을 가지고 그렇게 부르는 일이 많더군요.

서 문화의 특수성이라는 것은 어느 의미에서는 보편성을 가져야 하지요.

박 고문화에 관심을 가지는 것은 물론 필요하지만 거기 너무 붙잡혀서는 큰일입니다. 고문화에는 고대인의 심정이 나타나 있을 터인데 특수성 같은 것은 예술 방면에서 먼저 찾아야 할 것입니다.

서 철학에 있어서도 '게뮤트'라는 것은 이상합니다. 가령 '니체'를 개념적으로 이해하려고 해도 독일적 '게뮤트'를 모르고는 알 수 없지 않아요? '헤겔'은 알 수 있지만.

김 우리들 가운데서도 가장 논리적으로 쓰는 이는 역시 서인식 씨인데 '게뮤트'는 느낄 수 없더군요.

동과 서

박 아직은 우리 속에 철학은 안 나올 것 같지 않아요? 동양문화와 서양문화를 비교해서 말하는 사람들이 여러 가지 간점看點에서 하는데 동양서는 고대와 봉건시대와의 구별이 서양처럼 뚜렷하지 못했고 그런 채로 길게 걸어와서 이것을 '아시아'적 정체성이라고 불러서 그런 것을 동양적이라고 하는 사람도 있습니다. 그런데 서양문화라고 할 때에는 그것은 근세문화를 말한 것입니다. 따라서 각각 다른 시대를 가지고 서로 비교하니까 결론이 어려워질 수밖에 없습니다. 따라서 이런 의미의 동양을 선양한다면 '아나크로니즘'이 되지 않을까….

서 동양문화는 서양문화에 비해서는 특수성을 가지고 있으나 그 일반성이라는 점에서는 같을 것입니다. 이원적으로 보지 말고 일원적으로 보아서 동양문화의 특수성이라는 것은 '아세아'적 정체성에서 옵니다. 말하자면 역사적 발전상이 서로 왜곡되고 겹쳐 들어가서…. 나는 동양문화의 특수성을 고조하느니보다 차라리 그 일반성을 고조할 것이 아닌가 생각됩니다. (중편)

3. 문화 수입의 태도

과학성

박 동양문화의 일반성이라면 무엇을 가리켜 하는 말입니까?

서 동양문화에도 과학성을 찾으면 역시 부분적으로라도 있지 않을까요? 서양문화는 지성적이고 동양문화는 직관적이라 항용 말하나 사실에 있어서는 동양인의 사유방식이나 서양인의 그것이나 근본적으로 다른 것은 아닐까 합니다. 따라서 양편에서 한 가지로 과학성을 끄집어 낼 수 있을 것입니다.

박　찬성치 못하겠는데요. 지금 과학성이라는 것은 좀 그런 소박한 과학과는 의미가 다를 것입니다. 서양철학도 희랍 초까지는 대부분은 직관적이 아니었나요? 그러니까 발표하는 형식도 수상록이니 언행록이니 하는 모양을 취했지요. 그때는 동서양이 마찬가지였지요. 과학적으로 사유 방식이 정해진 것은 '아리스토텔레스' 이후입니다. 그 다음부터 지성 문명이라는 것이 발생했다고 보는 것이 온당할 것입니다. 고대의 과학성이라는 것은 단편적인 것이어서 희랍의 현인들도 그런 의미의 과학성을 가지고 있었지요. 동양문화의 과학성이란 원시적 고대적인 것인데 그런 것이면 서양에도 옛날에는 마찬가지로 있었지요.

서　문화가 신화에서 발상해서 종교, 철학, 과학의 순서로 발전해왔는데 동양서도 다만 발전이 침체했달 따름이지 대체로 경로는 마찬가지입니다. 어떤 약형적略形的인 것을 고조해서는 안 될 것입니다. 동양에서도 신화에서 과학으로 향해서 걸어왔는데 진로의 어떤 약형을 고조해서는 안 됩니다. 특수성을 파고 들어가야 하지….

박　고대에는 동서가 차이가 없었지요. 문명도 동에서 서로 옮겨 갔지요. 동양서는 과학으로까지 오는 선이 말라버렸어요.

서　그런 발전이 있었다고 보입니다. 다만 여러 시대가 겹쳐 있지요. 죽은 것과 살아있는 것이 뒤섞여서….

김　동양문화에도 시민성이 있었을까… 이 점이 중요한데….

서　과거에는 없었지요. 근세에는 있었지요.

박　과학성은 절실히 찾아야 할 터인데 그것을 과거 속에서 찾아서는 안 됩니다. 지금이야말로 찾아야할 것은 과학성인가 합니다. 동양이 부족한 점은 그것입니다. 과학성을 마치 서양의 전유물로 생각하는 것은 잘못이겠지요. 과학성을 고조한다고 해서 동양을 학대하는 것은 아닙니다. 새 과학성을 가져와야 할 줄 압니다. 우리에게 부족한 것은 그것입니다. 새 시민사회의 것을 받아들여야 할 것입니다. 막연히 동양과 서양을 대립시켜 비교하다가는 봉건사회와 시민사회를 혼동하는 결과가 됩니다.

김 하세가와 뇨제칸은 인도문화는 동양문화가 아니라고 했는데 사실 동양이라는 것은 지역적 성격을 가진 말이고 문화적으로는 통일성을 가지지 못했지요.

서 그러면 동서 문화의 차이는 어떻게 찾을까요?

박 현재를 비교해야 할 줄 압니다.

서 동양에도 발전은 없었을까.

박 있기는 했으나 지지^{遲遲}하지 않아요? 시대적으로는 비슷비슷한 경로를 밟아서….

김 가령 프랑스^[佛蘭西] 문화의 특성은 자아를 파고 들어가면서도 남을 존경하는 면이 있다고 하지 않아요? 각 나라의 문화가 그런 의미의 차이는 있겠지요.

박 과학성을 서양 사람이 가져왔으니까 배척하지만 가령 남양군도^{南洋群島} 사람들이 가져왔대도 배척하지 않을걸요.

문화수입의 터는 되었다

박 우리 문화도 이제는 상당히 터는 됐습니다. 남의 것을 무턱대고 받아들이지는 않지요. 요 한 30년 동안 우리는 날로 밀려들어오는 새 사조와 사상에 몹시 시달렸지요. 이제는 아무 것을 가져와도 안심할 수 있습니다. 그만치 터가 잡혔다고 할까, 그 증거로는 문화적으로 자기 것을 찾는 소리가 점점 높아가는 일입니다. 시민문화는 본래 세계성을 가진 대중문화니만치 조선 와서도 비교적 상하에 균점均霑되었습니다. 오늘의 지식층이 주택을 정하는 데도 조선식 집을 찾고 신여성조차 옛날식 옷을 찾을 뿐 아니라 문양도 조선적인 것을 좋아하는 경향이 있는 것은 재미있는 일입니다. 어느 정도까지 배짱이 깔려서 함부로 미혹하지는 않습니다. 선택을 하는 게지요. 이전처럼 창황愴惶해 하지는 않습니다. 이쯤 되면 자꾸 새것이 들어와서 그것을 받아보는 것이 좋을 것입니다.

새로운 여명기가 와야 할 것입니다. 초기의 소위 개명 개명하던 때의 계몽에서 제2기의 중개적 계몽을 지나서 제3기의 계몽은 자기의 눈으로 보고 자기의 입으로 말해야 합니다. 따라서 이 시기에는 소개인 수입인의 책임이 중대합니다. 이만한 것도 큰 진보입니다.

논단 분발기奮發期

김 추상적이 아니고 구체적인 모양으로 소개해야 하겠지요.

서 예를 들면?

김 개념적으로 소개하는 것이 아니라 확실히 알아가지고 하는 일….

박 자기의 책임에서 소개해야 하겠지요. 이 점은 논단이 크게 분발할 때가 아닙니까.(소성笑聲) 해설 정도라면 서명 없어도 좋습니다. 서명하는 이상에는 독자는 단순한 중계방송이 아니라 필자의 소리를 듣고 싶어 합니다. 필자가 자기의 신념에서 일해야 할 것입니다. 글 한 줄이라 할지라도 그 영향을 생각해야 할 것입니다. 민중에게 미칠 영향을 생각해야 할 것입니다. 특히 사상이란 무엇을 말하느냐가 중요하니까 더욱 그렇습니다. 종래의 우리 논단에는 꽤 무책임한 일들이 많았지요. '모럴'문제라면 전에는 표절문제 같은 것을 가리켜 말했는데 이제부터는 글의 영향에 대한 필자의 책임감에서 '모럴'

을 찾아야 할 것입니다. 소설보다도 평론은 그 표현이 더 직접적인 때문에 필자의 '모럴'이 더욱 중요할 줄 압니다.(하편)

92

「(나의 졸업논문 주제 1) 이야기책과 현대, 고전의 재인식과 그 소화」(1)~(6)

신구현, 『조선일보』, 1940.5.28~6.5

학계의 '호프' 금춘 신학사들의 졸업논문의 주제만을 소개한다. 연년이 자라나가는 학계의 즐거운 '바로미터'는 이런 데도 있어서 자못 일반으로 하여금 마음 든든하게 해준다

(필자는 금춘 성대城大 조선어문과 출신. 현재 동 대학원에서 연구중인 수재다.)

과거 우리 조선에 철학이 있었느냐고 묻는 이가 있다면 나는 서슴지 않고 없다 하고 대답하길 꺼리지 않을 것이다. 사실에 있어서 조선은 과거에 철학사상의 이론적 전개가 일반적으로 ○ 유적儒的이었다는 것은 숨길 수 없는 사실이다. 신라시대의 화랑사상은 한낱 '샤머니즘'의 잔해로 파악되어 신라, 고려시대에 융성했던 대승불교라든가 고려 이조를 통하여 발전한 불교사상 같은 것도 결국은 사상적 앙양, 사상 체계의 창조를 보지 못했고 금일은 유럽[歐羅巴] 사상의 간접적 재이입으로서 겨우 사상 생활을 영위하고 있다는 것은 지금 우리가 눈주어 보는 바와 같다. 이조 중엽으로부터 재래의 전통적 사상인 불학佛學에 대담히도 '메스'를 가하여 그의 학적 태도가 보다 좀 더 비판적이었다는 이異학파의 유학이라든지 혹은 실학사상 같은 것도 이론적 사유라고

'포인트'에서 볼 것 같으면 일견 비유교적 또는 반유교적인 사상을 제기했다고 볼 수 있지마는 사실 그 비판은 이론적 사유라는 토대 위에서가 아니라, 고전이라는 낡은 것을 토대로 성립되었으며, 그 자신의 철학설 즉 이론으로서의 적극적인 발전을 저지한 원리인 고전 망신妄信 선상線上에서 결행된 것이라는 것은 나의 독단적 견해가 아닐 것 같다. 이와 같이 새로운 힘을 가진 체계를 구성하는 역량이 있었던 그들이다. 그들은 오로지 고전 경서經書의 해석이라는 것을 주로 후세 각파의 유자들을 비롯하여 제자백가, 심하면 노장老莊까지 들추어 참작하여 그들의 학설의 공통한 것을 취하든가, 또는 이것저것의 측면을 배격한다든가의 절충주의적 태도를 택하는 데 불과한 것이 이학파의 유학이 아니었던가.

조선의 철학사상의 이와 같은 미발전은 주로 조선역사의 후진성에 의하여 규정되는 것으로 창조적 성격, 독창성의 결여는 조선철학 사상사에 있어 현저한 중요한 특징의 하나일 것이다. 그 위에 조선은 오랫동안 '중화'의 나라 지나支那에 대하여 '소중화'의 나라 '후진국'이었던 관계상 그의 사상의 관념 형태는 당연히 선진국의 수준에 달한 것을 창조한다는 것보다 먼저 선진국으로부터 이식하지 않으면 아니 되었다. 그리고 이식이란 점에 대하여 주의해야 할 것은 후진국이 선진국의 문화를 섭취할 때 취하는 태도다. 내 생각 같으면 후진국의 재래의 뒤떨어진 문화 요소를 일소한 후 '퓨어'한 형태로서 이식되는 것이 아니라 재래의 문화 요소를 지반으로 또는 이와 유사한 요소의 잔존의 물物과의 결합으로서 이식된다는 것이 통례다.

조선의 사상사에 있어서도 그와 매한가지로 지나 사상이나 유럽 자본주의가 내포한 관념을 직이입, 혹은 재이입하든 당시의 사조는 조선 재래의 관념과의 결합으로 '모디파이'한 것임이 틀림없는 것이다. 여러 가지 형태와 방법으로 변형된 재래 사상과 유·불·도·유럽사상의 결합은 용이히 지적할 수 있는데, 그중에도 전형적이며 또한 최대의 것이 '이야기책'과 근대 소설일 것이다. 전자는 유·불·도 등 3교敎의 사상과 재래 사상의 결합이고, 후자는 유럽사상과 재래 사상의 결합이다. 그중에도 특히 '모디파이' 된 특수한 조선 사상을 무엇보다도 풍부하게 품고 있다는 데 조선 '이야기책'의 진면목이 있고 그의 특수한 문학 형태로서의 존재의 가능성이 있는 것이다. 물론 이것이 신소설의 모태이었다는 점도 중요하지마는—'모디파이'된 특수한 것이라는 것은 객관적 진실성 즉 이론적 가치 따라서 일반적 타당성을 불과 얼마 갖지 못했다는 것이다. 환언하면 일류의 문화로서의 일반성을 갖지 못했다는 것이다. 그것도 그럴 것이 선진국의 사조가 후진국에서 받는 변형 즉 '모디피케이션'은 그 도度가 높아갈수록 그 특수성이라는 것은 더욱더욱 짙어가기 때문이다.

조선 '이야기책'을 외국 작품에다 비교해보고는 흔히 가치 없는 것으로 얕게 평가하는 사람이 적지 않은데 그것은 그들의 무식을 폭로하는 데 불과한 것이다. 그들은 조선역사의 후진성이라는 것을 이해하지 못했고 문화-문학을 운운할 때 일반성 즉 일반적 타당성만을 알고 특수성이라는 것의 존재를 인식하지 못하기 때문이다. 다시 말하면 그들의 이론은 추상적이고 일방적인 것에 불과한 것이다. 조선의 '홍길동전'이나 '춘향전'을 '셰익스피어'의 극작이나 '톨스토이'의 창작에다 견주어 볼 때 어느 것이 모두 더 풍부하게 창조적 성격, 객관적 진리성, 이론적 가치를 가졌느냐 하면 그것은 두말할 것 없이 '셰익스피어'나 '톨스토이'의 작품일 것이다. 어째 그러냐 하면 두 사람의 작품이 사상으로나 예술로나 인류문화로서의 일반성을 모두 더 풍부히 띠었기 때문이다. 그렇다고 해서 일반성을 띠지 못했다는 '홍길동전'과 '춘향전'을 멸시해서는 아니 된다. 어째 그러냐 하면 조선 '이야기책'도 한낱 문학 형태로서의 특수성이 있기 때문이다.

조선이라는 사회의 발전과정에 있어서 '이야기책'이란 문학 체계는 당해 사회의 절실한 요구에 응답한 필연적 산물인 것인 때문이다.(1회)

일정한 사회 형태에는 그것에 대응하는 일정한 문학 형태가 존재하고 사회의 발전에 대응하는 여러 가지 문학 양식의 발전을 생각할 수 있다. 따라서 조선 '이야기책'이 조선 역사의 후진성에 의하여 규정된 문학 양식이라는 것을 알면 알수록 그것이 '셰익스피어', '톨스토이'의 작품과 매한가지로 객관적 진실성을 띠고 있다는 것을 절실히 느낄 것이다. 따라서 '이야기책'은 특수한 조선을 배경으로 완성된 수행된 문학 상태로서 가치 있는 것이다. 그 내용과 형식이 일반성을 띠지 못했다는 것은 오직 그것을 낳은 사회의 문제며 특수한 점을 극복하여 이론적 수준의 일층 상승, 객관적 진리의 인식의 일층 심화 확대를 각오하여야 할 오늘 우리들의 문제일 뿐이다. 이 점은 벌써 서해 曙海에 의하여 설파되고 실행되었다. 금일 우리 조선문학의 피가 되고 고기가 된다는 의미에서 조선 사상사나 문학사의 전형적이고 중대한 위치를 차지했다 할 '이야기책'의 현대적 비판과 그의 소화가 필요한 것이다.

생각건대 '이야기책'을 구체적으로 비판, 소화하자면 횡橫의 관계로서의 이해가 절대로 필요할 것은 두말할 것 없다. 횡의 관계는 곧 특수의 관계다. 다시 말하면 일국 일 민족의 문화 현상의 연구 고찰은 곧 일국 일 민족의 특수한 현상의 인식을 의미한다는 것으로 조선 '이야기책'의 고찰은 '과거' 조선의 특수한 현상을 인식하는 것이다.

이때 우리들이 주의해야 할 것은 특수와 대치되는 보편 즉 일반의 문제 다시 말하면 특수와 보편과의 상호 관계니 특수성이 없는 보편은 보편 없는 특수와 매한가지로 존재할 수 없다. 제아무리 보편적이고 일반적이라 하더라도 구체적인 특수 중에 현현顯現함이 없으면 그 존재의 의의가 확인되지 않을 것이며 여하한 특수일지라도 보편성 즉 일반성에다 견주어보지 않고는 도저히 이해할 수 없는 것이다. 이 의도 아래 특수한 조선 '이야기책'을 고찰 비판, 소화하는 것이 이 시대의 우리가 하지 않으면 아니 될 일의 하나가 아닐까.

조선 '이야기책'의 모태는 조선 전래의 전설이다. 이 구비 전설을 한낱 문학 형태로서 발전시키고 촉진시킨 것은 지나로부터 이입한 소설 특히 명청明淸 시대의 소설이다. 이때 애용되는 외래문학은 단순한 우연의 성과가 아니고 그의 도래渡來를 기연機緣으로 내면적 발전이 유치한 계기가 존재함으로 말미암아 빚어진 성과다. 지나로부터 외래문학이 수용되는 당시의 조선의 소위 문인들은 작가로서 행세했다는 것보다, 한낱 독자로서 수용된 연문軟文을 애독하고 탐독한 사람으로 보는 것이 옳다. 그의 대표적 전형적인 인물이 곧 문신蚊山 허균許筠이다. 그의 「한정록閒情錄」은 이를 증명하는 호好재료다.

다음 그들 문인들의 행동은 '모방'이었다. 즉 수용된 외래문학을 그대로 본뜬다는 것이다. 그러나 이 본뜬다는 것에 중대한 의의가 있다. 중대한 의의라는 것은 다른 것이 아니고 수용된 외래문학의 내용이 우리들의 생활양식을 그대로 그려놓았다는 것이다. 그것은 사회 형태가 모두 봉건주의였기 때문이다. 당시 그들 문인들로서는 이 파천황인 기록을 보고 의아하지 않을 수 없었다. 여기서 우리 선배들은 처음으로 자기 생활을 그린다는 제일보를 내디딘 것이다. 그의 대표적인 것이 '홍길동전'이고 '구운몽'이고 '사씨남정기'고 '춘향전'이다. 어느 사람은 '홍길동전'이 '수호전'을, '구운몽'이 '홍루몽'을, '춘향전'이 '서상기'를 모방했다고 말한다. 그러나 그 소리는 인식 착오다. 그들은 '수호지' '서상기'만을 읽었지 '홍길동전' '춘향전'을 읽지 않은 사람의 소리다. 나는 이 작품을 우리 선배들이 발견한 생활의 기록이고 단순하게 모방이란 두 자론 처리해버릴 것이 아니라고 단언한다.

모방이란 우리 선배들에게 있어서는 본뜬다는 것과 자기 생활을 그린다는 이중의 의미로 해석되었다. 그것은 역사의 우연성에 의한 것으로 지나나 조선이나 그 사회 형태가 매한가지로 봉건제도이었기 때문이다. 본래 모방이라는 행위는 있는 사실을 있는 것 같이 자기 생활 속에 꾸며 집어넣는 수가 많은 것이나 우리 선배들의 모방이란 결코 그런 것이 아니고 어디까지든지 진실성을 딴 것이다. 이것은 결코 억측도 아니오 '센티멘탈리즘'도 아니다. 작품과 역사로부터 추상한 냉정한 것이다. 그들은 사대주의화하고 모화주의慕華主義化해버린 유자들과는 단연 구별되어 자기 생활에 속하여 자기의 세계를 그리려 했던 것이다. 이런 관계로 그들 손으로 기록된 것이라면 그 내용은 전형화한 봉건사회의 정신을 고취한 것일지언정 허위가 없는 진실한 것이다. 즉 그 시대 그 당시의 생활의 기록이었던 것이다.

그들이 이 과정을 건너고 있는 동안에 또 한 가지 크나큰 발견을 했으니 그것은 다른 것이 아니고 표현에 있어서 한자를 버리고 한글을 사용했다는 것이다. 금일 전하고 있는 작자불명의 '이야기책'을 볼 것 같으면 혹은 한문으로 표현한 것, 혹은 한글로 표현한 것, 혹은 한글과 한문 두 가지를 혼용하여 표현한 것이 있는데 대부분은 한글 표현의 것이다. 그리고 판본의 대부분이 한글로 표현된 것인 것은 곧 종래의 한문으로 표현하던 것을 한글로 표현하게 된 것을 의미하는 것으로 한문 표현의 역사적 사명의 종료를 말하는 것이다. 그리고 한글 한문 혼용체는 과도기의 현상을 반영하는 것에 불과한 것이다.(2회)

물론 한문 표현이던 것이 한글 표현으로 발전─지양한다는 것은 상당한 장기간의 세련들을 거쳐야 할 역사를 갖지 않으면 아니 될 것이다. 이 세련기가 즉 과도기로서 한문 한글 표현 외에 상술한 혼용체가 있는 것이 그의 특징이다. 그러나 한글 표현이 단연 세력을 장악하고 있다는 것은 숨길 수 없는 사실로 전자 한문 표현과 혼용체는 몰락해가는 양반들과 더불어 점점 쇠해가는 것이오 후자는 신흥하는 평민들과 더불어 차차 성해가는 것이기 때문이다. 다시 말하면 양반들과 그들의 봉사자들 손에 제작되어 발달하던 양반문학 형식—즉 한문 소설이 평민문학 형식—즉 한글 소설로 발전되었다는 것은 그 시대와 유기적 합법칙적 관계가 있는 것이기 때문이다. 구체적으로 예를 들어 논증하기로 하자.

무관懋官 이덕무李德懋는 한글 효용의 범위를 사령서척辭令書尺에다 제약했으나 사실은 결코 그런 것이 아니었다. 전형적인 유학자 채제공蔡濟恭의 고백을 보면 알 것이다. "근래 여자들(규합閨閤)이 다투어가며 능사로 여기는 것은 오직 '이야기책'(패설稗說)을 숭상하는 것뿐이다. 날로 더하고 달로 불어서 그 종자가 천백 가지다." 이 고백은 곧 영정英正 이후의 한글소설이 지식에 주렸던 부녀자들 사이에 숭향崇向되는 것을 탄식한 것으로 한글 효용의 범위가 사령서척에만 국한된 것이 아님을 명백히 할 수 있다.

남공철南公轍이란 사람이 '이야기책(언패諺稗)' 금지책을 꾸며낸 것도 이때다. 이보다 더욱 자미있어 보이는 것은 매산梅山 홍직필洪直弼이란 유학자의 비장한 고백이다. "세상 사람이 유학을 원수 같이 여겨 가진 흠을 들춰내기를 마지않는데 그 세교世敎를 해하는 점으로 보아서는 이단보다 심한 것으로 오도吾道에 있어서는 곡하穀下의 강융羌戎이 아니고 무엇이냐!" 이단보다 심한 것은 곧 채제공이 지적한 바 언패—즉 한글로 표현된 '이야기책으로' 매산 자신의 주석 비슷한 고백이 있다. "우리 동속東俗이라는 것은 여자들에게 언문만을 가르치고 한문은 가르치지 않는다. 이 까닭으로 여자라는 것은 성철聖哲 성훈聖訓을 듣지 못하고 오강오상五綱五常의 중대한 것을 알지 못한다. '이야기 책'(언패) 같은 것은 모두 음첩淫褻한 것으로 도대체 허수虛藪에서 나온 것이라는 것을 알지 못한다는 것은 말할 것도 없고 그것을 돈사惇史로 인정까지 한다. 사정이 이러하니까 국가는 하루 바삐 '이야기책'(언패)을 엄금하지 않으면 아니 된다."

신흥하는 한글 '이야기책'의 진면목을 눈주어 보는 듯하다. 더욱 눈허리 실 것은 이덕무의 안 벽 치고 밖 벽 치는 소리다. "언번전기諺飜傳奇 같은 것은 골몰해서는 아니 될 것이다. 가무家務와 여홍女紅을 집어 태기치고, 돈을 주어 책을 세내어, 혹하여 마지않는 통에 가산까지 탕진해 버리는 짝도 적지 않다. 대개 '이야기책'의 내용이라는 것은 결국 모두 투기妬忌와 음설淫媟을 기록한 것으로 유탕방산流宕放散은 혹 이 때문인가 한다."

이 기록이 사실이라는 것은 금일 '이야기책'을 세주는 것으로 일가의 생계를 세워나가는 '세책집'의 엄연한 존재가 증명한다. 또 무관이 "나도 어려서 서상기 삼국연의 같은 '이야기 책'을 탐독하다가 선친께 걱정을 당한 이후부터는 그것을 거들떠보지도 않았다"는 솔직한 고백으로 미뤄본다면 자미도 자미려니와 언문소설='이야기책'이 그 얼마나 널리 보급되었는가를 알 수 있다. 그뿐 아니라 인간의 교사라는 글방 선생이나 혹은 나이 많은 선배들까지 '이야기책'을 읽기를 권고한 듯 무관의 조사 보고가 말을 한다. "연의소설이란 간교음설을 가르치는 데 지나지 않는다. 애들에겐 절대로 금할 것인데도 불구하고 사람을 대해놓고는 노닥노닥 통설誦說을 한다든가 억지로 권고하여 읽히는 사람이 있으니 무지가 어찌 이러토록 심할까!" "후생의 소년이란 게으르기 짝이 없어 경사經史를 읽는 적이 없어 반드시 선배들에게 먼저 어떠한 책을 읽어야 과문科文에 이로울 것인가를 물을 것 같으면 선배 되는 사람은 반드시 '이야기책'을 읽도록 권고하니 슬프다! 상호의 과실이 아니고 무엇이냐?"

이 기록은 '이야기책'이 선배와 후배 두 세대 사이에 읽혔다는 것을 말하는 것으로 이 사이가 시간적으로는 비록 그다지 장구한 것은 아니나 선생과 선배가 있어가지고 후배나 제자에게 '이야기책'을 권했다는 것은 단시일 간에 빚어진 사조는 아닐 듯 생각한다. 하여튼 이 기록은 '이야기책'이 많은 사람들 사이에 읽히는 동시에 그들 사이에 깊이 뿌리를 내린 것을 말하는 것이다. 널리 퍼졌다는 증거의 하나로 유동신간由洞新刊의 『언간독諺簡牘』이라는 책이 있다. 그것은 어법, 격조 등으로 보아 상당히 오랜 것임이 틀림없고 80여 년 전에 중간본重刊本을 낸 것이다. 재래의 것과는 전연 달라 한문투를 완전히 각탈한 것으로 그중에 남남끼리 하는 편지들로서 '이야기책'을 서로 빌려내는 데가 있다. 그중에 일절을 인용하기로 하자.(3회)

> "요사이는 적이 틈 없사오나 긴긴 밤에 책이나 보고저 하오대 '내훈'이라 하압는 책은 '오륜행실'이 있사오니 보아 더 신기한 것 없사오며 '진대방전'이라 하압는 책은 대방수죄하온 말이 너머 호번만 하압고 보자하올 것 없삽. '언간독'이라 하압는 책은 고금에 듯고보지 못한 책이나 대강 편지틀이오며 신기하온 책 었더불 수 없사오니 댁에 무삼 책 있삽거든 빌리시압소서 밋삽나이다. 일후 연하와 연신도 하압고 혹 무었빌리라 하오시면 있는 것은 그리 하오리이다. 총총 다못 그치압나이다."

이 글월에 대한 답장으로 다음 구절이 있다

> "기별하오신 것은 예도 별책 없사와 '추호지' 보내오니 이전에 보아겨실 듯 하오니 신기치 아닐 듯 하오이다."

이상의 구절을 읽고 자미스러운 것은 다른 것이 아니라 '이야기책' 차람借覽의 편지들을 『언간독』 속에 실은 저자의 의도다. 이 의도는 저자 개인의 자의성에 의한 것이 아니고 사회적 필연성 즉 사회적 요구에 의한 것이고 구체적으로 말하면 일반 사회에 '이야기책'이 유행됨을 따라 차람의 풍조가 높아져 그 대차의 방법에 필요한 편지틀이 사회적으로 없어서는 아니 될 만치 중요성을 띠게 되었기 때문이다. 일언이폐지하면 유기적 합법칙적 관계에 있는 시대 사조며 사회 요구에 응하여 소위 '언문', '이야기책'이 압도적으로 일 시대를 풍미한다는 것이다. 이 단계에 있어서는 한문 소설은 사회의 한 가지로 존재할 수 없다는 결정적인 역사적 사명의 종료를 하소연한다. 이것이 곧 육당六堂, 춘원春園이 부르짖는 언문일치론의 전신이며 신문학운동이란 새로운 건설 사업은 이것을 토대로 발전한 것이다.

조선 '이야기책'의 시대적 파악은 이상으로 하고 그 내용을 검토하기로 하자. '이야기책'의 내용은 간단히 해결되는 것은 아니나 나의 관견을 통해서 본다면 두 가지로 나눌 수 있다. 즉 그것은 '이야기책'이 내포하고 있는 2대 특징—봉건사상과 초인격성이다. 전자는 수교가 빚어낸 것이며 후자는 종교가 빚어낸 것이다.

봉건사상—이것은 '이야기책'이 가지고 있는 유일한 사상이다. '구운몽'을 중심으로 한 몽자류夢字類의 소설이 그러하고 '사씨남정기' '조웅전趙雄傳'이 그러하고 '춘향전'이 그러하고 조선 유일의 사회 소설인 '홍길동전'도 그러하다. 그중 전형적인 것이 '구운몽'일 것이다. 그 경개梗概는 대략 다음과 같다. '형산衡山 연화봉蓮花峰에 은거하고 있는 육관대사六官大師의 제자 성진性眞은 자기 스승의 명령으로 동정호洞庭湖 용왕龍王에게 심부름을 가는 길에 팔선녀八仙女를 만나 달콤한 정을 통하다가 돌아온 뒤로부터 수행이 맘대로 되지 않았다. 대사도 분이 치받치어 성진을 꾸짖는 동시에 팔선녀와 한가지로 지옥으로 귀양 보냈으나 염라대왕은 그들을 측은히 여겨 특히 용서하여 극락세계로 보내었다. 성진은 그날 회남淮南 땅 양처사楊處士의 부인이 임신臨産할 때 재기환발한 양소유楊少游로 태어나서 속계 각처에 태어난 팔선녀를 얻어 나이 이팔二八에 장원급제하고 하북河北 삼진三鎭 토번吐蕃의 난리를 평정한 공으로 천자는 그를 부마를 삼는 동시에 연왕燕王을 봉했다. 그 후 그들은 인간 세계의 가진 향락을 멋대로 만끽하다가 호가胡價의 설법에 돈오頓悟하여 그들 9인은 옛날의 성진과 팔선녀로 화化해 버렸다.'

이 짤막한 경개만을 가지고도 우리는 그 근본 사상이 봉건적 관념형태 자체인 것을 알 수 있다. 유불도 등 3교로 뒤범벅을 한 이 사상은 조선 봉건사상의 참된 모습이다. 이와 같은 봉건사상에 있어서는 남성 양반 사대부의 애욕 생활은 '방종낭적放縱浪籍' 네 자로 표현할 수 있다. 여성의 인격에 대한 열렬한 경도는 조금도 볼 수 없는 것이다. 여성은 실은 고상한 노예에 지나지 않았다. 남성의 성애적 완구에 불과했다. 여성에 대한 이와 같은 열등한 조건은 봉건주의가 개인생활 내지 가정생활에 침윤하고 반영한 결과 필연적으로 빚어진 것이다.(4회)

'구운몽' 전편을 통하여 주의해야 할 점은 팔선녀 등 8 여성의 사회적 지위 내지 의의에 대하여 참된 비판을 볼 수 없는 것은 두말할 것 없고 여성으로서 자각하여야 할 견해라든가 주장에 대하여도 비판적인 또는 부정적인 것을 볼 수 없다. 오직 양소유라는 한낱 재인オ人 '타잎'의 남성에 대하여 맹목적으로 추종하고 정열적일 따름이다. 전편이 양소유의 애욕생활에 대하여 긍정과 동정으로 시종일관했을 뿐이다. 팔선녀들과 참된 이해 밑에 빚어진 연애감정도 없고 참된 결합에 의한 연애생활도 그려지지 않았다. 어디까지든지 양소유의

일방적 감정과 행동만이 무엇보다도 중요한 것으로 그려져 있을 뿐이다. 팔선녀는 한낱 괴뢰와도 같이 양소유의 장중掌中에서 놀 뿐이다. 환언하면 팔선녀는 전부가 한 남성의 성애적 대상인 거다. 또는 그 외의 생활의 필요에 경慶하여 준동하는 군상에 불과했다. 결국은 양소유의 능동적 측면과 팔선녀의 수동적 측면 등 두 측면의 지지로 '구운몽'은 구성된 것으로 즉 봉건사상의 전형적인 것이다.

이 사상은 결코 작자 서포西浦 김만중金萬重이 가상假想한 것은 아니다. 서포에 의하여 여과된 당시 조선의 시대사조, 이조 500년을 일관한 사조다. 양소유의 자의성은 작자의 이상으로 여기던 것일는지 알 수 없다. 한 남성을 둘러싼 수많은 여인 군상은 완전한 인격의 소유자라기보다도 양소유란 한 남성을 훌륭하게 보이게 하노라고 꾸며놓은 것에 불과하다. 이들 팔선녀가 여성적 무기력과 무사상으로 전혀 복종과 굴복으로 시종하고 남성의 방종한 애욕적 행위에 대하여 도리어 긍정한다는 것은 서포가 항상 묘사코자 하는 당시 요구하는 한 전형적인 여성의 진실한 모습일는지 모른다.

양소유와 같은 재인형의 향락적 애욕주의자 팔선녀와 같은 남성에 대한 태도가 늘 미온적이오 불철저하고 체관적諦觀的인 데 그치는 수동적인 여성은 모두들 조선 봉건사회의 요구한 이상적인 인물이다. 이 두 '타잎'의 인간을 여실히 그려놓은 것이 구운몽이다.

초인격성—그것은 작품 중 주인공에게 무한한 힘이 부여되어 있는 것이다. 조선 '이야기책'을 읽고 깊이 인상에 남는 것은 이 점이다. '구운몽', '사씨남정기' '삼설기' '허생전' '춘향전' 등의 주인공이 어느 한 사람 그렇지 않은 것이 없다. 그중의 전형적인 것이 '홍길동전' 중의 홍길동이다. 이와 같은 초인격성으로 인하여 작품 전체는 봉건주의로 일관하게 되고 권선징악 사상을 빚어내고 '해피엔드'로 결말을 짓는다. 삼순구식三旬九食을 하던 백성의 아들일지라도 파란곡절 끝에는 봉건국가의 지도자의 지위를 얻나니 그 이면은 초인격성이 지배를 하고 있다. 춘향은 기생의 신분으로 초인적인 굳은 정절을 말미암아 정렬부인貞烈夫人의 지위를 획득한 것이다. 정렬을 굳게 지키기 위하여 무한한 힘이 춘향에게 부여된 것을 주의한다. 또 작품 중의 주대공主大公이 언제든지 움직여마지 않는다. 누구든지 무엇이든지 이겨가는 것이다. 수령 같은 것은 문제되지 않는다. 승려 귀신까지도 이겨 불사신이 되는 것이다. 대도상大濤上을 달리기를 탄탄대로를 줄달음치듯 하고 준령을 넘기를 비탈길을 닫는 듯 나는 듯하다. 이것이 가장 철저하게 나타난 것이 홍길동전의 주인공 홍길동이다. 그는 여하한 때라도 불사신으로서 행동하는 것이다. 첩의 아들이라는 죄 없는 명목으로 갖은 구박을 받아오던 중 자기 목숨을 노리던 자객(초란初蘭과 특재特才)을 일격에 쳐없애고 원수 같은 가정을 뛰어 나서 표연히 사방에 표박하다가 천 근이나 되는 암석을 이겨가지고 활빈당의 총재가 되고 합천 해인사海印寺를 습격하여 승려를 이기고 가렴주구를 일삼는 탐관오리를 모조리 쳐서 부하들의 환심을 사고 병조판서와 다투어 그 자리를 얻고 파도를 정복하여 남경南京으로 가는 길에 망애산芒碍山 요귀를 퇴치하여 불사신이 되고 이상국 율도국聿島國을 세워 그 영도자가 되었다.(5회)

이것과 좋은 '콘트라스트'가 되는 것은 '괴테'의 '파우스트'로 그의 근본이 넘은 무엇이냐 하면 사람들의 전지전능과 불사不死를 포착하려는 노력의 실패가 도리어 자기 혼백을 귀신한테 팔아버린다는 것이다. 그러나 우리 허균의 홍길동은 그와는 반대로 그의 기초는 무엇이냐면 사람들의 전지전능과 불사를 포착하려는 노력의 성공이 마침내 귀신의 목을 얻어 불사신 즉 초인격성을 띤 인간으로 전화해 버린다는 것이다. 불사신 즉 초인격성을 띤 인간으로 전화한다는 것은 일반으로 조잡하고 무사기無邪氣한 형상 중에 최후의 승리를 구현할 수 있다는 신념을 가진 몰락해가는 양반들의 심리에 적합한 것이다. 이것은 곧 현실과 악전고투 끝에 참패를 맛본 그들이 현실을 배반하고 도피하고자 하는 심정의 반영이다.

구체적으로 말하면 이와 같은 초현실적 요소를 묘사하여 흥미 추구의 기교, 관능적 '에로티시즘' 같은 데로 흐른다는 것은 현실의 그들 생이 여러 가지 의미 ─ 그들의 물질적 근거는 물론 그들의 의욕 일반 ─ 에서 심각히 곤란화를 현출하는 절망적인 몰락과정에 있어서 필연적으로 나타나는 문학적 반영에 불과한 것이다. 현실에 대하여 아무런 애착도 동경도 가질 수 없는 그들이 항상 염두에 그리는 이념이다. 어디까지든지 현실을 배반하고 도피하고 특수한 종교적 초인격성, 초현실적 요소를 추구하는 데 전념하던 그들 생활의 기록이 곧 '홍길동전'이다.

'초인격성' ─ 이것은 상술한 바와 같이 종교적 요소다. '이야기책'의 이와 같은 종교적 요소는 두 면에서 기도된 것이라는 것을 상상할 수 있다. 하나는 자기를 절대로 지지하고 있던 봉사자를 변함없이 지배해보겠다는 의도 아래 또 하나는 몰락과정에서 허덕이는 자기 자신의 혼을 구제한다는 필요 밑에서 의도된 것이다. 봉사자 ─ 대부분이 농민들이라 ─ 가 현실의 곤란과 고통을 '모럴'이란 점에서 극복하지 못하고 반항만을 한다면 그들 양반들의 앞길은 암담한 막다른 골목이 아닐 수 없었다. 갖은 곤란과 고통을 피안에 가져가지 않으면 아니 되었다. 이 목적을 수행하기 위하여 부여된 것이 초인격성이었다. 그리하여 현실의 고통을 체관의 철리哲理로써 극복하였다. 체관의 철리는 다른 것이 아니고 극히 단순한 것 즉 무사기한 중에서 승리를 얻는다는 것이었다. 특히 농민일규가 빈발했던 이조 5백년과 같은 시대에는 어느 점으로 보든지 종교의 위대한 힘—초인격성은 절대적이다.

　이것이 나의 관견을 통하여 본 '이야기책'이다. 구체적인 것은 다음 기회에 미루고자 하는 바이다. 요컨대 '이야기책'을 배운다는 것은 오직 그 유산을 '비판'하면서 그것을 소화하는 데 가능한 것이다. 비판 소화하는 데 '이야기책'은 우리의 피가 되고 고기가 되는 것이다. 우리는 하루 바삐 일반에게 여러 가지 모순과 약점과 무력을 가진 봉건사상에 대한 명부지작자名不知作者의 비판의 의의를 해명해주어야 한다. 이것이 '이야기책'을 참된 의미에서 살린다는 것으로 그것은 현재 달성한 고처高處—현대적 비판 소화—에서 본다는 능력을 소유함으로써 비로소 가능한 것이다. 보라 높은 관점, 그것은 우리 문학에 새로운 내용과 해조諧調를 부여할 것이며 새로운 형식을 유도할 수 있다는 환희의 열정을 북돋울 것이다.(6회)

「조선학의 본질과 현상」

홍기문, 『조선일보』, 1940.8.5

그 대상의 명확한 한정성限定性이 반드시 요구되는 과학으로서의 조선학을 정립시키고자 한다면 엄밀한 의미에 있어서 그것은 가능치 못한 일이다. 물론 한 지역의 명칭이나 한 집단의 명칭인 점에서는 조선이라는 대상이 스스로 한정됨에 틀림이 없지마는 시간과 공간을 통하여 그 명칭에 포괄될 바는 거의 모든 과학의 대상을 망라한 모든 사물의 무한정이다. 그러나 다시 한 번 동양학東洋學이나 지나학支那學 등의 대상 삼는 바를 추구追究하여 볼 때에는 오직 동양이나 지나라는 말과 같이 막연한 것이 결코 아니요, 적어도 그와 비교해서는 좀 더 명확한 한정을 가지고 있으니 즉 그로서는 사회적인 부문에 그치어 결코 자연적인 부문에까지 이끌어 들이지 못하고 있는 것이다. 그러타면 조선학을 과학으로 정립시키는 문제도 아까보다는 훨씬 달라질 뿐이 아니라 요사이 소위 실학實學이라고 불려지는 영정英正 이후의 한 학파라든지 근세에 이르러 외인外人들의 조선연구라든지 그들 자신이 조선학으로 지칭했거나 안 했거나를 불구하고 조선학은 이미 오래전부터 엄연히 존재해온 것이 사실이다.

사회적인 부문에도 과학의 대상은 일정하거니 어디서 조선학의 독자적 대상을 발견하겠는가. 한갓 자연적 부문을 제외함으로써 곧 조선학의 과학적 정립이 가능함을 논단키는 곤란치 않을까. 지중해 연안에서 시작되는 세계사는 전 유럽[歐洲]에 번지고 다시 다른 대륙에까지 미치어 명실名實하게 점차 세계사로의 전개를 보게 되는 데서 그들은 동양을 발견하였으나 실상 그들에게 발견되기 이전에도 동양은 독자의 문물과 독자의 제도를 갖추어가지고 온 바 그 독자성이란 것도 결국 역사학의 일반적 법칙에서 벗어나는 것은 아니라고 하더라도 기성한 세계사의 편협한 시각에서는 절대의 독자성을 표시할 경우가 적지 않았다. 여기서 세계사의 이지러진 한 쪽을 깁기 위하여 동양학이 생긴 것으로 지나학, 조선학 등도 오직 그러한 조건 아래 생성되는 것이라. 요컨대 진정한 세계사가 완성되지 못함에 따라서 그러한 학문은 존재의 의미를 가지는 동시에 진정한 세계사의 완성을 기다려서 그러한 학문은 당연히 해소될 것이다.

그런데 이와 같은 학문은 필연적으로 두 유파를 형성케 되는 것이니 하나는 그 자체에 머물러서 세계사를 들여다보는 것이요 다른 하나는 세계사에서서 그것을 내다보는 것이다. 그곳 현대산업의 발전과정에 호상互相 인과因果되는 것으로 선진 지대와 후진 지대의 대립을 반영시키거니와 한편은 자체의 독자성을 과장하고 다른 한편은 세계사의 불가침을 역설하여 상이한 주장으로써 배타의 공동한 결과를 초치招致하고 있다. 그러므로 우리의 노력은 마땅히 그 양자의 편견을 함께 배제하여 세계사로의 해소를 촉진시킴에 있어야 하고 그것을 실현함에는 그 학學의 일반적 법칙과 독자성의 관계를 과학적으로 구명하여야 할 것이다. 그 학문에 관련되는 몇 날 자료의 수집이나 부분적 천착穿鑿을 가져 곧 능사가 다 하였다고 생각하여서는 그 학문 자체의 중요성을 스스로 말살시킴에 불외不外한다.

이제 조선학을 돌아보건대 그 규모로나 그 영향하는 바로나 기타의 모든 방면으로 본래 지나학의 비比가 안 될 뿐이 아니라 그 선구를 이루는 영정 간 제인諸人의 업적이나 외인의 연구도 다함께 천착함을 면치 못하니 그렇다고 말하는 것은 당연히 그 핵심이 될 역사학을 위시하여 그 보조의 언어학을 보지 못하고 있는 까닭이다. 오늘날 청년학도 간 다소 그 방향에 대한 관심이 경장憬長된 것은 사실이로되 그 역시 자료의 수집과 부분적 천착에 시종終始하는 느낌을 주는 것은 적잖이 유감 되는 현상이다.

우리 연구소는 '근대 한국학의 지적 기반 성찰과 21세기 한국학의 전망'이라는 아젠다로 HK+ 사업을 수행하고 있습니다. '한국학이 무엇인가' 하는 점은 물론 관점에 따라 달라 질 수 있을 것입니다. 하지만 개항과 외세의 유입, 그리고 식민지 강점과 해방, 분단과 전쟁이라는 정치사회적 격변을 겪어온 우리가 스스로를 어떤 존재로 규정해 왔는가의 문제, 즉 '자기 인식'을 둘러싼 지식의 네트워크와 계보를 정리하는 일은 반드시 필요한 작업이라고 생각합니다. '자기 인식'에 대한 탐구가 그동안 없었던 것은 아니지만, 현재 제도화되어 있는 개별 분과학문들의 관심사나 몇몇 지식인들을 대상으로 한 제한적인 논의였음을 부인하기는 어려울 것 같습니다. 이러한 현실에서 '한국학'이라고 불리는 인식 체계에 접속된 다양한 주체와 지식의 흐름, 사상적 자원들을 전면적으로 복원하고자 하는 것이 바로 저희 사업단의 목표입니다.

'한국학'이라는 담론/제도는 출발부터 시대·사회적 영향을 강하게 받아왔습니다. '한국학'이라는 술어가 우리의 입에 오르내리기 시작한 것도 해외에서 진행되던 지역학으로서의 '한국학'이 반향을 불러일으키면서부터였습니다. 그러나 '한국학'이란 것이 과연 하나의 학문으로서 성립할 수 있느냐 하는 질문에 답을 얻기도 전에 '한국학'은 관주도의 '육성' 대상이 되었습니다. 이에 대응하여 실천적이고 주체적인 민족의식을 강조하는 '한국학'은 1930년대의 '조선학'을 호출하였으며 실학과의 관련성과 동아시아적 지평을 강조하기도 하였습니다. 그 가운데 근대화, 혹은 근대성은 서로 다른 맥락에서

'한국학'을 검증하였고, 이른바 '탈근대'의 논의는 의심 없이 받아들여지던 핵심 개념이나 방법론에 문제를 제기하기도 하였습니다.

'한국학'이 이와 같이 다양한 맥락에서 논의되어 온 것은 그것이 우리의 '자기인식', 즉 정체성 문제와 관련되어 있기 때문일 것입니다. 대한제국기의 신구학 논쟁이나 국수보존론, 그리고 식민지 시기의 '조선학 운동'은 물론이고 해방 이후의 '국학'이나 '한국학' 논의 역시 '자기인식'에 대한 시대적 요구에 응답하려는 노력이었을 것입니다. 우리가 '한국학'의 지적 계보를 정리하는 것에 만족하지 않고 21세기의 전망을 제시하고자 하는 이유도, '한국학'이 단순히 학문적 대상에 대한 기술이나 분석에 그치지 않고 우리의 현재를 성찰하며 더 나아가 미래를 구상하고 전망하려는 노력에 직간접적으로 연결된다고 보기 때문입니다. 주지하듯 근대가 이룬 성취 이면에는 깊고 어두운 부면이 있습니다. 그리고 이 명과 암은 어느 것 하나만 따로 떼어서 취할수 없는 한 덩어리일 가능성이 있습니다. 21세기 한국학은 근대에 대한 성찰을 통해 이 질곡을 해결해야 하는 시대적 요구에 응답해야만 하는 과제를 안고 있습니다.

연세근대한국학 HK+ 학술총서는 이러한 과제를 수행하는 과정에서 나오는 성과물을 학계와 소통하기 위한 시도입니다. 학술총서는 연구총서와, 번역총서, 자료총서로 구성됩니다. 연구총서를 통해 우리 사업단의 학술적인 연구 성과를 학계의 여러 연구자들에게 소개하고 함께 논의를 진정시키고자 합니다. 번역총서는 주로 외국인들에 의해 이루어진 조선/한국 연구를 국내에 소개하려는 목적에서 기획되었습니다. 특히 동아시아적 학술장에서 '조선학/한국학'이 어떻게 구성되고 작동하여 왔는지를 살펴보려고 합니다. 또한 자료총서를 통해서는 그동안 소개되지 않았거나 불완전하게 알려진 자료들을 발굴하여 학계에 제공하려고 합니다. 새롭게 시작된 연세근대한국학 HK+ 학술총서가 소기의 목적을 달성할 수 있도록 여러 연구자들의 관심과 격려를 부탁드립니다.

2019년 10월
연세대 근대한국학연구소 인문한국플러스(HK+) 사업단